2024 FUYANG YEARBOOK

富阳年鉴

杭州市富阳区地方志编纂委员会　编

（总第29卷）

方志出版社
Publishing House of Local Records

图书在版编目（CIP）数据

富阳年鉴．2024/杭州市富阳区地方志编纂委员会编．—北京：方志出版社，2024.11．—ISBN 978-7-5144-6441-2

Ⅰ．Z525.54

中国国家版本馆 CIP 数据核字第 2024NOP391 号

责任编辑：刘方圆
责任校对：张玉霞
责任印制：梅中英
出 版 者：方志出版社
地　　址：北京市朝阳区潘家园东里 9 号（国家方志馆 4 层）
邮　　编：100021
网　　址：http://www.zgfzcb.cn
发　　行：方志出版社图书营销中心（010-67110500）
印　　刷：浙江通志文化发展有限公司
开　　本：889 毫米 ×1194 毫米　1/16
印　　张：23
字　　数：879 千字
版　　次：2024 年 11 月第 1 版
印　　次：2024 年 11 月第 1 次印刷
定　　价：380.00 元

编 辑 说 明

一、《富阳年鉴》由杭州市富阳区地方志编纂委员会编纂，记载富阳区政治、经济、文化及社会发展的主要情况，为广大读者了解富阳提供年度信息资料。自1996年开始编纂至今，已连续公开出版29卷。

二、《富阳年鉴（2024）》以马克思列宁主义、毛泽东思想、邓小平理论、“三个代表”重要思想、科学发展观、习近平新时代中国特色社会主义思想为指导，坚持辩证唯物主义和历史唯物主义的立场、观点和方法，紧紧围绕中国共产党的路线、方针、政策，全面、客观地反映富阳区人民在2023年勇于开拓创新，在政治、经济、文化、社会、生态文明和党的建设中取得的新成就、新经验，以及在前进道路上遇到的新情况、新问题。

三、《富阳年鉴（2024）》采用分类编辑法，以类目、分目、条目3个层次为框架结构。卷首设特载、年度聚焦、大事记、区情综览。正文百科部分设中国共产党杭州市富阳区委员会、杭州市富阳区人民代表大会、杭州市富阳区人民政府、中国人民政治协商会议杭州市富阳区委员会、中国共产党杭州市富阳区纪律检查委员会　杭州市富阳区监察委员会、民主党派、群众团体、法治、军事、经济管理、农业·新农村、工业、商贸流通、金融、交通运输、邮政通信、旅游业、富阳经济技术开发区、杭州富春湾新城、投融资平台、城乡建设与管理、环境保护、科学技术、教育、文化·传媒、医疗卫生、体育、社会生活、乡镇·街道。卷尾设名录、附录、索引。类目下一般首设综述，分目下一般首设概况，以集中记述各行各业的综合情况。

四、《富阳年鉴（2024）》记载时间原则上为2023年1月1日至2023年12月31日。部分内容适当突破时间，以保持资料的完整性。数字用法、标点用法分别采用国家标准《出版物上数字用法》（GB/T 15835—2011）、《标点符号用法》（GB/T15834—2011），计量单位采用国家技术监督局1993年12月发布的《量和单位》系列国家标准。

五、《富阳年鉴（2024）》的文稿大部分由富阳区各部门和各乡镇、街道提供，部分由区委党史研究室（区地方志办公室）和有关人员撰写。文稿由各单位领导审核，文后作者署名。凡涉及全区性国民经济和社会发展的数据，均以富阳区统计局当年《富阳统计年鉴》为准；《富阳统计年鉴》未收录的数据，采用各专业部门提供的数据。个别数据由于来源不同，统计口径不一，以该行业主管部门提供的为准。部分数据因四舍五入原因，导致分项与合计不一致，不再一一说明。各业所涉及的产值均指当年价。

六、《富阳年鉴（2024）》先进名录由各部门单独提供，收录标准为国家级、省部级及杭州市委、杭州市政府以上颁奖或命名的先进集体和先进个人。

七、《富阳年鉴（2024）》附录的收录范围为新任区领导简历、重要文件目录。

八、《富阳年鉴（2024）》所涉浙江省委、市委、区委如无特殊说明，一般指中国共产党浙江省委、杭州市委、富阳区委。

《富阳年鉴（2024）》编辑部

主　　编　许智龙

副 主 编　陈炜祥　徐元春　孙国明

编　　辑　刘　亮　赵雪红　吕　克

　　　　　何开城　洪菁龙　沈绍坤

彩页编辑　洪菁龙

封面照片提供　区文广旅体局

封底照片提供　杨平儿

2024 年 1 月 5 日，中共杭州市富阳区委二届五次全体（扩大）会议暨区委经济工作会议召开

（包　健　供稿）

2024 年 2 月 3 日，杭州市富阳区第十七届人民代表大会第三次会议召开

（包　健　供稿）

2024年2月2日，中国人民政治协商会议第十届杭州市富阳区委员会第三次会议召开

（骆晓飞　供稿）

2023年9月14日，全区学习贯彻习近平新时代中国特色社会主义思想主题教育动员大会召开

（包　健　供稿）

2023 年 3 月 30 日，富阳获“二星平安金鼎”，实现平安建设“十八连冠”

（区委党史研究室　供稿）

2023 年 3 月 16 日，“浙江有礼 · 富春风尚”杭州市富阳区第七届道德模范（平民英雄）暨最美孝心少年发布活动在富春山馆举行

（包　健　供稿）

2023 年 4 月 21 日，第七届郁达夫小说奖颁奖典礼在富春山馆举行

（包　健　供稿）

2023 年 5 月 29 日，2023 中国幸福城市治理论坛暨第十七届“中国最具幸福感城市调查推选活动”启动仪式在富春山馆举行

（朱啸尘　供稿）

2023 年 7 月 20 日，路特斯能源总部启用仪式在杭州缙云大厦举行

（朱啸尘　供稿）

2023 年 8 月 24 日，2023 泗洲纸文化节开幕式在富春山馆举行

（包　健　供稿）

2023 年 10 月 18 日，泗洲中国造纸遗址博物馆项目奠基仪式在富阳举行

（朱啸尘　供稿）

2023 年 10 月 27 日，浙江中医药大学富春校区建设工程开工仪式在富阳高教园举行

（朱啸尘　供稿）

2023 年 11 月 18 日，2023 前沿光电科技创新大会暨杭州光学精密机械研究所科创园区启用仪式在富阳举行

（朱啸尘　供稿）

2023 年 12 月 20 日，2023 中国汽车充换电生态大会开幕式在富阳举行

（朱啸尘　供稿）

杭州亚运会特辑

心心相融，@未来
Heart to Heart, @Future

2015年9月16日，杭州获得第19届亚运会主办权。富阳作为分赛区，全力推进赛事筹备、赛事运行、赛事保障、赛事氛围营造和城市品质提升等工作。

2023年3月5日，“全民共舞 喜迎亚运”2023年杭州市富阳区广场舞大赛在区体育中心开场

（黄赛琼　供稿）

2023年8月26日，杭州亚运会富阳赛区决战动员大会召开

（朱啸尘　供稿）

2023年3月28日，“韵味杭州”山羊体育标2023年全国皮划艇、赛艇春季赛在富阳举行

（章岳群　供稿）

2023年7月14日，杭州第4届亚残运会倒计时100天主题活动在富阳水上运动中心举行

（包　健　供稿）

2023年9月，富阳水上运动中心全景　　（杨平儿　供稿）

（包　健　供稿）

（骆晓飞　供稿）

（裘红火　供稿）

2023 年 9 月，富阳银湖体育中心全景　　（骆晓飞　供稿）

亚运时刻

2023年9月23日，第19届亚运会在杭州开幕，富阳赛区共举行比赛258场，产生金牌77枚，观众4.6万人次（图为第19届亚运会富阳赛区部分比赛场景）

2023年9月24日，杭州亚运会首枚金牌在富阳水上运动中心诞生，中国队选手邹佳琪、邱秀萍获赛艇女子轻量级双人双桨冠军

（章岳群　供稿）

（银湖街道　供稿）

（华苗　供稿）

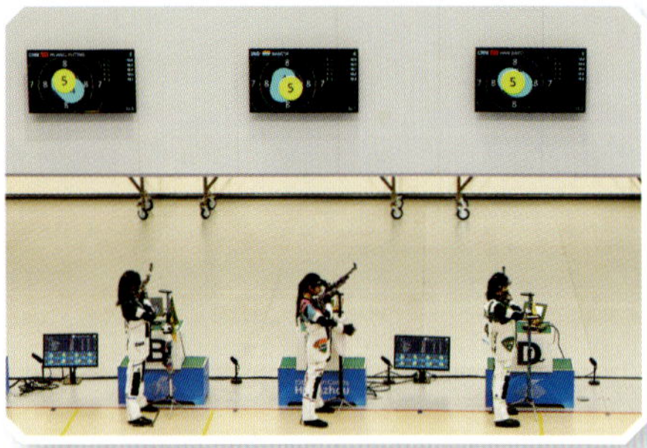

（华苗　供稿）

（银湖街道　供稿）

（银湖街道　供稿）

2023 年 10 月 22 日，第 4 届亚残运会在杭州开幕，富阳赛区共举行比赛 148 场，产生金牌 42 枚，观众 1.64 万人次（图为第 4 届亚残运会富阳赛区部分比赛场景）

2023 年 10 月 23 日，杭州亚残运会首枚金牌在富阳水上运动中心诞生。中国队选手谢毛三获得女子单人皮艇 KL1 级项目的冠军

（骆晓飞　供稿）

（银湖街道　供稿）

（银湖街道　供稿）

（骆晓飞　供稿）

（章岳群　供稿）

千万工程

QIANWAN GONGCHENG

2023年，富阳迭代升级“千万工程”，更大力度守护好得天独厚的山水资源，加快绘就“千村引领、万村振兴、全域共富、城乡和美”新画卷，全力争创“绿水青山就是金山银山”实践创新基地。

黄公望村

（区农业农村局　供稿）

杨家村

（朱啸尘　供稿）

湖源龙鳞坝

（杨平儿　供稿）

富春江村

（区农业农村局　供稿）

黑山顶生态农业园区

（陈恒　供稿）

渌渚色块农业·大地艺术

（陈恒　供稿）

潘堰村　　（区农业农村局　供稿）

新登古城

（陈恒　供稿）

安顶山晨雾

（杨平儿　供稿）

2023东梓关村

（杨平儿　供稿）

富阳荣誉（2024）

富阳荣誉
中国最具幸福感城区
新华社《瞭望东方周刊》、瞭望智库

富阳荣誉
中国践行绿色发展
“新标杆”城市
中国互联网新闻中心

富阳荣誉
平安二星金鼎
中共浙江省委
浙江省人民政府

富阳荣誉
2023年度全省实施乡村振兴战略实绩考核优秀区，“神农鼎·铜鼎”
中共浙江省委办公厅
浙江省人民政府办公厅

富阳荣誉
第四批浙江省全域旅游示范县（市、区）
浙江省人民政府

富阳荣誉
2023年度全省深化新时代“千万工程”建设宜居宜业和美乡村（农村人居环境提升）工作优胜县
浙江省“千村示范、万村整治”工作协调小组办公室

富阳荣誉
2022年度新一轮制造业“腾笼换鸟、凤凰涅槃”攻坚行动考核评价激励名单第一档
浙江省制造业高质量发展领导小组办公室

富阳荣誉
2022年度林长制工作考核优秀区
浙江省林长制办公室

富阳荣誉
全省建筑工业化、建筑节能与绿色建筑优秀县（市、区）
浙江省住房和城乡建设厅
浙江省财政厅

富阳荣誉
全市区（县、市）综合考评优秀等次
中共杭州市委
杭州市人民政府

富阳荣誉
全面深化改革工作单项奖
中共杭州市委
杭州市人民政府

富阳荣誉
营商环境工作单项奖
中共杭州市委
杭州市人民政府

数字富阳（2023）

区域面积 1821.08 平方千米

年平均气温 18.4℃

年降水量 1176.2 毫米

年日照时数 1767.8 小时

市区空气质量优良天数 341 天，空气优良率 93.4%

森林覆盖率 66.22%

常住人口 85.7 万人

户籍人口 70.14 万人

登记在册流动人口 33.64 万人

人口自然增长率 0.17‰

▲地区生产总值 960.9 亿元，增长 4.8%

▲三次产业结构 5.5 ： 42.2 ： 52.3

▲人均生产总值（按户籍人口计算）13.73 万元

财政总收入 165.2 亿元

一般公共预算收入 100.5 亿元

一般公共预算支出 137.6 亿元

农林牧渔业总产值 76 亿元

▲农业增加值 53.8 亿元

▲规模以上工业企业数 764 家

▲规模以上工业实现营业收入 1959.3 亿元

▲规模以上工业增加值 289.3 亿元

数字经济核心产业增加值 111.1 亿元

▲高新技术产业增加值 203.9 亿元

▲战略性新兴产业增加值 114.3 亿元

▲装备制造业增加值 147.4 亿元

▲工业总产值超亿元企业 200 家（按独立法人计算）

▲建筑业增加值 58.6 亿元

固定资产投资增长率 10.1%

▲批发和零售业增加值 75.1 亿元

社会消费品零售总额 444.4 亿元

接待国内旅游者 509.6 万人，实现国内旅游收入 88.4 亿元

接待入境旅游者 0.3 万人，创旅游外汇收入 161.7 万美元

国家 A 级旅游景区 8 个，其中 AAAA 级 4 个

星级饭店 5 家，其中 AAAAA 级 2 家

完成货物进出口总额 476.8 亿元

服务贸易出口总额 5.72 亿美元

新引进外商投资项目 38 个

实际利用外资 1.85 亿美元

公路通车里程 1984.4 千米，其中境内高速公路里程 85.6 千米

公路货运量 1419 万吨

公路旅客运输量 67.4 万人次

快递业务收入 1.89 亿元，快递业务量 4472.6 万件

固定电话用户 6.7 万户，移动电话用户 109.2 万户

固定互联网宽带接入用户 44.2 万户

新引进高校毕业生 2.4 万人，引进硕士研究生等高层次人才 2219 人，新增市级以上领军型人才 36 人、技能人才 8600 人

组织实施各类科技计划项目 642 项

专利授权 4920 项，其中发明专利 894 项

研究与试验发展经费支出占生产总值比重 3.40

新增省级以上研发机构 15 家、国高企 163 家、省级科技型企业 343 家

众创空间 8 家，入驻创业团队 198 个

科技企业孵化器 10 家，入驻企业 326 家

区图书馆藏书 78.6 万册（件），书刊外借 92 万册次

县级以上文物保护单位 101 处（群），其中国家级 1 处、省级 10 处（群）

非物质文化保护项目 133 个，其中国家级 3 个、省级 15 个

体育场馆 28 个，健身苑（点）617 个

全体居民人均可支配收入 65581 元

城镇居民人均可支配收入 74899 元

城镇居民人均消费支出 47446 元

农村居民人均可支配收入 47653 元

农村居民人均消费支出 35217 元

私人汽车保有量 212776 辆

每百户家庭拥有私人汽车 76 辆

医疗卫生机构 568 个，医疗床位 5104 张，卫生技术人员 8163 人

完成无偿献血 12184 人次，献血总量 361.3 万毫升

基本养老保险参保人数 335212 人

基本医疗保险参保人数 723639 人

工伤、失业、生育保险参保人数分别为 262840 人、253500 人、322610 人

最低生活保障人数 10966 人

城乡居民最低生活保障标准 1259 元

居家养老照料中心 329 家，养老床位 3054 张

五保供养服务中心 12 所，供养老人 330 人

福利院 1 所，床位 166 张，收养婴幼儿童 7 人，老人 4 人

区慈善总会募集捐款 3574.6 万元，支出各项救助金 3044.8 万元

说明：标▲指标为富阳统计快报数据，最终以富阳统计年报为准

目 录

Contents

1 特 载

Special Reports

2 年度聚焦

Highlights of the Year

3 大 事 记

Chronicle of Major Events

4 区情综览

Profile

5 中国共产党杭州市富阳区委员会

Hangzhou Fuyang District Committee of the Communist Party of China

9 中国共产党杭州市富阳区纪律检查委员会 杭州市富阳区监察委员会

The Disciplinary Inspection Commission of the Communist Party of China Fu yang District, Hangzhou City The Supervisory Commission of Fu yang District, Hangzhou City

10 民主党派

Other Political Parties

11 群众团体

Mass Organizations

14 经济管理

Economic Management

15 农业·新农村
Agriculture and New Countryside

16 工 业

Industry

17 商贸流通

Commerce and Business Circulation

18 金 融

Finance

19 交通运输

Transportation

20 邮政通信

Postal Communication

21 旅游业

Tourism

22 富阳经济技术开发区
Fuyang Economic and Technological Development Zone

23 杭州富春湾新城
Fuchunwan New Town in Hangzhou

24 投融资平台
Investment and Financing Platform

25 城乡建设与管理

Urban-Rural Development and Management

26 环境保护

Environmental Protection

27 科学技术
Science and Technology

28 教　育
Education

29 文化·传媒

Culture and Media

30 医疗卫生

Medical Service and Health

31 体　育

Sports

32 社会生活

Social Life

34 名　录

Directory of Officers

35 附　录

Appendices

36 索　引

Indexes

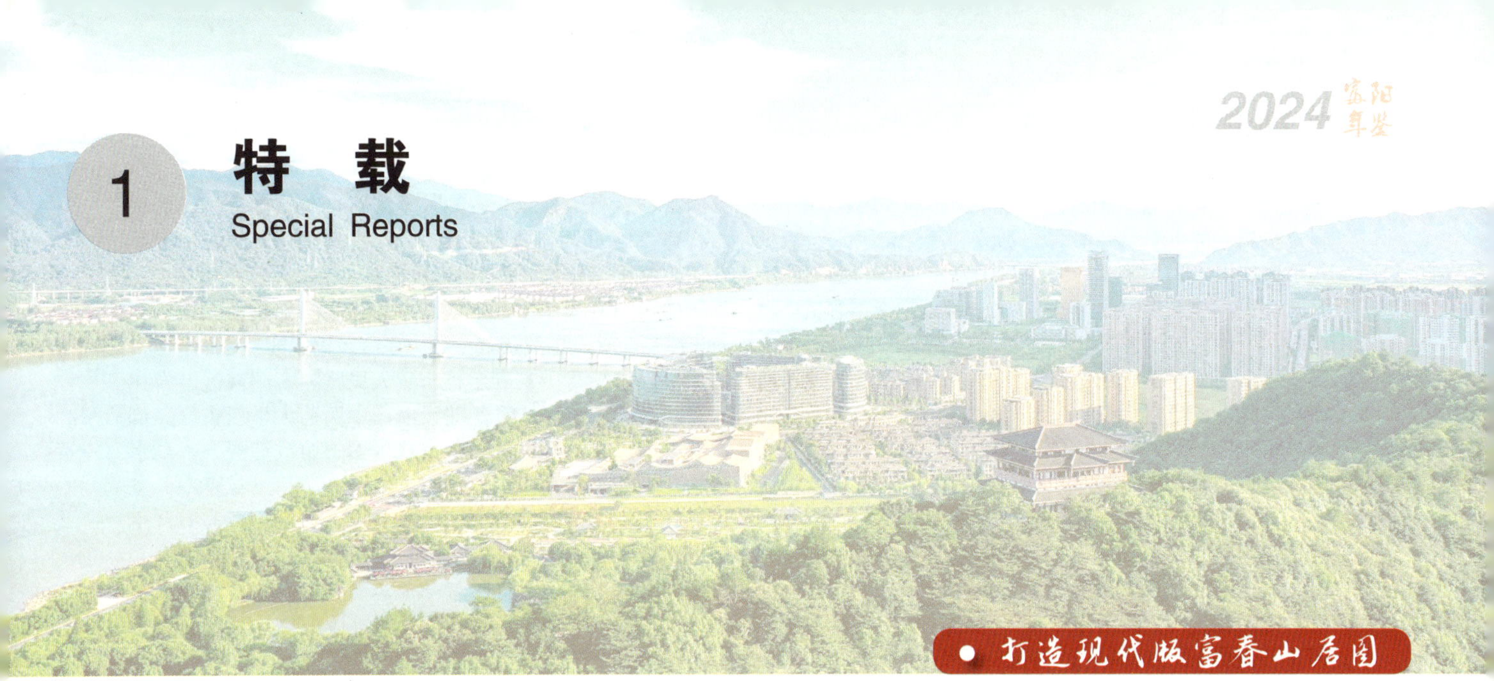

建区十周年　冲刺一千亿　迈上新台阶
以先行先锋姿态高水平描绘现代版富春山居图
全面谱写中国式现代化富阳新篇章

——在区委二届五次全体（扩大）会议上的报告

（2024年1月5日）

中共杭州市富阳区委书记　吴玉凤

这次区委全会，主要任务是坚持以习近平新时代中国特色社会主义思想为指导，深入学习贯彻习近平总书记考察浙江重要讲话精神和党的二十大精神，认真落实省委十五届四次全会和市委十三届五次、六次全会决策部署，总结2023年工作，部署2024年任务，动员全区上下牢记嘱托、感恩奋进，坚定不移沿着习近平总书记指引的方向奋勇前进，持续推动“八八战略”走深走实，以先行先锋姿态高水平描绘现代版富春山居图，全面谱写中国式现代化富阳新篇章。

下面，我代表区委常委会作工作报告。

一、负重前行、勇打硬仗，中国式现代化富阳实践实现精彩开篇

刚刚过去的一年，杭州举办了史上最成功的亚运会，经济总量冲刺2万亿元，城区人口突破千万，是具有里程碑意义的一年。这一年也是富阳抢抓机遇、打赢硬仗、接续奋斗、难中求成的一年。我们在党中央和省委、市委的坚强领导下，聚焦省委“三个一号工程”和市委“两场硬仗”，全力打好“稳当前”“增后劲”组合拳，扎实推动经济社会高质量发展，预计全年GDP增长5%，主要指标保持稳中有进。富阳连续4年荣获“中国最具幸福感城区”，成功摘得全省首批“二星平安金鼎”，蝉联全省高质量发展建设共同富裕示范区绩效考核优秀，全省全面深化改革考核、全市综合考评获得四连优。重点抓好六件大事。

（一）求真务实抓好主题教育，全面锤炼绝对忠诚政治品格。深入学习领会习近平新时代中国特色社会主义思想和党的二十大精神，高质量开展第二批主题教育，相关做法在全市作经验交流。严格落实“第一议题”制度，制定实施党的创新理论教育培训计划，深化“六学六进六争先”、“千场党课下基层”、富有理“响”·一路向“阳”学习实践，引导全区党员干部更加深刻领悟“两个确立”的决定性意义。深入开展“循迹溯源”工程，集中展示习近平总书记对富阳工作系列重要指示批示精神实践成果，精心组织“八八战略”实施20周年系列活动，举办“八八战略”与现代版富春山居图理论研讨会，建成杭州富春湾新城转型发展展示馆，“中央调查组在富阳”史料陈列室获评全省现场教学示范点。深化线上“民呼必应”、线下“昼访夜谈”双线联动机制，压茬推进“大走访大调研大服务大解题”活动，“调研一件事”获中央主流媒体刊发，中央巡回指导组现场参加区委常委会调查研究成果交流会。

（二）最高标准抓好亚运筹办，全面呈现精彩盛会高光时刻。建立“1+2+2+24”指挥调度体系，成功举办杭州亚残运会倒计时100天、亚残运会火炬传递富阳站活动，元书纸“亮相”亚运会开幕式，圆满完成6大类赛事258场比赛，“亚运首金”破壁出圈，获国务委员谌贻琴、亚奥理事会代理主席辛格、国际赛艇联合会主席罗兰、国际划联主席托马斯等充分肯定，成功引入首届国际皮划艇超级杯。开展迎亚运盛会“三大提升行动”，打造2个亚运场馆、5大城市入口、4条风景带、10大主题游线，水上运动中心、银湖体育中心分别获“十大场馆”绿色清新奖和文化底蕴奖，东洲入城口获全市赛马优秀，北支江沉浸式夜游、富春山居亚运景观带获评亚运重点出彩项目，北支江入选国家水上国民休闲运动中心试点，成功获评省全域旅游示范区、AAAAA级景区城。纵深推进平安护航“十大攻坚行动”，创新矛盾纠纷“三道防线工作法”，抓实安全生产大排查大整治，亚运保障实现“六个零发生”，平安创建获得十八连冠。深入实施“亚运范·富阳风”十大行动，激发市民主人翁精神，发动志愿者11.6万名，开展志愿服务2万余场，打造文明风尚“最美风景线”。

（三）不遗余力抓好“双拼”行动，全面推动经济运行稳中有进。第一时间制定实施“拼经济、拼发展”行动方案，出台“抢先机拼经济、勇夺开门红”38条、“亚运红促产能快速协调服务机制”等举措，累计新增减负降本超22亿元，兑现产业政策资金21.2亿元，惠及市场主体超5500户次，招引落地产业项目136个、总投资486亿元。实施“1231”项目全过程提速工程，富芯、芯海、海正生物、路特斯等18个10亿元以上项目加快建设，固定资产投资突破700亿元，制造业投资、高新产业投资均突破100亿元，连续2年获省政府投资“赛马”激励。全力推进现代产业集群建设，富春湾新城被列入全省集成电路产业协同区，数字经济核心产业、高端装备制造业增加值分别增长5%、7.4%，高新技术产业增加值占比达到68.7%，较上年提高3.6个百分点。

（四）蹄疾步稳抓好共富试点，全面推进公共服务优质共享。推广“先富带后富”联合体，创新“6+X”共富工坊制度体系，全国首创“富春小哥码”，“暖心无忧”医保防贫获全省共富最佳实践，成功承办国家发改委共同富裕示范区现场会，列入全国首批共富观察地。加快构建“15分钟公共服务圈”，举办第七届郁达夫小说奖颁奖典礼，电视剧《富春山居》在中央一套黄金档首播，建成投用富春十小、阳陂湖小学、区妇保院新大楼、区三院新院区、中国历代绘画大系特藏馆、区“非遗”馆，加快推进杭二中富春学校、省人民医院富阳院区、省中医院富阳新院区，开工建设浙江中医药大学新校区、泗洲中国造纸遗址博物馆，完成区图书馆改造提升。高水平建设“美丽富阳”，实施土壤污染防治三年行动，富春江干流水质稳定保持Ⅱ类，空气优良率达93.8%，生态环境公众满意度创历史最佳。

（五）系统部署抓好一号工程，全面探索转型发展创新路径。全力推进创新深化，挂牌成立城西科创大走廊联动办，开发区综合评价跻身全国前80、获评国家级绿色工业园区，富春湾新城入选长三角G60科创走廊科技成果转移转化示范基地，杭州光机所一期建成投用、“四链融合”模式获科技部肯定，西湖大学光电研究院加快推进，浙江中医药大学富阳研究院、浙工大国际创新中心成功落地，累计建成省级新型研发机构2家、市级概念验证中心2家。菲利普·罗素当选中科院外籍院士，张龙获评浙江省产学研合作突出贡献奖，3人获评省特级专家人才，华鹰控股获国家引才引智示范基地。新引进大学生2.4万人，研究生及以上高层次人才2219人。企业创新主体地位凸显，新增国高企164家、省科小343家，新增国家级、省级“专精特新”企业7家和103家，R&D经费投入强度达3.2%，技术交易额超30亿元。全力推进改革攻坚，组织实施18项牵一发动全身重大改革、25个重点专项行动和一批群众有感微改革项目，“人生档案”助力无证明城市建设等6项工作获省委改革办《竞跑者》推介，《富阳日报》与富阳广播电视台完成实质性融合。聚焦政务服务增值化改革，率先投用区企业综合服务中心和网上服务平台，打造“e企富”增值服务品牌，获全市最佳创新争先奖。积极推进开放提升，实施“千团万企拓市场”行动，组织140余家企业参加各类国际展会250余个、意向订单超30亿元，货物出口额超200亿元。

（六）从严从实抓好党的建设，全面打造勤廉并重干部队伍。坚持区委总揽全局、协调各方，加强和改进对人大、政府、政协工作的领导，支持监察委、法院、检察院依法独立行使职权，完善大统战工作格局，党管武装、民宗、侨联、对台、史志、档案、群团、老干部、关心下一代等工作取得新进展，区委党校获评全省首批“标杆引领类”县级党校，公望两岸圆缘园建成开园。深化“青蓝帮带”和“助跑行动”，队伍结构、干部能力持续优化提升。突出严管厚爱，区管干部政绩观考察实现全覆盖，容错裁定机制经验在中组部《组工信息》刊发。建强基层组织体系，成功创评首批省级现代社区2个，省级“红色根脉强基示范单位”17个。一体推进法治富阳、法治政府、法治社会建设，“村级述法一件事”获评长三角基层依法治理十大优秀案例。驰而不息正风肃纪反腐，严肃查处顶风违纪和隐形变异问题。迭代清廉单元建设推进体系，承办全省清廉浙江建设现场推进会、全省亲清政商关系乡镇（街道）研讨会并作典型发言，亲清政商关系“三侧协同”模式获全国工商联推广，“智廉医院”大数据监督平台获评全省清廉单元建设十大创新案例，“数智巡察”荣获全省“双十佳”巡察案例。高标准抓好中央、省委巡视和审计等5类反馈问题整改，“七张问题清单”管控力指数获五星级评价。

回望2023年，我们一路拼搏、一路前行，成功打赢亚运攻坚、经济“双拼”两场硬仗，有力应对“7·22”120年一遇超强降雨和北支江蓝藻防控重大挑战，创造“两个亚运”首金高光时刻，彰显出全区上下“人人责任在肩”的使命担当，“时时放心不下”的行动自觉，“事事落实闭环”的极致追求。这些成绩的取得，离不开习近平新时代中国特色社会主义思想的科学指引、领航定向，离不开党中央和省委市委的坚强领导、关心支持，离不开全区干部群众的勠力同心、克难奋进。在此，我代表区委常委会，向全区各级党组织和广大党员干部群众，向各民主党派、工商联和社会各界人士，向所有关心支持富阳建设和发展的朋友们，表示崇高的敬意和衷心的感谢！

二、牢记嘱托、感恩奋进，坚定扛起迈上新台阶、实现新跃升的使命担当

当前世界仍处于新的动荡变革期，外部环境的复杂性、严峻性、不确定性上升，国内经济发展也面临有效需求不足、部分行业产能过剩、社会预期偏弱等一些困难和挑战。但综合起来看，我国发展仍然是机遇和挑战并存，面临的有利条件强于不利因素，经济回升向好、长期向好的基本趋势没有改变。这些困难和挑战是发展中的困难、前进中的挑战。

2023年9月，习近平总书记再度亲临浙江考察，赋予浙江新定位、新使命，为我们奋进中国式现代化新征程指明前进方向、提供根本遵循、注入强大动力。对此，省委十五届四次全会明确“勇当先行者、谱写新篇章”的使命担当，市委十三届五次、六次全会强调要“深化改革、强基固本”，全面实施“十大攀登行动”，这是我们当前和今后一段时期必须坚持的头等大事和首要政治任务。

2024年，富阳步入后亚运时代，迎来撤市建区十周年，冲刺经济总量1000亿元关口。我们要自信地看到，富阳已经处于从大拆大建大提升向大引大育大发展的转型关键期，空间优势、环境优势、区位优势日益显现，为富阳整体成势、全面突破奠定了扎实基础，未来发展充满想象，但也面临科技创新支撑不足，产业赛道转换偏慢，主导产业体量偏小，产业辨识度不够鲜明等新的“成长的烦恼”。在这个特殊节点，我们要找准坐标方位，扛起使命担当，展示新成绩，体现新作为，实现“建区十周年、冲刺一千亿、迈上新台阶”。

——建区十周年、冲刺一千亿、迈上新台阶，必须进一步坚定政治站位，增强政治自觉。坚定拥护“两个确立”、坚决做到“两个维护”，把习近平总书记对浙江深情大爱、殷切嘱托落实到富阳行动上、体现在富阳发展中，就是我们最大的政治自觉。深入实施“八八战略”，坚定现代版富春山居图“一图三立四景”目标不动摇，坚定产业强区主战略不动摇，坚定全面融杭发展不动摇，一张蓝图绘到底、一任接着一任干，就是我们最大的历史自觉。勇闯新路、再立新功，以更高标准、更实举措，推动富阳转型升级、跃升台阶，就是我们最大的实践自觉。

——建区十周年、冲刺一千亿、迈上新台阶，必须进一步提高工作目标，打造硬核成果。新台阶就是要攀升新目标。当前，新一轮区域竞争的大幕已经拉开，逆水行舟、不进则退，一朝错失、抱憾十年。我们要把后亚运、建区十周年、GDP超千亿作为富阳发展提质增速的里程碑和干部队伍能力提升的分水岭，实现从交通融杭到产业融杭，从项目落地到产业集群，从城市框架到全面成型的“奋力一跳”，努力在各个领域形成一批拿得出手的硬核成果，扎实推进现代产业、现代城市、现代治理整体跃升。

——建区十周年、冲刺一千亿、迈上新台阶，必须进一步聚焦关键领域，实现路径突破。习近平总书记考察浙江重要讲话精神为我们推动高质量发展提供了过河的“船”和“桥”。我们要主动应对深刻的产业引育之变、城市建设之变、要素结构之变、社会治理之变，加快创造性贯彻落实、创新性转化发展。特别是要更加主动抓住“以科技创新塑造发展新优势”这个制胜关键，聚焦重点链条、重点项目、重点板块、重大改革，完善顶层战略、行动计划、作战军团和保障措施，画好工作图谱，重塑工作体系，落实工作闭环。

——建区十周年、冲刺一千亿、迈上新台阶，必须进一步强化使命担当，全力破难攻坚。全区上下务必要勇立赶超之志，敢于和先进城区同台竞技，持续激发“不争第一，就是落后”的斗志，以“人一我十”的拼劲，努力在新一轮区域发展中争先进位，在新一轮产业赛道中赢得先机。务必要勇立变革之志，善于在多重约束下干好“难而正确的事”，拿出更多首创办法、创新实践，不断开辟转型发展的新空间。务必要勇立实干之志，抓住一切有利时机、利用一切有利条件，定了就干、干就快干、干则必成，以更多创造性招数，打好发展主动仗，干出经济发展的加速竞跑、干出重大项目的全面突破、干出社会面貌的焕新蝶变。

三、聚焦重点、探索突破，努力以关键领域的标志性成果推动富阳迈上新台阶

今年是中华人民共和国成立75周年，是实施“十四五”规划的关键一年，也是撤市建区十周年成果展示之年。做好今年的工作，具有特殊意义。为此，区委提出今年富阳发展的指导思想是：以习近平新时代中国特色社会主义思想为指导，深入学习贯彻习近平总书记考察浙江重要讲话和指示批示精神，全面贯彻落实中央和省委、市委决策部署，聚焦总书记精准点题的重大任务，完整、准确、全面贯彻新发展理念，坚持稳中求进、以进促稳、先立后破工作总要求，以迈上新台阶、实现新跃升为目标，奋力打造振奋人心的标志性成果，推动

“八八战略”富阳实践走深走实，加快现代产业、现代城市、现代治理立起来，努力在全省“勇当先行者、谱写新篇章”、全市“勇攀高峰、勇立潮头”中走在前、争示范，加快高水平描绘现代版富春山居图，奋力谱写中国式现代化富阳新篇章。

我们要全面落实好市委“深化改革、强基固本”年度主题，坚持“过紧日子”理念，保持战略定力、加强基础研究，顺势而进、拾级而上，通过重点工作突破和一批“小目标”达成，奋力推动全区经济社会各项事业迈上新台阶。

（一）奋力推动经济规模总量迈上新台阶。坚持以立促进、以进促稳，打好提振信心、投资赛马、企业服务、防范风险等稳进提质“组合拳”，深化开展“大走访大调研大服务大解题”活动，实现主动得稳、积极得稳、进取得稳。全年GDP要实现增长5.5%，正式突破千亿元。

有力提升政策精准度。抓住国家增发特别国债、地方政府专项债窗口，积极争取上级财政资金和“4+1”专项基金。千方百计用好国家减税降费政策和省政府“8+4”经济政策，优化整合区级产业政策，做好宣传解读，全力稳定社会预期、提振市场信心。

持续提高投资质效。深化项目长制度，加强项目全生命周期管理，实行“一项目一清单一团队”推进机制，切实抓好5大类165个政府投资项目和231个产业项目建设。优化投资结构，支持社会资本参与新型基础设施等领域建设，制造业投资和高新产业投资均增长10%以上，民间投资占比超50%以上。抢抓国家加快推进“三大工程”机遇，加强城市基础研究，科学谋划一批实施类、预备类、储备类项目，形成项目全要素库，力争更多项目纳入专项债盘子。

积极扩大消费与出口。稳定和扩大传统消费，升级“乐活富阳”消费品牌，提振新能源汽车、家用电器等大宗消费。推进富春湾天街、秦望水街、金茂览秀城等新型综合体建设，打造沉浸式消费新场景。培育壮大新型消费，争取数字新零售产业规模突破100亿元，打造具有影响力的全国新国潮品牌加速器。持续优化外贸业态结构，提升对外开放水平，力争货物出口增幅高于全省平均水平。

（二）奋力推动科技创新生态迈上新台阶。城市实力靠产业，城市未来看科创。坚定推进硬科技创新示范区建设，突出科技成果转化落地，构建“四链融合”创新生态体系，发展新质生产力，确保全社会R&D经费投入强度达到3.3%，争取创新综合指数排名进入全省第一方阵。

实现省重点实验室“零的突破”。推动杭光所创建更高层级科创平台，加快西湖大学光电研究院建设，实现浙工大国际创新中心、浙江中医药大学富阳研究院入驻，支持申报省重点实验室，力争新增省重点实验室1家、省级新型研发机构1家、市级概念验证中心1家。

大力培育企业创新主体。深入实施高新企业培育计划，鼓励一批链主企业、科技领军企业参与核心技术协同攻关和创新成果转化，支持规上企业“高新化”、高新企业“规上化”，新增市级以上企业研发机构15家，国高企100家，省级科技型中小企业200家，省级以上“专精特新”企业80家。

强化科技人才支撑。实施“才聚富春”工程，推行以信任为基础的人才分类认定体系，依托全省高校“双百行动”及优质项目、高峰论坛、创业大赛集聚高端人才，实现“鲲鹏行动计划”人才零的突破。实施“春雨计划”，推进银湖科技城、富春湾新城青年发展型平台建设，加快打造青年人才社区、人才服务综合体，全年新增大学生3万人以上、研究生及以上高层次人才2400人、市级以上领军型人才35人。

加速科技成果转化孵化。坚持“一链条一机构一生态”，制定实施产业链协同创新孵化体系建设三年行动计划，建设“淘科技”大市场，加快复制杭光所创新孵化“富阳模式”，让科技成果转换不再难。大力招引优秀孵化运营机构、咨询机构，建成产业（加速）园4家，新增产业孵化面积25万立方米以上。持续完善科创基金体系，争取省市专项产业基金，做大做强区级科创基金，更好发挥科创产业基金引导撬动作用。

（三）奋力推动产业发展质效迈上新台阶。产业是实现高质量发展的根本支撑和关键所在，必须大立产业、狠抓产业，更大力度融入城西科创大走廊、城东智造大走廊，打造杭州科技成果转化首选区、项目出廊第一站，加快形成具有辨识度、竞争力的现代产业体系。

加快构建“双城多园”产业布局。银湖科技城实施“5300”计划，争取5年引入300家以上高成长性的创新企业，打造杭州“数字经济第一城”新秀之城。实质推进大走廊联动区建设，做到政策协同、项目共引、基金共组、平台共用“同廊同待遇”。富春湾新城升级滨富合作区2.0版，创建省级光机电高新技术产业园区，通过3—5年努力重塑“浙江光谷”品牌、打响“富春芯城”产业地标。对标“千亩百亿”定位，打造西谷新电商、高尔夫路现代能源装备、春南智能物联、滨富集成电路、环阳陂湖生命健康、金桥汽车电子、东洲智造小镇、新登金属材料、场口艺培小镇、胥口药谷小镇等十个专业产业园区。

全面打造“1545”现代产业集群。坚持数字经济创新提质“一号发展工程”，建设“三区一高地”，力争数字经济核心产业增加值占GDP比重超13%。对标杭州5大产业生态圈，深化产业链长制度，建立“十个一”产业培育机制，全力提能级、建生态、增质效，争取智能物联、生物医药、高端装备、新材料和绿色能源产业规模3年内达到2000亿元以上。聚力发展4大新兴产业，光电激光重点瞄准光电领域的研发与应用，依托杭光所和西湖大学光电研究院，打造全球领先光电技术原创首发产业化平台；集成电路重点推动制造产能爬坡并向设计、封测、电子元器件延伸，打造新一代集成电路全链条产业基地；生物医药重点发展医药制造、现代中医药、高端医疗器械，打造沿杭淳开现代中医药国际合作示范区“产业走廊”，点亮“东方丹谷”产业地标；智能汽车核心零部件主攻汽车底盘及车身系统、智能网联等方向，打造沿G320杭州智能网联车产业重要基地。布局发展5个培育产业，推动绿色能源、机器人、人工智能、数字新零售和运动休闲产业发展壮大，加快形成若干个百亿级产业。

实现重大项目招引新突破。全面吹响招商引资集结号、冲锋号，招引产业项目120个以上，其中10亿元以上项目20个，含50亿元以上项目2个，力争100亿元以上项目有新突破。突出产业链招商，谋深产业图谱，优化招商团队，招引落地一批“链主型”“填空型”“拼图型”项目，努力“引进一个项目，带动一个产业，构建一个集群”。注重基金招商，积极对接国内头部基金机构和省市政府引导基金，完成产业基金投资项目20个，规模超30亿元，撬动社会资本150亿元。推进工业上楼和专业产业园建设，完成工业用地出让1500亩、“三块地”消化盘活1万亩、厂房改扩建20万立方米以上。

更加关心关爱在富企业。企业家是富阳创新发展、转型升级的功勋力量，必须始终高看一眼、厚爱三分。加大主动服务力度，想方设法回应企业诉求，鼓励企业进一步解放思想，想投、敢投、放心投，深耕主业、做精专业、做大做强。深化以情招商、以企引企、“一事一议”，把更多在外富商和外地朋友请回来，把更多本地企业的二期项目落地富阳。实施领航企业培育、上市企业提速等六大行动，力争新增上市企业3家、市级总部企业3家、经营主体1.5万户。

（四）奋力推动城市功能品质迈上新台阶。牢固树立“精明增长”理念，推动扩张式生长向内涵式发展转型，更加聚焦“人的现代化”，更加注重建设时序和建设品质，把每一块土地规划好，把每一笔资金利用好，“做一个、成一个、精一个”，加快呈现“一江带城、南北呼应，山水相依、产城融合，现代气派、田园风光”现代化大都市新型城区魅力。

推进新一轮重大交通项目建设。坚持“交通先行”，推进交通融杭“北上东进”，构建便捷化内外交通体系。谋划地铁6号线南延、14号线延伸工程，开展科海路—东望路、亚太快速路、杭淳开高速、320国道上里段“平改立”、合温高速、钱塘江航道“四改三”项目前期，动工建设中环北段，力争实现秦望过江隧道通车。扮靓富阳互通和灵桥互通“一主一新”两大入城口，擦亮高铁富阳站、富阳西站“两个窗口”，带动周边区块开发和环境优化，持续提升城市门户形象。

高品质推进“十字金轴”深化成型。坚持一流标准、都市品质，启动实施新时代“富春印象”十大工程。秦望城市眼完成科技馆、水街建设，五岫骈峰实现主体结顶；地铁站点TOD开发加快出形象，银湖站·虹缤之都打造区域性地标，野生动物世界站·文创街区动工建设；杭黄未来城精彩亮相，金湖水系建成开放，着力在地铁轴线、富春江两岸竖起一批具有辨识度的城市Logo，打造不留遗憾的永恒经典。

持续提升城市功能、城市韧性和城市管理。全面参与杭州城市功能分工，以更加开放的姿态引入省市公共配套。推进省级小城市建设，打造新登“韵味古城、魅力新城”，复兴场口“小上海”。建设“数字孪生城市”，强化地下管线协同管理，形成全区地下管网“一张图”，推动市政项目“最多挖一次”。完成“7·22”超强降雨灾后重建，加强“平急两用”公共基础设施建设，启动南北渠分洪隧洞一期，推动应急消防管理站乡镇（街道）全覆盖、实体化运行。稳步推进城中村改造和城市有机更新，有序实施洁美示范街区、城市小公园、老旧小区改造和未来社区建设，新建一批停车位、充电桩，进一步提升城市品质。

（五）奋力推动共同富裕试点迈上新台阶。坚持尽力而为、量力而行，深入实施“七优享”工程，持续缩小“三大差距”，兜住、兜准、兜牢民生底线，多出成果、多出模式、多出经验，不断擦亮“中国最具幸福感城区”金名片。

推进公共服务优质均衡发展。聚焦“学有优教”，深化集团化办学和“三名工程”，建成投用杭二中富春学校、富春湾第三中学，加快东吴九年一贯制等20所学校建设，深入创建现代化学校。聚焦“病有良医”，实施“医疗服务质量大提升行动”，基本建成省人民医院富阳院区和省中医院富阳新院区，竣工投用富春社卫中心，推动区一院、区妇保院与省级医院合作，打造“四级诊疗直通车”服务体系，争创全国基层中医药工作示范区，高分通过新一轮国家卫生城市复审。

推进“全龄友好”城市建设。聚焦“老有康养”，深化老年健康服务“五大专项行动”，推动长期护理保险试点全覆盖，大力发展“银发经济”，每万老年人口拥有持证养老护理员数达到27人以上。聚焦“幼有善育”，完善“生养育”全周期服务体系，提高公办幼儿园学位比例，加大托位供给，普惠托位占比达到60%以上。

推进“扩中提低”工程。聚焦“劳有所得”，新增就业2.5万人以上，零就业家庭动态清零。聚焦“住有宜居”，全面完成5年以上在外过渡户安置回迁，保持危旧房动态清零，有序推进人才房、公租房建设，分层分类解决不同群体住房需求。聚焦“弱有众扶”，实施“社会助医·防贫共富”工程，探索破解因病致贫返贫问题，打响“富阳救助”品牌。持续拓宽“先富带后富”路径，深化共富工坊、就业带动、农产帮销、技术教导等多元化“带富”合作，精准匹配、就近促成一批形式多样的共富联合体，形成携手共富、乡村振兴的生动实践。

（六）奋力推动改革开放水平迈上新台阶。中国式现代化的本质是一场社会变革。聚焦高质量发展和民生改善重点堵点难点，积极探索富阳做法，努力形成一批具有首创意义、推广价值、实战实效的改革成果。

打响增值化服务“e企富”品牌。迭代增值化服务改革“五个一”工作架构，建立开发区、富春湾新城企业服务驿站，把企业综合服务“一中心一平台”打造成为涉企问题高效闭环解决的中台枢纽。围绕产业发展、项目落地和企业高频诉求，持续丰富拓展涉企服务事项清单，推出工业项目开竣工、科技成果转化、人才服务、法律服务、融资服务等“一类事”服务事项，着力构建全生命、全天候政务服务新生态。积极争取上级试点，做深做实“不得说不”、企业合规等特色做法，实现政策精准推送、资金一键兑现。

深化国有企业改革。突出市场导向，以提高竞争力、增强核心功能为重点，组建产业集团、资源集团、安居集团等一批适应产业发展新趋势、市场化程度高的二级集团，积极参与项目招商和专业园区建设运营，有力推进区属国企从投融资主体向市场经营主体转型，新增国内AAA级评级1家，规上企业累计达28家，营收以及利润总额增长10%。

打造新时代“两个健康”先行示范区。全面推动民营经济32条措施精准落地，严格执行“3个70%”“3张项目清单”“7个不准”系列举措，切实增强民营企业获得感。迭代升级“3+3+3”亲清政商关系富阳模式，健全常态化“早餐会”“午餐会”、政企恳谈会等沟通交流机制，持续推进“青蓝接力”工程，用心服务企业健康发展和企业家健康成长。

（七）奋力推动文化强区建设迈上新台阶。文化是城市的根和魂。深入贯彻习近平文化思想，持续开展中华文明探源工程、富春山居文化基因解码工程、宋韵文化传世工程，打造具有全国影响、富阳特色、江南韵味、诗画胜境的新时代文化强区。

打造文化传承示范区。加快富阳科技馆、泗洲中国造纸遗址博物馆、泗洲造纸考古遗址公园建设，推动新登古城墙申遗。打响“家在富春江上”文化品牌，办好泗洲纸文化节、公望山水画展等一批大型活动。扎实推进“书香富阳”建设，开展文化礼堂“活跃工程”。深入开展社会主义核心价值观宣传教育，深化“文明一立方”新时代文明实践，做优“富春风尚汇”“文明安全乘电梯”等文明品牌，持续开展道德模范、文明家庭等选树活动，壮大“最美群像”，打造“最美风尚”新高地。

打响“富春山居·休闲富阳”文旅品牌。深度融入“诗路文化·三江两岸”文化旅游带，着力打造“富春山居图景”“葛溪清影度假区”等一批特色板块，加快北支江水上运动综合体、西岩温泉、冰雪大世界、三江水舍、春江秀建设，推动渔山1号度假酒店、小叠空梦想田园投入运营。持续办好“宋福富春年”、“中国营地大会”、味道山乡、江鲜大会等活动，策划研学游、露营游、康养游、城市游、周末游等一批文旅新业态，全力打造国家全域旅游示范区。

重振“中国运动休闲之城”品牌。打造高端赛会举办地，对标亚运标准办好首届国际皮划艇超级杯，申报2024年世界箭联射箭世界杯，争取承接杭州马拉松、自行车富阳分站赛事。打造专业队伍训练地，推进两大亚运专业场馆赛后综合利用，促成市射击射箭、皮划艇队伍入驻训练。打造职业俱乐部集聚地，引进水上运动、射击射箭、低空飞行等高端运动协会和俱乐部，积极拓展体验、培训、考证、办赛市场。打造特色体育用品生产地，推动华鹰游艇等企业持续做强，鼓励企业生产新能源游艇和无动力帆船，加快培育“中国球拍之乡”品牌，力争到2025年体育产业总产出突破120亿元。打造运动休闲体验地，用活富阳山水资源，加快运动休闲和农文旅融合发展，逐步成为长三角户外休闲和潮运动向往的目的地。

（八）奋力推动深化“千万工程”迈上新台阶。迭代升级“千万工程”，更大力度守护好得天独厚的山水资源，加快绘就“千村引领、万村振兴、全域共富、城乡和美”新画卷，全力争创“两山”实践创新基地。

大力推进新时代生态文明建设。高质量做好中央生态环保督察迎检工作，持续打好蓝天、碧水、净土、清废环境整治组合拳，让富阳水更清、土更净、天更蓝。优化北支江流域系统管理，推进鹿山新区雨污水管网改造，启动高桥汽贸城区块排水管道改造提升，确保富春江水质保持Ⅱ类以上，集中式饮用水水源地水质达标率100%。实施重点行业污染整治提升，深化“固废智治”“浙固码”数字应用，推动固废源头减量、园区循环利用，实现生活垃圾“零增长、零填埋、不出区”目标，争创全市首个区县四星级“无废城市”。

加速打开“两山”转化通道。深入推进六大组团联动发展，坚持“一组团一龙头”“一乡镇一特色”“一区域一品牌”，深化“富春红链”党建联建，有效带动区域共富。提升乐水湖源、洞桥营地、龙门古镇、杏福万市、恬漫永昌、葛洪丹谷、安顶云雾等经典村镇，推广龙门“三宝”、永昌臭豆腐、东坞山豆腐皮、场口土猪肉包子、湖源灰汤粽、常绿“章妈妈的菜”等特色美食。推进村庄从重建设向重经营、重治理转变，建立村庄经营公司职业经理人制度，探索“资源招商”“环境入股”，做实“飞地抱团”“村企联动”，确保实现“8050”目标。

积极发展高效生态农业。压实“米袋子”“菜篮子”责任制，提高多田套合率，探索粮食功能区跨乡镇“有偿代划”机制，牢牢守住粮食生产底线。做深农产品“土”“特”“产”文章，做大富春山居区域品牌，做强品牌宣传营销，延伸农产品产业链条，积极发展乡村旅游、助农直播等新业态，培育壮大茶叶、水果等一批叫得响、拿得出的高端特色农产品，力争形成5亿元以上农业产业链2条，新增省级农业龙头企业1家以上。

（九）奋力推动社会治理效能迈上新台阶。成立区委社会工作部，全面构建党组织统一领导、政府依法履责、各类组织积极协同、群众广泛参与的社会治理格局，加快推进治理体系和治理能力现代化。

打响基层治理富阳品牌。坚持和发展新时代“枫桥经验”，做实诉源治理，深化干部下基层开展信访工作，完善“网格议事·双线联动”机制，持续推进“家和睦邻”工程、“共享法庭”建设，打响“小脑+手脚”基层矛盾纠纷化解品牌。纵深推进新时代“小队会”基层议事制、“进站会商一件事”，抓好民生议事堂、委员工作室、社情民意信息联系点“三位一体”和协商驿站建设，打响全过程人民民主富阳品牌。

创建法治浙江优秀区。深化“大综合一体化”行政执法改革，推广“1+1+3综合查一次”工作体系，开展“首违不罚”“规范执法”，推行包容审慎监管，提高联合双随机检查比率。实体化运行区合法性审查服务中心，推进行政裁决试点，强化行政执法“三项制度”落地，加强涉企法律服务供给，提升“助企法宝”企业合规建设影响力。常态化开展普法活动，推动全社会形成办事依法、遇事找法的浓厚氛围。

实现平安建设“十九连冠”。强化“底线思维”“极限思维”，提升突发公共事件和自然灾害防范应对、应急救援能力，健全风险闭环管控大平安机制。深化社会治安整体防控，开展“平安和谐、除险保安”大比武，持续推进安全生产治本攻坚，加大交通、电诈、消防等专项整治。加强教育培训、金融投资等涉众型领域及新行业新业态源头治理、靶向治理。坚持“保交楼”，积极稳妥化解房地产风险，促进房地产业健康发展和良性循环。

四、凝心铸魂、勤廉担当，全面筑牢迈上新台阶、实现新跃升的坚强保障

迈上新台阶、实现新跃升，需要一支高素质专业化的干部队伍作支撑。我们要以“想就想明白”的态度、“做就做极致”的追求、“干就干出彩”的决心，爬坡过坎、重塑优势、奋起攀高。

（一）坚定绝对忠诚的政治定力。坚持不懈抓好理论武装，深入实施铸魂、溯源、走心“三大工程”，推动理论研究阐释利用一体化，严格落实“第一议题”制度，统筹用好理论学习中心组、“周四夜学”等重要载体，深入学习宣传贯彻习近平总书记考察浙江重要讲话精神、习近平总书记对富阳工作系列重要指示批示精神，持续深挖“八八战略”理论富矿，引导全区党员干部更加自觉地以习近平新时代中国特色社会主义思想武装头脑、指导实践、推动工作。巩固深化主题教育成果，常态化开展“循迹溯源学思想促践行”，闭环落实习近平总书记重要指示批示精神和党中央重大决策部署。从严落实意识形态和网络安全责任制，持续深化瞭望哨工程，坚决守牢意识形态主阵地。

（二）构建坚强有力的组织体系。迭代先锋、堡垒、服务“三大指数”管理考核，推动各领域基层党建全面进步全面过硬。开展基层党建大起底大排查，推进新时代党员队伍“双培一优”、党群服务中心“三心工程”、专职社工“五个一百”专项行动，选拔培育一批“红领名师”。健全党建引领小区治理“三方协同”机制，试点培育新形态社区。抓实行业系统党建，实施“两企三新”党建提能行动，深化专精特新企业及外卖骑手、货车司机、网络主播等新就业群体党建工作体系。

（三）锻造堪当重任的干部队伍。实施履职能力提升行动，常态化开展干部教育培训，探索“点单服务、点将培养”的上挂下派模式，推动优秀中青年干部深入改革一线、招商一线、项目一线、企业一线磨砺成长。树牢“四个坚持、八个不”选贤任能导向，优化综合考核评价体系和政治监督机制，深化“反向激励”交流整转，以考促干、凭绩用人，推动干部能上能下、能进能出。坚持严管厚爱结合、激励约束并重，用好关心关爱、容错纠错、松绑减负系列“组合拳”，旗帜鲜明为实干者担当、为有为者负责。

（四）保持正风反腐的高压态势。坚持党性党风党纪一起抓，重拳纠治“四风”顽疾，坚决防止形式主义、官僚主义，推动基层真减负、减真负，坚决整治“微笑不办事”“热情不服务”等问题。纵深推进反腐败斗争，紧盯招投标、国企、金融、工程项目建设等重点领域、关键环节反腐治贪，一体推进“三不腐”。持续深化“无事不扰”制度建设，完善政商交往正面清单、负面清单、倡导清单，坚决查处和防范政商交往中以权谋私、权钱交易问题，切实做到亲不逾矩、清不远疏、公正无私、有为有畏。加强新时代廉洁文化建设，巩固提升“7+N”重点清廉单元建设成果，将清廉建设融入文化建设、制度建设、治理实践，持续擦亮清廉富阳“金名片”。

（五）凝聚团结奋斗的磅礴力量。坚持党的集中统一领导，充分发挥党委总揽全局、协调各方的领导核心作用，充分发挥人大、政协以及各民主党派、工商联、无党派人士的积极作用，支持监察委、法院、检察院依法办事、公正司法。强化工会、共青团、妇联等人民团体联系和服务群众作用，紧密团结民主党派、工商联、人民团体、海内外乡贤和社会各界人士，巩固和壮大最广泛的爱国统一战线，努力寻求最大公约数、画出最大同心圆，形成全区干部群众心往一处想、劲往一处使的生动局面。

同志们，时代因奋斗而常新，城市因梦想而行远。让我们更加紧密团结在以习近平同志为核心的党中央周围，守正创新、实干争先，迈上新台阶、实现新跃升，以先行先锋姿态高水平描绘现代版富春山居图，全面谱写中国式现代化富阳新篇章！

附件：

名词解释

【矛盾纠纷“三道防线工作法”】 即针对村社矛盾纠纷就地化解不上交构建的三道防线。第一道防线：网格闲事多管；第二道防线：村社干部履职；第三道防线：村社书记包案。

【“6+X”共富工坊】 即围绕富春·云坊（电商直播式）、富春·巧坊（来料加工式）、富春·匠坊（定向招工式）、富春·商坊（品牌带动式）、富春·游坊（农旅融合式）、富春·师坊（产业赋能式）6大类基础工坊和镇街各具业态特色的多样化工坊打造共富业态矩阵。

【“十个一”产业培育机制】 即一条产业链建立一个推进专班、一个发展目标、一份产业图谱、一个专业园区、一支招商队伍、一个创新平台、一批链主企业、一个专家团队、一支产业基金的实施方案。

【三区一高地】 即围绕未来5年数字经济产业发展，打造全省光电激光第一区、数字智能装备核心区、数字新零售先导区、集成电路制造新高地。

【增值化服务改革“五个一”工作架构】 即“一中心”：企业综合服务中心；“一平台”：企业线上综合服务平台；“一个码”：电子营业执照“企业码”；“一清单”：涉企服务事项清单；“一类事”：涉企服务一类事。

【1+1+3综合查一次】 即一主体、一工具、三原则：以乡镇（街道）为主体，用好“综合查一次”本地场景清单工具，坚持信用承诺、宣传沟通、规范指引原则。

【“两企三新”】 即混合所有制企业、非公有制企业和新经济组织、新社会组织、新就业群体。

杭州市富阳区人民代表大会常务委员会工作报告

在杭州市富阳区第十七届人民代表大会第三次会议上

（2024年2月4日）

杭州市富阳区人大常委会主任　徐林亮

各位代表：

我受区人大常委会委托，向大会报告工作，请予审议。

一、过去一年的主要工作

2023年是全面贯彻党的二十大精神的开局之年，是“八八战略”实施20周年、杭州亚（残）运会举办之年，也是富阳加快现代产业、现代城市、现代治理立起来的拼搏之年。一年来，在区委的坚强领导下，区人大常委会高举习近平新时代中国特色社会主义思想伟大旗帜，深入学习贯彻党的二十大精神和习近平总书记考察浙江重要讲话精神，坚定拥护“两个确立”、坚决做到“两个维护”，坚持党的领导、人民当家作主、依法治国有机统一，认真履行宪法和法律赋予的职责，为高水平描绘现代版富春山居图作出了积极贡献。

一年来，共举行常委会会议9次、主任会议12次，听取审议“一府一委两院”专项工作报告18个，对3部法律法规开展执法检查，发出审议意见11份，作出决议、决定12项，任免国家机关工作人员73人次。成功承办全市人大践行全过程人民民主工作现场会，全区人大工作得到陈金彪、李火林等省、市人大常委会领导批示肯定12次，关于深化民生实事项目人大代表票决制的理论文章在全省理论研究评选中获二等奖，“建立异地代表联络站”入选全省助力三个“一号工程”主题活动典型案例，还有多项工作分别在“杭州人大与时俱进案例”、全市全过程人民民主专题研讨、全市乡镇（街道）和开发区人大践行全过程人民民主优秀案例等评选中获奖。

这一年，我们敢为争先、实干争效、硕果累累，圆满完成区十七届人大二次会议确定的各项任务，主要做了以下六个方面工作。

（一）坚持举旗铸魂，坚决把牢人大工作正确的政治方向

常委会始终坚持党的全面领导这一最高政治原则，高举旗帜、站稳立场，确保人大工作沿着正确方向前行。

强化党的创新理论武装。认真开展学习贯彻习近平新时代中国特色社会主义思想主题教育，一体推进理论学习、调查研究、推动发展、检视整改、建章立制。坚持把学思想摆在首位，严格执行“第一议题”学习制度，通过读原著、学原文、悟原理，不断增进对习近平新时代中国特色社会主义思想的政治认同、思想认同、理论认同、情感认同。全面学习贯彻习近平总书记考察浙江重要讲话精神，准确把握习近平总书记赋予浙江的新定位新使命。

强化人大制度业务学习。持续完善“党组会议学制度理论、主任会议会前学业务、常委会会议会前学法”学习体系，加强对人大制度、人大工作和“一府两院”业务知识的学习研究。组织学习全过程人民民主重大理念、立法法、地方组织法、预算法等课程。邀请有关部门负责人讲解统计、财政、经济、医疗救助、新时代检察工作等方面业务知识，主动学习“元宇宙与ChatGPT”前沿应用，进一步拓宽人大干部知识视野、完善知识结构、增强履职本领。

强化党委意图有效落实。全力参与筹备召开区委人大工作会议，协助区委制定《关于践行全过程人民民主重大理念推动新时代人大工作高质量发展的实施意见》。根据全区经济社会发展需要，就我区国土空间分区规划、全流程预决算监督“三审”制工作作出决议决定，听取审议新登镇千年古城复兴综合规划情况，保障区委重大

决策贯彻实施。听取区政府关于我区“十四五”规划纲要以及制造业高质量发展“十四五”规划实施情况中期评估报告。严格执行请示报告制度，全年共向区委请示报告事项12件。

（二）坚持突出重点，积极推动重大决策部署落地见效

常委会聚焦省委实施三个“一号工程”、市委打好“两场硬仗”、区委加快“三个现代”立起来决策部署，全面开展助推“三个现代”立起来活动，确保人大工作与党委决策同频共振、同向发力。

开展“助力双拼”专项行动。聚焦经济指标、项目建设、招商引资、产业集群、营商环境等五个维度，履行人大职责、贡献人大力量。紧扣指标比贡献、展实绩，组织全区69位企业家人大代表（街道议事会成员）参与主要经济指标比拼，在产值、营收、研发费用、税收等指标上比增量、比增速；紧扣项目比进度、重实干，组织31位涉及产业项目建设的人大代表（街道议事会成员）在比进度中发挥领跑作用，加速推进项目建设；紧扣招商比绩效、献实策，乡镇（街道）人大、“两大平台”人大提供招商引资线索193条，助力项目落地39个；紧扣链条比集群、出实招，高质量完成26个产业课题；紧扣营商比服务、解实题，专题调研“地瓜经济”，开展优化营商环境专题询问，并首次邀请市民代表列席。

开展“助力亚运”专项行动。牵头做好银湖体育中心场馆外围保障赛时指挥部工作，高质量完成场馆外围安保维稳、交通组织、应急处突、环境保障等任务，荣获杭州亚（残）运会先进集体（省部级）。1名常委会副主任担任银湖体育中心指挥部常务副指挥长，负责执行亚（残）运会富阳赛区竞赛组织、场馆运行等工作。开展亚运安保维稳专项监督，推动场馆赛事安保、圈层防护、服务保障等工作优化提升。在富阳水上运动中心建立亚运主题人大代表联络站，通过“三会一议”制度，为赛事侧和城市侧两线并进注入人大力量。亚运筹办期间，38名两级人大干部直接参与亚运一线工作，全区1400多名各级人大代表带头参与亚运平安巡防、环境提升、文化传播、文明宣传等志愿活动，用实际行动支持亚运、服务亚运、奉献亚运。

开展“助力共富”专项行动。常态化开展区政府民生实事项目专项监督，32个监督小组实地视察151次，提出意见建议197条， 10件民生实事项目按时高质量完成。开展助医防贫工作专题调研，以“人大提议、人大推动、人大参与、人大监督”为导向，作出关于大力推进“社会助医 防贫共富”工程的决定，成立“人大代表共富”基金，发动省、市、区、乡（镇）四级人大代表（街道议事会成员）踊跃捐赠，打造社会力量托底推动“一特两低”困难人群和因病致困人群就医从按比例承担医药费变为按绝对额承担医药费的共富改革案例。开展共同富裕公共服务优质共享专题询问完成情况跟踪监督，推动幼有善育、老有颐养、未来社区建设等工作再提质、再增效。在春江街道八一村建立共富主题人大代表联络站，代表与政府工作部门共同破解随迁子女入学难、新城就业难、快递存取难等问题。

（三）坚持强化监督，更好服务经济社会高质量发展大局

常委会始终把用好监督权作为人大履职的重中之重，突出财经、法治、民生等重点领域监督，全力服务我区高水平描绘现代版富春山居图。

加强财政经济领域监督。紧扣经济社会发展目标任务，听取审议计划、预算、决算、审计、重大投资项目计划调整、国有资产管理等报告。首创全流程预决算“三审”制，将原有的单一聚焦预算编制审查监督拓展为由全体代表参与、“编制、执行、调整、决算”全流程覆盖的预决算“三审”制监督新体系。首次听取审议财政资金项目专项监督情况报告，指定区财政局对涉农类、交通类专项资金进行绩效评价，指定区审计局对部分共同富裕政策、稳经济政策落实情况和场口微镇项目建设管理情况开展专项审计调查，推动公共财政高效运行。首次对区政府提交的总投资在2亿元以上（含）政府重大投资项目逐项审议表决，对部分重大项目开展集中监督，推动政府重大投资项目决策更重民意、成效更得民心。对《浙江省民营企业发展促进条例》《浙江省促进中小微企业发展条例》贯彻执行情况开展执法检查，促进政府工作部门依法办事，为企业发展营造良好环境。深化“人大+审计”联合监督，对我区历年来审计未整改到位的“老大难”问题进行专项监督，力促审计整改见行见效。

加强法治建设领域监督。深化拓展“三级述法”工作机制，首次举行“法治富阳：局长•代表面对面”主题报告会，以当面述评、现场问答的形式，推动法治监督从“常规常态”走向“高标高质”。首创“村级述法一件事”工作机制，实现全区350个行政村（社）述法全覆盖，基层依法治村（社）平均满意度达97.2%。首次听取审议未成年人检察工作情况报告，对2名检察官开展履职评议，助力提升我区未成年人保护工作水平。加强规范性文件备案审查工作，对区政府10件规范性文件进行合法性审查，并全面推进乡镇（街道）规范性文件备案审查工作规范化建设。高质量完成省、市人大常委会交办的11个条例规定意见征求工作，累计收集意见1800余条，提交意见150余条，有效传递基层立法心声。配合省、市人大常委会开展噪声污染防治“一法一条例”、全民健身条例等执法检查，推动解决法律法规贯彻执行中的突出问题。认真做好人大信访工作，共受理和接待群众来信来访27件，有效疏通化解社会矛盾。

加强社会民生领域监督。开展农民建房课题调研，聚焦“住房安、建房难”问题，提出“三置换”工作建议。首次开展审议意见办理情况专题询问，对常委会2022年作出的5项审议意见办理情况进行“回头看”、再闭环。检查公路法实施情况，针对贯彻执行法律中存在的5个方面17项问题，提出具有针对性的意见建议。开展高层住宅小区消防安全工作专项监督，助力推进高层住宅小区消防安全管理标准化、规范化建设。开展农业“双强”

行动专项监督，清单式监督整改落实情况。开展科技成果转化专项监督，对我区 278 家国家高新技术企业科技成果转化情况进行问卷调查，推动科技与产业融合发展。专题调研公共应急能力和分级分类诊疗体系建设、土地管理利用、乡村振兴土地要素保障、社会救助、民族团结等工作，紧紧围绕群众关心的突出问题加强监督，着力推动解决群众的操心事、烦心事、揪心事。

（四）坚持守正创新，深化提升全过程人民民主实践行动

常委会深入学习贯彻全过程人民民主重大理念，深化提升实践行动，打造更具有富阳辨识度的全过程人民民主实践成果。

*在推进实践行动提质补短上深化实践。*聚焦质量提升，在 2022 年全面实践的基础上再实践、再完善，重点发力于民生实事决策工作前端主导权、新时代“小队会”议事制议题精准性、代表联络站组织系统化、代表高质量日常履职行权获得感、数字化工作参与闭环率、人大工作全覆盖工作实效度等方面，不断提升“六大任务”工作内涵和实践价值。聚焦短板补强，重点在拓展“三条路径”工作载体、补强“六大任务”工作弱项、延展阶段成果的工作链条上探索实践。比如，常委会各委办与东洲街道开展“委委共建”活动、春江街道建立全市首个村级“人大主题公园”、银湖街道深化基层站所评议工作、开发区及富春湾新城推进重点产业项目全链条监督、永昌镇和胥口镇在产业园区设立流动代表联络站等，这些“新探索、新实践”让实践行动更加饱满丰富、可感可视。

*在推进实践行动成果运用上深化实践。*注重将成果运用到工作实践中，乡镇（街道）规范开展民生实事人大决策工作，设立使用“民生微实事”专项储备金，用于解决群众急难愁盼。常委会主动参与 2024 年区政府民生实事候选项目征集，推动候选项目产生从政府“供给端”主导向百姓“需求端”主导转变。注重用成果指导乡镇（街道）人大工作，鼓励基层将实践行动与日常工作有机结合、贯通推进，进一步延伸和拓展成果覆盖面、执行面。比如，鹿山街道出台议事会成员“十个一”高质量履职办法，大源镇、里山镇、洞桥镇制定镇代表履职清单，常绿镇出台人大规范化建设指导意见，常安镇建立人大工作联络员制度等，这些规范要求让实践行动从“主题探索”走向“日常高效”。

*在推进实践行动提升业务上深化实践。*推动人大核心业务流程再造，将全过程人民民主理念贯穿预决算“三审”制、“局长·代表面对面”、“一府两院”工作报告会、专题询问等工作全链条，突出“互动式”监督，强化前端民意征集、中端执行落实、后端跟踪问效。推动人大及“一府一委两院”核心业务全面下沉，深化“进站会商一件事”工作机制，运用“345”工作法，实现下沉业务精准化、下沉频次常态化、下沉实效最大化。一年来，我区“进站会商一件事”活动开展 813 次，“五大主体”进站达 5100 余人次，解决具体问题 1046 个。比如，新桐乡推动天然气“进岛入户”、场口镇破解阳光家园“办证难”、湖源乡打通快递服务“最后一公里”等，这些破难案例让实践行动更惠民生、更聚民心。

（五）坚持代表主体，不断优化代表高质量日常履职环境

常委会始终坚持尊重代表、依靠代表、服务代表，在全力支持和保障代表高质量日常履职上强阵地、激活力、提能力。

*不断加强基层单元建设。*正式启用区人大代表联络总站，出台总站和中心站管理办法，对全区 26 个中心站开展集中评估。经过指导完善、对标优化，富春街道、东洲街道、新登镇、常绿镇的人大代表联络中心站被评为杭州市最美代表联络站，6 名基层人大干部被评为杭州市人大代表联络站工作能手。持续推进基层单元应用场景建设，顺利通过数字总站建设验收，全面完成乡镇（街道）人大应用场景承接与技术升级。在区级层面打造亚运、共富、财经主题人大代表联络站的基础上，指导乡镇（街道）建立特色代表联络站，比如环山乡在江西省鹰潭市建立跨省异地人大代表联络站，富春街道和湖源乡在秋丰村建立“同源共富”人大代表联络站，有效探索闭会期间人大代表联系服务在外选民的方式。

*不断丰富代表履职活动。*以强化“互动式”监督为导向，构建“会前深度调研、会中双向互动、会后共情督办”监督形态，首次在“一府两院”工作报告会上增加代表议政环节，在专题询问、主题报告会等活动上常态化开展代表问政，进一步提升代表在监督工作中的参与感、获得感、认同感。邀请全区各级人大代表参加区委、区政府组织的各类重要会议、重大活动，开展“助力三个一号工程”“我为亚运添光彩、我为发展作贡献”“助推三个现代立起来”等主题活动，累计组织代表参加调研、视察、执法检查等活动 2400 余人次。以富春街道、东洲街道、新登镇、万市镇、湖源乡为试点，开展“代表携手·履职同行”活动，通过帮带提升人大代表履职水平。

*不断深化代表建议办理。*创新“训、研、帮、联、商、议、考”七步工作法，提升代表提出高质量建议的能力和水平。严格执行承办单位“一把手领办”工作机制，34 个承办单位主要负责人就代表建议办理工作“进站面商”。开展 A 类代表建议办理情况“回头看”，由代表主导建议办理实效评价权，推动代表建议解决率由“政府端”单一口径向“代表端”实际获得感转变。经过人大、政府共同努力，263 件代表建议（其中闭会期间 5 件）已经解决或基本解决 201 件，解决率为 76.4%。

（六）坚持固本强基，扎实推动新时代人大工作行稳致远

常委会紧扣“四个机关”定位，全面加强自身建设，不断提高履职能力和工作质效。

*全面加强党建工作。*以开展主题教育为契机，常委会党组和机关党组全年共召开理论学习会 23 场，主任会议成员、各委办正副主任共完成调研课题 24 个，领办 7 件发展难题、35 件民生实事，带动机关党员干部积极解

决基层群众急难愁盼。深化“人大先锋 履职为民”党建品牌建设，在全省人大机关党建工作座谈会上作典型发言。认真落实乡镇（街道）捆绑组团、社区“大党委”制各项工作，在“7·22”超强降雨灾害处置、服务保障亚运等工作上发挥好联系指导、合力破难的重要作用。

全面完善制度规则。为有效提升人大工作制度化、规范化、程序化水平，集中制定、修订常委会和机关工作制度7件，规范公民旁听常委会会议、加强人大与“一府两院”工作联系、人大监督情况向社会公开等工作，进一步完善主任会议和常委会会议议事规则、常委会组成人员守则、人大常委会机关信访工作等内容。认真落实区委“综合考核”新要求，强化人大工作合力。完善晾晒评价机制，定期通报“助力双拼”“基层单元应用”数据结果，指导鼓励乡镇（街道）人大参与省、市人大常委会组织的理论研究、案例评选等工作，营造比学赶超、创先争优的浓厚氛围。

全面提升工作合力。健全完善主任会议成员、各委办联系乡镇（街道）人大和“两大平台”人大工作制度，强化主题工作指导督促、专题工作联动发力、常规工作手法创新，进一步夯实基层人大工作基础。注重激发信息宣传工作动能，“进站会商一件事”“村级述法一件事”“小队会”等工作案例被全国人大官网、《法治日报》、《浙江日报》等主流媒体宣传报道。持续推进数字化改革，自建和承接省、市人大常委会应用场景18个，统筹抓好应用推广和数据贯通，着力提升场景覆盖面、下沉率、实效度。

各位代表，过去一年常委会所取得的成绩，是区委正确领导的结果，是常委会组成人员和全体人大代表共同努力的结果，是区政府、区监委、区法院、区检察院密切配合、团结协作的结果，也是全区人民充分信任、上级人大关心指导和社会各界大力支持的结果。在此，我代表区人大常委会表示衷心的感谢！

回顾过去一年的工作，我们也清醒地认识到，常委会工作中还存在一些问题和短板，主要表现在：讨论决定重大事项的工作机制有待进一步完善；监督工作的互动性有待进一步提高；与代表和人民群众的联系有待进一步加强；常委会及机关的创新能力有待进一步强化等。对于这些问题，我们将在今后的工作中切实研究解决。

二、2024年的主要任务

2024年是中华人民共和国成立75周年，是人民代表大会制度确立70周年，也是富阳撤市建区10周年。今年区人大常委会工作的总体要求是：坚持以习近平新时代中国特色社会主义思想为指导，深入学习贯彻习近平总书记考察浙江重要讲话精神，紧扣区委二届五次全体（扩大）会议决策部署，扎实践行全过程人民民主，认真履行宪法法律赋予的职责，强化意识、强化作为、强化自身，为建区十周年、冲刺一千亿、迈上新台阶，以先行先锋姿态高水平描绘现代版富春山居图，全面谱写中国式现代化富阳新篇章贡献人大力量。

根据这一总体要求，2024年常委会工作的主要任务是：

（一）开拓思想新境界，把牢人大工作“航向标”

政治属性是人大的第一属性。常委会要把坚持党的领导贯穿人大工作全过程各方面，以“强化意识”为导向，确保人大工作始终沿着正确方向前进。强化政治意识。坚持党的领导，强化政治对标，坚持围绕区委中心、服务全区大局，确保任期越是往后，越是保持一线政治站位。强化攀登意识。坚定习近平总书记赋予浙江的新定位新使命，强化目标攀登，对标全省“勇当先行者、谱写新篇章”、全市“勇攀高峰、勇立潮头”、全区“建区十周年、冲刺一千亿、迈上新台阶”部署要求，继续保持一等的工作方阵。强化制度意识。坚定人民代表大会制度，强化制度自信，高质保持一贯的制度实践探索，积极贡献一批理论成果、实践成果，以富阳的先行先试、善作善成献礼人民代表大会制度确立70周年。

（二）主动谋求新作为，找准人大工作“提质点”

服务中心大局、提升工作质效是人大工作的永恒主题。常委会要聚焦党委确定的大事、改革发展的难事、群众关心的实事，以“强化作为”为导向，不断提升人大工作的凝聚力、执行力、创新力。在服务中心主旨上强化担当显示度。紧扣区委二届五次全会“9+1”的新要求新部署，发挥人大职能和人大代表作用，在联系重大项目、助推重点工作、承担重要任务中持续贡献人大力量、彰显人大担当、展现人大风采。及时向区委报告人大工作中的重大问题、重要事项、重要情况，在坚决贯彻执行区委决策部署中谋准谋实人大工作主攻方向和具体抓手。在履职行权主责上强化工作实效度。围绕人民代表大会制度基础端点，重点提升人大代表学习、帮带、问政、议政、调研等五个方面能力，有效激活主任会议、常委会会议、乡镇年中人代会组织活力，创新探索“专项监督+局长代表面对面”“范式监督+重点清单问询”“单式监督+协同联动”等监督方式，推动代表能力、会议活力、监督效力全面提升。在实践行动主题上强化富阳辨识度。推动全过程人民民主实践行动走深走实，开展选树“六个一批”比学赶超活动，以评选“十场精品小队会、十件最暖民生实事、十个破难解题会商案例、十名履职标兵代表、十个示范代表联络站、十大全过程人民民主工作覆盖理论实践成果”为导向，系统推进新一年实践行动“六大任务”，持续擦亮这一具有富阳人大辨识度的工作品牌。

（三）严格落实新要求，练好人大工作“基本功”

在一体建设“四个机关”中树形象、展风采，这是人大需要不断完善的实践课题。常委会要对标“四个机关”目标定位，以“强化自身”为导向，切实提升工作效能。从严从实抓好党建工作。加强常委会党组、机关党组建设，进一步健全党建责任体系和工作链条，落实全面从严治党主体责任。巩固主题教育成果，把主题教育期间形成的好经验、好做法转化成制度机制，推进主题教育常态长效。有力有效推进基层人大工作。严格执行地方组织法和全省乡镇、街道人大工作两个条例，按照基层人大职责定位，重点在把好向、选好人、开好会、尽好责、履好职、定好规、建好站、筑好基等方面下功夫、抓落实，推动乡镇（街道）人大工作真正“实起来”“活起来”。用情用心讲好人大故事。抓好人大制度、人大工作和人大代表的宣传，发挥好主流媒体作用，有效借助新媒体高效快捷的优势，创作出更多有思想、有品质、有温度、接地气的人大新闻宣传作品。召开全区人大宣传工作会议，进一步形成上下互动、横向联通、内部联动的宣传工作格局，输出富阳经验、讲好人大故事。

各位代表，最美画卷在砥砺前行中绘就，精彩华章在不断奋斗中书写。让我们紧密团结在以习近平同志为核心的党中央周围，在中共杭州市富阳区委的坚强领导下，开启新征程、再创新业绩，为高水平描绘现代版富春山居图，全面谱写中国式现代化富阳新篇章作出新的更大贡献！

附件：

名词解释

【省委三个“一号工程”】 即数字经济创新提质“一号发展”工程、营商环境优化提升“一号改革”工程、地瓜经济提能升级“一号开放”工程。

【市委“两场硬仗”】 即打好经济翻身和亚运攻坚两场硬仗。

【“两大平台”人大】 即人大经济技术开发区工委、人大富春湾新城工委。

【“三会一议”制度】 “三会”即工作联席会、意见征求会、工作督办会，“一议”即圆桌议事活动。

【“一特两低”】 即持民政局核发的《特困人员救助供养证》《最低生活保障家庭证》《最低生活保障边缘家庭证》的人员。

【“三级述法”】 即区、乡镇（街道）、村社三个层面的法治建设主要责任人进行述法。

【噪声污染防治“一法一条例”】 即《中华人民共和国环境噪声污染防治法》《杭州市环境噪声管理条例》。

【“三置换”】 即宅基地置换公寓房、宅基地置换宅基地、宅基地置换房票。

【“三条路径”】 第一条路径即推进人民民主往前端走，实现全链条民主；第二条路径即推进人民民主往日常走，实现全方位民主；第三条路径即推进人民民主往空白处走，实现全覆盖民主。

【“六大任务”】 第一项任务即探索推行民生实事基层人大决策工作；第二项任务即完善和发展基层议事制特色工作；第三项任务即迭代升级代表联络站，打造全过程人民民主基层单元工作；第四项任务即全面推进人大代表高质量日常履职工作；第五项任务即积极推进重要领域人大工作覆盖；第六项任务即全面推行数智应用人大工作覆盖。

【“345工作法”】 “3”即“三个明确”，指的是明确组织领导、明确基本原则、明确目标要求；“4”即“四套机制”，指的是建立联动推进机制、实施动态管理机制、完善闭环处理机制、制定赛马考核机制；“5”即“五张清单”，指的是制定党政领导、人大常委会组成人员、“一委两院”领导班子成员、政府部门主要负责人、人大代表等五大主体进站会商清单。

【“四个机关”】 即政治机关、权力机关、工作机关、代表机关。

政府工作报告

在杭州市富阳区第十七届人民代表大会第三次会议上

（2024年2月3日）

杭州市富阳区人民政府区长 谢淅升

各位代表：

现在，我代表区人民政府向大会报告工作，并请区政协委员和其他列席人员提出意见。

2023年工作回顾

2023年是富阳发展史上接续奋斗、难中求成、高光出彩的一年。我们坚持以习近平新时代中国特色社会主义思想为指导，全面贯彻党的二十大精神和习近平总书记考察浙江重要讲话精神，围绕全省三个“一号工程”和“十项重大工程”、全市“两场硬仗”工作要求，在区委的坚强领导下，在区人大、区政协的监督支持下，有力推动经济社会高质量发展，在经济、城市、民生等方面取得突破性成就。

——这一年，我们一路埋头苦干，拼经济、拼发展，综合实力大步提升。地区生产总值960.9亿元，同比增长4.8%；财政总收入165.2亿元，增长7.8%，一般公共预算收入100.5亿元，增长9.6%；固定资产投资历史性突破700亿元，制造业投资、高新产业投资均突破100亿元，连续2年获得省政府投资“赛马”激励；高新产业增加值占比达70.5%，R&D经费投入强度达3.2%，均为历年最高；综合实力居全国百强区第48位。

——这一年，我们一起办好亚运，心相融、向未来，城市能级稳步跨越。坚持全区一盘棋、拧成一股绳，高水平实施“城市品质、城市治理、城市文明”三大提升行动，以冲锋冲刺、决战决胜的姿态，圆满完成赛事筹办、服务、保障工作，奉献了一场高光亮眼、好评如潮的亚（残）运盛会，成为举世瞩目、永载史册的亚（残）运“双首金之城”，实现了从都市新区向亚运之城的跨越蝶变。

——这一年，我们一心为民服务，优品质、强保障，民生事业阔步发展。承办国家发改委共同富裕示范区建设现场会，列入全国首批共富观察点，医保防贫共富改革获评全省共富最佳实践，通过国家学前教育普及普惠区、义务教育优质均衡发展区省级验收，公办养老机构国企化改革纳入省级试点，通过省级食品安全示范区创建验收，成功摘得全省首批“二星平安金鼎”，城镇和

农村居民人均可支配收入达74899元、47653元，分别增长4.4%和6.7%，连续四年荣获“中国最具幸福感城区”。

一年来，我们重点开展了五个方面具体工作。

一、比拼赶超，经济运行稳中有进

1.政策机制迭代升级。全面落实省“8+4”政策体系，制定出台“抢先机拼经济、勇夺开门红”38条等一揽子激励政策，全年兑现产业政策资金21.2亿元，惠及市场主体超5500户次，为各类市场主体减负超22亿元；发放汽车、商贸等各类消费券7150万元，撬动消费25亿元；组织140家企业参加各类国际展会250场，达成意向订单超30亿元，货物出口额超200亿元。推出稳预期、稳增长系列措施，全市首创“亚运红促产能”快速协调服务机制，优化涉企“综合查一次”联合执法，建立区助企联席会议机制，组织重点企业家产业发展研讨会2场，梳理“三张清单”重点企业问题207个，已办结187个。

2.项目建设量质齐升。实施项目全过程提速“1231”工程，省市重点项目投资完成率分别达195%和164%，省“千项万亿”工程项目投资完成率达162%，省“152”工程项目100%开工，制造业投资、民间投资、高新产业投资分别增长14.4%、16.4%、12.6%。强化项目全要素保障，列入万亿特别国债项目2个、争取资金7.3亿元，列入市“平急两用”公共基础设施建设项目5个，

总投资83.8亿元，发行政府专项债券25亿元；完成产业基金投资35.5亿元，新增出资项目21个，撬动社会资本152亿元；新增建设用地指标2573亩，出让工业用地1825亩，完成“三块地”消化1.9万亩、厂房改扩建26.4万方。制定出台文旅体融合发展规划，签约重大文旅项目15个，富春湾天街、万豪酒店开工建设，黄公望二期文创园、常安蚯比庄园建成运营。

3.营商环境惠企有感。聚焦政务服务增值化改革，挂牌启用区企业综合服务中心，上线企业服务平台，打造“e企富”企业服务品牌，线上线下受理企业事项11.6万件，企业满意率达98%；推出企业合规指导、“四室一窗”兜底办、准入准营预约“错时服务”、多时段延时服务和24小时“不打烊”自助服务等创新服务举措，累计服务企业1.3万家、群众5.2万人次。试点推进市场监管系统失信联合惩戒闭环工作，市场主体信用修复平均用时缩短3天；深化“减证便民”行动，电子营业执照下载率达81%。优化人才生态环境，启用首批人才专项租赁住房，通过“人才码”服务超74万人次，兑现人才资金超2.7亿元。“单用途商业预付卡全周期治理改革”“生态e治”分别获评省、市营商环境优化提升最佳实践。

二、创新驱动，产业转型步伐提速

1.外引内育双向发力。全年招引吉咖智能、利氪科技、云知声等产业项目136个，总投资459亿元，其中亿元以上项目61个，10亿元以上项目16个，50亿元以上项目1个。创新型企业培育步伐加快，完成上市过会2家，新增国家高新技术企业164家、省科技型中小企业343家、国家级专精特新“小巨人”企业8家、省隐形冠军企业2家、省专精特新中小企业103家、省雄鹰企业1家，新设立市场主体1.9万家，新增授权发明专利744件、“品字标”浙江制造认证企业36家、“浙江制造”标准14个，获评国家知识产权示范企业2家、优势企业5家。

2.创新动能不断集聚。引进浙工大国际创新中心、浙江中医药大学富阳研究院，新增重点支持的省级院士工作站1家、市级概念验证中心2家、省级企业研究院2家、市级以上企业研发中心38家，探索杭光所“四链融合”富阳模式，新建光电激光、永昌东弘等6个产业（加速）园、新增创新空间52万方，新招引孵化运营机构3家。新增市级以上领军型人才36人、技能人才8600人、区级以上大师工作室12家，招引大学生2.4万人、研究生等高层次人才2219人，分别增长33.1%和22.4%。

3.产业集群日渐成型。强化数字经济引领，西湖大学光电研究院等7个项目列入省数字经济重大项目，新增省级未来工厂试点企业1家、省级未来农场1家、省级数字农业工厂2家、市级未来工厂培育企业28家、省级智能工厂培育企业11家、国家级绿色低碳工厂2家，完成高耗低效工业企业整治118家。推进现代产业集群建设，生物医药产业产值冲刺百亿，集成电路、数字安防和网络通信产业集群列入省产业集群协同区。数字经济核心产业、高端装备制造业增加值分别增长6.2%、7.6%。

4.产业平台支撑有力。开发区位列全国经开区第76名，G320智能网联车核心技术产业化走廊、沿杭淳开现代中医药国际合作示范区加快建设，城西科创大走廊富阳片区联动办正式挂牌，创成国家级绿色工业园区、省级现代服务业创新发展区。富春湾新城杭光所科研大楼建成投用，罗素先进光波科学中心正式设立，招引高新项目29个，总投资超238.4亿元，获评长三角G60科创走廊科技成果转移转化示范基地。持续深化滨富特别合作区2.0版，签约芯通半导体等4个产业项目，集成电路全产业链布局更加完善，富芯项目正式投产。

三、亚运赋能，城乡品质精彩蝶变

1.亚运赛事高光出彩。坚持“简约、安全、精彩”办赛理念，全省率先启动6场测试赛，承办杭州亚残运会倒计时100天活动，高标准完成亚残运会富阳站火炬传递，建立“1+2+2+24”指挥调度体系，全时段保障横跨22个比赛日的258场比赛顺利举办，诞生118枚金牌，打破10项世界纪录、57项赛会纪录，相关宣传报道全网传播声量达5.9亿。迎来48个国家（地区）1600余名运动员，接待观众超4.6万人次，赛事筹办工作获得亚奥理事会、国际赛艇联合会等充分肯定。推出100个亚运文旅体验点、10条主题线路和5条旅游线路产品，创成省全域旅游示范区、获评省5A级景区城，预计全年接待旅游总人数473万人次、旅游总收入达90亿元，分别增长12%、8%。

2.城市形象持续改善。建管水平不断提升，基本完成分区规划和26个城镇、乡村单元详规；富春湾大道三期、秦望南路开工建设，秦望码头加快推进，渌渚作业区江口码头建成运营，徐西线、万牧线、汽贬线完成改扩建并顺利通车；银湖地标项目虹缤之都启动建设，秦望广场地下综合体全部封顶，科技馆完成土建结构结顶；东洲入城口获评全市赛马优秀，北支江沉浸式夜游、亚运山居景观带入围市级重点出彩项目，“大运河—北支江”入选国家水上国民休闲运动中心试点；9项工程创获“西湖杯”、5项工程创获“钱江杯”，银湖水厂一期创获“鲁班奖”。承载能力持续增强，新增省市未来社区7个，改造老旧小区3个、无障碍设施203处，新建停车位8000个、充电桩150枪；建成口袋公园6个，城市扩绿100万方，新改建污水管网19公里，新增海绵城市区域化达标面积1.95平方公里，整治销号城市内涝点31处。

3.和美乡村深入推进。全面压实粮食生产责任，粮食耕种面积达23.1万亩，产量超10万吨。扶持农业项目360个，撬动社会投资10亿元，新增区级以上农业龙头企业19家、农创客322人，农村电商销售总额达9.2亿元，富春街道拔山村、洞桥镇里仁村入选省级农产品电商村，稻渔综合种养面积达2.5万亩，化肥减量增效模式在全省推广。建成共富工坊101个，新培育强村公司21家，集体经济经营性收入50万元以上行政村实现全覆盖。新改建农村公路15公里、道路大中修50公里；建成省级风貌样板区3个、省级美丽乡村共富示范带1条、省级和美乡村60个、省级美丽宜居示范村3个、省市未来乡村8个、市级美丽乡村特色村4个，黄公望村获评金3A级景区村庄，潘堰村获评第三批全国乡村治理示范村，富阳区荣获省市实施乡村振兴战略优秀区。

4. 生态底色不断擦亮。开展亚运生态环境质量保障攻坚行动，成功处置北支江蓝藻水华，富春江干流水质稳定保持 II 类；推进“两车”淘汰及秸秆禁烧，全年空气优良率达 93.4%，PM2.5 浓度 30.6 微克 / 立方米；重点建设用地安全利用率 100%；建成垃圾分类省级高标准示范片区 2 个、精品村 2 个。富春湾 EOD 项目列入全省首批试点项目名单。生态环境公众满意度创历史最佳，连续五年成为“美丽浙江”考核优秀区。

四、普惠优享，民生福祉温暖厚实

1. 兜底保障坚实有力。全年民生支出 104 亿元，占一般公共预算支出的 75.6%，完成 134 个省市区三级民生实事项目。坚持就业优先，新增就业 3.77 万人，失业人员再就业 4695 人，发放失业保险金 1.64 亿元，“富春小哥码”入选国家发改委共富案例。深入推进“扩中提低”，发放各类救助金 2.5 亿元，低保标准、特困人员基本生活标准分别提高至每人每月 1259 元、2098 元；全区养老保险综合参保率达 99.4%，困难人员医疗费用综合保障率达 88%；危旧房解危 140 处，既有建筑加装电梯 80 台，为 160 户困难家庭改善居室，筹集保障性租赁住房 4508 套（间），完成银湖、东洲、大源、灵桥、渌渚等地的 20 个安置房项目分房交付，回迁安置 6371 户。持续做好对口支援、对口合作、山海协作等对口帮扶工作，援建资金 8177 万元。

2. 一老一小统筹兼顾。将生育、养育、教育一体考虑，出台优化生育政策若干措施，发放孕产和育儿补助 1134.3 万元；新增 3 岁以下婴幼儿托位 336 个，每千人口托位数达 4.34 个，幼儿园公办率提高 5.49%；新增市级儿童友好基地 6 个，儿童青少年近视率下降 1.25%，为 6.6 万名义务教育段学生开展正脊筛查，青少年口腔窝沟封闭完好率达 98%。持续推进“15 分钟养老服务圈”建设，新增认知障碍照护专区床位 132 张、家庭养老床位 380 张、持证养老护理员 309 人，为 500 户空巢老人安装安全守护系统、22 家村（社）居家养老服务照料中心配置智能服务终端，老年人意外保险投保率和理赔率均居全市首位；新增老年学校 18 所，实现乡镇（街道）全覆盖，杨清庙村老年协会创成首批国家级试点。

3. 教卫文体优质优享。打造美好教育，建成灵桥小学、鸡笼山幼儿园等学校（幼儿园）12 所，新增学位 8655 个，浙江中医药大学新校区开工建设；9 所小学集团化办学实质性推进，完成全区中小学紧密型教共体全覆盖，入选国家青少年心理健康发展项目试点区县。推进病有良医，新冠疫情“乙类乙管”平稳过渡；省人民医院富阳院区、省中医院新院区加快推进，区三院新院区、区妇保院门急诊综合大楼、上官社卫中心投入使用，区二院、区中医院分别晋级为二级甲等综合医院、三级乙等中医医院，“医检互认”获全省改革突破奖银奖，“健康浙江”考核实现“五连优”。文体事业活力迸发，区图书馆完成改造提升，泗洲中国造纸遗址博物馆开工建设，区非遗馆开馆运营，新登古城墙、庄泽桥、新四军新登战役烈士陵园入选省级文保单位，建成省级非遗工坊 2 家，手工竹纸在亚运会开幕式精彩亮相；电视剧《富春山居》在央视首播，诗韵越剧《富春山居图》在杭州大剧院首演，成功举办第七届郁达夫小说奖颁奖典礼；建成基层体育场地 32 个、嵌入式体育场地 68 个、环浙步道 80 公里，举办各级体育赛事活动 2000 余场，参与人数超 10 万人。

五、多元共治，社会治理现代高效

1. 基层治理效能提升。深化“家和睦邻”工程，构建“1+4+X”矛盾纠纷多元化解机制，重点领域信访总量下降 12.5%；围绕 29 个纠纷多发易发领域，建成共享法庭 597 个。以“家在富春山居”现代社区建设为抓手，完善“1551”工作体系，江滨社区、山水社区获评首批省级现代社区，建成市级“美好家园”小区 9 个。新增省级文明镇 1 个、文明村 4 个，“安全文明乘梯一件事”改革入选全省群众天天有感“微改革”试点项目。

2. 风险防范抓严抓实。严紧细实做好各类风险防范化解，刑事、治安警情分别下降 27.4%、22.9%，电信网络诈骗发案量、案损量分别下降 11.6%、8.9%，稳妥处置欠薪防治、风险楼盘、涉众金融等领域隐患，创新实施一厂多租安全生产管控“七个一”举措、动火作业安全专项工作“五步法”，三类安全生产事故起数和死亡人数均下降 11.1%。“平安三率”连续五年零失分，夺取全省平安建设十八连冠。

3. 灾后重建迅速开展。第一时间启动“7·22”超强降雨灾后重建，面向受灾企业居民新增金融机构贷款超 1900 万元、延期还本超 1800 万元，完工灾后重建项目 291 个，投入资金 1.94 亿元。开展涉山、涉水危旧房整治 40 处，启动房屋避险搬迁工作，推进公寓化、宅基地等多渠道安置。

一年来，我们坚持把政治建设摆在首位，不折不扣落实中央、省、市和区委的各项重大决策部署，深入开展学习贯彻习近平新时代中国特色社会主义思想主题教育，认真抓好“七张问题清单”整改。纵深推进法治政府建设，主动接受人大法律监督、政协民主监督，自觉接受监察、司法、审计、统计、舆论和群众监督，完成办理人大代表建议 263 件、政协委员提案 160 件；“行政决策县域样板”获评全省县乡法治政府建设“最佳实践”项目，“村级述法一件事”获评长三角基层依法治理十大优秀案例，成功创获法治浙江建设优秀区。深化清廉建设，“智廉医院”大数据监督平台获评省清廉单元建设十大创新案例，亲清政商关系“三侧协同”模式获全国工商联推广；坚持“过紧日子”，开展公务接待等重点领域的专项清理行动，累计压减政府一般性项目支出 38.1 亿元，“三公”经费预算下降 21.9%。

同时，国防动员和后备力量建设、双拥、退役军人、外事、对台、民宗、档案、社科、地方志等工作取得新进展，工会、共青团、妇女儿童、老龄、红十字、残疾人、慈善等事业实现新进步。

这些成绩的取得，是习近平新时代中国特色社会主义思想科学指引的结果，是上级党委政府坚强领导、科学决策的结果，是区委带领全区人民团结奋斗、奋力拼搏的结果，是区人大、区政协大力支持、有力监督的结果。在此，我谨代表区人民政府，向全区人民，向人大代表、政协委员和离退休老同志，向各民主党派、工商联和人民团体，向各驻富单位和基层工作者，向关心、支持富阳经济社会发展的社会各界朋友，致以崇高的敬意和衷心的感谢！

在肯定成绩的同时，我们也清醒地看到，对照高质量发展要求，富阳经济社会发展还面临不少挑战和困难：经济回升基础不稳，市场预期信心不足，投资后劲有待巩固，外贸出口持续承压，消费回升尚需加力，部分行业和中小微企业生产经营遇到困难；创新动能支撑仍显不足，传统产业占比依然较高，新兴主导产业还未完全成势；城市功能品质有待提高，交通、市政等基础设施和教育、医疗等公共服务对照人民群众的期望还有一定差距；社会治理精细化程度还不够优，极端情况下的风险防范、应对、处置能力还有待增强；政府自身建设还需持续推进，少数干部的担当精神、攻坚意识和专业化能力还不够强。对此，我们将直面问题，精准施策加以解决。

2024年政府工作安排

2024年是中华人民共和国成立75周年，也是富阳步入后亚运时代、迎来撤市建区十周年、冲刺经济总量1000亿元关口的再出发之年。今年政府工作总体要求是：以习近平新时代中国特色社会主义思想为指导，深入学习贯彻习近平总书记考察浙江重要讲话和指示批示精神，全面贯彻落实中央和省委、市委决策部署，完整、准确、全面贯彻新发展理念，坚持稳中求进、以进促稳、先立后破，以迈上新台阶、实现新跃升为目标，聚焦经济建设中心工作和产业大引大育大发展，奋力打造振奋人心的标志性成果，推动“八八战略”富阳实践走深走实，加快现代产业、现代城市、现代治理立起来，努力在全省“勇当先行者、谱写新篇章”、全市“勇攀高峰、勇立潮头”中走在前、争示范，加快高水平描绘现代版富春山居图，奋力谱写中国式现代化富阳新篇章。

在具体工作中，我们将重点坚持和把握四项要求。一要坚定信心，保持战略定力。在富阳处于“大拆大建大提升”向“大引大育大发展”的转型关键期，既要充分认识到外部环境的复杂多变和经济面临的下行压力，更要看到经济回升向好、长期向好的态势不会改变。要增强战略信心、保持战略清醒、运用战略思维，积极融入省市重大战略，坚定产业强区主战略不动摇，坚持做难而正确的事，把握好重要而不紧迫的事，打基础、利长远，高水平描绘好现代版富春山居图。二要下定决心，增强改革毅力。当前富阳正在经历城市能级之变、城市建设之变、产业引育之变、要素结构之变，城市有机更新、企业市场开拓、公共服务支撑都面临着一些现实压力。要直面发展中的挑战，聚焦“深化改革、强基固本”主题主线，突破一批影响发展的体制机制瓶颈，进一步优化产业结构、投资结构、空间结构、财政支出结构，重点支持科技创新和先进制造业发展，坚持政府“过紧日子”，牢牢兜住“三保”底线，强力推动政务服务增值化、国资国企等重大改革项目，全面激发社会发展活力，以高水平改革塑造高质量发展强大动能。三要保持恒心，强化执行能力。坚持稳中求进、以进促稳、先立后破，追求更高质效、更加公平、更可持续、更为安全的发展。要深入开展干部专业化能力提升行动，提高贯彻执行上级决策部署、推动高质量发展、为民办实事的专业本领，冲在一线、勇担重任、雷厉风行、善作善成，以政府团队更投入、更用心、更负责的工作作风和更聚焦、更得法、更有效的率先拼搏赢得经济社会的高质量发展。四要勠力同心，激发争创动力。把高目标牵引、全方位争先作为常态化要求，抢抓全球创新变革、国家战略叠加、宏观政策加力机遇，实干争效、快干争先、巧干争优、苦干争上、敢干争胜，全面争先进位、争当一流。要有效传导压力、激发动力，完善干部容错免责机制，用干部的辛苦指数换取经济发展的高效指数和人民群众的幸福指数，打造一批叫得响、立得住、传得开的标志性成果，拼出产业强区发展的加速度，推动全区经济社会各项事业迈上新台阶、实现新跃升。

2024年全区经济社会发展的主要预期目标是：地区生产总值增长5.5%左右；城镇居民人均可支配收入与经济增长同步，农村居民人均可支配收入增长6%；万元GDP综合能耗、主要污染物排放等约束性指标完成上级下达的目标任务。

重点做好八个方面工作。

一、推动经济实力实现新跃升，打造高质量发展格局

1.*扩大有效需求*。发挥政策对稳经济、促发展的激励作用，用好国家结构性减税降费政策和省“8+4”经济政策，统筹优化区级产业政策，深化“惠企政策直达快享”机制，兑现惠企政策资金16亿元以上，为企业减负27亿元以上。发挥投资对优化供给结构的关键作用，聚焦产业发展、综合配套、民生改善等需要，切实抓好164个政府和国企投资项目以及191个产业项目建设，其中制造业投资和高新产业投资均达到110亿元以上、增长10%以上，民间投资占比50%以上；主动争取上级预算内投资、中央特别国债、超长期国债、专项债和政策性银行贷款，推动更多项目纳入省市盘子；实行“一项目一清单一团队”推进机制，省市重大项目前三季度开工率分别达到30%、60%和85%。进一步激发消费潜能，升级“乐活富阳”消费品牌，提振新能源汽车、家用电器等大宗消费，力争服务业增加值增长6.5%以上。持续优化外贸业态结构，新增省市出口名牌企业2家以上，货物出口增幅高于全省平均水平。

2.*做强产业平台*。以更大力度融入城西科创大走廊、城东智造大走廊，加快构建“双城多园”产业布局。开发区持续提升全国经开区位次，加快推动“1+3”特色产业集聚，力争特色产业招引项目占比达到80%以上，全力打造全国新国货潮牌加速器、杭州智能网联车核心零部件产业重要基地、东方丹谷等3个产业新地标，加快建设西谷新电商、高尔夫路现代能源装备、环阳陂湖生命健康、金桥汽车电子、东洲智造小镇、新登金属材料、场口艺培小镇、胥口药谷小镇等专业产业园区，实施银湖科技城“5300”计划、导入产业人口万人以上。富春湾新城锚定“浙江光谷·富春芯城”定位，加快创建省级高新技术产业园区，打造全球领先光电技术原创首发

产业化平台、特色集成电路全链条产业集聚平台，加快建设春南智能物联专业产业园区，力争产业项目开工15个、竣工18个、投产17个，产业建筑竣工64万方。深入推进滨富特别合作，加快建设滨富集成电路专业产业园区，招引一批集成电路、高端装备等重大项目。

3.优化营商环境。深入实施营商环境优化提升“一号改革工程”，推出一批提高市场活跃度、企业满意度的改革举措。迭代升级政务服务增值化改革“五个一”工作架构，开设开发区、富春湾新城企业服务驿站，探索产业链定制式服务。全面实施企业诉求快速协调服务制度，做实“不得说不”等特色做法，推广“1+1+3综合查一次”工作体系，做到服务企业“有求必应、无事不扰”，涉企诉求解决率达到95%以上。持续优化审批服务，推动项目审批全过程提速，深化“三不三问”服务机制，提高审批服务窗口整体效能，政务服务事项“一网通办”率达到99%以上。深化国有企业改革，加快组建产业集团、资源集团、安居集团等二级集团，新增国内AAA级评级1家，规上企业累计达28家，营收以及利润总额增长10%。推动要素保障为改革蓄势赋能，完成工业用地出让1500亩、“三块地”消化盘活1万亩、厂房改扩建20万方以上，降低企业用水、用能、用电等生产要素成本。高质量完成第五次全国经济普查。

二、推动发展动能实现新跃升，打造高质效产业体系

1.锻造招大引强核心引擎。全面实施招大引强“136”行动，做强一个招商研判指挥调度中枢，聚焦链式招商、基金招商、联动招商三大重点打法，力争3年累计招引10亿元以上产业项目60个以上。针对光电激光、集成电路、智能汽车核心零部件、生物医药、现代能源等新兴（培育）产业链，完善“一链一专班”招商机制，一体化推进“谋招落育”，精准绘制产业链招商图谱，靶向盯引一批“链主型”“战略型”“配套型”“拼图型”项目，引进五大产业生态圈项目占比达到80%以上。完善“1+8+N”产业基金架构体系，优化项目筛选、投资决策、投后管理、风险控制机制，加强同省市产业基金合作，建立与基金公司、证券机构、咨询机构、行业协会等常态化合作机制，完成产业基金投资项目20个、规模超过30亿元，撬动社会资本150亿元。构建产业链专班牵头推动、产业链招商队和驻外招商分局高度协同、社会专业力量深度参与、优秀年轻干部集聚一线的大联动招商格局，建立项目信息首谈、流转、引落绩效分享机制，力争全年招引产业项目120个以上，其中10亿元以上20个，50亿元以上2个，100亿元以上力争有突破。

2.锻造企业培育主力引擎。全面启动企业培育“136”行动，围绕“2026年规上工业总产值达到2000亿元”这一核心目标，建设公共服务、企研机构、产业联盟三大载体，培育（提升）领军、上市、高新、专精特新、“雏鸟”、低效等6类企业。至2026年，实现标志性产业链企业产值占比超80%、服务业规（限）上企业营收达到2500亿元、全区农业龙头企业总销售额达到100亿元以上。扎实推进新型工业化，加快建设以实体经济为支撑的现代化产业体系，引导企业集群发展，全面打造以数字经济为引领的“545”现代产业集群，对标杭州5大产业生态圈，聚力发展光电激光、集成电路、生物医药、智能汽车核心零部件等4大新兴产业，布局发展现代能源、机器人、人工智能、数字新零售和运动休闲等5个培育产业，争创1个省级产业集群协同区，培育市级以上链主企业5家以上，新增市级以上未来工厂6家，规模工业增加值增长5.5%，数字经济核心产业规上（限上）企业超200家、增加值占GDP比重超13%。加强企业梯次培育，力争新增上市企业3家、市级总部企业3家、省级以上“专精特新”企业80家、规上工业企业90家、规上服务业企业120家、经营主体1.5万户。加快企业转型升级，实现规上工业企业数字化改造30家，开展高耗低效企业整治100家以上，新增绿色工厂10家，新认定省级小微企业园1家，新增“品字标”浙江制造认证企业15家、“浙江制造”标准5个。

3.锻造创新孵化基础引擎。全面实施创新孵化“136”行动，构建1个高效集成的标准化工作体系，打造科技创新策源地、概念验证先行地、创新创业首选地，实现6大创新指标新突破：至2026年，新增创新空间120万方，招引专业市场化运营团队12家以上，培育国家高新技术企业300家以上、省科技型中小企业600家以上，创投基金规模达到15亿元以上，引育市级以上科技领域领军型人才（团队）50人（个）。坚持科技创新引领，构建“四链融合”创新生态体系，加快发展新质生产力，R&D经费投入强度达到3.3%，规上工业企业研发经费增长8%。加快平台建设，推动杭光所创建更高层级科创平台，加快西湖大学光电研究院建设，完成浙工大国际创新中心、浙江中医药大学富阳研究院入驻运行，力争新增省重点实验室1家、省级新型研发机构2家、市概念验证中心1家。加速成果转化，鼓励支持企业与高校院所、上下游企业协同创新，新增市级以上企业研发机构15家以上。持续优化科技金融服务，完善科创基金体系，不断优化孵化支持政策，建成产业（加速）园4家、新增创新空间25万方以上，新增市级以上企业孵化器（众创空间）3家，招引优秀孵化运营机构3家，新增国家高新技术企业100家、省科技型中小企业200家。加速人才集聚，持续打造青年人才社区、人才服务综合体，加快推进人才专项租赁住房建设，新增市级以上领军人才35人以上、研究生等高层次人才2400人以上、大学生3万人以上、企业经营管理人才2500人以上。

三、推动城市功能实现新跃升，打造高品质都市新区

1.做精城市建设。精心打造城市门户、城市界面、地标形象，加快地铁6号线银湖、野生动物园东等沿线站点TOD开发，推进环阳陂湖、大城北板块建设；完成秦望城市眼地标塔楼主体结构、秦望码头、秦望水街建设，加快科技馆建设、中沙岛（文体）综合场馆群项目前期。完善交通路网，加快推进中环北段、秦望南路、秦望路西延建设，做好杭淳开高速、320国道上里山平改立、科海路-东望路、钱塘江航道“四改三”等前期工作，谋划亚太快速路西延、地铁6号线南延、14号线延伸及

城区快速路环线，实现秦望过江隧道通车。提升城市韧性，全面启动南北渠分洪隧洞一期工程建设，新改建污水管网15公里、供水管网6公里，整治销号城市内涝点15个。争创“钱江杯”2个、“西湖杯”5个。

2. 做细城市管理。精雕细琢城市空间，保留一批亚运精彩线路点位，打造洁美示范街区1条，完成达夫路南段、城西街微改造，新增口袋公园3个，建成未来社区4个。以建管用维一体化思路推进城市公共配套项目全生命周期管理，推行市政项目“最多挖一次”，有序开展“便利外摆”“夜摊经济”，规范设置便民疏导点，深化渣土数智化治理。聚焦满足城市居民现实需求，新建停车位6500个、充电桩150枪，错时开放机关事业单位停车泊位300个，既有住宅加装电梯60台，推行质价相符的小区物业服务标准，创建省级红色物业项目1个。

3. 做优生态环境。持续深化污染防治攻坚战，推进新污染物治理试点，完成4个地块土壤治理修复，力争城区PM2.5浓度低于30微克/立方米，空气优良率保持在93%以上，全区重点建设用地安全利用率稳定保持100%，加大循环经济产业园的建设和产业培育，争创四星级无废城市。优化北支江流域系统管理，开展鹿山新区、高桥汽贸城雨污水管网改造提升，推进污水零直排提质增效，集中式饮用水水源地水质达标率100%。加快推进阳陂湖生物多样性体验地建设，通过国家生态文明建设示范区复核，争创“绿水青山就是金山银山”实践创新基地。

四、推动和美乡村实现新跃升，打造高颜值现代乡村

1. 发展现代农业。落实粮食安全和耕地保护责任，推进“非粮化”整治，完成永久基本农田集中连片整治9000亩以上，改造建设高标准农田4600亩，粮食耕种面积稳定在23万亩、产量稳定在10万吨以上。扶持落地农业产业项目200个、撬动社会投资10亿元以上，新培育10亿元以上全产业链1条、省级数字农业工厂1家、市级以上农业龙头企业5家，建成竹材物理分解点2个。提高“富阳土特产”市场占有率和知名度，打造东坞山豆腐皮、永昌臭豆腐、场口江鲜、龙门“三宝”、湖源山货、洞桥香榧等特色农产品，年产值亿元和千万元级特色农产品分别达到5个以上、10个以上，注册一批农产品地理标志、集体商标和地理标志证明商标。深入推进“农业双强”，新增区域性农事服务中心1个，建成投用新桐黄金仓高效生态农业示范园，农作物秸秆综合利用率达到96%以上。

2. 提升乡村风貌。创建省级风貌样板区1个、市级风貌样板区2个、省级和美乡村56个、省市未来乡村4个、市级美丽乡村特色村4个，加快打造“春建茶韵”“葛洪丹谷”“恬漫永昌”“安顶云雾”“古韵龙门”“乐水湖源”“洞桥营地”等一批特色品牌。大力发展乡村旅游，推进新登古城微更新，焕发场口微镇新魅力，举办农事节庆活动10个以上，推出农旅结合精品旅游线路2条以上，培育农村现代精品民宿10家以上。

3. 推进强村富民。用好“金融强村”“村企合作”“飞地抱团”等集体经济发展有效机制，谋划建立区级村庄运营招商平台，强村公司达到50家，力争集体经济经营性收入100万元以上的行政村占比50%以上。新增共富工坊150个，引育农创客300人，带动村民就业2000人以上；拓展“客货邮”线路，实现农村电商销售总额9.3亿元以上。深化乡村“四治融合”，规范村集体三资管理，开展“三清一促”行动，培育清廉村居特色样板30个。

五、推动文化品质实现新跃升，打造高品位文化强区

1. 擦亮运动休闲城市品牌。注重高端赛事引领，高效运营两大亚运场馆，积极承接省市专业队伍入驻，深化与国际体育组织、俱乐部交流合作，办好首届国际皮划艇超级杯。大力发展体育产业，举办全区体育产业高质量发展大会，壮大皮划艇、赛艇、精品球拍等运动产业，通过国家体育产业示范基地复核，擦亮中国龙舟器材生产研发基地、国家级飞行营地等一批国字招牌。丰富活跃群众体育，新增基层体育场地20个、环浙步道167公里，举办全区第十届全民运动会、百村篮球赛等赛事活动。

2. 厚植富春山居文化底蕴。深入实施中华文明探源工程，开工建设泗洲造纸考古遗址公园，推进新登古城墙联合申遗和千年古城复兴试点。完善公共文化设施，深化“15分钟品质文化生活圈”建设，新增城市书房3家、文化驿站2家，推动“文化礼堂·老年学堂”省级试点扩面提质。打响“家在富春江上”文化品牌，办好郁达夫小说奖、公望山水画展、港澳视觉艺术双年展等一批大型活动，开展“富春有艺”“公望有约”“玉兰有戏”等主题文艺赋美活动450场以上。

3. 加快文旅深度融合发展。打造“富春山居图景”“葛溪清影度假区”等一批特色板块，加快西岩温泉、山也度·塘湾里等20个重点文旅项目建设，做好三江水舍、春江秀等前期工作，推动渔山1号度假酒店、小叠空梦想田园投入运营。完善升级商业配套，建设览秀城、富春湾天街、万豪酒店等一批高能级项目，引导商业综合体场景化、差异化、主题化、品牌化发展。办好“中国营地大会”“杭州研学旅行展交会”等文旅活动，旅游人数和收入增长均达到8%以上，全年接待研学游客85万人次以上，争创富春江湾国家4A级景区。

六、推动民生事业实现新跃升，打造高水平保障体系

1. 深入推进扩中提低。推动高质量充分就业，完善“零工市场”服务，实现零就业家庭动态清零，深化“富春小哥码”“网约车司机保”等新就业形态劳动者服务载体。完善政策性补充保险，全区养老保险和医疗保险综合参保率均保持99%以上。优化“救助联合体”运营，新成立慈善组织3家以上，慈善信托资金规模达150万元，为160户困难家庭改善居室、100户困难残疾人家庭改造无障碍设施。

2. 完善优化公共服务。推进教育高质量发展，确保通过国家学前教育普及普惠区和义务教育优质均衡发展区国家抽检评估，杭二中富春学校启用，加快东吴九年一贯制、富春十一小等学校项目建设，建成投用阳陂湖新劳动教育研学基地，推动集团化办学扩面提质和区域中高职一体化培养。建设健康富阳，高标准通过国家卫

生城市新一轮复审，加快建设省中医院新院区，力争省人民医院富阳院区试运营，正式启用富春社卫中心、中医骨伤医院康复大楼和制剂研发大楼，推动区妇保院与浙大儿院合作办医，深化医保经办去中心化试点，实施“医疗服务质量大提升行动”，打造“四级诊疗直通车”服务体系，争创全国基层中医药工作示范区。

3. *拓展深化“全龄友好”*。落实积极生育支持政策，争创全国生育友好工作先进单位；健全婴幼儿照护“15分钟服务圈”，每千人口3岁以下婴幼儿托位数达4.36个；健全关爱儿童青少年心理健康“家一校一医一社”联动机制，新增青春健康基地1个。推进公办养老机构国企化改革，推动长期护理保险试点全覆盖，大力发展“银发经济”，每万名老年人口拥有持证养老护理员数达到27人以上。

各位代表，民之所向，政之所往。今年，我们将坚持尽力而为、量力而行，按照“群众提、代表定、政府办”的方式，投票决定10件民生实事，候选项目分别为：一是安心颐养工程，撤并富春街道敬老院、鹿山街道敬老院、银湖街道敬老院，新组建富春街道敬老院并开展改造提升；新增认知障碍照护专区床位100张；新增老年助餐服务点10个，助餐服务覆盖全区90%村（社），全年老年助餐服务达到100万人次。二是健康惠民工程，改（迁）建社区卫生服务站（卫生室）7家；完成重点人群结直肠癌免费筛查3000人次；免费为60岁及以上老年人接种流感疫苗6万人次。三是社会助医防贫共富工程，对特困家庭合理医疗费用负担给予全额救助，低保家庭、低边家庭、其他“因病致困”人员的合理医疗费用负担分别超出低保年标准、低边年标准、上一年度城镇居民人均可支配收入的部分给予全额救助。四是舒心宜居工程，改造提升老旧小区5个，完成回迁安置2000户。五是美好教育工程，建成投用中小学（幼儿园）5所，新增班级120个、学位5130个；为5万余名中小学生创造午间躺睡条件。六是交通畅行工程，打通“断头路”3条，新增公共停车泊位600个；完成6处堵点治理。七是燃气进村工程，10个以上行政村开通管道燃气。八是暖心改造工程，针对城区范围，实施里弄巷道除暗增亮，整治提升一批存在风险隐患的窨井盖。九是农村安澜工程，完成病险水库加固2座、病险山塘整治6座，提升改造机埠泵站、堰坝水闸20座；完成高标准农田、粮食功能区、农地提标改造等农田水利基础设施建设9000亩。十是就业创业工程，组织公益性招聘会100场以上，新增就业2.5万人，帮扶登记失业人员再就业4000人以上；新增大学生见习基地10家、大学生创业项目150个以上；完成职业技能培训1.4万人次，新增技能人才5000人。十一是运动惠民工程，新增群众身边体育健身设施20处，组织开展科学健身指导和全民健身赛事活动共计200场。十二是“救在身边”工程，新增持证应急救护员8000人，应急救护知识普及培训8万人次。对于投票决定的10件民生实事，我们将用心用情办实办好，其余两件也同样抓好落实，努力提升人民群众的幸福感。

七、推动社会共治实现新跃升，打造高活力社会环境

1. *精细做好基层治理*。纵深推进“家在富春山居”现代社区建设，全面推广“网格议事”载体，常态化推进“百日解难”行动，探索“微网格长积分制”等激励机制，构建党建统领多元共治新格局。深入实施公民法治素养提升工程，持续推动“八五”普法规划落地。坚持和发扬新时代“枫桥经验”，做实前端“治未病”，创新“三源治理”模式，围绕“141”体系强基增效目标，优化一站式平台“1+4+X”多元联动机制，深化重复信访和信访积案攻坚化解，进一步加强“无讼指数”建设，提升劳动争议案件基层化解水平。加强国防动员和国防后备力量建设，做好退役军人服务保障。

2. *精准抓实风险防控*。守牢意识形态安全底线，抓好网络安全，高标准推进平安强基工程，加强房地产、教培、金融等涉众型领域靶向治理，常态化开展扫黑除恶斗争，严厉打击“盗抢骗”“黄赌毒”等突出违法犯罪行为，强化食品、药品、特种设备安全监管，探索落实根治欠薪的关键管用举措。围绕一厂多租、危化品等重点风险领域开展专项整治，推动风险隐患动态清零，实现三类安全生产事故发生起数和死亡人数再下降。

3. *全面强化防灾减灾*。提高气象现代化水平，细化预报颗粒度，推进单要素雨量站建设，实现地质灾害风险防范区全覆盖。突出防灾应急实战化演练，提升抢险救援专业化能力，完善救援物资保障体系；加强应急消防治理体系建设，推动应急消防管理站乡镇（街道）全覆盖；持续完善“1833”联合指挥体系，主汛期前全面建成灾后重建项目，不断优化小流域山洪预警模式，细化落实短临“双十条”，确保平稳度汛。

八、推动自身建设实现新跃升，打造高效能现代政府

1. *建设忠诚政府*。坚持把党的领导贯穿到政府工作全过程各领域，深入学习党的二十大和二十届二中全会精神，贯彻落实习近平总书记在浙江考察重要讲话精神，巩固深化主题教育成果，坚定拥护“两个确立”、坚决做到“两个维护”，不折不扣落实中央、省、市各项决策部署。紧密围绕区委中心工作，始终做到创造性贯彻落实、创新性转化发展，以实绩实效诠释忠诚担当。

2. *建设为民政府*。坚持以人民为中心的发展思想，在高质量发展中更好保障和改善民生，健全完善线上“民呼必应”、线下“五级民情办理”双线联动机制，深入践行“四下基层”，常态化开展领导干部接听政务服务便民热线、接访下访和部门联合接访制度，切实增强为民服务精准性和时效性；全面推动民营经济32条措施精准落地，依法保护民营企业权益，增强民营企业获得感。

3. *建设法治政府*。实施县乡合法性审查质效提升“1+4+N”改革工程，持续推进重大行政决策规范化建设，严格规范行政执法行为，发挥行政复议化解行政争议的主渠道作用，不断深化“两高一低”专项整治。坚持把依法行政贯穿于政府治理全过程，善用法治思维和法治规则想问题、作决策、办事情。自觉接受人大依法监督和政协民主监督，主动接受监察、司法、审计、统计、舆论和社会监督。

4. *建设清廉政府*。坚持以严的基调加强党风廉政建

设，锲而不舍落实中央八项规定及实施细则精神，持续纠治“四风”问题，一体推进不敢腐、不能腐、不想腐。树立勤廉导向，推动精准问责与容错纠错有机结合，让干部在干事创业中想为、敢为、勤为、善为。坚持政府“过紧日子”、群众过好日子，确保公用经费按定额标准压减 30%，“三公”经费预算进一步压减 20% 以上，集中财力促发展惠民生。

各位代表，使命重在担当，奋斗铸就辉煌。让我们更加紧密地团结在以习近平同志为核心的党中央周围，在省市党委政府和区委的坚强领导下，紧紧依靠全区人民，抢抓机遇、乘势而上、真抓实干、奋勇争先，迈上新台阶、实现新跃升，以先行先锋姿态高水平描绘现代版富春山居图，全面谱写中国式现代化富阳新篇章！

中国人民政治协商会议
第十届杭州市富阳区委员会常务委员会工作报告

在政协第十届杭州市富阳区委员会第三次会议上

（2024年2月2日）

杭州市富阳区政协主席 张 霖

各位委员：

我代表政协第十届杭州市富阳区委员会常务委员会，向大会报告工作，请予审议，并请列席会议的同志提出意见。

一、2023年工作回顾

2023年是全面贯彻落实中共二十大精神开局之年，是“八八战略”实施20周年，是杭州亚运会亚残运会举办之年，也是富阳新时代人民政协事业凝心聚力、团结进取的重要一年。

一年来，在中共富阳区委的坚强领导下，区政协及其常委会坚持以习近平新时代中国特色社会主义思想为指导，深入学习贯彻习近平总书记考察浙江重要讲话精神和中共二十大精神，坚决贯彻落实中共中央和省市区委决策部署，广泛团结区政协各参加单位和政协委员，牢牢把握团结和民主两大主题，紧紧围绕“发展拼经济、亚运拼精彩、共富拼典范”工作主线，切实履行政治协商、民主监督、参政议政职能，广泛凝聚共识，推动“委员在身边、履职展风采”主题活动持续走深走实，开展了大量“有意义、有价值、有效率”的履职工作，为高水平描绘现代版富春山居图作出了积极贡献。

（一）把牢政治方向、强化思想引领，保持坚定跟党前行的强大定力

1. *政治建设统领全局*。坚持党对政协工作的全面领导，坚定捍卫“两个确立”，坚决做到“两个维护”，主动将一切重要工作在区委的领导下开展，一切重要安排在区委批准后实施，一切重要履职在区委工作大局中谋划推进，努力做到党委工作推进到哪里、政协履职就跟进到哪里、政协力量就汇聚到哪里。一年来，区委常委会5次专题研究政协工作，区委、区政府等领导带头出席政协重要会议和活动87人次，领办9件政协重点提案，对政协重要履职成果批示42件次。

2. *主题教育领航定向*。牢牢把握“学思想、强党性、重实践、建新功”的总要求，坚持政协系统各级党组织一体推进理论学习、调查研究、助推发展、检视整改、建章立制各项工作，严格落实“第一议题”和习近平新时代中国特色社会主义思想学习座谈会制度，构建全方位学习体系，组织各类学习活动130余次，开展党课宣讲23场次，形成调研报告20份，领办完成发展难题7项、民生实事19件，靶向整改各类问题8个，在以学铸魂、以学增智、以学正风、以学促干方面取得了可喜实效。

3. *党的建设系统推进*。坚持以政治建设为统领，全面推进政协党的各项建设，系统打造“同心同杭·共富向阳”党建工作品牌，创建形成政协机关党组和6个专委会党员委员临时履职党支部“一雁六员”党建工作品牌矩阵，组织开展党性教育、参政议政、民生服务、品牌展示“四大主题活动”。一年来，召开区政协党组会议14次、理论学习中心组学习会17次，开展各类党建活动150余次，形成了以党建强政治、带队伍、促履职、增团结的良好局面。

（二）聚焦中心大局、强化精准发力，发挥专门协商机构的独特优势

1. *协力助推“双拼”行动*。聚焦产业强区主战略，区委书记吴玉凤亲自参加“深入推进高质量就业创业”请你来协商活动，区政协十届二次会议审议通过《关于培育专精特新企业助力产业强区的建议》大会建议案，并开展主席会议专题视察监督办理情况，积极参与“营

商环境优化提升‘一号改革工程’实施情况”省市区联动专项集体民主监督、“服务十百千、助企大解题”等活动，创新经济界政协委员“双拼”对口协商机制，围绕投资促进、政策落地、项目建设、营商环境等建言献策47项，相关意见建议获区委区政府主要领导高度肯定。

2.合力护航精彩亚运。聚焦服务保障亚运会亚残运会举办，开展“推进嵌入式体育健身场地建设”请你来协商活动，常委会会议专题视察监督“亚运美丽环境提升”情况，积极参与“迎亚运盛会助力全省三大提升行动”“亚运城市文明共建行动”省市区联动专项集体民主监督，发起“委员在身边、全力助亚运”专项行动，精准提供“亚运有礼、文明有我”志愿者礼仪培训、助力残疾人观赛亚残运会等有温度的志愿服务和有力度的助残服务，汇聚办好亚运盛会正能量。坚持以竞赛为核心、以场馆为基础、以属地为保障，组建富阳水上运动中心场馆外围保障赛时指挥部，联动场馆运行团队，全力护航“双首金地”富阳水上运动中心赛事侧和城市侧工作，圆满完成各类赛事109场，得到社会各界高度肯定，获得亚赛联致信感谢。

3.聚力促进共同富裕。聚焦共同富裕示范区建设，开展“绘就‘宿在富阳’共富新画卷”“推进社会组织高质量发展”等请你来协商活动，主席会议专题视察监督“未来社区建设”“家政服务业发展”情况，积极参与“深化‘千万工程’建设美丽乡村”省市区联动专项集体民主监督、市政协高水平推进“湿地水城”建设专题协商等活动，推动政协委员领衔的“漫永昌”“银狐星辰”“龙羊阿姨”等“共富工坊”建设更具实效，指导推进秦望“城市眼”建设、现代中医药国际合作示范区建设、政府投资教育卫生项目建设等重要任务，主动融入、全面参与、全力助推富阳新时代共富图景打造。

（三）突出人民至上、强化履职为民，践行人民政协为人民的初心使命

1.汇集民智建诤言。按照“不建机构建机制”要求，深化推进民生议事堂、委员工作室、社情民意信息联系点“三位一体”和协商驿站建设，指导乡镇（街道）规范开展“2+4+X”基层民主协商活动，涌现“灵听民声•桥接民意”“合心合拍”“万事好商量”等一大批基层协商品牌，创新“周五接待群众”“移动协商”“青少年模拟协商”等一大批基层协商形式，开展民生议事堂活动48次、协商驿站活动96次，提出意见建议391项，协商办理解决329项。《人民日报》专版刊登富阳民生议事堂做法，东洲街道民生议事堂被评为首批“杭州市政协新时代协商民主实践中心实践基地”，案例收录新华社政论片《中国的民主》在全国两会期间播出，银湖街道、里山镇、场口镇、万市镇等案例入选市政协优秀协商案例。

2.反映民意献良策。切实发挥参政建言在推动解决民生问题上的重要作用，区委副书记、区长谢渐升亲自参加“民生提案现场办”请你来协商活动，全年立案办结提案160件，评选出优秀提案21件，形成重要履职成果82件，提交意见建议431项，许多反映群众期盼的意见建议得到积极落实。充分发挥政协人才荟萃优势，紧抓住富阳发展中的前瞻性、系统性、战略性问题，形成了一批高质量调研报告和社情民意信息。一年来，编发参政建言13期、社情民意信息12期，其中获区委区政府主要领导批示肯定16篇次，《关于推进住宅小区物业管理提质增效的建议》被评为全区“调研一件事”十佳成果。

3.关切民生增福祉。立足群众所需所盼，高质量开展“助解急难愁盼、增进民生福祉”专题协商议事，扎实推动便携式体外除颤仪使用普及、白酒小作坊提质发展、公交站场规划布局、新就业形态劳动者关心关爱、“小候鸟”班深化办学、地铁口交通秩序规范提升等委员助解“民生小事”活动，做深做实偏远乡村老年人体检、“送法下乡、护苗成长”、“委员调解室”解纷解忧等送各类服务下乡活动，闻令而动尽锐出战“7.22”超强降雨抢险救灾，助力推进大源镇9大类109个灾后重建项目有序实施，努力把惠民生、暖民心、顺民意的工作做到群众心坎上。提档升级“困境儿童帮扶”政协公益品牌，组织全体政协委员建立“一对一”帮扶，指导开展“我是你的眼、共享好春天”“大手牵小手、伴游富春江”“成长路上有爱同行”等“四季陪护”系列活动，走访儿童710人次，筹集资金百余万元，改造建成“梦想小屋”10个，引领全社会营造关心关爱困境儿童的良好氛围。

（四）深化团结联谊、强化汇智聚力，构建广泛凝聚共识的工作格局

1.以高标准履职平台为联系阵地。深入推进委员工作室制度化、规范化、程序化建设，富阳同心公益政协委员会客厅被省政协评为四星级委员会客厅，影响、辐射、带动全区27个公益组织凝聚公益合力。积极创建市政协委员富阳区联络组委员工作室，通过“寄送一封公开信、建立一个微信群、建好一个工作室、召开一次见面会、建立一套机制、畅通一个渠道”的“六个一”举措，引导38名市政协属地委员规范开展活动，其中富阳区联络组（富春）委员工作室、（大源）委员工作室被市政协评为四星级、三星级委员工作室。有序推进20个界别型委员工作室主题式、个性化建设，其中医卫组委员工作室全年为群众义诊3000余人次，入选市政协委员工作室典型案例。

2.以多元化联谊活动为团结基础。严格落实党员领导、党员委员等各项联系制度，加强同各民主党派、各人民团体、各界人士团结合作，努力寻求最大公约数、画好最大同心圆。积极承办杭州市政协新时代协商民主实践中心以“韵美富春山居、乐享精彩亚运”为主题的富阳“活动周”，开展协商交流、文化沙龙、书画展览、志愿服务等系列活动。密切与在富省市政协委员联系交往，邀请市政协属地委员开展“看春江蝶变、议新城发展，助富阳双拼、展亚运精彩”视察，协办市政协《我们圆桌会•政协视点》节目。圆满完成区政协联谊会换届，支持其依照章程开展联络联谊活动。

3.以多样化文史传播为思想纽带。聚焦助力打造富阳文化地标，开展“加快启动以人类非遗的标准保护富阳竹纸制作技艺”请你来协商活动，常委会会议专题视察监督“泗洲中国古代造纸遗址综保复兴项目建设”情况，指导泗洲中国造纸遗址博物馆开工建设，协助举办2023泗洲纸文化节，举办西泠名家亚运主题篆刻展、杭州公望少儿美术作品双年展等活动，完成《中国白板纸基地“三亲”史料》、文史小丛书《苏东坡与富阳》、《战疫长歌》（富阳分述）组稿编撰，助力三国东吴文化展陈、鹳山景区改造提升，更好发挥“存史、资政、团结、育人”作用。

（五）坚持固本培元、强化责任担当，展现政协履职尽责的崭新风采

1. *提升品牌辨识度*。以“深入基层、服务基层”为履职导向，深化“委员在身边、履职展风采”主题活动，引领全体政协委员立足各自岗位，坚持“七个一”政协识别系统，形成“参加一次中共二十大精神轮训、助力一项属地重点工作、联系一个基层村社、领办一件民生实事、参与一次‘请你来协商’、撰写一篇社情民意信息、帮扶一名困境儿童、开展一次跨组交流”的“八个一”委员履职清单，以饱满的政治热情提出一件件有分量的提案，提供一项项有针对性的建议，反映一条条有价值的信息，办成一件件有影响的实事。一年来，委员履职成果被各级媒体宣传报道243次，其中《人民日报》、新华社、《人民政协报》等国家级媒体报道24次、省市级媒体报道95次，评选出优秀政协委员50名，周正红委员被选树为2023年度杭州市“最美政协委员”，充分展现出富阳新时代政协委员的实干担当和良好风采。

2. *拓展制度覆盖面*。健全专委会工作机制，密切同党政部门、社会组织的沟通和协调，加强对乡镇（街道）政协委员履职小组、界别活动小组的联系和指导，确保专委会工作“专”出水平。结合全区综合考核体系改革，建立完善乡镇（街道）、区级机关单位、区属国企和开发区（园区）重视支持政协工作考核体系。出台《区政协十届二次会议提案协商督办工作方案》，建立“政协领导牵头督办、专委会分工负责、政协委员全程参与、提案全面覆盖”的工作机制，对立案提案开展全面协商督办。持续优化“富阳数智政协”应用场景，结合上级要求和履职实际，迭代升级子系统功能。

3. *加强队伍先进性*。切实加强常委会自身建设，严格执行常委会工作规则，充分发挥常委会的引领示范作用。突出固根基、强本领、增合力、提水平，及时调整政协常委和政协委员，配齐配强专委会工作力量，培养使用年轻干部，开展政情通报会、“周四夜学”、政协讲坛、履职能力培训班、青年干部政协有“心”人等活动，全面提升政协委员和政协干部“两支队伍”履职能力水平。

各位委员、同志们！过去一年区政协取得的各项成绩，是上级政协有力指导和中共富阳区委坚强领导的结果，是区人大、区政府和社会各界大力支持的结果，是各位老领导、老同志热情关心的结果，是区政协各参加单位、广大政协委员和政协工作者共同努力的结果。在此，我代表区政协常委会表示衷心的感谢和崇高的敬意！

同时我们也清醒认识到，与新时代新任务新要求相比，常委会工作还有一些需要加强和改进的方面，主要是：政协协商民主机制还有待进一步健全；凝聚共识平台载体还有待进一步拓展；民主监督工作质效还有待进一步增强；界别特色和委员主体作用还有待进一步彰显等等。对这些问题，我们要高度重视，认真研究，切实加以解决。

二、2024年工作思路

2024年，是中华人民共和国和人民政协成立75周年，是实施“十四五”规划的关键之年，是富阳撤市建区十周年成果展示之年，也是富阳政协成立40周年，做好今年政协各项工作意义重大。今年区政协工作的总体要求是：坚持以习近平新时代中国特色社会主义思想为指导，深入学习贯彻中共二十大精神，认真学习贯彻习近平总书记关于做好新时代党的统一战线工作的重要思想、关于加强和改进人民政协工作的重要思想，全面贯彻落实习近平总书记考察浙江重要讲话精神，在中共富阳区委坚强领导下，聚焦“建区十周年、冲刺一千亿、迈上新台阶”目标任务，坚持发扬民主和增进团结相互贯通、建言资政和凝聚共识双向发力，充分发挥专门协商机构作用，深入践行全过程人民民主，积极探索凝心聚力新路径，持续深化“委员在身边、履职展风采”主题活动，履职尽责，实干笃行，为以先行先锋姿态加快高水平描绘现代版富春山居图，奋力谱写中国式现代化富阳新篇章贡献政协智慧和力量。

重点抓好以下五个方面工作。

（一）以党的建设筑牢政治基础，在强化思想政治引领上持续发力。坚持以党的政治建设为统领，深化“同心同杭·共富向阳”党建工作品牌建设，以政治领航落实党对政协工作的全面领导，以思想铸魂深学践悟习近平新时代中国特色社会主义思想，以强基固本开展“党组强核心、支部筑堡垒、党员树旗帜”三级联创活动，以履职融合推进政协党的组织和党的工作有效覆盖，以示范引领强化党员委员和机关党员干部先锋模范作用，不断提升政协党建工作质量，推动政协更好发挥“重要阵地”“重要平台”“重要渠道”作用。

（二）以精准履职助推中心大局，在推进协商民主建设上持续发力。聚焦区委二届五次全会确定的目标，坚持“数量适度、质量为要、落地见效”导向，围绕推进主导产业集群发展、深化“无废城市”创建、完善行政执法“综合查一次”、加强临终关怀服务体系建设、持续推进高质量就业创业、湖杭高铁富阳西站周边建设及运维管理、小微企业产业园建设等方面，精心组织调查研究，广泛开展协商议政，深入实施民主监督，指导推进好秦望“城市眼”建设、泗洲中国古代造纸遗址综保复兴项目建设、现代中医药国际合作示范区建设等重要任务，力求做到议题选择准、情况了解深、协商效果好、议政质量高。扎实做好政协经常性工作，整体推动提案、反映社情民意信息、新闻宣传、理论研究等各项工作再上新台阶。

（三）以制度优势促进广泛团结，在增进互信汇聚人心上持续发力。把凝聚共识增进团结工作融入日常、抓在经常，坚持和完善联络联谊、谈心交心、基层联系、书香政协等制度机制，推进杭州市政协新时代协商民主实践中心富阳区分中心建设。服务好各民主党派、工商联和无党派人士等在政协组织更好发挥作用，促进政党关系、民族关系、宗教关系、阶层关系、海内外同胞关系和谐。充分发挥政协文史优势，策划举办具有业内影响力的文史类会展，编纂《富阳政协四十年》《谢景温评传》等书籍，接续解码富春基因、传递富阳好声音。

（四）以真情实意践行宗旨意识，在提升为民履职实绩上持续发力。建好用好联系界别群众的桥梁纽带，指导富阳同心公益政协委员会客厅提星晋级，探索市政协属地委员基层履职机制，深化界别型委员工作室“一室一品”创建。持续推进民生议事堂、委员工作室、社情民意信息联系点“三位一体”建设，更好发挥协商驿站作用，开展星级民生议事堂（协商驿站）和典型协商案例评选，进一步加大人民政协在基层的辨识度。持续擦亮“困境儿童帮扶”、“民生提案现场办”、委员助解“民生小事”、送各类服务下乡等政协民生履职品牌，坚持以“切口小”“体感实”“受众广”为履职发力点，助力解决群众最关心、最直接、最现实的利益问题，以实绩实效增进民生福祉。

（五）以实干担当推动提质增效，在深化政协自身建设上持续发力。认真执行新时代加强政协委员队伍建设的总体要求和具体途径，树立实干导向，强化责任担当，推动常委会、专委会和界别活动小组建设规范化，促进与委员联系交流多样化，推进委员读书学习常态化，探索委员履职管理数字化，选树“最美政协委员”，扩大“委员在身边、履职展风采”主题活动影响力。以建设“忠诚、崇学、实干、创新、和谐、清廉”六型模范政协机关为抓手，充实机关干部队伍力量，提高机关服务保障水平，扎实推进“富阳数智政协”建设，努力打造适应新时代要求的高素质专业化机关干部队伍。

各位委员、同志们，履职尽责担使命，实干笃行启新程。让我们更加紧密团结在以习近平同志为核心的党中央周围，在中共富阳区委的坚强领导下，同心同德、携手并进，守正创新、担当作为，为以先行先锋姿态加快高水平描绘现代版富春山居图，奋力谱写中国式现代化富阳新篇章做出新的更大贡献！

2 年度聚焦 Highlights of the Year

学习贯彻习近平新时代中国特色社会主义思想主题教育

【概况】 2023年9月至2024年2月，富阳开展学习贯彻习近平新时代中国特色社会主义思想主题教育，全区共有1100余名领导干部、3100余个党组织和5.4万余名党员参与。全区主题教育经验做法分别在杭州市主题教育工作交流会和整改整治工作调度会上作交流发言，富春江集团在中央主题教育办专题调研座谈会上作交流发言，“树立正确政绩观、完善容错裁定举措”的相关信息获中组部《组工信息》刊发，“深化‘双线联动’体系，提升城市治理效能”的相关信息获省委组织部《组工情况》单篇录用，相关特色亮点工作先后在《人民日报》、《光明日报》、央视《新闻联播》、《浙江日报》等中央和省、市主流媒体报道134次，并在省、市委主题教育专报、简报刊发10期。

【理论学习】 区委常委会带头落实“第一议题”制度，现场学习、举办读书班等。全区党员干部共开展专题学习2.5万余次，赴基层讲专题党课3500余次。及时跟进学习习近平总书记系列重要讲话和指示批示精神，特别是持续推动学习贯彻习近平总书记考察浙江重要讲话精神落实落地，分层分领域组织1200余名基层党组织书记开展专题培训，参与集中学习党员1.07万余次。学习习近平总书记4次到富阳调研指导、1次对富阳的重要批示精神，打造富春街道春华村调查研究和富春湾转型发展2个循迹溯源点位，组织3.5万余名党员开展现场学习。改造提升“中央调查组在富阳”史料陈列室，先后接待中纪委、省委常委、市四套班子等循迹调研约310批次1.2万余人，被列入浙江省学习贯彻习近平新时代中国特色社会主义思想现场教学示范点。用好各级党群服务中心，通过“他乡第一课”、送学上门等形式，组织1.15万余名流动党员、年老体弱党员和“三新”（新经济组织、新社会组织、新就业群体）领域党员就近就便参加主题教育。扎实开展青年干部“明德守法、完善自我”专项行动，全区1.9万余名青年党员开展对标检视525次、廉政警示教育355次，相关做法获团省委书记周苏红点名表扬，并在中央广播电视总台综合频道《新闻联播》栏目报道。

【调查研究】 根据2004年习近平在富阳调研时提出的关于调查研究“四个过程”（调查研究是一个了解情况、推动工作、联系群众和为民办事、自我学习提高的过程）的重要论述要求，创新打造“调研一件事”工作机制，用好以调研了解情况、推动工作、为民办事和提升自我的功能，构建问需、问计、问效闭环。区四套班子领导领衔调研课题35个，开展“一线解题式”调

2023年11月，富阳组织全区党员干部参观富春街道春华村调查研究循迹溯源点位
（区委组织部 供图）

研320余次，带动区管领导认领共性难题783个，累计走访群众5.2万余户，帮助解决问题4500余个。区委高质量召开调研成果交流会，并作为全省唯一的区县市代表，由中央巡回指导组参会指导。健全完善调研成果转化运用清单，细化明确承接单位、转化措施和完成时限。组织开展“调研一件事”优秀成果和优秀案例评选，通过实地评价、专家评审和现场比武的方式，对各单位申报的120个优秀调研成果、92个调研案例进行评选，评出十佳成果10个、优秀成果12个、优秀案例21个。结合“百日解难”“服务十百千 助企大解题”等活动，全区各级党员干部认领办结民生实事4.4万余件，其中，医保防贫共富入选浙江省高质量发展建设共同富裕示范区最佳实践名单，“善居工程”入选全省社会救助领域创新案例，并在全省首创新就业形态劳动者保险“网约车司机保”。

【推动发展】 深化习近平总书记对富阳“8小时外考官德”批示精神，扎实推进“持正确政绩观、建为民新业绩”行动。聚力“亚运拼精彩”，创新以执行力评价指数形式，围绕岗位建功、志愿服务、文明风尚、平安和谐、美丽环境、“三大提升行动”等六大主题，举办“红领富春·奉献亚运”大考大赛暨“百千万”大比武。设立党员示范岗8862个、党员责任区9625个，组建党员突击队451支，动员乡镇（街道）、村（社区）、网格力量，参与亚运服务保障工作。聚力“发展拼经济”，坚定不移实施“产业强区”主战略，强力推进三个“一号工程”和“十项重大工程”，制定实施“拼经济、拼发展”行动方案，出台“抢先机拼经济、勇夺开门红”38条、“亚运红促产能快速协调服务机制”等举措。举行产业链条比集群大比武，引导广大党员干部在“招大引强”“千亩百亿”上激发新动能、释放新活力，助推富阳高质量发展。聚力“共富拼典范”，不断优化“民呼我为”工作机制和实践路径，推进公共服务“七优享”工程办好民生实事，用好“1+X”民意互动平台、“民呼必应”应用场景和“家和智联”综合治理平台，进一步推动群众诉求即办、信访事件即处。深化“千万工程”新实践，推广“先富带后富”联合体，创新“6+X”共富工坊制度体系，276个行政村集体经济经营性收入增长12%，获评省新时代美丽乡村示范区、深化“千万工程”建设优胜区。

【检视整改】 深入开展“政治检视、党性体检”，全面梳理、动态管理问题清单231项，构建“解题、评估、回访、销号”工作闭环，实行滚动销号。开展“正作风、强监督、促落实”正风肃纪行动，制定30条勤廉担当实干实绩负面清单。深化治理省市县三级联动整改问题11个、市县两级联动整改问题1个，其中：针对“市民文明乘梯意识欠缺、部分电梯存在安全隐患、应急救援体系不够完善”问题，首创“文明安全乘梯一件事”改革，被《光明日报》等中央、省市主流媒体报道，入选群众天天有感“微改革”省级试点。开展软弱涣散基层党组织专项整顿、重点领域专项治理、基础规范专项督查、应急处突专项提能和村（社）党群服务中心规范建设五大专项行动。切实落实基层减负，针对村社党群服务中心“牌子多”等问题，制定出台《全区村（社）党群服务中心建设标准和运行规范工作指引》，全面完成全区350个村（社）阵地整治工作，相关做法获市委主题教育办第58期简报上单篇刊登。区市场监管局首创“富春小哥码”赋能基层治理，被纳入全省整改整治案例汇编。

【基层基础】 推进“夯实基层、服务基层、关爱基层”专项行动，围绕夯实基层党建30条举措，持续深化“红领富春”工作体系，推动各领域基层党建。加快“富春红链”1+8+N党建联建体系建设，深化党建统领下创新链、产业链、资金链、人才链深度融合的“四链融合”工作机制。持续推进共富工坊体系建设，制定出台全市首个“共富工坊建设与运行指南”。迭代深化线上“民呼必应”、线下“五级民情办理”双线联动为民服务机制，搭建“三提三知”网格专项比武、“网格议事日”等有效载体，推动“六好村社·六无网格”创建。系统推进新时代党员队伍建设，健全党员“进出育管爱”全链条管理，全面推行“先锋指数”智慧管理考核，覆盖全区所有基层党支部和党员。持续深化“富春小哥码”、货车司机党建“十联招”等，不断提升新经济组织、新社会组织、新就业群体党建工作品牌影响力。深入实施新时代“领雁工程”，全面推行“堡垒指数”量化管理考核，创新开展

2023年12月14日，富阳区“富有理‘响’”青年宣讲团优秀宣讲员聘任仪式举行
（区委组织部　供图）

优秀村社书记“专项纳编”行动，并在全省率先全面开办“领雁学堂”，首批招录学员187名。

（赵扬阳）

杭州亚运会、亚残运会

【前期筹备】 2015年9月16日，杭州获得第19届亚运会主办权。富阳作为分赛区，承办赛艇、皮划艇静水、激流回旋、射击、射箭、现代五项等亚运竞赛项目6个，赛艇、皮划艇静水、射击、射箭4个亚残运会竞赛项目。2017年11月，富阳区成立亚运会场馆及设施建设推进工作领导小组，全面启动亚运筹办工作。2019年，水上运动中心、银湖体育中心全面开工建设。2021年，成立富阳区“迎亚运 展风采 全面打造现代版富春山居图”行动领导小组和富阳区亚运会、亚残运会综合保障总指挥部，由两位区主要领导担任总指挥长。2021年6月，基本完成场馆项目建设。2022年4月，完成场馆赛事技术代表验收。

2022年7月19日，亚组委宣布第19届亚运会、第四届亚洲残疾人运动会延期，分别于2023年9月23日至10月8日、2023年10月22日至10月28日在杭州举行。此后，富阳全面进入亚运倒计时，高标准组织全国性的射箭巡回赛、射击锦标赛、现代五项锦标赛、皮划艇静水春季冠军赛、皮划艇激流回旋春季冠军赛等高级别赛事。

【赛事运行】 2023年9月23日，第19届亚洲运动会在杭州开幕，富阳赛区共举行比赛258场，44个代表团、1300余名运动员参加，产生金牌77枚，赛会期间打破世界纪录6项、亚洲纪录20项、赛会纪录41项，观众4.6万人次。其中，2023年9月24日，第十九届杭州亚运会首枚金牌在富阳水上运动中心产生，中国队选手邹佳琪、邱秀萍在赛艇女子轻量级双人双桨决赛中以7分06秒78的成绩夺冠；2023年9月25日，杭州亚运会中国队首个世界纪录在富阳银湖体育中心产生，中国队选手盛李豪在男子10米气步枪个人决赛中，以253.3环的成绩夺冠，该成绩打破世界纪录、亚洲纪录、赛会纪录；2023年9月26日，杭州亚运会首个“三冠王”在富阳银湖体育中心产生，中国队选手黄雨婷获射击10米气步枪女子团体赛、射击10米气步枪女子个人赛、射击10米气步枪混合团体赛金牌。

杭州亚运期间，富阳区社会救援队全程护航水上运动项目

（区应急管理局 供图）

2023年10月22日，第四届亚洲残疾人运动会在杭州开幕，富阳赛区共举行比赛148场，34个代表团、329名运动员参加，产生金牌42枚，赛会期间打破世界纪录4项、赛会纪录16项，观众1.64万人次。其中，2023年10月23日，杭州第4届亚残运会首枚金牌在富阳水上运动中心诞生。中国选手谢毛三在女子单人皮艇KL1级项目决赛中以55秒478的成绩夺得金牌。富阳籍选手孔巧丽获草地掷球女子个人B3、混合双人B3项目2枚金牌；夏志伟获男子铅球F41项目银牌；陆晓聪获皮艇KL3项目第七名。

【赛事保障】 区委、区政府主要领导担任区亚运综合保障指挥部双指挥长，其他区级领导分任下设部办组（中心）专班主职，动态调整实体化运转体系。精细做好旅游讲解、外币兑换、交通组织等工作，在重点景区加配43名双语讲解人员，在涉亚酒店增设5个外币代理兑换点，完成806户商户、301台ATM机外卡受理改造，开设4条亚运观光观赛公交专线。发动党员干部和群众、志愿者33122人参与“守护家园”行动，亚运期间，累计安检人员超44.49万人次、车辆4.3万辆次，闭环处置重要信息760余条，整改网络安全漏洞1.2万个。成功接待国务委员谌贻琴、亚奥理事会代理主席辛格、国际赛艇联合会主席罗兰等要员贵宾4300人次。

【氛围营造】 精心打造“富阳亚运十景”，悬挂道旗1万余面，设置亚运标语2万余条，打造微景观500余处，张贴宣传海报6万余张。深耕全民亚运，推进群众性文体活动，举办体育赛事1900余场次，亚运文化活动3000余场次，惠及20余万人。深化志愿服务，组织发动11.6万名亚运城市志愿者，组建600余支志愿服务队，在15个“亚运文明驿站”、37个亚运青年V站、82个志愿服务“风景点”，开展信息咨询、医疗急救、交通引导等志愿服务2万余场。

【城市提升】 全域推进“匠心提质绣富春”八大攻坚行动，以“处处是风景”的标准，精心打造2个亚运场馆、18条通勤线路、4条风

2023年10月20日，富阳分局圆满完成杭州亚残运会火炬传递富阳站安保工作，民警陈轶丰参与第73棒火炬传递（杭州市公安局富阳分局　供图）

景线、12+19处精彩点位。东洲入城口获全市赛马优秀，北支江沉浸式夜游、亚运山居景观带建设工程入围市级重点出彩项目。深入实施“亚运范·富阳风”十大专项行动，开展文明倡导活动3000余场，文明理念深入人心。优化市级9个亚运游线点位、5个人文体验点位，推选有较强富阳辨识度的100个观光体验点、10条旅游主题线路，国庆假期游客平均停留夜数居全市第一。围绕亚运宣传推介，推进亚运宣传六大行动，积极对接中央、省市媒体推出相关报道3300余篇。首金当日，成功接待16个国家和地区的780名媒体记者到馆采访，联合上级媒体推出系列报道，“亚运首金”系列宣传全网声量5.85亿次。创作推出《富春山居来相见》《水上追梦》等原创亚运主题歌曲4首、《山水合璧》等图文和短视频14期，全网阅读量超1200万人次。

（孙寒琪）

“拼经济、拼发展”行动

【概况】　2023年2月6日，富阳召开全区“拼经济、拼发展”行动动员暨产业强区大会，动员全区上下以“努力到没有遗憾，拼搏到毫无保留”的姿态，加快现代产业立起来，拼出富阳产业新春天。3月7日，区委书记吴玉凤主持召开“拼经济、拼发展”行动领导小组第一次会议，细化“拼经济、拼发展”行动方案，梳理投资项目五张清单，并建立相关推进保障机制，聚焦主要指标、项目建设、招商引资、产业链条、营商环境五个维度，比贡献、比进度、比质效、比集群、比服务。出台“抢先机拼经济、勇夺开门红”38条、“亚运红促产能快速协调服务机制”等一系列扶持政策，并以每月晾晒、双月例会、季度专题比拼机制，形成“月月抓落实、季季抓推进”氛围。11月15—16日，富阳举行全区产业链条比集群大比武，集中展示“拼经济、拼发展”行动成果，进一步推动主导产业“集链成群”。至年底，富阳完成固定资产投资突破700亿元，制造业投资、高新产业投资均突破100亿元，连续两年获省政府投资“赛马”激励。

【经济运行】　制定出台“抢先机拼经济、勇夺开门红”等激励政策38条，全年兑现产业政策资金21.2亿元，惠及市场主体超5500户次，为各类市场主体减负超22亿元；发放汽车、商贸等各类消费券7150万元，促进消费25亿元；组织140家企业参加各类国际展会250场，达成意向订单超30亿元，货物出口额超200亿元。制定出台文旅体融合发展规划，签约重大文旅项目15个，富春湾天街、万豪五星级酒店开工建设，黄公望二期文创园、常安蚯比庄园建成运营。聚焦政务服务增值化改革，挂牌启用企业综合服务中心，上线企业服务平台，打造“e企富”企业服务品牌，线上线下受理企业事项11.6万件，企业满意率达98%；推出企业合规指导、“四室一窗”兜底办等做法，打造准入准营预约“错时服务”、多时段延时服务和24小时“不打烊”自助服务，累计服务群众5.2万人次、企业1.3万家。

【产业转型】　全年招引吉咖智能、

2023年11月16日，富阳区产业链条比集群大比武现场

（区经信局　供图）

利氪科技、云知声等产业项目136个，总投资459亿元。其中，亿元以上项目61个、10亿元以上项目16个、50亿元以上项目1个。加快创新型企业培育，完成上市过会企业2家，新增国家高新技术企业164家、省科技型中小企业343家、国家级专精特新“小巨人”企业8家、省隐形冠军企业2家、省“专精特新”中小企业103家、省雄鹰企业1家，新设立市场主体1.9万家，新增授权发明专利744件、“品字标”浙江制造认证企业36家、“浙江制造”标准14个，获评国家知识产权示范企业2家、优势企业5家。引进浙工大国际创新中心、浙江中医药大学富阳研究院，新增重点支持的省级院士工作站1家、市级概念验证中心2家、省级企业研究院2家、市级以上企业研发中心38家，探索杭州光学精密机械研究所“四链融合”富阳模式，新建光电激光、永昌东弘等6个产业（加速）园、新增创新空间52万平方米，新招引孵化运营机构3家。深化数字经济引领，西湖大学光电研究院等7个项目列入省数字经济重大项目，新增省级未来工厂试点企业1家、省级未来农场1家、省级数字农业工厂2家、市级未来工厂培育企业28家、省级智能工厂培育企业11家、国家级绿色低碳工厂2家，完成高耗低效工业企业整治118家。推动现代产业集群建设，生物医药产值冲刺百亿，集成电路、数字安防和网络通信产业集群被列入省产业集群协同区。数字经济核心产业、高端装备制造业增加值分别增长5%、7.4%。富阳经济技术开发区跻身全国80强经开区，G320智能网联车核心技术产业化走廊、沿杭淳开现代中医药国际合作示范区加快建设，城西科创大走廊富阳片区联动办正式挂牌，创成国家级绿色工业园区、省级服务业创新发展区、省级城市风貌样板区。富春湾新城杭州光学精密机械研究所科研大楼建成投用，罗素先进光波科学中心正式设立，累计引育高新项目29个、总投资超238.4亿元，获评长三角G60科创走廊科技成果转移转化示范基地。持续深化滨富特别合作区2.0版，签约芯通半导体等产业项目4个，完善集成电路全产业链布局，正式投产杭州富芯半导体项目。

（王　俊）

共同富裕建设

【概况】 2023年，作为首批浙江高质量发展建设共同富裕示范区试点，富阳把握“改革支撑重点工作、重点工作支撑标志性成果”逻辑主线，按照“体系＋跑道”整体推进，迭代完善富阳区共同富裕示范区实践高地系统架构图（2.0），形成2023年共同富裕年度工作要点，构建“1+7+N”工作和“1+5+N”重大改革101条跑道。“15分钟公共服务圈建设”成功被纳入2023年杭州市共同富裕机制创新推广清单，相关做法在全省共富研讨活动中作交流发言，经验做法列入全省共同富裕示范区建设“浙”两年典型案例，并获《政策瞭望》刊登。“区域组团联动带动城乡共富”获杭州市共富试点年度考核优秀。

【重点任务成果】 2023年，入选全国共富观察地，成功承办全国共富现场会。推进“先富带后富”联合体工作，建立案例申报、评选、推广机制，开展区级共富典型案例评选活动，评选“先富带后富”联合体最佳实践8个。开展区级共同富裕观察点工作，在春江街道八一村设立共富观察楼，全面展示富阳区共同富裕工作亮点，评选出区级共富观察点17个。国家共富信息刊登富阳案例5个，国家共富简刊信息1篇，其中，富阳区精心描绘现代版“富春山居图”做法在国家《支持浙江高质量发展建设共同富裕示范区工作简报》全文刊发。2023年9月30日，中央广播电视总台综合频道《焦点访谈》“乡村振兴新画卷”深入报道富阳区域联动推动共富做法。国家发改委微信公众号及《中国改革报》《中国经济导报》头版刊发富阳区探索县域共富路径相关做法。率先出台医保防贫共富实施方案，相关做法在国家医保脱贫攻坚专栏刊登，并入选浙江省共同富裕最佳实践名单；“杭州富阳区实践‘四个富’机制 探索构建‘先富带后富’联合体做法”在《浙里共富》刊登；“富阳区湖源乡唤醒沉睡资源 探索农文旅融合发展共富新路径”等3篇做法在《杭向共富》刊登；“漫永昌”特色农产品联动销售工程、“经办服务去‘中心化’，推动医保高质量发展”入选杭州市共同富裕第三批试点。

（孙丽红）

2023年9月6日，“暖心无忧”医保防贫共富基金资助仪式举行

（区发改局　供图）

3 大事记

Chronicle of Major Events

1月

3日 富阳区委二届三次全体（扩大）会议召开。

13日 长深高速（G25）富阳灵桥新互通通车。

13日 老富中渡埠（富阳中学南大门旁）停运。

16日 2023“宋福富春年”文旅惠民活动启动暨新登古城特色街区开街。

18日 奉化至江山公路富阳场口至金沙段工程（环金线整治工程二期）和新中线（太平至中埠大桥）通车。

27日 富阳非物质文化遗产馆开馆。

29日至31日 中国人民政治协商会议第十届杭州市富阳区委员会第二次会议召开。

30日至2月1日 杭州市富阳区第十七届人民代表大会第二次会议召开。

是月 富阳发布《杭州市富阳区突发事件总体应急预案》。

是月 共青团中央、教育部、全国少工委联合发布《关于表彰2022年度全国优秀少先队员、全国优秀少先队辅导员、全国优秀少先队集体的决定》，富春第七小学章悠然获全国优秀少先队员。

是月 省政府发布《关于命名第六批省级特色小镇的通知》，富阳药谷小镇入选。

2月

2日 区委、区政府举行法律顾问聘任仪式。

5日 东洲街道黄公望村举行首届杭台公望团圆节活动。

5日 富阳举行“迎亚运”元宵节烟花秀。

6日 富阳召开全区“拼经济、拼发展”暨产业强区大会。

6日 富阳召开场口镇小城市培育项目推进会。

9日 重庆市副市长商奎到富阳考察富春江两岸规划建设等情况。

9日至11日 区委书记吴玉凤带队到上海、苏州考察招商。

14日 海正生物制药有限公司新建抗体药物生产线项目在胥口药谷小镇动工。

16日 区委书记吴玉凤带队到上城区和滨江区，走访航天通信控股集团股份有限公司和浙江大华技术股份有限公司。

17日 富阳召开2023年全区一季度项目集中签约暨招商出征大会。

22日 富阳举行“百舸引航”清廉民企建设品牌行动计划启动暨“百舸引航·民企廉盟”成立仪式，成立浙江省首个“民企廉盟”。

24日 富阳区人大代表联络总站揭牌。

28日 富阳经济技术开发区第一届议事会第一次会议召开。

是月 省委办公厅、省生态环境厅公布“七张问题清单”重大生态环保督察问题清单指数排名，富阳得分98.48分，全省排名第一。

3月

3日 富阳举行泗洲造纸文化顾问聘任仪式暨首次座谈会，中国科学技术大学教授汤书昆受聘泗洲造纸文化顾问。

4日 富阳举办区管干部学习贯彻党的二十大精神专题研讨班。

5日 富阳举行“我爱杭州 奉献亚运”杭州亚运会倒计时200天富阳区健康毅行活动。

5日 富阳举行“全民共舞 喜迎亚运”2023年杭州市富阳区广场舞大赛。

7日 富阳召开“拼经济、拼发展”行动领导小组第一次会议。

8日 浙江中医药大学和富阳区教育局签署合作办学协议，共建“浙江中医药大学附属阳陂湖小学”。

9日 富阳举行秦望通道工程过江隧道双线贯通暨“秦望号”盾构机接收仪式。

11日 富阳举行第十八届富阳十大百姓新闻人物颁奖礼。

11日 富阳银湖体育中心杭州亚运会射箭项目比赛场地举办中国体育彩票2023年杭州市射箭联赛。

14日 富阳召开创建全国文明典范城市推进会。

15日 富阳举行首届无主无名骨灰集体生态安葬仪式。

16日 富阳举行“浙江有礼·

富春风尚”富阳区第七届道德模范（平民英雄）暨第五届“最美孝心少年”发布活动。

26日至28日 富阳举行第三次全国土壤普查东南区2023年土壤普查技术培训会。

27日 富阳举行2023年全区重大项目集中开工仪式。

28日 富阳水上运动中心举行“韵味杭州”山羊体育杯2023年全国皮划艇、赛艇春季冠军赛开幕式。

30日 全省建设平安浙江工作会议召开，发布2022年度平安市、县（市、区）和省级部门平安建设优秀单位名单，富阳获“二星平安金鼎”，实现平安建设“十八连冠”。

30日 亚残奥委员会主席马吉德·拉什德率亚残奥委员会代表团到富阳考察杭州亚残运会场馆无障碍建设及赛事保障工作。

31日 富阳召开全区“红色领杭·奉献亚运”大考大赛暨“百千万”大比武动员部署会。

是月 浙江省林长制办公室公布2022年度林长制工作考核结果，富阳获评考核优秀区。

是月 省委、省政府通报表扬50个2022年新时代浙江产业工人队伍建设改革成绩突出集体，浙江富春江集团有限公司入围。

是月 2022年度全国妇女工作改革创新案例征集活动结果发布，富春家事“共享法庭”成功入选改革创新十佳案例。

4月

1日 龙门镇举办首届休闲风筝节。

3日 南京江北新区管委会主任、浦口区委书记吴勇强带领党政考察团到富阳考察重大项目建设、产业转型升级、生态环境保护等工作。

6日 富阳水上运动中心举办“韵味杭州”山羊体育杯2023年全国皮划艇激流回旋春季冠军赛。

7日 富阳区人民政府与浙江中医药大学签署全面深化战略合作协议，共建浙江中医药大学富阳研究院及现代中医药国际合作示范区。

7日至9日 富阳召开第三届人工晶体材料青年学术会议。

9日 富阳银湖体育中心举行“韵味杭州”2023年全国射箭巡回赛（暨全国射箭分站赛第一站）开幕式。

10日 江西省上饶市广信区委书记何党生率党政代表团到富阳考察。

15日 新桐乡桐洲岛举行“野趣杭州　亦可赛艇”三江两岸·2023杭州户外休闲旅游节暨杭州文旅消费季启动仪式。

16日 富阳举行第六届国际质量·安全·信用论坛，发展中国家科学院院士、国际系统与控制科学院院士汪寿阳，国际欧亚科学院院士、住房和城乡建设部原副部长仇保兴参加。

19日 富阳召开迎亚运盛会三大提升行动工作推进会。

20日 富阳举行2023中国光学十大进展高峰论坛暨颁奖典礼，中国工程院院士范滇元、戴琼海、顾敏，中国科学院院士祝世宁、崔铁军、郑婉华，德国马普光科学研究所菲利普·罗素院士参加。

21日 富阳举行第七届郁达夫小说奖颁奖典礼。

25日 富阳召开清廉浙江建设现场推进会。

26日 富阳召开亚运会倒计时150天暨三大提升行动动员部署会。

28日 富阳举行“清朗·富春山居”廉洁文化主题活动。

28日 富阳首家供销共富展销中心开业，位于富春街道香槟路488—490号。

30日 富阳区教育乡贤代表联谊会成立。

是月 省工商联公布2022年度浙江省“万家民营企业评营商环境报告”，富阳入围“政务环境企业满意度前十强”，“产业智服”集成应用入选“优化营商环境20个县级优秀案例”。

是月 富阳启动“调研一件事”。

是月 省农业农村厅印发《关于公布畜牧业重点县和种植业重点县名单的通知》，富阳入选全省畜牧业重点县名单。

是月 省水利厅、省生态环境厅公布2022年度县级以上集中式饮用水水源地安全保障达标评估结果，富春江富阳水源地评估等级为优。

是月 省委社建委印发《2022年度浙江省高质量发展共同富裕示范区民众获得感幸福感安全感认同感监测评价报告》，富阳区综合评价得分87.17分，连续两年位居全市第一。

5月

4日 副省长王文序到富阳调研公共服务“七优享”工程“弱有众扶”社会救助工作。

9日 省人大常委会党组书记、副主任陈金彪到富阳调研街道、开发区人大工作。

9日 富阳举行杭州冰雪大世界项目签约仪式。

11日至12日 富阳召开杭州市人大践行全过程人民民主工作现场会暨代表工作交流会。

12日 中国红十字会党组书记、常务副会长王可到富阳调研应急救援工作。

15日 富阳召开全区文旅深度融合发展大会。

15日 首批“富春小哥驿站”交付使用。

18日 杭州召开全市深入实施“八八战略”强力推进创新深化改革攻坚开放提升工作例会暨全市综合考核工作推进会。会上通报全市2022年度综合考评结果，富阳综合考评得分全市第二名，获评优秀等次。全面深化改革、营商环境获全市考核单项奖。

19日 富阳举行首场企业家代表早餐会。

22日 杭州富阳老鹰高级中学开校。

24日 安徽省委副书记程丽华带队到富阳考察美丽乡村建设、文旅融合发展等工作。

29日 富阳举行2023中国幸福城市治理论坛暨第十七届“中国最具幸福感城市调查推选活动”启动仪式。

是月 富阳发布《关于2023年富阳区高水平推进乡村全面振兴的实施意见》。

是月 省制造业高质量发展领导小组办公室公布2022年度新一轮

制造业“腾笼换鸟、凤凰涅槃”攻坚行动考核评价激励名单，富阳入选考核评价激励名单第一档。

是月 富阳发布《杭州市富阳区人民政府关于做好第五次全国经济普查的通知》。

是月 山东泰安举行第三届“新时代•中国美丽城市、美丽乡村巡礼”暨“美丽中国样板”成果发布仪式，富阳获评“中国践行绿色发展‘新标杆’城市”。

是月 富阳发布《杭州市富阳区安全文明乘梯一件事改革实施方案》。

6月

1日 富阳召开全区数字经济创新提质“一号发展工程”暨制造业高质量发展推进会。

2日 富阳通过“全国土壤普查试点县”验收。

5日至9日 富阳银湖体育中心举行“韵味杭州”2023年全国射击锦标赛（步手枪项目）。

5日 富阳举行中国杭州大学生创业大赛富阳赛区决赛。

6日 富阳举行“宋韵富春”浙江省首届隶书大展。

7日 省生态环境厅在富阳水上运动中心召开发布会，发布《2022年浙江省生态环境状况公报》。

10日 富阳召开中国破产法论坛之营商环境优化与办理破产数智化专题研讨会。

20日 富阳举行首届“葛洪丹谷”文旅节。

21日 全省深化新时代“千万工程”全面打造乡村振兴浙江样板推进会召开，富阳获全省实施乡村振兴战略实绩考核优秀。

26日 杭州西岩威斯汀温泉度假酒店开工建设。

28日 富阳区人民政府与浙江工业大学共建浙工大国际创新中心签约。

是月 省城乡风貌整治提升工作专班公布浙江省第三批未来社区验收通过名单（引领型），富阳山水社区、百合社区、蒋家桥社区入围。

是月 富阳发布《富阳区落实“315”科技创新体系建设工程专项工作方案（2023—2027年）》。

7月

7月1日 富阳举行“诗画江南活力浙江”全省新风景影像艺术大展。

3日至4日 区委书记吴玉凤率领富阳区党政代表团赴四川省甘孜藏族自治州德格县联系对口支援工作，举行富阳区•德格县对口支援联席会议。

4日 全国政协副秘书长、农工党中央专职副主席王路率农工党中央调研组到富阳考察调研。

6日 富阳举行“八八战略”与现代版富春山居图理论研讨会。

7日 中共中央台办、国务院台办主任宋涛到富阳调研“海峡两岸交流基地”。

8日 江苏省常州市金坛区委书记陆秋明到富阳调研产城融合、乡村振兴等工作。

11日至12日 湖北省恩施土家族苗族自治州来凤县委书记李伟率领党政代表团到富阳对接革命老区重点城市对口合作工作。

12日 富阳召开国四柴油汽车和国二柴油叉车淘汰推进会。

是日 富阳举行2023文旅市集•杭州奇妙夜富阳分会场暨首届新登古城文化周活动启动仪式。

14日 富阳举行杭州亚残运会倒计时100天主题活动。

14日至15日 富阳举行2023硅基光电子国际论坛。

17日 富阳区人民政府与国网杭州供电公司合作框架协议签约。

18日 富阳举行2023年“公望富春”两岸文化交流周暨“公望两岸圆缘园”开园活动。

18日 全国人大常委会委员、华侨委副主任委员，全国台联会长，台盟中央副主席郑建闽率台湾省第十四届全国人大代表到富阳调研。

20日 富阳举行路特斯能源总部入驻启用仪式。

21日 电视剧《富春山居》在中央广播电视总台综合频道播出。

22日傍晚至7月23日凌晨 富阳短时强降雨引发山洪致局部山体塌方和泥石流，涉及大源镇、上官乡、常绿镇等地。

23日 省委常委、市委书记刘捷，市委副书记、市长姚高员到富阳检查指导防汛救灾工作。

24日 中国奥委会副主席、杭州亚组委副主席杨树安，亚组委竞赛部部长朱启南到富阳水上运动中心调研并召开座谈会。

27日 大型诗韵越剧《富春山居图》在杭州大剧院首演。

是月 富阳发布《杭州市富阳区数字经济创新提质“一号发展工程”实施方案》。

8月

4日 富阳召开区委二届四次暨区政府全体（扩大）会议。

8日 富阳召开2023年“一府两院”工作报告会。

10日 水利部副部长朱程清到富阳调研北支江美丽河湖建设和亚运水环境保障工作。

11日 富阳召开全省供销社基层组织赋能强基工作推进会。

19日至20日 区委副书记、区长谢淅升率富阳党政代表团到缙云县对接山海协作工作。

24日 富阳举行2023泗洲纸文化节开幕式。

25日 富阳举行全省亲清政商关系乡镇（街道）建设研讨会。

是日 富阳举行全国中小学生劳动教育教研员工作会议。

26日 富阳召开杭州亚运会富阳赛区决战动员大会。

30日 富阳举行企业综合服务“一中心一平台”启用暨首期涉企服务特色改革项目通报会，正式启用“富阳区企业综合服务中心”、同步上线“富阳区企业服务平台”。

31日 区妇幼保健院门急诊医技综合大楼（1号楼）投入使用。

9月

1日 场口镇中心小学新校园启用暨校名揭幕仪式举行。

6日 金苑路（凤浦路—横凉亭路）路段改造完成。

6日 富春山居•“中国历代绘画大系”特藏馆开馆。

8日 杭州第19届亚运会火炬传递启动仪式在杭州西湖涌金公园广场举行，首日杭州站火炬传递共有火炬手106人，其中富阳籍火炬手6人。

12日 全国工商联发布“2023中国民营企业500强”榜单和《2023中国民营企业500强调研分析报告》，富阳入围企业3家，其中浙江富冶集团有限公司为富阳首家营业收入破千亿元企业。

12日 富阳公望美术馆举办“亚运之花——何水法中国画展”开幕式。

13日 富阳召开区欧美同学会（区留学人员联谊会）成立大会。

14日 富阳召开全区学习贯彻习近平新时代中国特色社会主义思想主题教育动员大会。

15日 富阳召开区舞蹈家协会成立大会暨第一次会员大会。

20日 富阳水上运动中心和银湖体育中心举办首场亚运比赛，分别为赛艇和现代五项。

24日 富阳水上运动中心产生首枚杭州亚运会金牌，中国队选手邹佳琪、邱秀萍获赛艇女子轻量级双人双桨金牌。

25日 富阳银湖体育中心产生杭州亚运会中国队首个世界纪录，中国队选手盛李豪以253.3环的成绩获男子10米气步枪个人金牌，该成绩打破世界纪录、亚洲纪录、赛会纪录。

26日 富阳举办大中小学劳动教育一体化协同推进论坛。

28日 富阳区委开展“沿着足迹学新思想、牢记嘱托实干争先”现场学习活动。

29日 龙门镇启动2023龙门古镇庙会嘉年华系列活动。

是月 农业农村部、中宣部、司法部联合公布第三批全国乡村治理示范村镇名单，富阳区新登镇潘堰村入围。

10月

18日 富阳举行泗洲中国造纸遗址博物馆项目开工仪式。

19日 长春市委常委、九台区委书记黄宪昱率领九台区党政代表团到富阳考察。

20日 富阳举行杭州第4届亚洲残疾人运动会火炬传递富阳站活动。

21日 中国残疾人联合会主席、杭州亚残运会组委会主席、亚残运会中国体育代表团团长程凯考察富阳银湖体育中心和富阳水上运动中心赛事筹备情况，看望慰问中国代表团运动员。

23日 省委副书记、市委书记刘捷到富阳宣讲习近平总书记考察浙江重要讲话精神。

是日 富阳水上运动中心举行杭州第4届亚残运会皮划艇比赛，中国选手谢毛三获女子单人皮艇KL1级项目金牌，为本届亚残运会首枚金牌。

24日 富阳籍运动员孔桥丽获杭州第4届亚残运会草地掷球女子个人B3项目金牌。

是日 富阳银湖创新中心举行2023年杭州市“妈妈的味道”村播大赛暨中国农民丰收节富阳主场活动。

26日 富阳区合法性审查服务中心揭牌成立。

27日 富阳举行浙江中医药大学富春校区建设工程开工仪式。

是月 杭州市2023年首批共富风貌游线名单公布，富阳“千年古城秀·葛洪丹谷香”共富游线、富阳—桐庐富春山居新图共富风貌游线成功入选，其中富阳—桐庐富春山居新图共富风貌游线获评首批省级共富风貌游线。

是月 省农业农村厅公布浙江省第二批名优“土特产”百品榜名单，富阳安顶山云雾茶成功入选。

11月

1日 省委副书记、省长王浩调研浙江中医药大学富春校区建设工程，省人大常委会副主任吴晶、副省长李岩益、省政协副主席王昌荣、杭州市市长姚高员等陪同。

是日 杭州富阳智能制造产业基地开园。

3日 灵桥镇中心小学举行新学校落成揭牌仪式暨第三届“杭州园林”教育基金表彰会。

9日 区委书记吴玉凤，区委副书记、区长谢渐升到绍兴市越城区，考察学习绍兴集成电路产业园建设有关经验。

14日 富阳水上运动中心举行钱塘江流域水环境共治共保联盟启动仪式。

15日至16日 富阳举行全区产业链条比集群大比武。

18日 富阳举行2023前沿光电科技创新大会暨杭州光学精密机械研究所科创园区启用仪式，杭州市委副书记、市长姚高员，中国科学院院士、上海科技大学党委书记李儒新，英国皇家学会院士菲利普·罗素，中国工程院外籍院士、澳大利亚两院院士顾敏等参加。

20日 富阳举行杭州亚运会、亚残运会（富阳赛区）总结座谈会。

20日 缙云县委书记王正飞带领党政考察团到富阳考察。

24日 由新华社《瞭望东方周刊》、瞭望智库共同主办的“2023中国幸福城市论坛”在成都举行，富阳连续4年获评中国最具幸福感城区。

29日 富阳开放式服务区田园综合体项目签约。

30日 富阳区举行富阳区人民政府与杭州市第一人民医院合作签约仪式。

是月 省建设厅公布浙江省2024年度城乡风貌样板区试点建设名单，“茶香竹韵，骑游慢乡”县域风貌区、“鹳山古城，富春明珠”传统风貌区和“溪山行旅，同源共富”县域风貌区入围。

是月 省经信厅公布2023年浙江省制造业单项冠军培育企业名单，富阳入围企业8家。

是月 中国中小城市发展指数研究课题组、国信中小城市指数研究院对外发布2023年中国中小城市高质量发展指数研究成果，并发布2023全国百强县市区系列榜单。富阳区在全国综合实力百强区中排第48位，较上年上升1位；同时入围科技创新百强区第26位，绿色发展百强区第42位，新型城镇化质量百强区第44位，投资潜力百强区第55位。

12 月

3 日 杭州富春湾新城举行业聚医疗血管介入医疗器械研发及生产项目奠基典礼。

4 日 国家林业和草原局党组书记、局长关志鸥到富阳，调研中国林业科学研究院亚热带林业研究所相关工作，副省长柯吉欣陪同。

6 日 富阳召开全区深化执行“一件事”改革暨共享法庭推进会。

12 日 富阳水上运动中心举行浙江省钱塘江流域中心党委、杭州市富阳区委“幸福富春江”党建联建启动仪式。

13 日 区委书记吴玉凤率领富阳区党政代表团到萧山区、钱塘区考察学习。

14 日 富阳举行长三角地区移交安置工作一体化发展推进会。

18 日 富阳召开区委主题教育调研成果交流会。

20 日 富阳举行 2023 中国汽车充换电生态大会开幕式。

21 日 杭州城西科创大走廊富阳片区联动办揭牌成立。

27 日 第十九届杭州市道德模范（平民英雄）、第十一届“最美杭州人”发布仪式在杭州举行，蒋玉根、徐芝英获评杭州市道德模范（平民英雄），孔桥丽作为杭州亚（残）运会杭州冠军团体成员获评“最美杭州人”，陈剑明获“最美杭州人”提名。

是月 浙江公布全省 100 个新时代“枫桥式工作法”,富阳区“家和睦邻”化解邻里纠纷工作法入围。

是月 富阳发布《富阳区医保经办服务“去中心化”，推动医保高质量发展试点实施方案》《富阳区永昌镇“漫永昌”特色农产品联动销售工程试点实施方案》两项共同富裕试点实施方案。

是月 富阳发布《杭州市富阳区农村闲置宅基地和农房盘活利用实施意见》。

是月 工业和信息化部公布 2023 年度绿色制造名单，杭州星帅尔电器股份有限公司、浙江江铜富冶和鼎铜业有限公司获评国家级绿色工厂。

是月 省政府印发《关于公布第七批浙江省历史文化名镇名村街区名单的通知》，富阳区大源镇蒋家村、新桐乡俞家村入选。

4 区情综览
Profile

打造现代版富春山居图

自然环境

【自然地理】 杭州市富阳区位于浙江省西北部，富春江下游，属杭州市所辖。地理坐标为北纬 29° 44′—30° 12′、东经 119° 25′—120° 09′，东接杭州市萧山区，南连诸暨市，西倚桐庐县，北与杭州市临安区、杭州市余杭区接壤，东北与杭州市西湖区毗邻。最东端位于东洲街道五丰村境内，北纬 30° 06′、东经 120° 09′；最西端位于万市镇何务村境内，北纬 30° 06′、东经 119° 25′；最南端位于湖源乡石龙村境内，北纬 29° 44′、东经 119° 55′；最北端位于万市镇东叙村境内，北纬 30° 12′、东经 119° 34′。区域东西长 69.7 千米（东起东洲街道五丰村，西至万市镇何务村），南北宽 49.7 千米（南起湖源乡石龙村，北至银湖街道杜墓村），总面积 1821.08 平方千米。富春江自西向东斜贯中部，320 国道由北而南穿越全境。区政府驻地富春街道桂花路 25 号，距杭州市政府所在地 31.5 千米（径距），水陆交通便利。

全区整体地貌以“两山夹江”为最大特征。天目山余脉绵亘西北，仙霞岭余脉蜿蜒东南，富春江西入东出，斜贯区境中部。地势由东南、西北向中部倾斜。依其地表水陆形态分，山地、丘陵面积 1439.6 平方千米，占区境总面积的 78.61%；平原、盆地面积 299.63 平方千米，占 16.36%；水域面积 91.98 平方千米，占 5.02%，故有“八山半水分半田”之称。

西北天目山余脉分布区以高丘为主，其特点是丘体零乱，丘顶浑圆，丘坡平缓，脉络模糊，多数呈馒头形。坡度组合 15°—25°，山丘间岗地众多，土层深厚，有利于发展粮、林和各种经济特产，为境内茶叶、蚕桑、板栗、银杏等主要产区。

东南仙霞岭余脉分布区以低山为主，其特点是山势挺拔，脉络清晰，重峦叠嶂，山重水复，海拔均在 500 米以上。主峰杏梅尖，海拔 1065.8 米，为全境最高峰。由于山体高大，气候、土壤适宜竹木生长，是境内木材、毛竹主要产区。境内富春江流长 52 千米，江宽 700—1000 米，平均水深 7 米。两岸风光秀丽，1982 年，经国务院批准，富春江—新安江—千岛湖“两江一湖”被列为国家级风景名胜区。

气　象

【概况】 2023 年，年平均气温明显偏高，降水量偏少，雨（雪）日略偏少，日照时数略偏多；有 10 个月平均气温比常年平均偏高，夏季高温天数偏少；梅雨期不典型。四季气候特点为冬季（2022 年 12 月至 2023 年 2 月）平均气温略偏多、降水量偏少、日照时数略偏多；春季（2023 年 3 月至 5 月）平均气温明显偏高、降水量略偏少、日照时数正常；夏季（2023 年 6 月至 8 月）平均气温偏高、降水量偏少、日照时数略偏少；秋季（2023 年 9 月至 11 月）平均气温明显偏高、降水量偏少、日照时数偏多。综合各种气象因素，2023 年气候属中等年景。

【气温】 2023 年，年平均气温 18.4℃，比常年平均高 1.2℃。全年有 10 个月平均气温在常年平均之上，偏高 1℃及 1℃以上的月份有 1 月、3 月、4 月、6 月、7 月、9 月、10 月和 11 月，其中，1 月和 9 月为富阳本站有记录以来第 3 高；8 月和 12 月平均气温与常年平均持平。

全年日最高气温≥ 35℃的高温天数为 26 天，比常年平均少 8 天，其中 5 月出现 2 天、6 月出现 2 天、7 月出现 15 天、8 月出现 7 天。日最高气温≥ 37℃的高温天数出现 7 天。

年极端最低气温 -6.3℃，出现在 2023 年 12 月 22 日。

年极端最高气温 39.3℃，出现在 2023 年 7 月 12 日。

入春：日平均气温稳定≥ 10℃的初日出现在 3 月 1 日，比常年平均早 9 天（常年平均为 3 月 10 日）。

入夏：日平均气温稳定≥ 22℃的初日出现在 5 月 25 日，比常年平均晚 5 天（常年平均为 5 月 20 日）。

入秋：日平均气温稳定＜ 22℃的初日出现在 10 月 3 日，比常年平均晚 4 天（常年平均为 9 月 29 日）。

入冬：日平均气温稳定＜ 10℃的初日出现在 12 月 12 日，比常年平均晚 10 天（常年平均为 12 月 2 日）。

终霜日为 2 月 16 日，比常年平均早 11 天（常年平均为 2 月 27 日）；初霜日为 12 月 22 日，比常年平均

表 1

2023 年富阳区气象要素与常年平均对照一览表

月份	平均气温(℃)		降水量(毫米)		降水日数(日)		日照时数(小时)	
	2023 年	常年平均	2023 年	常年平均	2023 年	常年平均	2023 年	常年平均
1	6.40	4.70	47.50	88.80	9	13	153.90	96.70
2	7.80	6.90	85.70	92.40	15	13	91.00	98.30
3	13.10	11.10	93.90	139.70	13	15	133.00	122.50
4	18.00	16.90	104.50	128.40	13	14	145.20	144.30
5	22.60	21.90	147.10	141.00	11	14	146.50	158.20
6	26.50	25.00	156.40	263.70	15	16	97.00	127.00
7	30.10	29.10	152.10	181.80	14	12	155.80	210.90
8	28.60	28.50	153.60	165.80	15	14	193.00	195.20
9	26.20	24.20	120.60	120.20	13	12	138.70	141.10
10	20.00	18.70	16.10	63.50	10	9	146.30	142.80
11	14.00	12.80	59.40	73.10	6	11	204.10	117.80
12	7.10	6.90	39.30	64.30	8	10	163.30	112.90
合计 / 平均	18.40	17.20	1176.20	1522.70	142	153	1767.80	1667.70

说明：数据记录地点位于城区鹳子山的富阳区气象台，常年平均数据采用 1991—2020 年 30 年统计数据

晚 25 天（常年平均为 11 月 27 日）；全年无霜期 308 天。

【降水】 2023 年，年降水量 1176.2 毫米，比常年平均少 346.5 毫米，为常年平均的 77.24%；月降水量除 5 月和 9 月与常年平均持平外，其余月份均比常年平均偏少。

2023 年 9 月 27 日，富阳气象局工作人员维护富阳水上运动中心赛道边的激光水平测风雷达 （区气象局 供图）

全年出现暴雨 1 次，为 6 月 24 日。年降水日数 142 天，比常年平均少 11 天。

【光照】 2023 年，年日照时数 1767.8 小时，比常年平均多 100.1 小时，为常年平均的 106%；全年日照比常年平均偏多的月份为 1 月、3 月、11 月和 12 月；全年日照比常年平均偏少的月份为 2 月、5 月、6 月和 7 月。

【灾害性天气】 全年灾害性天气主要为短时超强降雨、台风影响、强对流天气、梅汛、寒潮和大风。

短时超强降雨：7 月 22 日下午至前半夜，大源镇、上官乡、常绿镇出现短时超强降雨，超过降水历史极值。全区面雨量 26.1 毫米，其中：最大雨量为大源镇史家村 208.9 毫米，其次为上官乡大盛村 168.9 毫米。主要特点有 3 个：一是时段集中雨量大。降雨集中在 17 时至 19 时，其中大源镇史家村站 3 小时雨量 198.1 毫米、上官乡大盛村 1

小时雨量112.4毫米，均超过富阳区强降雨历史极值（2018年6月29日，万市镇彭家村3小时184.6毫米、1小时105.4毫米）。二是雨区集中致灾迅速。大源镇、上官乡、常绿镇交界处山区狭窄，主要地形多为两山夹一溪，雨水汇集极快，短时降雨急速汇入河道，10分钟至15分钟时间内河水出现暴涨，漫溢至两侧村庄、厂房和道路。三是落区重叠土壤饱和。自7月16日起，富阳区遭遇连日降雨过程，土壤含水量接近饱和。7月21日大源镇、上官乡出现短时暴雨，7月22日相同时段，两地再遭强降雨袭击。

台风影响：全年有2个台风影响富阳，分别为2305号台风“杜苏芮”和2306号台风“卡努”，台风灾害影响较弱，带来降水缓解高温干旱情况。

7月27日8时至29日8时，全区面雨量35.5毫米，有39个站点在50毫米以上，最大为龙门镇龙门七村99毫米，其次为上官乡深里村89.4毫米，城区26.1毫米，最大1小时雨强为春建乡春建村40.1毫米（7月28日18时至19时）。

8月1日8时至5日8时，全区以对流天气为主，区面雨量26.6毫米，有4个站点在50毫米以上，最大为新登镇南津村61.1毫米，其次为渌渚镇浦中村55.5毫米，城区29.3毫米，最大1小时雨强为东洲街道张家村24.4毫米（8月3日15时至16时）。

强对流天气：6月20日下午到傍晚，受雷雨云团影响，银湖街道、富春街道和东洲街道出现短时暴雨，有18个站点在50毫米以上，最大为银湖街道银湖村77.5毫米，其次为银湖街道上陈村76.7毫米，城区21毫米，最大1小时雨强为银湖街道大庄村47.9毫米（6月20日14时至15时）。

7月19日下午到前半夜，受雷雨云团影响，胥口镇、洞桥镇、永昌镇、春建乡、万市镇和鹿山街道出现短时暴雨，有10个站点在70毫米以上，最大为洞桥镇三溪村102.7毫米，其次为胥口镇新峙村96.1毫米，城区45.2毫米，最大1小时雨强为鹿山街道江滨村62.2毫米（7月19日20时至21时）。

7月21日下午到前半夜，受雷雨云团影响，常绿镇、湖源乡、大源镇、上官乡、龙门镇、环山乡、新登镇、春建乡和银湖街道出现短时暴雨到大暴雨，全区面雨量47.4毫米，有21个站点在100毫米以上，最大常绿镇长佳村218.4毫米，其次常绿镇大章村206.2毫米，城区30.8毫米，最大1小时雨强为常绿镇长佳村117.5毫米（7月21日18时至19时）。

7月31日下午到傍晚，受雷雨云团影响，银湖街道、新登镇和胥口镇出现短时暴雨，有7个站点在50毫米以上，最大为银湖街道梓树村64.4毫米，其次为银湖街道坑西村59.4毫米，最大1小时雨强为新登镇南津村36.7毫米（7月31日13时至14时）。

8月17日下午到傍晚，东洲街道、里山镇、灵桥镇和春江街道出现冰雹，冰雹最大直径2厘米。

8月22日下午到傍晚，受雷雨云团影响，鹿山街道、永昌镇和银湖街道出现短时暴雨，有4个站点在50毫米以上，最大为鹿山街道新祥村69.8毫米，其次为永昌镇青何村58.9毫米，城区8.2毫米，最大1小时雨强为鹿山街道新祥村68.3毫米（8月22日17时至18时）。

8月26日傍晚，受雷雨云团影响，常绿镇和湖源乡出现短时暴雨，有6个站点在50毫米以上，最大为常安镇景山村71.4毫米，其次为常绿镇大章村57.3毫米，最大1小时雨强为常安镇景山村69.2毫米（8月26日17时至18时）。

8月28日傍晚到前半夜，受雷雨云团影响，银湖街道、春建乡、永昌镇、新登镇和胥口镇出现短时暴雨，有33个站点在50毫米以上，最大为银湖街道新生村90.7毫米，其次为银湖街道杜墓村87.7毫米，城区为29.6毫米，最大1小时雨强为胥口镇佛鲁村50.5毫米（8月28日18时至19时）。

梅汛：全区6月17日入梅，7月11日出梅，梅雨期24天。6月16日20时至7月10日20时，全区面雨量162.9毫米，有7个站点在250毫米以上，有49个站点在200毫米以上，最大为银湖街道上陈村281.8毫米，其次为洞桥镇小坞村277.6毫米，富阳本站为166.2毫米。本年梅雨特点为梅雨期不典型，为常年平均梅雨量（337.6毫米）的49.23%；入梅、出梅时间较常年平均偏晚，梅雨期较常年平均（26天）略偏短；降雨分布不均匀，北部乡镇大，中南部乡镇小，梅汛期间仅6月23日至24日出现1次区域性的暴雨和大暴雨过程，其余时间以局地对流天气为主。

寒潮：1月13日至15日，受强冷空气影响，富阳本站日平均气温降温幅度14.9℃，15日早晨最低气温-1.3℃，达到寒潮标准。

12月14日到16日，受强冷空气影响，富阳本站日平均气温降温幅度14.5℃，17日早晨最低气温-1.7℃，达寒潮标准。

大风：全年出现大风天气2次，分别为5月22日8级风（17.6米/秒）、7月22日8级风（17.9米/秒）。

大雾：全年出现大雾天气12天，比常年平均（29天）少17天。

霾：全年出现霾天气26天，比常年平均（48天）少22天。

（张日佳）

水文

【降水情况】 2023年，全区平均降水量1319.6毫米，为常年平均降水量的88%，平均降水日数134日。单站年降水量最大为上官乡盛村站1531.5毫米。4月15日至10月15日汛期平均降雨量914.1毫米，为常年同期的90%。6月17日入梅，7月11日出梅，梅雨期24天，平均梅雨量164.6毫米，为常年梅雨量的63%。7月22日，上官乡、大源镇、常绿镇等部分乡镇出现短历时强降雨，其中最大值出现在上官乡盛村站，1小时降雨106.5毫米、3小时降雨151.0毫米、24小时降雨218.5毫米。7月27日至28日，第5号台风“杜苏芮”影响富阳，全区平均过程雨量31.6毫米。

【蒸发情况】 徐畈站年蒸发量776.8毫米，其中，8月蒸发量104.8毫米，为全年最大月蒸发量；

2023年6月29日，富阳在北支江亚运水上运动中心举行水文应急监测演练
（区农业农村局　供图）

7月12日蒸发量5.2毫米，为最大日蒸发量。窄溪站年蒸发量898.4毫米，其中，7月蒸发量128.5毫米，为全年最大月蒸发量；7月15日蒸发量7.5毫米，为最大日蒸发量。

【水位情况】 富春江富阳站：年最高水位7.25米（6月25日11：10），最低水位3.13米（2月3日14：50），平均水位4.36米。富春江窄溪站：年最高水位7.62米（6月25日6：15），最低水位3.11米（2月3日16：00），平均水位4.36米。壶源江湖源站：年最高水位29.01米（6月24日），最低水位26.50米（12月7日），平均水位26.83米，最大流量347米^3/秒，最小流量0.387米^3/秒，平均流量7.45米^3/秒。南安溪徐畈站（测站基面）：年最高水位4.03米（6月24日），最低水位3.01米（12月6日），平均水位3.26米，最大流量36.6米^3/秒，最小流量0.09米^3/秒，平均流量1.03米^3/秒。皇天畈内河水位未超危险水位（6.45米）。岩石岭水库（中型水库）最高水位52.95米（9月17日00：00），最低水位48.87米（4月6日14：55），全年溢洪5次。

（沈　黎）

建置区划

【建置沿革】 富阳历史悠久，秦王政二十六年（前221）置县，县治即今富阳区政府所在地。初置县时幅员辽阔，辖境含今桐庐、建德等地。三国吴黄武四年（225），析富春部分县地置建德、新昌（后改寿昌）、桐庐3个县。次年（226），又析富春部分县地置新城（后改新登）县。富阳、新登两县建置以此而始。

富阳秦汉称富春。新莽始建国元年（9），改名诛岁。东汉建武元年（25），复名富春。东晋太元十九年（394），为避简文帝生母宣太后郑阿春讳，更名富阳，富阳之名始于此。五代梁开平二年（908）复改名富春，北宋太平兴国三年（978）又改为富阳县，此后富阳之

表2

2023年富阳区月平均降水量和降水日数一览表

月份	1	2	3	4	5	6	7	8	9	10	11	12	全年合计
降水量（毫米）	54.7	91.8	89.4	104.2	137.1	181.7	199.2	190.9	136.0	21.2	70.7	42.8	1319.6
降水日数（日）	9	13	13	12	11	14	14	14	13	6	6	9	134

表3

2023年富阳区基本雨量站降水量和降水日数一览表

序号	站　名	梅雨期降水量（毫米）	汛期降水量（毫米）	全年降水量（毫米）	全年降水日数（日）
1	盛　村	135.5	1108.5	1531.5	138
2	千家村	241.5	1046.0	1456.0	131
3	岩石岭水库	156.5	982.0	1434.5	132
4	永　昌	147.0	976.5	1386.0	136
5	杉树湾	201.5	944.0	1352.0	143
6	新　登	144.5	937.0	1330.0	132
7	窄　溪	133.5	927.0	1329.5	131
8	徐　畈	217.5	902.0	1319.9	136

续表3

序号	站　名	梅雨期降水量(毫米)	汛期降水量(毫米)	全年降水量(毫米)	全年降水日数(日)
9	何　务	198.0	896.0	1304.0	134
10	方　里	200.5	897.0	1292.0	136
11	东　坞	217.0	891.0	1290.0	139
12	古　城	118.0	883.5	1286.5	132
13	小樟村	126.5	885.5	1265.5	129
14	场　口	120.5	774.0	1215.0	127
15	富　阳	153.0	786.0	1161.0	126
16	大　源	122.5	789.0	1160.5	135
	平均值	164.6	914.1	1319.6	134

2023年徐畈站和窄溪站水面蒸发量一览表

表4　　单位：毫米

	1月	2月	3月	4月	5月	6月	7月	8月	9月	10月	11月	12月	全年合计
徐畈站	34.8	30.7	51.0	67.0	83.2	75.1	96.8	104.8	69.9	65.7	58.1	39.7	776.8
窄溪站	37.2	33.2	54.3	70.3	92.8	84.4	128.5	126.3	91.3	78.5	61.0	40.6	898.4

2023年富春江富阳站和窄溪站水位一览表

表5　　单位：米(85基面)

		1月	2月	3月	4月	5月	6月	7月	8月	9月	10月	11月	12月	全年
富阳站	最高	4.58	5.05	5.76	5.32	5.54	7.25	5.45	5.61	6.29	5.89	5.21	4.87	7.25
	最低	3.18	3.13	3.16	3.50	3.62	3.74	3.20	3.63	3.92	3.70	3.73	3.53	3.13
	平均	3.72	4.14	3.97	4.35	4.44	4.65	4.22	4.64	4.98	4.58	4.30	4.27	4.36
窄溪站	最高	4.66	5.18	5.91	5.44	5.70	7.62	5.57	5.79	6.45	6.22	5.36	4.95	7.62
	最低	3.15	3.11	3.13	3.47	3.59	3.72	3.17	3.58	3.89	3.67	3.71	3.48	3.11
	平均	3.71	4.15	3.97	4.37	4.46	4.69	4.24	4.64	4.99	4.58	4.29	4.25	4.36

名沿袭至今。新登初名新城，五代梁开平元年（907），太祖朱温为避其父朱诚讳，改名新登，新登之名始于此。

富春之地，春秋属吴越。战国时，楚国屡败越国，夺取浙江以西土地。周显王三十六年（前333），越亡，富阳归属楚国。秦汉以后，隶属多变。隋、唐直至宋、元、明、清，均归杭州府（临安府、杭州路）所辖。民国时期，初属钱塘道，民国16年（1927），废道直属于省。民国27年（1938）改属第一行政区，后又多次变更，至民国37年（1948），改隶第四行政区。中华人民共和国成立后，初属临安专署，1952年改为省直辖。1955年划归建德专署。1958年12月，改属杭州市至今。

富阳历史上曾两度撤并。隋开皇九年（589）并入钱唐（后改钱塘）县，大业三年（607）复置。新中国成立后，1960年8月并入桐庐县，1961年12月复置。新登历史上曾5次撤并。三国吴黄武五年（226）析富春部分县地置新城县，治所即今富阳区西南新登镇。黄武七年（228）并入桐庐县，西晋太康十年（289）复置；旋又废入富春县，东晋咸和九年（334）复置；隋开皇九年（589）并入钱塘县，大业十四年（618）复置；唐武德七年（624）并入富阳县，永淳元年（682）复置；五代梁开平元年（907）吴越改名新登县。北宋太平兴国四年（979）复为新城县。民国3年（1914），改名新登县。中华人民共和国成立后，1958年10月撤销，并入桐庐县；1961年12月又从桐庐县析出，划归富阳县。

1994年1月18日，经中华人民共和国国务院批准，撤销富阳县，设立富阳市，行政区域不变，隶属关系依旧。2月4日，浙江省人民政府发出《关于撤销富阳县设立富阳市的通知》。3月28日，富阳市举行撤县设市庆典活动。

2014年12月13日，国务院批复同意浙江省调整杭州市部分行政区划。具体为：同意撤销县级富阳市，设立杭州市富阳区，以原富阳市的行政区域为富阳区的行政区域，富阳区人民政府驻富春街道桂花路25号。

【行政区划】 至2023年底，富阳区设乡、镇、街道24个，其中乡6个、镇13个、街道5个。全区有村276个、村民小组4499个、社区74个。

2023年富阳区乡镇街道情况表

表6

乡镇（街道）	面积（平方千米）	行政村（个）	村民小组（个）	社区（个）
富春街道	105.45	12	186	42
春江街道	41.47	9	141	1
东洲街道	69.89	15	216	5
鹿山街道	63.31	9	110	2
银湖街道	158.24	22	429	12
春建乡	45.19	6	107	—
新桐乡	49.82	7	83	—
新登镇	179.37	28	590	7
胥口镇	68.82	13	217	—
渌渚镇	79.24	13	181	—
永昌镇	49.59	5	115	—
万市镇	155.37	15	293	1
洞桥镇	143.29	11	251	—
大源镇	105.23	15	199	2
灵桥镇	54.84	13	151	—
常绿镇	49.08	8	128	—
里山镇	25.46	5	71	—
渔山乡	36.76	4	80	—
上官乡	27.06	5	72	—
场口镇	58.05	24	323	2
常安镇	63.84	16	264	—
环山乡	38.52	7	113	—
龙门镇	27.30	4	72	—
湖源乡	125.87	10	107	—
总计	1821.08	276	4499	74

人口变迁

【概况】 至2023年底，全区总户数225516户，户籍总人口701432人，平均每户3.11人，总人口比上年增加3544人。在总人口中，男性350566人，占总人口的49.98%；女性350866人，占50.02%。男女性别比为99.91。全区乡村人口338213人，占总人口的48.22%；城镇人口363219人，占总人口的51.78%。

全区全年出生4776人（含2023年前出生而在本年申报户口的），比上年多出生64人；出生率6.83‰，比上年上升0.06‰；死亡4659人，比上年多死亡744人，死亡率6.66‰，比上年上升1.04‰；自然增长117人，自然增长率0.17‰。

全年迁入全区8007人，其中市内迁入4490人、省内迁入788人、省外迁入2729人；全年迁出4584人，其中迁往市内3874人、迁往省内262人、迁往省外448人。全区人口机械增长3423人。

（区委党史研究室）

国民经济和社会发展

【概况】 2023年，富阳区实现生产总值960.9亿元，按可比价格计算，比上年增长4.8%。其中，第一产业增加值53.4亿元，增长4.2%，第二产业增加值405.3亿元，增长1.3%，第三产业增加值502.2亿元，增长7.7%。三次产业增加值结构为5.5∶42.2∶52.3。按户籍人口计算，人均生产总值137335元。经最终核实，2022年富阳地区生产总值修订为921.3亿元，比上年增长2.1%，三次产业增加值结构为5.5∶43.9∶50.6。全区实现数字经济核心产业增加值111.1亿元，增长6.4%，占GDP的11.6%。其中，电子信息制造产业增加值86.5亿元，增长4.4%；信息软件产业25.0亿元，增长14.1%；数字内容产业25.5亿元，增长14.8%。全年实现财政总收入165.2亿元，增长7.8%，其中一般公共预算收入100.5亿元，增长9.6%。全年一般公共预算支出137.6亿元，增长1.4%。其中民生支出104.1亿元，占一般公共预算支出的75.6%。

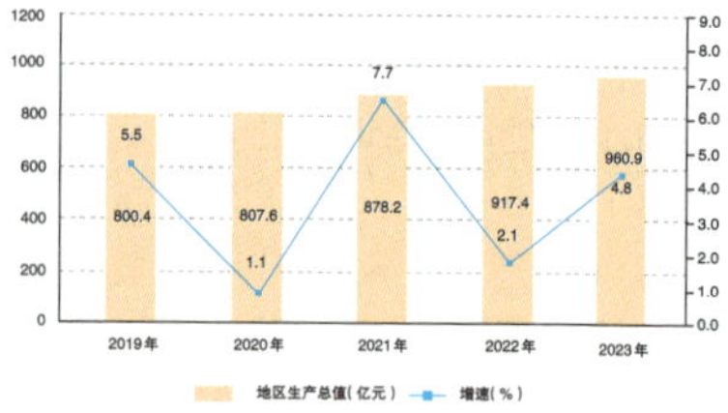

图1 2019—2023年地区生产总值及增速示意图

说明：2019—2022年地区生产总值为最终核实数，2023年为初步核算数

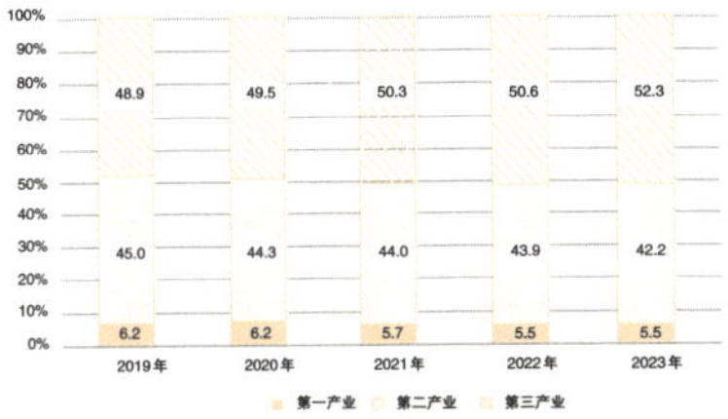

图2 2019—2023年三次产业增加值占 GDP 比重示意图

说明：2019—2022年地区生产总值为最终核实数，2023年为初步核算数

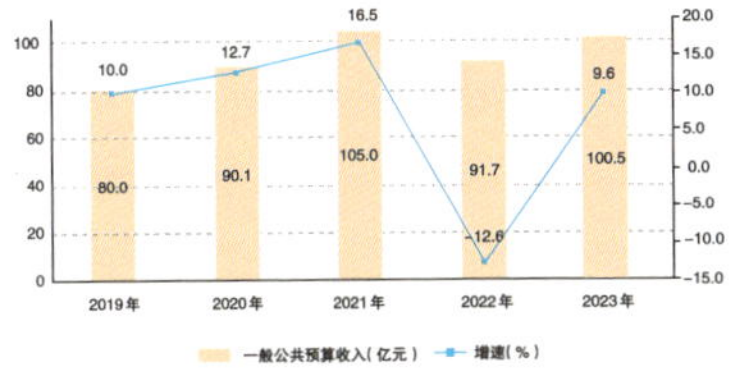

图3 2019—2023年全区一般公共预算收入及增速示意图

【农业】 全年全区实现农林牧渔业总产值76亿元，增长4.4%；农业增加值53.8亿元，增长4.2%。猪牛羊禽肉产量16078吨，禽蛋产量2146吨。全区有农业龙头企业160家，其中杭州市级以上82家；各类农民专业合作社425家。涉农产业园45个，市级“菜篮子”基地11个。全年投入水利建设资金7.5亿元，拥有农业机械总动力23.7万千瓦，有各类水库149座，2023年度除险加固病险水库5座、山塘10座。

【美丽乡村建设】 至年底，成功创建省级美丽乡村示范乡镇2个、省级美丽乡村特色精品村6个。全区有民宿示范村4个，现代民宿示范点98个，民宿登记经营户666户，民宿床位8113张。集体经济经营性收入50万元以上行政村实现全覆盖。培育高素质农民和实用人才2255人。

【工业】 全年规模以上工业增加值289.3亿元，增长1.6%。其中，高新技术产业增加值203.9亿元，增长3.5%；战略性新兴产业增加值114.3亿元，增长3.9%；装备制造业增加值147.4亿元，增长3.1%。全区工业总产值超亿元企业200家（按独立法人计算），其中超100亿元企业1家，50亿元以上100亿元以下2家，20亿元以上50亿元以下8家，10亿元以上20亿元以下14家。全区764家规模以上工业企业全年实现营业收入1959.3亿元，增长0.1%；实现利税105.2亿元，下降14.9%；实现利润51.6亿元，下降30.5%。

【建筑业】 全年实现建筑业增加值58.6亿元，下降2.5%。全区有总承包和专业承包资格的建筑企业202家。建筑企业房屋施工面积2205.2万平方米，增长9.5%；房屋建筑竣工面积591.5万平方米，增长0.3%。

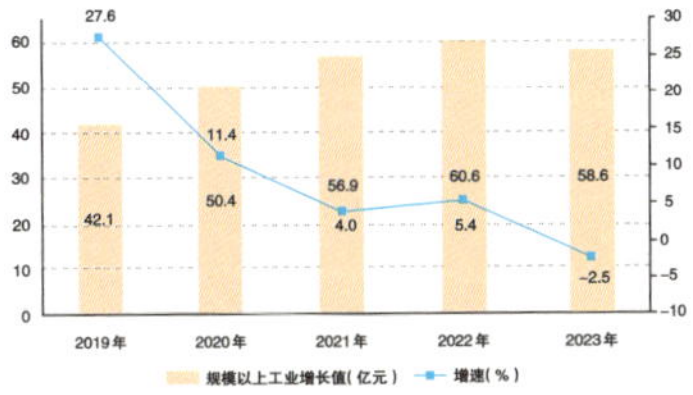

图4 2019—2023年建筑业增加值及增速示意图

说明：2019—2022年建筑业增加值为最终核实数，2023年为初步核算数

【固定资产投资】 全年固定资产投资增长10.1%。从投资结构看，工业投资增长21.6%，制造业投资增长14.4%，交通、水利和能源投资下降20.7%，民间投资（不含房地产项目）增长1.2%，高新技术产业投资增长12.6%。

【房地产业】 全年房地产开发投资增长19%。房地产住宅施工面积678万平方米，增长8.5%；商品房销售面积83万平方米，增长35.1%，其中住宅销售63.5万平方米，增长11.9%；商品房销售额162.5亿元，增长15.1%。

【商贸】 全年批发和零售业增加值75.1亿元，增长1.1%。社会消费品零售总额444.4亿元，增长1.4%。限上批零住餐销售额1694.9亿元，增长1.7%。

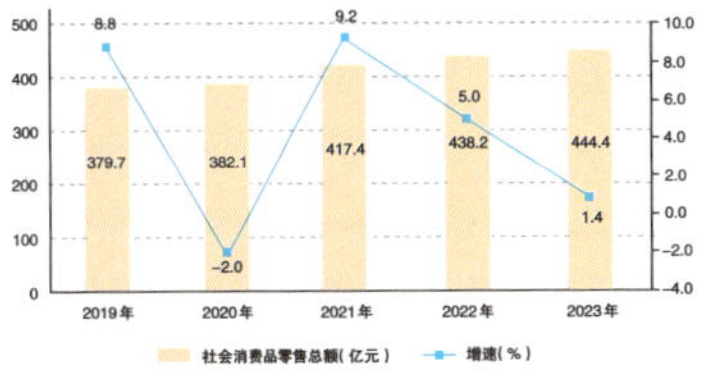

图5 2019—2023年社会消费品零售总额及增速示意图

【旅游业】 全区有旅行社39家；星级饭店5家，其中五星级2家。有国家A级旅游景区8个，其中AAAA级4个。全年接待旅游总量509.9万人次，实现旅游收入88.5亿元。其中，国内游客509.6万人次，实现国内游客收入88.4亿元，入境游客3045人次，创旅游外汇收入161.7万美元。

【对外经济】 全年新引进外商投资项目38个，其中总投资3000万美元以上项目7个，1亿美元以上项目3个。实际利用外资18536万美元，其中第二产业实际利用外资9534万美元，第三产业实际利用外资9002万美元。全年完成进出口总额476.8亿元，下降2.3%。其中，出口总额208.2亿元，增长1.9%；进口总额268.6亿元，下降5.3%。全年完成服务贸易出口总额5.72亿美元，增长3.6%。

【交通】 富春湾大道三期、秦望南路开工建设，秦望码头加快推进，渌渚作业区江口码头建成运营，徐西线、万牧线、汽贬线完成改扩建并顺利通车。年末全区公路通车里程1984.4千米，其中境内高速公路里程85.6千米。全年公路货运量1419万吨，公路货物周转量120123万吨千米。全年公路旅客运输量67.4万人次，公路旅客周转量10212万人千米。新增和优化公交线路120条。社会机动车保有量280937辆，非营运汽车保有量226861辆，其中私人汽车保有量212776辆。

【邮电通信】 全年实现快递业务收入18897.5万元；完成快递业务量4472.6万件。全区固定电话用户

6.7万户，移动电话用户109.2万户，全区（固定）互联网宽带接入用户44.2万户。

【金融】 全年金融业增加值95.9亿元，增长10.9%。全区金融机构本外币存款余额2367.95亿元，增长10.5%；本外币贷款余额3183.53亿元，增长16.6%。人民币贷款中，短期贷款余额607.1亿元，下降0.3%；中长期贷款余额2461.7亿元，增长21.9%，其中住户中长期贷款余额792.51亿元，增长3.3%。上市公司8家，境内上市公司7家，其中主板上市公司4家，创业板上市公司2家，北交所上市公司1家。

【教育】 建成灵桥小学等学校12所，新增学位8655个，浙江中医药大学新校区开工建设；9所小学集团化办学实质性推进，完成全区中小学紧密型教共体全覆盖。通过国家学前教育普及普惠区、义务教育优质均衡发展区省级验收，入选国家青少年心理健康发展项目试点区县。全区学龄儿童入学率100%，初中入学率100%，初中升高中段比例100%，高等教育毛入学率72.5%。全区共有幼儿园71所，在园幼儿25167人；小学46所，在校学生50145人；普通中学27所，在校学生36768人。职业中学（机构）2所，在校学生7319人。民办学校在校学生10461人。全年普通中小学新增校舍30.19万平方米。拥有中小学专任教师6033人，中小学校每位教师负担学生14.36人。农村义务教育专任教师本科及以上学历比例90.16%。

【科技创新】 引进浙工大国际创新中心、浙江中医药大学富阳研究院，新增重点支持的省级院士工作站1家、市级概念验证中心2家、省级企业研究院2家。全区拥有众创空间8家，其中国家级2家，省级3家，入驻创业团队198个；科技企业孵化器10家，其中国家级1家，省级1家，入驻企业326家。全年组织实施各类科技计划项目642项。专利授权4920项，其中发明专利894项。财政一般公共预算支出中科技支出8.7亿元，占一般公共预算支出的6.3%。招引大学生2.4万人、研究生等高层次人才2219人，分别增长33.1%和22.4%，新增市级以上领军型人才36人、技能人才8600人。

【文化】 全年越剧团国内演出167场次，观众25.05万人次。区广播电台每日播音17小时，区电视台每日播出24小时。数字电视用户17.7万户。区图书馆藏书约78.6万册（件），书刊外借92万册次。全区县级以上文物保护单位101处（群），其中国家级1处，省级10处（群）。非物质文化保护项目133个，其中国家级3个，省级15个。馆藏全宗档案209个，案卷（件）档案263710卷。开放馆藏全宗档案84个，案卷（件）档案20236卷。

【医疗卫生】 全区有各类医疗卫生机构568个，医疗床位5104张；其中医院26个，医院床位4001张。拥有各类卫生技术人员8163人，其中执业医师3137人，执业助理医师445人，注册护士3758人。全年完成无偿献血12184人次，其中流动献血3186人次，献血总量361.3万毫升。

【体育】 全民健身活动广泛开展，全年举办各类群众性体育比赛1998场，参赛运动员10万人次。全区共有体育场馆28个，健身苑（点）617个。全年新建健身苑（点）15个、篮球场10个、乒乓球室8个。全年全区共获得杭州市级以上各类奖牌173枚，其中金牌41枚、银牌67枚、铜牌65枚。

【人口】 全区常住人口85.7万人，户籍总人口701432人，增长5.08‰；出生人口4776人，出生率6.83‰；死亡人口4659人，死亡率6.66‰，自然增长率0.17‰。登记在册的流动人口数336398人。

【居民生活】 全体居民人均可支配收入65581元，增长5.1%；城镇常住居民人均可支配收入74899元，增长4.4%；农村常住居民人均可支配收入47653元，增长6.7%。全区每百户家庭拥有私人汽车76辆。

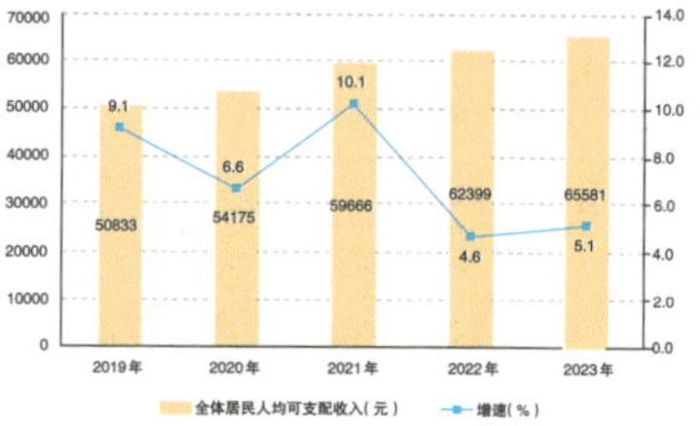

图6 2019—2023年全区全体居民人均可支配收入及增速示意图

【就业与社会保障】 全年新增就业人数37700人；登记失业人员实现再就业人数4695人，就业困难人员实现就业人数1827人。全区基本养老保险参保人数335212人，其中城镇职工基本养老保险参保人数316338人，城乡居民社会养老保险参保人数18874人。基本医疗保险参保人数723639人，其中职工基本医疗保险参保人数443471人，城乡居民基本医疗保险参保人数280168人，城乡居民基本医疗保险参保率99.93%。生育保险参保人数322610人。全区住房公积金缴存登记单位7922个，建缴职工102626人。全年公积金归集总额251052.5万元，发放公积金个人住房贷款2126户，贷款总额132585.5万元，支持职工购房面积23.41万平方米。

【救济福利】 全区最低生活保障人数10966人，其中城镇390人，农村10576人。城乡居民最低生活保障标准为1259元。全区拥有居家养老照料中心329家，养老床位3054张。全区五保供养服务中心12所，供养老人330人。福利院1所，床位166张，收养婴幼儿童7人，老人4人。共有特困人员669人，集中供养243人。全年区慈善总会募集捐款3574.6万元，支出各项救助金3044.8万元。

【城市建设】 银湖地标项目虹缤之都启动建设，秦望广场地下综合体全部封顶，科技馆完成土建结构结顶；北支江沉浸式夜游、亚运山居景观带入围市级重点出彩项目。新增省市未来社区7个，改造老旧小区3个、无障碍设施203处。新建停车位8000个、充电桩150枪，建成口袋公园6个。城市建成区面积43.93平方千米，市区道路长度319.92千米。全年全社会用电量73.1亿千瓦时，下降0.2%，其中城乡居民生活用电13.7亿千瓦时，下降1.3%。全年城区供水总量11010万立方米，其中城区生活用水4635万立方米。实有公园26个。建成区绿化覆盖面积1769.82公顷，绿化覆盖率51.08%。建成区绿地面积1660.74公顷。建成区公园绿地面积745.28公顷，人均公园绿地16.42平方米。

【资源灾害】 完成造林面积166.67公顷，全区森林覆盖率66.22%。全区农作物受灾面积275.41公顷，各类自然灾害造成直接经济损失33560万元。

【环境保护】 连续五年获评“美丽浙江”考核优秀区，入选国家“两山”实践创新基地省级储备库，再获“中国天然氧吧”称号。空气优良天数341天，空气优良率达93.4%，PM2.5年均浓度30.6微克/立方米。二氧化氮年均浓度27微克/立方米，二氧化硫年均浓度5微克/立方米。主要水系监测断面III类以上比例为100%。

【安全生产】 全区共发生各类生产安全事故12起，死亡8人，其中交通事故9起，死亡8人。

（区统计局）

【编辑　刘　亮】

5 中国共产党杭州市富阳区委员会

Hangzhou Fuyang District Committee of the Communist Party of China

区委重要会议

【区委二届三次全体（扩大）会议】 1月3日，区委二届三次全体（扩大）会议召开。听取和讨论区委书记吴玉凤受区委常委会委托作的工作报告，审议通过《关于全面贯彻落实党的二十大精神 加快现代产业现代城市现代治理立起来 高水平描绘现代版富春山居图践行中国式现代化的决议》。

【全区疫情防控工作会议】 1月9日，全区疫情防控工作会议召开，通报前期疫情防控工作情况，部署下一阶段重点工作。区委书记吴玉凤在会上强调，深入贯彻习近平总书记关于疫情防控工作的重要指示精神，全面落实党中央和省市委决策部署，结合富阳实际抓好“乙类乙管”实施，最大程度保护人民生命安全和身体健康，最大限度减少疫情对经济社会发展的影响。区领导谢渐升、邵伟斌、詹艳青、俞小康参加。

【全区公安工作会议】 1月19日，全区公安工作会议召开。区委书记吴玉凤强调，全面贯彻党的二十大精神，答好五道必答题、打赢三大攻坚战，以实际行动奋力开创公安工作新局面，护航现代产业、现代城市、现代治理立起来。区领导邵伟斌、沈尧参加。

【区领导班子和领导干部考核会议】 2月2日，2022年度区领导班子和领导干部考核会议召开。区委书记吴玉凤代表区委班子述职并作本人述职述廉报告。区委副书记、区长谢渐升代表区政府班子述职。区人大、区政协班子及其他市管干部以书面形式述职述廉。市委组织部相关负责人到会指导。副区级以上领导干部、区级机关负责人、乡镇（街道）党政正职及部分基层党员干部群众代表参加。

【全区“拼经济、拼发展”行动动员暨产业强区大会】 2月6日，全区“拼经济、拼发展”行动动员暨产业强区大会召开。区委书记吴玉凤强调，深入贯彻落实中央和省市区委相关会议精神，锚定产业强区主战略，打好经济稳进提质攻坚战，努力到没有遗憾，拼搏到毫无保留，加快现代产业立起来，拼出富阳产业新春天。区委副书记、区长谢渐升主持。区四套班子领导徐林亮、张霖、邵伟斌等参加。

【区纪委二届三次全会暨全区深化作风建设大会】 2月8日，区纪委二届三次全会暨全区深化作风建设大会召开。区委书记吴玉凤强调，高举习近平新时代中国特色社会主义思想伟大旗帜，全面贯彻党的二十大精神，坚决落实中央、省市纪委全会精神，以永远吹冲锋号的执着推进全面从严治党在基层生动实践，为高水平描绘现代版富春山居图提供坚强保障。

【全区党委（党组）书记抓基层党建和人才工作述职评议大会】 2月9日，全区党委（党组）书记抓基层党建和人才工作述职评议大会召开。区委书记吴玉凤在会上强调，深入贯彻党的二十大精神，抓好政治力、战斗力、创新力、执行力四大工程，纵深推进富阳区基层党建和人才工作，为全面加快“三个现代”立起来夯实基础。市委组织部副部长、人才办常务副主任陈键到会指导。区领导徐林亮、张霖、邵伟斌、万重丰等参加。

【全区一季度项目集中签约暨招商出征大会】 2月17日，2023年全区一季度项目集中签约暨招商出征大会在富阳银湖体育中心召开，全面掀起大招商大招引的战斗动员。区委书记吴玉凤为5支驻外招商队授旗。区委副书记、区长谢渐升作工作部署。区领导万重丰、何献忠、黄泽、赵骊中等参加。

【区委农村工作会议】 4月3日，区委农村工作会议召开。区委书记吴玉凤强调，深入贯彻习近平总书记关于“三农”工作的重要论述，全面落实中央和省、市委农村工作会议部署，推进新一轮乡村全面振兴，推动全区农业农村现代化迈出新步伐。区领导谢渐升、徐林亮、张霖、邵伟斌、万重丰、喻乃群、黄泽等参加。

【区委审计委员会第六次会议】 4月4日，区委审计委员会第六次会议召开，学习贯彻习近平总书记关于审计工作的重要指示批示精神，传达学习上级有关会议精神，研究部署下阶段工作。区委书记、区委审计委员会主任吴玉凤主持会议并讲话。区领导谢渐升、万重丰等参加。

【区委武装工作会议、区委退役军人事务工作领导小组（区双拥工作领导小组）会议】 5月8日，区委武装工作会议、区委退役军人事务工作领导小组（区双拥工作领导小组）会议召开。区委书记吴玉凤强调，深入学习贯彻党的二十大精神，锚定建军一百年奋斗目标，扎实做好新时代党管武装工作、退役军人事务和双拥工作，为富阳践行中国式现代化保驾护航。区委副书记、区长谢渐升主持。区领导邵伟斌、王继刚、喻乃群、沈尧、黄泽、牟永辉等参加。

【全区文旅深度融合发展大会】 5月15日，全区文旅深度融合发展大会召开。会议深入学习贯彻党的二十大精神，深刻领悟习近平总书记关于文化和旅游工作的重要论述，全面落实中央和省市部署要求，坚持以文塑旅、以旅彰文，推动文旅深度融合发展，全力打造国际知名“富春山居·休闲富阳”文旅区域公共品牌。市文广旅游局党组书记、局长楼倻捷，市体育局党组书记、局长金承龙，市园文局有关领导，区领导吴玉凤、谢渐升、徐林亮、张霖、邵伟斌等参加。

【全区数字经济创新提质“一号发展工程”暨制造业高质量发展推进会】 6月1日，全区数字经济创新提质“一号发展工程”暨制造业高质量发展推进会召开，深入学习贯彻习近平总书记关于发展数字经济重要论述精神，认真落实省市部署要求，动员全区上下坚定不移实施产业强区主战略，奋力推进数字经济往高攀升、向新进军、以融提效，不断推动制造业高质量发展，加快构建以数字经济为核心的现代化产业体系，为高水平描绘现代版富春山居图注入强劲动能，勇当杭州市高水平重塑全国数字经济第一城中坚力量。

【区委统战工作会议暨2023年度区委统战工作领导小组（扩大）会议】 6月2日，区委统战工作会议暨2023年度区委统战工作领导小组（扩大）会议召开。区委书记、区委统战工作领导小组组长吴玉凤强调，深入学习贯彻党的二十大精神和习近平总书记关于做好新时代党的统一战线工作的重要思想，全面落实中央和省委、市委统战工作会议精神，牢牢把握团结奋斗时代主题，更好发挥统一战线法宝作用，坚持和完善大统战工作格局，为高水平描绘现代版富春山居图再立新功。区领导祝燕青、黄泽等参加。

【全区决胜半年红暨综合考核工作推进会】 6月14日，全区决胜半年红暨综合考核工作推进会召开。区委书记吴玉凤强调，深入贯彻习近平新时代中国特色社会主义思想，认真落实省、市决策部署，交好党的建设、高质量发展、满意度评价“三张考卷”，奋力夺取综合考核“五连优”，以决胜姿态推动各项工作走在前列。区四套班子领导邵伟斌、沈阳红、万重丰、王继刚、何献忠、喻乃群、张鹏、祝燕青等参加。

【“八八战略”与现代版富春山居图理论研讨会】 7月6日，“八八战略”与现代版富春山居图理论研讨会召开。市委常委、宣传部部长黄海峰，省社科联党组成员、秘书长刘东出席开幕式并讲话，省委党校副校长徐明华发布《富阳区2022年度现代版富春山居图指标报告》。区领导吴玉凤、张鹏、郎卫国、孙柏平参加。开幕式上还发布《“八八战略”实施20周年富阳实践案例》《“高质量发展建设共同富裕示范区 高水平描绘现代版富春山居图”实践案例》。

【全省供销社基层组织赋能强基工作推进会】 8月11日，全省供销社基层组织赋能强基工作推进会在富阳召开。浙江省供销社党委委员、理事会副主任冯冠胜，杭州市供销社党委书记、理事会主任翁文杰，区委副书记、区长谢渐升参加。

【全区“地瓜经济”提能升级“一号开放工程”暨季度招商引资专题比拼工作推进会】 8月18日，全区“地瓜经济”提能升级“一号开放工程”暨季度招商引资专题比拼工作推进会召开。区委书记吴玉凤强调，深入学习贯彻习近平总书记关于开放发展的重要论述精神，认真落实省委、市委部署要求，全力以赴推动招商引资实现更大突破、“地瓜经济”取得更大成果，奋力打造高能级开放先行区。区领导谢渐升、徐林亮、张霖等，区级机关有关单位、各乡镇（街道）负责人，招商顾问代表、部分企业代表参加。

【全区学习贯彻习近平新时代中国特色社会主义思想主题教育动员大会】 9月14日，区委书记、区委学习贯彻习近平新时代中国特色社会主义思想主题教育领导小组组长吴玉凤主持会议并讲话，强调深入学习贯彻习近平总书记关于主题教育重要讲话和重要指示批示精神，认真贯彻中央和省、市关于学习贯彻习近平新时代中国特色社会主义思想主题教育第一批总结暨第二批部署会议精神，以学铸魂、以学增智、以学正风、以学促干，围绕市委“学习新思想、建设新天堂、再创新辉煌”工作主线，抓实抓好主题教育各项任务，牢记嘱托、感恩奋进，为加快高水平描绘现代版富春山居图，奋力书写共同富裕和中国式现代化富阳新篇章贡献智慧和力量。

【三季度经济工作调度暨亚运红促产能汇报会】 9月29日，冲刺三季度经济工作调度暨亚运红促产能汇报会召开。区委书记吴玉凤强调，坚定信心、保持定力，统筹兼顾、快速协调，紧锣密鼓抓好冲刺三季度各项工作，以事不过夜的精神状态打好经济翻身仗、亚运攻坚仗，奋力交出全年经济社会发展高分报表。区领导谢渐升、何献忠、喻乃群、孙伟、许玉钧、俞小康、赵骊中等参加。

【区委常委会（扩大）会议研究三季度经济社会形势暨“拼经济、拼发展”行动双月例会】 10月27日，区委书记吴玉凤强调，深入贯彻习近平总书记考察浙江重要讲话精神，认真落实省市决策部署，以“月月都是冲刺”的紧迫感，奋战四季度、夺取全年胜，交出“两场硬仗”高分报表。区委副书记、区长谢澌升主持会议。区领导徐林亮、张霖、邵伟斌等参加。

【全区组织工作会议】 10月31日，全区组织工作会议召开。区委书记吴玉凤在会上强调，深入学习贯彻习近平总书记关于党的建设的重要思想和考察浙江重要讲话精神，全面落实全国、省、市组织工作会议部署，继往开来、坚定奋斗、昂扬奋发，为坚定不移深入实施“八八战略”，全面加快现代产业、现代城市、现代治理立起来，高水平描绘现代版富春山居图提供坚强党建引领和组织保障。区领导邵伟斌、沈阳红、万重丰、张鹏、祝燕青等参加。

（姚威臣）

重要活动

【2023年全区重大项目集中开工仪式】 3月27日，举行2023年全区重大项目集中开工仪式。集中开工项目32个，总投资337.85亿元。其中，制造业项目21个，投资181.05亿元；商办和房地产项目7个，投资132.68亿元；政府投资项目4个，投资24.12亿元。富阳经济技术开发区管委会、杭州富春湾新城管委会负责人和相关企业代表表态发言。区委书记吴玉凤宣布项目集中开工，区领导谢澌升、徐林亮、张霖、何献忠、许玉钧、赵骊中等参加。

【“韵味杭州”山羊体育杯2023年全国皮划艇、赛艇春季冠军赛开幕式】 3月29日，“韵味杭州”山羊体育杯2023年全国皮划艇、赛艇春季冠军赛开幕式在富阳水上运动中心举行。由国家体育总局水上运动管理中心、中国皮划艇协会、中国赛艇协会主办，杭州市富阳区人民政府承办，浙江省水上运动管理中心协办，富阳水上运动中心执行，包括皮划艇静水、皮划艇激流回旋和赛艇三场全国春冠赛，时间为3月28日至4月26日。杭州市人民政府副市长、杭州亚组委执行秘书长陈卫强宣布开赛。区领导吴玉凤、张霖、陈平、詹艳青、包国灿，中国皮划艇协会副主席李欣等相关单位领导出席开幕式。

【区政府与浙江中医药大学签署全面深化战略合作协议】 4月7日，富阳区人民政府与浙江中医药大学签署全面深化战略合作协议，双方将携手共建浙江中医药大学富阳研究院、现代中医药国际合作示范区。由浙江中医药大学特聘教授、欧洲科学院院士蒋玉林和中国科学院院士赵国屏分别领衔的两个中医药产业化项目入驻富阳经济技术开发区。省教育厅党组成员、副厅长白红霞，欧洲宁波总商会会长、美麟控股集团有限公司董事长李永平，浙江中医药大学党委书记黄文秀、校长陈忠，区领导吴玉凤、谢澌升、喻乃群、孙晓明、赵骊中等出席签约仪式。

【第六届国际质量·安全·信用论坛】 4月16日，第六届国际质量·安全·信用论坛在富阳举行。发展中国家科学院院士、国际系统与控制科学院院士汪寿阳，国际欧亚科学院院士、住房城乡建设部原副部长仇保兴及专家学者、行业大咖百余位齐聚富阳，共话学术、共商发展、共谋未来。市委常委、副市长胥伟华，区领导吴玉凤、谢澌升、王龙华等参加。

【第七届郁达夫小说奖颁奖典礼】 4月21日晚，第七届郁达夫小说奖颁奖典礼在富春山馆举行。中国作协党组成员、副主席李敬泽，中国作协副主席阿来，省委宣传部常务副部长来颖杰，市委常委、宣传部部长黄海峰，省作协主席艾伟等嘉宾，及区领导吴玉凤、谢澌升、徐林亮、张霖、张鹏、裘富水、詹艳青、邱云等出席。

【杭州冰雪大世界项目签约仪式】 5月9日，富阳举行杭州冰雪大世界项目签约仪式，总投资35亿元的冰雪运动综合体入驻杭州富春湾新城。省委统战部副部长、省工商联党组书记徐国龙，省工商联二级巡视员刘志义；中健合力大健康产业集团文商旅集团总裁秦志荣，北京浙商企业联合会副会长、杭州华清文旅发展集团董事长汤玉金；区领导吴玉凤、喻乃群、孙伟、祝燕青、黄泽等参加项目签约仪式。

【全市人大践行全过程人民民主工作现场会暨代表工作交流会】 5月11—12日，全市人大践行全过程人民民主工作现场会暨代表工作交流会在富阳召开。市人大常委会主任李火林出席并讲话。市人大常委会副主任戚哮虎、戴建平、卢春强、徐小林，秘书长叶茂东参加。区领导吴玉凤、谢澌升、徐林亮、胡志明、郎卫国、裘富水、孙洁、陈平、王龙华陪同或参加会议。

【企业家代表早餐会】 5月19日上午，富阳举行首场企业家代表早餐会。区委书记吴玉凤与10位企业家代表共进早餐，在轻松愉悦氛围中，了解企业发展情况、倾听解决企业诉求，共谋富阳“拼经济、拼发展”良策。区领导何献忠、赵骊中等参加。

【富阳区人民政府与国网杭州供电公司签订合作框架协议】 7月16日，富阳区人民政府与国网杭州供电公司合作框架协议签约仪式举行。区委书记吴玉凤，国网杭州供电公司总经理、党委副书记朱炯讲话。国网杭州供电公司党委书记、副总经理王峰渊，区领导谢澌升、何献忠、喻乃群、孙伟、赵骊中等参加。

【2023泗洲纸文化节开幕式】 8月24日，2023泗洲纸文化节开幕式在富春山馆举行。省文化和旅游厅党组成员、省文物局局长杨建武，中国科学技术大学校长特别助理朱灿平，区领导吴玉凤、张霖、张鹏、

裘富水、黄泽、邱云及省市有关部门领导、专家和造纸遗址、竹纸产地代表参加。

【向烈士敬献花篮仪式】 9月30日，富阳区在金家山革命烈士纪念碑广场隆重举行向烈士敬献花篮仪式，区四套班子领导吴玉凤、谢渐升、徐林亮、张霖等和社会各界代表怀着无比崇敬的心情，缅怀革命先烈，传承英雄精神，赓续红色血脉。

【产业链条比集群大比武现场考察活动】 11月15日，富阳开展产业链条比集群大比武现场考察活动，区四套班子领导带领有关部门和镇街"一把手""两代表一委员"及市民代表、招商顾问，聚焦智能物联、生物医药、高端装备、新材料和绿色能源等重点产业生态圈，实地走访相关企业和项目，现场看进度、看变化，深刻感受富阳围绕产业链布局创新链、推动产业集群高质量发展的实际成效。

上级领导到富阳调研

【浙江省政协副主席成岳冲到富阳开展"大走访大调研大服务大解题"】 1月19日，省政协副主席成岳冲到富阳开展"大走访大调研大服务大解题"活动，深入基层和企业走访调研，直面基层难题，回应企业诉求，为基层、企业、群众解难题、鼓干劲、强信心。区领导吴玉凤、张霖、何献忠、喻乃群、孙晓华等陪同调研。

【杭州市人大常委会主任李火林到富阳慰问】 1月19日，市人大常委会主任李火林、副市长陈卫强、市政协副主席冯仁强到富阳慰问走访军属、退役军人、困难群众、基层干部和消防指战员。区领导吴玉凤、徐林亮等陪同。

【浙江省委常委、统战部部长邱启文到富阳调研】 4月12日，省委常委、统战部部长邱启文到富阳调研。强调用好调查研究传家宝，结合全党主题教育，感恩奋进、实干争先，努力把乡亲的心声收集好、把乡贤的力量凝聚好、把家乡的发展推动好，真正做到干实事、谋实招、求实效。市委常委、统战部部长朱建明，区领导吴玉凤、祝燕青参加。

【浙江省副省长王文序到富阳调研公共服务"七优享"工程"弱有众扶"社会救助工作】 5月4日，副省长王文序到富阳调研公共服务"七优享"工程"弱有众扶"社会救助工作。强调认真学习贯彻党的二十大精神，深刻领会习近平总书记关于社会救助的重要批示指示精神，全力以赴推进"弱有众扶"工作，确保共同富裕路上"一个也不掉队"，以实际行动推动主题教育走深走实。区领导吴玉凤、谢渐升、黄泽等参加。

【中共中央台办、国务院台办主任宋涛到富阳调研】 7月7日，中共中央台办、国务院台办主任宋涛到富阳调研"海峡两岸交流基地"，走访慰问正在为"公望两岸圆缘园"二期入驻布置准备的台青台胞们。省委常委、统战部部长邱启文，省台办主任朱林森，市委常委、统战部部长朱建明，市台办主任陆献德，区领导吴玉凤、谢渐升、祝燕青等参加调研。

【浙江省委统战部副部长王利月到富参加富阳区欧美同学会成立大会】 9月13日，富阳区欧美同学会（区留学人员联谊会）成立大会召开。省委统战部副部长王利月，市委统战部常务副部长、一级巡视员沈翔，杭州科技职业技术学院党委书记、杭州市欧美同学会副会长谢列卫，区领导吴玉凤、万重丰、祝燕青等参加。

【浙江省副省长胡伟到富参加塘江流域水环境共治共保联盟启动仪式】 11月14日，钱塘江流域水环境共治共保联盟启动仪式在富阳水上运动中心举行。浙江省副省长胡伟宣布钱塘江流域水环境共治共保联盟成立。省政府副秘书长梁群，省生态环境厅厅长郎文荣，杭州市副市长官金元，金华市副市长李斌峰，安徽省黄山市副市长江卓琪，富阳区领导谢渐升、俞小康，及绍兴市、衢州市政府相关领导和省、市相关部门负责人参加。

（李家铖）

全面深化改革工作

【全面深化改革】 全年召开区委改革委会议1次，区主要领导专题听取增值化改革工作汇报5次。组建区营商环境优化提升"一号改革工程"专班，制定并印发《中共杭州市富阳区委全面深化改革委员会2023年工作要点》《关于强力推进改革攻坚加快打造高质效改革先行示范区的意见》等文件，统筹推进重大改革项目18项，系统推进五大环境年度工作任务176项、"微改革"项目56项。全年新增国家级试点4个、省级试点14个。其中，"工商联立法联系点"在全国工商联工作会议上作交流发言并入选"全国工商联立法协商联系点典型事例"；"外卖骑手工作证"入选国家发改委共富案例；容错裁定机制经验在中组部《组工信息》刊发；亲清政商关系"富阳模式"获全国工商联通报肯定；"医保防贫共富"在国家医保局脱贫攻坚专栏刊登，获评浙江省高质量发展建设共同富裕示范区最佳实践；"行政复议数智应用"获评全国"2023政法智能化建设智慧司法创新案例"；"预付卡全周期治理改革"获评省营商环境优化提升第一批"最佳实践案例"，获省《基层首创》推介；"富阳区办理破产一类事"入围全省涉企服务"一类事"专题微改革案例库；项目全过程管理、"人生档案"、适老政务服务、"小队会"议事、三侧赋能护航新业态新就业群体、涉企全周期兜底服务、安全文明乘梯一件事等7项改革经验获省《竞跑者》刊发推介。

【富春风尚汇】 富春风尚汇以"最美传承弘扬"为切入口，集成市民全生命周期正能量数据指标，打通"最美"发现、践行、崇尚、礼遇全过程，形成文明风尚引领激励的整体氛围，同时，找准"电梯"这一最小单元，通过"公约规范+数智监管+最美激励"，形成文明人人有感的点上突破，重塑文明实践全流程，获2023年度省改革突破奖提名奖，“安全文明乘梯”一件事被列入省天天有感“微改革”首批项目。

【“生态e治”】 聚焦企业破产所遗留的危险废物处置难等问题，创新推进破产审判与生态治理有机融合，通过确立生态权益优先原则，持续深化破产企业生态环境问题治理联动闭环，构建破产挽救共治机制，助力企业盘活资产，及时消除污染隐患，最大限度维护破产企业的资产安全和价值，入选营商环境“微改革”省级项目库、2023年度全省法院营商环境优化提升改革典型案例和杭州市营商环境优化提升最佳实践案例。

常规性工作

【参谋辅政】 全年高质量起草重要会议、重大活动、对上汇报等各类综合性文稿330余篇，平均每周6篇以上，文字120余万字。完成“浙江光谷·富春芯城”和“打造山水赛会之都·重振运动休闲之城”课题调研。全年撰写上报舆情、问题、观点摘编类信息962篇，被市级以上录用104篇；撰写上报正面稿件107篇，被市级以上录用34篇，市领导批示6篇，为党委提供全面丰富准确的参考信息和决策依据。

【督查工作】 加强督查督办，强化检查考核，围绕重点工作，结合保障亚运、“双拼”、项目推进、安全生产、违法用地等重点工作进行督查，下发督办单195件，收取反馈材料79件，有力保障领导指挥穿透式传导、全过程跟进、闭环式落实。持续创新督查方法，强化督查结果运用，不断增强督查工作的针对性、实效性和权威性，全年办理上级领导批示173件、区委主要领导批示件1428件，收取批示反馈材料209件，均及时完成向上反馈。“七张问题清单”的问题管控力评价为五星级。

【值班值守】 做好富阳区重大、紧急事件等信息报告工作，严格实行24小时值班值守制度。护航亚运期间，落实“七个一”值班要求，通过实地暗访、电话抽查，有效压实乡镇（街道）值班值守工作。刊发《值班值守一周综述》47期，获区委区政府主要领导批示10余次，处置紧急事件300余起。

【考评工作】 紧盯省市同考第一年取得“优秀”目标，构建与市级相对应的综合考核“一体制四体系”和“1+6”考核全覆盖。聚焦抢抓经济工作这一重心，紧盯杭州冲刺“2万亿”目标，制定完善《2023年度富阳区高质量发展考核办法》《决胜二季度打赢翻身仗经济攻坚实施方案》，有效提升全区经济攻坚决心和信心。提前开展区级机关半年度评估工作，围绕单位自评、评分评价、汇总审核，形成区级机关单位高质量发展绩效半年评估报告和部门问题清单。做好对区级机关“国内影响”、乡镇（街道）加分项考核的过程性督导，实行实时申报、月度积分晒榜。梳理审核区级机关国内影响项目456项，有效项目263项，乡镇（街道）加分项252项，有效项目146项。

【对台工作】 持续依托“海峡两岸交流基地”“两岸文化创意合作实验区”2块国家级牌子，着力打造两岸（黄公望隐居地）文创产业园，支持台胞融入共同富裕示范区建设，举办国务院台办2023年重点交流项目——“公望富春”两岸文化交流周活动，举办首届“公望两岸团圆节”“喜迎亚运·两岸青年心手相连”等重要交流活动。整体建成“公望两岸圆缘园”并开园，一体推进招商引才、业态提升，打造浙江省首个国家级两岸文创产业园和台青创业园。2023年，中央台办、国务院台办主任宋涛、副主任潘贤掌，省委常委、统战部部长邱启文，省政协副主席王昌荣等多位省部级以上领导莅临指导并给予肯定。相关工作推选为2023年度全省统战工作实践创新成果，受到省委常委、统战部部长邱启文批示肯定。

【保密工作】 2023年，对全区重点单位部门开展保密检查，全区范围部署互联网敏感词保密监测工具。提升机要密码通信服务水平，高质量完成杭州亚运会等重要活动期间密码通信和服务保障工作。统筹推进信创替代工作，完善信创持续保障站，进一步加强基础设施规范化建设，初步完成机要通信机房设计。

【档案工作】 2023年，召开业务培训会，对全区机关单位开展档案室业务建设评价。联合区档案局、档案馆组成执法检查组，对区级机关单位20家、乡镇（街道）24家及档案服务外包企业5家开展“双随机”专项执法检查，查找档案安全隐患。为进一步规范档案信息化专项经费管理，提高资金使用效率，举办档案职业技能比武活动，加强档案人才队伍建设。

（王子浩）

组织工作

【党组织和党员基本情况】 至2023年底，全区有党工委9个、党组44个、党委227个，党总支部256个，基层党支部2785个。党员54711名，其中女党员17534名、少数民族党员163名。流动党员4504名，其中外出流动党员700名，接收流动党员3804名。

【“家在富春山居”现代社区品牌打造】 建立现代社区建设工作“1551”工作体系，迭代“一月一主题”破难机制，累计开展“强社惠民”“强村富民”“六好村社·六无网格”创建等主题破难会6次。不断增强基层组织力凝聚力，制定出台“六个一体化”管理办法、“五个一百”行动、“三提三知”网格专项比武等制度，开展“1+3+N”网格力量和服务小分队评选表彰活动。江滨社区、山水社区获评首批省级现代社区，2个镇街和15个村社获评省级红色根脉强基示范单位。

【聚力赋能服务中心大局】 聚焦“亚运拼精彩”，高质高效调配亚运场馆人员289人、组织开闭幕式定向观众近6000人次、联络服务亚残运会火炬手128人，深入实施护航亚运“百千万”大比武、创建“无风险单元”“红色星期六”在职党员进社区服务等活动，动员全区网格1070个、微网格9172个力量参与亚运服务保障。相关做法在全市会议上作经验交流2次，省委组织部《组工情况》、市委办公厅《杭州信息》刊发。聚焦“发展拼经济”，开展“助企大解题”专项行动，选派助企服务专员1460名，创新实施“三张问题清单”分类办理机制，推动重点难点问题187个闭环处置。相关做法在全市组织部长会议上作经验交流，获得市委常委、秘书长朱华批示肯定。聚焦“共富拼典范”，深化“富春红链”“共富工坊”“红色研学”三大载体，6个共富工坊和富春红链项目获评省级典型案例，相关做法在省委办公厅《浙江信息》刊发。承办全市外卖骑手党建工作暨“富春小哥码”试点工作推广会，相关做法被纳入全国共富现场会案例集，获得副市长宦金元批示肯定。

2023年3月31日，富阳区“红色领杭·奉献亚运”大考大赛暨“百千万”大比武动员部署会召开　　（区委组织部　供图）

【教育培训实效提升】　开展党的二十大精神教育培训系列活动，全覆盖轮训全区区管干部1000余人。组织区管领导干部赴中央党校、浦东干部学院专题学习；牵头主办中青班等15个班次，推出产业转型、城市建设等主题“三家”大讲堂15期，累计参加学习6000余人次，相关做法在全市会议上作经验交流。深化实施“基层锻炼”“青蓝帮带”及“助跑行动”等工作，抓实用好新老传承、清单管理等选调基层锻炼举措，不断优化培养路径。

【干部激励约束】　深化政治素质考察，突出正确政绩观导向，完成区级机关、乡镇（街道）领导班子和领导干部全覆盖专项考察与分析研判，相关做法获评省委组织部实践典型案例。常态开展容错裁定，探索事后容错与事前备案相结合，进一步扩大容错政策实施范围，推动“两个担当”良性互动，相关做法在中组部《组工信息》、省委组织部《组工情况》刊发，获评全市组织工作最佳创新案例。

【公务员队伍管理】　有力推进公务员基层工作联系点、考核示范点创建工作，在场口镇建立首个省级公务员工作观测点。探索开展职务职级全链式闭环管理，充分发挥职级晋升正向激励作用，相关做法获评全省新时代公务员工作优秀案例。做实“反向激励”“后半篇文章”，强化整转干部跟踪管理和帮扶帮带，整转干部98名，恢复正常管理93人、延长整转期3人、效能问责1人、解聘1人。落实干部关心关爱，推荐并获评市担当作为好干部5人，市十佳公务员1人。开展国有企事业人员档案专项审核“回头看”，数字化推动干部人事档案规范管理相关做法在全市干部人事档案集中管理工作推进会上作经验交流。

【党建引领基层治理】　迭代“网格议事•双线联动”为民服务体系，相关做法获2023年11月1日《人民日报》报道，中国社科院大学到富阳调研并编印出版《党建引领与数字治理双向赋能：基层智治的富阳经验》。扎实开展“双百争先•全域建强”专项行动，高质量做好“届中体检”，创新实行基层党组织“堡垒指数”管理考核，推进后进村社整转提升，推动基层党组织全域建强。系统构建村社干部培养体系，创新开设“领雁学堂”，培训村社干部187人，择优纳编优秀村社书记4人，推荐获评省市“担当作为好支书”16人。

【党员队伍建设】　优化党员队伍“进出育管爱”链条，实施发展党员“双培一优”工程、党员管理“先锋指数”工程，健全完善“红网安家”流动党员纳管体系，全面加强党员队伍教育管理。实施党群服务中心“三心工程”，推动14个镇村党群服务中心获评“省级示范党群服务中心”，富阳区党群连心志愿服务队获评全市十佳党群“连心”志愿服务队、常绿镇“红心护航•相伴成长”党群服务项目获评全市党群服务最优服务项目。

【行业系统党建】　构建“1+7+N”机关党建分片管理体系，机关青年干部教育引领相关做法获评全省机关党建优秀课题研究成果二等奖。承办全市机关党组织系统联动“破难题、促发展、助共富”活动推进会，助推“红领富春”获评市级机关党建品牌，区财政局和区教育局入选市“红雁清风”培树点。健全区委“两新”工委“1+8+24”工作体系，深化五大产业链红链建设、货车司机党建“十联招”、直播电商“双百”行动等新兴领域党建工作机制，“E企富•富春汽车红链”被列入省“三会”“党建联建联系点”，1人入选全市首批“两新”党组织“红领头雁”特级资质书记。

【模范机关建设】　区领导带头领题、带动部委班子成员深入一线调查研究，形成课题报告6篇，其中调研课题成果《富阳区践行习近平同志关于调查研究重要指示精神的实践与思考》在全市会议上作经验交流，获评全市组织工作优秀调研成果一等奖。扎实开展组工宣传信息工作，全年在中央、省、市组织部门信息刊发19篇，市级以上纸媒报道130余篇，富阳区委组织部获评组织系统省级信息工作先进单位，承办全省组工信息调研杭州圆桌会。

（汪　瑾）

宣传工作

【创新理论武装】 2023年，以主题教育为契机，全方位推进习近平新时代中国特色社会主义思想学习宣传教育，组织区委理论学习中心组专题学习“八八战略”、千万工程等重点内容24次，全面深化“周四夜学”等学习活动，带动全区党员干部开展专题学习2.5万余次。“中央调查组在富阳”史料陈列室被列入浙江省学习贯彻习近平新时代中国特色社会主义思想现场教学示范点。持续挖掘习近平总书记关于富阳“4+1+1”重要指示精神，举办“八八战略”与现代版富春山居图理论研讨会，调研课题《“八八战略”指引下滨富特别合作区推进区域协同共富的创新实践》得到市委副书记、市长姚高员批示肯定。扎实践行习近平文化思想，推出《中国·泗洲纸文化研究论文集》《泗洲纸文化研究文集》等成果。持续打造“富春窗”理论宣讲品牌，组织红色讲师及“五老”“巾帼”“8090”和“00后”宣讲员深入基层开展宣讲2300余场，覆盖群众超30万人次。建强用好“学习强国”区级供稿中心，举办“学习展风采亚运添精彩”2023年杭州市“学习强国”知识竞赛共富赛区比赛等活动。成立大中小学思政教育一体化建设联盟，打造“富春红心”大思政实践品牌，凝聚全社会“五位一体”育人合力。

【亚运新闻宣传】 2023年，构建高效指挥体系，强力推进亚运新闻宣传六大行动，紧密联动中宣部前方工作组和人民日报社、新华社、央视等各级各类媒体，精心筹划亚运亚残运首金等新闻发布会5场，累计发稿5.2万余条，全网传播近30亿次，其中涉及亚运首金消息5.9亿次，《人民日报》头版、央视新闻联播及焦点访谈、生财有道、美丽浙江、韵味杭州等密集宣推富阳，部分微博话题冲上热搜第一，成功塑造“亚运双首金”“世界纪录”“亚残运火炬传递”等富阳“高光时刻”，留下经典的富阳“亚运记忆”。牵头组织承办杭州亚残运倒计时100天主场活动、亚残运火炬传递富阳站等重大活动，10余名省部级领导和市四套班子领导参加，形成的成果得到省市领导的批示肯定。首届国际皮划艇超级杯成功落户富阳。富阳手工竹纸成为杭州亚（残）运会开闭幕式节目单和感谢信用纸，富阳2项非物质文化遗产项目走进亚运村，富阳公望女管家、女海归带着村民学英语、富阳企业亚运吉祥物“红绿灯”等成为网红爆款。东洲入城口获全市赛马优秀，北支江沉浸式夜游、富春山居亚运景观带获亚运重点出彩项目。广泛发动群众参与“全民迎亚运学习当达人”活动获全市优秀组织奖。区委宣传部、区文广旅体局被评为杭州亚（残）运会浙江省先进集体。

【文化传承发展】 2023年，扎实推动泗洲综合保护复兴项目，泗洲中国造纸遗址博物馆获国家文物部门批复，正式开工建设，举办首届泗洲纸文化节，编制《泗洲造纸遗址保护规划》《泗洲造纸考古遗址公园规划》上报省市文物部门。加快推动新登古城墙保护利用项目，新登古城墙升格为浙江省文物保护单位，推进古城微更新项目，对接国家、省市文物局和南京市申遗团队，上报申请加入中国明清古城墙联合申遗预备名单。“富春山居·中国历代绘画大系”特藏馆、区非遗馆等文化新地标开馆，区图书馆经改造提升焕新开放，获评国家一级图书馆。举办全区文旅深度融合发展大会，编制文化旅游体育发展规划，印发促进文旅深度融合发展实施意见，实施“双百亿”行动计划，常安蚯比庄园、天钟山景区等建成开放，西岩温泉项目开工建设，成功招引龙湖天街、石榴红了、杭州冰雪大世界等重大文旅项目，全年实际投资45.96亿元，创建浙江省全域旅游示范区、省AAAAA级景区城，承办“三江两岸”杭州户外休闲旅游节、中国研学旅行和营地产业发展大会、杭州市“宋”福杭州年启动仪式等重大文旅活动，全年接待旅游473万人次。富产电影《老师·好》获第十八届华表奖优秀青年电影创作奖，电视剧《富春山居》在中央广播电视总台综合频道黄金时段首播，获收视和口碑双

2023年7月6日，“八八战略”与现代版富春山居图理论研讨会召开。图为圆桌论坛

（区委宣传部　供图）

好评，得到省委书记易炼红等领导批示肯定。电影《草木人间》入围东京国际电影节主竞赛单元，顾晓刚成为“黑泽明奖”最年轻获得者。《诗意栖居》《我有一条江》获省、市第十五届精神文明建设“五个一工程”优秀作品奖，诗韵越剧《富春山居图》在杭州大剧院首演。全年举办“诗画江南·活力浙江”全省新风景影像艺术大展、浙江省首届隶书大展等重大主题展览10余次，观展超80万人次。开展“我们的村晚”等活动1.3万余场。参与全国第二届全民阅读大会，富阳代表周益萍在家庭亲子论坛上作主旨发言。《富春山居系列丛书》获全国城市出版社优秀图书一等奖，银湖街道被评为全国“扫黄打非”进基层示范点。西谷小镇数字文创基地初具规模，公望两岸文创园二期正式开园，加快推进银湖数字文创园、富春山居文创园，全年文化及相关产业增速8.6%。开发“富春山居LOGO”系列文创城市礼品获红点设计奖——2023品牌与传达设计大奖。

【主流舆论宣传】 2023年，聚焦主题教育、“八八战略”实施20周年、“拼经济拼发展”等主题主线，统筹区级媒体开设“八八战略在富阳”“学思想强党性重实践建新功”“火热2023拼经济拼发展”等专题专栏9个，利用电视、广播、纸媒、网站及各类新媒体平台，推出报道4800余篇，阅读量超1.7亿人次，全面展示富阳干部群众开拓创新、锐意进取，加快推动经济高质量发展、现代产业立起来的火热实践。加强与中央省市级媒体全面合作，密集推出中央省市媒体主题报道13200余篇，其中央级媒体报道1100余篇，频频亮相央视新闻、《人民日报》、新华社、《浙江日报》、浙江卫视，出镜率为历史新高，多层次、多角度诠释富阳区发展拼经济、亚运拼精彩、共富拼典范等特色亮点。富阳连续4年入选中国最具幸福感城区。纵深推进媒体融合发展，富阳区与杭州日报集团签订战略合作框架协议，成立富阳文化传媒集团有限公司，推动区融媒体中心与富阳日报社实质性融合。做强政务发布矩阵，“富阳发布”“爱尚富阳”影响力位居全市前列。组建宣青军战队，积极供稿“浙江宣传”微信公众号，录用9篇，位列杭州市第一。

【精神文明建设】 20个省级及以上文明村（镇）通过复评，新创建省级文明镇1个、省级文明村4个、省级文明单位1个，道德评议会、红白理事会实现村社全覆盖，上官乡、环山乡公益景观小品分获2023年市公益景观小品大赛“最佳视觉效果作品”奖和“最佳创意设计作品”奖。组织开展“文明风尚”“志愿先锋”大比武等主题活动，发现和整改问题1000余个，全面助力提升城市文明。举办首届志愿服务项目大赛，永昌丈母娘公益反诈“她力量”获市级志愿服务项目大赛银奖，退役女兵“晓梅”先锋队入选2023年全国退役军人关爱青少年志愿服务项目。举办第七届道德模范（平民英雄）暨第五届“最美孝心少年”发布活动，选树“富阳好人榜”12期66人，入选杭州市道德模范（最美杭州人）2人、“浙江好人”3人、“杭州好人”7人。持续深化“富春风尚汇”改革，全面重塑最美发现、崇尚、践行、礼遇机制，享受风尚礼遇55万余人次，入选全省改革突破奖、“浙江有礼·四个一百”典型案例。首创“安全文明乘梯一件事”改革，制定出台《文明乘梯市民公约》等制度规范，引领形成有礼乘梯浓厚氛围，被《光明日报》、省政府要情信息、省委改革办《竞跑者》等刊发推广。

（吴大钟）

统战工作

【概况】 富阳有民主党派5个308人，比上年增加45人。登记在册的宗教场所93处，其中佛教场所32处、基督教堂59处，另有纳入管理的聚会点25处，民间信仰点167处。民营企业统战部9个。区党外知识分子联谊会、新的社会阶层人士联谊会等联系党外知识分子和新的社会阶层人士2453人。归侨侨眷1351人，港澳同胞20人，台湾同胞125人。区工商联共有会员1765家，乡镇（街道）基层商会24个。抗日战争胜利浙江受降纪念馆民盟中央传统教育基地建设，获全国人大常委会副委员长、民盟中央主席丁仲礼批示肯定；区民宗局完成中央、省委民族宗教专项督查迎检；区工商联作为全省唯一的全国工商联立法协商联系点入选“全国工商联立法协商联系点典型事例”；“侨家大院”获评全国侨联系统典型选树单位；“之江同心·浙疆情石榴红家园”争创国家级民族团结示范单位；富春街道蒋家桥民族团结未来社区高分通过省级第三批未来社区验收；“永昌漫联·同心荟”获评杭州市级精品同心荟。

2023年4月17日，富阳举办全区统一战线纪念“五一口号”发布75周年朗诵会

（区委统战部 供图）

【党外人士引领】 在民主党派、无党派人士和党外知识分子、新的社会阶层人士中开展“凝心铸魂强根基团结奋进新征程”主题教育。承办杭州市各民主党派、工商联、无党派人士主题教育读书班，组织参加党外代表人士省委党校平阳分校专题培训班等专题学习培训25次。举办富阳区“之江同心·喜迎亚运”统一战线纪念“五一口号”发布75周年朗诵会等各类主题活动10余次，凝聚党外人士服务经济发展和杭州亚运的思想政治共识。

【统战规范化建设】 持续提升乡镇（街道）统战规范化建设，开展社区统战单元建设，以点带面发挥社区统战工作在高质量发展和基层治理的优势作用。全面实施党外代表人士“123”梯队培养计划，召开区委组织部、统战部两部联席会议，确定新一轮党外年轻干部培养人选。召开富阳区民主党派规范化建设推进会，深化基层组织规范化标准化建设。中国民主建国会富阳区支部——春江街道全过程人民民主实践基地和清廉民建阵地建设获中国民主建国会省、市委会调研肯定；区新联会发布全市首个新联会建设规范化指导手册。

【助力企业发展】 牵头抓好营商人文环境改革任务，梳理上报成员单位13项重点特色工作，获上级领导肯定。系统推进“3+3+3”（三套清单＋三大机制＋三类样板）亲清政商关系富阳模式，承办全省亲清政商关系乡镇（街道）建设研讨会。牵头开展“亲清直通车·政企恳谈会”“富商学习会”等活动30余场次，收集企业诉求和意见建议205个，通过现场回应和交办部门全部得到解决。

【乡贤建设】 构建“以商引商、乡贤招商”工作网络，梳理有效招商信息86条，其中完成乡贤回归投资项目25个，资金37.5亿元；乡贤牵线在谈投资项目60余个，涉及资金约150亿元。乡贤参与乡村振兴、乡村治理、文化建设、公益慈善等多个领域730余人次。

【统战助力亚运会】 成立服务亚运同心战队6支，定向进驻亚运场馆开展志愿服务。高标准建设两岸（黄公望隐居地）文创中心。以服务保障杭州亚运会、亚残运会为重点，做好亚运清真餐饮安全及服务保障工作。

（邱　栋）

区委巡察

【概况】 至2023年底，区委巡察机构巡察区级机关、乡镇（街道）党组织24个，村（社）党组织88个，共发现问题2259个，移交问题线索133件，推动立案5人，留置2人，移送司法1人，党纪政务处分5人，组织处理2人，提醒谈话616人次，建立完善制度89项，收缴（退回）资金6675.87万元。

【区委巡察工作动员部署会】 3月13日，区委召开2023年区委巡察工作动员部署会，传达上级巡视巡察工作新精神新要求，宣布二届区委第四轮第二批巡察任务安排，部署新一年巡察工作。区级机关有关单位主要负责人，乡镇（街道）党（工）委书记，区纪委监委班子成员、各室主任、派驻（出）机构负责人，区委组织部、区委宣传部有关科室负责人和区委巡察机构全体干部参加会议。区委书记吴玉凤出席并讲话，强调要深入学习贯彻党的二十大精神和习近平总书记关于巡视巡察工作重要论述精神，认真落实中央和省委、市委关于巡视巡察工作的新部署、新要求，推动全面从严治党向纵深发展，有力保障打好经济翻身仗、亚运攻坚仗。

【安全生产领域专项巡察】 9月15日至10月25日，根据省委、市委开展安全生产领域巡视巡察上下联动的统一部署和区委要求，区委安全生产领域专项巡察组对区住建局、区农业农村局、区应急管理局、区综合执法局、区商务局、区经信局、区交通局、区文广旅体局等8家单位及乡镇（街道）开展巡察。根据省委、市委对安全产生领域专项监督的重点内容要求，结合全区实际，围绕“完美亚运护航行动”，着力查找聚焦贯彻落实上级指示精神和决策部署、落实安全生产责任制、履行安全监管等三个方面偏差。巡察期间，巡察组调阅资料1700余份，深入亚运场馆所在重点街道（银湖街道、东洲街道），走访企业和场所77家，与相关单位负责人个别谈话28人次，发现问题和隐患350项，提出整改意见并建立问题清单，跟踪督办整改工作。

【“百村巡察·强基惠民”专项行动】 根据市委开展“百村巡察·强基惠民”专项行动统一部署安排，区委巡察组对富春街道青云桥村、

2023年9月15日，富阳区委安全生产领域专项巡察动员会召开

（区委巡察办　供图）

富春街道城西股份经济合作社、东洲街道黄公望村、新桐乡程浦村、新登镇元村村、常绿镇长春村、常安镇横槎村、万市镇万市村等8个村（股份经济合作社）党组织开展巡察。6月1日，召开全区“百村巡察•强基惠民”专项行动动员部署会。经过两个月的集中了解，通过查阅台账资料、个别谈话、问卷调查、实地走访等各种方式，深入查找问题，共发现问题227个，推动立行立改问题22个，解决民生实事6项；移交问题线索14个，推动立案8人，留置2人，移送司法1人。

【二届区委第四轮巡察】 1月16日至4月28日，区委四个巡察组对8个单位党组织开展常规巡察。其中：区委第一巡察组巡察环山乡、区科技局，区委第二巡察组巡察里山镇、区商务局，区委第三巡察组巡察渔山乡、区发改局，区委第四巡察组巡察新桐乡、区统计局。5月24日、6月5日，区委巡察工作领导小组、区委书记专题会议分别听取巡察情况汇报。巡察期间，共发现问题246个，其中建议移交区纪委问题线索10个、移交被巡察单位整改问题236个。6月13日至6月15日，区委巡察组向被巡察党组织分别反馈巡察情况，区委、区政府分管领导和区委巡察工作领导小组成员分别参加反馈会，就落实反馈意见、抓好整改工作提出具体要求。至年底，巡察反馈236个问题已全部整改完成。

【二届区委第五轮巡察】 5月9日至8月30日，区委四个巡察组对8个单位党组织开展常规巡察。其中，区委第一巡察组巡察区综合执法局、交通集团，区委第二巡察组巡察区农业农村局、区卫健局，区委第三巡察组巡察杭州富春湾集团、区教育局，区委第四巡察组巡察城建集团、区人力社保局。巡察期间，共发现问题328个，其中建议移交区纪委问题线索32个、移交被巡察单位整改问题296个。9月14日、9月26日，区委巡察工作领导小组、区委书记专题会议分别听取巡察情况汇报。10月9日至10日，区委巡察组向被巡察党组织分别反馈巡察情况，区委、区政府分管领导和区委巡察工作领导小组成员分别参加反馈会，就落实反馈意见、抓好整改工作提出具体要求。至年底，巡察反馈问题整改完成率为77.32%。

【二届区委第六轮巡察】 9月13日至12月8日，区委四个巡察组对8个单位党组织开展常规巡察。其中，区委第一巡察组巡察区综合执法局、交通集团，区委第二巡察组巡察区农业农村局、区卫健局，区委第三巡察组巡察杭州富春湾集团、区教育局，区委第四巡察组巡察城建集团、区人力社保局。巡察期间，共发现问题259个，其中，建议移交区纪委问题线索17个、移交被巡察单位整改问题242个。12月28日，区委巡察工作领导小组听取巡察情况汇报。

【巡视巡察突出共性问题和重点问题集中整改督查】 全年全区开展巡视巡察突出共性问题和重点问题集中整改督查2次。5月至6月，组织全区各单位对照十五届省委第一轮巡视突出共性问题、十三届市委第三轮巡察突出共性问题、历轮巡视巡察反馈尚未整改到位问题，深入开展自查自纠，共发现问题19个，制定整改举措32条，至年底，全部整改完成。9月，组织各单位对照十五届省委第二轮巡视突出共性问题开展自查自纠，共查纠问题3个，制定整改措施6条，至年底，全部整改完成。

（方　菲）

机构编制

【概况】 至2023年底，全区设置党政机构37个，其中党委机构11个（纪检监察机关1个、工作机关10个），政府机构26个；办公室和工作部门24个；市级部门派出机构3个（市规划和自然资源局富阳分局、市医疗保障局富阳分局计入机构限额，市生态环境局富阳分局不计机构限额）。乡镇街道24个（街道5个、镇13个、乡6个）。

【行政机构调整】 1月19日，富春街道、春江街道、东洲街道、鹿山街道、银湖街道等5个街道和新登镇、大源镇、场口镇、万市镇等4个中心乡镇平安建设办公室更名为平安法治办公室，其余15个乡镇综合信息指挥室（挂公共管理办公室、平安建设办公室、应急管理站的牌子）更名为综合信息指挥室（挂公共管理办公室、平安法治办公室、应急管理站的牌子），并重新调整内设机构职责。2月17日，区委区政府信访局办公室增挂区人民建议征集办公室牌子。4月10日，区应急管理局新增设政宣科，撤销减灾救灾科（火灾防治科），危化与矿山安全监管科增挂行政许可科牌子，政策法规科不再挂行政许可科牌子。5月8日，区退役军人事务局优抚

2023年6月14日，富阳召开全区决胜半年红暨综合考核工作推进会
（区委编办　供图）

科增挂双拥工作科牌子。开展疫控体制改革，5月31日，区卫生健康局增挂区疾病预防控制局牌子；8月22日，调整区卫生健康局（区疾病预防控制局）领导职数，设局长1名，党委副书记（专职）1名，副局长2名，区疾病预防控制局局长、区卫生健康局副局长1名；12月29日，整合区疾病预防控制中心、区卫生健康综合行政执法队职责，重新组建区疾病预防控制中心，加挂区卫生监督所牌子，由区卫生健康局管理；撤销区卫生健康综合行政执法队。开展综合考评体系调整，7月13日，区委办不再承担全区综合考评统筹协调等相关职责，区委组织部增加全区综合考核工作牵头协调和统筹组织实施的职责，并相应调整两部门内设机构、人员编制等。7月13日，区委区政府农业和农村工作领导小组办公室更名为区委农村工作领导小组（区乡村振兴领导小组）办公室；区委区政府农业和农村工作领导小组办公室秘书科更名为区委农村工作领导小组（区乡村振兴领导小组）办公室秘书科。7月31日，区行政服务中心增挂区企业综合服务中心牌子。10月25日，为加强行政合法性审查，区司法局政府法律事务科增挂行政合法性审查科牌子。12月29日，为深化全区“大综合一体化”行政执法改革，区综合行政执法局（区城市管理局、区综合行政执法指导办公室）增设综合协调科、指导监督科，并重新划分内设科室职责。12月29日，恢复杭州富阳越剧艺术传习院用编进人。

【事业单位调整】 1月16日，分别在区纪委区监委和区委组织部设立区纪检监察事务服务中心、区高层次人才服务中心。2月12日，新登镇小城市管理服务中心增挂新登古城（墙）管理保护所牌子。2月17日，区互联网信息服务管理中心（区网络舆情监测应急中心）增挂区互联网违法和不良信息举报中心牌子。3月15日，为理顺区交通运输局内部关系，从区交通运输行政执法队划转10名事业编制至区交通建设服务保障中心。4月23日，同意区农业林业资源保护中心（区林场）增挂区植物检疫中心牌子。4月23日，区社会福利中心增挂区光荣院牌子。6月5日，区纪检监察事务服务中心增挂区纪检监察信息中心牌子。7月13日，根据中央和省市关于融媒体改革的要求，成立杭州富阳文化传媒集团有限公司，并重新印发区融媒体中心“三定”规定。7月18日，富阳学院更名为浙江开放大学富阳学院，同时撤销浙江广播电视大学富阳学院牌子。8月22日，设立群团组织区欧美同学会（区留学人员联谊会），并将其机关纳入机构编制管理，与区委统战部下属的区党外人士服务中心（区民族宗教服务中心）合署办公。9月28日，登记设立中医药大学富阳研究院。10月25日，为加强行政合法性审查，区法律援助中心增挂区合法性审查服务中心牌子，并相应增加人员编制和内设机构领导职数。11月8日，为了更好地推进社会性事务剥离工作，对富阳经济技术开发区投资服务中心进行分拆，富阳经济技术开发区投资服务中心更名为富阳经济技术开发区综合管理服务中心，新设富阳经济技术开发区企业服务中心。

【教育领域优化调整】 1月16日，重新核定全区74所中小学校校级领导职数。6月27日，为加强民办学校和培训机构监管，区教育局将督导科挂牌机构民办教育监管科划出，单设民办教育监管科。7月3日，设立区富春第十一小学，区东洲街道新民小学。7月13日，将富阳学院、区职业教育中心、区技工学校30名外聘教师指标转换为事业编制。7月13日，撤销区银湖街道坑西小学，现有教职工暂划转入阳陂湖小学。10月9日，浙江省杭州市郁达夫中学更名为杭州市富阳区郁达夫中学。11月27日，设立区富春东兴小学、区富春东兴幼儿园、区东吴实验学校、区鹿山街道东吴幼儿园4所学校。

【职责分工】 7月13日，根据省级文件，重新调整明确区应急管理局、区综合行政执法局关于液化天然气点供的责任分工。

（姜伟锋）

信访工作

【畅通信访渠道】 2023年，全区受理诉求类信访13428件（人）次。其中，群众来信530件，四级走访登记752批1225件次、网上信访11673件。群众申请信访事项复查222批269人次，其中受理复查申请113件。群众来电239046件，其

2023年5月11日，市人大常委会主任李火林（右四）到富阳接待信访群众

（区信访局 供图）

中交办69916件，答复169130件。

【攻坚重大信访问题清单】　2023年，对照问题清单细化“任务书”，倒排“时间表”，围绕“问题梳理—责任分解—协同办理—跟踪反馈—整改评估—举一反三”全流程全链条，条抓块统、上下联动协同推进整改。承办重大信访问题清单8件，其中省级清单5件，市级清单3件，全部办结销号，清单指数考核列全省第20位、全市第3位。银湖街道安置房问题处置被纳入省级“重大信访问题清单”示范榜。

【提升营商环境一次性化解率】　2023年，建立工作专班，精准分析数据，掌握动态统计口径，实时监测指标变化。开设“营商环境专席”，扩充完善惠企政策知识库，专线受理营商环境相关来电18337件。加强日常督导、联合化解和与上对接，营商环境一次性化解率100%，列全省第一位。

【攻坚化解信访积案】　2023年，成立区工作专班，制定《区领导督查信访积案化解攻坚行动方案》，落实“包掌握情况”“包接待处理”“包解决困难”“包思想转化”等五包责任。专班对全区24个乡镇（街道）信访积案化解工作开展专题督查，包案区领导分别带领4个工作小组开展专题督导。信访积案116件，其中第三批国家级信访积案70件、“十大领域”省级积案42件、市级积案4件，全部提前化解，化解率100%。

【落实联席会议机制】　2023年，加强对下指导，24个乡镇（街道）信访工作联席会议机制实现100%覆盖，并实体化运作，每月召开信访工作联席会议，完善机制，商讨处置疑难信访问题。1—12月，全区召开镇街信访工作联席会议339次，处置化解疑难信访事项370件，一些多年信访积案得以彻底化解。

【统一平台有效运转】　2023年，开展“区领导接听”“局长接听日”“乡（镇）长街道办主任接听日”活动，区党政领导、区级机关主要负责人、乡镇（街道）行政负责人到区长公开电话受话大厅接听群众来电，实时就地解决群众急难愁盼问题。开通“交警专席”“营商环境服务专席”“人才服务专席”“亚运专席”四个专席，专人专项受理来电，及时高效处置群众问题。

【全力推进人民建议征集工作】　2023年，富阳区信访局办公室增挂“区人民建议征集办公室”牌子，1个区级、24个镇街级、350个村（社）级人民建议征集站（点）实现100%覆盖。全年发布主题建议征集24件、专题建议征集21件、民意调查19件，受理日常建议6078件，办结率100%。采纳和部分采纳建议141条，转化率100%。开通“点亮富春”区人民建议征集专栏，发布13期，推送富阳区经验做法。4个人民建议入围省委信访局十大优秀人民建议“金点子”案例评选。

【加强督查协调】　2023年，牵头督办协调747件，其中现场督办108件，发函督办401件，会议督办54件，协调处置184件，及时解决大城小院项目欠薪、春建乡包装厂违建、公望街商户油烟直排等难点问题。

【双向规范严肃追责】　2023年，开展复盘溯源，倒查干部责任，问责干部15人，其中区管领导5人，区管以下干部10人。同时，加强依法维护信访秩序，处理违规信访人25人，其中刑事处罚1人，行政拘留21人，罚款3人。

【省市奖惩】　富阳区信访局获2023年度全市信访工作考核优秀等次；连续6年创成省“无信访积案县（市、区）”；被省信访工作联席会议办公室、省委信访局评为治理重复信访化解信访积案专项工作及依法维护信访秩序工作成绩突出集体。

（楼烨华）

党校工作

【深入开展主题教育】　2023年，深入开展习近平新时代中国特色社会主义思想主题教育，发挥党校“主渠道、主阵地、大熔炉”作用，利用“周四夜学”“青年人才沙龙”等载体，中共杭州市富阳区委党校委员会理论学习中心组（扩大）开展集中学习14次，交流研讨5次，教职工全员学习10次，教师专题培训21场，有力夯实党校政治理论优势。全年开展宣讲159场，受众18541人次，真正做到党有号召、党校有行动，重大节点有声音，在全区迅速掀起主题教育热潮。全校大兴调查研究之风，出版《共同富裕“双城记”》和《共同富裕在杭州的探索与实践》，收录调查成果

2024年10月26日，浙江省委党校分类建设复评组召开富阳区委党校分类建设复评意见反馈会

（区委党校　供图）

3 篇。开展循迹溯源课题调研，《关于深入挖掘展示富阳区调查研究宝贵资源的思考》获评 2023 年度富阳区机关党建“三赛一比”暨机关党组织“调研一件事”成果大比武优秀成果。

【成功创建全省首批标杆引领类县级党校】 2023 年 10 月 24 日至 26 日，以满分成绩通过全省首批“标杆引领类”县级党校复评。评估专家组重点听取分类建设工作汇报、实地考察校园、考察现场教学点并听现场教学理论阐释课，检查分类建设台账。评估专家组指出富阳区委党校工作没有明显短板和弱项，不存在扣分点，且有 2 项特色工作成效显著。根据浙党校发〔2023〕31 号文件《关于 2023 年我省县级党校（行政学校）分类建设复评情况的反馈意见》，中共杭州市富阳区委党校被评为浙江省首批标杆引领类党校。

【构建“分层次、分类型”教育培训新体系】 2023 年，累计举办富春名家大讲堂暨“三家”大讲堂、领导干部党的二十大精神轮训班、中青班、蹲苗班等各类班次 85 期，培训各类党员干部近 14000 人次。中央调查组在富阳史料陈列室获评省级现场教学点。接待省委党校干部教育学院、浙江大学干部继续教育学院、其他兄弟党校各类培训班到富阳开展现场教学，以及校内各类班次现场教学 130 余场次，参与 6000 余人次。

【科研咨政宣讲工作走在全省前列】 2023 年，中共富阳区委党校获得全省党校系统科研工作优秀奖，入选《浙江省首批理论宣讲研修基地名单》。获奖或入选理论文章 34 篇次，居全省县级党校前列。公开刊物上发表文章 13 篇，其中核心期刊 2 篇。省、市、区各类课题中立项 48 项，其中浙江文化研究工程“循迹溯源”专项课题 1 项；省社科规划课题立项 2 项，全省近 80 家区县党校中唯一；省社科联课题 1 项，均为首次突破。报送咨政 10 期，其中教师咨政 6 期、学员咨政 4 期，均获领导肯定性批示，其中市领导肯定批示 1 期。1 名教师被列入浙江大学师资库并受邀上课；杭州市党校系统青年教师微课竞赛中 2 名教师分别获第二名、第四名。典型案例《以“4321”模式打造县级党校学科团队》入选 2023 年全省党校（行政学院）系统现代化建设“双十佳”典型案例，是全省 10 个上榜县（市、区）之一。

（王萌萌）

2023年12月，富阳开展乡镇(街道)年鉴试点成功

（区委党史研究室　供图）

党史地方志

【《中国共产党富阳历史》(第三卷)编纂】 根据上级党史部门要求，《中国共产党富阳历史》（第三卷）下限由 2002 年延长至 2012 年，针对新变化，调整富阳党史三卷整体纲目并通过省专家审核，撰写完成党史三卷后十年（2002—2012 年）初稿共 13.7 万余字并提交省专家审核，完成年度既定写作计划。

【资政文章撰写】 为进一步总结、宣传“八八战略”指引下富阳日新月异的发展成就，根据浙江省委党史和文献研究室统一要求，撰写资政文章《坚定转型不动摇高水平描绘现代版富春山居图》。文章分别入选浙江省委党史和文献研究室编纂的《一张蓝图绘到底——忠实践行“八八战略”全纪录》和杭州市委党史研究室编纂的《“八八战略”的杭州实践》。

【《富阳微村志（第三辑）》出版发行】 4 月，由富阳区委党史研究室（区地方志办公室）编纂的《富阳微村志（第三辑）》由中州古籍出版社出版发行。该书共 50 万字，照片 535 张，收录富春街道湖塍村、春江街道民主村、东洲街道紫铜村等 33 个村，涉及 24 个乡镇（街道）。

【《富阳年鉴（2023）》出版发行】 11 月，《富阳年鉴（2023）》由方志出版社正式出版发行。《富阳年鉴（2023）》采用分类编辑法，以类目、分目、条目 3 个层次为框架结构。卷首设特载、年度聚焦、大事记、区情综览，全书共设 36 个类目、228 个分目、1423 个条目，共 87.9 万字。全面、客观地反映富阳区人民在 2022 年勇于开拓创新，在政治、经济、文化、社会、生态文明和党的建设中取得的新成就、新经验，以及在前进道路上遇到的新情况、新问题。《富阳年鉴（2023）》是《富阳年鉴》开始编纂出版以来的总第 28 卷。

【富阳乡镇(街道)年鉴试点】 2 月，区委党史研究室（区方志办）启动乡镇（街道）年鉴编纂试点工作，成立乡镇（街道）年鉴编纂专班，发布关于征求乡镇（街道）年鉴编纂试点的通知，根据乡镇（街道）报名情况，组织人员走访报名试点乡镇（街道），交流试点相关内容、人员、经费等相关内容，确定富春街道等15个乡镇（街道）为年鉴编纂试点单位。3月，富阳区乡镇（街道）年鉴试点单位责任编辑集中培训会举行。至年底，编印乡镇（街道）年鉴5本，分别为《富春街道年鉴》《渌渚镇年鉴》《常绿镇年鉴》《环山乡年鉴》《龙门镇年鉴》。

【党史地方志宣传教育】 以富阳党史馆为依托，通过现场讲解等方式做好富阳党史宣传。指导社会公益组织做好“纪念延安双拥运动80周年暨富阳区慈善拥军联欢会”“抗美援朝战争胜利70周年暨杭州富阳出国作战志愿军老兵联谊”等活动。以“富阳史志”公众号为平台，撰写和推送《蒋忠烈士日记选摘》《孙晓梅烈士文章选》等系列文章。在抗美援朝战争胜利70周年时推出文章《抗美援朝运动在富阳》，在毛泽东130周年诞辰时在“富阳史志”刊物上刊发《毛泽东考察新登农业生产合作社》。开展史志书籍进农村文化礼堂活动，发放各类史志书籍1000余册。

（吕　克　刘　亮）

档案工作

【全省档案数字化转型先行区试点工作】 2022年10月，富阳区被浙江省档案局确定为全省首批档案工作数字化转型先行区试点。富阳区档案馆始终坚持以档案工作“三个走向”和“四个好”“两个服务”为根本遵循，聚焦深化档案工作数字化改革维度，科学谋划、专班运作、项目引领，统筹推进档案工作系统重塑、整体变革，形成一体智能、数字治理、高效协同的档案工作整体智治格局，更好服务富阳区域治理体系和治理能力现代化。2023年2月，通过专家组验收，成功创建为杭州地区首个全省档案工作数字化转型先行区。

【“浙里数字档案”重大应用场景试点】 2022年，富阳区档案馆强化系统思维，聚焦与人相关的民生档案资源的归集、治理、共享利用，推动“人生档案一件事”应用。应用场景围绕个人全生命周期，归集民政、公积金、医保等8个部门、业务数据近133万条，构建起以出生、就学、婚姻、就业、置台开发查档应用子场景，在浙里办上架“富阳人生档案”、浙政钉上架“查档一件事”。通过“自助推送查+人工在线查”全面实现档案证明服务无纸化，有效完成营商环境优化提升一号工程的各项任务。2022年9月，入选省档案局“浙里数字档案”重大应用场景试点，2023年11月，通过省档案局验收。

【2023年度全省档案技术保护感光影像档案修复试点工作】 2023年，富阳区档案馆开展馆藏玻璃干板底片保护性修复转化，恢复原来状态，最大限度地还原这些底片所反映的历史面貌。玻璃底片是近代摄影技术的产物，是具有时代特征标识的历史影像载体，既是照片档案的源头，又是特殊的实物档案。修复使用物理无损处理方法，采用平板扫描和数码翻拍等形式进行高保真数字化修复照片，完成大画幅页片和玻璃干板影像35幅的高品质数字化修复。被列入2023年度全省档案技术保护试点之——感光影像档案修复试点项目。10月，通过省档案馆验收。

【“红领巾走进档案馆”】 2023年3月，在“八八战略”实施20周年之际，富阳区档案馆开展“红领巾走进档案馆”主题实践活动，组织广大优秀少先队员参加档案馆志愿讲解工作，引导全区青少年儿童从身边可知可感的图片、视频、文献或实物等档案资料，讲述感人至深的“两个先行”奋进之路上的富阳故事，旨在加快建立校内外互为补充、有机联动的少先队实践教育体系，激励广大少年儿童在奋力推进“两个先行”中树立成长目标，发挥档案育人独特作用，激发少年儿童爱党爱国爱社会主义的朴素情感。2023年10月22日，富阳区档案馆被命名为杭州市“红领巾e站1013”阵地。

【档案利用服务】 2023年，富阳区档案馆接待档案利用者4097人次，利用档案252967卷（件）次，累计复制档案16045页。深化“异地查档跨馆服务”，预约查档70件，通过浙江省档案服务网受理网上查档819件，实现市民查档“跑零次”。开展档案数据资源归集共享，归集民生档案、开放档案、声像档案计744805件。持续提升和完善馆藏各类档案专题数据库建设，创建专业（民生）类专题档案库32个，数据247万余条，为“异地查档、跨馆服务”和“网上查档，电子出证”服务奠

2023年10月27日，2023年度全省档案技术保护试点工作验收会召开

（区档案馆　供图）

定良好的数据基础。突破制度壁垒，有效破解未进馆婚姻档案的网上查阅问题，此项举措为省内首创。

【档案接收】 2023年，富阳区档案馆接收进馆富阳区委党史研究室、富阳市外经贸局、富阳区教育局、春建乡等17家单位的实体档案12138卷26507件60余万页，其中土地归户卡档案、山林定权档案、教师资格档案、非物质文化遗产档案等4类民生档案7000余卷；疫情防控、富阳两会等重点档案5000余件，以及数码照片9500余张。还征集《新登东安王氏宗谱》《富春渔山叶氏宗谱》等家谱39册、《中共陆军军官学校史稿》等图书资料8000余册，以及珍贵照片、纪念币、奖牌、奖章等实物38件。

【档案馆基础业务】 2023年，加强档案规范化管理，清点和入库全宗档案15个，整理馆内报纸、期刊2702本和图书8051册，修改馆藏档案目录32000件，编写民国档案、新登县档案等19个全宗的全宗卷、大事记、组织沿革、全宗介绍等，审核6个全宗开放。实施馆藏档案数字化加工及二次质检项目，修改完善民国档案粮食门条目460卷10931件、质检实体档案22个全宗7560卷80余万页、转换原文格式57个全宗120余万页等。至年底，馆藏档案数字化率98.5%，数据化率70%左右，有效提升馆藏档案资源质量和利用效率。开展档案酸情检测30份，推进档案安全。

【档案文化建设】 2023年，以"《古今富春——富阳区档案史料展》"为依托，持续打造"如果档案会说话"第二课堂项目品牌，组织240名中小学生开展研学活动8次，面向青少年群体进行档案文化传播，突显档案育人的作用。开展"红领巾进档案馆"活动，指导培训中小学生30余名进档案馆实地讲解拍摄，推荐参选省级比赛学生5名，获得家长和学生高度肯定。启动"富春少年说——小小讲解员"实践活动，25位小朋友成为家乡文化的传播者。开展"红色印记——口述历史"采访活动，抢救性记录抗美援朝老战士珍贵口述历史档案，该项目被国家军事科学院军队政治工作研究院立项并计划持续开展。营造喜迎亚运会的氛围，推出"《档案中的亚运与富阳》"图版展，讲好富阳的体育档案故事。开展"红色档案巡回展"活动，推出"学习党的二十大精神"图版展等活动，让档案故事飞入寻常百姓家。

【档案编研】 2023年，突出档案的资政参谋属性，推出《从档案视角看富阳民营经济发展的"四千"精神》、《档案简说富阳体育——从档案视角看富阳体育事业的发展》、《富阳民国人物档案掠影》的《富阳档案》研阅3期，其中《从档案视角看富阳民营经济发展的"四千"精神》获区委主要领导的批示肯定和《浙江档案》、富阳发布、《富阳日报》等媒体多次报道。利用馆藏资源优势，编辑出版《档案中的致富故事》《项墨庄日记》《富阳黄埔》等书籍。

（陈 明）

老干部工作

【概况】 至2023年底，全区离休干部48人，含副县职以上离休干部1人，杭州市属代管1人，易地安置离休干部6人。退休干部8989人，其中机关单位退休干部3300人，事业单位退休干部5689人。离退休干部党组织139个，党员4688人，党支部书记116人。

【离退休干部党建一体化】 2023年，贯彻落实中共中央办公厅《关于加强新时代离退休干部党的建设工作的意见》，经富阳区委常委会专题研究，联合区委组织部、区委直属机关工委，出台富阳区《关于加强新时代离退休干部党的建设工作的十条举措》，把离退休干部党建和机关党建有机融合，同部署、同推进、同落实，形成一体推进工作机制。

【离退休干部党支部规范化建设】 2023年，加强顶层设计和制度完善，制定下发离退休干部党支部《"5+X"主题党日操作规程》《按期换届提醒督促制度》及主题党日"三张清单"和"2+N"工作提示单等。增强离退休干部党组织的政治功能和组织功能，全面落实"第一议题"制度，推进学习贯彻习近平新时代中国特色社会主义思想主题教育走深走实，搭建"富春银骥学、说、行""我学四史"常态化学习教育平台，开展"庆七一·红领银耀心向党"、八八战略"蝶变·点赞新成就"、学习宣传贯彻习近平总书记考察浙江重要讲话精神等主题系列活动，全年征集感言体会510余条，开展"廊亭""老台门"等微宣讲250余场次，组织"沿着总书记足迹现场学"320人次。举办全区离退休干部党组织书记培训班。深化省级"三强六好"示范党支部创建，创建省级示范化离退休干部党支部8个。接待新疆、云南、余杭等省内外老干部工作部门交流学习。

【"最美系列"选树】 2023年，参加全省离退休干部"最美系列"评选活动，获评省最美离退休干部党支部1个、省最美离退休干部党支部书记1人、省最美银耀志愿服务团队1个、省最美银耀志愿者1人、省最美银耀志愿服务项目个。选树表彰2023年度富阳区最美离退休干部党支部10个、最美老干部团队10个、最美老干部支部书记10人、最美老干部70人。

【离退休干部"金秋驿站"建设】 2023年，持续推进离退休干部党建融入城市基层党建，深入实施"金秋驿站"五年选培计划，全年新建"金秋驿站"12家。富春街道城西社区"金秋驿站"获评市级五星级"金秋驿站"，评为区级四星级"金秋驿站"5家，指导富春街道恩波社区金秋驿站通过市级金秋驿站"银领"项目评比，获优秀等次。

【"银耀富春·助力共富"专项行动】 2023年，持续推进市级"共富示范·银耀助力"试点工作，帮助新沙村引种临安小香薯3公顷，助农增收30余万元；落实总投资370万元的农业基础设施项目1个；黄公望景区列入钱江两岸风景游线路。建立离退休干部“支部+”结对联系机制，指导各离退休干部党支部与农村党组织结对，围绕“党建指导、产业发展、项目建设、增收消薄”等内容开展结对帮扶活动。组织老年大学师生募集“共富爱心基金”2.36万元，为万市镇、里山镇困难老人赠送健步鞋和老视镜，同步开展医疗文艺惠民等活动。组织退休干部赴企业调研，帮助梳理经营难题，提振发展信心。其中，区级老领导为开发区产业发展和泗洲造纸作坊遗址保护开发建言献策信息、老科技工作者关于富阳托育服务的调研报告等获区主要领导批示3次。

【“银耀亚运展风采”志愿活动】 2023年，聚焦迎亚运三大提升行动，组织引导全区广大离退休干部开展“银绘富春山居图”“银领文明风尚”“银守亚运平安”等五大主题行动230余场次，参与亚运知识竞答1200余人次，创作诗词、书画、剪纸等亚运主题作品200余件，编排亚运主题文艺节目30余个。组织区老年大学校艺术团及老干部协会会员开展“护航亚运进社区志愿服务项目”500余人次。发挥“解忧工作室”志愿服务力量，做好重要时间节点值班值勤、纠纷化解，调解纠纷11起，提意见、建议20余条。

【离退休干部服务保障】 2023年，规范落实离休干部“两项待遇”，建立离休干部“红、橙、黄”三色关怀台账，开展“亲情问候幸福颐养”大走访活动，全年分类分层走访慰问478人次，解决个性化需求20余项。主动对接社会化养老服务体系，首次将离休干部第三方服务纳入民政“重阳分”管理，打造离休干部优先“15分钟居家养老服务圈”。做优困难离退休干部精准帮扶，帮扶慰问238人，发放补助金26万元。3项离退休干部服务管理季度特色亮点工作被省委老干部局录用，位居各区、县（市）第一，在杭州区、县（市）老干部服务管理工作会上作经验交流。

2023年4月21日，富阳召开全区离退休干部党支部规范化建设现场推进会

（区委老干部局　供图）

【老年教育建设】 2023年，根据“五统一”“五贯通”要求，牵头成立富阳区老年教育指导委员会，建立区老年教育资源整合协商机制，推动构建区、镇、村三级联动的老年教育新格局。联合区教育局摸清全区镇（街）、村（社）两级老年学校、学堂底数，新增镇（街）老年学校24所、村（社）老年学堂158所，提前实现乡镇（街道）老年学校全覆盖。

【“敬老文明号”创建】 2023年，富阳区老年大学聚焦“思想高地”“幸福园地”“奉献阵地”三大建设，持续优化为老服务，营造尊老敬老爱老的良好氛围，成功创建省、市级“敬老文明号”。组织指导老年大学艺术团获2023“丝韵浙江”（百盛杯）第4届葫芦丝巴乌全国邀请赛组合奖金奖（中老年组）、杭州黑池国际舞蹈艺术节选送节目获特等奖、富阳区“喜迎亚运，唱响富春”新歌声大赛老年组银奖和铜奖等。

【活动阵地建设】 2023年，区老干部活动中心推进老干部协会建设，优化组织架构和管理规范，会员增至480余人。组织举办“迎五一”象棋赛、“重阳杯”门球友谊赛等一系列老年文体活动53场次，参与2300余人次。策划组织区老干部“迎亚运展风采”书画作品展。组织建言献策、社会治理、红色宣讲等银骥助力志愿服务队10支，开展“共富有我”“廉洁有我”“亚运有我”等志愿服务，参与120余人次。

（何　杨）

关心下一代工作

【组织机制建设】 2023年，富阳区关心下一代工作委员会学习贯彻中共中央办公厅、国务院办公厅《关于加强新时代关心下一代工作委员会工作的意见》，制定下发《富阳区关于加强新时代关心下一代工作委员会工作的十条举措》《2023年富阳区关工委工作要点》；召开全区关心下一代工作会议暨成员单位联席会议，编制《2023年度区关工委成员单位工作清单》；承办全市关工委常务副主任二季度例会暨关工委成员单位联席会议制度建设推进会。在全市关心下一代工作会议、全市关工委常务副主任二季度例会、全市关心下一代教育基地建设工作推进会、全省关工委基层组织建设经验交流会上作典型发言4次。调整公布富阳区关心下一代讲师团成员名单，对全区乡镇街道“五老”信息摸底，建立全区五老人员数据库，开展学习贯彻习近平总书记考察浙江重要讲话精神暨“五老”骨干研学活动，举办全区关工委工作者专业理论研讨班。

【青少年主题教育】 2023年，组织11位五老骨干撰写《大漠英雄邓

2023年7月1日，富阳开展“红船向未来　奋进新时代”——纪念建党102周年老兵关心红色宣讲团关心下一代主题活动　　（区委老干部局　供图）

稼先》《毛主席和渡江小英雄马毛姐的故事》等宣讲资料13篇，绘制全区关心下一代教育基地“云游地图”研学图册，汇编《育苗》第4期，发放300册，供基层关工委讲师宣讲借鉴。联合区教育局举办“五老思政宣讲”进校园课程发布活动，成立“富春红心·‘五老’讲习团”，助力大中小学思政教育一体化建设，举办“千里江山万里海”主题演讲暨“富春窗·党史少年说”演讲比赛、“我们的节日——讲家风故事行重阳孝礼”主题教育实践和主题征文活动。参加省、市关工委举办“迎亚运·浙江少年云上拉歌会”亚运歌曲传唱、“游基地学党史、迎亚运展风采”等活动。组织五老进中小学校、教育基地、“假日爱心学校”、“四点半课堂”等阵地，常态化开展青少年党史学习教育、社会主义核心价值观教育等，开展“红船向未来奋进新时代”“八八战略在身边”“我是亚运小主人”等各类主题教育。全区开展参与“五老”人员163人，受教育青少年3万余人次。

【学校“大关工”】　2023年，提质扩面“学校大关工”，制定下发《关于充分发挥区关工委成员单位职能作用，进一步做实“学校大关工”的实施方案》，新增东吴小学、富阳学院、春江中心小学3所试点学校，召开学期联席会议。试点学校从3所增至6所，覆盖小学、初中、高中三个阶段。举行学校“大关工”工作推进会，举办“五老”红色宣讲、农技专家劳动教育课、劳模工匠进校园、心理健康知识辅导等活动87次，受益学生1.2万人次。11月，中国关工委主任顾秀莲在《富阳区以“学校大关工”为依托夯实新时代关工委工作高质量发展基础》上批示：“富阳区关工委‘学校大关工’新机制的做法和经验很好，值得学习推广。”12月，对《我区关工委探索实践“学校大关工”新机制获中国关工委顾秀莲主任批示肯定》，富阳区委书记吴玉凤批示：“不易，点赞，把好机制固化好。”富阳区委副书记、区长谢浙升批示：“为区关工委和老干部局取得的成绩感到欣喜，望继续深化，办出更多实效。”

【假日爱心学校】　2023年7月1日至8月31日，区关工委统筹协调、乡镇（街道）关工委牵头组织、村（社区）企业和学校结合办学、五老志愿者主体教学、社会各界联动保障，全区24个乡镇街道开设“假日爱心学校”班级112个，参与的“五老”及在职教师、大学生等社会各界爱心人士、志愿者1176人，为2286名青少年提供思想道德、红色教育、传统文化、法治科普、安全教育、趣味英语、手工制作、书画才艺、非遗体验、健康自护和暑假作业辅导等课程约4480节。10月11日，《杭向共富》实践创新专栏报道《富阳区深耕“假日爱心学校”工作品牌　护航“小候鸟”健康成长》。

【法治教育　关爱帮困】　2023年，结合“开学第一课”“国家宪法日”，组织“五老”进学校、村社、基地，开展第五届“关爱明天普法先行”青少年法治教育系列活动61场次，受教育学生3万余人次；联合杭州市关工委在场口镇开展“法治宣讲进校园　护航青春助成长”主题教育；协同成员单位组成个性案例帮教小组，开展涉案青少年一对一关爱帮扶活动，落实罪错未成年人分级处遇协作机制；开展2023年“奋飞助学”活动，发放助学金4万元，资助湖源乡中小学生40人。

【宣传报道】　2023年，向中国火炬官网、杂志、微信公众号、新星网、“五老情”微信公众号及各大报纸、杂志、网站、新闻客户端等各类媒体和省市关工委投稿，报道富阳区关工委重点、特色亮点和创新工作，被录用稿件1081篇次。其中“五老”陈为民、章伟民携手青少年基地研学事迹被《浙江老年报》、“学习强国”学习平台录用，“五老”盛志军先进事迹被“浙江老干部”微信平台报道，均被评为第二届杭州市关工委系统好新闻作品；“五老”王韶国优秀事迹被《富阳日报》大版面刊登，其《“八八战略”看富阳组诗》入选浙江省委老干部局组织《“蝶变·老干部眼中的‘浙’二十年”作品集》，并在“浙江老干部”微信平台展示。在富春第七小学设立“关心下一代·潮闻小记者”站，组建小记者队伍开展亚运专题报道，被《钱江晚报》录用1篇、“潮新闻”客户端录用5篇。富阳区关工委连续6年获评《中国火炬》宣传工作标兵单位；“五老”王韶国被评为2023年度“杭州好人”；“五老”童锦彬被评为2023年度省级“银尚达人”，柴郡尧被评为2023年度“浙江省青少年英才·红船好少年”。

（骆叶青）

【编辑　沈绍坤】

6 杭州市富阳区人民代表大会

Hangzhou Fuyang District People's Congress

重要会议

【区十七届人大二次会议】 2023年1月30日—2月1日，举行富阳区十七届人大二次会议，出席会议代表288名。会议听取和审查区人民政府工作报告、区人大常委会工作报告、区人民法院工作报告、区人民检察院工作报告，批准上述报告。审查和批准富阳区2022年国民经济和社会发展计划执行情况的报告及2023年国民经济和社会发展计划，审查和批准富阳区2022年财政预算执行情况的报告和2023年财政预算。会议投票表决2023年政府民生实事项目，依法选举谢渐升为杭州市富阳区人民政府区长，选举何郁芳、陈悦、赵海锋、洪辉、徐春龙为杭州市富阳区第十七届人民代表大会常务委员会委员。

1月30日下午，召开预备会议，选举产生由49名成员组成的大会主席团，选举胡志明任大会秘书长，通过大会议程。会议期间，举行全体会议3次、主席团会议4次。

本次会议收到议案6件，内容均为要求在全区开展助推现代产业、现代城市、现代治理立起来相关活动。6件议案合并办理，由大会作出关于开展“人大有担当、代表见行动，助推现代产业、现代城市、现代治理立起来”活动的决议。收到代表建议259件，其中涉及城乡基础设施建设74件、社会事业发展71件、资源管理7件、民生保障26件、工业经济14件、农业经济34件、现代服务业10件、其他建议23件，立案258件，不予立案1件。

【区十七届人大常委会会议】 2023年，区十七届人大常委会举行会议9次，听取和审议专项工作报告18个，发出审议意见书11份，作出决议、决定12项。

3月9日，召开区十七届人大常委会第九次会议。主要议题：听取和审议区人大常委会2023年工作要点；听取和审议区人大常委会关于实施全流程预决算监督“三审”制工作的决定；审议并表决人事任免工作有关事项。决定任命喻乃群为杭州市富阳区人民政府副区长，免去钟永明杭州市富阳区人民政府副区长职务；任命王强为杭州市富阳区人民法院副院长；任命董月霞为杭州市富阳区人民法院刑事审判庭庭长、熊永义为杭州市富阳区人民法院民事审判一庭庭长、黄赛琼为杭州市富阳区人民法院民事审判四庭庭长、王雨君为杭州市富阳区人民法院城南人民法庭副庭长、彭明月为杭州市富阳区人民法院城南人民法庭副庭长、颜燕香为杭州市富阳区人民法院新登人民法庭副庭长、陈琴霞为杭州市富阳区人民法院场口人民法庭副庭长、俞添景为杭州市富阳区人民法院龙羊人民法庭副庭长、张晓青为杭州市富阳区人民法院行政审判庭副庭长、高春芳为杭州市富阳区人民法院刑事审判庭副庭长、吴翰佩为杭州市富阳区人民法院民事审判三庭副庭长、章华海为杭州市富阳区人民法院民事审判四庭副庭长、徐康为杭州市富阳区人民法院审判员，免去马浩青杭州市富阳区人民法院副院长职务、王金才杭州市富阳区人民法院审判员职务、高开封杭州市富阳区人民法院民事审判一庭庭长职务、方新平杭州市富阳区人民法院民事审判四庭庭长职务、吴江龙杭州市富阳区人民法院城南人民法庭副庭长职务、熊永义杭州市富阳区人民法院城南人民法庭副庭长职务、陈琴霞杭州市富阳区人民法院新登人民法庭副庭长职务、王雨君杭州市富阳区人民法院行政审判庭副庭长职务、董月霞杭州市富阳区人民法院刑事审判庭副庭长职务、彭明月杭州市富阳区人民法院民事审判二庭副庭长职务、颜燕香杭州市富阳区人民法院民事审判三庭副庭长职务、黄赛琼杭州市富阳区人民法院民事审判四庭副庭长职务、高春芳杭州市富阳区人民法院民事审判四庭副庭长职务；任命柴玲怡为杭州市富阳区人民检察院检察委员会委员、章立英为杭州市富阳区人民检察院检察委员会委员。

4月4日，召开区十七届人大常委会第十次会议。主要议题：专题听取和审议杭州市富阳区国土空间分区规划（2021—2035）编制情况。

5月22日，召开区十七届人大常委会第十一次会议。主要议题：听取和审议区政府关于高层住宅小区消防安全工作情况的报告；听取和审议新登镇千年古城复兴综合规划；审议并表决人事任免工作有关事项。任命李洲闻为杭州市富阳区人大常委会财经工作委员会主任、周毅为杭州市富阳区人大常委会监察和法制司法工作委员会副主任、董红霞为杭州市富阳区人大常委会教科文卫民宗侨工作委员会副主任、陆一萍为杭州市富阳区人大常委会代表工作委员会副主任；免去张生良杭州市富阳区人大常委会财经工作委员会主任职务、杭州市富阳区人大财政经济委员会副主任委员职务、丁建民杭州市富阳区人大常委会监察和法制司法工作委员会副主任职务、董红霞杭州市富阳区人大常委会代表工作委员会副主任职务、施涌杭州市富阳区人大常委会教科文卫民宗侨工作委员会副主任职务；决定任命俞一波为杭州市富阳区人民政府办公室主任、叶金为杭州市富阳区科学技术局局长、唐伟为杭州市富阳区交通运输局局长；决定免去李丰杭州市富阳区人民政府办公室主任职务、钱东升杭州市富阳区科学技术局局长职务、唐瑞华杭州市富阳区交通运输局局长职务；任命楼洪林为杭州市富阳区监察委员会委员；免去陆立荣杭州市富阳区监察委员会委员职务；任命吴江龙为杭州市富阳区人民法院立案庭庭长、徐文斌为杭州市富阳区人民法院行政审判庭庭长；免去徐文斌杭州市富阳区人民法院立案庭庭长职务、孙娇杭州市富阳区人民法院新登人民法庭副庭长职务、洪勤方杭州市富阳区人民法院审判员、审判委员会委员、行政审判庭庭长职务；听取和审议代表工作有关事项。通过关于接受张生良、俞一波、朱逸萍、杨华锋、胡利明辞去杭州市富阳区第十七届人民代表大会代表职务请求的决定。

8月1日，召开区十七届人大常委会第十二次会议。主要议题：听取和审议区政府关于杭州市富阳区2023年国民经济和社会发展计划上半年执行情况的报告；听取和审议杭州市富阳区2022年财政决算和2023年上半年预算执行情况的报告；审议6个重点审查单位上半年预算执行情况（书面）；审议关于杭州市富阳区2021年度预算执行情况和其他财政收支情况审计意见落实情况的报告；听取和审议关于杭州市富阳区2022年度预算执行情况和其他财政收支情况的审计工作报告；听取区政府关于2023年政府民生实事项目进展情况的报告；审议并表决人事任免工作有关事项。任命宋富华为杭州市富阳区人大监察和法制司法委员会副主任委员、李洲闻为杭州市富阳区人大财政经济委员会副主任委员（兼）；免去朱国和杭州市富阳区监察委员会委员职务、陈根生杭州市富阳区人民检察院检察员职务、马群英杭州市富阳区人民检察院检察员职务。

9月18日，召开区十七届人大常委会第十三次会议。主要议题：听取和审议区政府关于《浙江省民营企业发展促进条例》《浙江省促进中小微企业发展条例》贯彻执行情况的报告；听取和审议区政府关于《中华人民共和国公路法》贯彻执行情况的报告；听取和审议区政府关于农业“双强”行动工作情况的报告；听取和审议区政府关于2023年富阳区投资项目调整计划（草案）的报告。

11月29日，召开区十七届人大常委会第十四次会议第一次全体会议暨优化营商环境专题询问。主要议题：听取和审议区政府关于优化营商环境工作情况的报告，围绕富阳区优化营商环境工作开展询问。

11月30日，召开区十七届人大常委会第十四次会议第二次全体会议。主要议题：听取和审议区检察院关于未成年人检察工作情况的报告，审议区检察院检察官柴玲怡、检察官章天怡个人履职情况的报告（书面）；听取和审议区政府关于国有资产管理情况的综合报告；听取和审议区政府关于2023年财政预算调整的报告；听取和审议关于“有关财政资金使用绩效和政策落实情况”的专项监督报告；听取区政府关于2023年政府民生实事项目完成情况的报告；听取和审议区政府关于开展科技成果转移转化首选区创建工作情况的报告；听取和审议杭州市富阳区人大常委会有关制度规定（修改稿）；听取和审议杭州市富阳区人民代表大会及其常务委员会讨论决定重大事项的规定（草案）；审议并表决人事任免工作有关事项。决定任命张浪为杭州市富阳区人民政府副区长；免去陆利英杭州市富阳区人民法院审判员职务、周锋杭州市富阳区人民法院审判员职务；免去章强明杭州市富阳区人民检察院检察员职务；任命黄稼嫦为杭州市富阳区人民检察院检察委员会委员、刘晖娟为杭州市富阳区人民检察院检察委员会委员、张维为杭州市富阳区人民检察院检察员。

12月28日，召开区十七届人大常委会第十五次会议第一次全体会议。主要议题：听取和审议关于召开区十七届人大三次会议的决定（草案）；听取和审议区十七届人大三次会议议程（草案）、日期（草案）、日程（草案）；听取和审议

2023年8月10日，春江街道八一村新时代“小队会”召开
（区人大办　供图）

区人大常委会关于大力推进“社会助医 防贫共富”工程的决定(草案);听取和审议区政府关于区十七届人大二次会议代表建议办理情况的报告;书面审议关于2023年度区人大常委会对区政府规范性文件备案审查情况的报告;审议并表决人事任免工作有关事项。免去谢芳杭州市富阳区人大常委会办公室副主任职务;任命曹竟等220人为杭州市富阳区人民法院人民陪审员;任命裘纪迪为杭州市富阳区人民检察院检察员。

12月28日,召开区十七届人大常委会第十五次会议第二次全体会议暨区人大常委会审议意见办理情况专题询问。主要议题:听取区政府关于区人大常委会审议意见办理情况的报告;对2023年区人大常委会审议意见办理情况开展满意度测评;围绕2022年区人大常委会审议意见办理情况开展询问。

常委会监督工作

【法律监督】 8月,开展《浙江省民营企业发展促进条例》《浙江省促进中小微企业发展条例》(以下简称“两《条例》”)执法检查。针对思想观念、创新发展、宣传指导等方面仍存在的问题,提出五点要求。一要进一步完善机制建设。要优化富阳区民营经济、中小微企业发展工作领导机构和组织体系,明确职责、任务和分工,强化工作推进、信息共享、协调联动。要完善涉企服务定期会商制度,建立跨部门联合执法机制,实行“进一次门、查多项事、一次到位、无事不扰”,避免多头检查、重复执法。要深化执法培训机制,加大对一线工作人员的培训力度,提高他们的服务理念、法治意识、业务能力和专业水平。二要进一步强化要素保障。资金上,要结合富阳区实际情况,优化产业强区财政资金补助政策,并抓好落实;要深化金融服务体系改革,扩大普惠金融覆盖面,缓解企业融资难、融资贵问题。用地上,要坚持“挖存量”和“拓增量”两手抓,持续挖掘和盘活低效、闲置土地,持续拓展产业用地空间;要提高产业用地绩效,通过鼓励企业自主改造、规划建设产业园、探索完善工业用地及厂房产权分割政策等途径,多措并举提高工业用地亩均效益,同时缓解中小微企业用地用房需求;要高度关注本地企业外迁问题,同等重视保障新引进企业和本地企业的用地需求。用工上,要加大高层次、科技型人才的招引力度,转变人才服务理念,完善人才服务政策和举措,确保人才“引得进、留得住、用得好”;要重视实用型人才和技术工人的培养,探索企业与职业院校、技校的合作机制,促进产教深度融合,开展订单式职业教育与培训,缓解企业用工难问题。市场开拓上,要广泛搭建经贸交流合作平台,推动产业链、供应链上下游协作,助力企业拓展新市场,同时要加强政策宣讲、法律服务,为企业跨境贸易保驾护航。三要进一步保护企业权益。要持续开展涉企清欠治理工作,切实减轻企业经营负担。要深化知识产权服务事项集成改革,大力推进知识产权服务体系建设,不断提升知识产权保护工作的法治化水平。要广泛推行柔性执法制度,加大事前宣传与指导力度,坚持事后宽严相济、审慎处罚,实行“首违不罚、公益减罚、轻微速罚”。要健全服务民营企业制度,畅通政企沟通渠道,全力构建亲清政商关系。四要进一步促进创新发展。要强化中小微企业的梯度培育,优化各类激励措施,整合各类服务资源,推行“一企一策”精准培育,着力提升培育质效。要加强对上市后备企业的扶持力度,开展全过程服务。要大力推动企业科技创新,鼓励、引导、支持企业争创未来工厂、智能工厂、数字化车间,建设高水平研发机构,为推动科技创新蓄势赋能。要发挥政府和市场两方面的作用,建设完善企业科技创新服务共享平台,丰富大型仪器设备共享范围,提高企业科研能力,降低企业科研成本。五要进一步深化宣传指导。要把贯彻落实“两《条例》”作为推进营商环境优化提升“一号工程”的重要抓手,多渠道、多方式、多角度持续宣传“两《条例》”。要组建助企服务宣讲团,及时向民营企业、中小微企业宣传、解读好涉企法规、助企政策,并提供政策申报的辅导服务。要讲好贯彻落实“两《条例》”的富阳故事,增强企业发展信心。

9月,开展《中华人民共和国公路法》执法检查。针对存在的公路规划还不够完善、要素保障还不够到位、隐患治理还不够彻底、执法能力还有待提升等问题,为加强公路建设和管理,推动公路事业的发展,助推富阳区高质量发展,提出四点要求。一是区政府及其相关部门要进一步强化领导完善机制,切实负起国省干线公路“第一责任主体”和农村公路“唯一责任主体”的责任,成立由主要领导挂帅、分管领导负责的公路建设领导小组,及时协调解决立项审批、项目争取和工程建设中的问题。进一步强化路长制工作,压实各级路长责任。完善乡、村道管理机制,进一步落实乡、村道管理机构和人员,解决乡、村道管理“有名无实”问题,提高乡村公路的养护管理水平。加强对废弃公路利用处理的研究,提高土地利用效益。二要进一步完善规划强化保障。系统谋划富阳区公路建设,不断完善交通骨架路网体系,加快形成“外联内畅、都市一体”的交通网络。加强规划执行刚性,扎实推进项目建设。加大交通项目资金和用地等要素保障力度,有效解决一些“瓶颈路”“隐患路”改造项目无法落地问题。加大对农村公路建设养护的资金支持力度,巩固“四好农村路”建设成果。鼓励社会资本参与农村公路建设和养护管理。三要进一步加大执法管理力度,进一步整合部门和镇街力量开展联合执法行动,将“政府主导、部门联合、镇街联动、齐抓共管、综合治理”的治超工作格局推向深入,切实保护好公路建设成果。从严打击各类违法运输行为,加强科技治超建设,增强非现场超限监测能力,强化网格化管理和源头管控,严把车辆超载第一道关口。要配齐配强执法队伍,加大现场执法检查力度,提高执法效能。扎实开展道路隐患点整治,加强道路设施管护,加大公路养护力度,深化平安大道

2023年5月9日，富阳区人大代表视察新登镇金城北路和松涛路交叉口安置房项目建设情况 （区人大办 供图）

创建工作，为群众出行提供安全的交通环境；四要重点解决群众反映强烈问题，杭淳开高速、中环北段、320国道上里互通“平改立”、五四至宝山新建工程、307省道龙门段改造工程、305省道横凉亭至新登段的治理和全区病危桥改造是群众反映强烈、亟待予以解决的突出问题，要作为近期富阳区公路建设的重点，切实加强重点协调，全力推动问题解决。

【工作监督】 加强财政经济领域监督。紧扣经济社会发展目标任务，听取审议计划、预算、决算、审计、重大投资项目计划调整、国有资产管理等报告。首创全流程预决算“三审”制，将原有的单一聚焦预算编制审查监督拓展为由全体代表参与、“编制、执行、调整、决算”全流程覆盖的预决算“三审”制监督新体系。首次听取审议财政资金项目专项监督情况报告，指定区财政局对涉农类、交通类专项资金进行绩效评价，指定区审计局对部分共同富裕政策、稳经济政策落实情况和场口微镇项目建设管理情况开展专项审计调查，推动公共财政高效运行。首次对区政府提交的总投资在2亿元以上（含）政府重大投资项目逐项审议表决，对部分重大项目开展集中监督，推动政府重大投资项目决策更重民意、成效更得民心。对《浙江省民营企业发展促进条例》《浙江省促进中小微企业发展条例》贯彻执行情况开展执法检查，促进政府工作部门依法办事，为企业发展营造良好环境。深化“人大+审计”联合监督，对富阳区历年来审计未整改到位的“老大难”问题进行专项监督，力促审计整改见行见效。

加强法治建设领域监督。深化拓展“三级述法”工作机制，首次举行“法治富阳：局长·代表面对面”主题报告会，以当面述评、现场问答形式，推动法治监督从“常规常态”走向“高标高质”。首创“村级述法一件事”工作机制，实现全区350个行政村（社）述法全覆盖，基层依法治村（社）平均满意度97.2%。首次听取审议未成年人检察工作情况报告，对2名检察官开展履职评议，助力提升富阳区未成年人保护工作水平。加强规范性文件备案审查工作，对区政府10件规范性文件进行合法性审查，并全面推进乡镇（街道）规范性文件备案审查工作规范化建设。高质量完成省、市人大常委会交办的11个条例规定意见征求工作，累计收集意见1800余条，提交意见150余条，有效传递基层立法心声。配合省、市人大常委会开展噪声污染防治“一法一条例”、全民健身条例等执法检查，推动解决法律法规贯彻执行中的突出问题。认真做好人大信访工作，共受理和接待群众来信来访27件，有效疏通化解社会矛盾。

加强社会民生领域监督。开展农民建房课题调研，聚焦“住房安、建房难”问题，提出“三置换”工作建议。首次开展审议意见办理情况专题询问，对常委会2022年作出的5项审议意见办理情况进行“回头看”、再闭环。检查公路法实施情况，针对贯彻执行法律中存在的5个方面17项问题，提出具有针对性的意见建议。开展高层住宅小区消防安全工作专项监督，助力推进高层住宅小区消防安全管理标准化、规范化建设。开展农业“双强”行动专项监督，清单式监督整改落实情况。开展科技成果转化专项监督，对富阳区278家国家高新技术企业科技成果转化情况进行问卷调查，推动科技与产业融合发展。专题调研公共应急能力和分级分类诊疗体系建设、土地管理利用、乡村振兴土地要素保障、社会救助、民族团结等工作，紧紧围绕群众关心的突出问题加强监督，着力推动解决群众的操心事、烦心事、揪心事。

重大事项决定

【常委会决定】 3月，持续加强区人民代表大会常务委员会对预决算的审查和监督工作，有效保障人大代表对预决算的知情权、参与权、表达权、监督权，切实履行宪法法律赋予的预决算审查监督职责，规范政府收支行为，强化预算约束，提高财政资金使用效益，促进富阳区国民经济和社会事业健康发展，根据《中华人民共和国预算法》《中华人民共和国各级人民代表大会常务委员会监督法》《中华人民共和国审计法》和《浙江省预算审查监督条例》等法律法规，结合富阳区实际，杭州市富阳区第十七届人大常委会第九次会议决定实施全流程预决算监督“三审”制工作。

12月，进一步贯彻习近平总书记关于“低收入群体是共同富裕的重点帮扶保障人群”的重要批示精神，落实《浙江高质量发展建设共同富裕示范区实施方案（2021—2025年）》、浙政办发〔2022〕42号《浙江省人民政府办公厅关于印发浙江省构建因病致贫返贫防范长效机制实施方案（2022—2025年）的通知》等文件要求以及富督批〔2023〕1371号区委主要领导批示精神，杭州市富阳区十七届人大常委会第十五次会议第一次全体会议决定大力推进“社会助医 防贫共富”工程。

【任免干部】 2023年，区人大常委会坚持党管干部原则和人大依法任免干部相统一的原则，全年依法任免国家机关工作人员69人次。

3月9日，区第十七届人大常委会第九次会议表决通过，任免31人次；5月22日，区第十七届人大常委会第十一次会议表决通过，任免24人次；8月1日，区第十七届人大常委会第十二次会议表决通过，任免5人次；11月29日，区第十七届人大常委会第十四次会议表决通过，任免7人次；11月29日，区第十七届人大常委会第十五次会议表决通过，任免2人次。

代表工作

【基层单元建设】 启用区人大代表联络总站，出台总站和中心站管理办法，对全区26个中心站开展集中评估。富春街道、东洲街道、新登镇、常绿镇4个人大代表联络中心站被评为杭州市最美代表联络站，基层人大干部6人被评为杭州市人大代表联络站工作能手。持续推进基层单元应用场景建设，通过数字总站建设验收，全面完成乡镇（街道）人大应用场景承接与技术升级。在区级层面打造亚运、共富、财经主题人大代表联络站的基础上，指导乡镇（街道）建立特色代表联络站，环山乡在江西省鹰潭市建立跨省异地人大代表联络站，富春街道和湖源乡在秋丰村建立“同源共富”人大代表联络站，有效探索闭会期间人大代表联系服务在外选民的方式。

【代表履职活动】 强化“互动式”监督为导向，构建“会前深度调研、会中双向互动、会后共情督办”监督形态，首次在“一府两院”工作报告会上增加代表议政环节，在专题询问、主题报告会等活动上常态化开展代表问政，进一步提升代表在监督工作中的参与感、获得感、认同感。邀请全区各级人大代表参加区委、区政府组织的各类重要会议、重大活动，开展“助力三个一号工程”“我为亚运添光彩、我为发展作贡献”“助推三个现代立起来”等主题活动，累计组织代表参加调研、视察、执法检查等活动2400余人次。以富春街道、东洲街道、新登镇、万市镇、湖源乡为试点，开展“代表携手·履职同行”活动，通过帮带提升人大代表履职水平。

2023年8月8日，富阳区“一府两院”工作报告会召开

（区人大办 供图）

【深化代表建议办理】 创新“训、研、帮、联、商、议、考”七步工作法，提升代表提出高质量建议的能力和水平。严格执行承办单位“一把手领办”工作机制，34个承办单位主要负责人就代表建议办理工作“进站面商”。开展A类代表建议办理情况“回头看”，由代表主导建议办理实效评价权，推动代表建议解决率由“政府端”单一口径向“代表端”实际获得感转变。经过人大、政府共同努力，办理263件代表建议，其中闭会期间5件，解决或基本解决201件，解决率为76.4%。

议案建议

【议案建议办理】 2023年，杭州市富阳区第十七届人民代表大会第二次会议共收到人大代表建议263件，其中闭会期间收到代表建议5件，均已办结。其中，已经解决或基本解决（A类）201件，占76.4%；部分解决或列入解决计划（B类）37件，占14.1%；留作参考或不可行（C类）25件，占9.5%。办理结果满意251件，基本满意11件，不满意1件，办理结果满意率95.4%。办理态度满意259件，基本满意4件，办理态度满意率98.5%。

【大会议案】 区人大常委会主任会议研究，区十七届人大二次会议代表建议中确定大会议案（重点建议）7件，由区人大常委会领导重点督办、区政府领导牵头领办。

大会议案为：一号议案《关于做强富阳产业这个“支点”，跑出弯道超车加速度的建议》，二号议案《关于优化营商环境，提升服务水平，将“最多跑一次”深化到每个办事环节的建议》，三号议案《关于进一步调整农村保洁机制的建议》，四号议案《关于加强青少年健康教育的建议》，五号议案《关于提升亚运通勤线路沿线水域环境的建议》，六号议案《关于推进未来乡村建设，加快实现共享共富的建议》，七号议案《关于完善公共服务优质共享 推进共同富裕示范区建设的建议》。

（戚赵淳）

【编辑 沈绍坤】

7 杭州市富阳区人民政府

Hangzhou Fuyang District People's Government

重要会议

【区政府常务会议】 2023年，召开区政府常务会议15次，讨论研究事关全区经济和社会事业发展的重大问题和重要事项。

2月27日下午，区政府召开常务会议。会议传达学习习近平总书记在新进中央委员会的委员、候补委员和省部级主要领导干部学习贯彻习近平新时代中国特色社会主义思想和党的二十大精神研讨班开班式上的重要讲话精神，研究部署贯彻落实工作。会议听取《2022年富阳区第一期高层次人才“5110”计划A+、A类项目情况汇报》。

3月24日下午，区政府召开常务会议。会议审议《2023年度杭州市富阳区政府重大行政决策事项目录（送审稿）》《杭州市富阳区国土空间分区规划(2021—2035年)(送审稿）》。

4月13日下午，区政府召开常务会议。会议审议《富阳区关于推动经济高质量发展的若干政策（送审稿）》《富阳区农村生活污水处理设施管理办法（送审稿）》，研究承接落实省“十项重大工程”工作和确定富阳区部分林地保护等级等有关事宜。会前学法环节，与会人员集中学习《浙江省行政合法性审查工作规定》《杭州市行政赔偿和追偿办法》有关内容。

5月9日上午，区政府召开常务会议。会议审议《富阳区延续仿制药质量和疗效一致性评价奖励办法（送审稿）》，研究国四柴油汽车和国二柴油叉车淘汰补助资金有关事宜。会前学法环节，与会人员集中学习《国务院食品安全委员会印发〈关于建立健全分层分级精准防控末端发力终端见效工作机制推动食品安全属地管理责任落地落实的意见〉的通知》《中华人民共和国药品管理法》《医疗器械监督管理条例》有关内容。

6月6日下午，区政府召开常务会议。会议审议《杭州市富阳区全产业链协同创新孵化体系建设三年行动计划（2023—2025年）（送审稿）》，听取2022年富阳区第二期高层次人才“5110”计划A类及以上项目情况汇报。

6月27日上午，区政府召开常务会议。会议审议《杭州市富阳区文化旅游体育发展规划(送审稿)》。会前学法环节，与会人员集中学习《浙江省平安建设条例》有关内容。

7月19日下午，区政府召开常务会议。会议审议《富阳区制造业及数字经济核心产业导向目录与产业平台布局指引（送审稿）》《富阳区平台外工业集中区布局专项规划(2021—2035年)(送审稿)》《2023年富阳区投资项目调整计划（送审稿)》，听取富阳区三个“一号工程”和“十项重大工程”工作推进情况，学习习近平总书记关于防汛救灾工作的重要指示精神和省安全生产委员会办公室落实“隐患不排查、问题不整改就是事故”理念若干举措。

8月7日下午，区政府召开常务会议。会议审议《杭州市富阳区人民政府质量奖评审管理办法(2023年修订）（送审稿）》，听取2023年富阳区第一期高层次人才“5110”计划A+、A类项目情况汇报，富阳区知识产权相关工作汇报和富阳区2023年上半年法治政府建设的情况汇报，研究全国学前教育普及普惠区和全国义务教育优质均衡发展区创建有关事宜。

8月15日上午，区政府召开常务会议。会议审议《杭州市富阳区本级财政预备费使用管理办法（送审稿）》。

9月6日上午，区政府召开常务会议。会议审议《杭州市富阳区国民经济与社会发展第十四个五年规划纲要中期评估报告(送审稿)》《杭州市富阳区人民政府关于公布行政规范性文件清理结果的通知(送审稿）》，听取全区燃气安全专项整治和老旧小区改造工作有关情况的汇报。

9月12日下午，区政府召开常务会议。会议审议《富阳区电镀行业规划(2023—2027年)(送审稿)》，听取全区文物安全工作和反电信诈骗工作有关情况汇报，研究全区电焊设备硬件改造有关事宜。

9月21日下午，区政府召开常务会议。会议审议《杭州市富阳区国有资本经营预算管理办法（送审稿）》，听取全区耕地保护和粮食安全工作情况汇报，研究富阳经济技术开发区管理委员会拟新增部门委托审批服务事项有关事宜。

10月18日下午，区政府召开常务会议。会议审议《杭州市富阳区人民政府关于加快推进气象高质量发展的实施意见（送审稿）》《关于对富阳区决胜二季度打赢翻身仗经济攻坚行动成绩突出的个人给予行政奖励的决定（送审稿）》，听取全区“五水共治”有关工作情况汇报，研究市一医院全面托管区二院医共体第二轮合作有关事宜。会前学法环节，与会人员集中学习《信访工作条例》有关内容。

11月10日上午，区政府召开常务会议。会议审议《杭州市富阳区2023年财政收入预算调整方案（送审稿）》《2023年富阳区政府投资项目调整预算方案（送审稿）》，听取质量强区、标准强区工作汇报并学习《质量强国建设纲要》《国家标准化发展纲要》，研究富阳—缙云山海协作“飞地”建设相关事宜。

12月8日下午，区政府召开常务会议。会议审议《杭州市富阳区渡运公交一体化改革实施意见（试行）（送审稿）》和《富阳区生态文明建设示范区规划（2023—2030）（送审稿）》。

【区长办公会议】 2023年，召开区长办公会议6次，会议内容一般为回顾总结上月政府工作，研究部署下月政府工作重点。

【区政府专题会议】 2023年，召开区政府专题会议110余次，主要研究和讨论事关全区经济和社会各项事业发展的专项问题。

【其他重要会议】 2023年，区政府主持召开其他重要会议10次，分别为：区政府2023年全体（扩大）会议暨全区“拼经济、拼发展”行动工作部署会、全区国土空间规划编制攻坚年暨强化土地要素保障工作推进会、“韵味杭州”2023年全国射箭巡回赛（暨全国射箭分站赛第一站）开幕式、2023中国光学十大进展高峰论坛暨颁奖典礼、亚运会倒计时150天暨三大提升行动动员部署会、2023年中国幸福城市治理论坛暨“中国最具幸福感城市调查推选活动”启动仪式、泗洲中国造纸遗址博物馆项目开工仪式、钱塘江流域水环境共治共保联盟启动仪式、“东方丹谷”产业发展研讨会、2023中国汽车充换电生态大会开幕式。

政务工作

【外事工作】 2023年，富阳区组织因公出国（境）招商团组7批37人次。探索优化出入境手续办理，多部门协同设立“商务服务专窗”。开辟“绿色通道”，实现商务人员普通护照快速办理，全年通过专窗办理护照1030件，减少企业商务人员排队等候时间。为方便企业邀请客商来华，区有关部门与属地乡镇（街道）紧密协作，为有紧急商务活动的企业快速办理“商务邀请函”。全年办理来华邀请函80份，邀请外商140人，办理外国人来华工作许可167件。

【督办工作】 2023年，全流程督查督办区政府主要领导批示指示，下发批示384件、工作交办单66件，建立重点关注事项周报制度，有效落实事项闭环管理。抓好“七张问题清单”中“重大督查问题清单”管理，全年扎实整改省级问题7个和市级问题46个，“房地产风险防范一件事”获评省级典型案例。全面完成省、市、区三级民生实事子项任务134个，群众获得感幸福感显著提升。

【两会议案建议和提案办理】 2023年，办理区人大建议263件、区政协提案160件，全部按时办结。代表建议满意率98.5%，委员提案满意率98.7%。

【政务信息】 2023年，围绕“拼经济、拼发展”行动，聚焦“十项重点工作”，第一时间报送工作亮点及做法成效，上报专报77篇，其中20篇获省、市领导批示肯定，2篇在全省、全市推广。贯彻落实大兴调查研究的工作精神，坚持问题导向、实事求是，全年完成上级约稿132篇。

【公文处理】 公文处理，严控执行发文立项、前置审核相关程序，坚持发文有依据、发文程序合规、发文主体规范的标准，确保三类文件发文数量控制在配额以内。2023年，政府下发三类文件10个，均属于规范性文件，同比减少47.4%；政府各组成部门下发三类文件10个，同比减少79.6%。

（李高建）

行政服务

【为企服务机制再提升】 2023年，创新政务服务“兜底办”。为企业

2023年，富阳区行政服务中心“一次没办成”兜底窗口

（区审管办 供图）

提供准入准营、投资建设、涉税服务、财产登记、生产经营等全生命周期服务。至年底，收到企业反映诉求217件，协调解决203件，企业诉求解决率95.3%。推出服务提档“组合拳”。开通“企业我帮您”专席服务，上线“咨询服务一号云呼”系统；实行92项准入准营高频事项“错时预约”办、深化多时段延时服务，打造24小时“不打烊”自助办服务。文广旅体窗口为企延时服务登上热搜，被中国蓝新闻转载，阅读量超1.2亿人次，被《竞跑者》推广。

【“一网通办”指标获佳绩】 2023年，“一地创新、全省共享”工单优化提交。全年被省级主管部门采纳工单31条，采纳数位居全省第三、杭州市第一，在全市会议上作典型经验交流发言。“一网通办”全域收件率大幅提升。富阳区行政审批服务管理办公室协同各进驻部门深化“一网通办”应用，并向各基层网点、公共服务网点延伸扩面，指导协调开发区企业服务中心“一网通办”事项进驻并运行。全年“一网通办”收件率99.20%。其中，区人社局、区市场监管局等单位排名在前。

【一件事集成高效办】 2023年，完成扶残助困“一件事”省级试点，落地“一窗通拍、全域应用”等3个一件事；深化住所（经营场所）使用证明“六合一”，深化关键小事“智能速办”。推出多跨协同“人生一件事”43项。“人生档案”助力无证明城市建设工作被国务院电子政务办专报第5期推广。完成涉企“一件事”联办市级联动攻坚试点。按照“三个一批”方式，推出涉水审批一件事，被评为杭州市试点，迭代升级占道施工等5个一件事，优化完善内资企业开办“分钟制”、外资企业开办“一网通办”。推出多跨协同“企业一件事”30项，获杭州市政务系统最佳创新争先奖。

【招投标市场环境持续优化】 2023年，开展工程建设领域招投标专项整治行动，重点破解工程建设招投标领域应招未招、违规流程、违规决策等突出问题，探索可留痕、可追溯的全链条监管机制。至年底，督查问题线索62条，立案13人，查处公职人员9人，上报市纪委典型案件1件。相关工作获浙江省副省长、公安厅厅长杨青玖及区委主要领导批示。打造公平有序交易环境。通过强化交易流程节点管控、推进违约监管机制建设、创新拓展服务场景应用等，促使交易服务再升级。全年完成交易项目26013个，其中“富春山居品牌馆”交易总额2279.68万元。

（方连群）

2023年，富阳区公积金业务综合受理窗口
（区公积金中心　供图）

住房公积金管理

【住房公积金缴存】 2023年，富阳区机关事业单位和企业住房公积金，单位和个人分别按工资总额5%—12%缴存，缴存基数最低为2280元，最高为38390元。全年新开户单位934家，净增918家；新开户职工28226人，实缴职工10.26万人，完成“七优享”年度考核目标。全年缴存金额25.11亿元，同比增长8.20%；历年累计缴存金额202.70亿元，至年底，缴存余额53.84亿元。

【住房公积金提取】 2023年，富阳区公积金提取金额19.45亿元，同比增长11.12%，历年累计提取金额148.86亿元。提取用途：偿还住房贷款本息，占比约76%；离退休人员，占比约10%；租赁住房，占比约8%；其他占比约6%。2023年度创新推出公积金支付首付款业务，全年受理公积金支付首付款业务260笔，总金额5693.74万元，惠及职工350人，推动全区房屋交易。

【住房公积金贷款】 2023年，富阳住房公积金全年发放贷款2126户，发放金额13.26亿元。至年底，累计放贷39046户，放贷款170.82亿元。通过公积金贷款支持职工购房面积452.18万平方米，其中一手商品房面积358.57万平方米，占比79%；二手房面积63.19万平方米，占比14%；经济适用房等其他面积30.42万平方米，占比7%。

【住房公积金资金管理】 2023年，富阳分中心加强业务稽核，对公积金缴存、提取、贷款等业务进行风险疑点排查和规范性检查，重点抓好公积金业务审批、资金分配使用、公款存放等关键环节的风险防控，确保资金安全。严格实施存款竞争性存放，委托富阳区财政局代为实施政府代管资金定期存款竞争性存放工作，招标2期，金额3.86亿元，有效加强资金管理风险防控，杜绝违纪违规行为发生。全年实现富阳公积金业务收入2.89亿元，同比下降5.79%，业务支出2.74亿元，同比下降2.63%，实现增值收益0.14亿元。提取贷款风险准备金0.14亿元，历年累计提取风险准备金3.88亿元，历年累计上缴城市廉租房建设补充资金1.77亿元。

【住房公积金数字化建设】 2023年，富阳分中心不断提升服务效能，促进数字经济发展，全省创新首推公积金支付商品房首付款业务。继续加强跟银行信息共享，至年底，与22家银行实现"政银数据联通"，实时获取商业贷款合同信息和还款信息，解决贷款职工需到银行打印还贷明细问题，同时开通省内异地11家银行的按月转账业务，数据的互联互通，为线上办、自助办提供有力支撑。利用全国住房公积金监管服务平台、全国住房公积金微信小程序、省政务服务2.0平台继续推进跨省通办和全省通办业务，全年办理81件。推出建缴证明（合规证明或无违法违规证明）网上申请服务，服务模式从原先单一的线下办理升级至线上线下均可申请办理，全年出具建缴证明51件。5月，推出机关事业退休职工公积金提取"零次跑"增值服务，至年底，办理提取51件。

（刘　青）

人才人事

【人才引育】 深化完善人才工作考核办法、高层次人才"5110"项目评审、监管和资金拨付等机制，深入实施研究生团队、大学生创新创业计划，常态组织线上线下招聘以及"潮聚杭州校园行"等活动，不断加快人才集聚。全年新引育市级以上领军型人才36人，授权认定市级D—F类人才97人。认定杭州市高层次人才1050人，入选市"西湖明珠"工程人才计划3人。新增省级博士后工作站2家，进站博士后21人。评定"富春特支人才"39人。新增到富阳工作大学生24166人，同比提升33%；研究生以上人才2219人，同比提升22.4%；新增高技能人才3185人。

【全要素支持科创平台发展】 2023年，探索创新链产业链资金链人才链"四链融合"，形成创新光电激光领域人才科技成果转化赋能模式，集聚张龙、菲利普·罗素等高层次人才400余人，其中菲利普·罗素当选中国科学院外籍院士、李京波获评浙江省特级专家。科创平台做强做大，杭州光学精密机械研究所大楼建成投用，累计孵化企业38家，总估值超150亿元，作为全省唯一县级代表在长三角城市群党建联建会议上进行"光链"产业项目签约。西湖大学光电研究院加快推进，浙江中医药大学富阳研究院、浙江工业大学国际创新中心落户富阳，创新平台的人才承载力不断提高。

【人才生态优化】 2023年，全面推行"杭帮彩·富聚才"服务闭环机制，完善线下专窗专人专线服务和线上"富阳人才码"，迭代人才创新创业全周期"一件事"智慧平台，2023年，累计提供人才服务超74万人次，兑现人才资金超2.7亿元。创新举办富阳人才"咖啡会"、青年人才嘉年华等特色活动，启用"悦才苑"人才专项租赁住房1624套，布点青年人才社区和人才服务综合体，协调落实人才就医体检、子女入学、落户等"关键小事"，不断浓厚重才爱才氛围。

（汪　瑾）

【人才招聘】 2023年，开展"乐业富阳·职等你来"系列招聘活动，组织"云聘会"、"春季大型招聘会"、"夏季大型招聘会"、"乐业富阳引才直通车"校园招聘等形式的招聘活动51场，服务企业1835家次，为高校毕业生提供就业机会46340人次。新增校地合作联络站10家。启动"乐业富阳 百校联招"富阳区就业创业政策校园巡回宣讲活动，在南京大学、杭州电子科技大学、合肥学院等学校开展入校宣讲34场。

【优秀高校毕业生引进】 2023年，落实《关于印发〈关于进一步加强和改进新时代人才工作不断强化"产业强区"战略支撑的若干意见〉配套细则的通知》等人才政策，进一步发挥政策引领作用，集聚和激励各类优秀人才到富创新创业。全年招引大学生24166人，引育研究生等高层次人才2219人，为16612名人才发放补贴9500.66万元。

【引才引智】 2023年，征集研究生团队创业项目7个，其中入选资助名单2个，引进硕士以上学历创业人才12名，拨付资助研究生团队

2023年7月22日，富阳举办2023年富阳区夏季大型人力资源交流会暨高校毕业生就业洽谈会

（区人力社保局　供图）

创业资金5期122万元。与浙江工业大学研究生院富阳分院制订研究生联合培养计划，通过“1年校内学习+2年企业实践”方式，为区内企业培养输送应用研究型人才。为浙江国自智能装备有限公司、杭州巨峰科技有限公司等区内重点企业引进联合培养硕士78人。

【大学生创业扶持】 2023年，为29名大学生创业无偿资助174万元。推荐入选杭州市大学生创业杰出人才3人。首次承接并高标准举办第八届中国杭州大学生创业大赛富阳赛区活动、“创客天下·杭向未来2023杭州海外高层次人才创新创业大赛”先进产业组决赛，吸引国内外300余名创新创业人才到富阳参赛。至年底，落地富阳参赛项目76个，其中获奖项目18个。全年新增大学生创业项目158个。

【人才服务和档案管理】 2023年，办理浙江省引进人才居住证1631张，人才集体户在户1011人，办理普通高校毕业生就业协议1254人，接收应届高校毕业生档案4003份。为企事业单位和个人办理档案管理7550人次，新增存放档案4839份。

【事业单位管理】 2023年，组织公开招聘事业单位工作人员73人，指导教育卫健系统公开招录教育卫生人才228名，监督指导教育系统招用公办幼儿园劳动合同制教师534名。审批244家事业单位岗位聘任晋升8795人次。审核85家事业单位中层干部任免96批次489人。定期嘉奖2610人，公开选调7人，转正定级405人，初任培训109人。办理招聘、调动、退休、岗位变动等“一件事”事项3070件。

（杨　广）

应急管理

【安全生产专项工作】 深化电气焊专项整治工作。通过“富阳应急管理”微信公众号将专项整治行动相关要求及时传达到涉及电焊工业的1010家企业，培训全体电焊人员。推动工业、建设等领域安装电气焊设备芯片，实现电气焊作业“以码管机、以机管人、以智管焊”，全年安装电气焊设备芯片4414台，发放补贴68.5万元。制定《动火作业差异化管控指导手册》和《固定电气焊作业安全管理指南》，同步制订固定电气焊及动火作业点位区域、风险等级平面图，固定电气焊作业展示栏，固定电气焊作业风险告知牌等三个模板，为企业动火作业标准化管控提供指导依据。

2023年9月，富阳举行春建乡百鸟坞水库防汛主题应急演练

（区应急管理局　供图）

开展一厂多租专项整治。摸清全区“一厂多租”企业385家及承租单位1445家，全年组织召开会议26场，下发整治要求。制定《“一厂多租”安全生产管理手册》，包括租赁企业基本情况一览表，“七个一”工作要求、各类管理制度等清单31张，下发乡镇和企业参照执行。开展一厂多租全覆盖的隐患排查3次，发现各类隐患问题3297处，查处违法行为56起。

开展大排查大整治专项整治。4月至6月，区领导靠前督战，通过区应急管理局班子固定议题、属地比武考核、每日排名晾晒等方式，督促运用“两全两铁”（全覆盖、全闭环、铁措施、铁手腕）手段，强势推进全区各领域排查整治工作。全区检查各类企业（场所）4.3万家次，发现问题隐患5.31万处，重大隐患1281处，责令停业停产1052家，立案查处0.74万家（个），行政拘留45人，综合评估全市第一，获省、市安委会肯定。

【安全生产执法】 2023年，区应急管理局通过全员执法、委托执法等形式，办结非事故处罚案件204件，罚款518.75万元。

【生产安全事故】 2023年，全区发生生产安全事故8起，死亡8人，全部是交通事故。生产安全事故起数、死亡数均比上年下降11.1%。

【防汛防台】 2023年，富阳区气象部门发布暴雨黄色以上预警信号38次，其中橙色6次，红色2次；发布台风蓝色预警1次（5号台风杜苏芮）。富阳区启动防汛防台应急响应15次，其中Ⅱ级应急响应1次、Ⅲ级应急响应3次、Ⅳ级应急响应11次，为近五年来防汛应急响应次数最多的一年。

【富阳“7·22”暴雨洪灾】 7月22日傍晚至凌晨，富阳区遭遇超百年一遇强降雨，引发“7·22”暴雨洪灾。大源镇、上官乡、常绿镇等地出现短历时超强降雨灾害。降雨集中在17—19时，其中大源镇史家村站 3 小时雨量 198.1 毫米、上官乡大盛村站 1 小时雨量 112.4 毫米，均超过富阳区强降雨历史极值。历史极值为万市镇彭家村 3 小时 184.6 毫米、1 小时 105.4 毫米。山洪水势极大，水利部专家组根据水动力模拟和现场洪痕检测两种方法测算，大源镇骆村、上官乡徐村断面洪峰流量分别为 187 米^3/秒、286 米^3/秒。全区受灾乡镇（街道）10 个，相对严重乡镇 5 个，最为严重的是大源镇、上官乡、常绿镇，受灾人口 28283 人，大源镇、上官乡遇难群众 8 人；农作物受灾面积 275.4 公顷，受损工业企业 132 家；受淹房屋 3090 处，房屋倒塌 9 户 31 间，严重损坏 76 户 152 间，一般损坏 133 户 153 间；基础设施破坏严重，全区发生小流域山洪灾害 32 处；部分村山洪夹杂泥石来势凶猛，滚石最重逾万斤，冲毁省县乡村四级道路 39.18 千米；损毁溪堤 30.98 千米；受损电力线路 6.45 千米，直接经济损失 3.36 亿元。

灾情发生后，富阳区迅速启动二级应急响应。根据区领导联系基层和大党委制包乡联村机制，成立区领导包镇联村建专班，机关部门、国企平台公司和周边乡镇（街道）结对包联，统筹全区各级党员干部、志愿者、民间公益组织等力量，进点包干、协同作战，采用“人工清理＋机械搬运＋循环冲洗”模式，协助受灾地区开展清理淤泥、清除路障、疏通沟渠等工作，帮助受灾群众尽快恢复正常生产生活。至 7 月 28 日，出动挖机、铲车、强排车等救援设备 1604 辆次，支援人员 24313 人次，其中市级国企支援器械车辆 90 辆、人员 101 人。清理淤积道路 27.25 千米、淤泥 13.7 万立方米，抢通 22 条中断公路受损点位 23 处；修复受损电力线路 6 条，低压用户全部恢复供电；基本修复完成受损通信光缆 34.7 千米，实现水、路、电、网“四通”；同步开展预防性消杀公共厕所、农贸市场、老年活动中心等重点公共区域。全面梳理受灾群众生活需求，过渡性安置骆村村、大盛村等整村受灾地区，“一对一”落实关心帮扶受灾严重家庭，做好善后安抚工作。

【亚运主题演练拉练】 3 月，下达亚运专项预案编制演练计划，统筹各部门完成 2023 年亚运会和亚残运会重大活动突发事件应急预案、现场处置方案以及各比赛场馆、接待酒店等涉亚预案方案 28 项。亚运备战阶段召开亚运周边安全保障工作推进会，研究部署银湖、东洲 2 处场馆周边安全生产、自然灾害应急救援保障方案，形成《富阳水上运动中心场馆周边前置、备勤力量现场处置方案汇编》和《富阳银湖体育中心场馆周边前置、备勤力量现场处置方案汇编》等 34 项应急处置方案。完善修编 24 个乡镇（街道）、345 个村（社）防汛防台预案。围绕城市侧亚运保障，组织各部门开展专项应急处置演练 52 次，涵盖供水、燃气、电力、消防、通信、城市内涝、交通、建筑工地、医疗救助、人员疏散、特种设备、食品安全、地质灾害、生态环境等领域。组织开展 24 个乡镇（街道）亚运主题防汛防台、森林防灭火拉练，参与人员 190 余人；对国网富阳供电公司、华润燃气公司、消防救援大队等开展电力抢修、燃气爆炸处置、供水抢修、城市内涝处置 7 个科目拉练。

【队伍备勤和应急处置】 2023 年，重要节假日和亚运关键时段，全区乡镇（街道）和部门专业队伍、社会救援队伍常态化备勤，特别是保障亚运会安全，按照“力量前置、分片包干、防救结合”要求，强化队伍前置备勤工作，做到东洲、银湖 1 分钟响应、5 分钟救援，其他乡镇（街道）1 分钟响应、15 分钟到达现场应急处置，全区前置备勤队伍 64 支 1332 人，人员、装备、24 小时值班值守全部到点到位。

【应急队伍建设】 2023 年，举办富阳区“护航亚运”主题各类竞赛，组织“防汛演练暨乡镇（街道）综合应急和消防救援队技能竞赛”“乡镇街道森林消防技能竞赛”“富阳区红十字救护员技能大赛”“富阳城区内涝抢险救援应急处置竞赛”等全区范围技能竞赛 4 次。富阳区综合应急救援队参加杭州市局组织的“2023 年全市森林消防技能竞赛”，获全市第三名。

组织乡镇（街道）综合应急和消防救援队救援能力提升培训班，24 个乡镇（街道）192 人参加。狼群应急救援队教官团队采用小班制教学、集体考核、理论与实操相结合，深化课程深度，确保学有所用。

出台《富阳区村（社区）应急突击队考核办法》，考核村社应急突击队的队伍建设、装备建设、训练演练、安全检查等工作落实情况，提高基层村社防范化解风险隐患能力和应对灾害事故的应急处置能力。根据防汛防台、森林防火、火灾消防、水域救援、山地救援等不同主题，村（社）按季度进行演练训练，全区 345 支村（社）应急突击队演练 5600 余次。全区所有村（社）更新 2023 年度“多案合一”（防汛、森林防火、火灾、电梯事故、高处坠落事故、触电事故等）应急手册。

结合本地灾害事故特点和突发事件应对工作需要，分别组建应急救援专家队伍，制定应急救援专家队伍管理规定，形成门类齐全、支撑有力的专家队伍体系，录入“突发事件应急处置与救援”平台，充分发挥应急救援专家队伍在预案修订评审、应急演练、救援实战和课题研究的作用。

【宣传培训】 2023 年，加强对安全生产重点人员培训，线上线下安全生产知识学习 21237 人，其中一般生产经营单位主要负责人 1326 人、电工 1820 人、焊工 2807 人；培训安全员 1580 人、危化品安全员 157 人。以乡镇（街道）为单位，组织全区电焊工再教育培训 18 场。针对多发的情况，组织为期一周的“一场多租”单位培训，覆盖全区 24 个乡镇（街道）的承租方、出租方、监管方和社会服务第三方共 1500 余人次。组织全区所有电焊操作工动火作业再教育培训，覆盖 24 个乡镇（街道）2000 余人次。

12 月，全区范围内举行全民应急能力素养提升暨市民大讲堂活动启动仪式，正式开启应急市民大讲堂系列活动。结合防灾减灾日、安全生产月、消防宣传月、国际减灾日等重要节点，围绕“人人讲安全，个个会应急”主题，举办安全生产知识竞赛、电焊作业实操比赛，将减灾教育搬入“十小课堂”，与消防和红十字会联合为小学生开展应急知识普及和宣讲。加大安全生产违法行为曝光力度，《富阳日报》专版曝光非事故行政处罚案件162件，制作安全生产检查曝光专题栏目12期，公开曝光安全生产违法行为，充分发挥社会监督作用。

（黄晓波）

【消防管理】 2023年，全区共接处消防火警682起，出动925次（含增援），出动消防车1507辆次，消防人员8341人次，抢救和疏散被困人员144人，抢救财产价值301.35万元。全区发生火灾346起（其中成灾火警68起，未成灾278起），人员零伤亡，较上年相比火灾数下降9.89%。全年消防监督检查单位1676家，发现火灾隐患603处，整改火灾隐患510处，下发责令改正通知书338份，行政处罚决定书209份，责令“三停”45家，拘留89人，处理群众火灾隐患举报736件。完成排查整治高层建筑1412幢，加强299家消防安全重点单位的监督管理，指导、督促5家重大火灾隐患单位（区域）完成隐患整改，推动各乡镇（街道）整合建立29个区域性微型消防站，由119指挥中心统一派警情调度。

（赵佳怡）

区数据资源管理局

【人房企专题库探索】 至2023年底，校准标准地址2万余条，为新增关联人员信息、提升人员和房屋上图率提供有力支撑。通过实地调研，收集基层一线工作需求，迭代优化人房企数据地图，新增用户权限设定、人员和房屋分类图层、数据变动提示等多个功能，逐步贴合用户实际。在全省数据资源深度开发利用交流会上，富阳区人房企专题库建设作典型介绍，在全省分享推广。

【增值式服务“一平台”建设】 在平台前端推出面向企业的统一线上

2023年，富阳区企业服务平台首页

（区数据管理局　供图）

服务门户，集成政务服务事项和兜底服务，汇聚区级涉企应用，提供12个大类63项增值式服务，为企业提供一站式统一服务入口。在平台后端建设企业服务数据能力中心，完善企业画像，为企业和涉企服务部门进行数据高质量赋能，着力提升企业数据支撑能力。至年底，线上服务门户累计服务企业千余家；数据能力中心开发接口40余个，积累数据条百万级。增值式服务“一平台”入选全省2023年数字经济创新提质“一号发展工程”优秀案例，富阳区增值化改革整体工作被列入杭州市政务服务增值化改革全面试点。

【信息化项目管理】 通过项目申报、多轮评审，结合政府数字化改革以及社会治理、民生保障、亚运会保障等全区性重点工作，剔除建设依据不充分、工作重点不突出、绩效不明显、建设有重复的项目，整合部分同类可协同项目，核减过高的项目预算，编制完成《2023年政府信息化专项计划》，其中新建项目22个，续建项目102个。计划外新增天网工程、文明乘梯等项目14个。全年举办项目建设方案专家论证会议10批次，评审项目方案40余个；全年项目按计划顺利推进，专项预算执行率99.9%以上。建立富阳区电子政务项目评审专家库并出台相关管理办法，全区30余名专家符合条件并入库。

【亚(残)运会网络和数据安全】 聚焦政务外网、政务云、IDC机房、公共数据、重要应用系统、门户网站和OA、视联网、视频共享平台六大重点领域及重点环节，不断完善指挥体系，全面提升数据安全监测、防护、处置能力。组织开展政务外网和数据安全风险排查、问题通报和整改，严格管控数据共享平台和门户网站账号，至第十九届杭州亚运会召开，区数据资源管理局联合网信、公安开展全区性数据安全培训4次；开展专项检查5次、区级攻防演练2次，发现和整改安全隐患174个；关停政务外网僵尸链路接口13条，关停政务云上47

个低频低效应用系统云主机144台。成立“富阳区政务外网数据网站安全保障指挥部”，开展集中办公，实行24小时亚运值班值守和每日“零报告”制度。从启动一级响应至亚（残）运会结束，富阳区监测发现攻击46.43万次；封禁恶意IP 14117个；出具工作提示函5份、周报5期、日报52份。亚运会结束，区数据资源管理局开展安全复盘，全面总结提炼经验，梳理典型案例、制度规范和流程等材料，编制《护航亚运安全保障白皮书》，为今后网络和数据安全工作提供参考和学习。

【公共数据管理】 搭建公共数据平台，通过省一体化数字资源系统（IRS），实现全区134个应用和配套1300余条数据目录及组件、云网等数字资源的一本账管理。加大数据归集和共享力度，对接区级部门30余个，受理接口共享申请659次、共享批量数据6.1亿条。优化完善数据治理工作体系，在项目建设、进场和验收全流程中，细化数据归集、治理、共享等要求，提高数据质量。打破数据孤岛，强化数据资源服务支撑作用，推进医保防贫共富、驾驶人全周期治理等数字化改革应用。

（骆吉玲）

【编辑　沈绍坤】

8 中国人民政治协商会议杭州市富阳区委员会

Hangzhou Fuyang District Committee of the Chinese People's Political Consultative Confrtence

重要会议

【政协十届二次会议】 1月29日至31日，富阳区政协十届二次会议在富春街道举行。全区20个界别活动小组286名政协委员参加会议。会议听取并审议通过区政协主席张霖代表区政协第十届常务委员会所作的工作报告、副主席孙晓华受区政协第十届常务委员会委托所作的提案工作报告，表彰2022年度先进界别活动小组、优秀区政协委员和十届一次会议以来优秀提案。与会人员列席区第十七届人大第二次会议，听取并讨论政府工作报告和会议的其他报告。会议审议、通过政协第十届杭州市富阳区委员会第二次会议决议。会议期间，收到全区各民主党派、工商联、无党派人士、有关人民团体和政协委员以提案形式提出的意见建议210件。

【政协常委会会议】 1月30日，区政协召开十届常委会第五次会议，听取各小组讨论情况汇报，协商确定十届区政协增补副主席、常委候选人建议名单及选举办法（草案），确定总监票人、监票人建议名单，审议提案审查报告（草案），审议大会建议案（草案），审议大会决议（草案）。

8月11日，区政协召开十届常委会第六次会议，听取区委副书记、区长谢渐升关于全区上半年经济社会发展形势和下半年经济社会发展的报告，听取区委常委、常务副区长喻乃群关于区政协十届二次会议以来提案办理情况的通报，协商2023年上半年政府工作报告、2023年上半年国民经济和社会发展计划执行情况报告、2023年上半年预算执行及全年收支预测情况报告、2023年上半年生态环境状况和环境保护目标完成情况报告、2023年上半年区人民法院工作报告和2023年上半年区人民检察院工作报告，协商有关人事事项，协商《杭州市富阳区政协2023年上半年工作总结和下半年工作思路》；会上，区政协党组书记、主席张霖传达省委十五届三次全体（扩大）会议、市委十三届四次全体（扩大）会议和区委二届四次全体（扩大）会议精神并作讲话。

9月8日，区政协召开十届常委会第七次会议，专题视察亚运美丽环境提升情况，实地视察富阳银湖体育中心及富阳水上运动中心周边环境，听取区亚保办通报亚运赛事相关情况、区迎亚运美丽环境工作组汇报亚运美丽环境提升情况、区政协文史委汇报政协委员视察监督情况，并交流协商。

12月7日，区政协召开十届常委会第八次会议，专题视察“泗洲中国古代造纸遗址综保复兴项目建设”情况，听取泗洲项目专班相关负责人汇报泗洲综保项目推进相关情况，并交流协商；民主评议区政

2023年9月8日，富阳区政协十届七次常委会会议专题视察“亚运美丽环境提升”情况
（区政协办　供图）

协十届二次会议重点提案，由各重点提案主办单位负责人汇报重点提案办理情况，通过评议人员现场点评、承办部门回应、数字化评议等程序，切实提升提案办理绩效。

12月28日，区政协召开十届常委会第九次会议，协商通过政协第十届杭州市富阳区委员会第三次会议相关事宜。

政治协商

【请你来协商】　6月至12月，开展“民生提案现场办”“推进社会组织高质量发展”“推进主城区嵌入式体育健身场地建设”“绘就‘宿在富阳’共富新画卷”“加快启动以人类非遗的标准保护富阳竹纸制作技艺”“深入推进高质量就业创业”等区级“请你来协商”专题活动6场，均获区委、区政府领导批示肯定。6场区级“请你来协商”专题活动以“调查实、见解深、建言有见地”为导向，形成高质量协商建议87项，显著增强重点协商活动的开放度、活跃度、融合度，大幅提升履职质效。

【基层协商】　按照“不建机构建机制”要求，深化推进民生议事堂、委员工作室、社情民意信息联系点“三位一体”和协商驿站建设，指导乡镇（街道）规范开展基层民主协商活动，涌现“灵听民声・桥接民意”“合心合拍”“万事好商量”等基层协商品牌，创新“周五接待群众”“移动协商”“青少年模拟协商”等基层协商形式，开展民生议事堂活动48次、协商驿站活动96次，提出意见建议391项，协商办理解决329项。2月10日《人民日报》专版刊登富阳民生议事堂做法，东洲街道民生议事堂被评为首批“杭州市政协新时代协商民主实践中心实践基地”，案例被新华社政论片《中国的民主》收录，在全国两会期间播出，银湖街道“点豆成金　打造舌尖上的非遗产业”、里山镇“茶查茶旅茶共富，激活乡村‘新引擎’”、场口镇“富春打卡第一关　演绎千年古镇真精彩”、万市镇“‘万市’好商量　‘龙羊阿姨’出山乡”等案例入选市政协优秀协商案例。

民主监督

【专项集体民主监督】　根据省政协《关于围绕“深化‘千万工程’、建设美丽乡村情况”开展三级政协专项集体民主监督的实施方案》及市政协相关方案的部署，区政协开展“深化‘千万工程’、建设美丽乡村”专项集体民主监督，助推“千万工程”迈向纵深，为富阳高水平描绘现代版富春山居图贡献“三农”力量。围绕“迎亚运盛会，助力全省城市品质大提升、城市治理大提升、城市文明大提升”开展专项集体民主监督，为落实城市品质大提升“十大行动”、城市治理大提升“五大行动”和城市文明大提升“九大行动”等重点任务，贡献政协智慧与力量。组织开展“富阳区营商环境优化提升‘一号改革工程’实施情况”专项集体民主监督，在工作主线、政务服务、改革品牌等方面提出相关建议。根据杭州市政协《“亚运城市文明共建行动”两级政协专项集体民主监督实施方案》部署，区政协开展“亚运城市文明共建行动”专项集体民主监督，围绕富阳区三大提升行动工作要求，助力提升富阳城市品质和城市文明水平，全力服务保障亚运。

【主席会议视察】　5月9日，开展主席会议专题视察“未来社区”建设，实地视察百合社区与江滨社区“未来社区”建设情况，听取区住建局汇报全区“未来社区”建设情况，提出相应改进建议。8月30日，开展2021年区政协“请你来协商”课题回头看，主席会议专题视察家政服务业高质量发展推进情况，实地视察富春街道三根桥社区家政服务业进社区网点，听取区商务局汇报家政服务业高质量发展推进情况，提出相应改进建议。11月10日，开展主席会议专题视察大会建议案办理情况，实地视察富阳区部分“专精特新”企业，听取区经信局汇报培育“专精特新”企业助力产业强区建议案办理落实情况，提出相应改进建议。

【常委会会议视察】　9月8日，召开常委会会议专题视察亚运美丽环境提升情况，实地视察富阳银湖体育中心及富阳水上运动中心周边环境，听取区亚保办通报亚运赛事相关情况、区迎亚运美丽环境工作组汇报亚运美丽环境提升情况，并交流协商。12月7日，召开常委会会议专题视察“泗洲中国古代造纸遗址综保复兴项目建设”情况，听取泗洲项目专班相关负责人汇报泗洲综保项目推进相关情况，并交流协商。

【对口监督】　以各专委会为主导，通过对口调研、视察、交流等形式，对产业投资项目全过程服务与管理、市政排水管网管养情况、推进富阳区医养结合健康养老“回头看”、独居老人养老问题、提升农村小规模学校办学水平等项目进行对口监督，向有关部门提出意见建议并获落实。

【社情民意信息】　充分发挥政协人才荟萃优势，抓住富阳发展中的前瞻性、系统性、战略性问题，形成一批高质量调研报告和社情民意信息，将人民群众和社会各界人士的意见、呼声，及时反映至区委、区政府及相关部门，督促办理落实。2023年，收到社情民意信息338篇，编发《富阳政协・参政建言》13期、《富阳政协・社情民意》12期，其中获区委、区政府主要领导批示肯定16篇次，《关于推进住宅小区物业管理提质增效的建议》被评为富阳区“调研一件事”十佳成果。

参政议政

【提案工作】　2023年，政协党组会议将提案工作纳入政协总体工作部署和重要议事日程；主席会议审议确定重点提案、优秀提案，专题视察大会建议案，组成人员牵头督办提案，区政协主席多次提出提案减量提质、落实见效；常委会会议专题审议提案办理情况报告、民主评议重点提案，出台《区政协十届二次会议提案协商督办工作方案》，建立“政协领导牵头、专委会分工负责、政协委员全程参与、提案全面覆盖”的提案办理协商工作机制。区政协十届二次会议以来，区政协收到以提案形式提出的意见建议218件，立案173件（含并案13件），立案率73.4%，其中主席会议协商确定《关于深入推进我区“共富工坊”建设的建议》等9件提案为重点提案，由区委、区政府有关领导领办，区政协领导督办；获评优秀提案21件。经二轮办理，至年底，所有立案提案均已办复，委员评价满意的158件，占98.7%。提案所提问题已经解决或基本解决的134件，占83.75%，比上年64.29%增加19.46个百分点。深化数智应用，针对提案两轮办理重新优化提案数字化系统，为提办督三方良性互动搭建桥梁。加强预交预审，减少“临时提案”，不搞“凡提必立”，加大提案撤、并、转力度。2023年立案提案数较往年压减30%，实现提案“数量适度、质量为要”的工作目标。开展“民生提案现场办•请你来协商”，以微信推文+“委员说”系列短视频形式向广大市民发起协商意见征集活动，浏览量破14万人次。活动邀请区委副书记、区长谢渐升参加协商，实现建议当年落实。

2023年4月21日，富阳区政协讲坛举办

（区政协办　供图）

【专题调研】　围绕“发展拼经济、亚运拼精彩、共富拼典范”工作主线，选取以市场化运营促进村级集体经济发展，村级留用地的开发和建设，加强项目全过程管理、提升招商引资成效，全面推行乡村自然资源管理“多员合一”，加快推进新能源汽车零部件产业集群发展，富阳区阀门行业现状及发展思路，构建富阳快速路网体系、完善城市道路格局，加快银湖科技城“产城人文旅”高度融合、全力打造大走廊科研成果转化孵化首选地，健全“未来社区”长效运行管理机制，引导和支持慈善事业健康发展助推共同富裕，推进小区物业管理服务提质增效，加强青少年心理健康服务，探索农村闲置房屋盘活利用，激发农村发展活力，发展农村电子商务，多途径提升农村小规模学校办学水平、促进城乡教育共富，关于省市优质医疗资源下沉背景下区属医院高质量发展的建议，关于推动小微产业园与优质孵化器开展合作的建议，委员工作室全面提质增效的路径探索等课题开展系统调研，全年形成调研报告20余篇，其中编发《参政建言》13篇，获区委、区政府采纳并交由相关部门落实。

【助解民生小事】　结合“八个一”委员履职清单，以委员主导、媒体联动、群众参与、部门互动的形式，开展便携式体外除颤仪（AED）的使用普及、推动白酒小作坊行业规范化发展、公交站场建设、做好区政协困境儿童帮扶的基础工作、新就业形态劳动者的关心关爱、深化“小候鸟”班办学、地铁站点周边交通环境优化等政协委员助解“民生小事”系列活动，构建“委员建议、部门回应、市民互动、媒体跟踪”的履职闭环。

经常性工作

【党的建设】　落实“第一议题”和习近平新时代中国特色社会主义思想学习座谈会制度，构建全方位学习体系，组织各类学习活动130余次，开展党课宣讲23场次，形成调研报告20份，领办完成发展难题7项、民生实事19件，靶向整改各类问题8个。系统打造“同心同杭•共富向阳”党建工作品牌，创建形成政协机关党组和6个专委会党员委员临时履职党支部“一雁六员”党建工作品牌矩阵，组织开展党性教育、参政议政、民生服务、品牌展示“四大主题活动”。全年召开区政协党组会议14次、理论学习中心组学习会17次，开展各类党建活动150余次，形成以党建强政治、带队伍、促履职、增团结的良好局面。

【理论研究】　围绕如何让政协基层协商与基层治理有效衔接、扩大基层群众有序政治参与等问题，以杭州市富阳区后周社区“协商驿站”为例，剖析政协村（社）基层协商——“协商驿站”运作机制，结合传统基层协商所存在的问题，探索政协基层协商赋能基层治理的优化路径，完成理论研究工作学术文章《践行全过程人民民主提升“协商驿站”赋能基层治理研究》，推动协商民主建设迈向纵深，助力基层治理。全年，委员履职成果被各级媒体宣传报道243次，其中《人民日报》、新华社、《人民政协报》等国家级媒体报道24篇，省市级媒体报道95篇。

【学习培训】　4月21日，举办政协讲坛，邀请浙江省委党校教授许光作《奋进新征程，建功新时代——党的二十大精神解读》专题讲座。组织部分委员及政协机关干部赴厦门大学开展履职能力培训，全面提高委员政治素质、理论水平和实践能力，强化“两支队伍”建设。结合主题教育“明德守法、完善自我”

专项行动，制定《区政协机关青年干部培养机制方案》，深入实施“同心雏雁”工程，开展青年干部政协有“心”人主题活动。2023年，评选出优秀政协委员50名，委员周正红被选树为2023年度杭州市最美政协委员。

【平台建设】 深入推进委员工作室制度化、规范化、程序化建设，富阳同心公益政协委员会客厅被省政协评为四星级委员会客厅，影响、辐射、带动全区27个公益组织凝聚公益合力。创建市政协委员富阳区联络组委员工作室，通过“寄送一封公开信、建立一个微信群、建好一个工作室、召开一次见面会、建立一套机制、畅通一个渠道”的“六个一”举措，引导38名市政协属地委员规范开展活动，其中富阳区联络组富春委员工作室、大源委员工作室被市政协评为四星级、三星级委员工作室。有序推进20个界别型委员工作室主题式、个性化建设，其中医卫组委员工作室全年为群众义诊3000余人次，入选市政协委员工作室典型案例。

【文史工作】 开展“加快启动以人类非遗的标准保护富阳竹纸制作技艺”请你来协商活动；常委会会议专题视察监督“泗洲中国古代造纸遗址综保复兴项目建设”情况，指导泗洲中国造纸遗址博物馆开工建设，协助举办2023泗洲纸文化节；举办西泠名家亚运主题篆刻展、杭州公望少儿美术作品双年展等活动；编撰出版《中国白板纸基地“三亲”史料》、文史小丛书《苏东坡与富阳》，组稿编撰《战疫长歌》（富阳分述），助力三国东吴文化展陈、鹳山景区改造提升，更好发挥“存史、资政、团结、育人”作用。

【团结联谊】 承办杭州市政协新时代协商民主实践中心以“韵美富春山居、乐享精彩亚运”为主题的富阳“活动周”，开展协商交流、文化沙龙、书画展览、志愿服务等系列活动。密切与驻富阳省市政协委员联系交往，邀请市政协属地委员开展“看春江蝶变、议新城发展，助富阳双拼、展亚运精彩”视察，协办市政协《我们圆桌会·政协视点》节目。

【服务基层】 开展偏远乡村老年人体检、“送法下乡、护苗成长”、“委员调解室”解纷解忧等各类服务送下乡活动，参与“7·22”超强降雨抢险救灾，助力推进大源镇九大类109个灾后重建项目有序实施。提档升级“困境儿童帮扶”政协公益品牌，组织全体政协委员建立“一对一”帮扶，指导开展“我是你的眼、共享好春天”“大手牵小手、伴游富春江”“成长路上有爱同行”等“四季陪护”系列活动，走访儿童710人次，筹集资金百余万元，改造建成“梦想小屋”10个，引领全社会营造关心关爱困境儿童的良好氛围。

2023年10月，富阳同心公益政协委员会客厅组织残疾人观赛亚残运会活动
（区政协办　供图）

重点提案

【关于深入推进全区“共富工坊”建设的建议】 区政协特邀一组提出，目前富阳区“共富工坊”在建坊认识、建坊成效、建坊合力等方面还存在不足。建议：一是全面构建党建统领“共富工坊”建设区域一体、条抓块统的新格局；二是设立“共富工坊”服务平台和在各级党群服务中心设立“共富工坊”服务专窗；三是科学研究制定富阳区“共富工坊”的发展布局和品牌打造规划，建立品牌打造“一带一”“一带多”机制；四是打造“共富工坊”数字化平台；五是研究出台专项扶持政策。2023年以来，区委组织部办理落实：一是强化党建引领。制定下发全市首个《富阳区“6+X”共富工坊建设与运行指南》为工坊建设运行提供规范化指引；围绕来料加工式等6类工坊建设，有序推进属地镇街开展共富工坊建设工作；建立健全牵头部门、镇街、村社和坊长“四方协同”工作机制。二是加强示范带动。选取45个示范点打造星级工坊，将24个镇街划分为6条组团打造共富精品线路，累计发动研学3.11万余人次、带动周边农户及共富工坊增收632.3万元。三是聚焦实效发挥。充分挖掘部门、群团、高校等专业力量，通过“校坊合作”“跨地合作”“技能培训”等多样化形式助力共富工坊发展。

【关于加快推进楼宇经济高质量发展的建议】 区政协特邀三组、侨台组反映，富阳区在发展楼宇经济方面共识合力尚未形成，政策规划支撑不足，综合服务能级不高，楼宇招商力量不足。建议：一是完善体制政策，提升管理效能；二是建好数字平台，提升服务水平；三是完善招引渠道，提升招商扩面；四是完善政务服务，提升营商环境。2023年以来，区发改局办理落实：一是完善政策扶持支撑，出台《关于促进总部经济、楼宇经济和现代服务业高质量发展的若干意见的实施细则》和《杭州市富阳区重点楼宇认定管理办法》，进一步细化明确富阳区重点楼宇认定标准、认定流程以及政策兑现流程和要求。二是启动楼宇系统管理建设，系统第一阶段的基本功能已初步完成，电脑端与手机端同步试运行。三是启动楼宇认定和排摸工作，至年底，已成功认定区级重点楼宇 18 个（均为商务楼宇），商务办公面积计 45.36 万平方米，其中运营面积 25.2 万平方米；摸清楼宇企业情况，重点楼宇管理平台内共有楼宇 306 幢，根据地址匹配情况，筛选出 85 个楼宇（含工业楼宇、综合体、商住混合）2899 家企业注册情况。

【关于加强全区家风建设的建议】 区政协团妇组提出，近年来，富阳区家庭家教家风建设取得一定成绩，但家庭教育还有缺位失位、政府统筹尚有短板、社会资源未有效利用等问题。建议：一是加强统筹，深入实施；二是加强教育，提升素质；三是加强宣传，营造氛围。2023 年以来，区委宣传部办理落实：一是加强统筹，深入实施。修订完善《富阳区家庭教育工作“十四五”规划》，细化 23 个家庭教育工作领导小组成员单位工作任务；结合“红色领航 奉献亚运”大考大赛，开展 6 轮主题比武活动；持续推广富春风尚汇数字化应用场景，场景注册人数超过 13.8 万人；广泛开展寻找“最美家庭”、文明家庭选树等活动。二是加强教育，提升素质。制定《富阳区中小学、幼儿园家庭教育规范建设的实施方案》等文件，明确家长、学校每学年的工作任务和工作重点。持续打造家风建设标杆示范点，渌渚镇“周雄纪念馆”、龙门古镇两处廉政教育基地入选杭州家风文化地图；推进关爱赋能困境妇女儿童“四季行”行动等关爱服务。三是加强宣传，营造氛围。举办“廉洁传家 德润潘堰”家风文化节等传统文化活动，丰富充实“安禾家规”“孝善九则”等 8 个地域性家风文化评价指标；全区 325 个村社实现“两会一榜”全覆盖，90% 以上家庭实现家风家训展示上墙；联动区属媒体，常态开展家庭家教家风主题宣传，开设“富阳好人榜”专栏等，全力发挥身边典型的引领示范作用。

【关于多措并举解决停车难、停车乱问题的建议】 区政协城建组调研发现，富阳区配建停车位历史欠账多、公共停车场（库）建设滞后、停车资源统筹利用不够、文明规范停车意识不强。建议：科学规划“强引领”，千方百计“增供给”，转变观念“减需求”，出台政策“引资金”，强化管理“树形象”。该提案由区综合执法局主办，具体办理落实：一是编制《停车设施近期建设规划及三年行动计划》，系统性研究和剖析“停车难、停车乱”问题；二是增加泊位优化供给，通过增设道路泊位、建设改造机械车位、创新共享停车模式等方式增加泊位供给；三是宣传绿色出行，加强慢行交通建设，至年底，城区已投入公共自行车 4000 辆，布设公共自行车点位 151 处，投入共享电动车 650 辆，布设共享电动车停靠点 150 处；四是提升道路泊位周转率，推进城区 132 个免费泊位收费改造和小区开放停车试点工作；五是依法整治停车秩序，至 2023 年底，区公安分局设置违法停车严管道路 94 条，切实形成高压严管态势，推动优化公共空间停车设置。

【关于进一步优化教育基础设施建设 提高综合投资绩效的建议】 民盟富阳区基层委员会、区政协城建组指出：富阳区教育基础设施建设在规划引领、资源优化组合配置、工程造价管控、硬件投入及软件建设等方面还有待提升。建议：一是规划引领、统筹利用；二是布局合理，高效利用；三是科学投入，优化绩效；四是适应人口变化趋势，优化教育资源配置。由区教育局办理落实：一是部门联动重规划引领。制订《杭州市富阳区中小学布点专项规划（2020—2035）》，修编《杭州市富阳区学前教育专项规划（2023—2035）》，着力破解富春街道主城区幼儿园公办率低和部分小学超规模、超班额办学和助力区域内公共配套资源共享现状。二是在编制设计任务书和设计深化时，突出教育设施的功能布局和教育设施功能复合使用。三是做足项目前期，始终坚持“经济实用、安全美观”总原则，始终贯穿“符合一定共性和特色化办学需求”设计理念，从严把关前期设计标准和建设规模并优化学校建设标准及建设实施细则；四是按照实际入学人数测算，根据转型发展速度匹配教育基础建设布局和改造提升需要。

【关于编撰具有富阳辨识度的特色乡土教材的建议】 区政协委员陈丽迪、区政协财经组认为，为凸显富阳乡土文化这一宝贵财富，让富阳学生了解富阳、热爱富阳，应通过推动系统化编撰乡土教材，进一步深化以“一条江、一幅画、一张纸、一批人、一座城”为内容的富阳“五个一”文化基因解码，提升富阳文化的辨识度。建议：一是组织编写知识丰富、内容趣味的乡土教材；二是深入开展形式多样、扎实有效的乡土教学。2023 年以来，区教育局办理落实：一是开展乡土文化调查，成立由区政协、区教育局和区教研中心组成的乡土文化调查领导小组，深刻学习领会相关乡土文化政策文件，科学安排调查视角和调查进程，收集关于富阳乡土文化的杂志、专著 100 余本，相关采访材料 3 万余字，对富阳的乡土文化现状进行系统的整理和调查。二是组织乡土教材编写，以教研员为主，联合富阳本土专家学者、一线教师组建由 60 人组成的编委会，精心设计编写纲目，潜心梳理材料内容，至年底，完成《富春江》《东吴文化》《纸乡富阳》3 本乡土教材的初稿编写，与浙江教育出版社编辑建立出版审核小组，完成一轮审校。三是推动乡土文化进课堂，拟小范围开展乡土教材试点教学活动，从中了解师生欢迎程度，形成教材的使用路径与策略，为大面积进入课堂积累经验。四是开展乡土文化推广活动，引领学生走读乡土、研学乡土、浸润乡土，将乡土教材、乡土读本投放到乡村图书馆等，营造全区市民积极参与乡土学习的浓厚氛围。

【关于大力发展与普及赛艇运动 打造“中国赛艇名城”的建议】 区政协商贸组、民建富阳区基层委员指出：目前富阳区赛艇运动存在产业融合度不高，社会氛围不浓厚；艇类专业赛事较少，入门“门槛”较高；政策扶持力度不足，人才引育有待提升；宣传力度有待加大，方式方法有待改进等问题。建议：一是把握总体思路，明确战略目标；二是积极引入赛事，培养运动氛围；三是坚持品牌开发，扶强骨干企业；四是降低入门门槛，扩大受众面；五是强化资源拓展，打造旅游目的地；六是加强人才培养，普及学校教育。结合人文优势，强化对外宣传。2023 年以来，区文广旅体局办理落实：一是以会带产，依托政策优势扶持产业发展。对重大体育活动和比赛的组织举办、公共体育设施建设管理、体育制造业转型发展、体育人才培养和输送、体育社团和俱乐部创建运行等各类体育产业予以扶持，近三年累计扶持资金超 1000 万元。二是以体带旅，依托资源扩大文旅体融合。2022 年富阳区出台《富阳区促进旅游业高质量融合发展的扶持政策（试行）》，惠及更多体育产业企业，精心打造“水动富春江”“户外桐洲岛”“动感壶源溪”“活力岩岭湖”“精彩大城北”五条高品质运动休闲主题特色精品路线，丰富运动休闲产品体系。三是以赛带城，依托体育品牌实施赛事引流。对接国家、省、市业务部门，逐步引进赛艇、皮划艇、龙舟等训练基地、国际国内赛事，富阳水上运动中心计划 2024 年举行“杭州·富阳赛艇公开赛”、中国杭州·富阳国际名校赛艇挑战赛等赛事，发挥水上赛事引流效益，不断促进体育消费，做强体育经济。四是未来可期，依托社会力量提升场馆利用。把握“后亚运时代体育经济”发展机会，利用场馆的地理位置和环境优势，部分场馆改造为配套体育主题休闲酒店，发展临江休闲体育产业，打造华东地区水上运动目的地。

【立足生态、聚焦共富，多措并举推动竹产业高质量发展】 区政协农业农村组表示，富阳区竹林资源利用不足，竹浆造纸产业萎缩，鲜笋产业增长乏力，竹材加工低端低效。建议：多措并举，推动竹林资源综合利用；重视传承，扩大元书纸文化影响；做深产品，推进鲜笋产业创新发展；补强短板，做精做强竹材加工产业。2023 年以来，区政协农业农村组办理落实：一是出台《富阳区竹产业高质量发展实施方案》，为竹产业发展提供了政策、项目和资金保障，多措并举、分类经营，大力推进竹产业高质量发展，推动竹林资源综合利用。二是高度重视非遗传承，制订《国遗竹纸制作技艺“八个一”保护方案》，编撰出版《中国富阳纸业》等书籍，认定国家、省、市、区级四级代表性传承人 11 名，创建“中国竹纸之乡”，通过各类博览会、展销会扩大市场影响力，加大政策支持力度。对竹纸行业进行整治提升。三是做深产品推进鲜笋产业创新发展，与亚林所、浙江大学、南京林业大学签订战略合作协议，推动龙头创新笋加工工艺，推出糯米笋、鲜笋预制菜等一系列新产品，鲜笋加工行业整体水平全国领先，2023 年，富阳成功创建为浙江省鲜笋全产业链十亿产值地区和中国鲜笋产业集聚之乡。四是有序推进竹材物理分解点建设，编制《富阳区竹产业振兴发展三年行动方案（2023—2025）》，明确 2023—2025 年，在全区 2 万亩以上竹重点乡镇布局不少于 12 个竹材物理分解点，全面推进竹材就近、就地下山，推动两条竹废弃物综合利用生产线上线，基本解决富阳区竹山荒芜衰败现象，招引竹精深加工企业，推动紫竹盐、竹缠绕复合材料等项目落地。

（何凯南）

【编辑　沈绍坤】

9 中国共产党杭州市富阳区纪律检查委员会 杭州市富阳区监察委员会

The Disciplinary Inspection Commission of the Communist Party of China Fu yang District, Hangzhou City The Supervisory Commission of Fu yang District, Hangzhou City

重要会议

【区纪委二届三次全会】 2月8日，富阳区纪委二届三次全体（扩大）会议召开，回顾总结2022年纪检监察工作，部署2023年任务，审议通过沈阳红代表区纪委常委会所作的《永葆自我革命精神　推进全面从严治党　奋力谱写新时代清廉高地建设富阳篇章》工作报告。富阳区委书记吴玉凤出席全会并讲话。

【清廉浙江建设现场推进会】 4月25日，全省清廉浙江建设现场推进会在富阳召开，省纪委省监委领导班子成员、各市县（市、区）纪委书记、各清廉单元建设省级牵头单位参加会议。其间，实景展示清廉村居（银湖街道唐家坞村）、清廉医院（富阳区第一人民医院）、清廉开发区（富阳经济技术开发区）单元建设成果，区委书记吴玉凤作交流发言。

党风廉政建设

【政治监督】 2023年，围绕三个“一号工程”，开展“嵌入式”“驻点式”“下沉式”监督，印发督查通报9期，通报问题34个。全力护航亚运盛会，建立周报、会商、督导、通报“四项机制”，一线驻扎，全程推进城市侧、赛事侧监督，下发督查督导通报35期、监督提示单40份，党纪政务处分3人。围绕“亚运攻坚战”，组建四级监督矩阵，开展“研判—督查—汇总—通报—整改”全时段全方位闭环督导，制定提示单40份，整改问题893个，党纪政务处分3人，推动完善制度28项。

【正风反腐】 2023年，处置问题线索889件，立案365件，留置调查20人，移送审查起诉16人，挽回直接经济损失6460.11万元。查处违反中央八项规定精神问题45起47人，高质量正风肃纪反腐33项指标，其中12项指标列全市前三。重点查处一批工程招投标、国企平台、征地拆迁等领域涉案金额较大、群众反响较为强烈的腐败案件。

【清廉建设】 2023年，健全完善清廉建设标准体系、“两个责任”清单体系和督导评价体系，实行“纪委季度评+党委半年评”，督促各责任部门全方位扛起清廉建设主体责任。推进清廉开发区建设，启动清廉金融等单元建设，协同推进清廉税务建设，创新开展央地协作清廉共建、“同心同廉”等，清廉建设不断拓展延伸。高水平打造“7+*N*”清廉单元建设体系，建成省市清廉单元示范点28个，承办全省清廉浙江建设现场推进会、全省派驻卫健部门纪检监察工作调度会和全省亲清政商关系示范乡镇（街道）研讨会，清廉医院建设获省纪律检查委员会书记傅明先肯定。

2023年2月8日，区纪委二届三次全体会议暨全区深化作风建设大会召开
（区纪委　供图）

2023年11月15日，市纪委常务副书记、市监委副主任童定干（右一）到富阳调研区党风廉政工作
（区纪委 供图）

【大数据监督】 2023年，高标准推进医保执法、财政资金拨付、低保低边补助等省纪委公权力大数据监督“一本账S2”子场景建设。处置红色预警414条，立案131起，红色预警模型数全市第二，开展全员建模比武，获评省级最佳模型10个，省纪委录用典型案例3个，数量均列全市第一。

【监察体制改革】 一体推进“四项监督”，构建派驻、乡镇（街道）纪（工）委和国企纪委监督力量为主，第三方中介服务机构为辅的“项目化监督”新架构。优化“室组地”联动，创新“大组长”制村社巡察模式，变“一对一”“背靠背”为“单元化”“专题巡”模式。提升“组组”上下联动效能，搭建卫健、环保等领域派驻机构省、市、区三级联动平台，承办全省派驻卫健机构纪检监察工作推进会。

【容错纠错】 2023年，准确把握“三个区分开来”，会同区委组织部联合召开全区容错裁定会议，裁定容错事项17起。深入开展失实检举控告澄清正名行动，举办“董公·徐公道澄清”公开澄清正名会，为31名党员干部和3家单位（组织）澄清正名，联合公安机关打击诬告陷害行为2起2人；开展“暖心回访”专项行动，回访教育61人，打出一套容错纠错、澄清正名、打击诬告、回访教育的激励担当组合拳，保护党员干部干事创业热情。

【项目化监督】 2023年，聚焦“招引项目落地”等重点领域开展小切口、“项目化监督”，发现问题204个、问题线索41条，党纪政务立案11起，组织处理26人，获区委区政府主要领导批示专报9篇。

作风建设

【纠治“四风”问题】 2023年，查处违反中央八项规定精神问题54起63人，涉及区管干部15人，给予党纪政务处分47人，查处“三不”问题33起36人，给予党纪政务处分23人。专项整治乡村振兴中发现的漠视、侵害群众利益等问题，查处各类问题393个，给予党纪政务处分71人。摄制作风建设典型案例曝光片，在全区范围通报违反中央八项规定精神典型问题6起6人。

【四责协同】 2023年，深化“四责协同”督导评价，印发通报4期，督促整改责任落实不力问题128个，进一步夯实区、镇、村三级管党治党责任共同体。

【廉洁文化建设】 加强新时代廉洁文化建设，推出以红色文化、清廉家风、廉洁护航乡村振兴为主题的系列“红廉研学”路线，打响“清朗·富春山居”廉洁文化品牌。联合区委组织、宣传等部门举办“清朗·富春山居”廉洁文化主题活动和“清朗·富春家风”培训班。推动清廉作品创作，在“玉琮杯”和“藕花洲杯”等廉洁文化赛事中9部作品获奖。

机关党建

【“党建品牌”助推乡村共富】 围绕“千万工程”经验抓党建促乡村振兴，以“1+7+N”为框架，构建主题鲜明、纵向到底、横向到边的“清朗·富春山居”党建品牌。探索多元合作的横向协作机制，构建个性版“清朗·富春政风”“清朗·富春家风”等党建子品牌。《晓梅一梦》等3部“红廉主题剧本”入选年度区红色研学线路，以“红廉研学”线路套餐带动周边餐饮、民宿经济，促销当地农产品与廉洁文化文创产品，助力乡村共同致富。

【“基层共建”推动双促双融】 组织开展“红色领杭·奉献亚运”社区志愿服务，深化社区大党委制单位联席例会机制，持续推动社区护航亚运、民生实事、基层治理等共办共推。2023年，参与社区共商会议9次，组织参与志愿活动30余次，领办解决民生实事36件，共推事项15件。

队伍建设

【警示教育】 持续强化对“一把手”和领导班子监督，深化政治画像，协同区委常态化、全覆盖开展政治家访。强化廉政警示教育，分层分类组织开展典型案件庭审旁听活动750余人次；精心策划“党员干部家属”与“年轻干部”两条专属警示教育路线，以“分层分类+靶向治疗”方式推动警示教育向“精准滴灌”转变。做实做细受处分干部回访工作，推动相关单位全覆盖制定个性化回访教育方案，向相关单位党组织提出工作建议31条，有力推动案件查办政治效果、纪法效果、社会效果“三效合一”。

【思想教育】 聚焦区委学习贯彻习近平新时代中国特色社会主义思想主题教育和纪检监察系统教育整顿工作，探索实行“三单制”，明晰目标任务、促进学真学实，确保教育整顿与主题教育统筹联动、协同推进。组织党员干部赴春华村、绍兴枫桥等地开展溯源学习，组织开展党员“五个一”教育、集体过政治生日等活动，增强习近平总书记重要讲话精神感悟。深入实施青年铸魂赋能，助推年轻党员走快走远走稳。实施系统内“清风练兵”行动，开展培训28批次。

【队伍管理】 组织开展“青蓝同行·师徒结对”行动、年轻干部夜学沙龙、“清风讲坛”全员培训等活动，精心组织大练兵大比武，获全市纪检监察系统监督检查审查调查业务技能大赛二等奖、全市纪检监察综合业务知识竞赛三等奖。制定纪检干部负面清单报告制度，加强纪检监察干部日常监督管理。全面完成监察官等级首次确定工作，切实增强职业荣誉感和使命感。

【调查研究】 着力打造新时代“枫桥经验”城市版，以“三个覆盖”压实区管干部、年轻党员、乡镇街道调研要求，将24个乡镇（街道）划为8个片区，由区纪检委班子成员带队组成调研小组开展蹲点调研。以“三个访谈”丰富调研形式，通过集中座谈、接待面谈、流动访谈等形式，落实走访不少于1个村、5户村民的要求，深入收集村情民意。以“三个结合”提升活动质效，把蹲点调研与完成课题研究、密切干群关系、提升干部能力相结合，形成调研报告22篇，分流处置一批信访事项和基层治理问题。

（张凌云）

【编辑　沈绍坤】

2023年6月，区纪委成立专项督查组对亚运会赛前筹备开展监督检查

（区纪委　供图）

10 民主党派
Other Political Parties

中国民主同盟杭州市富阳区基层委员会

【概况】 至2023年底，中国民主同盟杭州市富阳区基层委员会（简称民盟富阳区基层委员会）文化、教育、科技、综合4个支部，盟员90人，发展新盟员7人。其中，杭州市政协常委1人，杭州市人大代表1人，富阳区人大代表1人，富阳区政协委员16人。全年组织各类活动49次，其中，学习讨论活动19次，参政调研活动12次，监督协商活动3次，社会服务活动15次。2月12日和25日，召开基层委员会2022年度总结大会，通报基层委员会和支部全年工作，部署2023年工作，举办新盟员入盟欢迎仪式；3月18日，召开建盟日“学盟章、读盟史”主题活动，提升盟员对新盟章的了解和民盟精神的领会；8月10日至11日，组织盟友到义乌、东阳开展“凝心铸魂强根基、团结奋进新征程”主题教育暨初心之旅活动，探寻民盟先贤生平事迹。全年开展盟员“双走访”活动5次，举办“盟员云讲坛”系列讲课8次，专题学习盟史、食品安全、社会服务等课程。连续第六年被民盟市委会评为“先进基层组织”；被民盟市委会授予2023年调研工作先进集体二等奖、2023年社情民意信息工作先进集体二等奖及2023年宣传工作先进集体称号。

【参政议政】 获评第十届区政协优秀委员盟员3人，提交提案9件，其中：集体提案《关于进一步优化教育基础设施建设，提高综合投资绩效的建议》获评区政协优秀提案。获评2023年度市人大代表履职积极分子盟员1人。8月，组织盟员到鹿山街道蒋家村开展“多措并举，促进村级留用地的开发与建设”重点课题调研，了解村级留用地在开发建设过程中遇到的产权最小分割单元、项目报批、开发模式等实际问题，梳理好共性及个性问题，提出意见建议。10月20日，组织盟员到区住建局开展“商品房住宅小区逐宗配建公租房的矛盾与建议”课题调研，了解公租房配建情况、租金定价、物业管理，梳理存在矛盾，提出意见建议。11月30日，组织盟员到区文广旅体局开展“拼经济、拼发展”专项民主监督活动，深入了解富阳全流域打造“富春山居卷首段、现代都市卷中段、烟雨桐洲卷尾段”等工作，并提出意见建议。12月17日，上海市金山区和富阳区两地民盟“参政议政实践基地”在春建乡揭牌，开展乡村振兴主题调研，并开展盟务工作交流，推动合作共赢。全年共撰写社情民意96篇，其中民盟省委会录用26篇。撰写宣传稿件48篇，其中民盟中央录用1篇、央视财经录用1篇、《联谊报》录用1篇、民盟省委会录用5篇。

2023年5月27日，民盟富阳区基层委员会赴富春街道宵井村开展“同心志愿服务，助力乡村振兴”社会服务活动　　（民盟富阳区基层委员会　供图）

【社会服务】 至年底，开展社会服务15次，其中，5月27日，联合区同心公益在富春街道宵井村开展“同心志愿服务，助力乡村振兴”社会服务活动，现场提供送农、送医、送法律、送清凉、送理发磨刀、送家电维修等公益服务，并现场收集社情民意信息，设立社会服务基地；7月，组织盟员帮助“7·22”洪灾遇险的乡镇抗洪救灾，开展清淤工作、助企复工复产、有害垃圾清运等；7月至8月，派出盟员名师团队，在富春街道三联村暑期假日爱心学校开展送教系列活动，课程涵盖电影鉴赏、语文汉语、趣味数学、音乐欣赏、美术绘画、数独思维等；8月25日，民盟杭州市委会首家“培英乡村振兴实践基地”在富春街道宵井村揭牌；10月23日，到富春街道宵井村开展“金秋送暖，浓情重阳”社会服务活动，为村民提供检测血压、血糖、中医骨伤疗法等医疗服务；依托盟员企业开展“垃圾分类进校园”系列活动，持续在富春二小等中小学校收集牛奶盒，拓展省级绿色文明教育基地和新劳动教育基地建设。

（赵涵文）

2023年12月21日，中国民主建国会杭州市富阳区基层委员会成立大会在区文化中心召开　（民建富阳区基层委　供图）

中国民主建国会富阳区基层委员会

【概况】　至2023年底，中国民主建国会富阳区基层委员会（简称民建富阳区基层委）下设民建富阳区一支部、民建富阳区二支部、民建富阳区三支部等3个支部，有会员58人，新增3人，其中机关事业单位人员6人、公有制人员5人、非公有制人员47人。民建富阳区基层委全年召开班子（扩大）会议6次，组织开展各类学习研讨活动8次。组织会员赴重庆市参加“重温历史不忘初心，坚定信念同心同行”专题培训班，组织举办纪念中共中央发布“五一口号”75周年“新欣杯”知识竞赛活动。民建富阳区基层委获民建杭州市委会对全市89个支部的年度考核第一名，获评2023年杭州民建先进支部、2023年度杭州民建信息工作先进集体、2023年度杭州民建宣传工作先进集体。“清廉富阳·同心民建”基地获评2023年度杭州市统一战线“之江同心　奋楫争先”同心最美阵地。会员孙丙华获评2023年度“浙江民建年度人物”和2023年度杭州统一战线“同心最美人物”，会员单旭艇获评2023年度浙江民建社会服务工作先进个人。

【参政议政】　在十届政协二次会议中，支部13名政协委员中有8人获得富阳区优秀政协委员称号，民建富阳区基层委提交的《政策聚焦、建链建圈、数智引领，打造国企智能装备产业高地》作为大会发言提案获得领导及委员们的高度评价；《关于推动我区乡镇工业园区提升转型的若干建议》被评为优秀提案。民建富阳区基层委全年撰写社情民意信息45篇，其中获市级录用22篇，省级录用16篇，民建中央录用5篇。调研文章《以富阳区春江街道全过程人民民主实践基地为例谈如何在基层协商治理中发挥民建的作用》获省政协副主席、民建中央常委、民建浙江省委员会主委陈小平批示肯定。

【社会服务】　重点围绕亚运、绿色、爱心主题开展社会服务活动。开展“亚运有我”的主题活动，支部会员参与亚（残）运会和测试赛外围安保巡防；羊明坤和胡燕飞分别录制亚运会原创歌曲《我本男儿行四方》和《星耀杭城》；会员陆炜强担任亚运火炬手。3月，在富春湾新城开展“我为亚运种棵树”义务植树活动；6月，在春江中心小学开展“迎亚运·庆六一”主题助学活动；7月，在金家桥社区开展夏日送清凉公益慰问活动。

【清廉建设】　8月，成立“清廉富阳·同心民建”创建领导小组，制定《民建富阳区支部关于贯彻实施“同心同廉”工程的实施方案》，在春江街道春江村建立“清廉富阳·同心民建”实践基地，全体会员签署“清廉富阳·同心民建”承诺书。11月，民建中央组织部部长李伟带队参观调研“清廉富阳·同心民建”实践基地；基地被选入全省党外人士“同心同廉”理论与实践专题研讨会实践参观点。

（曾　想）

中国民主促进会杭州市富阳区总支部委员会

【概况】　中国民主促进会杭州市富阳区总支部委员会（简称民进杭州市富阳区总支部），成立于2023年12月28日，至2023年底，共有会员31人，主要分布在教育、文化、传媒、医卫等领域，占比70.97%；男性15人、女性16人；会员中担任处级以上职务、省政协委员、区政协常委各1人。

民进杭州市富阳区总支部第一届委员会主委为潘菲，副主委为裘卉青，委员为王俊杰、周珏琳、方利丹。总支部下设富阳区一支部、二支部、三支部等3个支部。

【民进富阳区总支部成立】　2023年12月28日，民进杭州市富阳区总支部成立大会在区文化中心召开，民进浙江省委会副主委、杭州市委会主委、杭州市科技局局长楼秀华，民进浙江省委会组织部部长林晓燕，中共富阳区委常委、统战部部长祝燕青，中共富阳区委统战部常务副

2023年12月28日，民进杭州市富阳区总支部委员会成立大会在区文化中心A座4楼召开　（民进杭州市富阳区总支部　供图）

部长杨兰英、副部长汪拥军，中共杭州市委统战部党派处三级调研员潘小兵，民进市委会内部监督委员会委员，兄弟区县（市）民进组织代表，区委统战部、区各民主党派、统战团体和市委会有关处室人员，民进富阳区总支部全体会员参加会议，民进杭州市委会专职副主委兼秘书长陈月利主持会议。会前召开会员大会，选举产生民进富阳区总支部第一届委员会和各支部委员会。

（周珏琳）

中国农工民主党杭州市富阳区基层委员会

【概况】　至2023年底，中国农工民主党杭州市富阳区基层委员会（简称农工党富阳基层委）下辖5个支部，分别是人民医院支部、医卫综合支部、联合支部、文化教育支部、新登支部。新发展培养教育期人员9人，共有党员126人，其中杭州市人大代表1人、区人大代表1人、区政协副主席1人、区政协常委3人、区政协委员11人。农工党富阳基层委获农工党浙江省“社会服务工作先进基层组织”、农工党杭州市2022—2023年度先进集体称号，下辖5个支部均获农工党市委会2022—2023年度先进支部称号。党员汪春良获农工党浙江省委会“社会服务工作先进个人”。党员柳元、盛振瑜、陈小艳、韩舞群、缪泮顺获农工党杭州市2022—2023年度优秀党员称号。党员邵锦晖、汪春良、曹廷生、沈吕诚、商玲、唐焕庆获农工党杭州市2022—2023年度优秀党务工作者称号。党员柳元、汪春良、何静布获农工党杭州市2023年度宣传思想工作先进个人称号。党员谭亮获农工党杭州市2023年度反映社情民意信息工作先进个人称号。党员邵悦萍获农工党杭州市2023年度社会服务工作先进个人。党员何静布获评杭州市社会主义学院第35期市各民主党派中青年骨干培训班优秀学员。

【宣传思想】　至年底，组织理论中心组学习活动4期，主题教育学习活动5期，其中组织骨干党员到广州开展纪念“五一口号”发布75周年暨农工党党史学习主题教育。召开基层委、下属各支部班子及扩大会议14次，支部活动17次。全年在前进论坛、富阳电视台以及团结网、澎湃新闻、浙江农工党、杭州统一战线、杭州农工党、富阳统战等网站和微信公众平台上发布宣传报道、党员文章50余篇次。

【组织建设】　至年底，发展丁伟、刘天睿、楼奇辉、谭亮、俞慧慧、张瑞丽、张叶、赵冲、周璇9名培养教育期同志，平均年龄32.7周岁。召开新党员及培养教育期党员座谈会4期。推选优秀年轻骨干党员及发展教育期人员参加农工党省、市委会、区委统战部举办的各类培训班；完善更新党员信息数据库，做好后备干部培养和使用。组织退休党员活动1次，支部间交流活动2次，慰问党员20人次。

【参政议政】　依托下属各支部行业优势组建参政履职小组，设立支部课题调研小组、民主监督工作小组、社情民意任务小组等。集体提案《关于构建科学有效的基层传染病防控健康服务体系的建议》入选富阳区政协十届三次会议大会发言，《加强政府法律顾问绩效管理　助推高水平法治富阳建设》和《关于提升互联网诊疗服务，加快推进“舒心就医”优质服务共享的建议》等

2023年5月，农工党富阳区基层委组织党员赴乡镇（街道）开展助力亚运社会服务活动　（农工党富阳区基层委　供图）

获评区政协十届一次会议以来优秀提案。分别向市委会、区政协、区委统战部提交社情民意信息54篇，课题报告5篇。其中，有2篇素材经市府办信息处整合后分别得到国务院领导、两位市领导批示。撰写“坚持病有良医”专项民主监督报告，就优化与省级医院合作办医问题等工作积极建言献策。

【社会服务】 组织人医支部到场口镇开展主题为“2023环境与健康宣传周”的活动，发放健康知识与环保资料手册5000余份，围绕中小学生群体实施脊柱侧弯检测服务项目；组织新登支部开展新登长兰村健康知识宣讲和诊疗7期；组织医卫综合支部在“医师节”期间赴富春街道、场口镇举办暑期教育培训班、义诊活动等。4月，农工党富阳区基层委与中共富阳区第一人民医院党委举行“同心同行，共筑亚运”——亚运保障急救公益培训系列活动启动仪式，在富春街道、银湖街道、东洲街道等地开展亚运保障急救培训，深入企业、农村、学校共开展12场，完成培训500余人次。12月，农工党富阳基层委在富春街道三根桥社区建立农工党政协委员联络站。

【富阳区基层委医疗健康服务站】 4月，市委会助力共同服务社会服务基地·富阳区基层委医疗健康服务站获评农工党浙江省委会省级社会服务基地，同年7月，获全国政协副秘书长、农工党中央专职副主席王路现场肯定。该站于2021年11月成立，以多科联动的形式成立急诊科、消化内科、肛肠科、泌尿外科、医学影像科诊疗团队，多名农工党党员中的富春名医进驻场口社区卫生服务中心，于每周四以轮值下沉的形式开展工作。成立以来，累计完成专家门诊2800余人次，完成手术38例，超声检查1500余次，筛查发现早期恶性肿瘤20例；开展胃镜检查4051人次，肠镜检查247人次，筛查出肿瘤患者78人次。

（何静布）

2023年10月26日，致公党富阳支部在杭州光学精密机械研究所举行“议政日”暨专项民主监督活动
（致公党富阳支部　供图）

中国致公党杭州市富阳区支部

【概况】 至2023年度，中国致公党杭州市富阳区支部（简称致公党富阳支部）新入党员1人（戴立宇），共有党员23人。12月，致公党富阳支部完成换届，选举产生由申屠晨光任主委，蒋向群、倪斌任副主委，张昕然、刘宇涛任委员的第三届支部委员会。开展支部班子召开理论学习中心组学习4次，编制完成《支部规范化建设手册》，进一步规范支部主要任务、班子建设、党务活动、党员发展等。开展“凝心铸魂强根基 团结奋进新征程”系列主题教育，参观“中央调查组在富阳”史料陈列室，联合民建富阳区支部赴重庆举办“重温历史不忘初心，坚定信念同心同行”专题培训班，党员倪斌、杨静、金维参加党外代表人士培训班。致公党富阳支部获评省委会“参政议政工作先进集体”、市委会“宣传思想工作先进集体”、“组织工作先进集体”。党员蒋向群获评省委会“宣传思想工作先进个人”，党员杨静、倪斌、刘宇涛分别获市委会“组织工作先进个人”“社会服务工作先进个人”“海外联谊工作先进个人”。党员倪斌、汪俊凯获评支部“社会服务先进个人”，党员何元军、杨静获评支部“组织工作先进个人”，党员刘宇涛、张昕然获评支部“议政建言先进个人”，党员詹静怡、李晨男获评支部“外联宣传先进个人”。

【参政议政】 党员申屠晨光等6人参加中国人民政治协商会杭州市富阳区第十届委员会第二次会议和杭州市富阳区第十七届人民代表大会第二次会议，提交政协提案8件、人大议案1件，内容涉及乡村振兴，人才招引、共同富裕、社会治理等方面。党员蒋向群在政协十届二次会议上作《文旅融合提档民宿经济助力未来乡村共富发展》发言并获区委主要领导批示。支部信息《关于提升嵌入式体育场地设施的建议》获区主要领导批示。党员申屠晨光主笔信息《不能让“成人体验馆”成为法外之地》获致公党中央录用。党员倪斌、张昕然获2022年度杭州市富阳区政协优秀委员。党员许青获评2022年度区人大代表履职积极分子。支部完成《实施数字经济产业引优计划　大力引育数字产业链上下游企业》调研报告，执笔政协请你来协商子课题《培育民宿品牌助推民宿产业高质量发展》，并向区主要领导汇报。参加政协“深入推进高质量就业创业”请你来协商活动，党员倪斌、党员张昕然作为代表人员进行发言。支部联合新联会、留联会到区商务局开展“高质量发展建设共同富裕示范区”专项民主监督和课题调研活动，并形成调研报告《从“建链——延链”到“强链”视角探讨富阳区产业链招商工作》，并向区委主要领导作汇报。围绕区委、区政府“双拼”行动部署和“全面打造科技成果转化首选区”主题，对区科技局有关提升创新创业载体能级、助力科技成果转移转化工作进行民主监督。

【海外联谊】 参与筹建区欧美同学会等工作，支部共有10人为富阳区首届欧美同学会会员，其中2名党员被选为副会长，3名党员担任理事。支部依托侨家大院承办侨助“双拼”·喜迎亚运暨第五届“青芒计划”留学生暑期实践项目。邀请马来西亚CH Communication SDN BHD公司的董事长Dato Seri Alvin Chang Hok Yon（中文名“郑学扬”）一行到富阳考察。积极增强与基层组织联系，与余杭基层委、萧山基层委、西湖基层委、滨江总支、市一支部等基层组织开展“杭州致公一家亲”联系结对活动。

【社会服务】 党员李晨男参与杭州亚运会宣传片《律动山水 极致杭州》拍摄。与市一支部、西湖基层委四支部联合开展“公益义诊传爱心，健康科普进乡村”公益义诊活动。党员倪斌组织开展富春江巡逻工作，“富春江水上救援队”自成立以来，累计巡逻300多天2600多人次，成功援救溺水者20多人。

（蒋向群）

【编辑 刘 亮】

11 群众团体
Mass Organizations

富阳区总工会

【概况】 至2023年底，富阳区有工会2050家，其中非公有制企业工会1400家，会员19.18万人。新增基层工会420家、发展会员9490人，其中新建新业态工会14家、发展会员3616人。开展“守好红色根脉·班前十分钟活动”，涉及全区企业576家。选送《红色班前会“小讲台、大使命”》获评杭州市优秀案例，《立足本职岗位、践行初心使命——从心法律援助》获评杭州市优秀文案，领讲员季历获省总工会优秀领讲员称号。全年培育创建全国工人先锋号1家、省市级工人先锋号8家、市级劳模工匠创新工作室2家。

【劳动技能提升】 开展年度百场企业职工素质提升培训101场，培训职工4952人，举办年度百场技能竞赛155场，参赛职工6500余人，其中入选“浙江省最受好评的乡镇特色职工职业技能竞赛”项目3个。开展“学历与技能提升行动”，补助职工211人，申报杭州市新时代技能人才激励奖励675人。

【工会数字化改革】 以“富工建家”赋能工会管理能力提升，框定五大类23项核心业务指标，优化4项业务流程，明确三级工会管理树状模型，形成基层和镇街工会“建家指数”，推动工会管理模式提升，该项工作获评“杭州市工会改革创新优秀成果”。以“技能码”赋能技能提升工作体系建设，一码集成“培训、竞赛、帮带、晋升、激励”五大技能提升资源，重塑“赋码、编码、亮码、转码、惠码”技能提升线上业务，推动“学技能、赛技能、晋技能、奖技能”职业技能提升工作体系建设。该项工作在全省产改工作推进会上，作典型经验交流。

【和谐劳动关系构建】 在17家企业试行“谈督审”基层工会主席职责强化工作机制。建设“共享法庭”劳动争议多元化解工作机制，共享法庭累计接待来访职工50余人，提供线上线下法律咨询服务110人次，调解劳资纠纷案件34件。推进企业能级工资集体协商，完成410家企业职工技能补贴与技能等级挂钩，联合区人社局在300余家企业开展“劳动用工体检”工作。

【富阳区“五一”国际劳动节表彰大会暨第四届“富阳工匠”认定发布会】 4月25日，富阳区“五一”国际劳动节表彰大会暨第四届“富阳工匠”认定发布会在青少年宫举行，大会表彰富阳区第四届“富阳工匠”、2022年度百名优秀“新富阳人”、2022年度富阳区“十佳名师”、富阳区首届“最美外卖骑手”、2022年度富阳区“AAAAA级基层工会”等先进个人和集体。其中，第四届“富阳工匠”为丁海伟、王锋、

2023年4月25日，富阳区“五一”国际劳动节表彰大会暨第四届“富阳工匠”认定发布会在青少年宫二楼剧场举行（区总工会 供图）

刘益平、许保生、孙小明、李文德、夏冬、徐拥华、陶宇军、章建海等。

【职工文体志愿活动】 开展“全民迎亚运、文化进万家”系列主题活动，举办元旦春节“送万福、进万家”书法公益活动10场、传统节日职工文艺公益培训4场、迎亚运“一季一赛”职工文体活动17场、职工书屋悦读活动17场，参与职工1万余人次。实施“千名职工助亚运”城市侧志愿服务行动，每周组织开展工会政策解答、法律援助、爱心义诊等特色便民服务，累计发动各级工会开展各类志愿服务300余场次、服务职工群众近万名。探索“工会会员日”活动，实施工会会员享受区内景区门票优惠政策，增强会员获得感，促进文旅消费。

【职工服务】 至年底，职工医疗互助参保单位2071家，服务职工16.98万人次（其中新就业形态群体4017人），累计补助6919人次，发放补助金595.6万元，一线职工免费健康体检3000人次、免费疗休养820人。做好困难帮扶普惠服务，慰问建档和边缘困难职工61人次，发放慰问金26.2万余元，对335家企业的6130名职工发放杭外非公有制企业职工春节返岗交通费补贴102.75万元。做好各类关心关爱普惠服务，补助15户“7·22”洪涝灾害受灾职工家财损失10万元，高温慰问75家单位6000余人，投入16万元资金面向新就业形态劳动者开展关心关爱活动，各级工会举办就业招聘会27场，提供岗位352个，建成开放各类“富春小哥驿站”“微驿站”“爱心驿家”等71家（处），其中2家爱心驿家获评2023年浙江省“最美工会户外劳动者服务站点”。

【经费管理】 全年税务代征工会经费4796.66万元，拨付24个乡镇（街道）工会工作经费1147.30万元，完成上缴杭州市工会经费2413.96万元，返还机关事业单位工会818.94万元，缓减企业上缴工会经费4634.93万元。加强工会经费和资产管理，建立乡镇（街道）总工会财务管理“借管服”工作机制，推进工会经费预算绩效管理，开展工会经费审查审计，推动资源配置、资金分配向基层工会倾斜。区总工会被中华全国总工会评为2023年度工会财务会计工作先进单位。

（詹　易）

团区委

【概况】 至年底，富阳有各类团组织1491个，建团率100%，其中：基层团组织1490个、团委90个、团工委12个，团总支22个、团支部1366个。全区14—35周岁青年16.9万人，其中团员2.78万人，团青比例16.45%，全年发展新团员1813人。

【中国少年先锋队杭州市富阳区第十一次代表大会】 2月27日，中国少年先锋队杭州市富阳区第十一次代表大会在富阳区青少年宫召开。会议总结全区第十次少代会以来的工作情况，听取和审议富阳区第十届少工委的工作报告，研究部署今后三年全区少先队工作目标任务，邀请区委副书记担任少工委名誉主任，选举产生富阳区第十一届少工委主任2名、副主任9名（其中挂职2名、兼职2名）、委员29名。会议表彰2022年度获“杭州市成绩突出少先队集体”“杭州市成绩突出少先队辅导员”“杭州市成绩突出少先队员”的集体和个人。

【富阳区迎亚运倒计时200天暨“3·5”学雷锋活动月活动】 3月5日，“青春助力· 奉献亚运”2023年富阳区迎亚运倒计时200天暨“3·5”学雷锋活动在万达广场举行。活动现场，团区委书记赵海锋为浙江中医药大学、杭州科技职业技术学院、浙江建设技师学院、武警士官学院等青春合作共建单位授牌。副区长黄泽为新桥北路990号（万达广场户外广场）亚运青年V站揭牌，并宣布“青春助力·奉献亚运”2023年富阳区迎亚运倒计时200天暨“3·5”学雷锋活动月启动。活动月期间，共开展参与助力亚运、社会治理、推进乡村振兴、建设美丽浙江、传播志愿文化等重点领域的志愿服务活动574场。

【共青团杭州市富阳区委第二十二届二次全体（扩大）会议】 4月6日，共青团杭州市富阳区委第二十二届二次全体（扩大）会议召开，第二十二届团区委委员、候补委员，乡镇（街道）团（工）委书记，机关、学校及重点联系企业团组织书记，团区委机关及下属事业单位全体在编干部，下属社会组织代表、部分社区代表等120余人参加。会议表彰2022年度青农线、青工线、

2023年4月27日，杭州市富阳区青年联合会第六届委员会第一次全体会议召开
（团区委　供图）

学校线考核优秀单位，获2022—2023年度区级青年文明号集体授牌。团区委书记赵海锋作题为《奉献亚运　助力“双拼”为高水平描绘现代版富春山居图践行中国式现代化拼出青年担当》的工作报告。

【杭州市富阳区青年联合会第六届委员会第一次全体会议】　4月27日，富阳区青年联合会第六届委员会第一次全体会议召开，区委副书记、区长谢渐升，团市委副书记、市青联副主席周妙荣出席并讲话。团区委书记、区青联主席赵海锋代表区青联五届常委会作题为《坚定信仰跟党走　踔厉奋进新时代　为高水平描绘现代版富春山居图践行中国式现代化贡献青联力量》的工作报告。会议应到会委员119名，实到会委员97名，以无记名投票、等额选举的方式选举丁丽等20人为杭州市富阳区青年联合会第六届委员会常委，其中，赵海锋为主席，马昊初、宋心璐、王晓玮、徐钦星等为副主席。

【杭州青年人才“潮趣安顶·情绘茶乡”系列活动启动仪式暨“亲青恋·团青缘聚安顶之恋”联谊交友活动】　5月19日，2023年杭州青年人才“潮趣安顶·情绘茶乡”系列活动启动仪式暨“亲青恋·团青缘聚安顶之恋”联谊交友活动在里山镇安顶山星空露营基地举行。本次活动由浙江省青少年事务所、省直机关团工委、共青团杭州市委指导，区委人才办、团区委、区文广旅体局、里山镇人民政府主办，浙江部分高校单身青年教职工、优秀硕博士及各行业领域青年人才60人参加。省直机关团工委学校联合部部长、浙江艺术职业学院团委书记郑吟和团区委书记赵海锋为“青缘青创”青年实践基地揭牌，建立“安顶之恋”和“安顶之创”青年友好品牌。

【德格团县委到富阳考察交流】　6月12日，德格团县委到富阳开展学习交流活动，来自德格县的团干部、创业青年、西部计划志愿者、中小学生、青年教师等12人参加。德格团县委一行先后参观富阳水上运动中心亚运场馆、龙门古镇、吉庆农庄青创农场等具有富阳特色和青春元素的场馆阵地。富阳团区委和德格团县委在龙门镇1826摄影博物馆联合开展新时代青少年交流营及社会实践活动。

【全区直属团干部培训班】　7月6日至7日，团区委在杭州市团校及淳安县下姜村举办2023年富阳区直属团干部培训班，全区各直属团组织及重点联系企业团组织团干部参加。培训课程为“调查研究的基本路径”和“牢固树立‘四个自信’”专题教学、杭州青年运动史馆现场参观、重走下姜村调研路线等。

【富阳区“富有理‘响’”青年宣讲团迎亚运巡回宣讲进城北组团活动】　8月25日，富阳区“富有理‘响’”青年宣讲团迎亚运巡回宣讲进城北组团活动在春建乡茶艺空间举行，“富有理‘响’”宣讲员代表、城北组团年轻干部代表、茶乡青年大讲堂讲师、茶乡新语宣讲员以及春建乡各行政村团支部书记参加。活动现场，以春建为代表的城北组团依托党建联建工作机制，以党建带团建，正式成立“富有理‘响’”青年宣讲团“城北组团”小队。

【富阳区“号手岗队”亚运攻坚行动动员会】　9月1日，富阳区“号手岗队”亚运攻坚行动动员会在富阳区文化中心举行，团区委书记赵海锋、团区委副书记董琳洁、各青工线团组织负责人及各级“号手岗队”集体负责人参加。会议分三个阶段：一是举行亚运攻坚动员；二是优秀集体创建经验交流，区社会保险管理服务中心、区不动产登记服务中心分享青年文明号创建经验，区供电公司分享青年安全生产示范岗创建经验；三是杭州市团校周振东作“号手岗队”创建专题培训。

【富阳国际青年创新创业交流会暨“三访”活动】　11月7日，由富阳区委组织部（人才办）、共青团杭州市富阳区委主办，富阳经济技术开发区管委会、杭州全球青年人才中心、中非青年联合会协办的“春江潮聚　嗨Fun青春”2023年富阳国际青年创新创业交流会暨“三访”活动在富阳区公望两岸圆缘园举行，来自美国、法国、伊朗、苏丹等20余个国家的80余名在杭创新创业青年代表、优秀国际留学生代表参加。副区长黄泽为5名优秀留学生代表授予“富阳国际青年推介官”称号并赠送青年人才礼包。与会青年前往富阳经济技术开发区党群服务中心，佐格通信、路特斯能源总部等企业，开展国际青年富春行“访工访学访窗口”活动。

【全区团员和青年主题教育推进会】　12月14日，全区团员和青年主题教育推进会在区委党校报告厅举行，区委常委、组织部部长，区委主题教育领导小组副组长、办公室主任万重丰出席会议并讲话。青年代表围绕“两新”领域团员和青年主题教育、青年干部“明德守法、完善自我”专项行动、团员和青年主题教育学生专项工作等内容作交流发言，团区委汇报团员和青年主题教育进展情况，并部署下一步工作。举行“富阳青年说”线下宣讲，万重丰、张鹏、倪敏捷为12名富阳区“富有理‘响’”青年宣讲团优秀宣讲员颁发聘书。

【亚运会志愿者组织】　与浙江中医药大学、杭州科技职业技术学院合作，成立“小红心”“小水滴”青年突击队，组织“小青荷”1700余人完成亚运赛会保障任务。举办亚运倒计时活动2场，建成“亚运青年V站”37个，开展“全民学英语”活动250余场。

（陈若冰）

富阳区妇女联合会

【概况】　全区有基层妇女组织561个，其中：乡镇（街道）妇联24个、机关和事业单位妇女委员会（妇女工作委员会）32个、村（社）妇联350个、“三新”领域妇联组织179个。妇女团体会员26个，其中：区女企业家知识分子联谊会1

个、区工会女职委1个、乡镇（街道）农家女能手协会24个。区妇联下属事业单位区妇女活动中心1个。全区有专职妇联干部34人，其中，区妇联10人，乡镇（街道）妇联24人。

【巾帼宣讲】 组建百名“巾帼宣讲团”，分别来自妇联干部、先进女性、三新领域等群体。依托妇女儿童综合服务驿站、妇女之家等阵地，把学习习近平总书记考察浙江重要讲话精神、中国妇女第十三次全国代表大会精神与深入学习贯彻党的二十大精神紧密结合，组织各级妇联干部学习《习近平走进百姓家》《习近平关于妇女儿童和妇联工作论述摘编》，习近平总书记关于妇女儿童工作的重要指示精神，全年开展系列宣讲活动170余场次，参与妇女7万多人次。

【典型选树】 推荐区卫健局获评全国维护妇女儿童权益先进集体。推荐浙江省妇代会代表6人，出席杭州市第十七次妇女代表大会28人。获评全国巾帼建功标兵1个，全国巾帼文明岗1个；省三八红旗手1人，省三八红旗集体1个；省妇联系统先进个人2个；省“美丽卡嫂”1人；省优秀来料加工经纪人1人；省“巾帼共富工坊”1个；省家庭教育实践基地2个。

【两规实施】 完成区“十四五”妇女儿童发展规划中期评估，妇女规划八大领域89项指标提前达标57项，儿童规划五大领域93项指标提前达标63项。

【“美丽庭院”创建】 推进“美丽家园 你我同行”工作，每月开展“美丽庭院”比武，推出月度“红黑榜”晾晒，全年入户指导2万余户，选树市级“美丽庭院”示范户150户、“美丽阳台”70户、“美丽楼道”7个、“美丽庭院”示范村10个。

【巾帼护航亚运】 开展“迎亚运树新风 争当最美女主人”活动，启动亚运倒计时100天“巾帼护航平安亚运”百日攻坚大行动，“永昌丈母娘”“敲门嫂”“网格姐姐”等巾帼志愿队开展亚运宣传、环境整治、文明劝导、平安巡防等志愿服务500余场次。

【巾帼建功】 推进“巾帼共富工坊”建设，全年打造“章妈妈共富工坊”“龙羊阿姨”“漫联盟”“富春田翁”等各类巾帼共富工坊30个，发放来料加工费500余万元。承办杭州市“妈妈的味道”村播大赛，甄选本地12款美食上架直播平台，90分钟累计观看20余万人次，成交金额10万元，建立富阳区巾帼村播联盟。参加全省“妈妈的味道”共富行暨百城百店获活动，本地两位女主播分获省级巾帼村播大赛三等奖、市级村播大赛二等奖。湖源灰汤粽获评全省十佳美食。举办富阳区“巾帼文明岗”集中评审会，评审命名区级“巾帼文明岗”40家。评选区级三八红旗集体10个，三八红旗手20个。

2023年11月1日，浙江省“巾帼法助营商”公益行活动在杭州市富阳区启动
（区妇联 供图）

【儿童友好建设】 编制出台全省首个儿童友好乡镇（街道）建设指引。春江街道春雨社区成立杭州市首个儿童友好村校社企实践基地。全年成功创建市级儿童友好乡镇1个、学校3个、社区4个、医院1个、图书馆1个、公园3个、实践基地6个、企业1家、小伢儿停车场12个。承办杭州创建儿童友好城市主题活动。

【家庭教育】 创新推出区级家庭教育结对服务机制，为12对“名师+名校+名村”搭建共建平台，组建首批“家庭教育社区民师”队伍，发布“15分钟家庭教育服务圈”，举办家庭教育讲座近600场，服务2.5万人次，开展“社区民师”“三进”活动65场次，服务3800余人。

【家庭文明建设】 举办“书香飘万家 阅启新征程”《习近平走进百姓家》阅读分享会，省“最美家庭”周益萍作为浙江代表参加第二届全民阅读大会家庭亲子阅读论坛，并做主题分享。获评省级“最美家庭”4户，绿色家庭3户、市级“最美家庭”3户、“文明家庭”1户、绿色家庭17户。

【妇女维权】 依托“家和智联”“和睦E家”等数字化平台，强化婚姻家庭矛盾纠纷排查化解和暖心帮扶，全年化解红黄码家庭2948户，发放家暴告诫书746份，人身保护令5份，处置“110”（家暴）联动警情536件，警情数较上年同期下降39.6%。婚调室规范化建设完成12家。全年开展普法宣传400余场，覆盖辖区妇女群众27万余人次。“家事共享法庭”入选全国妇女工作改革创新十佳案例。区妇联获浙江省“平安家庭”建设优秀单位、杭州市“平安杭州”创建先进集体称号。

【关心关爱行动】 牵头开展区四套班子领导“六一”慰问活动，共走访慰问小学、幼儿园10所；走访慰问困难妇女50人，发放慰问金4万元；发放低收入“两癌”妇女中央专项救助金8万元；落实执委“四必访”制度，区镇村三级执委联系走访妇女群众3万余人次，解决问题200余个。发动女企业家协会开展结对帮扶，为留守困境儿童发放书包、校服等用品，价值10余万元。

（陈 澄）

富阳区科学技术协会

【概况】 2023年，杭州市富阳区科学技术协会（简称区科协）有区级学（协）会18个、民办非企业3个、企业科协12个、院士工作站3家（均为省、市两级院士工作站，其中1家认定为“重点支持的省级院士工作站”）、专家工作站3家、博士创新站15家，乡镇（街道）科协24个、社区科协分会49个，下属事业单位1个。区科协入围中国科协办公厅公布的2023年表现突出的科普中国组织单位名单。2023年全国科普日暨杭州市富阳区第36届科普宣传周活动获评中国科协办公厅2023年全国科普日优秀活动。

【区科协重要会议】 2月16日，富阳区科学技术协会十一届五次常委会召开，会议选举调整李建鹏任区科协副主席、秘书长。5月12日，富阳区科学技术协会十一届六次常委会召开，会议回顾总结2022年工作情况，研究部署2023年工作任务，选举调整陈水英任区科协主席、彭爱芬任副主席。

【民生问题调研报告】 区科协组织撰写《关于推动托育服务高质量发展的对策建议》《杭州市富阳区种养结合循环农业发展的现状与对策》《让“春江花月夜”惊艳杭城》《关于持续推进和改善水环境质量加强地下管网长效运维管理的对策建议》《富阳财政（国资）助拼乡村共富的探索与建议》等调研文章5篇，并获区委区政府主要领导批示肯定。

【基层科协队伍建设】 9月，调整富阳区科普和全民科学素质工作领导小组，明确领导小组各成员单位的工作职责分工，实施科普联络员制度。完成所属21家社会组织的年度检查和报告工作；指导农村金融学会等5家单位完成换届选举（届内调整）；指导岩土科技股份有限公司成立科协组织；指导水产学会完成注销登记工作。7月6日至7日，举办富阳区科协2023年科普工作专项培训班，提升基层科协工作者业务水平和工作能力。全年共组织服务活动300余场次。

【科普活动】 全年制作科普宣传挂图3期1.1万张、展板200块，配送至各村（社）文化礼堂、各乡镇（街道）党群服务中心、新时代文明实践中心（所站）展出，内容包括喜迎亚运、防灾减灾、卫生健康、生态环境等。推广“科普中国”应用，在《富阳日报》头版开设“科普之窗”专栏，每周一期，以中心工作、当下热点、重要时节为选题，传播科学知识。组织健康科普短视频大赛、健康科普主题演讲比赛，开展“科学就在我身边”科普短视频征集活动，获奖作品通过网络进行传播展示。开展《浙江省科学技术普及条例》宣传。举办2023年全国科普日暨杭州市富阳区第36届科普宣传周主场活动，内容包括卫生健康、科技创新等重点领域20多类，现场直播浏览量超过10万次，宣传周期间举办“亚运中的高科技”、科普知识有奖竞答等科普重点活动135场。开展“预防为主，生命至上”全国消防日等科普自由行活动5期，每期组织100户（家长+学生）到各科普研学基地参观。开展“护航平安迎亚运，科学普及共参与”等科技下乡科普宣传活动45场次。开展科普电影大篷车进校园、进村社810场。

【科普大讲堂活动】 以点派单形式，组建各领域专家科普讲师团，赴乡镇（街道）、村（社区）举办健康卫生、实用技术、安全常识等方面的科普知识讲座、技术培训等科普大讲堂活动105场次，受益人群7484人次。4月7日，中国科学院院士蔡荣根、孙昌璞到新登中学开展院士进校园活动，孙昌璞作《创造性学习与科学精神》主题报告，蔡荣根与师生进行座谈。

【科普信息化传播】 富阳科协服务号、公众科普订阅号等微信平台全年推送图文信息1768篇，阅读11.9万余人次。富阳科协官网发送通知、文件及科普文章257篇。新增注册“科普中国”信息员3480人，累计注册60163人，约为常住人口的7.5%，注册人数居全市第三，全

2023年9月，全国科普日暨杭州市富阳区第36届科普宣传周活动举行

（区科协 供图）

年分享传播科普文章564万余篇，全省区县级城市排名第一。

【科普助力“一老一少”专项行动】 开展“银龄跨越数字鸿沟”老年人智能手机培训、防诈宣传41场次，受益老年人2075人次。开展科普资源助力“双减”研学活动119场次，参与青少年科普研学基地31家，参与4000余人次。区科普资源助力“双减”研究生讲师团获2023年度长三角优秀科技志愿服务组织荣誉称号。

【科技人才引进】 开展院士工作站、专家工作站、博士创新站“三站”创建和服务工作，成功创建杭州市博士创新站8家，杭州大华仪器制造有限公司入围第二批重点支持的省级院士工作站名单。根据省、市、区人才政策规定，为杭州银湖激光科技有限公司等4家单位划付上级和本级配套资助资金共286万元。开展“专家入企活动”，组织5家企业与5个博士团队完成杭州市博士创新站项目签约。

【科技学(协)会活动】 开展以“点亮精神火炬”为主题的第七个“全国科技工作者日”，举办“5·30”主场活动《富阳日报》专版宣传；组织优秀科技人员疗休养活动，共有吉林长白山、广西南宁、云南腾冲等3批次50人；实施2023年度重点学术活动项目，申报立项项目11个，择优资助项目8个，涉及金额14.9万元。富阳区中医药学会围绕弘扬中医药文化、创新发展中医药事业的目标，为富阳区药谷小镇建设提供技术支撑，助力胥口丹谷小镇中医药文化建设。富阳区土木建筑学会与区建筑业协会协办编辑《富阳建筑》期刊、《富阳建筑科技论文》，以专业的视角介绍建筑行业工程质量安全文明施工技术等，助力富阳区建筑业高质量发展。富阳区档案学会开展抗美援朝老战士口述采访记录活动，被邀请参加中国军事科学院抗美援朝口述记录项目。

【富阳科技馆展陈工程】 3月，经部门、专家座谈论证、研究评审，审议通过富阳科技馆航天主题概念设计方案；7月，开展初步设计中期评审，提出初步设计修改意见；9月份，经考察调研和沟通协调，招标引入全过程咨询服务；12月，完成初步设计，通过初步设计成果专家评审，为下一步布展设计施工，围绕打造省内乃至长三角有影响力的航天科普平台、“富阳科技文化新地标”、富春文旅图景“金名片”打下坚实基础。

【反邪宣传警示教育】 编印反邪教警示教育资料，全年配送折页36000份，实现各乡镇(街道)、村(社区)发放率100%。依托春节、春耕、防灾减灾日、科技活动周、科技工作者日等重要节日节气，联合反邪专项单位及基层单位开展防邪反邪宣传进乡村、进文化礼堂、进学校、进校园等活动。5月10日至19日，举办“反邪扬清风，文明迎亚运”反邪教微信知识竞赛，通过富阳发布、公众科普、薄荷茶社、科普一分钟等官微举办为期10天的反邪知识竞赛活动，活动实名登记参加4.68万人，累计答题13万人次。6月29日，在胥口镇葛溪村举行2023年反邪教宣传月启动仪式，活动线上图片直播浏览量接近6000人次。全年获薄荷茶社录用宣传信息18篇，中国反邪通讯录录用宣传信息及理论文章2篇。

(戴根根)

富阳区工商业联合会

【概况】 2023年，富阳区工商业联合会(以下简称区工商联)新增会员47家，共有会员1765家。指导东州、永昌、胥口等6家商会及区企业家协会完成换届选举。全区所属商(协)会29家，其中，乡镇(街道)商会24家；行业商(协)会1家，即杭州市富阳区电动车行业协会；其他3家，即杭州市富阳区企业家协会、杭州市富阳区民营企业联谊会、杭州市富阳区青年商会；富阳异地商会1家，即富阳莲都商会。异地富阳商会5家，即广东省浙江富阳商会、深圳市富阳商会、北京富阳企业商会、上海宝山富春经济促进发展中心、乌鲁木齐富阳商会。

区工商联获全国工商联授予的2022年民营企业劳动关系监测调查工作示范基层单位和2023年度全国工商联民营企业调查点工作先进基层工商联称号，获评“全省工商联服务‘两个健康’工作成绩突出集体”。

【“富商永远跟党走”主题活动】 持续深化“富商永远跟党走”主题活动，提升品质富商。全年，区工商联组织300余名会员企业家赴高校和红色基地开展理想信念教育活动，推荐12名企业家赴南开大学、北京大学参加“品质杭商”培训班。组织100余名企业家开展“富商数字行”“助力亚运·民企有我”等主题活动，设立民营经济理想信念教育基地；《每日商报》专题报道杭州飞鹰船艇有限公司、杭州富阳祥瑞水上运动器材有限公司、杭州富伦生态科技有限公司等会员企业深度助力亚运的故事；推出30多位不同领域、不同行业的民营企业家在企业高质量发展、助力共同富裕、创建清廉民企方面的先进典型在“青年富商说”“听见·富商”“百舸引航清廉民企风采展”等专栏进行宣传报道。全年举办“富商学习会”专题学习活动25场次，解读涉企惠企政策，分析研判经济形势，把脉破解民企发展难题，引导民营企业坚定信心，助力建设高素质创新型富商队伍。

【护航民营企业健康发展】 联合区企业综合服务中心、区检察院、区法院等部门举办“亲清直通车——政企恳谈会”19场，参加企业400家次，收集反馈解决企业提出的各类问题建议205个，其中现场回应解决问题157个，通过企业服务办交办责任部门解决问题48个。与区法院、区律工委、区司法局等部门共同签署《关于共同建设共享法庭推进阳光护企助企解纷行动的框架协议》，促进商事矛盾纠纷源头预防、前端化解。联合司法部门开展“法律三进”“法治体检”“法企恳谈会”“检企恳谈会”等活动

2023年2月22日，富阳区清廉民企建设推进会暨"百舸引航·民企廉盟"成立仪式举行　（区工商联　供图）

4场次；助推企业"司法康复"，完成4家企业合规建设。"数字经济工作委员会"指导15家企业开展数字化改造。"以企引企工作委员会"宣传回归政策，邀请在外富商回乡发展，完成招商引资有效信息8个。

【构建新型亲清政商关系】 打造亲清政商关系"富阳模式"，2月，启动"百舸引航"品牌行动计划，召开全区清廉民企建设推进会，成立全省首家"民企廉盟"，全年有35家民企创建清廉示范单位和优秀实践单位；6月，承办全市清廉民企建设工作部署会，"一企一品"清廉民企建设成果入选2023年"清廉浙江"现场会观摩点，《一企一品护航民企健康发展》获评2023年全省清廉民企建设十大创新工作案例，区工商联获评"全省清廉民企建设十大创新案例"单位，富春江集团获评全区首家"浙江省清廉民营企业建设示范单位"；8月，承办浙江省亲清政商关系乡镇(街道)建设研讨会，"三侧协同"亲清政商关系富阳模式获全省推广。

入选全省唯一的全国工商联立法协商联系点，构建"四个一"（"一机构"强推进、"一平台"强畅通、"一个库"强质效、"一机制"强运行）工作体系，省工商联两次在富阳召开《浙江省优化营商环境条例》立法调研座谈会。高质量完成《刑法修正案（草案）》《仲裁法修订案（草案）》《浙江省优化营商环境条例（草案）》等涉企法规意见征求任务，提出多项立法修法司法意见建议，其中关于将《关于促进民营经济发展壮大的意见》加大民企工作人员腐败惩处、保护民企权益等相关突破性条款上升为《中华人民共和国民营经济促进法》立法条款以及商会立法坚持共同性原则等意见建议被全国工商联通报点评、反馈采纳，开创从立法源头上保护民营企业产权和民营企业家权益的"富阳实践"。区工商联在全国工商联立法联系点工作会议上作交流发言并获全联发文进行典型通报。《打造立法协商"直通车"答好营商环境"最优卷"》获评浙江省二季度服务"两个健康"最佳实践案例，12月，区工商联受邀代表全国基层工商联参加全国人大常委会《刑法修正案（草案）》评估会。

【企业调研走访】 3月，调研全区34家2022年产值超5亿元民营企业，核实上报营业收入总额、税后净利等指标。组织开展民营经济运行情况调查、万家民企评营商环境调查、民企500强等专题调研活动15次，参与调查企业1983家次，居杭州市首位，区工商联获评全国民营企业调查点先进基层单位和省工商联2023年度民营企业调研先进单位。全年走访企业200多家次，执委企业走访率80%以上，多条社情民意信息被上级工商联采用，区工商联获评市工商联系统2023年度反映社情民意信息工作先进单位。

【民企助力共同富裕】 组织民营企业家富商参与乡村振兴、对口工作和公益慈善事业。杭州天铭科技股份有限公司、杭州楚济堂医药有限公司等会员企业助力"暖心无忧"医疗资金捐款30余万元；10家执委企业与四川省德格县10个村开展结对帮扶，5位民营企业家与淳安县、桐庐县5个薄弱村结对，担任名誉主任；20余家会员企业参与全区"先富带后富"共富联合体建设，提供岗位招聘、农产品助销、技能培训、资金捐赠等帮扶清单120余项；出台《富阳区"富春匠坊"定向招工式共富工坊建设实施方案》，依托会员企业设立共富车间、共富生产线、共富岗位，打造定向招工式共富工坊27个，提供就业岗位1200余个，解决定向吸纳农村剩余劳动力、低收入群体就业务工300余人，其中："合心合拍　宏科共富工坊"被评为全省优秀实践案例，杭州长命电池有限公司"共富工坊"入围全市民企助力共同富裕案例。

【基层商会建设】 7月，召开全区商会党建工作推进会，成立富阳区商（协）会综合党委，为全省首家区（县、市）商（协）会综合党组织；创新构建"机关＋执委会＋商会＋会员企业"四位一体的"链企大党建"工作模式与体系，组建春江、银湖功能型商会党组织15家；以"商会党建会客厅""双融三创四平台"为抓手，推动商会党组织创建"五好"商会党组织、"四好"商会，富春、灵桥2家商会获评AAAAA级商会社会组织，富春商会全国"四好商会"，新登商会获评市级"四好商会"及商会共享法庭获评第一批"区示范共享法庭"；推动商会与德格县、缙云县、来凤县开展帮扶等合作，区民营企业家联谊会、环山商会为缙云县捐赠"暖心益童"、教育帮扶资金40万元，春建商会捐款30万元成立春建乡慈善共富基金，灵桥商会联合杭州科职院、浙江科技学院开展"民企高校携手促就业"行动。

（朱欢英）

富阳区文学艺术界联合会

【概况】 至2023年底，富阳区文学艺术界联合会（简称区文联）所属协（学）会14个，有会员1910人，其中，国家级会员99人，省级会员255人，地（市）级会员508人。全年出刊《富春江》正刊4期。

【主题党日活动开展】 结合“5·23”讲话发表81周年，举办“习近平总书记关于文化建设和文艺工作重要论述”专题讲座，进一步引导文联干部职工及文艺工作者提高政治站位，坚定人民导向。全年开展集中学习12次，党组书记上专题党课2次。举办全区文艺骨干读书会，召开全委会、协（学）会主席会议、乡镇（街道）文联负责人会议，举办“乡村振兴题材连环画创作人才培训”成果展、在“浙”里看见美丽中国——浙江画院2023年度美术作品展等主题活动。

【“迎亚运”系列文艺活动】 承办“西泠名家亚运主题篆刻展（富阳站）”、举办“迎亚运·庆三八”篆刻作品网络展、“亚运有我·廉洁护航”艺术作品云展、“宋韵富春”浙江省首届隶书大展、西泠名家亚运主题篆刻展、“迎亚运展风采”首届杭州市隶书展、“亚运之花”何水法中国画展、“诗画富春 共享亚运”富阳区第五届摄影作品展。启动“文化进万家·新春迎亚运”2024年迎新春送福送春联活动。开展“亚运印记”文化采风活动，邀请名刊名报主编和作家、诗人到富阳采风。

【第七届郁达夫小说奖颁奖典礼】 4月21日晚，由浙江省作家协会《江南》杂志社、杭州市富阳区人民政府联合主办的第七届郁达夫小说奖颁奖典礼，在郁达夫的故乡富春江畔——富阳公望美术馆举行。中国作家协会党组成员、副主席、书记处书记李敬泽，浙江省委宣传部常务副部长来颖杰出席典礼并致辞。本届评奖，邵丽《黄河故事》、徐则臣《虞公山》分获中篇小说首奖和短篇小说首奖，黄立宇《制琴师》、李宏伟《月球隐士》、罗伟章《镜城》获得中篇小说奖，界愚《春暖花开》、三三《晚春》、潘向黎《荷花姜》则分获短篇小说奖。

【公望美术馆展览】 至年底，公望美术馆举办展览13场，其中有“新富春山居图”浙江油画院创作工程展、山山而川——梁建平新乡土水墨作品展、“致敬公望 献礼亚运”第三届长三角女子书画优秀作品巡展（杭州站）、“宋韵富春”浙江省首届隶书大展、诗画江南 活力浙江——全省新风景影像艺术大展、西泠名家亚运主题篆刻巡展（富阳展）、“亚运之花”何水法中国画展、2023杭州公望少儿美术作品展、“家住富阳上”骆松涛中国画作品展、“诗画富春 共享亚运”杭州市富阳区第五届摄影作品展、向上生长向下扎根连环画创作人才培训成果展、在“浙”里看见美丽中国——浙江画院2023年度美术作品展等。开设富春山居——中国历代绘画大系特藏馆。

【浙江省首届隶书大展】 6月6日至20日，由浙江省书法家协会、杭州市富阳区人民政府主办，浙江省书法家协会隶书委员会、杭州市富阳区文学艺术界联合会和杭州市富阳区文化和广电旅游体育局承办的“宋韵富春”——浙江省首届隶书大展在公望美术馆举行，本次大展共收到投稿作品1900余件，通过初评、复评、终评、评奖四个环节，共评出入展作品118件，其中优秀作品10件、优秀作品提名10件。

【浙江省新风景影像艺术大展】 7月1日至8月31日，“诗画江南 活力浙江”全省新风景影像艺术大展在公望美术馆举行。本次大展围绕纪念“八八战略”实施20周年主题，以“诗画江南 活力浙江”省域品牌的影像样本为切入点，循迹溯源开展主题性摄影专题创作。该展为浙江文化艺术发展基金支持项目，也是“两个先行”全省主题影像创作工程成果展览，由省文联、杭州市富阳区人民政府主办，省摄协、杭州市富阳区文联承办，公望美术馆、杭州市摄协、杭州市富阳区摄协协办。展览分为“旧诗新说”“味象画新”“活气新生”“聚力更新”4个板块，展厅集聚近130位摄影家的420多件静态和动态影像作品，以艺术的形式集中彰显浙江山水风光、历史积淀、人文底蕴，以及新时代浙江的发展水平、精神气质和文明风貌。

【浙江画院美术作品展】 12月15日，由浙江省文联指导，浙江画院、富阳区委宣传部、富阳区文联共同主办，公望美术馆、浙江省陆俨少艺术研究会承办的“在‘浙’里看见美丽中国——浙江画院2023年度美术作品展”开幕式在公望美术馆举行，浙江画院画师、创研员、访问学者、学员共63人的300余件作品参加，展览至2024年1月20日结束。此次展览作品集中展示浙江画院以在“浙”里看见美丽中国为主题的创作成果，用艺术的方式，描绘浙江新时代的精神内涵和文化品质，营造意象与现实交融、地域与人文结合、过去与未来贯通的审美意境，为美丽中国的“浙江方案”添砖加瓦。

【文艺志愿服务】 至年底，开展“文化进万家·新春迎亚运”迎春送福写春联活动25场。公望美术馆推出公教活动33场次，招募志愿服务队，提供导览服务，共吸引约10万人次观展。组织近50名文艺工作者到全区49所农村中小学开展支教活动，培育学生艺术社团近千个。场口镇东梓关村入选首届“艺术乡建助推共同富裕”论坛、浙江省十大共富案例。

【区文联所属文艺家协（学）会活动】 区作家协会举办浙江作家服务营走进富阳暨富阳作家改稿会及本土作家方格子、赵玉龙与程洪华新书分享会等，“富春江读书会”获评2023年富阳区“十佳阅读品牌”；美术家协会举办“第十四届全国美展”作品写生采风、看稿和观摩活动以及“风物志”——蔡乐群中国画展；书法家协会举办“擘画廿载”——杭州书法精品创作系列展（富阳特展）、首届富阳区硬笔书法展等；区摄影家协会与嵊州市摄影家协会共同组织开展“迎七一·忆初心”系列主题党日摄影采风活动；区音乐家协会开展“喜迎亚运盛会 同饮一江春水”——2023富阳桐庐两地亚运原创歌曲交流活动；区舞蹈家协会举办“艺起亚运 富春共舞”——2023年富阳舞艺迎亚运快闪活动；区戏剧曲艺家协会举办“‘戏’庆亚运‘曲’向未来”——富阳区戏剧曲艺专场文艺惠民演出活动；区电影电视艺术家协会摄制电视文学《新城道中》，获得浙江省广播电视节目奖文艺奖三等奖；区民间文艺家协会赴余杭区开展采风学习活动；郁达夫研究学会组织开展浙东唐诗之路采风活动，出版《走进郁达夫——郁达夫研究国际学术会议论文集》；《三国演义》学会组织骨干会员参加在安吉召开的“2023年第五届朱然研讨会暨第二十六届中国《三国演义》学术研讨会”；富春印社举办“拥抱新时代 奋进新征程”、二十大报告金句篆刻等作品展5场以及创作沙龙、点评加工会13次；黄公望研究会专家学者到金华市婺城区汤溪镇九峰山实地考察，并与当地文化研究者进行探讨交流；董邦达董诰研究会联合富春印社开展“二董清风”主题篆刻创作，组织会员赴北京和河北承德专题调研“二董”文化。

【乡镇（街道）文艺】 富春街道成功创建首个杭州市民间文艺基地；春江街道在农村文化礼堂举办“我们的村晚”；东洲街道、银湖街道、里山镇、常安镇开展“迎新春送万福”文艺联动；鹿山街道召开文化挖掘工作研讨会；春建乡成立春建茶韵书画院；新桐乡举行第11届春天的盛会；新登镇举办东安书画展；渌渚镇打造“将台山诗会”文化品牌，被授予“浙江省诗词创作基地”；胥口镇举办浙江省摄影之乡——胥口镇备战国展摄影作品研讨暨文化赋能摄影共富乡村摄影讲座；大源镇举行2022年度书画协会年会暨作品观摩活动；灵桥镇举办首届乡村文化艺术节，成立富阳区首个村级

2023年4月21日，第七届郁达夫小说奖颁奖典礼举行

（区文联 供图）

文联新华村文联；渔山乡开展《四库全书》文化沙龙；上官乡建成雅光雕刻工作坊；常绿镇在大章村子平书房举行本土作家赵玉龙《鸟兽为邻》、程洪华《麦地的黄昏》新书发布会；场口镇举办2023年桐庐·富阳文化走亲文艺晚会；龙门镇举办“古镇新意 宋福有礼”新春非遗展；环山乡成立“胡震·印学”学习共同体；湖源乡举办宋“湖”富春年·乡韵“源”宵节；洞桥镇大溪村十八景艺术馆举办“绘家国新貌续状元文脉”书法展。

【创作成果】 至年底，全区有147件（组）作品在省、地（市）级刊物和展赛中发表、获奖、入展。扶持“对话富春江”文艺精品项目创作13个。方格子的《我有一条江》获杭州市第15届精神文明建设“五个一工程”优秀作品奖，李杭育的《醒酒屋》入选浙江省文艺基金项目，叶萍的《走出尘埃》入选国家新闻出版署农家书屋重点出版物推荐目录，巴克的小说集《小娟》出版；“富春江读书会”获评2023年富阳区“十佳阅读品牌”。8件国画作品入展中国美术家协会主办的全国性展览，1件雕塑作品入展2023年中韩釜山国际雕塑交流展。15件书法作品入展“宋韵富春”浙江省首届隶书大展，20件书法作品入展首届杭州市隶书作品展，5件书法作品入围“问道金庭”浙江省中国书法家协会会员优秀作品展，6件作品入展“浙江书法奖·陆维钊奖”第十届浙江省中青年书法篆刻展，8件书法作品入展第四届浙江书法村（社区）作品联展。17名书法、篆刻作者入选2023年浙江省“年度百家”。1件篆刻作品入展全国第九届篆刻作品展，2件作品入展万印楼当代国际篆刻精英收藏工程。作品《随》入选第29届全国摄影艺术展览。民歌《乡愁》获第15届“国际华人艺术节”（中国杭州）声乐大赛成人非职业组民族唱法独唱金奖，湘溪竹马《东吴招亲》入选2023年亚运会、残运会开幕式暖场节目资源库。越剧《少年周雄》（原创）获“第八届浙江少儿戏曲小金桂荟萃优秀集体节目小银桂”称号。电视文学《新城道中》获浙江省广播电视节目三等奖。故事《练“铁砂掌”的胡老汉》《报恩》分获第二届“富春杯”浙江省青年故事会优秀作品奖、优秀故事作品称号。

【文艺人才】 至年底，新加入国家、省级文艺家协会各16人。全区文艺精品创作奖励61项，其中优秀文艺作品奖励1项、优秀文艺人才奖励57项、原创文艺类专著奖励3项。水彩画《国宝长征——杭州文澜阁〈四库全书〉西迁》入选杭州市文联文艺精品工程扶持项目。叶萍、王海平、唐一峰、郑谅、刘彬彬、冯铁辉等入选省作协“新荷计划青年作家人才库”、省文联“新峰计划”、杭州市青年文艺人才库。金盼盼、周天玉入选杭州市文联第十三批青年文艺人才库。陶桂生获评2023年度杭州市文联最美文艺志愿者。

（来绮婕）

【编辑 刘 亮】

12 法 治

Rule of Law

政法委与综治

【概况】 2023年，区委政法委聚焦杭州亚（残）运会维稳安保，围绕护稳定、保平安、优法治、促发展，全面推进全区平安建设工作。学习贯彻《浙江省党委政法委员会和政法单位党组（党委）重大事项请示报告规定（试行）》，明确“政法单位重大事项向区委政法委请示报告清单”内容，落实重大事项请示报告制度。成立富阳区政法干警依法履职保护委员会，建立富阳区政法干警依法履职保护调查委员会专家库、评估委员会专家库和政法政治督察人员库，出台《富阳区政法单位意识形态工作责任制考核办法》。区委政法委维护稳定（反邪）科被中共浙江省委建设平安浙江领导小组评为“全省反邪教工作成绩突出集体”，区委政法委获评“杭州亚运会、亚残运会浙江省先进集体”“浙江省平安护航系列重大活动成绩突出集体”。“平安富阳”创建实现十九连冠。

【平安创建】 坚持“大平安”理念，把“平安”作为区委、区政府重要议题，以“城乡治理大比武”“村社赛马”为载体，常态化落实除险保安机制，高水平推进平安建设。常态化推进扫黑除恶斗争，严厉打击“七类”（聚众斗殴、寻衅滋事、故意伤害、非法拘禁、敲诈勒索、强迫交易、故意损坏财物）恶性案件，开展黄赌毒、网络诈骗、食药环等领域专项整治。破获“6·19”特大串通投标系列案件，获副省长、公安厅厅长杨青玖批示表扬。开展道路交通、生产安全、消防安全、治安安全等重点领域安全隐患专项整治，推进亚运食安“百日攻坚”。创新“三三”（全员发动不漏户、全域联动不漏点、全面宣传不漏项）工作法，推动平安建设进机关、进企业、进校园、进家庭。组建区级机关、乡镇（街道）、村（社区）平安巡防“三级架构”体系，积极倡导“我为大家巡一夜、大家为我保一年”，发动各村每户派人参与平安巡防守护家园平安，相关经验做法获市委副书记、市委政法委书记马小秋批示肯定。

2023年3月23日，富阳召开区委政法（信访）工作会议暨亚运维稳安保工作部署会议

（区委政法委 供图）

【综合治理】 深入推进“家和睦邻”工程，着力提升基层智治实战体系，基层社会治理、矛盾纠纷排查化解、网格工作等经验做法获《浙江信息》《杭州政法》等刊登推广，“家和睦邻”入围全省100个新时代“枫桥经验”标志性成果。深入实施“敲门行动”，完成“事、物、房”全覆盖的重点要素排查，累计排查实有人口106万余人，新增登记流动人口6.7万余人，检查重点出租房屋14856处。推动市域社会治理现代化验收试点，以“家在富春山居”现代社区建设为抓手，在全市率先完成16+1个城郊接合部整治村（社）

复核验收。制定《专职网格员工作手册》《党建统领网格智治职责清单》，细化网格长、专职网格员、网格指导员岗位职责，明确专职网格员“两必查、五必到、十必访”工作要求。采取“应急拉练”“以查带训”模式，配强网格“1+3+N”（网格长、网格指导员、专职网格员、兼职网格员、网格N力量）团队2.7万余人，组织7轮次网格晾晒比武，累计巡查重点场所14万家次。依托区基层智治综合应用，贯通省级重大应用13个。完善事件研判专题数据库，实现七大类智能研判分析算法，探索制定《富阳区关于推动12345政务服务便民热线与110报警服务台高效对接联动的实施方案(试行)》，推动“110”“12345”与基层智治综合应用高效协同，有效提升非警务警情签收率、派遣率。

【维稳安保】 围绕“六个坚决防止、三个满意”工作目标，以“十大攻坚行动”为载体，聚焦护航杭州亚（残）运会，实现全区平安稳定。成功化解多起问题楼盘欠薪等问题，房地产行业风险“一体化”防范处置经验获常务副省长徐文光批示肯定。

【法治化营商环境建设】 发挥法治固根本、稳预期、利长远作用，优化制度建设，加快数字赋能，着力打造安商护企、利商助企的法治化营商环境。持续推进教育、医疗、金融放贷和市场流通领域整治，健全全链条、精准化的行业监管体系。出台《杭州市富阳区涉企刑事案件专项执法检查工作方案》，推进刑事案件繁简分流，畅通涉企案件办理通道，推动依法保护市场主体合法权益，相关经验获《杭州政法》刊发推广。承办“中国破产法论坛之营商环境优化与办理破产数智化专题研讨会”，来自全国政、产、学、研、用各界的300多位优秀代表、专业人士参会。区检察院“富春e站公益诉讼监督治理中心”获省委政法委、省财政厅创新项目补贴。

（骆志军）

公　安

【概况】 2023年，富阳区“110”总警情及刑事、治安、交通等主要警情数社会面大局持续平稳。侦破春江街道18年前命案积案；公安部党委委员、副部长王志忠，副省长、省公安厅厅长杨青玖肯定富阳分局执法规范化工作；省公安厅副厅长、杭州市副市长、公安局局长罗杰批示肯定富阳分局2023年度公安工作，两次批示肯定富阳分局政保工作；省公安厅党委委员、副厅长魏明批示肯定富阳分局巡（特）警队伍建设；获评公安部一级县级公安局政保大队和一级战略支撑点；涉案财物管理做法成效得到公安部审计专家组高度评价；富阳分局获评集体省部级表彰7个、二等功2个、三等功10个、嘉奖4个，个人省部级表彰4人、省级部门表彰10人、二等功5人、三等功48人、嘉奖78人。

【上级领导调研】 1月17日，省公安厅副厅长、新疆维吾尔自治区驻浙江工作组党委书记、组长杨保华到富阳看望慰问新疆籍务工人员；2月26日，公安部治安管理局二级巡视员尹春吉到富阳分局调研指导基层社会治理工作；3月7日，省公安厅党委委员、副厅长魏明到富阳分局调研指导基层基础工作。4月27日，公安部治安管理局十八处调研组到富阳分局考察调研；5月8日，公安部督察审计局审计调查组组长刘向彬带队到富阳分局开展执法活动财物专项审计调查；5月11日，省公安厅副厅长、副市长、公安局局长罗杰带队到富阳开展巡林工作；5月31日，省公安厅交管局党委副书记、政委吴松魏到富阳分局交警大队场口中队、东洲中队开展基层走访调研工作。8月2日，省公安厅党委委员、副厅长魏明到富阳银湖体育中心调研亚运场馆枪弹管理工作；9月5日，省公安厅党委委员、副厅长金捷到绕城西复线富阳西检查站、江西警察学院指挥部及亚运安保增援警力驻地看望慰问亚运安保增援警力；9月14日，公安部法制局七处处长刘正强到富阳分局调研执法办案管理中心建设；9月14日，省公安厅党委委员、政治部主任熊国和到江西警察学院指挥部驻地走访慰问。10月7日，公安部党委委员、副部长王志忠，副省长、省公安厅厅长杨青玖到富阳分局调研指导执法规范化工作；10月9日，省公安厅党委委员、副厅长刘静到富阳分局江西警察学院增

2023年1月11日，新登派出所和交警新登中队新业务用房揭牌启用
（杭州市公安局富阳分局　供图）

2023年2月5日，杭州市公安局富阳分局开展元宵烟花安保执勤
（杭州市公安局富阳分局 供图）

援警力驻地看望慰问并欢送增援警力；10月13日，省公安厅副厅长、副市长、公安局局长罗杰到富阳检查调研亚残运会火炬传递安保工作；10月19日，市公安局党委委员、政治部主任杨辉到富阳分局开展战时一线授奖慰问活动，为民警荣获个人二等功1人、三等功2人授奖。

【社会面巡逻防控】 按照“派出所控面，交警护线、巡（特）警保点、社会力量参与”原则，设立巡逻防控专区，有效整合派出所、交警、巡（特）警社会面巡逻防控力量，发动社会群防群治力量，强化巡逻防控和应急处置，提升见警率和管事率。全年发动义警等群防群治力量10199人次，参与社会面巡防18367次，服务群众22504次；开展“巡逻抓现行”行动，查获各类违法犯罪嫌疑人429人；社会面盘查298755人次；机动防控队（PTU）接处警345起，出动警力1256人次，救助群众68起，处理治安警情87起，有效支援派出所、交警89起。

【反诈防骗】 全年“富春智呼”“96110”平台止损9367万元。在《富阳日报》开设《96110反诈在行动》栏目，报道虚假电商物流客服诈骗、预售商品诈骗、虚假红包诈骗、刷单返现诈骗中奖、免单诈骗等案例50起；上线《反诈风云》系列短视频5部，其中被国家反诈中心录用2部；开展《反诈风景线》直播，现场观看破10万人次；联合浙影时代影城·富阳鹿山时代店，开展“电影+”线上线下反诈宣传，发动全区200多支义警志愿者队伍上门宣传；举办平安护航亚运富阳区“电力杯”中小学生反诈防骗绘画大赛，收到69所学校1338件参赛作品，产生小学组、中学组一、二、三等奖及组织奖和优秀辅导教师奖等奖项320个。深化推进“富春反诈联盟”机制，华数公司员工与派出所成立13个帮帮团，全年成功劝阻案件891起。“永昌丈母娘”开展“守护钱袋子，幸福度晚年”反诈宣传活动23场。海康保泰安防技术服务有限公司为全区政府机构、学校、金融、企业等1000余家客服单位提供7×24小时“110”区域联网报警服务，全年发送反诈提醒短信5000余条。杭安保安有限公司培养50名保安组长成为认证反诈人才，对从业人员进行反诈提醒。

【重大案件侦破】 侦破现发命案3起，命案积案1起。开展辖区企业线索摸排4轮次，走访排查工程项目256处，发现3处阻拦施工等异常情况并予以核查处置。侦办恶势力犯罪集团2个，移送起诉犯罪嫌疑人20人；打击涉网黑恶犯罪团伙5个，采取涉黑恶罪名强制措施人员68人，提请逮捕29人，移送起诉63人。组织专班开展反诈会战4次，打击电诈及关联犯罪嫌疑人314人，同比上升28.16%。破案263起，同比上升9.58%。追赃返还资金1222.95万元，同比上升6.46%。传统侵财犯罪采取刑事强制措施331人，移送起诉360人。

【防范企业风险】 组建工作专班，开展风险底数摸排，研究制定“科学监管企业经营风险”举措。走访风险企业27家、风险行业3处，征求意见建议5条。建立迁入企业风险联审机制，防止区外风险企业迁入带来不稳定因素，构筑风险迁入“防火墙”。责令3家总部不在富阳、存在网络传销的分支机构限期搬离。侦破涉众型经济犯罪案件5起，采取强制措施15人，移送起诉15人。规范为企服务警务联络站，银湖科技城为企服务警务联络站获评市公安局为企服务“十大示范站”。加强刑事合规指导，走访浙江金固股份有限公司等重点企业10家，收集优化营商环境工作建议举措15条。

【维护社会稳定】 建立“周排查、旬通报、月考核”工作机制，围绕社会面管控要素，精准施策、高标落地，排查整改隐患单位256家。针对旅馆业、寄递业、娱乐场所、印刷业、危化品单位等行业场所，以月度会议、上门签订责任书、约谈告诫等形式，加强业务能力培训，压实行业单位主体责任。开展各行业场所监督检查，处罚旅馆民宿等留宿场所210家次，其中开具万元以上反恐罚单4张；寄递业违规抄告邮政管理部门27家次；处罚娱乐场所8家次，督促自主停业整顿11家次；督促关停或转变业态易涉黄场所112家。围绕安全生产风险管控要求，行政处罚危险化学品物品单位35起，其中拘留违反烟花爆竹管理规定12人。分级分类管理易涉黄场所500余家，开展场所检查18次92家。全年采取涉黄赌刑事强制措施240人，移送起诉199人，行政处罚1977人。

【保障健康市场环境】 建立知识产权保护警务联络站（点）、生态警务室等工作阵地3处，开展法律宣传60余次，服务重点规模以上企业27家，上门走访40余次，提供品牌保护法律咨询6条，收集有效线索10条，打击环境食品药品违法犯罪人员52人。办理涉及民生领域案件30起，采取刑事强制措施93人，移送起诉76人，其中包括贝斯特气体被侵权案、非法销售电子烟案、非法销售伪劣食品（注水牛肉）案、非法倾倒渣土案等；破获10人以上团伙案件4个，获评"省标"案件6起，非法销售伪劣食品案获公安部贺电表彰。

【交通治理】 全年查处交通违法67.43万起。其中，查处电动车重点违法24.98万起；查处酒醉驾违法1549起；开车打电话现场查处2.68万起；斑马线未礼让行人现场查处1.96万起；现场查处超速8632起；查处无牌电动三轮车2847起；查处黄牌货车重点违法1.46万起。开展整治行动94场次，投入各类交通管理力量9625人次；下发隐患治理交办单49件、函5件，治理各类道路交通安全隐患5126处，其中省级隐患点位1处；检查货运场站、企业3490家次，其中联合检查59家次，发放整改通知书290份，处罚企业113家；宣传教育全区交通参与者84.53万余人次，3588人红黄码完成降色3546人。完成8条亚运通勤道路国际化标识提升改造，提升标识牌144块；治理道路、科技设施隐患172处；增设停车场13个，新增车位5253个，保障亚运赛事车辆981辆次。建立科室警力夜间巡逻管控以及320国道联合值守机制，按照"有警处警、无警巡逻"的要求开展巡逻管控，切实提升"三见"（见警率、见警车率、见管事率），确保交通事故防控总体形势平稳，开展科室巡逻177场次。建立主城区"平战峰"和农村触角勤务，设置镇街"触角"警务站，根据不同交通环境动态调整路面警力数量，就近处置交通警情，提升执法效能。回访电话接通数28588起，接通率91.38%，基本满意以上28554起，满意率99.88%。创新开发驾驶人全生命周期管理及富春"智"路智能管理平台。通过驾驶人全周期治理服务系统办理驾驶人身体证明670人，核查比对不适宜驾驶条件的机动车驾驶人374人，其中注销11人；全区交通基础信息12948条，线上受理占道施工项目8478个；开展巡查工作1348次，发现问题205处。

【禁毒宣传教育】 区禁毒宣教中心全年接待参观团体200余个，党员群众3万余人，获杭州市普法教育基地、区社科普及基地。组织全区公共安全岗位职工、在校学生分别参加"入职第一课"。"入学第一课"活动全年共举办32场，涉及3000余人。开展"杭州禁毒百校行"活动，40所学校5000余人参加。利用覆盖全区的禁毒阵地、禁毒角、有种植毒品原植物情况的镇街，采用逐村、逐户、逐人滴灌式宣传结合无人机巡查。积极创作高质量宣传稿件、视频，获国家、省、市媒体报道69次，其中：新华社报道《看到这种花，立即报警》，《中国禁毒》报道"秋收，稻花香里有金蛋"，推送禁毒歌曲《小小的花》至公安部宁夏中心，汇报片《绽放》至省公安厅。加强区禁毒社工队伍管理，获市级禁毒社会化管理业务能手称号社工2人，获中级社工证5人，获初级社工证18人。创建"无毒村社"，带领村社力量建成禁毒阵地19处。

【政务服务】 全年办理出入境业务40396笔、户政业务116498笔、交警业务55291笔、治安类业务11538笔，好评率99.9%。升级15个公安办事窗口点位，实现根据群众办事需求智能生成符合不同标准的证件照，减少群众重复拍照3万余次。构建"警银"服务圈，依托富阳农商银行网点推出公安高频事项25项。构建"警邮"服务圈，依托邮政银行网点，下沉"警医邮"业务15项，就近办理驾驶证到期换证等业务，全年办理业务1832件1652人。每月定期联席走访企业，研商便民利企政策，收集梳理各类意见120条。进一步推进"最多跑一次"改革，通过优化办理流程，实现法人新办企业公章刻制事项全流程零跑腿、零费用；推进公安机关证件照片"一窗通拍、全域应用"改革，通过证照分离、证照联办、证照共享、多证合一等，实现48项涉企审批服务事项一次性即办，业务平均审批时间缩短至原来的50%，其中特种行业办理全面实现告知承诺制，办理时间压缩至原来的20%；推出"容缺受理"服务，预先

2023年10月2日，富阳开展反诈宣传活动
（杭州市公安局富阳分局　供图）

受理没带齐资料企业事项，待补齐材料后再出具审核意见，材料压缩至原来的60%。

【公安宣传】 依托富阳公安微信公众号，发布“五一·数说”“亚运时刻”“青警说”等各类推文557篇、视频201个，阅读量达530万+，推送交警大队“交通微循环”便民服务机制等警务机制性报道8篇，“亚运首金，守护有我”专题故事获《人民公安报》、《法治日报》、中国警察网等国家级媒体报道。推出各类宣传报道1991篇，其中国家级38篇，省市级942篇。加强内部宣传，搜集安保一线照片1000余张，优选330张照片编发“同爱同在、同心同力”亚运战时日报18期，制作各类海报92张。

【实战实训】 组织开展全区公安机关大会操比武，开展体能、枪械集中考核2期，推送亚运安保应知应会测试15期，常态化开展队列礼仪、警务技能训练，全警基础能力明显提升。围绕赛事侧、城市侧安保专业任务需求，组建教官团队8个，牵头实施专业培训23项，组织全警亚运安保大讲堂8期，覆盖全局民（辅）警1700余人。依托亚运赛事预演、测试运行，组织路线警卫、反恐防暴、舆情处置等实战演练科目19个，开展嵌入式实战演练、“对抗式”演练24次。按照“一周一计划、一周一总结”要求，统筹组织全体增援学警同步开展证件注册、舆情应对、涉外管理等系列培训18期，岗位实训24次。

【清廉公安建设】 推进清廉公安建设，打造清廉公安建设品牌。制定下发清廉公安建设方案计划、项目清单23个，细化部门警种目标任务，带动清廉建设全域深化、全员参与。抓好亲清警企关系、“清廉”交警监管系统等重点项目落实，扎实推进“清廉单元”培育。讲好“警察故事”，营造“典型示范引领”，发掘队伍中的先进，滚动推进清廉公安建设典型培育，选树“清廉榜样”24期，刊发“清廉公安建设专栏”专刊14期，通报表扬民（辅）警拒贿事迹52人次。以先进典型的正向激励、正能示范，在全警产生“崇廉尚廉、敬廉拥廉、学廉效廉”催化效应，整体提升清廉建设质效。争创清廉公安建设示范试点单位，选树区级清廉公安建设示范单位15个，大源派出所获评第一批全省清廉公安建设示范单位。加强廉洁文化建设，深挖创作一批具有富阳公安历史底蕴和红色基因传承的廉洁文化精品。举办老干部清廉书画展，开展“青年说”“白衬衫”宣讲，激活廉洁文化公安基因。加快公安廉政教育基地建设，打造分局可参观、可展示、有内涵、有特色的数字清廉教育馆。

2023年11月23日，金健勇“017847”警号重启仪式举行，使用人为其儿子金某某（右一）
（杭州市公安局富阳分局 供图）

【队伍管理】 组织政工干部开展“浙警智督”、民警维权、基层民警评价等系统操作使用及队伍正规化管理督导培训5次；召开迎审工作会议3次，迎审培训2次；发挥各单位二级督导作用，组织科所队室网巡员21人到分局网上督察中心跟班轮训。建立队伍管理问题通报制度，推行队伍问题“日交办、周通报”和问题查纠红、黄、蓝“三色”管理制度，下发交办单9126件，发布督察通报58期；完善涉酒重点防控制度，落实严禁违规宴请饮酒规定，推行每周“涉酒短信”提醒制度，建立“单位每月自查、督察突击抽查”机制，累计检查460次，32700人次；严格落实督察审计监督制度，完成领导干部任中经济责任审计单位2个、离任审计民警18人，执行政府招标、项目验收现场监督14次。组织开展“三谈三查三看”专项督导、政治家访、谈心谈话等活动，紧盯“枪车酒赌毒密网娱”等问题。开展队伍风险隐患大排查大化解大管控工作，召开纪律作风专项整顿推进会2次，开展辅警队伍专项排查2次。制订亚运安保战时党建工作实施方案，成立场馆安保任务临时党支部4个，分类组建党员先锋队31支、青年突击队16支。组织一线请战54次、战地授旗43次、战地生日22次。做强网上巡查，接入亚运场馆、圈层检查站等社会视频监控，开展网上巡查和语音巡查；做实现场督导，组建亚运安保战时督导组4个，分别由局领导带队，分片开展督导11轮次，发现整改问题238个；做细政治巡检，开展进驻式政治巡检2轮次，“全科式”检查单位12个。

（焦 丽）

检 察

【概况】 2023年，富阳区人民检察院（简称区检察院）培育出市级以上典型案（事）例7件，集体和个人获国家级荣誉16项、省级荣誉15项、市级荣誉38项。省级以上媒体发稿30余篇，创作的普法视频获评全国检察新媒体优秀作品。市级以上课题立项14个，其中国家级课题立项2个。市级以上获奖的调研文章和征文27篇，入选国家级、省级年会论文11篇，在知名期刊发表成果6篇。邀请代表委员、人民监督员、企业家、学生等社会各界代表参加检察开放日、公开听证、座谈调研等活动30余次。

【刑事检察】 全年依法提前介入刑事案件70余件，追捕追诉12件12人，判处十年有期徒刑以上刑罚2人；发出纠正违法通知书及检察建议5份，回复采纳率达100%；提出审判监督程序抗诉并获改判1件。探索构建治罪与治理并重的轻罪治理体系，督促落实不起诉案件行刑衔接及反向衔接，对作出不起诉决定的128人制发检察意见要求行政机关依法进行行政处罚；向燃气安全、公民个人信息保护等领域相关行政管理部门、行业协会提出专业检察建议并督促建章立制，确保实现轻罪案件全链条治理。出台《刑事案件繁简分流实施细则》，以机制创新提升轻罪案件办理质效。深入推进刑事执行“派驻+巡回”检察模式，常态化开展社区矫正检察监督和巡回检察监督，参与全市两级检察院看守所巡回检察，通过口头或书面形式提出纠正违法意见23份、检察建议1份。

【民事行政检察】 开展民事诉讼主体适格性专项监督活动，挖掘虚假诉讼案件线索，办理虚假诉讼案件7件，发出再审检察建议7份。开展“涉车辆查封扣押民事执行”“涉公积金终本执行”“失信人员入住星级酒店”等专项监督活动，向区法院发送民事执行检察建议13份，均被采纳，挽回当事人经济损失123.3万元。办理涉企执行监督案件11件，挽回企业经济损失400余万元。发挥民事支持起诉职能，保障社会弱势群体的合法权益。完成省检察院交办案件2件、市检察院交办案件6件，办理审判和执行活动监督案件18件，发出检察建议18份，均被采纳。加大行政裁判

2023年2月16日，富阳区检察院召开督促整治“三无”船舶及废弃船舶行政公益诉讼案公开听证会 （区检察院 供图）

监督案件监督力度，制发行政机关存在违法履职情形检察建议7份，规范行政机关执法。加大民生民利领域案件办理，推动行政争议实质性化解，办理行政生效裁判监督案件3件。围绕规范招投标领域等制发社会治理检察建议3份。落实省市院数字专项监督活动，办理各类专项监督案件21件，发出检察建议21份，均被采纳。

【公益诉讼检察】 办理生态环境和自然资源保护、食品药品安全、安全生产等领域行政公益诉讼案件37件、民事公益诉讼案件14件，入选杭州市检察机关护航打好亚运攻坚仗典型案事例1件，入选杭州互联网检察公益诉讼典型案例1件，“富春e站”公益诉讼监督治理中心入选2023年政法工作现代化创新引导项目。聚焦人民群众关心的重点领域，采用磋商、诉前检察建议、圆桌会、听证会等形式督促行政机关依法履职，共开展相关活动41次。开展AED（自动体外除颤仪）配置管理、美瞳、二类器械等专项整治行动，开展医院信息无障碍建设整改“回头看”，督促医院落实无障碍信息建设要求。

【未成年人检察】 全年审结性侵、拐卖儿童等侵害未成年人案件38件42人，为6名未成年被害人申请司法救助金4.65万元；依法对犯罪情节轻微并有悔罪表现的未成年人作出相对不起诉决定6人，附条件不起诉12人，开展社会观护帮教12人。发出“督促监护令”9份、责令接受家庭教育指导令6份，举行全市首例社会观护程序和家庭教育指导启动仪式，被省检察院列为罪错未成年人分级干预试点院。办理公益诉讼综合履职案件10件，依法支持起诉未成年人抚养费纠纷民事案件3件。开展法治进校园等活动10余次，参与师生2000余人，设立全市首个“未成年人检察e站”基层联络站点，持续拓展未成年人保护阵地。向区人大常委会作未成年人检察工作情况报告，并接受检察官履职监督。

【助力优化营商环境】 审慎办理涉企刑事案件39件72人，依法惩治破坏市场经济秩序犯罪，平等保护市场主体合法权益，检察阶段追赃挽损364.88万元。会同区应急管理局、区工商联等联合出台《工贸企业危害生产安全犯罪合规建设指引》，成功办理合规案件4件，其中，通过适用简式合规程序，办理某小微企业污染环境案；通过制发检察建议、开展法治宣讲等方式，办理某百年老字号民族品牌公司内部人员贪腐问题。“富春检企驿站”品牌两度入选杭州检察全力助推三

个“一号工程”打好经济翻身仗典型案事例，被纳入全市2023年度突破性抓手项目清单，并被列为全区营商环境特色改革项目。

【数字检察战略实施】 深化“数智护水”监督场景建设，迭代新增监督子模型2个，新成案涉水案件17件，跟进监督建筑工地（洗车行）非法取水、特种用水行业水费征收不规范、工业企业非法排污、“三无”船舶（无船名船号、无船舶证书、无船籍港的船舶）非法捕捞、干扰航道等问题，该场景入选“杭州城市大脑运营指挥中心2050厅”。构建医疗美容、小微型客车租赁行业监管等公益诉讼监督模型，生成线索118条，制发检察建议2份，督促行政机关检查相关市场经营主体700余家，立案查处15起，推动实现“个案办理—类案监督—系统治理”数字检察监督路径。

【“清廉富阳”建设推动】 依法履行职务犯罪起诉职能，提前介入调查并起诉职务犯罪案件16件16人，依托案件庭审观摩强化警示，积极发挥检察反腐败作用。依法查办司法工作人员渎职犯罪4件4人，其中获法院生效判决支持1件。探索打造“富春•清廉检企文化中心”，推动企业开展法治廉政体检，搭建“亲清检企”直通平台，制定检企交往“八不准”守则（检察人员不准泄露办案秘密，不准私下接触涉案企业相关人员，不准干预企业正常生产经营活动，不准以服务为名插手企业经济纠纷，不准向企业及企业相关人员提出私人事项请求，不准向企业拉赞助，收受企业的馈赠和宴请等；企业及企业相关人员不准向检察人员行贿，不准过问案情、干预检察办案活动），定期驻企宣讲10余场，推动企业设立廉洁自律委员会，组织员工签订《廉洁自律承诺书》。

【检务服务】 落实群众信访“件件有回复”制度，通过院领导包案带头审阅案卷材料、听取信访人诉求、研究矛盾问题、抓住信访症结，形成“一把手”统一指挥下的信访矛盾联处机制，及时妥善解决院领导接访包案8件，降低再次申诉率和重复信访率。出台《关于建立司法救助协作配合机制的意见》，健全刑事被害人司法救助系统，实时筛查司法救助线索，拓宽司法救助案源，简化救助金审批程序，为76名困难群众发放救助资金52万余元。控告申诉“检爱”品牌团队获最高检深入推进“为民办实事”实践活动“全国优秀团队”称号。出台“富春山居•四长协作”工作机制，构建生态环境保护“林长+河长+田长+检察长”格局，对富春江流域“三无”船舶治理乱象制发检察建议，督促责任部门开展系统整治，案件办理获区委主要领导批示。出台省内首个《关于加强“老旧小区住宅加装电梯”工作协作配合的意见》，为规范推进老旧小区改造提供检察方案，旧楼加装电梯支持起诉系列案被评为全省典型案例并在省检察院新闻发布会现场交流。

【新时代“枫桥经验”践行】 出台《关于融入“千万工程” 建设新时代“枫桥式检察室”的实施方案》，依法正确履行基层检察室案件办理、矛盾化解、服务群众基本职能，做到“抓前端、治未病”。整合基层站所资源，强化新登检察室与渌渚孝善平安工作室“两室联建”，启动“最多跑一地”联动机制开展调解11次，矛盾纠纷化解率达85%以上，积极运用刑事和解等方式寻求诉源治理最优解，办理轻微刑事案件和解谅解率达34%。推进“枫桥式检察e站”建设，实现全区24个乡镇街道全覆盖。深入践行“现场办公”下基层，赴案发地开展公开听证，坚持“办案+宣传”同步推进，着力打造“群众家门口的检察院、老百姓身边的检察官”。

【全面从严治检】 印发《落实全面从严治党主体责任工作计划和责任清单》，强化检察权运行监督和制约。出台《关于常态化开展政治家访的实施办法》，以“八小时外”监督方式深化检察干警家庭家教家风建设。落实意识形态工作责任制，完善“三同步”（依法处置、舆论引导、社会面管控）工作机制，做好涉检舆情应对处置。强化全院干警保密意识，综合运用岗前培训、定期抽查、专题会议等形式，确保重点岗位、重点人员、重点环节安全。常态化开展检务督察，发出检务督察通报12期。

（傅杨丽）

法 院

【概况】 区法院全年立案受理审判执行案件11235件，办结11730件，一线法官人均结案237件，同比上升8.4%。新收诉前调案件11294件，同比上升16%，结案10999件，其中，调解成功4450件，调解成功率40.5%。核心指标持续优化，8项重点质效指标中，3项位列全市第一，平均审理天数全市第二。获全国人民法院媒体融合工作先进集体、全省政法系统先进集体、全市生态文明建设工作成绩突出集体等市级以上荣誉14项。

【执法办案】 全年审结涉暴力犯罪和侵害财产犯罪218件243人；电信诈骗及关联案件133件186人；贪贿、渎职等职务犯罪9件9人，涉案金额1.1亿余元。完善综合治理执行难大格局，着力打击抗拒执行，纳入失信2803人次，罚款548人，拘留51人，移送涉嫌拒执犯罪27件28人。全年到位案款10.4亿元，同比上升20.4%。“百日集中执行暖春行动”获新华社报道。做好涉民生领域司法保障，打造“浙里春风•化雨富阳”少年法庭品牌，出台涉老处理纠纷十二项举措。富春家事共享法庭联动调解机制获评“全国妇女工作改革创新十佳案例”。

【助力营商环境优化】 聚焦区委“拼经济 拼发展”决策部署，做好牵头指标提升、涉企服务优化、助推法治政府建设工作。召开区委法院工作会议、全区深化执行“一件事”改革推进会。制定实施意见24条，发布涉企审判白皮书和典型案例，开展“阳光护企”系列活动7次。依法高效办理涉亚运案件，预防和化解亚运场馆周边环境整治争议30

余件。深化“五化协同”机制，实质性化解行政争议66件。深化败诉风险预警机制，向行政机关发送告知书19份，协调化解8件。参与乡镇（街道）回迁安置诉前化解26件。

【诉源治理】 主动融入党委领导的诉源治理，一审民商事收案数6568件，万人成讼率同比下降3.9%。推广市场化调解纠纷，引入民办非企业调解组织、律师调解工作室各5家，全年成功调解560件，成功率32.6%，节约诉讼费108万余元。加强共享法庭建设，新建共享法庭3个，全区共有共享法庭597个，全年依托“共享法庭”指导调解9800次、化解纠纷9104件、普法宣传1665场次、调解培训526场次。深化法官全员指导、全域覆盖，新增市级示范共享法庭2家、优秀庭务主任2名。派出法庭创新“疑案众议”模式，每周下沉参与基层治理，诉前化解纠纷1150件。城南法庭获评市级“枫桥式人民法庭”。

【助力生态环境建设】 持续深化“三＋二”环境资源审判模式，审结环境资源类案件13件，严厉打击非法狩猎等犯罪10件11人。践行多元修复司法理念，成立阳陂湖生态修复司法保护示范基地。设立生态治理专项基金，推动商业银行设立专项贷款，着力解决企业破产面临的生态环境问题。破产案件中环境治理优先的做法在全省法院作经验交流，获省高院领导批示肯定、《杭州改革》专题刊发，富康球拍破产案入选最高法院司法积极稳妥推进碳达峰碳中和典型案例。

【智慧法院建设】 “融破智联”入选涉企服务“一类事”专题微改革省级项目库、“浙江全域数字法院”改革“好应用”、杭州法院优秀微创新案例。“生态e治”入选营商环境“微改革”省级项目库、全省法院营商环境优化提升改革典型案例、全市营商环境优化提升最佳实践案例、全市“数字法治好应用”。“法院智慧大脑·司法知识智能推荐”入选浙江法院工作现代化创建项目。

（周伶俐）

2023年3月1日，区委法院工作会议暨司法助力营商环境优化提升推进会召开

（区法院　供图）

司法行政

【概况】 至年底，富阳有律师事务所19家，比上年增加1家；专职律师214人，比上年增加35人；基层法律服务所5家，基层法律服务工作者36人，比上年增加1人；有人民调解委员会389个，比上年增加20个；在册调解员1315人，比上年减少312人，调解各类矛盾纠纷14969起。受理法律援助案件3255件，来电来访咨询7060人次。区司法局（区行政复议局）获评浙江省法治政府（依法行政）行政复议应诉工作成绩突出集体、杭州市司法行政重点工作综合评估优胜单位，区法律援助中心获推全国法律援助和公共法律服务先进集体。

【法治富阳建设】 6月30日，全面依法治区委员会第五次会议召开，区委书记吴玉凤听取执法、司法、守法普法协调小组组长年度工作汇报，部署法治富阳（法治政府）建设工作要点。8月30日至31日，法治富阳（法治政府）建设业务培训班召开，全区党委、政府、人大、政协、政法、群团等机关单位及乡镇（街道）分管领导、执法队队长、业务科室负责人、法治建设监督员共220余人参加。推进乡镇（街道）法治化综合改革，开展年度人代会（议事会）述法工作。创新升级行政执法监督项目，联合区纪委、监委出台区县版《法治督察与纪检监察监督协作配合工作办法》。以规章遵循、制度贯彻、系统运用、指引落实、清单完善等举措为抓手，开展“综合查一次”提升年行动。加强执法人员资格管理，组织开展年度行政执法人员法律知识考试，积极开展行政执法案卷评查、涉亚运行政执法案件专项督查，并督促整改。实体化运行区合法性审查服务中心，健全完善合法性审查中心运行机制，完善备案审查制度，完成年度区政府重大行政决策事项目录编制工作。全年共出具合法性审查意见141份，提供有效意见1291条，审查行政规范性文件13件，协助乡镇（街道）审查规范性文件、行政合同和其他涉法事项354件，实现行政规范性文件和重大行政决策合法性审查100%。推动“两高一低”专项整治，任命第二批行政复议员，成立行政复议“5S”助企惠民工作站。至年底，全区行政复议案件发案374件，审结421件，纠错27件，纠错率为6.41%，全区行政复议调解成功案件195件，调解成功率为46.32%；全区行政诉讼发案124件，审结139件，其中败诉4件，败诉率为2.88%，全区行政诉讼调解成功案件41件，调撤率为29.05%；诉讼争议的焦点主要集中在房屋征迁（补偿）、城建行政强制拆除、行政处罚、行政赔偿等方面。

2023年5月9日，富阳发布"法护营商 法助双拼"十大保障举措和十大典型案例 （区司法局 供图）

全年行政机关负责人出庭率100%。

【法治化营商环境】 成立法治化营商环境工作专班，制发实施方案，建立专班例会、日常联络、问题交办、月度晾晒等推进机制。出台民营企业和民营企业家权益保障十大法治举措，召开富阳区"法护营商 法助双拼"十大法治举措和十大典型案例发布会，相关经验做法获《杭州》《杭州信息》等刊物推广。编制出台《企业合规工作指引》，成立企业合规中心，"助企法宝"作为首期政务增值服务项目对外发布。选取光电激光产业作为产业合规建设的引领示范领域，完成以《光电激光产业合规指引》为核心的光电激光产业合规体系建设，入选市级重点产业预防性合规体系目录清单。8月，在区企业综合服务中心开设法治服务专区，提供法律咨询、企业合规、纠纷调解、公证服务等15项涉企法律服务事项，拓展至"民营经济32条"重点举措，初步形成事前重预防、事中助经营、事后强保障的法律服务"一类事"场景，至年底，受理法律咨询965起，惠及企业230余家。组建涉外律师法律服务团、营商环境法律服务团、民营企业合规律师宣讲团、企业合规法律服务团等4支法律服务团，帮助企业依法决策、依法经营、依法管理，全年指导企业整改涉外合规隐患1205个，出具法律意见1153条，服务涉案标的额23.62亿元，挽回损失4.91亿元。企业"全生命周期"法律服务模式在《杭州政务信息》刊载，获市委副书记、市长姚高员，副市长宦金元等批示肯定。

【社区矫正】 至年底，全区在册社区矫正对象457人，无重新犯罪、脱漏管情况发生。完善村（居）民委员会协助社区矫正工作机制，创建"防管扶"一体化村（居）矫正工作站，银湖街道梓树村矫正工作站被市司法局列为2023年度全市社区矫正业务培训班唯一指定现场教学点。加大信息化监管力度，印发《社区矫正监管安全分析研判规范》《区司法局社区矫正研判分析流程》等工作规范。发挥数字化教育模式优势，开展爱国教育、法治教育、职业技能培训。健全社区矫正对象培训教育和就业帮扶机制，探索与开放大学合作模式，共享教育帮扶资源。成立社区矫正工作亚运维稳安保专班，开展调度研判18次，"四不两直"督查司法所36次。召开区社区矫正委员会全体会议，建立多部门沟通协调机制，切实解决亚运安保期间社区矫正工作难题。

【基层矛盾纠纷排查调解】 至年底，全区各级调解组织调处矛盾纠纷14288起，同比增长18.6%，调处成功率达99.53%，涉及金额4.5亿元，民商事纠纷调诉比2.01，位列全市第二。深入实施"家和睦邻"工程，矛盾纠纷处置"三道防线"工作法获评全省新时代"枫桥式工作法"。积极参与房地产、农民工欠薪等重点领域纠纷化解工作。夯实调解队伍和基层司法行政基础，开展优秀调解员、优秀调解组织评选活动。银湖司法所获评省级"枫桥式"司法所。

【普法与依法治理】 落实法治文化阵地、活动、文艺作品、村（社区）"法律明白人""普法达人"等四项培育工程，全市首发《法律明白人"十个一"法治实践清单》，培育"法律明白人""法治带头人"4235人、"法治示范户"1050户。结合山乡稻香文化、渌渚镇孝善文化、洞桥镇贤德文化等各乡镇（街道）特色风俗文化，创作推广法治文艺作品8件。升级打造2个宪法主题公园，建成全国首家村级党内法规主题馆。依托"富春山居号"水上普法驿站开设法治课，定期组织书法家写"法"、青少年说"法"、演员演"法"等现场互动体验，开设《法治富春365》《律师说法》等线上普法栏目。实施公民法治素养提升工程，代表杭州市通过全省"八五"普法中期评估验收。助力司法所转型升级，创建一所一品牌，创成省级"枫桥式司法所"3家，市级"文明规范公正司法所"8家，完成法治浙江建设规划（2021—2025年）目标。首创"村级述法一件事"，形成"述一问一评一改一用一建"全链条闭环工作机制，全区350个村（社区）述法全覆盖，村（居）民代表参会率98%，基层依法治村（社区）平均满意度97.2%。

【公共法律服务】 持续提升公共法律服务质量，实现区镇村三级公共法律服务网络和智能终端设备全覆盖，完善"12348"法律服务专线、法律援助移动网络平台、法律服务自助机等远程服务机制，实现"多点受理、一窗审批"。至年底，区公共法律服务中心受理法律援助案件3255件，来电来访咨询7060人次，公共法律服务总体满意度99.08%。持续推进“法律援助工程”民生实事项目，实现刑案辩护覆盖率100%、援助事项市域内100%通办。全年通过政法平台推送刑事辩护案件465件、帮助案件1767件，实现律师刑事辩护和认罪认罚法律帮助100%；受理民事案件543件。出台公证便民十大举措，在全市范围内率先实现乡镇（街道）公证联络点全覆盖。全年参与富春街道、东洲街道、银湖街道等大型安置房选房活动9场次，实现全程零差错。“最多跑一次”办证件数3482件，“最多跑一次”服务率86.81%，群众满意率达99.88%。

【律师队伍建设】 落实律师事务所“一把手”党建责任制，完成无党员律师事务所党建双指导员双覆盖工作。打造优秀律师行业党建品牌，发挥浙兴所党支部“法惠智联”、抱朴所党支部“抱朴行远公益普法工作室”等行业党建品牌作用，打造“两新”党建特色样板。开展“富春·青律学堂”、“十佳”青年律师评选活动，落实《杭州市富阳区关于扶持律师行业发展的实施意见》，补助青年律师成长费用23.5万元，奖励优秀律师培育费用1.5万元。

（朱欣彤）

【编辑　刘　亮】

13 军 事

Military Affairs

人民武装

【概况】 2023年，富阳区人民武装部（简称区人武部）坚持以习近平强军思想为指导，坚决贯彻党中央和中央军委的决策部署，紧紧围绕党在新时代的强军目标，全力加强国防后备力量建设，全面落实党管武装工作各项制度，在富阳区委、区政府的有力支持下，围绕担负使命任务，维护辖区安全稳定，紧盯民兵整组任务，有序推进各项工作和任务。

【富阳区委武装工作暨国动委全体会议】 5月8日，富阳区委武装工作会议召开。区委常委、常务副区长喻乃群宣读富阳区《关于表彰2022年度武装工作先进单位、先进个人的通报》，区委常委、人武部政委王继刚总结并部署全区武装工作，区人武部部长牟永辉传达上级有关会议精神。银湖街道、渌渚镇、洞桥镇党（工）委书记作党管武装工作述职。区委书记吴玉凤强调，要深入学习贯彻党的二十大精神，锚定建军一百年奋斗目标，扎实做好新时代党管武装工作，为富阳践行中国式现代化保驾护航。区领导邵伟斌、王继刚、喻乃群、沈尧、黄泽、牟永辉参加。

【富阳区常委议军会议】 11月28日，区委常委会召开议军会，并开展区四套班子领导“军事日”活动。区委书记、区人武部党委第一书记吴玉凤强调，要坚持以习近平新时代中国特色社会主义思想为指导，深入学习贯彻习近平强军思想，全面落实省军区、警备区各项工作部署，坚决扛牢党管武装政治责任，持续创新工作方法，奋力谱写新时代国防动员和后备力量建设新篇章。谢淅升、张霖等区四套班子领导，区级机关有关单位、驻军各单位主要负责人参加。

2023年11月28日，富阳区委议军会暨区领导军事日活动举行

（区人武部 供图）

【廉政建设】 按照省军区、警备区要求，开展巡视巡察反馈问题整改、军地交叉地带“五查五纠”清理整治等活动，做好集中学习、党课教育、警示教育、检视剖析，组织人员到廉政警示教育馆参观。开展廉洁征兵工作，党委书记上廉洁征兵党课，向社会公布廉洁征兵监督举报方式及廉洁征兵监督员信息，层层签订责任书落实责任，确保征兵工作制度落实、规范有序、公开透明。

【队伍建设及装备管理】 加强干部队伍建设，落实干部半年讲评、专武干部阶段性工作讲评，组织专武干部参加省军区、警备区两级专武干部训练比武。坚持交班制度、24小时值班制度、职工绩效考核制度，抓实首长机关“月训三天、季考一次”训练制度，全年完成首长机关训练480小时，现役干部和文职人员参训率合格率均100%。将装备使用管理纳入考核、纳入素质认证、纳入等级评定。落实全员管理装备，强化装备使用人责任意识，坚持科学管理装备，破除重使用轻管理难题，全面提高装备管理水平。

【军事训练】 4月5日至9日，在区民兵训练基地组织开展全区专武干部队伍集中训练，此次集训以《军事训练监察条例》《民兵军事训练大纲》为依据，自学自训与集中学习相结合。4月，组织2名专武部部长参加浙江省军区组织的专武干部暨重点民兵分队干部骨干网上集练。6月8日至10日、6月11日至13日，分两批次，组织全区部分民兵开展共同基础训练。

【民兵组织整顿】 4月20—30日，组织全区24个乡镇（街道）开展民兵组织整顿集中点验，到点率95%以上，点到率达到100%，并获杭州警备区民兵整顿专项检查第四名。富阳区民兵整组工作分潜力调查、筹划部署、业务培训、组织实施、预建党组织、集合点验、检查验收七个步骤，基本达到“力量精编、编组科学、布局合理”的要求，组建面100%。

【兵员征集】 区人武部针对年度兵员征集任务，组织各乡镇（街道）开展征兵宣传，有序组织乡镇（街道）目测初检和上站体检。至年底，完成全年兵员征集任务。

【国防教育】 将国防建设理论学习列入地方党委中心组学习计划，建立国防教育讲师团，区委常委、人武部政委王继刚到区委党校为机关党员干部进行国防教育授课；开展多种形式的国防教育进社区、进学校、进电视，拍摄《战位有我》征兵宣传片并在院线、商场播出；充分发挥国防教育场所的作用，组织基干民兵参观新四军两渡富春江红色研学中心；加强国防教育基地建设，承担学生军训、领导干部军事日、国防教育师资培训等任务，至年底，区人武部担负全区12所高中学校军训任务，动用教官209人次，完成学生军训任务8122人。结合征兵宣传、军民共建以及重大节日、纪念活动等，组织开展读书演讲、知识竞赛、主题征文、政策咨询、专题展览等国防教育活动。

【军人荣誉体系构建】 微信公众号“富阳发布”推出2023年“八一光荣榜”，公布富阳籍立功受奖官兵39人，其中个人二等功3人、个人三等功36人。开展最美退役军人选树活动。

（王颖睿）

人民防空

【人防宣传演练】 结合“3·1”国际民防日、“5·12”防灾减灾日、“九一八”事变纪念日等活动，发放防空防灾宣传手册2万余册，组织在校学生、社区居民、企业员工、商场员工开展人员应急疏散演练10余场次2万余人，有效提升民众防空防灾知识和技能。组织开展“5·12”警报试鸣，通过广播、电视及手机平台告知市民。人防工作信息及相关文章获浙江省人防网站录用4篇，杭州人防网站及公众号录用16篇。

【人防指挥通信工程建设及岗位联训】 全年组织参加日常短波电台训练48次和视频联通训练36次、卫星通信训练6次、指挥车机动演练3次等，组织参加杭州市国防动员军地联合通信保障演练。完成在梅雨汛期、台风灾害天气等时期人防应急指挥保障，做好警报应急准备、充分发挥设备优势，应急通信指挥车及时保障抢险一线指挥。

【人防工程管理】 区人防办组织工程使用单位人防工程管理员开展线上人防工程管理培训185人次，合格169人；加大人防工程和设施的巡查力度，落实日常维护管理责任。联合区城管执法局组织开展“双随机”检查10余处，移交并处理侵占人防工程事项案件1起。

（郑　统）

优抚安置

【烈士褒扬】 金家山革命烈士纪念碑全年接待祭扫市民和学生1700多人次。其中，“9·30”烈士纪念日，富阳组织举行公祭仪式，区四套班子领导、党员、干部和中小学生、烈属代表共200多人参加。全年安排21万元用于金家山革命烈士纪念碑物业和其他49处零散设施日常管护。安排1.8万元专项经费用于烈属异地祭扫，组织烈士家属、志愿者赴福建省漳州市东山县核查并祭扫春江街道籍烈士孙关顺。开展烈士遗属关爱工作，八一建军节、春节等节日期间走访慰问烈士家属133人次，送去慰问金13.3万元。继续开展“你为国尽忠，我为你尽孝”上门为烈士父母烧一餐饭活动。

【拥军优属】 开展省“双拥”模范区创建活动，成立创建工作领导小组。6月，通过省双拥模范创建考评组现场验收。新建“双拥”主题公园等“双拥”文化阵地3个，推出“红色血脉+”旅游路线13条，新增公交车“双拥宣传车”2辆，建设龙门古镇、安顶山等“双拥驿

2023年8月，富阳组织开展人防演练

（区发改局　供图）

站”5处。实施关心关爱军烈属、服务军休干部、支持退役军人就业创业等7个创投项目，服务各类优抚对象300余人次；组织600余名重点优抚对象参加短期疗养，为义务兵父母提供免费健康检查；春节、八一建军节前夕，区领导带队走访慰问部队，发放慰问金72万元；开展走访慰问困难退役军人、重点优抚对象，慰问各类困难优抚对象668人，发放慰问金62万元。落实军地互办实事“双清单”工作机制，现役军人子女入学（托）13人，落实中考加分优惠政策5人。开展纪念延安“双拥”运动80周年活动，八一建军节和春节期间，开展集中慰问抗美援朝老兵和边海防军人家庭2次，发放慰问金15万元。网络发布“特殊的520，抗美援朝老兵再相聚”活动，点击量超过8亿次。在城区5个街道设置“双拥”宣传道旗200多处，在其他乡镇设置固定“双拥”宣传牌50多块（处）。“富阳艇”纪念馆、杭州市青少年活动基地、受降纪念馆等国防教育基地，接待参观人员近万人次。区中医院和富春街道宵井村成功创建杭州市基层“双拥”示范点。

【优待优抚】 全面落实优抚对象优待金与杭州主城区同城待遇，全年接收审批伤残和带病回乡等各类身份7人，累计发放在乡老复员军人、带病回乡退伍军人、参战参试退役人员等优抚对象生活补助3212.03万元，伤残、“三属”抚恤金3021.67万元，定期抚恤补助对象死亡补助103.71万元，60周岁以上农村籍退役士兵老年生活补助费2009.25万元，“三属”一次性抚恤金276.49万元。对重点优抚对象实施医疗保障经费309.76万元，落实退役军人免费享受交通优待23827人（含非杭州籍408人）。向义务兵父母发放义务兵家庭年优待金1984.94万元。

【接收安置】 接收安置转业军官全部安置参公及以上岗位。组织退役军人参加适应性培训和职业技能培训。举办退役士兵专场就业招聘会2次，线上招聘会1次，提供退役军人就业创业辅导、精准推荐上岗、政策咨询等百余次。

2023年4月，富阳开展金家山革命烈士纪念碑祭扫活动

（区退役军人事务局　供图）

【服务站体系建设】 至年底，全区有退役军人服务中心（站）374家，其中区服务中心1家、乡镇（街道）24家、村（社区）349家。全年召开退役军人服务保障体系建设和“枫桥式服务站”创建工作推进会3次，10月通过浙江省“新时代枫桥式退役军人服务站”创建验收考核单位6家，累计成功创建74家，占全区服务中心（站）总数的19.8%。制定《杭州市富阳区退役军人服务站工作经费办法》。持续完成全区退役军人和其他优抚对象建档立卡、优待证发放“存量清零”工作。全年送达现役军人立功受奖喜报144份，其中二等功4份、三等功38份、优秀义务兵62份、优秀士官40份，发放奖励金15.69万元；走访慰问二等功以上功臣模范117人次，慰问金额11.7万元。办理残疾军人、“三属”电子乘车卡10张，新增悬挂光荣牌326块。招募杭州亚（残）运退役军人志愿者11人，保障赛时38天，服务时长3844小时。组建退役军人志愿服务队356支，其中区本级8支、乡镇（街道）24支、村（社区）324支。召开“兵支书”学习运用“千万工程”经验现场推进会，全区67名“兵支书”全员参加。

【军休服务】 坚持军休干部“政治生活待遇”双落实，全年组织开展学习或外出参观活动10场次，做好八一建军节、春节等特殊节日的走访慰问。网络“军休所”注册率达到100%，利用“浙军休”系统建立完善“五色健康服务码”，引入第三方社会公益组织开展社会活动。

（李彩云）

【编辑　何开城】

14 经济管理
Economic Management

● 打造现代版富春山居图

宏观经济管理

【规划计划统筹】 完成《2023年杭州市富阳区大计划》编制，明确年度投资项目计划、投资节点计划、社会发展指标分解计划和专项计划。完成2023年国民经济和社会发展计划报告，明确年度经济社会发展目标。完成全区高质量发展绩效考核，制定区级《决胜二季度打赢翻身仗经济攻坚考评方案》及四季度赛马活动方案，制定实施2023年乡镇（街道）综合考核指标体系。高质量完成“八八战略”实施20周年综合评估和“十四五”规划中期评估。

【有效投资】 全年安排政府投资项目231个，总投资1158.8亿元，年度计划投资209.3亿元。开展富阳区年中大计划调整，新增新建项目6个，预备转实施项目4个，取消实施项目1个，规模调整项目5个，计划总投资增加30.9亿元，年度计划投资增加1.2亿元。深入实施扩大有效投资“千项万亿”工程，全年完成固定资产投资723.3亿元，增长10.1%。14个省“千项万亿”工程，年度完成投资90亿元，投资完成率162.3%，排名全市第3；48个省市重点实施类项目，年度完成投资146.62亿元，投资完成率163.8%；路特斯、大华三期、芯海半导体、西富芯等重大项目提前开工。4个省市县长“152”工程开工率100%。

【要素资金】 全年，地方政府专项债实际发行项目13个，发行地方政府专项债券25亿元，债券使用率100%；在全市一季度和二季度“月通报、季评比”投资赛马中连续两次获得激励，奖励补助资金200万元和用地指标2.67公顷；南北渠分洪隧洞工程（一期）和富春湾新城排水工程获特别国债7.3亿元，新登公租房获中央预算内投资521万元。

【产业发展】 推进服务业高质量发展“百千万”工程，开展高能级平台创建，推进服务业创新发展区建设。全年实现服务业增加值502.2亿元，同比增长7.7%，增幅位列杭州市区县（市）第八。落实中长期贷款、科技型项目、集成电路重大项目等政策，通过国家发改委制造业中长期贷款审核项目5个，集成电路省重大项目（储备）5个。积极向上申报省重大服务业产业项目，成功纳入8个。有序推进总部经济发展。全年成功纳入市级总部企业15家，其中五星级1家、三星级2家。

【信用高地建设】 依托省行政执法监管平台，开展掌上执法，推进“双随机、一公开”信用应用工作。全年全区开展双随机抽查16063户次，应用信用规则率为99.59%，跨部门联合监管率45.89%。区农业农村局牵头实施的“民信宿用”项目，通过申报、筛选、评审等环节，成功入选2023年省级个体工商户信用体系应用试点工作。联合富阳农商银行开发的“金融信用评价”，让信用数据变成信用资产，实现数字信用“可量化”帮助企业提供免担保、免抵押的纯信用贷款。至年底，查询评价4.3万户（含企业和个人），发放贷款3.7万户，金额941.86亿元，其中信用贷款3.2万户、金额328.12亿元。依托政务服务网、浙政钉等平台推动“信用修复一件事”改革，实现跨部门信用修复信息互联共享，建立部门协同联动响应，实现信用修复申请、受理、审核、上报、告知“一站式”服务。

【“双碳”及节能发展】 推动能源绿色低碳发展，加快单位GDP能耗降低，全年实现GDP能耗同比下降5.7%，下降排名全市第1。加快推进淘汰落后产能，全年共淘汰浙江春江轻纺集团有限责任公司等7家企业，腾出用能空间3.6万吨标煤，完成年度任务的180%。支持可再生能源高质量发展，全年完成光伏并网13万千瓦，完成年度任务的270%。

【经济形势监测分析】 做好全区经济运行分析和企业监测工作，按季度对全区工业企业和服务业企业进行监测，并形成监测报告及热点话题专题报告。加强宏观环境和经济形势判断，以季度经济形势分析为重点、月度分析为基础，强化重

2023 年 5 月，区发改局组织召开水电气网联合报装工作推进会
（区发改局 供图）

点企业、重点行业分析监测，密切关注经济运行中的新情况新问题新趋势，每季度召开全区经济形势分析会议，分析全区经济结构、产业结构、投资结构的问题，提出针对性、操作性强的政策建议。

【投资项目“全过程”管理】 开展项目“全过程提速”机制改革。创新项目“全过程提速”阶段化推进，划分“上会即签约”“签约即供地”“拿地即开工”和“竣工即投产”四个阶段，明确节点任务，各牵头部门负责统筹推进。提升投资项目提升全生命周期管理质效。牵头推进杭州市投资项目全生命周期管理系统试点工作，推动专班实体化运作，强化监测预判，服务把关前移，压实部门责任，团队攻坚作战，做好系统的测试应用、加快预警件的处理，该项试点工作获市对区考核满分。打造优质高效项目审批平台，推出包括联合预审、模拟审批、联合验收在内审批服务清单，构建“一站式”“全过程”的投资项目增值服务模式。至年底，全区新出让工业用地 6 个月内开工率 100%，带方案出让工业用地 3 个月内开工率 100%。

【小城市培育试点和特色小镇建设】 持续加大对新登镇、场口镇的指导与服务，召开评估指标研究会，新登镇获 2022 年度千年古城复兴试点优秀单位。推进全区特色小镇高质量发展，组织硅谷小镇、药谷小镇赴椒江绿色药都小镇、缙云机床小镇学习考察。开展“特色小镇”核查清理，推进特色小镇规范、健康发展。硅谷小镇、药谷小镇获 2022 年度省特色小镇考核“浙江省命名特色小镇”良好等级。

【营商环境优化】 对照《2023 年优化营商环境重点任务》，梳理形成全区各单位工作任务分解表，通过逐项对接、进展跟踪等确保各项重点任务落实落地，高水平参与国家首批营商环境创新试点。富阳区单用途预付卡全周期治理改革经验做法获评全省营商环境优化提升第一批“最佳实践案例”。谋划增值化改革“一类事”，围绕世行“10+N”领域、聚焦产业全生命周期全链条服务，召开全区“一类事”谋划会议，全面加快构建全区增值式服务体系。其中办理破产一类事项目入选 2023 年第四季度微改革暨“一类事”专题微改革入库案例。

（母晓丹）

国有资产监督管理

【概况】 区国有资产监督管理委员会直接监管区属国有企业 6 个，分别为城建集团、交通集团、富春山居集团、开发区集团、富春湾集团和杭州富阳投资发展有限公司。全区国有企业资产总额 4184.12 亿元，负债总额 2665.41 亿元，所有者权益 1518.71 亿元，平均资产负债率 63.7%。全区国有企业年度实现营业收入 157.6 亿元，实现利润总额 20.66 亿元。全区行政事业性国有资产总额 334.96 亿元、负债总额 27.30 亿元、净资产 307.66 亿元。

【国有资本运营】 全年资产转让成交金额 1.33 亿元，溢价率 94.6%。国有企业实现经营性业务收入 51.33 亿元，同比增长 46.2%；经营性净利润 6.07 亿元，同比增长 26.02%。

【国企管理监管】 构建国企全面预算管理框架，执行预算定额管理要求，严控非生产性经费支出。推进国资国企数智管理平台建设，统筹推进财务报表、银行账户、全面预算、财务分析、财务指标预警等线上监管，实现经营性投资项目一条龙全流程线上管理。实行以查促管，开展预算执行情况、广告宣传经费、第三方服务采购等专项检查，提升国企财务监管服务能力。

【国有企业党建】 区属国有企业有党委 6 个（其中二级党委 1 个），党支部 48 个，党员 883 人，其中预备党员 33 人。完善《党建标准化工作手册 2.0 版》，常态化做好国企党员发展、党组织换届提醒、党员组织关系接转、党员培训教育等工作。组织开展党的二十大精神集中轮训，参训党员 630 余人。制定《富阳区国有企业党员工作者管理办法（试行）》，探索党务工作者持证上岗制度。开展党风廉政教育月活动，同步推进廉洁教育、廉洁谈话、廉洁家访、廉洁从业、廉洁故事等“五廉”工作。推进国有企业廉洁风险排查全覆盖，重点排查工程管理、资产管理等重点领域廉洁风险点。

（钟镇阳）

土地资源管理

【概况】 全区规划和自然资源工作以国土空间规划编制攻坚年暨强

2023 年，富阳区渔山乡永久基本农田集中连片整治项目
（市规划资源局富阳分局 供图）

化土地要素保障工作为重点，开展“比作风 拼服务 赛业绩”深化作风建设年行动，重点做好规划引领、要素保障、土地盘活、土地出让、矿山整治、执法监察、审批登记、拥江发展等工作。市规划资源局富阳分局获“杭州市生态文明建设工作成绩突出集体”“2023 年度杭州市健康单位”“2022 年度杭州市规划和自然资源宣传工作先进单位”“浙江省第五届绿道健走大赛区县优秀组织奖”等荣誉；《低效工业用地全周期管理数字化改革》获评 2022 年度全省自然资源系统改革创新优秀案例；退休党支部被评为浙江省“最美离退休干部”党支部、浙江省首批离退休干部“三强六好”示范党支部。

【便民惠企服务】 全年归并不动产权调和土地复核验收及规划竣工核实，实现多验合一、多测合一；实现二手房“带押过户”办理；部分高频登记事项实现杭州市域一体化通办；推行新出让土地“交地即发证”和工业用地房地一体首次登记“验收即发证”；打通工业项目卡点，推行存量厂房技改和工程方案审查“多会合一”机制；提供工业项目“拿地即开工”全覆盖服务；建立专人对接、方案分级会审、第三方技术复核等机制，完成浙江中医药大学、达夫路南段改造工程、富春 94 号地块、富春 88-2-A 号地块等方案审查；启动 5 个乡镇（街道）1∶2000 地质灾害风险评估调查；完成省政府民生实事事项 20 个地质灾害监测预警实验点的安装调试及并网运行；完成 5 个地下水监测井的建设任务；新增立项治理工程 212 个；推进浙江省地质灾害野外科学观测研究站富阳基地的建设。

【规划资源法律宣传】 开展法治宣传活动，在“4·22”世界地球日、“6·25”全国土地日、“8·29”测绘日、“12·4”国家宪法日等时间节点，通过悬挂室外横幅、显示屏播放标语、陈列展板、发送短信、现场咨询、发放资料等形式开展法治宣传，在《富阳日报》、富阳发布、富阳广播电视台、“学习强国”学习平台等媒体发布专版专栏进行宣传推广，普及规划资源法律法规。

土地管理

【发展用地保障】 新增用地指标 171.53 公顷，保障秦望通道、冰雪大世界、富春湾大道二期、中医药大学、五四至宝山（柏枝岭）隧道等项目；全年盘活批而未供用地 388.8 公顷，供而未用用地 615.07 公顷，低效用地 272.13 公顷，消化村级留用地约 9.47 公顷。

【经营性用地供应出让】 全年完成经营性用地收储总量 337.07 公顷；出让经营性用地 19 宗 38.79 公顷；出让及公告工业用地 49 宗 121.67 公顷，标准厂房供应完成 38.42 万平方米。

【土地综合整治和生态修复】 完成垦造耕地（含旱改水、异地调剂）报备入库面积 255.47 公顷，对照市级下达任务 186.67 公顷，完成率 137%；推进永农集中连片整治、7 个新立项永久基本农田集中连片整治项目，完成验收 1 个，建成集中连片耕地 320 公顷；完成永农内非耕地核查，制定永农整改方案，调出永久基本农田非耕地 631.87 公顷，补划等量同质永农；完成耕地进出平衡方案编制，转出耕地 26.83 公顷，转入耕地 27.8 公顷；发布富阳区矿产资源“十四五”规划；完成打石山二期采矿权挂牌出让；完成 4 个废弃矿山治理工程前期准备；完成 10 个历史遗留图斑生态修复。

【执法监察】 全年立案查处违法案件 41 起，没收违法所得 3.16 万元，罚款 751.94 万元，送达各类责令停止违法行为通知书 31 份，整改通知书 22 份，申请法院强制执行 28 起；完成全区农村乱占耕地建房 9018 个图斑的前期图斑研判及上报审核；完成 28 个 2022 年例行督察问题销号。

（胡晓蒙）

地矿管理

【矿山专项整治】 根据富阳区矿山专项整治方案要求，优化矿山布局结构，整合区内资源，推动矿业规模化、集约化、园区化发展，关停矿山 2 家。全区有效期内持证矿山 14 家，其中，普通建筑石料矿山 4 家，石灰石矿山 5 家，铅锌、银等金属矿山 5 家。露天矿山（普通建筑石料、石灰石）大型矿山比例达到 100%，形成以石灰岩、普通建筑石料为主兼顾银铅锌的矿产开发格局。

【采矿权出让】 完成渌渚镇打石山（二期）矿地综合利用项目采矿权挂牌出让，出让收益5.3亿元，竞得人为杭州建材数字化产业港有限公司（市交投集团控股子公司），出让资源储量2560万吨，开采结束可新增土地面积20余公顷。

【山体生态修复】 围绕《浙江省历史遗留矿山生态修复三年工作计划（2023—2025年）》专项行动，做好山体生态修复整治工作，打造“现代版的富春山居图”。根据历史遗留矿山现状及治理实施难易程度，综合运用人工修复和自然恢复等手段，坚持财力可能、技术可行、经济实用的原则，因地制宜，分区分类科学实施修复治理工作，全年完成7个历史遗留矿山生态修复项目的验收和销号工作。

【智能化绿色矿山建设】 新桐乡新桐村大山顶西段石灰岩矿被列入2023年全省第三批智能化绿色矿山建设试点任务并完成建设。矿山企业通过构建“1+6+4”体系（1个模型、6个系统、4大平台），实现企业生产要素数字化、应用场景可视化、管理决策智控化、机器设备无人化。

【矿政管理】 开展矿山专项整治检查活动，采取由基层规划资源所定期巡查、矿产资源所不定期检查、聘请矿政管理技术支撑单位协助参与矿产资源开发利用的监督管理、矿山储量动态监测、综合行政执法队及时查处等手段，形成全面打击非法开采的氛围，有效控制盗采盗挖。

【地质灾害防治】 开展“4·22”地球日活动和地质灾害知识宣传，发布2023年全区地质灾害防治方案，组织开展地质灾害防治工作培训10余次，组织地质灾害预报预警实战演练1次。“7·22”强降雨期间，会同区地质灾害应急技术服务中心开展地质灾害灾险情调查，确定灾险情146处。全年调查543起，立项整治确实有地质灾害风险隐患235处。推进灾后重建工作，加大地质灾害工程治理力度，全年完成地质灾害治理198处。全力做好梅汛期和台风“杜苏芮”“海葵”“卡努”的地质灾害防范工作。全年无人员因地质灾害伤亡。加强地质灾害群测群防，强化日常防灾工作。完成地质灾害专群监测试验点建设20处、地下水监测井5处，启动地质灾害风险防范区雨量站建设全覆盖工作。更新完成21个乡镇（街道）级“一镇一预案”“一村一手册”“一户一卡片”编制等。贯通地质灾害县预警到村应用平台，强化叫醒叫应机制。

（蒋终利）

2023年，新桐乡江洲村蒋大线废弃矿山生态修复治理工程

（市规划资源局富阳分局 供图）

财　政

【财政收入】 全年一般公共预算收入100.5亿元，占财政总收入的60.9%，占地区生产总值的10.5%；税收收入81.3亿元，增长7.5%，占一般公共预算收入的80.9%。征收非税收入163.93亿元，其中纳入一般公共预算管理的非税收入19.24亿元，增长19.2%，占一般公共预算收入的19.1%。

【经济发展保障】 全年兑现产业政策资金21.19亿元，惠及市场主体5512户次。针对光电激光、集成电路、生物医药等重点领域，完成产业基金投资35.46亿元，新增出资项目21个，撬动社会资本151.99亿元。聚焦政务服务增值化改革，依托“互联网+政府采购”增强信息透明度和公众参与度，实现政府采购“一件事”全生命周期网上办理，连续4年获评全国政府采购百强区（市、县）。优化人才政策，启用首批人才专项租赁住房，通过“人才码”服务74万人次，兑现人才资金2.75亿元。

【民生保障】 全年民生支出104.06亿元，占一般公共预算支出的75.6%，增长1.7%，完成省、市、区三级民生实事项目134个。全年教育支出25.21亿元，建成灵桥小学、鸡笼山幼儿园等学校（幼儿园）12所，新增学位8655个，开工建设浙江中医药大学新校区；推进9所小学集团化办学，实现全区中小学紧密型教共体全覆盖。全年社会保障和就业支出21.11亿元，新增就业3.77万人，失业人员再就业4695人，发放失业保险金1.64亿元；低保标准、特困人员基本生活标准分别提高至每人每月1259元、2098元；全区养老保险综合参保率99.4%，困难人员医疗费用综

2023年富阳区财政收入执行情况表

表7

项　目	年度预算（万元）	累计收入情况			
		累计收入（万元）	上年同期（万元）	为上年执行数的（%）	为本年预算数的（%）
财政总收入	1652000	1651800	1531904	107.8	100.0
一、一般公共预算收入	1000000	1005385	917363	109.6	100.5
（一）税收收入	820500	813010	755985	107.5	99.1
1. 增值税（50%）	366000	355283	287857	123.4	97.1
2. 企业所得税（40%）	138000	139108	172297	80.7	100.8
3. 个人所得税（40%）	52000	54266	44866	121.0	104.4
4. 城市维护建设税	40000	38724	43643	88.7	96.8
5. 契税和耕地占用税	104500	124773	96592	129.2	119.4
6. 其他地方各税	120000	100856	110730	91.1	84.0
（二）非税收入	182500	195375	139778	139.8	107.1
1. 教附、地方教附	28200	27609	30457	90.6	97.9
2. 残保金	8800	8883	7912	112.3	100.9
3. 其他专项收入	58500	61561	2520	2442.9	105.2
4. 行政性收费收入	47000	47958	41720	115.0	102.0
5. 罚没收入	30000	33707	38197	88.2	112.4
6. 其他收入	10000	15657	18972	82.5	156.6
（三）国有企业计划亏损补贴	-3000	-3000	21600	-13.9	100.0
二、上划中央收入	652000	646415	614541	105.2	99.1
1. 增值税（50%）	366000	355283	287857	123.4	97.1
2. 消费税（100%）	1000	1071	939	114.1	107.1
3. 企业所得税（60%）	207000	208662	258446	80.7	100.8
4. 个人所得税（60%）	78000	81399	67299	121.0	104.4

2023年富阳区财政支出执行情况表

表8

项　目	年度预算（万元）	累计支出情况			
		累计支出（万元）	上年同期（万元）	为上年执行数的（%）	为本年预算数的（%）
一般公共预算支出	1380000	1376229	1356922	101.4	99.7
一、一般公共服务	130000	137740	149929	91.9	106.0
二、公共安全	71000	69886	73525	95.1	98.4
三、教育	260000	252059	249926	100.9	96.9
四、科学技术	86700	86789	74800	116.0	100.1
五、文化旅游体育与传媒	35000	32515	22103	147.1	92.9
六、社会保障和就业	222000	211111	199803	105.7	95.1
七、卫生健康	147000	152521	161527	94.4	103.8
八、节能环保	15000	13832	28686	48.2	92.2
九、城乡社区	75000	85288	67642	126.1	113.7
十、农林水	92000	92857	91740	101.2	100.9
十一、交通运输	48900	43094	57256	75.3	88.1
十二、资源勘探工业信息等	75390	81881	53711	152.4	108.6
十三、商业服务业等	8500	9026	9220	97.9	106.2
十四、金融支出	8000	3115	6492	48.0	38.9
十五、援助其他地区	3010	3007	2807	107.1	99.9
十六、自然资源海洋气象等	13000	11980	12535	95.6	92.2
十七、住房保障支出	50000	43755	53213	82.2	87.5
十八、粮油物资储备	500	1443	937	154.0	288.6
十九、灾害防治及应急管理支出	9000	12493	9600	130.1	138.8
二十、预备费其他支出		1412	2147	65.8	
二十一、债务还本付息支出	30000	30425	29323	103.8	101.4

2023 年 7 月，富阳启动“财智汇”主题活动
（区财政局 供图）

合保障率 88.01%。全年卫生健康支出 15.25 亿元，加快推进省人民医院富阳院区、省中医院新院区建设，投入使用区第三人民医院新院区、区妇幼保健院门急诊综合大楼、上官乡社区卫生服务中心。县域医共体检查检验结果互认共享的“医检互认”改革获全省改革突破奖银奖，“健康浙江”考核实现“五连优”。做好杭州亚（残）运会保障，依托行政事业单位“公物仓”，富阳亚（残）运场馆调剂（租借）办公桌椅、电脑、空调等各类资产 997 项，节约资金 140 万元，相关做法获《人民日报》报道。

【财政改革】 3 月 31 日，印发《杭州市富阳区绩效评估（评价）财政审核规程》，开展编外人员、公务接待、车辆购置及租赁、临时机构、会议庆典活动等重点领域专项清理，全年核减政府一般性项目支出 38.12 亿元，“三公”经费下降 21.9%。

【财政监管】 12 月 4 日，印发《进一步加强财会监督工作的实施方案》，明确财政、主管部门、单位、行业责任，建立以会计管理为基础，以内控建设为重点，以数字监管为手段，以联合监管为辅助的财会监督新模式。强化投资项目管理。构建标准化投资控制体系，建设以估算指标控制、概算合理性指标、无价材料管理为支撑的政府与国企投资项目标准化投资控制体系，全年核减资金 23.39 亿元。防范化解债务风险。建立债务风险预警机制，加强项目和资金监管，防范新增隐债风险，政府债务率保持在合理区间。

（钟镇阳）

税　务

【概况】 全年全区组织各项收入 366.35 亿元，同比下降 0.2%。其中，税收收入 147.04 亿元（含免抵调库 8.03 亿元），社保基金收入 65.35 亿元，非税收入 150.70 亿元（含土地出让金收入 145.7 亿元）。实现地方级税收收入（不含省财政返还）85.14 亿元，税收占地方一般公共预算收入的 82.2%。强化税收经济、重点行业、区域比较等专题分析，针对“假期消费”“小微企业”“制造业企业”等主题开展调研，针对房地产行业、招商引资、留抵退税等主题开展专题分析，形成各类税收分析报告 12 篇，专题分析 10 篇。区税务局获省级以上荣誉 13 项次、市级荣誉 12 项次、区县级荣誉 16 项次，税收服务经济发展相关做法被央视《新闻联播》等中央媒体平台宣传报道 7 次。

【税收优惠政策落实】 全年推送税费优惠政策 90 万余户次，落实各类税收优惠 82 亿元。其中，办理出口退税 11 亿元，增值税免抵调库 8 亿元，办理减免退税 63 亿元，同比增加 4.4 亿元，增长 7.5%。

【征管改革】 全年扩围数电票纳税人 57620 户，扩围率 98.6%。推进优化调整社会保险费申报缴纳流程改革试点，完成全区 2.8 万户缴费单位的年度缴费工资申报，申报率 99.98%。完成森林植被恢复费和草原植被恢复费两项非税收入征管职责划转。网格管理推动施工扬尘环保税征收，入库税款 137 万元。健全出口退税服务监管新机制，立案阻断涉嫌出口骗税退税 2 户，涉及税款 1111.67 万元。

【税费监管】 获取新发施工许可证的建筑项目 89 个，外埠建筑安装企业入库税费 3.39 亿元。加强拆迁企业所得税风险管理，1031 户企业进行拆迁收入企业所得税申报，累计入库税收 7.5 亿元。深化土地增值税清算管理工作，启动近三年尾盘情况核查，建立尾盘档案，完成项目清算 42 个，补缴土地增值税 7.99 亿元，退税 6.54 亿元。进一步规范房土两税税源采集和申报，区属国有企业申报入库房产税 1327.17 万元，城镇土地使用税 771.9 万元，增长 297.93%。村级经济体房土两税规范管理走在全市前列，61 个经济合作社入库房产税 1269.75 万元，同比增长 17.61%。高质量完成两税汇算清缴工作，全区企业所得税应申报数量为 3.45 万户、自然人个人所得税应申报数量为 11.47 万人、生产经营所得个人所得税应申报数量为 5820 户。推行全税种体检式服务，为 128 户企业开展体检服务，企业自查补税 1.49 亿元。推行非强制性执法，针对 249 户纳税人进行欠税风险提醒或约谈警示，入库欠税 3.01 亿元，“欠税企业非强制性执法”案例入选富阳区民营企业和民营企业家权益保障十大案例。

【依法治税】 全域建设“枫桥式”税务所，打造“东安和堂”“万事好商量”等特色矛盾调解室，新登税务所获浙江省税务系统首批 29 家新时代“枫桥式”税务所称号，万市税务所获 2023 年浙江税务系统新时代“枫桥式”税务所（分局、办税服务厅）称号。建立税院“1+4+X”

表 9

2022 年、2023 年富阳区组织收入情况表

项　　目	2023年（万元）	2022年（万元）	同比增加（万元）	增长（%）
一、税收收入合计	1470408	1338856	131552	9.83
1. 增值税	709922	531842	178080	33.48
2. 消费税	1071	939	132	14.07
3. 企业所得税	333309	412865	-79556	-19.27
4. 个人所得税	137381	113926	23455	20.59
5. 资源税	4246	10314	-6068	-58.83
6. 城市维护建设税	38725	43645	-4920	-11.27
7. 房产税	38771	25977	12794	49.25
8. 印花税	23766	18987	4778	25.17
9. 城镇土地使用税	16056	14021	2034	14.51
10. 土地增值税	11261	34679	-23419	-67.53
11. 车船税	6454	6513	-59	-0.91
12. 车辆购置税	24143	28151	-4008	-14.24
13. 耕地占用税	7866	18060	-10194	-56.45
14. 契税	116907	78532	38375	48.87
15. 环境保护税	373	348	25	7.13
16. 其他税收	159	57	102	178.92
二、出口退税合计	-190354	-298738	108384	-36.28
三、社会保险基金收入合计	653457	638731	14727	2.31
1. 企业职工基本养老保险基金收入	344107	338950	5157	1.52
2. 失业保险基金收入	14998	14705	294	2.00
3. 职工基本医疗保险基金收入	209303	206802	2501	1.21
4. 工伤保险基金收入	9727	7343	2384	32.47
5. 城乡居民基本养老保险基金收入	5541	3523	2017	57.26
6. 机关事业单位基本养老保险基金收入	56124	53594	2530	4.72
7. 城乡居民基本医疗保险基金收入	13657	13814	-157	-1.14
8. 其他社会保险基金收入	0.72	0.59	0.13	21.03
四、非税收入合计	1506957	1660442	-153485	-9.24
1. 教育费附加收入	18401	20304	-1902	-9.37
2. 地方教育附加	12275	13538	-1262	-9.33
3. 文化事业建设费收入	274	191	83	43.52
4. 税务部门罚没收入	193	211	-18	-8.52
5. 残疾人就业保障金收入	10450	9308	1142	12.27
6. 废弃电器电子产品处理基金收入	49	86	-37	-43.10
7. 国家重大水利工程建设基金收入	88	89	-1	-0.78
8. 可再生能源发展基金	404	410	-6	-1.47
9. 水利建设基金	5	1	4	703.04
10. 水土保持补偿费	473	372	101	27.28
11. 防空地下室易地建设费	831	17770	-16938	-95.32
12. 国有土地收益基金收入	27429	28253	-824	-2.92
13. 农业土地开发资金收入	1236	1484	-248	-16.73
14. 国有土地使用权出让收入	1428313	1563557	-135244	-8.65

续表9

项　　目	2023年(万元)	2022年(万元)	同比增加(万元)	增长(%)
15. 矿产资源专项收入	4124	4094	30	0.73
16. 排污权出让收入	39	776	-737	-94.94
17. 森林植被恢复费	1954	0	1954	
18. 其他	418	0	418	
五、其他收入合计	32667	30838	1829	5.93
1. 工会经费收入	4795	4535	260	5.72
2. 职业年金	27872	26303	1569	5.97

破产企业涉税事项联动闭环管理机制，出台企业破产程序中有关问题的会议纪要，编制法院端、税务端、破产管理人端适用的4个破产操作指引，依托富阳区“融破智联”平台，动态更新多个数字化治理场景，形成“一次不用跑”的破产管理联动闭环，全年召开联席会议3次，接收破产企业立案44户。“线下文书邮寄＋线上信息交互”双轨运行，税务司法税费征缴协作机制运行平稳有序，申报破产企业和民事执行欠税费67户，申报债权598.75万元，入库2067.66万元。规范应用行政执法信息公示平台，按照“谁执法、谁公示、谁负责”的原则，按时按规进行公示，公示非正常户认定信息1351条，准予行政许可的结果2003条，税务行政一般处罚程序结果53条。

【营商环境优化】 全面推广“问办一体”服务，打造“办问协同”新模式，依托钉钉在线群、“税小蜜”智能座席平台、电子税务局征纳互动等渠道，构建“智能咨询快答＋人工座席兜底＋屏对屏解难”的咨询辅导体系，电子税务局网上综合办税率达97.69%。深化二级集中处理机制，加大预约预审推广力度，全年处理业务126277笔，实现预约率65.16%、远程办结率64.72%。办税大厅业务实行“四向分流”、分类快办，设立“特事简办”“难事办成”窗口，高峰期人流量较上年度下降22%，进厅办税平均等候时间缩短68%。打造企业全生命周期“一链式”服务，平均节省办理时间28天以上，提速超80%。成立“双招双引”税收专项服务团队，为杭州富春湾新城和富阳经济技术开发区提供“一团队、一专线、一基地”专项服务，深入园区企业问计问需218户次，对重点招商引资项目进行台账式跟踪管理，征集企业诉求及意见建议92个，回应各类问题诉求86个。

（江静恬）

2023年3月8日，区税务局税务干部走访辖区小微企业开展涉税辅导

（区税务局　供图）

审　计

【概况】 全年完成审计项目28个，查出主要问题金额12.49亿元，其中违规金额8815万元、管理不规范金额11.61亿元。审计处理处罚金额9505万元；移送司法机关、纪检监察机关和有关部门处理事项19件，移送处理人员18人，移送处理金额156万元；审计促进整改落实有关问题金额9505万元。出具审计报告和专项审计调查报告26篇，被批示、采用21篇；审计提出建议346条，被采纳346条；推动被审计单位制定整改措施131项；促进被审计单位制定、完善规章制度65项；提交审计信息108篇，被批示、采用85篇，向社会公告审计结果3篇。被省委办公厅、省政府办公厅授予“杭州亚运会、亚残运会浙江省先进集体”称号。

【财政审计】 开展区财政局具体组织的2022年度区本级预算执行和决算草案情况审计，查出各类问题61个，查出管理不规范资金11.22亿元，推动制度出台5项。实施5

2023年10月，区审计局开展企业拆迁复核现场踏勘

（区审计局　供图）

个乡镇(街道)2022年度财政决算(收支）审计，查处预决算管理情况类问题9个、财政收支管理情况类问题8个、国有资产管理情况类问题5个、其他类问题3个。

【企业审计】　开展部分稳经济政策落实情况专项审计调查，促使726万元稳岗补助资金成功发放，追回滞留人力资源公司补助款401万元，促使第二粮库信息智能化系统竣工结算核减造价38万元。

【投资审计】　开展全区重大公共投资项目预算执行情况专项审计调查，追回资金56万元，归还原资金渠道3850万元，促使主管部门按规定处理处罚违规中介单位2家。

【民生审计】　开展全区就业补助资金和失业保险基金管理使用情况审计，追回资金7万元。开展全区部分共同富裕政策推进情况专项审计调查，促使212万元该发未发或该理赔未理赔资金发放到位，1家企业退税33万元。开展全区部分医疗卫生政策落实情况专项审计调查，促进追回医保基金198万元；促使主管部门按规定对3家定点医疗机构的医保违规行为进行处理处罚。

【自然资源和生态环境审计】　开展全区部分全域土地综合整治与生态修复工程专项审计调查和5个乡镇街道开展领导干部自然资源资产责任审计，追回各类财政资金56万元，促进主管部门出台制度2个。

【经济责任审计】　持续加大对领导干部的经济责任审计力度，对4个部门、1家国企、5个乡镇（街道）23名领导开展经济责任审计，查出违规金额5635万元、管理不规范金额3.8亿元，审计发现问题151个，提出审计意见建议33条。

【审计管理】　深化大数据审计成果，计算机案例获省优一等奖、二等奖各1篇，市优二等奖2篇，省厅采用审计方法9个。深入推进试点工作，省厅“一法一条例”审计数据治理应用，富阳作为全省唯一一个区县市进行试点，财政智审子应用场景建设等3个应用纳入市局“揭榜挂帅”联合试点。联合人大、纪检、组织等部门开展问题整改督查，借势借力抓好整改。督促2022年度预算执行和其他财政支出情况审计反映的374个问题的整改，通过整改，促进增收节支或挽回损失1.67亿元，按级次入库、计提资金或清理统筹财政资金3.77亿元。

（洪丹丹）

统　计

【统计服务】　全年撰写统计分析和汇报材料60余篇，区委、区政府主要领导批示27篇。在统计快报、统计月报、统计年鉴等原有统计资料基础上，新汇编《统计实用手册》，结合实际案例，介绍统计工作，解读统计指标，供各级领导和基层统计人员参阅学习。立足“八八战略”实施20周年，梳理全区主要经济指标情况，展示二十年来富阳经济社会发展概况和主要成就。

【统计改革】　创新推进统计入库跑零次“微改革”项目。针对企业达规后统计入库资料繁杂，企业、辖区乡镇（街道）上报资料需要线下提交的痛点难点问题，依托数字化平台，对资料进行线上搜集、审核把关、归集管理，实现企业统计入库跑零次，减轻基层负担的同时，提升统计入库工作质效。依托富阳“公共服务优质共享领域”省级试点优势，用好“一件事”集成改革成果，探索构建区级公共服务优质共享统计监测指标体系。整合卫健、民政、人社、医保等多方资源，围绕人的全生命周期公共服务优质共享，从育幼、教育、医疗、养老、住房、社保、就业等七方面，建立完善科学化、体系化监测评估机制，监测分析富阳区公共服务薄弱领域，优化公共服务政策供给模式，推动提高公共服务的均衡、可及、优质水平。

【统计指导】　6月，对全区24个乡镇（街道）开展统计工作调研指导服务，及时反馈统计工作中存在的问题。建立完善“三色码”数据质量管理体系，制定《杭州市富阳区乡镇（街道）统计基层基础工作“三色码”管理办法（试行）》，通过细化工作要求、量化考核标准，推进统计队伍建设，完善基层统计业务规范，强化基层统计保障条件。按照省委、省政府关于进一步加强统计工作的通知文件要求，加大基层统计人员业务培训力度，推行乡镇（街道）新任统计员到统计局业务科室跟班学习3个月机制，全年共有8人进行跟班学习。

【统计监督】　开展局内各专业自查工作，对重点行业、重点企业及重点指标开展核查，完成对全区所有规模以上单位的数据质量核查工作。加大执法检查力度，采取专项检查和“双随机”抽查方式开展执

2023年11月2日至3日，浙江省部分经济强县(市、区)第三十一届统计信息交流会在富阳召开
（区统计局 供图）

法检查，重点关注迟报、数据异常、不配合的企业，坚决杜绝统计造假、弄虚作假现象。全年计划检查单位数不少于65家，其中“双随机”执法检查单位数不少于50家，均已完成执法检查任务。推动统计监督和纪检监察监督、组织部门职能监督、巡视巡察监督、审计监督贯通协调，严格落实与相关部门形成的工作机制。配合区委组织部对43名拟提拔或进一步使用干部是否存在统计违法情况作出鉴定，均未发现不支持统计机构和统计人员依法独立开展工作情况以及统计造假、弄虚作假情况；配合区委巡察办开展进驻巡察工作，提供相关单位近年来统计工作情况。

【经济普查】 组织开展富阳区第五次全国经济普查相关工作，科学编制五经普经费预算、组建区第五次全国经济普查领导小组及其办公室、完成普查用工人员招聘、落实普查集中办公场地、召开乡镇（街道）和部门工作会议、更新村级边界、完成投入产出调查阶段性工作、维护单位名录、清查摸底等各阶段工作。高质量完成各专业规模以上企业的“入库纳统”和定报数据上报、审核工作，真实完整反映地区生产总值、农业、工业、贸易、服务业、固定资产投资、建筑业、R&D投入等重要指标变动情况。开展以群众获得感、幸福感、安全感、认同感“四感”为重点的民情民意调查评价，客观反映社情民意，助力党委政府和职能部门工作开展。

（蒋琪琪）

市场监督管理

【概况】 全区有各类经营主体12.89万户，同比增长8.15%，其中企业4.73万户，同比增长6.69%；个体工商户8.12万户，同比增长9.11%。全年新登记各类经营主体18945户，同比减少1.33%；新登记企业5330户，同比增长3.6%；新登记个体工商户13608户，同比下降3.17%。全区有各类内资经营主体128553户，较2021年、2022年同期分别增长19.35%、8.17%。

全区有食品生产企业174家、流通企业15173家、小作坊450家，辖区餐饮单位共7914家。其中，大型及以上餐饮94家，中型餐饮603家，小型餐饮2361家，小微餐饮112家，集体用餐单位4家，“三小”4123家；学校食堂92家，幼儿园食堂119家，养老机构食堂23家，其他单位食堂383家。

全区有涉药械化单位1936家。其中，药品生产企业13家［其中注射剂类高风险企业5家、中成药企业1家、医用氧2家、中药饮片生产企业2家、原料药企业1家，药品上市许可持有人（B证）企业2家］，药品批发企业18家，药品零售连锁企业3家，零售药店306家（单体药店189家，连锁门店102家，乙类非处方药店15家），医疗机构559家（6家区级医疗机构），医疗器械生产企业46家（其中在产二、三类19家，在产一类8家，停产19家），医疗器械经营企业998家（其中三类经营企业212家，二类备案企业786家）。化妆品生产企业1家，化妆品备案人15家。

全区新授权发明专利894件，有效发明专利拥有量4704件，每万人发明专利拥有量21.54件，PCT国际专利申请量25件，新增商标注册3512件，新申请商标5447件，有效商标注册量31183件。新认定杭州市专利试点（示范）企业61家，省级示范企业5家，国家优势（示范）企业7家。

全区在用特种设备有21971台，涉及各类使用单位3249家。其中，锅炉188台，压力容器3716台（移动式压力容器81台），起重设备4265台，场（厂）内专用机动车辆2408辆，大型游乐设施14台，电梯11380台。另外登记在用各类车用气瓶1400只、工业气瓶11万只、民用液化气瓶18万只，各类压力管道近875千米。

【数字化监管】 依托省行政执法监管平台，开展掌上执法，全面推进“互联网+监管”，最大限度减少对监管对象无效扰动，掌上执法率100%，信用规则率达到100%。推进电子营业执照下载应用，开办企业“分钟制”服务，推进政务服务数字化建设，提升全流程网办服务水平，不断激发经营主体发展活力。无感监测中全区企业开办、企业注销营商指标属于全省标杆指标。

【生物医药产业】 聚焦生物医药产业，及时转化生物医药产业招商有效信息，推进招引过会项目落地建设发展。生物医药产业规模以上工业企业37家，在建项目16个，招引过会项目9个（50亿元以上项

2023 年 5 月 15 日，富阳区富春小哥综合服务驿站启用
（区市场监管局　供图）

目 1 个），完成投资额 7.2 亿元。出台生物医药产业发展助企“硬十条”，推进浙江省首家生物药企“政企服务空间站”落地富阳，海正生物医药“一种含有阿达木单抗的药物组合物”获评第一届浙江省知识产权奖发明专利三等奖，创建省级品牌指导服务站 1 个，入选浙造器械创新助力对接产品 6 个，全额奖补 2 家药品生产企业 600 万元。

【品牌认定】　成立富阳区“品字标”示范园区建设工作领导小组，制订《富阳区“品字标”示范工业园区建设工作实施方案》，出台“品字标”品牌建设激励政策，打造“品字标”示范工业园区，提高企业创牌积极性；持续推进“浙江制造”“浙江标准”制定认定，开展走访、调研、动员、指导，提供“立项答辩”模拟增值服务，助力企业高质量发展。

【“富春小哥码”】　首创骑手工作证，创新迭代“富春小哥码”，建立行业管理规范和监督约束机制，压实外卖企业管理责任。为“饿了么”、美团等 6 个平台 15 个配送商 26 个外卖站点 2953 名骑手赋码，101 个小区实行亮码送单，每日通行近 4000 次，累计 72.8 万次，每单省时 5—6 分钟，骑手月增收 500 多元，安全事故、负面舆情零发生。相关做法在全省“小个专”党建工作现场会作交流发言，被国家发改委共富动态录用为共富案例，纳入全国共同富裕现场会案例集，在《中国发展改革报》刊发，获得省、市、区各级领导批示肯定。

【“安全文明乘梯一件事”创建】　围绕“安全文明乘电梯一件事”改革，迭代更新智慧电梯系统，编制《富阳区智慧电梯综合治理平台扩容方案》，全省率先推进智慧电梯综合治理平台功能迭代，完成“富阳区安全文明乘梯一件事”驾驶舱开发建设。全省首创的“电梯长”制度，增设公共救援站 6 个，率先迭代智慧电梯综合治理平台功能、探索成立区级电梯行业协会，构建电梯救援“站、队”一体应急体系，打造“15 分钟救援圈”，系统推进 1.2 万台电梯全生命周期治理。智慧电梯覆盖率超 50%，电梯故障月发生率由上年同期的 0.63% 下降至 0.47%，不安全不文明行为发生率低至 4.5%，平均救援时间 12.35 分钟。开展亚运场馆电梯应急救援演练，共有 24 家电梯使用单位，500 余人次演练人员参与演练，完整呈现应急预案启动后实战化应急救援的全过程，检验电梯故障突发事件应急响应及处置能力。

【失信联合惩戒】　梳理完成失信惩戒清单和不良信用信息强化监管措施清单，形成《富阳区市场监管系统失信惩戒措施清单（暂行）》和《富阳区市场监管系统不良信用信息强化监管措施清单（暂行）》，探索建立惩戒工作机制，印发《杭州市富阳区市场监管系统失信联合惩戒（不良信用信息强化监管）操作规程（试行）》，明确失信惩戒事项清单管理、失信惩戒事由推送、惩戒对象认定告知、惩戒实施和结果反馈等环节的工作标准和责任分工。全年厘清失信惩戒措施 148 项、不良信用信息强化监管措施 75 项，制定市场监管系统失信联合惩戒操作规程，探索建立惩戒工作机制。纳入失信惩戒闭环系统失信信息 3 件。

【商事登记服务】　首创商事登记“错时登记”预约服务、首推企业登记优化办理结果送达、首发个体工商户全生命周期增值服务手册，解决群众上班办事难、材料要得急、业务理不清等难题，企业登记优化办理结果送达相关做法纳入市级增值化服务清单并在全市推广，《个体户增值服务手册》实现从登记到监管一次讲清、一网申报、一窗办理。

【公平竞争审查】　率先将“公平竞争审查工作联席会议”更名为“公平竞争审查和反垄断委员会”，构建“部门 + 乡镇（街道）”协同治理的公平竞争审查和反垄断体系，首创区级公平竞争审查和反垄断委员会工作规则，推进区域公平竞争审查和反垄断全覆盖。审查区政府及所属部门文件 19 份，清理文件 44 份，其中无排除限制竞争问题 43 份，废止 1 份。

【股权转让“一件事”】　企业股权转让“一件事”改革以“数字化、零见面、智能审、控风险”为原则，整合市场监管部门股权转让变更登记事项与税务部门个人股权变动情况报告事项，采用“一网申请、同步办理”方式，着重解决时间长跑次多材料重复提交、阴阳合同虚假材料、跨部门间数据协同共享共治难等问题，将改革前涉及两部门、三事项、多材料、多跑次优化为一平台、一件事、零见面、零跑次，实现个人股权转让“线上办理、一次办好”。

【企业迁移一件事】　针对企业迁

出受理、审核，实行“审核合一”，由同一审核人员一次完成，压缩流程环节。要求“当日事当日毕”，最长不超过1个工作日办结，并在2个工作日内向迁入地登记机关移交企业纸质登记档案。解决企业迁移“两地跑、多次跑”、手续繁、耗时长等问题，实现企业迁移零见面审批。

【市场经营主体清理】 按照“唤醒一批，规范一批，出清一批”原则，加快登记资源释放，提高登记、许可数据的真实有效性。开展长期未经营市场经营主体清理吊销，对市局下发的两年未年报市场经营主体（包括1338家企业和29家农专社）开展全面调查摸底工作，开展吊销未注销企业强制注销工作，对被吊销营业执照后届满三年仍未办理注销登记的546家企业名单逐一核查，分类处置，至年底，拟强制注销告知公告96家。

【食品安全监管】 打造“浙里食安”最佳实践，申报常安快消品基地推动产业高质量发展、“卤味一件事”打造共富作坊、加强协会自治提升家宴食安治理能力等“浙里食安”试点示范项目3个。食品安全抽检不合格处置案例“富阳区市场监管局查处的蜂蜜中呋喃西林代谢物不合格案”被编入“2023年全市抽检不合格食品核查处置典型案例”。全链条保障食用农产品安全，保障牛蛙、杨梅等重点高风险食用农产品食品安全，建立“从田间到餐桌”重点高风险食用农产品监管数据链条，重点食用农产品100%上链交易，场内黄鳝、牛蛙等重点水产经营户100%实现无纸化交易，在册市场7日活跃度均大于95%，重点高风险食用农产品等食品流通领域各项考核均居全省前列。全面落实卤味作坊数字化改革，贯穿原料采购、生产加工、销售等环节，打造“食材可查、过程可视、扫码可溯”场景，进一步强化小作坊业主主体责任。开展养老机构“阳光厨房”建设，结合“七优享——老有康养”工程，建设标准跟踪督促指导，规范提升色标管理、物联安装、视频接入，10月，通过省局组织开展的现场交叉检查验收，全年共完成创建13家。切实维护校园食品安全稳定，组织开展春、秋季开学校园食品安全全覆盖专项检查，出动检查人员1464人次，检查各类学校、幼儿园食堂、校园集体用餐配送单位及校园周边餐饮单位756家次，结合检查开展培训指导756家次1450余人次。服务保障区域块状经济发展，重点完成全区乡贤招引重大项目、龙门镇米酒集聚区、东坞山豆腐皮园区等区块经济服务，全力推进总投资3.1亿元“杭州快消品生产基地”落地生产，提升食品安全现代化治理能力，着力构建食品安全“共需共富”体系。

【亚(残)运食品安全专项行动】 围绕食品安全“护航亚运”核心，突出核心整治区、重点监管区，开展小餐饮、网络餐饮等食品安全隐患排查整治，规范经营行为。出动执法人员3547人次，检查各类餐饮服务单位2961家次，发现并整改问题431个次，发布红黑榜9期；通过媒体、公众号开展食品安全、文明餐桌反浪费宣传11次。开展亚运场馆测试赛食品安全保障，其间完成2个场馆5场测试赛食品安全保障，其中东洲水上运动中心2场、银湖射击场馆3场，出动监管保障人员320余人次，监督保障配送供餐2.94万份；保障运动员、技术官员接待酒店15家次，住宿用餐人数1955人28866餐次；保障物流茶点供水等5400箱；无食品安全事故发生。做好亚（残）运比赛期间食品安全，按照亚（残）运食品安全监督保障工作要求，成立亚（残）运食品安全保障工作专班，设工作专班办公室和场馆食品安全监管、集配单位安全监管、接待酒店驻点监管、检验检测、流动巡查、应急处置、流动支援等8个工作组；对亚运集配供餐单位、接待酒店等单位建立“1+1+1+N”监管保障组织体系，落实人员全程驻点监管。9月13日至10月8日亚运期间，出动监管保障人员600余人次，保障场馆中、西式用餐11.58万人次，供应各类非酒精饮料7000余箱，供应茶点保障1.3万余人次，开展蔬菜、肉类、水产等主要食材快检704批次，环境、环节监测205批次，食品中心温度检测66批次，未出现不合格样品。确保场馆及接待酒店食品安全平稳有序，无异常或突发事件发生。加强城市侧食品安全监管保障，出动食品安全检查人员1670人次，检查各类农贸市场334家、商超238家，餐饮、小食杂店等经营主体6064家，发现问题325个，全部整改完成。受理涉及食品安全的投诉举报及警情联动200起，及时完成处置。

【含兴奋剂药品生产专项整治】 制定富阳区市场监管局第19届杭州亚运会和第4届杭州亚残运会药品安全保障实施方案，检查含兴奋剂药品生产企业2家，检查覆盖率100%，抽检含兴奋剂药品2批次。督促全区330家零售药店签订《零售药店规范经营承诺书》，督促零售药店含兴奋剂药品阶段性管控措施落实到位，开展亚运会（亚残运会）保障酒店化妆品监督抽检3批次，合格率100%。

【文明餐桌行动】 发放文明餐桌海报、桌贴、禁烟标识等3000余张，突出“7个周边”重点区域餐饮单位，检查1207家次，发现并责令整改问题单位357家次。

【市场管理】 围绕五个“放心”标准开展省“放心市场”创建，通过综合施策、破解难题、逐项改造，全面提升新登、胥口、渔山、春建4个市场软硬件，8月，通过省政府组织的“放心市场”创建考核验收。开展无证市场规范提升，清理11家无证市场的门头名称，新建及新改造市场3家，新办理市场登记证2家。

【合同监管“一件事”改革】 开展民生领域各类合同格式条款违法行为专项检查和规范治理，全年督促有关企业修改格式条款400余条，查办格式合同违法案件9起，罚没款1.1万元。运用格式合同备案系统开展备案主体认领确定工作，督促企业及时开展备案，杜绝格式条款应备未备、备而不用或者备用

2023年3月15日，富阳区市场监管局开展假货鉴别知识科普活动
（区市场监管局　供图）

不一致的情况，备案率始终保持在100%，超过省局93%的要求。

【企业合同诚信建设】　结合“大走访大服务”活动，为近200家企业提供“守合同重信用公示企业”申报工作的指导、审核和推荐服务。全年获浙江省局评定公示为AAA级“守合同重信用公示企业”26家，获杭州市局评定公示为AA级“守合同重信用公示企业”37家，申报审核A级“守合同重信用公示企业”40家。

【广告安全管理】　围绕“迎亚运，保安全”主题，组织开展“神医、神药”类虚假违法广告整治、“护航亚运”广告专项整治、消费市场秩序广告违法现象专项治理、“防范和制止借主题教育搞不当营商活动”、“聚焦房地产领域，打击违法广告行为”等专项治理工作，查处4类22项重点广告违法行为。开展《互联网广告管理办法》宣传和治理，组织全区重点广告企业、直播企业和电商经营户集中培训，宣传互联网广告企业“十要十不准”合规经营指引，开展“送法上门”普法宣传，开展互联网广告环境净化检查，督促互联网企业、直播电商自查整改。

【医疗美容行业专项治理】　建立“三清单、一台账”，排摸“有照无证”医美机构36家，“有照有证”公立医院14家、民办非营利医疗机构4家，生活美容机构93家；开展联合检查4次，查处医美行业违法案件28起，罚没款29.56万元，移送司法机关案件2起，提起公诉案件3起。

【知识产权管理】　开展知识产权质押融资管理，通过修订完善政策、强化银企对接、再造服务流程、拓展金融产品等举措，让“知产”变资产，专利变“红利”，惠及更多创新型中小企业，全年商标、专利权质押额26.65亿元。开展知识产权奖励和补助，3月和5月，分别开展专利创造质量提升奖励和第二批知识产权质押融资财政资助项目申报。对新授权的国内（外）发明专利，新认定为高价值专利的发明专利，2021年度办理专利权、商标权质押贷款并于2022年12月31日前办理还款的企业，分别给予奖励和资助。经审核，补助金额1303.66万元，惠及企业302家、科研院校4家、个人5人。开展亚运会知识产权保护，查处杭州某置业公司亚运会特殊标志侵权案入选省亚运会知识产权保护典型案例，并被中新网、浙江新闻客户端、浙江电视台经济生活频道等媒体报道；杭州某广告工作室亚运会特殊标志侵权案入选杭州市亚运会知识产权保护典型案例。完成专利非正常申请快速处置平台开发与建设。开展知识产权纠纷快速处理“一件事”集成改革，主动对接省市资源，为辖区企业专利侵权纠纷提供行政裁决及维权援助服务，全年立案行政裁决案件4件。从快处置省局下发的2022年第四批，2023年第一批、第二批专利非正常申请，处置率90%以上。开展知识产权维权援助工作，指导企业应对专利侵权纠纷，专利侵权纠纷维权援助4件。

【生产许可企业证后监管】　制订生产许可产品“双随机”监管计划，对风险等级较高的4家危化品企业、3家危化品包装容器企业分别开展双随机检查3次，出动执法人员近30人次，开展产品质量监督抽查7批次，产品质量合格率100%。

【烟花爆竹定点批发检查】　由区市场监管局牵头，联合区消防救援大队对富阳日用杂品有限公司烟花爆竹仓库开展专项检查3次，督促被检查单位增强产品质量安全意识，依法依规经营，严格落实主体责任，严把产品质量安全关。

【成品油质量监督】　根据迎亚运大气污染防治工作要求，重点围绕银湖街道、东洲街道两个亚运场馆的5个加油站开展流通领域汽柴油产品质量专项检查，主要针对车用汽油、车用柴油开展执法抽查10批次，其中汽油5批次，柴油5批次。经检测，结果均合格。

【燃气器具产品质量专项排查】　8月，开展燃气调压器生产和销售单位摸排，生产和销售单位签订产品质量安全承诺书，承诺不生产、销售不符合国家强制性标准的燃气调压器。开展执法抽检，不合格产品均移交辖区所立案，立案处罚经营户涉嫌无照销售燃气灶具4家。

【无人机生产企业排摸】　全面排摸辖区内26家无人机生产企业基本情况，经排查，全区无人机正常生产企业有2家，且均在研发中，未批量生产销售。对在排查过程中发现的生产、改装、组装、拼装、销售和召回微型、轻型、小型民用无人驾驶航空器系统，违反产品质量或者标准化管理等有关法律法规的违法行为进行依法查处。

【电动自行车专项整治】 制定《关于开展电动自行车质量安全专项整治的实施方案》，对执行新国标的电动自行车头盔及充电器产品开展市场调研，掌握市场销售状况，为下一步有针对性地开展监督抽查提供依据。4—5月，对11家经销商销售的11批次电动自行车开展执法抽检，其中不合格产品6批次，立案6起，罚没款5.23万元。

【质量管理】 开展质量强区创建工作，编制《富阳区质量强区工作实施方案》《富阳区质量强企千百行动方案》《质量强国建设纲要》，总体部署质量强区工作目标、任务、时间安排及保障措施，确保完成各项目标任务。开展质量提升攻坚，推动杭州亿泰自控设备有限公司开展多点温度传感防断裂研究，拟解决现有多点传感装置在煤筒仓高度较大且煤筒仓内仓位较高时，容易出现断裂，套管脱落下坠的现象而使得部分测温失效的问题，有效减少或防止套管断裂，实现长周期稳定运行使用。进一步完善区信息经济质量基础设施“一站式”服务平台建设，围绕质量品牌建设，突出集成电路产业、数字安防和网络通信产业“两个协同区”创建，实施品质提升行动，推动质量强企建设。“两个协同区”产业共有区政府质量奖企业10家，“品字标浙江制造”认证企业29家、产品认证单元42个，“浙江出口名牌”2个、“浙江制造精品”4个，质量品牌建设培育企业17家。围绕“浙江制造”标准制定、标准创新型企业培育、千企对标、“浙江标准”认定等相关工作，开展对目标企业的走访、调研、动员、指导，为企业提供“立项答辩”模拟等增值服务，助力企业高质量发展。至年底，全区共有12个标准被列入浙江省市场监管局2023年“浙江制造”标准培育计划，动员全区企业制定省市级地方标准、企业标准，积极申报“浙江标准”认定，全区申报标准认定数3家。

【优势企业申报】 由海正生物制药有限公司牵头，相关科研院校、技术机构协同配合，揭榜（生物医药）产业链高质量发展省级标准化重大试点，由杭州市富阳区银湖街道东坞山村豆腐皮产业协会的“东坞山豆腐皮生产加工标准化试点”被市局列入2023年度第二批杭州市标准化试点项目。

【燃油加油机专项治理行动】 根据省纪委开展2023年漠视侵害群众利益问题专项治理工作要求，制定并实施富阳区燃油加油机计量准确性专项治理工作方案，严厉打击加油站违法行为，强化燃油加油机计量科普宣传，推动落实强制检定和检情公开、加油枪赋码管理、加油站检查、投诉举报清零以及违法案件闭环处置“五个100%”，增强人民群众对燃油加油机计量监管工作的认知度。

【CCC强制性产品认证环节监管】 开展对认证企业、销售单位监督检查，全年共对消防产品、家用燃气器具、电动自行车等150家生产、销售单位开展认证环节监督检查，对5家车辆检验检测机构、1家环境检测机构、1家认证机构开展监督检查，开展小微企业质量管理体系认证提升行动，提升企业质量管理能力，首批走访船艇制造企业6家，均为2023年杭州亚运会产品提供者。至年底，精准帮扶企业18家，成功导入质量管理体系。

【叉车安全隐患专项整治】 通过特种设备专委办牵头，发动镇街联合开展叉车隐患排查工作，重点排查厂中厂、园中园企业在用叉车情况，形成设备底数清单，通过科所联合开展现场核查，排查设备登记检验、安全附件、作业人员持证等方面隐患问题，形成隐患清单96条。通过闭环整改和行政执法，压实企业主体责任，对存在使用检验不合格等严重隐患的叉车使用单位依法予以严处，叉车使用单位两员设置率100%。

【化工企业特种设备安全整治】 对照浙江特种设备在线系统，比对在用压力容器情况，经过排查确定全区涉及化工企业用压力容器1103台，涉及使用单位17家次，组织开展现场检查，排查确定化工企业特种设备超期未检验、未落实日常检查、未开展应急演练等方面隐患11处，明确专人盯防进行整改，在限定时间内隐患均整改到位。

【燃气安全专项整治】 深入推进燃气领域特种设备安全专项整治，抓住燃气安全源头部位，组织技术专家对3家液化石油气充装单位和3家燃气气瓶、压力管道元件相关生产企业开展全面检查，组织开展气液两相液化石油气瓶专项整治，督促充装单位立即更换符合要求的瓶阀，避免燃气用户错用导致事故，专项行动排查发现隐患钢瓶170余只，均完成整改。

【专项执法行动】 聚焦“铁拳”行动八大违法行为：非法添加降糖降压降脂等物质，生产销售假冒伪劣化肥，刷单炒信等虚假宣传，“神医”“神药”虚假违法广告，生产销售劣质燃气具，违法生产使用特种设备（小型锅炉、电梯），利用不公平格式条款侵害消费者权益，假冒知名品牌及“傍名人”“搭便车”行为；聚焦“亮剑”行动四大重点：聚焦社会经济发展，聚焦“护航亚运”，聚焦消费安全，聚焦打假维权。某电影城有限公司富阳店食品浪费案被省局录用为“铁拳”“亮剑2023”第三批典型案例之一。

【“护航亚运”集中执法行动】 7月，在全区范围内开展“护航亚运”集中执法系列行动，开展辖区内烧烤店专项整治行动，对4家存在问题的商家立案调查，处罚没款6万元；开展护航亚运特种设备安全检查，对亚运场馆周边及重点区域的7家特种设备使用单位开展风险研判、隐患核查、整改闭环等任务，督促使用单位履行主体责任，全年办结有关特种设备39件，处罚没款

92.52 万元；开展以美容美发行业为重点的消费市场秩序专项整治行动，全年办理美容美发行业案件共4起，处罚没款4.02万元。

【未成年人保护专项行动】 区市场监管局联合卫健部门对被反映的19家单位开展未成年人文身执法检查，联合区人民检察院、公安富阳分局等部门开展迎亚运未成年人保护专项执法行动，深入辖区酒吧、KTV、餐饮店、食品经营店等酒类集中消费场所进行执法检查，严格检查经营者是否存在向未成年人售酒等违法行为，组织相关经营户学习《中华人民共和国未成年人保护法》等法律法规，督促经营主体在显著位置张贴“禁止向未成年人销售烟酒”等警示标志与举报电话，切实履行主体责任和社会责任。

【商业秘密保护与罚没物资销毁】 开展商业秘密保护工作，动员1家企业参与省级商业秘密示范点创建、2家企业参与市级商业秘密示范点创建；在“3·15”国际消费者权益日开展罚没物资销毁活动，包括假冒卷烟、卫浴产品、冰墩墩挂件、过期食品，不合格口罩等物资10余吨，价值100多万元。

【公平竞争集中审查】 着力破除地方保护和行政性垄断，实现公平竞争领域“零举报、零投诉”。将“公平竞争审查工作联席会议”更名为“公平竞争审查和反垄断委员会”，构建“部门+乡镇（街道）”协同治理的公平竞争审查和反垄断体系。全省率先、全市首创区级公平竞争审查和反垄断委员会工作规则，推进区域公平竞争审查和反垄断全覆盖。

【消费投诉举报】 全年，从各渠道接收投诉举报12857件，比上年同期9568件增长34.38%。其中投诉9017件，同比增长43.49%；举报3801件，同比增长16.6%，投诉举报初查率、办结率、反馈率均达99.97%以上，高于全省平均水平。

【放心消费建设】 开展放心消费创建，培育放心消费单位3015（含摊位413）家，其中无理由退货承诺单位1050家、放心工厂350家、放心消费商圈（街区）10个。开展月度整改，督导无理由退货单位践行承诺，详细注明无理由退货商品范围、时限等具体内容，并醒目公示，持续推广“消费宝”，制作“消费宝”折页、易拉宝和海报，张贴放置于各个放心商圈和维权联络站中，为放心消费单位导航引流。

【食品安全检测与计量器具检定】 全年完成食品（包括农产品）检测1607批次，其中监督抽查988批次，委托检验273批次，风险监测257批次，实验室内部质量控制检测89批次。亚运会期间，共完成食材快检705批次，环境监测167批次。计量器具检定校准完成28950台（件），其中强制检定22520台（件）。浙里检订单694批次，实验室开放266批次。

【食品安全检测中心】 5月，富阳区食品安全检测中心通过实验室资质认定复评和扩项的现场评审，具备开展821项食品、农产品和纸张检测参数的检测能力，其中食品检测参数770项、扩项111项。通过本次评审，对照2023版《国家食品安全监督抽检实施细则》，中心可以覆盖县市农产品重点抽检种类必检项目95%以上。

【企业档案】 以高标准，高质量，高服务满足群众合理查档的需求，区市场监管局档案中心与行政中心市场监管窗口接待查询14850人，移交整理、上架富阳行政中心企业档案23076件，完成企业迁档471家。

（刘芝琪）

2023年9月7日，富阳开展食盐价格调研

（区发改局 供图）

物价管理

【价格调控和监测分析预警】 跟踪分析价格总水平、重要商品和服务市场价格变化，切实抓好重要品种、重要时段、关键节点的市场价格和供求情况监测，每月2次对部分民生价格进行公示，每月4次向区委、区政府报送居民生活必需品价格监测周报，及时研判。

【民生商品保障】 组织落实元旦春节期间物资保供工作，联系商务、农业、交通、城管等各部门建立起物资保供工作机制，报送元旦春节期间重要生活物资保供稳价情况，包括粮油菜肉等民生必需品市场价格及供应情况、水电气等市政供应情况、公交环卫等城市管理情况等。对接相关部门落实猪肉、粮油等储备任务。7月，组织有关单位开展全市市场价格异常上涨应急演练。8月，沟通协调盐业公司、商场超市平息“抢盐”风波。确保全区重要民生商品和物资供应充足，价格稳定。

【农产品价格政策】 根据省市最新粮食最低收购价政策，与商务局等相关部门对接，完善全区稻谷、小麦最低收购价政策。按上级要求做好全区农贸市场基本情况调查，农产品成本调查等工作，提升调查分析质量，服务价格改革调控。

【管道天然气价格政策】 根据杭州市区管道天然气价格联动机制，完成全区管道非居民管道天然气价格联动机制。根据省门站价格和杭州市政策，发布《关于富阳区非居民用管道天然气销售价格有关事项的通知》。做好富阳华润燃气有限公司执行居民采暖用户公福气价与居民阶梯气价差价补贴资金拨付工作。

（母晓丹）

【编辑　何开城】

15 农业·新农村

Agriculture and New Countryside

和美乡村

【概况】 全区美丽乡村建设总投资约4亿元，建设完成60个省级和美乡村、3个省级未来乡村、1个省历史文化（传统）村落保护利用重点村、5个市级未来乡村、4个市级特色村等，和美乡村覆盖率达27.5%。东洲街道、场口镇获评2023年度浙江省和美乡村示范乡镇；万市镇新民村、银湖街道观前村、永昌镇青何村、常绿镇黄弹村、新登镇半山村、胥口镇葛溪村获评2023年度浙江省和美乡村特色精品村。富阳区获评2023年度全省深化新时代“千万工程”建设宜居宜业和美乡村（农村人居环境提升）工作优胜县。获评全省实施乡村振兴战略实绩考核优秀区，问鼎“神农鼎·铜鼎”。

【农村人居环境提升】 实施农房改造、管线序化、村道提升三大行动，加强村庄风貌引导和农房管控，实现新建房屋风貌有特质、现有农房整体有提升；完成国省道及精品线路、美丽田园重点整治区域道路的弱电线缆一轮整治，新时代美丽乡村入户线和各类杆路铺设架设规范、牢固安全、整齐有序、标识清楚；持续推进村道改造，实现各类创建村新建、修缮村庄内道路硬化全覆盖。开展亚运核心区、高铁站、高速公路、亚运主要通行道路沿线，村镇集市、村庄庭院、田间地头、河道沟渠等环境卫生整治，达到村庄环境美化、田园环境洁化、庭院环境绿化、水体环境净化等标准。

【农业文化遗产资源】 梳理调查全区潜在的农业文化遗产资源，浙江富阳安顶云雾茶文化系统纳入浙江省农业文化遗产资源库。

美丽经济

【美丽经济项目招商】 全区新招引或在谈美丽经济项目19个，计划总投资额17.4亿元，其中招引落地9个，协议投资额8.9亿元，到位投资额1.9亿元。

【龙头企业培育】 新培育省级农（林）业龙头企业2家、市级农（林）业龙头企业7家、区级农（林）业龙头企业10家。全区有区级以上龙头企业157家，销售额1亿元以上企业6家。其中，富阳区杭富罐头有限公司被认定为农业国际贸易高质量发展基地。

【民宿经济】 加强民宿（“农家乐”）行业指导，组织星级农家乐评定。全年创建农村现代精品民宿28家，新增市级“四花”民宿2家，湖源乡新一村成为区级民宿示范村。全区有备案民宿831家，其中精品民宿82家、区级民宿示范村4个；有星级民宿（农家乐）146家，其中三星级38家、四星级7家。

【农村电商】 全区有农产品线上电商698家，电商专业村7个，农村电商销售额突破9.2亿元。加快农产品加工销售、民宿（农家乐）、农创客、农夫乐园、农业产业园等新型农业经营主体培育，全年新培育农村电商21家，富春街道拔山村、洞桥镇里仁村获评省级农产品电商村。

【休闲农业】 制定《富阳区农业农村领域三产融合发展计划》，建设农业和旅游业融合发展特色项目，利用现有农业产业基地，支持和鼓励发展农业采摘、餐饮接待、休闲观光等三产服务业，提升乡村休闲旅游业，推进农文旅深度融合发展。全年新培育农夫乐园项目5个，提升3个，休闲农业接待超1400万人次，营业收入11.2亿元，同比增长3.02%，带动农户1790户。举办“中国农民丰收节”“稻香节”“江鲜大会”等农事节庆活动8个，向上申报农旅结合精品旅游线路2条。

【“富春山居”区域公用品牌】 “富春山居”农产品品牌馆全年线上线下销售1480余万元，带动入驻农业企业销售农产品3.2亿元。至年底，签约来自富阳24个乡镇（街道）的本地农产品农户、家庭农场及专业合作社170家，入驻富阳本地特色农产品700余种。大力推介农产品区域公共品牌、企业品牌、产品品牌，扩大“富春山居”农产品品牌影响力。组织农业企业参加农博会、森博会等展销活动，获金奖21个、优质奖13个，炸响铃获“最受市民喜爱”的农家特色小吃。重点提升安顶云雾茶、东洲葡萄、新登鲜桃、大青草莓、洞桥香榧、永昌竹笋等品牌形象，富阳鲜桃、安顶云雾茶入选浙江省名优“土特产”百品榜。富春山居农产品市集入选首批精品乡村市集名单。

农村经济管理

【集体经济发展】 全区288个村（社）集体经济总收入11.84亿元，经营性收入9.35亿元，分别较上年增长7.15%和7.22%。100%的村（社）实现集体经济总收入80万元且经营性收入50万元目标任务。全面推进村庄经营改革工作，年度培育21家村庄经营试点、4名职业经理人、8个承揽工程试点村。持续完善“飞地”抱团机制，银湖“乡村美丽大厦”实现首年投资回报662.5万元，第二个区级飞地抱团项目——富春湾“飞地”项目稳步推进建设，预计2024年可正式投入使用。实施“国企助力、乡村共富”项目二期，新增33个村与富投发等签订相关合作协议，投资总额达2.72亿元，年度分红1030万元。

【“三资”发展】 全年开展“三资”“大比武”检查2期，检查村（社）88个，发现并整改六大类问题127条，经整改后村集体经济评价综合指数（CAE指数）提升5个百分点。持续对集体资产管理、农村债务、村庄经营公司内部运行情况等进行重点审计，确保重点审计五年全覆盖。各类现场督导、监督检查134次，发现、整改纠正问题227个，健全完善行业领域有关制度2项。全年认定清廉村居45个，全区69%的村达到清廉村居建设标准，成功培育31个区级清廉村居特色样板，累计培育8个市级特色样板，银湖街道唐家坞村获评市级优秀实践案例。组织开展第三方监管账户（资金）专项清理工作，梳理核实出第三方监管专户8831个，注销专户5176个，收回财政资金3536.98万元；进一步修订村级项目第三方管理办法，明确监管范围、基本原则、部门职责，规范专户开设、资金拨付、专户清理等流程；建立健全村级项目第三方监管系统，实现对专户、资金的精准监控及预警监督。

【土地“三权分置”改革】 做好承包地确权变更、农村土地经营权规模流转，全区完成土地承包权证变更528户，土地流转率70%以上，新增土地规模流转面积263.52公顷、整村流转3个，发放奖补资金130.48万元。

【精准帮扶】 推出“低收入农户专岗”200个，低收入农户人均可支配收入28305元，增幅11%。做好区县（市）协作及东西部协作，拨付桐庐县协作资金2000万元，帮助四川省德格县建设绒叉村乡村振兴示范村和措巴村乡村振兴示范村，落实资金500万元。强化“山海协作”和省级帮扶，落实缙云县团结村帮扶资金100万元，打造乡村振兴示范村项目。指导缙云县兆岸村、靖岳村以及淳安县宋祁村、毛家村、青田村实施援建项目，完成投资660万元。帮助来凤县打造乡村振兴示范村8个，推动九台区农产品优质品牌培育工程建设。联群村、窈口村等11个共富村，里山镇云雾茶香等2条共富带和湖源乡山水乐游1个共富体获评杭州市第三批共同富裕乡村范例。

2023年，新登镇潘堰村海绵农田

（区农业农村局 供图）

种植养殖业

【粮油生产】 全区粮食生产总面积15413.33公顷，总产10.01万吨。新划定粮食功能区9480公顷，稳定粮食生产面积和产量。

【救灾种子储备】 全区救灾种子储备63.8吨，其中小麦种子10吨、早稻6吨、晚稻32吨、杂交稻7吨、杂交玉米2吨、大豆5吨、油菜1.8吨；动用小麦10吨。

【茶叶生产】 全区茶园总面积4640公顷，采摘面积4233公顷，茶叶总产量2548.28吨，总产值6.56亿元；名优茶产量1967.73吨，同比增长0.8%，名优茶产值6.43亿元，同比增长4.7%。举办“卢正浩杯”杭州市第四届龙井茶手工炒制技能大赛，富阳选手王增范、巴玉金、厉治国、高国新、高云火分别获得第一、二、四、七、八名，厉志国获评“青年龙井茶优秀炒制能手”。在嵊州市举行的2023“越乡杯”浙江省龙井茶炒制大赛上，富阳区高云火、王增范、胡锡全、巴玉金分别获第一、二、六、九名，荣获“2023浙江省十大龙井茶手工炒制能手”称号。组织农业企业参加茶博会及名茶评比活动，获得杭州名茶评比金奖产品12个。安顶云雾茶入选浙江省名优“土特产”百品榜、2023年浙江绿茶（兰州）博览会金奖产品。开展茶企标准化建设，11家企业获得SC标准化认证。

【蚕桑生产】 全区桑园面积32.66公顷，饲养蚕种302张，生产蚕茧15.3吨，蚕桑产值78.2万元。

【水果生产】 全区水果种植面积4515公顷，其中园林木本水果3404公顷，草莓、西甜瓜1111公顷；水果总产量74795吨，总产值47026万元，分别比上年增长1.3%和2.2%。

【中药材生产】 中药材面积457.6公顷，总产量288.9吨，总产值3121万元。

【蔬菜生产】 全区蔬菜面积12040公顷，产量45.09万吨，产值12.66亿元，食用菌产量1281吨，产值2554万元。

【畜牧生产】 全区生猪存栏6.95万头，同比下降20.11%；出栏16.62万头，同比增加3.10%。家禽存栏62.88万羽，同比下降2.22%；出栏117.18万羽，同比增加3.27%。禽肉产量1718吨，同比下降3.70%；禽蛋产量2146吨，同比下降26.43%。羊存栏1.2万只，出栏1.6万只；兔存栏1.29万只，出栏14.01万只。

【渔业生产】 全区淡水养殖面积为1655公顷，稻田综合种养面积1723.6公顷。全年水产品总产量20706吨，较上年增幅6.1%；其中淡水养殖产量19478吨，增幅6.26%；淡水捕捞产量1228吨，增幅3.63%。全区渔业经济总产值55214万元，增幅5.5%。

【竹产业】 竹材产量1507.16万株，年产值2.43亿元，同比增长13.15%；鲜笋产量16.5万吨，产值9.73亿元，同比增长6.68%；竹产业一产产值12.16亿元，综合产值18.7亿元，同比增长1.02%

【木本油料】 全区香榧总面积2860公顷，干籽产量550吨，产值8700万元，同比增14.5%。山核桃总面积1500公顷，干籽产量200吨。新增“太秋”新品种甜柿20公顷，全区甜柿栽培面积180公顷，投产林55公顷，产量600吨，产值2400万元，其中太秋甜柿亩产效益达2万元以上。

【花卉苗木】 种苗生产1243.5公顷，产值1.81亿元，同比增1.04%，绿化苗木产量1138.7万株，其中良种93万株，容器苗29.5万株。

林　业

【林长制工作】 获评全省2023年度自然资源集约利用考核林长制专项评价优秀区。推进“山水林田湖草”综合治理，落实各级林长“守土”之责，林长制组织体系完善、制度运行有效。推进森林资源“一张图”与国土三调对接融合，开展林地保护等级确定工作、森林资源保护情况审计，从严落实森林图斑整改工作。落实省级林长制数字化平台应用工作，区林长办组织开展2次“林长智治”“护林巡查”管理系统业务培训，加大《中华人民共和国森林法》《中华人民共和国湿地保护法》等普法宣传力度。

【森林质量提升】 构建高效稳定的森林和湿地生态系统，通过战略储备林、美丽生态廊道建设，采用卫生伐、割灌除草、抚育加补植、人工造林等措施，提升林分蓄积、碳汇能力，美化自然景观、增强生态安全，完成森林质量精准提升工程946公顷，为计划任务的179%，完成330公顷珍贵树种基地抚育。

【林区基础设施提升】 开展全区林道通行安全隐患排查整治，排查全区在册林道887条，闭环整治监管重点隐患林道20条；完成林区道路硬化提升13条10万平方米，完成登山道路修复提升8条25千米，有效改善林区基础设施和生产条件。

【“一亩山万元钱”新模式】 全年承担中央、省及区林业科技推广项目7个，重点发展林特果业高效栽培、林业固碳和生态修复、林下种植循环及新品种引种、新技术示范应用等，建设一批亩产超万元的林下经济示范基地，提高林地综合利用率和产出率。完成省千村万元林下经济示范基地2个，面积40公顷，创建省级林下道地中药材示范基地1个，完成林下经济推广种植面积80公顷。

【“战略合作”工程】 完成林业“双碳行动”方案编制，建成富春街道拨山村樱花特色村和万市杨家银杏特色村2个林木特色村、常绿镇长春竹材物理分解点、湖源乡双喜村林下高品质三叶青示范基地，完成林木种质资源野外普查工作。

【森林生态文化】 通过“浙里种树”等载体开展全民义务植树，全区参加植树42万人次，发放省调控苗12万株，种植珍贵树种96万株。渔山乡获省级“森林城镇”称号，湖源乡窈口村获省级“森林氧吧”称号，湖源乡新一村获评省级“森林康养基地”，湖源乡新二村获评省级“生态文化基地”，春建乡咸康村、里山镇安顶村获省级“森林人家”称号。新登镇包秦村、永昌镇青何村、新桐乡程浦村、渔山乡墅溪村、常绿镇黄弹村获评省级“一村万树”示范村。

【义乌国际森林产品博览会】 11月1日至5日，第16届中国义乌国际森林产品博览会在义乌国际博览中心举办，富阳组织15家企业参展，选送竹木家具、鲜笋制品、甜柿、香榧、花卉种苗、盆景、炒货和根雕等近百个种类，其中9家企业获得金奖。

【永安山甜柿】 永安山主栽“太秋”品种甜柿，该品种果扁圆形，完熟单果均重300—450克，果肉橙黄色，肉质特别松脆、汁多、味浓甜，糖度达17%—22%，无核果多，是目前市场上品质最好的甜柿品种。成熟期9月下旬至10月中旬，种植后3—4年结果，5年生亩产250—300千克，9—10年生亩产量1000—1200

千克，适宜在海拔200—700米的山地推广种植，盛果期每亩平均收入可达2万元以上。富阳是中国林科院亚林所开展“太秋”等甜柿新品种选育、繁育和示范林营建的主试验区，也是最早引种栽培甜柿地区之一。试验基地就设在李荣富家庭农场，2023年，收获750千克/亩，达到15元/公斤平均销售额，100亩太秋甜柿产值达到500万元。

产业项目建设

【区级农林项目】 下达各类农业产业项目361个，带动社会资本投资10亿元以上；列入省级重大项目库产业类项目4个，年度总投资2亿元以上，其中向上申报投资激励大项目3个，争取省级财政激励资金1000万元以上。

【农林项目网上申报】 通过“富阳区支农项目库”录入项目475个，其中产业发展项目214个，基础设施建设项目20个，生态项目155个，农林资源保护项目86个，杭州市指导性任务共申报9个大类70个项目。

【规模种粮（油）大户】 全区规模种粮（油）大户278个，大小麦种植面积2593.67公顷，早稻种植面积308.07公顷，单季稻种植面积5194.28公顷，连作晚稻种植面积236.18公顷，油菜种植面积1465.49公顷，旱粮种植面积388.65公顷，拨付补助资金5118.4万元。

【粮食高产示范】 建设7个省级水稻绿色高产高效创建千亩示范片、1个省级旱粮百亩示范方、2个市级粮油优质高产高效示范区、1个区级早稻绿色高产高效创建百亩示范片、2个区级晚稻绿色高产高效创建百亩示范片，拨付补助资金94.2万元。

【农田基础设施建设】 全年投入资金7500余万元，完成新建和改造提升高标准农田（粮食生产功能区）、农地提标改造、高标准农田示范区等建设800公顷，新建机耕道路15千米，沟渠44千米，机埠、小堰坝、下田道等580余处，小型农田水利建设4处，烘干房建设6处，烘干能力提升达300吨每批次，覆盖农田330余公顷。开展中央农业支持保护补贴（耕地地力保护），对全区11532.75公顷耕地按每亩110.52元进行补助，惠及农户7.9万户，补助资金1911.96万元。完成新垦耕地商品有机肥配送项目141个，实施面积626.4公顷，增施商品有机肥10199.5吨，补助1346.99万元。

【精品渔业基地建设】 建设市级“菜篮子”水产基地13个，投入资金894.9万元，其中新建“菜篮子”水产基地8个，建设面积31.87公顷；提升“菜篮子”水产基地5个，建设面积30.27公顷。发展稻田综合种养面积1723.67公顷，其中稻鸭面积900公顷，稻渔面积820公顷。加快渔业转型升级，形成一批基础设施较好、设施设备完善、养殖经济效益显著、一产三产融合发展的渔业精品基地。

【畜牧业高质量发展】 富阳区入选浙江省畜牧业重点县，杭州富阳农发生态养殖有限公司入选国家级生猪产能调控基地，创建数字牧场、低碳生态牧场各1家，兽用抗菌药减量化达标场6家，饲料环保化达标场4家。

【浙江之最】 富阳区场口镇场口村滕雁鸣种植的西瓜重达39.02千克，刷新浙江农业之最“最重西瓜”纪录。

农业机械

【农业机械监督管理】 开展安全生产检查，免费实地检验服务农业机械641台，检查209家次。解体外籍拖拉机3台。发放农田新牌证15副，注销56台，拖拉机驾驶员换证15本，注销驾驶证1007本。开展拖拉机和联合收割机驾驶人考试2期，通过考核63人。举办2023年富阳区第二届机械插秧技能大赛暨新农机展示会1期，组织无人机培训1期，农机安全生产教育培训2期。全年引进各类补贴机具2280台（套），受益1304户，总补贴达792.87万元。

【农业“机器换人”示范工程】 成功创建全省特色产业农业“机器换人”高质量发展先行县，“平安农机”示范合作社1家，省级全程机械化农机综合服务中心1个，省级全程机械化应用基地2个，省级农机创新试验基地1个。

2023年4月25日，第二届机械插秧职工职业技能竞赛现场
（区农业农村局 供图）

农业生态环境与安全

【农作物病虫监测】 3个市级农作物病虫监测网富阳区域站正常运行，全年发布《病虫情报》13期，情报准确率95%以上，防治信息通过“农民信箱”“富阳区病虫防治信息交流群”实时传送，辐射普及面均达到100%，全年未出现技术性责任事故。

【粮油病虫害防治】 全区农作物病虫害总体中等发生态势，其中草地贪夜蛾偏轻发生，水稻褐飞虱中等偏轻发生，稻纵卷叶螟中等发生局部大发生，纹枯病偏重发生，虫害重于病害，草害继续成为粮油作物稳产高产的主要障碍。全区粮油作物病虫草鼠害发生面积91220.5公顷次，其中虫害45205.3公顷次、病害14478.5公顷次、草害18780.8公顷次、鼠害10625.4公顷次，农田螺害2130.5公顷次。综合防治面积110129公顷次，其中虫害43600.5公顷次、病害31528.6公顷次、草害25000公顷次、鼠害10000公顷次，损失粮食0.21万吨、油料0.03万吨，挽回粮食1.7万吨、油料0.23万吨。

【化肥农药管理】 主要农作物测土配方肥覆盖率达90.69%。全年推广使用配方肥和按方施肥1.05万吨（其中主推配方肥8059吨），施用面积17453公顷，推广补贴商品有机肥4499吨，施用面积380公顷。建立化肥定额制示范方2个，示范面积40公顷。建立省级绿色防示范区2个，全年完成农作物病虫害绿色防控应用面积7330公顷。规范提升植保服务组织2家，统防统治推广面积9560公顷。设立农药废弃包装物回收点96个，回收61.05吨，处置65.1吨，回收处置率均在90%以上。

【农作物秸秆禁烧和综合利用】 通过电视台、“学习强国”学习平台、微信公众号、宣传手册等方式宣传农作物秸秆“五化”利用技术模式和禁烧事项，发放“富阳区农作物秸秆综合利用技术模式”宣传卡5000份。配合开展秸秆露天焚烧巡查，移交问题75个。实施秸秆综合利用应急机械补助项目和扶持项目，对全区93台新购置的秸秆粉碎还田机共补助79.47万元，扶持年均消纳农作物秸秆1000吨以上的生物质颗粒燃料企业3家，有机肥企业2家，养殖企业1家，年消纳农作物秸秆1.68万吨。

【氮磷生态拦截沟渠建设】 完成鹿山街道天井畈、渌渚镇董湾村2条生态拦截沟建设，总投资60万元，建设长度超过2000米。

【沼气安全生产】 开展农村沼气“三个一批”专项整治行动，完成30个沼气工程的报废手续工作。

【农村灭鼠】 组织开展春季全区农村统一灭鼠工作，购置毒饵母液200千克，配置饵料2万千克，在3月16日至4月6日投放1.73万公顷。

【土壤肥料检测】 完成土壤及植物样化验7522项次，其中土壤容重568项次、土壤速效钾694项次、土壤阳离子312项次、土壤水溶性盐425项次、土壤有机质468项次、土壤有效磷630项次、土壤全氮521项次、土壤pH344项次，土壤水分450项次，土壤有效态硼1184项次，植物全氮642项次、植物全磷642项次、植物全钾642项次。

【耕地质量监测】 开展耕地质量监测，完成19个农田土壤污染常规（综合）监测点、9个长期地力监测点、32个环太湖流域监测点和89个耕地质量动态监测点样品采集与分析，编制完成《2022年杭州市富阳区耕地质量报告》。

【农产品质量安全检测】 全年共完成各级农产品定量检测1784批次（其中区本级862批次），合格率99%。指导乡镇开展定性快检26819批次，合格率99.95%；指导规模种养殖基地开展定性快检5244批次，合格率100%。全年新增绿色食品认证14个；完成4家绿色食品续展；全区拥有有效期内的无公害农产品80个、绿色食品35个、有机农产品11个。推进食用农产品承诺达标合格证，鼓励农业生产主体自我承诺，食用农产品附带承诺达标合格证上市销售，全年生产主体开具二维码电子合格证110万张。开展农产品源头监管，组织12家生产主体通过杭州市级农产品标准化绩效评价。完成3个农业经营主体农残检测室建设项目、9家农药许可事后监督监管核查工作，发布农产品质量安全通报4期，进一步提升基层检测能力。

【古树名木保护】 为全区古树名木保护单位提供技术指导，在病虫害防治、保护方案等方面开展技术指导50余次。完成42棵古树名木保护，投入资金39.7万元。富阳区新桐乡小桐洲村香樟古树文化公园成功创建“浙江省古树名木文化公园”。

【省级重要湿地建设】 做好湿地保护管理推进湿地水城建设，湿地面积、湿地保护率实现连续三年不下降，湿地生物多样性不减少。完成阳陂湖省级重要湿地绩效评价。不断推进国际湿地城市创建工作，开展以“湿地与人类福祉”为主题的世界湿地日宣传活动，通过宣传片、微信公众号、电视广播等宣传湿地知识，呼吁广大群众保护修复湿地，加强生物多样性保护。

【森林资源保护】 强化森林资源保护，专班推进林草湿调查监测，持续完善林业数据基础，森林覆盖率、森林蓄积量稳步提升。严抓森林督查等涉林违法案件处置，牵头开展图斑销号业务培训，确认上报涉林违法图斑105件，违法图斑基本完成整改、查处。推进公益林和天然林管理场景建设试点应用工作，完成天然林管护基础数据调查上报，拨付公益林生态效益补偿资金和天然林停伐管护补助资金共3101.35万元。做好公益林年度调整，共调出重点公益林11.42公顷，杭州市级公益林0.486公顷，同步调入对应数量的林地为公益林。做好年度补充林地库建设，完成240公顷林地补入2022年度国土变更调查中，保障全区使用林地指标充足。做好涉林许可批后监管工作，累计检查使用林地和采伐项目240余件、野生动物经营利用57件，下达责令停止违法行为通知书56件，向乡镇（街道）移交12件涉嫌违法线索。规范办理上级重大督察督办事项和信访举报，完成60余件环保督察件的梳理摸排，严格检查整改情况。规范林业基础服务设施审批管理，完成81个林道、林管房项目的立项审查和批复。

【自然保护地建设】 持续推进“两江一湖”总规修编工作，至年底，完成初稿，进一步优化整合“两江一湖”富阳段景区。做好风景名胜区内建设活动选址审批工作，包括329国道项目、“甘电入浙”、常安抽水蓄能工程、江滨南大道等重大建设项目审批11件、林业生产设施项目审批8件、农居点等民生保障项目审批22件。完成1119个国家级、省级自然保护地图斑销号工作，向杭州市生态环境局富阳分局移交违法线索9条，联合开展4次“绿盾行动”，严格保障自然保护地生态安全。

【野生动植物保护】 依托爱鸟周、野生动植物保护宣传月等主题，通过电视台、报纸、微信公众号等渠道开展宣传教育活动25次，发放各类宣传手册8500余份。全年收容救护野生动物105只，其中国家重点保护动物36只。野生动物致害赔偿救助保险业务全年处理报案35起，理赔金额20.18万元。开展全区陆生野生动物资源本底调查，邀请狩猎队完成野猪种群调控工作。

【渔业管理】 全年增殖放流各类水生生物1723万尾，持续放流钱塘江指示物种、国家二级保护动物松江鲈1万尾。开展水生野生动物保护宣传活动1次，做好省级水产种质资源保护区日常管理维护，完成钱塘江富阳段松江鲈鱼和三角鲂省级水产种质资源保护区资源调查项目评审验收。退捕8艘渔船并完成补助资金发放和渔船上岸切割，落实政策性保险工作，维护渔民权益。全区登记在册105艘渔船安装北斗定位系统，结合停泊点水域监控开展数字化监管，保障停泊休渔和生产作业安全。

【禁渔期管理】 3月1日零时起至6月30日24时在富春江富阳段（东起东洲街道五丰村，西至渌渚镇新港村港东自然村）、渌渚江、葛溪、壶源溪、大源溪4条支流实施为期4个月的禁渔期制度。

【重大动物疫病防控】 免疫生猪猪瘟、牲畜口蹄疫、羊小反刍兽疫、禽高致病性禽流感等动物疫苗103.2万头（羽）次，“先打后补”改革规模场上线率及扫码率100%，共使用疫苗20.96万头份（毫升），3个乡镇（街道）与第三方动物防疫服务主体签订协议。采集185家次畜禽养殖场和屠宰场点4724份（套）动物疫病样品，本级自检3935份次，综合免疫抗体合格率99.7%，重大动物疫病和马属动物疫病感染抗体和病原零检出。开展无规定马属动物疫病区建设，对照农业农村部96项评审标准，制订2023年度监测、流调、免疫方案，完成1461份马属动物和易感动物样品采样自检和送样检测，完成32匹马属动物日本脑炎和马流行性感冒强制免疫工作。不断完善动物卫生监督体系和动物疫病防控体系，落实马属动物疫情网格化管理和监督巡查制度，按月巡查生物安全通道，共出动1783人次巡查706次。亚运期间，对乡镇（街道）、畜禽养殖场户及207家屠宰企业开展检查，现场检查台账档案、物资疫苗、强制免疫等工作落实情况。派驻2名官方兽医驻场指导银湖体育中心完成现代五项赛事动物防疫软硬件提升改造，落实好参赛马匹管理，顺利举办亚运现代五项赛事和马术赛事。

【动物尸体无害化处理】 全区病死畜禽无害化处理收集体系平稳运行，有公共收集点3个、生猪保留场和屠宰企业病死畜禽无害化暂存库25个、畜禽无害化收集冷柜暂存点17个。养殖环节共处理病死猪22858头，其他病死畜禽31.83吨；屠宰环节无害化处理病死猪526头，肉牛14头，家禽5544羽，病害动物产品57.5吨。

【森林病虫害防治】 完成松材线虫病除治面积1800公顷，清理疫木0.28万株1392.1吨。指导8个乡镇在集中除治期结束后开展即现即清工作，完成拔点乡镇1个，实现基本无疫情3个。开展林业有害生物防控宣传、涉木企业检查等行动。

【产地检疫与调运检疫】 发放产地检疫合格证7份，其中油菜种子1份，6.7公顷，10000千克；水稻苗5份，105.2公顷，223700千克；草莓苗1份，0.2公顷，150000株。发放调运检疫证42份，其中水稻种子35份，621288千克；草莓4份，125000株；油菜1份，4500千克；玉米2份，185千克。签发森林植物检疫证书3581份，其中省内522份、省外3059份。

【重大植物疫情防控】 调整优化富阳区农业重大植物疫情监测点24个，落实专人定期、实时监测富阳亚洲梨火疫病、瓜类果斑病、水稻细菌性条斑病、黄瓜绿斑驳花叶病毒等10多种入侵与濒临威胁的检疫性有害生物。设立林业监测点8个，重点监测松褐天牛、美国白蛾等林业有害生物，保障全年无重大植物疫情发生。开展检疫检查80次，全区农业植物疫情和有害生物疫情普查率达到100%。

【森林防火】 全年建设完成蓄水池23座、蓄水桶26只、电子报警装置13个、防火林带34.67公顷、更新高压水泵6台和高位预警监控20个。亚运期间指导组织各乡镇（街道）、国有林场在亚运场馆周边、重点林区入口等地设置临时检查站348个，每日安排流动巡护人员1073名和备勤队员132名，重点做好入山人员宣传提醒、林区边缘火源管控、应急处置等工作，确保亚运期间无烟无火。按照相邻乡镇、相近地域的原则，每月组织辖区接壤的两支队伍开展水泵串联引水灭火科目演练。结合“3·19”森林消防日、“5·12”防灾减灾日、亚运重要节点，进景区、进校园、进市场、进社区、进广场开展森林消防宣传活动。

【安全生产】 制定印发《2023年农业农村行业安全生产检查计划》，召开安全生产工作例会8次，组织乡镇（街道）、在建水利工程防汛、森林防火、农机设备操作等方面开展应急演练活动10余次、防汛演练24次。组建39个检查组，下沉人员115名，以亚运场馆周边为核心开展亚运护航安全生产大排查大整治行动，累计出动499人次，检查点位1214个，发现隐患230处，均已整改。全年累计出动检查人员4330人次，检查单位2533家次，发现问题隐患280个，下发整改通知书251张，落实整改280个，查处安全生产违法案件4起。

农业科技宣传

【农业科技】 遴选、发布农业主导品种169个，主推技术103项，完成4家高品质绿色科技展示基地建设。完成区级科技项目19项，包括土肥、粮油、茶叶、水产、蔬菜、水果、畜牧、林业等方面试验与示范，其中品种引进试验示范项目5个，新技术应用试验示范项目9个，新模式应用试验示范项目3个，新机具应用试验示范项目2个。桃新品种引进及老桃园改造栽培技术的研究、籼粳杂交水稻新品种春优17示范推广等应用试验。

【农技推广】 招录定向基层农技人员4人，举办基层农技人员能力提升班5期，开展业务培训和异地实践考察。以首席专家团队为抓手，建立科技示范基地190家，提升农技推广服务水平。以“科技强农促增收，绿色低碳迎亚运”为主题，开展送政策、送信息、送服务、送科技、送农资“五送”服务活动。指导乡镇农技人员推广示范三新技术，形成区、乡镇、基地三级联动。集中开展活动3次，发放资料100余种，服务农民300人以上，指导基地40余家。

农业人才培训

【高素质农民培育】 全年开设高素质农民培训班10期，培训419人，培训的主题涉及手工茶炒制、民宿管家、水产养殖等内容，在全省农民培训信息管理系统农民评价参与率98%以上。全年完成农村实用人才培训1838人，向省、市推荐培训96人。向杭州市申报农培项目3个、农创客培训项目1个。认定省级乡村工匠5人，市级乡村工匠16人，区级乡村工匠65人。

【农民学历教育】 5月，2020级农民大专生25人修完教学计划规定全部课程，经考核鉴定成绩合格，顺利毕业。在读2022级农民本科层次学生29人，2023年新招农民大专生27人。全年在读中专班有4个班133人，2021级2个班71人，园艺技术（果树）班37人、园艺技术（花卉）班34人，2022级园艺技术（果树）班32人，2023级园艺技术（果树）班30人。上半年2021级学员修完教学计划规定全部课程，经考核成绩合格，60人顺利毕业。

【农技人员继续教育培训】 组织87名基层农技人员赴省农科院、省农林大、宁波农科院、台州科技职业学院4所院校进行业务知识更新培训，基层农技人员知识更新线上培训6期326人。

【农业实用技术培训】 全年举办农民普及性培训18期1492人次。选拔5名土专家参加全省高素质农民促共富讲课大赛，1人获得三等奖；选拔3名土专家参加杭州市茶叶技能大赛，2人分别获得第四、五名；选拔5名土专家参加杭州市农机技能大赛，2人分别获得第三、八名。

【农民田间学校】 杭州富阳富沈农业科技开发有限公司农民田间学校获评全国第二批农民田间学校，杭州盘古生态农业开发有限公司农民田间学校、杭州湘溪悦家果蔬专业合作社农民田间学校获评省级五星农民田间学校，杭州云开生态农业开发有限公司农民田间学校等12所农民田间学校获评省级农民田间学校。

防汛防台抗旱

【概况】 全年开展防汛专项检查6次，出动2927人次，排查隐患373处，完成整改359处，落实整改措施14处。启动水旱灾害防御响应13次、山洪灾害预警36次，向可能发生山洪灾害的23个乡镇（街道）229处小流域山洪灾害风险村发送预警信息1.2万条。开展山洪

2023年，永昌镇长盘村农田

（区农业农村局 供图）

灾害调查复核，督促706座山塘水库工作人员根据风险等级落实加固、放空、降低水位等管控措施，做好皇天畈区域城市防洪调度工作。7月22日，上官、大源、常绿等乡镇发生超强暴雨山洪灾害。

【预警监测】 开展水库、水雨情遥测设施等水文监测站点和预警平台系统维护管理，改造雨量站1座、水位站18座，新建声光电设施13座，新建大坝安全监测设施73处，增强监测预警能力，及时将预警信息推送到相关责任人。

【防御体系建设】 编制《杭州市富阳区农业农村局水旱灾害防御工作预案》《山塘水库河网风险研判管控工作机制》和《山洪灾害风险研判管控工作机制》，为防汛防台工作提供标准和依据。编制《亚运会（富阳赛区）水安全保障方案》《富阳区农业农村局亚运赛事水安全应急预案》《北支江沿岸闸站管控方案》等亚运保障方案。

水利建设和管理

【概况】 完成年度任务7.5亿元。全年实施常规水利项目471处，围绕提升城镇重点区域排涝能力、山塘水库综合防洪能力、城乡水环境面貌、农村饮水达标提标、农业综合生产能力等方面，总投资2.06亿元，其中上级补助0.38亿元、本级金额1.67亿元。实施完成3座水库和6座山塘除险加固。受降溪获评省级美丽河湖，龙门镇获评市级水美乡镇。

【富春江治理工程】 为省重点水利项目，成立富春江治理工程项目推进及重大设计变更报批攻坚小组，完成浦西堤加固等6个标段单项竣工验收，推进实施渔山堤加固及俞家堤加固、马山堤加固。明确重大设计变更的主要内容和报批事项，编制完成富春江治理工程重大变更报告。

【北支江综合整治工程】 北支江综合整治工程是集拆坝建闸、清淤防洪、生态修复、滨水景观带于一体的综合性工程，具有分流行洪、改善区域水环境、提高内江配水工程保证率等功能。基本完成下游水闸船闸、清淤二期、南岸堤防综合整治二期工程建设，完成年度投资5亿元。有效保障杭州亚运会期间水上运动赛事。

【水利规划】 完成《高铁小镇区域水系专项规划》《富阳区皇天畈水系综合规划修编》《2022年富阳区中小河流治理情况调查评估》《富阳区幸福河湖建设规划》和《富阳区水安全保障“十四五”规划中期评估报告》。

【水利工程建设管理】 持续做好省级、区级民生实事项目，完成病险水库加固6座、病险山塘整治12座，累计完成投资约4500万元，受益人口约8500人，受益灌溉面积约333.33公顷。开展在建工程的安全隐患和防汛专项检查，出动360余人次，检查在建水利工程55处，发现问题65项，督促完成整改。蹲点服务指导上官乡、大源镇、常绿镇等地完成“7•22”灾毁水利应急修复。开展在富水利施工、监理和检测企业的走访服务，重点做好亚运赛事水环境保障服务，宣讲水利建设政策，帮助企业解决疑难，推进安全生产标准化创建。《优体系抓关键提效益富阳扎实推动工程建管取得新成效》刊登于浙江水利简报第75期。杭州市富阳区北支江综合整治工程荣获浙江省第三批水工程与文化有机融合典型案例。水利工程建设管理获成效，北支江综合整治——上游水闸船闸工程和贤明湖公园（一期）——鹳江景观堰坝工程2个水利工程荣获2023年度浙江省建设工程“钱江杯”奖（优质工程）。

【水资源管理】 落实最严格水资源管理制度，做好重要水源地保护、水资源费计量征收等，推进节水型社会建设。全年征收水资源费1538.79万元，新批取水户6家，延续2家，注销11家。

【水土保持】 全年安排水土保持综合治理专项资金400万元，实施洞桥里仁—上林生态清洁小流域水土保持综合治理工程项目，结合小流域整治，对各类山林封禁封育，对基本农田改造、种植林草、坡面径流调控等水保措施进行治理，共治理4.1平方千米。对216个项目进行实地检查，并填写监督检查记录表，实现监督检查全覆盖。完成水利部生产建设项目遥感图斑复核147处，发出整改通知书5份，约谈业主4个，移交执法1个。完成未批先建等项目整改4处，重大变更未依法编报变更水土保持方案项目整改1处。进村入企开展水土保持法律法规宣传。

【生态调水】 鹿山翻水站共配水313天，5100小时，658台次，配水总量11024万立方米；5号渠临时泵调水950万立方米。完成北支江精准配水任务，保障赛事举办。

【河道管理】 实施富春江富阳城区段河道保洁，出动保洁船只1400航次，保洁人员8278人次，打捞漂浮物828.31吨。监控室人员24小时值班，通过富春江场口防洪堤上29套江堤预警系统，30套热成像，3套船载移动热成像等数字设备对河道采砂、水域保洁、违章建筑、堤防安全实施实时监控扫描巡查。

【农村小水电管理】 逐级签订责任状，开展安全生产和安全度汛大检查，落实农村小水电站主体责任，下发整改意见93条。举办2023年度全区农村水电站安全生产培训班暨防洪抢险应急演练。完成4座农村水电站“两不八有”创建，强化生态流量监测监控。

【岩石岭水库运行管理】 全年发电运行8507小时，发电量530万千瓦时，发电创收295万元。葛溪流域配水天数365天，配水量3100万立方米。通过杭州市局“水利开放共享创建”工程四星级评价。

【皇天畈排涝站运行管理】 全年排涝1次，共计4台次，34小时，排涝245万立方米，运行正常无事故。

【"3·22"世界水日宣传】 围绕"强化依法治水携手共护母亲河"主题，开展富春江巡河、黄公望森林公园"世界水日"现场宣教活动，联合杭州富阳水务公司在儿童公园开展以"贴心水服务点滴好生活"为主题的"中国水周"宣传活动。通过广播电台、农民信箱、LED屏幕进行多渠道线上宣传，增强全民护水、节水意识。

依法行政

【法治监督】 全区党政主要负责人专题研究法治建设情况3次，学习《中华人民共和国农产品质量安全法》《中华人民共和国野生动物保护法》《中华人民共和国行政复议法》。主动公开政府信息218条，依申请公开10条。出台重大行政决策2个，行政规范性文件2个，对15个规范性文件开展后评估工作。聘请法律顾问对20份重大合同签订进行合法性审查。向区综合行政执法局移送案件27起，因行政执法权下沉复函乡镇（街道）及其他部门3件。充分利用"3·22"世界水日、"5·12"防震减灾日、"12·4"国家宪法日、禁渔期等节点，开展送法下乡活动、普法惠农行动，运用新媒体做好普法宣传。动员300余人参与"2023年度行政复议法知识专项竞答"线上宣传活动。

【行政执法能力建设】 规范执法程序、履行执法职责，严厉打击农业行业违法行为，办理行政处罚案件60起，其中一般程序49起、简易程序11起，罚没款11.19万元，调解农业生产事故1次，挽回经济损失6万元，处理投诉举报150余件。

【农资市场监管】 组织召开全区农资监管工作会议暨农资从业人员培训会议，120余人参加，签订农资质量安全承诺书120余份，发放宣传资料400余份。加强监管与执法，全年抽取农业投入品样品67个，开展农资市场"双随机"执法检查133次，参与跨部门检查87次。

【行政审批】 全面深化营商环境优化提升"一号改革工程"，出台《杭州市富阳区涉水审批"一件事"改革实施方案（试行）》，聚焦企业全生命周期，加快行政审批提速增效。受理农药经营许可、林木采伐许可、占用林地许可、水土保持方案审批、涉河涉堤建设项目审批、畜牧相关许可和农机相关许可等各类许可备案事项37175件，办结37175件。征收水土保持补偿费353.01万元，森林植被恢复费2325.49万元。

数智赋能

【智慧农业】 加快现代农业产业园区、规模种养殖基地、涉农企业、民宿、农家乐等方面数字技术应用。通过农用无人机、动植物生长感知、环境温湿度调控、病虫害监测等智能农机和物联感知设备，开展数字农业工厂创建，构建现代农业生产管理体系，实现农业数字化、智能化、高效化。杭州正浩富梅茶叶有限公司获评2022年省级数字农业工厂，工厂年产1.5万千克龙井干茶，年加工2万公斤。富阳四维生态数字农业产业园作为区内综合示范型未来农场，被列入省农业农村重点建设项目和省农业双强项目名单。

【农产品质量安全监管网格化管理】 以市级农产品质量安全监管系统和"数智农安"智慧监管App为载体，制定网格化监管工作方案，建立从区、乡镇到村再到生产经营主体的管理网络，实现"区域定格、网格定人、人员定责"。对415家规模主体开展农产品生产基地网格化巡查2620家次，巡查完成数量和覆盖度居杭州地区前列。

【农业生产主体信用管理】 建立农业生产主体信用档案，对415家规模生产主体实行信用评价动态管理，开展以信用管理为核心的信用联合惩戒分级分类监管。农产品生产主体信评价系统已接入杭州城市大脑和数字政府，实现数据共享，督促主体重信用信。至年底，全区库内A级主体55家，B级主体142家，C级主体218家，无不良主体。

（于　璇）

【编辑　何开城】

16 工 业

Industry

综 述

【概况】 2023年，全区规模以上工业企业764家，完成规模以上工业总产值1536.9亿元，同比增长1.4%；规模以上工业增加值289.3亿元，增长1.6%，增加值总量排名全市第六位；数字经济核心产业增加值111.1亿元，增长6.4%，占地区生产总值比重的11.6%，增加值总量排名全市第六；制造业投资113亿元，增长14.4%，增幅列全市第八位（不含淳安）；战略性新兴产业增加值占规模以上工业增加值比重的39.5%，排名全市第六。省“415X”先进制造业集群培育工程、“专精特新”企业培育等工作均排名全市前列。

【工业经济运行调度】 重点围绕工信经济核心指标，实施日监测、周研判、双周调度、月分析的经济调度机制，开展分乡镇（街道）、平台的每日预报、三色赋码通报，优化“十本账”管理，召开双拼行动动员暨产业强区大会、数字经济创新提质“一号发展工程”暨制造业高质量发展推进会、产业链条比集群大比武等会议，定期举行企业家早餐会，办理重点企业问题207个、办结187个。

【产业赛道谋划】 主攻“4+5”现代制造业集群，“4”是聚焦发展光电激光、集成电路、生物医药、智能汽车核心零部件4大新兴产业；“5”是布局发展绿色能源、机器人、物联网、运动休闲和数字新零售5个培育产业，全力拉动支撑富阳区五大生态圈的产业规模发展壮大。建立产业链条比集群推进考核体系，以“链长+集群”方式开展协作作战，在全省“415X”先进制造业集群培育工程中2次获得省级五星评定，集成电路、数字安防和网络通信2个产业集群列入省级协同发展区创建名单。

【企业服务】 制订实施“拼经济、拼发展”行动方案，出台“抢先机拼经济、勇夺开门红”38条，半年度、三季度、四季度攻坚激励政策，创新实施“亚运红促产能快速协调服务机制”，有效拉动企业增产增效，为企业新增减负降本超22亿元。升级“码上服务”数字化平台，进一步优化助企服务专员制度，实现企业问题的全流程闭环处置。牵头全区走访服务企业7257家次，召开“老大难”问题专题协调会34场次，收集企业问题1510个，问题解决率达96%。针对企业订单不足问题，先后组织高端装备、智能物联等产业链对接会23场，吸引700余家企业参会，有效助力企业拓市场增订单。

【发展空间扩容】 编制发布《富阳区制造业及数字经济核心产业导向目录与产业平台布局指引》《富阳区平台外工业集中区布局专项规划》，划定全区工业发展边界和红线，形成两大主平台及9个拓展区、35个镇街工业集中区和一批嵌入式小微企业园的工业化发展布局体系。优化完善亩均效益综合评价办法，推动正向激励、反向倒逼，完成118家企业的高耗低效整治工作，超额完成省市下达目标任务。推进存量企业改造提升，审批新增厂房改扩建面积26.4万平方米、累计80万方平方米。推进小微企业集聚发展，建成并投运小微企业园12个（省级小微企业园10个），涉及总建筑面积为93万平方米。在建小微企业园14个，总建筑面积为136万平方米。

【数字经济赋能】 制订数字经济创新提质“一号发展工程”实施方案，提出建设“三区一高地”（光电激光第一区、数字智能装备核心区、数字新零售先导区，集成电路制造新高地）的目标定位，新增数字经济规模以上企业17家，总数达到177家，数字经济核心产业增加值占地区生产总值比重的12%。推动制造业数字化改造，深化数智赋能制造业转型，梯队培育未来工厂，杭州富芯半导体有限公司被列入2023年省未来工厂试点企业，新增海正生物制药有限公司、杭州大立过滤设备有限公司等省级智能工厂（数字化车间）培育企业11家、市级未来工厂培育企业28家、数字化改造攻关培育项目37个。贯通运用亩均论英雄等省级应用，推广区级码上服务、招商项目等应用。企业服务中心“一中心一平台”项目成功入选2023年省级数字经济创新提质“一号发展工程”优秀案例。

【企业培育】 持续开展“链主企业”、“双十大”工业企业、“冠军企业”、“小升规”等企业培育库培育，全年“新增规”工业企业79家（累计764家），新增10亿元以上企业3家［杭州中泰深冷技术股份有限公司、杭缆电缆导体制造（杭州）有限公司和海正药业（杭州）有限公司］。新增国家级专精特新“小巨人”企业8家（累计29家）、省隐形冠军企业2家（累计10家）、省创新型中小企业130家（累计296家）、省“专精特新”中小企业103家（累计181家）。

【绿色工业体系建设】 建立完善区级绿色低碳工厂建设标准，引导区内企业向绿色化发展，新增国家绿色工厂2家（浙江江铜富冶和鼎铜业有限公司、杭州星帅尔电器股份有限公司）、省级绿色工厂1家（杭州富生电器有限公司）、市级绿色低碳工厂11家、区级绿色低碳工厂17家。新增省级节水型企业2家、市级节水型企业4家，自愿性清洁生产审核验收企业11家，逐步形成以低碳高效为特征的工业体系。

【企业党建人才建设】 探索党建带动建链强链补链新模式，打造“E企富·富春汽车红链”品牌，推动党建与产业“双链融合”。着力打造一支高素质、高水平的产业人才队伍，开展申报人才项目辅导、企业自主授权认定、高级经营管理人才评选。入选国家级“启明计划”1人、市级“西湖明珠”3人，省首届卓越工程师13人；向“鲲鹏”企业、小巨人企业、隐形冠军企业等符合条件的121家次企业授权杭州市D、E、F类人才名额1045个，新认定区级高级经营管理人才17人。

【富阳企业国家级荣誉】 9月12日，全国工商联发布“2023中国民营企业500强”榜单。浙江富冶集团有限公司、富通集团有限公司、浙江富春江通信集团有限公司等3家富阳企业入围，其中浙江富冶集团有限公司成为富阳首家营收破千亿元企业，2022年营业收入1032.29亿元，排名第89；富通集团有限公司2022年营业收入630.50亿元，排名第166；浙江富冶集团有限公司2022年营业收入328.23亿元，排名第387。

9月20日，中国企业联合会、中国企业家协会连续第22次发布“2023中国企业500强”、“2023中国制造业企业500强”榜单。在“2023中国企业500强”榜单中，浙江富冶集团有限公司排名第241，富通集团有限公司排名第362。在“2023中国制造业企业500强”榜单中，浙江富冶集团有限公司位列第117，富通集团有限公司列第183，浙江富春江通信集团有限公司列第339。

9月，工业和信息化部发布第五批国家级专精特新“小巨人”企业名单，杭州中泰深冷技术股份有限公司、浙江中控流体技术有限公司、浙江三方控制阀股份有限公司等8家富阳企业入围。

12月29日，工业和信息化部公布2023年绿色制造名单，浙江江铜富冶和鼎铜业有限公司、杭州星帅尔电器股份有限公司获评2023年度国家绿色级工厂，富阳经济技术开发区获2023年度国家级绿色工业园区。

【富阳企业省级荣誉】 5月、11月，省经信厅先后公布2023年度第一批和第二批浙江省“专精特新”中小企业名单，浙江地球管业有限公司、杭州永特信息技术有限公司、杭州佳能阀门有限公司等103家富阳企业入围。

10月7日，省企业联合会、省企业家协会、省工业经济联合会发布《2023浙江省百强企业》榜单，这是自2003年以来第21次公开发布。浙江富冶集团有限公司、富通集团有限公司、浙江富春江通信集团有限公司等3家富阳企业入选，分别排名第29、第44和第88。

11月14日，省市场监督管理局、省工商业联合会公布“2023年度浙江省民营企业百强榜单”，浙江富冶集团有限公司、富通集团有限公司、浙江富春江通信集团有限公司等3家富阳企业上榜，分别排名第15、第25和第70。

12月15日，省经信厅等四部门公布制造业和高技术服务业领域2023年（第30批）浙江省企业技术中心名单，海正生物制药有限公司企业技术中心、杭州特种纸业有限公司企业技术中心升格为省级企业技术中心。

12月27日，浙江省小微企业园工作联席会议办公室公布第十二批审核认定小微企业园名单，慧空东弘产业园入围。慧空东弘产业园由富阳经济技术开发区与永昌镇共同引进，于2021年11月开工，2024年1月开园，坚持边建设、边招引、边产出，已注册入园企业25家，累计达成工业产值超2亿元。

12月31日，省经信厅、省财政厅联合公布2023年浙江省首台（套）装备名单，富阳3家企业产品入围。其中杭州航天电子技术有限公司的耐复杂环境多通道光电信息传输装置被评为国内首台（套）装备，实现国家层面首台套“零的突破”。杭州普菲科空分设备有限公司的一种多塔联用的大型VPSA氮氧联产装置、杭州银湖激光科技有限公司的钻石（金刚石）激光精密切割设备被评为省内首台(套)装备。

【富阳企业市级荣誉】 11月6日，市经信局公布2023年度市级绿色低碳工业园区工厂认定名单，杭州华鹰游艇有限公司、杭州永德电气有限公司、杭州摩光通讯器材有限公司等11家富阳企业入围。

11月10日，市经信局公布2023年杭州市企业技术中心名单，杭州泰恩智达装备科技有限公司、杭州天铭科技股份有限公司、杭州圣昊管道有限公司等7家富阳企业入围。

11月10日，市经信局、市林水局、市城管局联合公布2023年杭州市节水型企业名单，杭州新兴车料有限公司、杭州永特电缆有限公司、杭州山亚南方水泥有限公司、杭州富春弹簧有限公司等4家富阳企业入围。

有色金属冶炼和压延加工业

【概况】 2023年，富阳有色金属和压延加工业实现规模以上工业产值430.1亿元，同比增长14.7%，占规模以上工业比重的28%。有规模以上工业企业15家，主要企业有浙江富冶集团有限公司、富通昭和线缆（杭州）有限公司，其中浙江富冶集团有限公司全年工业产值350.6亿元，占该行业工业产值的81.5%。

【和鼎铜业电解机组工段荣获全国工人先锋号】 4月27日，2023年庆祝“五一”国际劳动节暨全国五一劳动奖和全国工人先锋号表彰大会在北京人民大会堂举行。207个集体和1035名个人分获全国五一劳动奖状、奖章，1044个集体获全国工人先锋号。浙江富冶集团有限公司下属的浙江江铜富冶和鼎铜业有限公司电解机组工段被中华全国总工会授予“全国工人先锋号”。

【浙江富冶集团有限公司入围长三角百强企业】 12月6日，上海市企业联合会、上海市企业家协会、江苏省企业联合会、江苏省企业家协会、浙江省企业联合会、浙江省企业家协会、安徽省企业联合会和安徽省企业家联合会联合召开2023长三角百强企业新闻发布会，会上发布2023长三角企业100强、2023长三角制造业企业100强等榜单。浙江富冶集团有限公司排名2023长三角企业100强第68，为富阳唯一上榜企业，名列长三角制造业企业100强第39，长三角民营企业100强第38，长三角民营制造业企业100强第28。

【浙江富冶集团有限公司获杭州市四星“鲲鹏”企业表彰】 8月17日，杭州市召开全市制造业高质量发展大会，大会表彰杭州市19家“鲲鹏”企业（包括7家进档企业、12家新进企业），浙江富冶集团有限公司作为新进档四星“鲲鹏”企业受到大会表彰。此次进档四星“鲲鹏”企业仅有2家，全市累计四星及以上的“鲲鹏”企业10家。2020年3月，浙江富冶集团有限公司获杭州市首批“鲲鹏”企业（三星）荣誉称号。

【浙江富冶集团有限公司获杭州市“五星级”总部企业表彰】 10月26日，杭州市委、市政府召开杭州市现代服务业高质量发展大会，表彰首次认定的“杭州市总部企业”。此次评出五星级总部企业10家，四星级总部企业20家、三星级总部企业30家。浙江富冶集团有限公司获“2023年度杭州市五星级总部企业”称号，董事长、总经理罗忠平获“2023年度杭州市卓越贡献总部企业家”称号。

电气机械和器材制造业

【概况】 2023年，富阳电气机械和器材制造业规模以上工业产值206.5亿元，同比下降2.3%，占规模以上工业比重13.4%。有规模以上工业企业76家，主要企业有浙江富春江通信集团有限公司、杭州鸿世电器股份有限公司、杭州富生电器有限公司、杭州鹏成新能源科技有限公司、杭州长命电池有限公司、杭州富阳中恒电气有限公司等。

【浙江富春江通信集团有限公司获“浙江省清廉民营企业建设示范单位”称号】 3月25日，浙江省清廉民营企业建设工作协调机制办公室颁发的“浙江省清廉民企建设示范单位”名单，浙江富春江通信集团有限公司入围。

【浙江富春江通信集团有限公司获“浙江省五一劳动奖状”】 3月31日，浙江省总工会印发《关于表彰2023年浙江省五一劳动奖状、奖章和工人先锋号的决定》，浙江富春江通信集团有限公司获“浙江省五一劳动奖状”。

【杭州巨骐信息科技股份有限公司入围“2023杭州独角兽&准独角兽企业”榜单】 4月10日，由中国科协指导，杭州市人民政府、民建浙江省委会、中国投资发展促进会联合主办的第七届万物生长大会在杭州举办。会上，杭州市创业投资协会联合微链共同发布《2023杭州独角兽&准独角兽企业榜单》，杭州巨骐信息科技股份有限公司入围。杭州巨骐信息科技股份有限公司成立于2012年，是一家以计算机和其他电子设备制造业为主的企业。

【杭州巨骐信息科技股份有限公司获欧洲专利证书】 6月，杭州巨骐信息科技股份有限公司申报的发明专利“一种高压电缆金属护套环流监测系统”正式获得欧洲专利局颁发的专利证书（专利号：EP3992642）。

【富通集团有限公司董事长王建沂担任杭州第19届亚运会火炬手】 9月20日，杭州第19届亚洲运动会火炬传递杭州站起跑仪式举行，由203棒火炬手接力完成火炬传递任务，传递路线全程11.4千米。第十四届全国人大代表、浙江省工商联主席、富通集团有限公司董事长王建沂为杭州站火炬手之一。

【杭州富生电器有限公司入围省级绿色低碳工厂名单】 10月17日，省经信厅、省发展改革委、省生态环境厅联合公布2023年浙江省级绿色低碳工厂名单，杭州富生电器有限公司入围，为富阳唯一入围企业。杭州富生电器有限公司成立于1988年，是专业从事微特电机、制冷压缩机电机、汽车零部件、智能装备、精密模具等研发和制造的国家高新技术企业。

【鹏成新能源入围省高新技术企业研究开发中心备案名单】 11月23日，浙江省科学技术厅公布2023年新认定省级企业研发机构名单，杭州鹏成新能源科技有限公司的浙江省鹏成新能源非道路车辆动力电池系统研发高新技术企业研究开发中心入围2023年省高新技术企业研究开发中心备案名单。杭州鹏成新能源科技有限公司是一家集锂电池研发、生产、销售于一体的国家高新技术企业。公司致力于非道路动力电池系统的研发，产品现已全面覆盖电力叉车、登高车、牵引车、堆垛机等工程机械和储能等领域。

【浙江富春江通信集团有限公司获“浙江省高质量发展优秀企业”称号】 11月，浙江省工业经济联合会、浙江省企业联合会、浙江省企业家协会联合发布“二〇二三年度浙江省高质量发展优秀企业”名单，浙江富春江通信集团有限公司入围。

【浙江富春江通信集团有限公司获首届“杭州慈善奖”机构捐赠奖】 12月13日，杭州市人民政府颁发第一届“杭州慈善奖”捐赠奖名单，浙江富春江通信集团有限公司入围。富春江集团从1985年创立至今，始终践行“永续创新发展，通力回报社会”的企业精神，坚持做慈善事业的行动者和爱心奉献的传播者。

金属制品业

【概况】 2023年富阳金属制品业规模以上工业产值155.9亿元，同比下降4%，占规模以上工业比重的10.1%。有规模以上工业企业80家，主要企业有浙江华达新型材料有限公司、杭州富源华彩钢有限公司、张小泉股份有限公司、浙锚科技股份有限公司等。

【张小泉股份有限公司获“2023年度杭州市总部企业”称号】 8月，杭州市总部经济发展工作领导小组发布“2023年度杭州市总部企业”名单，张小泉股份有限公司入围。该名单从规模体量、增量贡献、示范作用三个维度进行评选，为杭州市首次组织总部企业认定。

【张小泉股份有限公司多款产品获重量级奖项】 9月，浙江省优秀工业产品评选委员发布“2023年浙江省优秀工业产品”名单，张小泉股份有限公司产品不止青绿·复合砧板、盛夏之光·料理刀入选。12月，大师印曲直智能除菌刀架套装（茶白）、秦·大马士革片刀185荣获“2023造物者产品创新大奖”，并获由中华老字号时尚创意大赛组委会评定的“2023年中华老字号时尚创意大赛产品设计银奖”。

通用设备制造业

【概况】 2023年，富阳通用设备制造业规模以上工业产值136.8亿元，同比增长8.1%，占规模以上工业比重的8.9%。有规模以上工业企业112家。主要企业有浙江江丰股份有限公司、浙江永盛科技股份有限公司、浙江中控流体技术有限公司、富阳通力机械制造有限公司、海斯特美科斯叉车（浙江）有限公司、杭州中泰深冷技术股份有限公司、浙江金火科技实业有限公司等。该行业最大企业为浙江江丰股份有限公司的电梯导轨生产企业（浙江保利电梯导轨有限公司和杭州保利电梯导轨有限公司）。

【杭州中泰深冷技术股份有限公司深冷技术新能源、高端装备智能制造产业项目竣工】 8月，杭州中泰深冷技术股份有限公司“深冷技术新能源、高端装备智能制造产业项目”竣工，该项目位于东洲街道高尔夫路区块，总投资12万元，于2020年10月动工，用地面积138亩，项目建成后年生产成套深冷设备20套、冷箱20套、板翅式换热器3000吨（含酸洗钝化工艺），预计年创产值8.5亿元，创税收5500万元。

【浙江永盛科技股份有限公司获“国家知识产权优势企业”称号】 11月29日，国家知识产权局公布国家知识产权示范企业和优势企业名单，浙江永盛科技股份有限公司入选“2023年国家知识产权优势企业”。浙江永盛科技股份有限公司至今已有近30年的行业发展历史，是一家集控制阀设计、研发、制造、销售和服务于一体的大型控制阀企业。

【浙江保利电梯导轨制造有限公司入围2023年新认定国家高新技术企业名单】 12月，全国高新技术企业认定管理工作领导小组办公室对浙江省认定机构2023年认定报备的13559家高新技术企业进行备案公示。浙江保利电梯导轨制造有限公司入围2023年新认定国家高新技术企业名单。浙江保利电梯导轨制造有限公司成立于2011年，是一家以通用设备制造业为主的企业。

计算机通信和其他电子设备制造业

【概况】 2023年，富阳计算机通信和其他电子设备制造业规模以上工业产值119.8亿元，同比增长4.9%，占规模以上工业比重的7.8%。有规模以上工业企业51家，主要企业有杭州富芯半导体有限公司、浙江大华智联有限公司、杭州巨峰科技有限公司、杭州奥克光电设备有限公司、浙江德宝通讯科技股份有限公司、杭州华宏通信设备有限公司、杭州星帅尔电器股份有限公司、杭州日月电器股份有限公司、杭州吉众机电股份有限公司等。

2023年，杭州宏华软件有限公司

（区经信局　供图）

2023年，杭州富芯半导体有限公司

（区经信局 供图）

【明德新能源项目开工奠基】 5月7日，杭州日月电器（集团）有限公司下属全资子公司杭州明德新能源科技有限公司研发和生产基地建设项目奠基仪式在富阳区富春湾新城举行。明德新能源项目占地2公顷，总投资约4亿元。主要从事新能源动力PACK、储能PACK、线束等新能源配套组件的研发、生产和销售。

【杭州富芯半导体有限公司入围未来工厂试点企业名单】 7月7日，省经信厅公布2023年未来工厂试点企业名单，杭州富芯半导体有限公司入围。杭州富芯半导体有限公司成立于2019年，主要从事模拟芯片的生产制造，项目坐落于滨富特别合作区，总占地约44.67公顷。公司主要建设12英寸集成电路生产线，打造行业领先的特种工艺集成电路生产线。

【杭州星帅尔电器股份有限公司可转债成功上市】 经深圳证券交易所同意（深证上〔2023〕593号），7月17日，杭州星帅尔电器股份有限公司46290万元可转换公司债券在深圳证券交易所挂牌交易，债券简称“星帅转2”，债券代码127087。本次发行可转债募集资金将主要用于投资建设“年产2W高效太阳能光伏组件项目”，至年底，该项目建成并逐步投产。

【浙江德宝通讯科技股份有限公司入围“浙江省知识产权示范企业”名单】 12月4日，浙江省市场监督管理局印发《浙江省市场监督管理局关于认定第二批省知识产权示范企业的通知》，浙江德宝通讯科技股份有限公司入围。浙江德宝通讯科技股份有限公司成立于2003年，致力于通信塔桅及相关部件的研发、生产、销售和维护，其移动通信基站产业链，引领行业尖端，市场份额稳居细分行业前列。

非金属矿物制品业

【概况】 2023年，富阳非金属矿物制品业规模以上工业产值52.3亿元，同比下降42.2%，占规模以上工业比重的3.4%。有规模以上工业企业64家，属高能耗行业，为全区第一大高能耗行业。主要企业类型有水泥企业、管桩企业、水泥预制构件企业、混凝土企业、玻璃及玻璃纤维企业，主要企业有杭州山亚南方水泥有限公司、杭州富阳华冠混凝土有限公司、浙江利安特新型墙材有限公司、浙江交投富春新材料科技有限公司、杭州富阳巨润混凝土有限公司等，该行业最大企业为杭州山亚南方水泥有限公司。

【杭州山亚南方水泥有限公司入围2023年度浙江省节水型企业名单】 12月28日，省经信厅等五部门公布2023年度浙江省节水型企业名单，杭州山亚南方水泥有限公司成为富阳唯一入围企业。该企业通过冷却水重复利用、冷却塔运维、更换用水器具和计量仪表等措施，进一步改进节水技术和管理经验，提升工业用水效率，促进工业绿色低碳高质量发展。

橡胶和塑料制品业

【概况】 2023年，富阳橡胶和塑料制品业规模以上工业产值73.8亿元，同比下降1.3%，占规模以上工业比重的4.8%。规模以上工业企业60家，主要企业类型有塑料板管型材制造、塑料包装及容器制造，再生橡胶制造、塑料薄膜制造泡沫塑料制造塑料零件及其他塑料制品制造等，其中塑料板管型材制造在全国处于领先地位。主要企业有浙江华丰新材料股份有限公司、杭州联通管业有限公司、杭州鑫璐实业有限公司。

【浙江华丰新材料股份有限公司获国家发明专利】 10月27日，由浙江华丰新材料股份有限公司徐崇玉研发团队自主研发的产品——连续缠绕玻璃钢内衬修复管获国家发明专利，专利名称《地下管道修复用内衬管结构及无轨型地下管道修复方法》，专利号ZL202210505496.2。公司累计获得专利55项，其中发明专利10项。

【浙江华丰新材料股份有限公司获“国家知识产权优势企业”称号】 11月29日，国家知识产权局公布国家知识产权示范企业和优势企业名单，浙江华丰新材料股份有限公司被评为2023年国家知识产权优势企业。浙江华丰新材料股份有限公司坚持加强创新、运用、保护和管理知识产权的能力，完善知识产权管理体系，推动知识产权成果转化，加快知识产权价值实现，进一步提升企业在国内外市场竞争中的能力和水平。

医药制造业

【概况】 2023年，富阳医药制造业规模以上工业产值74.5亿元，同比增长 8.2%，占规模以上工业比重的 4.9%。现有规模以上工业企业 15 家，主要企业包括瀚晖制药有限公司、海正生物制药有限公司、海正药业（杭州）有限公司、浙江惠迪森药业有限公司、浙江中医药大学中药饮片有限公司，其中最大的海正系［含瀚晖制药有限公司、海正生物制药有限公司、海正药业（杭州）有限公司］、浙江惠迪森药业有限公司，占该行业 80% 以上。

【浙江中医药大学中药饮片有限公司获省中药材产业协会突出贡献奖】 5 月，浙江省中药材产业协会五届二次会员代表大会暨五届四次理事会在金华市武义县召开，会议对推动全省中药材规范化、标准化、品牌化建设中发挥积极作用和做出贡献的集体及个人进行表彰。浙江中医药大学中药饮片有限公司获浙江省中药材产业协会突出贡献奖。浙江中医药大学中药饮片有限公司秉持“药材好，药才好”的理念，推动浙江省中药材及饮片产业高质量发展。

【瀚晖制药有限公司入围中国医药新锐创新力量榜单】 11 月 18 日，第 40 届全国医药工业信息年会暨 2022 年度中国医药工业百强论坛在北京举行，瀚晖制药有限公司首次入围“2023 年中国医药新锐创新力量”榜单，全国共有 10 家企业入选，代表目前中国医药行业最具创新能力的新锐力量。

【瀚晖制药有限公司完成美卓乐药品技术转让】 11 月 28 日，海正药业旗下全资子公司瀚晖制药有限公司原研技术转让产品美卓乐（甲泼尼龙片）获得国家药品监督管理局下发的批准通知书，至此，瀚晖制药有限公司拥有该药品在中国的所有权和生产权。瀚晖制药有限公司于 2017 年启动美卓乐技术转移项目，从启动到获得批件，历时 6 年。下一步，瀚晖制药将持续推进后续进程，实现美卓乐地产化后的商业上市。

【浙江海正动物保健品有限公司产品卡洛芬咀嚼片（犬用）获批上市】 11 月，海正药业控股子公司浙江海正动物保健品有限公司收到农业农村部核准签发的卡洛芬咀嚼片（犬用）兽药产品批准文号批件。这也是国内首家获得卡洛芬咀嚼片（犬用）兽药产品批准文号批件的企业。本次获批，进一步丰富海正药业兽用药产品线和产品结构，有利于推动公司在兽药板块的战略布局，提升公司市场竞争力。

【瀚晖制药有限公司完结原研药品甲强龙技术转移】 12 月 13 日，海正药业全资子公司瀚晖制药有限公司获国家药监局签发的注射用甲泼尼龙琥珀酸钠（甲强龙）的《药品补充申请批准通知书》。

其他行业

【概况】 2023 年，富阳废弃资源综合利用业规模以上工业产值 38.6 亿元，同比增长 0.4%，占规模以上工业比重的 2.5%，主要企业为杭州富阳申能固废环保再生有限公司；化学原料和化学制品制造业实现规模以上工业产值 28.8 亿元，同比下降 6.1%，占规模以上工业比重的 1.9%，主要企业为杭州中策清泉实业有限公司；汽车制造业行业实现规模以上工业产值 29.6 亿元，同比增长 14.2%，占规模以上工业比重的 1.93%，有规模以上企业 22 家，全部为汽车零部件及配件制造。主要企业有浙江金固股份有限公司、杭州润德车轮制造有限公司、杭州广安汽车电器有限公司、浙江欧星环美汽车部件有限公司等。

【航驱汽车产品验证中心获国家 CNAS 认可证书】 3 月，浙江航驱汽车科技有限公司产品验证中心获“中国合格评定国家认可委员会”实验室认可证书。中国合格评定国家认可委员会，是国内最具权威性的实验室认证管理机构，能够得到其认可，意味着航驱汽车产品验证中心具备了按相应认可准则开展检测和校准服务的技术能力，标志着航驱汽车产品验证中心迈向了新的阶段。

【浙江金固股份有限公司获市级商业秘密保护基地称号】 10 月 16 日，杭州市市场监督管理局公布 2023 年度“市级商业秘密保护基地”名单，浙江金固股份有限公司入围。商业秘密是公司市场竞争力的核心，是创新的基础、企业发展的命脉。

【杭州富阳海康保泰安防技术服务有限公司入围省第九批大数据应用示范企业名单】 12 月 20 日，省经信厅公布浙江省第九批大数据应用示范企业名单，杭州富阳海康保泰安防技术服务有限公司入围。海康保泰是一家专注城市物联网运营和服务的国家高新技术企业。通过大力推进大数据技术应用和产业创新发展，促进数字经济和实体经济深度融合。

（陈潇潇）

供　电

【概况】 2023 年，国网浙江省电力有限公司杭州市富阳区供电公司（简称区供电公司）完成固定资产投资 2.25 亿元，其中电网投资 2.19 亿元；实现售电量 54.01 亿千瓦时。圆满完成杭州亚（残）运会电力保障，获评浙江省亚运先进个人 2 人。有力应对富阳“7·22”超强降雨灾害，以最快速度恢复受灾用户正常供电，获省、市公司和区委、区政府高度肯定。

【电网发展】 开展电网建设攻坚三年行动，建成投运 110 千伏渌渚变、110 千伏大唐光伏配套送出等工程，梓树变获评中国电力行业中小型优质工程奖。做好前期规划，“十五五”及远景电网项目全部纳入国土空间规划，落实站址用地需求。建成投运全球首个 220 千伏低频输电工程。7 月，国网浙江省电力有限公司杭州市供电公司与区政府会谈并签署新一轮框架合作协议。12 月，甘浙特高压取得区政府 9 个职能部门和 12 个沿途乡镇（街道）同意过境意见。220 千伏湘主变取得省经研院可研评审意见，110 千

2023年，全球首个220千伏低频输电工程建成

（区供电公司 供图）

伏巨利变取得区发改局项目核准。加快重点工程推进，建成投运110千伏渌渚变、大唐光伏配套送出和荷花变正泰间隔等工程，220千伏新亭山变完成主体施工和设备安装，110千伏新灵桥变完成协议签署和区发改局立项。落实建德—万泉220千伏线路等属地化工作，保障项目依法有序建设。

【电力保供】 加压提级亚运保电标准，开展四轮隐患查治，实施“双临双末双侧”刚性管理，逐级部署骨干584名，精心守护末端负荷超1.7万个。有序开展电力保供，完成老旧设备整治三年行动，实现主网全年零故障。挂牌运行区电力负荷管理中心，编制“一区一案”“一企一策”，有力应对负荷考验。高质量完成首届中国汽车充换电大会、高考等59项重大活动保电任务。

【营商环境】 贯彻落实营商环境“一号改革工程”和富阳区“拼经济、拼发展”行动，出台“拿地即开工”用电兜底服务，落实《国务院办公厅转发国家发展改革委等部门关于清理规范城镇供水供电供气供暖行业收费促进行业高质量发展意见的通知国办函〔2020〕129号》精神。整合优化营商环境服务“周通报”管控模式，深化“三大一重”专项服务，服务杭州光学精密机械研究所提前通电，并获杭州富春湾新城管委会致信感谢。启动“电靓和美乡村”五年行动，建成20个新时代电气化村，湘溪村入选国网“村网共建”电力便民服务示范点，青云营业厅获评杭州市“最美窗口”。“电助创富”典型场景亮相中国农村能

2023年富阳区全社会用电量及用电性质构成情况表

表10

用电分类	2023年用电量（万千瓦时）	构成比例(%)	2022年用电量（万千瓦时）	增长率(%)
全社会用电	730955.3627	100	732536.319	-0.22
全行业用电量	594363.4717	81.31	593776.3093	0.1
其中，农、林、牧渔业	5479.4234	0.75	4866.8736	12.59
工业	418818.7868	57.3	420351.705	-0.36
建筑业	15315.0521	2.1	24954.2159	-38.63
交通运输、仓储、邮政业	13340.7921	1.83	12652.5522	5.44
信息传输、计算机服务和软件业	33598.9918	4.6	32009.8995	4.96
批发和零售业	26672.5125	3.65	23933.9218	11.44
住宿和餐饮业	7664.2802	1.05	7189.9809	6.6
金融业	1174.0035	0.16	1224.7632	-4.14
房地产业	23342.6225	3.19	20025.4608	16.56
租赁和商务服务业	4503.8538	0.62	4346.2787	3.63
公共服务及管理组织	44453.153	6.08	42220.6577	5.29
城乡居民生活用电量	136591.891	18.69	138760.0097	-1.56
其中，城镇	44855.3798	6.14	46745.64	-4.04
乡村	91736.5112	12.55	92014.3697	-0.3

源大会，实现公共充电桩乡镇（街道）全覆盖。

【供电服务】 优化升级服务效能，常态化开展“电力看经济”专题分析，助力区委区政府精准施策。升级“电水气网”联办服务，深化“农村建房一件事”。实现供电所省五星全覆盖，新登所获评国网管理提升典型供电所。持续加强配网建设，出台配网工程质量“十条禁令”，建立“三个一”管控机制，获评国网施工转型升级验收达标单位。深化“主业+产业”安全督查中心实体化标准化规范化运行，有效提升安全管理。投运配网工程114项，10千伏公用线路联络率达到100%。推进配电自动化建设，电缆线路实现DTU（数据自动采集与监控终端设备）全覆盖。供电可靠性攻坚提升至99.9982%，全域年户均停电时长首次压减至10分钟以内。

（周桀鹏）

【编辑 刘 亮】

17 商贸流通

Commerce and Business Circulation

商务

【概况】 全年全区招引产业项目136个，总投资459亿元。其中亿元以上产业项目61个，10亿元以上项目16个，50亿元以上项目1个。全区实到外资18536万美元，完成率50.23%，其中制造业利用外资9807万美元，完成率108.97%。实现社会消费品零售总额444.4亿元，同比增长1.4%。完成货物贸易进出口额476.79亿元，同比下降2.3%，其中，出口总额208.23亿元，同比增长1.9%；进口总额268.56亿元，同比下降5.3%。完成服务贸易出口总额5.72亿美元，同比增长2.7%。

【政策扶持】 进一步完善政策体系，规范政策审定程序出台《富阳区规范招商引资项目“一事一议”“一企一策”准入办法（试行）》《富阳区平台外产业项目供地管理办法》《杭州市富阳区零地招商富商回归项目认定办法》。

招商引资

【机制优化】 优化全区招商体制机制，由区招商委办（区商务局）负责统筹全区招商、项目评价和决策。富阳经济技术开发区、杭州富春湾新城负责主导产业项目招商引资，加快形成标志性产业群落。在北京、上海、深圳、浙江等驻外招商组的基础上，新增武汉驻外招商组负责拓展武汉及周边地区，进一步优化提升为“京津冀”、“长三角”、“珠三角”、中西部等四大“战区”。鼓励区级机关、乡镇（街道）利用自身行业主管、地域资源优势，收集有效招商信息。成立平台外产业项目落地推进工作专班、零地招商工作小组专班，扎实推进平台外项目供地、零地招商工作。

【政策扶持】 进一步完善政策体系，规范政策审定程序出台《富阳区规范招商引资项目“一事一议”“一企一策”准入办法（试行）》《富阳区平台外产业项目供地管理办法》《杭州市富阳区零地招商富商回归项目认定办法》等政策。

【招商项目】 树立“大招商、招大商、招好商”理念，围绕光电通信、生物医药、智能装备等主导产业链，主攻产业链布局重点区域，梳理确定重点靶向企业。发挥驻外招商作用，引进一批带动能力强、产业链高端的项目，引进一批科技前沿、引领未来科技发展方向的高端人才和尖端技术。全年招引智能物联、高端装备、新材料、生物医药、绿色能源等五大主导产业圈项目65个，举办重大产业项目集中签约仪式2次，签约项目47个，总投资372.4亿元。6月，参加全市“幸会杭州”签约活动，签约项目3个，总投资130亿元。

【招商引资大比武】 制定全区招商引资大比武活动方案，开展“一把手”

2023年8月18日，富阳区招商项目集中签约仪式举行

（区商务局　供图）

外出招商活动，围绕重点产业链，全面推进招商工作。区领导带队外出招商 20 余次，各部门“一把手”赴国内重点区域开展招商活动 37 次，各乡镇街道“一把手”赴北京、上海、深圳、江苏、安徽等省市开展外出招商活动共 98 次。区驻外招商组人均驻点 186 天，累计对接走访企业 1230 家，研判项目 214 个，带客商到富阳考察 202 批次。

【外资利用与服务】 全年新设外资企业 38 家，增资企业 14 家，减资企业 3 家。组织 210 家外资企业参加年报，2022 年度实现销售（营业）收入 253.9 亿元，纳税总额 11.56 亿元，利润总额 19.26 亿元；进口额 8410.81 万美元，出口额 49808.77 万美元；研发投入 1.90 亿元；带动就业 8145 人，其中外籍职工 226 人。

2023 年 6 月 10 日，富阳区“地瓜经济”提能升级“一号开放工程”暨季度招商引资专题比拼工作推进会召开

（区商务局　供图）

商贸流通

【商贸政策】 结合省市主题开展多轮促消费活动，全年发放消费券 7150 万元，其中汽车消费券 5000 万元，其他商超、家电、住餐等商贸领域消费券 2150 万元，累计拉动消费超 27 亿元。拨付商贸服务业政策补助资金 1687 万元。

【企业培育】 全年实现商贸服务业小升规企业超 170 家，新获评中华老字号 1 家、省级老字号 4 家，成功创建市级星级家政社区网点 5 家，市级再生资源龙头企业 2 家。富春山居农产品市集获评浙江省精品乡村市集，浙江省杭州市海正药业入围第六批内外贸一体化改革试点产业基地，山居荣府高级餐厅获评杭州餐饮业“新六名”工程杭帮菜品牌餐厅，乐荷裕达（杭州）食品科技有限责任公司的鲜肉榨菜饼获评杭州美食特色伴手礼。

【行业管理】 商贸管理稳定有序，落实安全生产责任制，建立日常检查结合特殊节点检查、本级检查结合联合检查等机制，落实商贸领域安全生产、文明创建、平安创建等工作，营造安全稳定有序的消费环境。落实商贸行业安全生产隐患排查整改闭环工作机制，加强重点商贸企业安全生产检查，检查商贸企业 1316 家次，排查及整改安全隐患 1507 条，全年无安全事故发生。

对外贸易

【概况】 全区有省市出口名牌企业 33 家，其中省级 12 家，杭州市级 21 家。省重点进口平台 1 个。省外贸综合服务示范企业 1 家。经杭州认定服务贸易示范园区 1 个，示范企业 14 家和成长型企业 9 家。

【拓市稳市】 全年组织开展展会信息宣传和展会政策宣讲 5 场，推荐省市商务和贸促系统重点展会 80 多个，参与企业超 200 家。组织 140 多家企业参加中国（印度尼西亚）博览会、中国（巴西）博览会、香港玩具展、欧洲自行车展、阿拉伯医疗器械展等重点和专业性展会 250 余个，意向订单超 30 亿元。

【开放服务】 落实企业参展、出口信保、名牌培育等措施，兑现各级外贸帮扶资金 5000 万元，惠及项目超 700 个。全年开展外贸企业培训 8 次，覆盖企业 700 多家。在出入境接待大厅设立“商务服务专窗”，通过专窗受理，实现商务人员普通护照快速办理，开通商务紧急出国“绿色通道”。整合各类涉外服务资源，在区行政服务中心设立开放服务专区。创新推出全省首个企业“全生命周期”合规体系建设，并成立富阳区涉外专业律师服务团，服务区内涉外企业超 100 家次，指导企业整改涉外合规隐患 1128 个。

电子商务

【电商直播式共富工坊建设】 坚持党建引领培育创建电商直播式“共富工坊”，区商务局作为全省商务系统两家发言代表之一，在全省 2023 年党建引领电商直播式“共富工坊”建设现场会上作经验交流。获省委组织部发文的全省共富工坊示范单位 1 家，省商务厅电商直播式共富工坊短视频大赛银奖 1 家，入选省第二批电商直播式共富工坊典型案例 3 家；省商务厅认定电商直播式共富工坊最佳坊主 2 人。

【电子商务展会】 完成第十届中国（杭州）国际电子商务博览会富阳馆展示展览项目，在电博会主论坛上富阳数字新零售招商项目上台签约；配合杭州完成第二届全球数字贸易博览会，在“数贸之夜”开幕式上，区委书记吴玉凤上台签约招商项目。

【电子商务企业服务】 成立区直播电商行业党委，推进“双百”（百名电商达人结对百名产业人员）助共富计划，根据电商群体发展需要组织举办“开放服务港系列增值服务：活力电商 e 企富”系列培训对

2023年6月10日，第十届中国(杭州)国际电子商务博览会举行。图为富阳馆展示项目

（区商务局 供图）

接活动。全年举办电商培训、平台对接活动10余场，服务覆盖人员超500人次。

【跨境电商荣誉】 获评2023年第二、三批浙江跨境电商出口名牌7个；获评2023杭州跨境电商“优秀示范企业”1家。

粮油供应

【储备管理】 推动保粮手段科学化，应用富氮气调（第二粮库探索整仓充氮气调试验）、空调控温等绿色储粮措施，绿色储粮比例达93.96%，库存粮食合格率、宜存率均达到100%。优化储备结构，提升储备与本地消费匹配度，储备粮中早稻占比17.2%，小麦占比9.1%，晚稻占比73.7%，储备油全部为小包装食用油。建立储备粮轮换绩效管理激励机制，轮出储备粮全部通过省内粮网拍卖销售。继续推动粮食行业数字化改革，所有库点实现在线监管。区收储公司在市粮油仓储工作年度考核获第3名。

【流通安全】 加强粮食市场信息监测预警，建立健全粮食流通监管联动机制，建立“双随机”抽查事项清单和名录库，联合市场监管部门查处涉粮违规案件7起。推进“五优联动”工作，引导种植优质粮食1026.67公顷。修订印发《杭州市富阳区粮食安全应急预案》，落实粮食应急供应点37个，大米应急加工企业2家（日加工能力350吨），应急储运企业1家，组织开展应急管理培训，提高应对粮食安全风险能力。开展粮食科技周、粮食安全周等宣传活动，开展全区机关、学校、医院、规模以上企业食堂储粮情况调查。

【粮食仓储设施建设】 1月，第二粮库一期工程通过竣工验收，9月完成压仓，全面投入运行，区内有效储备仓容增长78%。项目获2023年度富阳区建设工程富春杯奖（优质工程）。第二粮库二期工程（6.6万吨稻谷仓容）立项赋码。

【产销合作】 开展“订单粮食”工作，与本地种粮单位签订粮食订单3.6万吨，比上年增长21%；实际收购粮食3.8万吨，比上年增长42%。落实省外粮源基地2个，面积2666.67公顷。

（章旭丹）

经济合作

【对口支援德格县】 2023年，富阳区对口帮扶四川省甘孜州德格县，助力德格县巩固脱贫攻坚成果。至年底，区领导带队考察德格县2次，召开区委常委会专题研究部署会1次，完成参与结对帮扶医院3家、学校5所、企业20家、社会组织3家，落实援建资金4250万元。加强产业合作，引导企业到四川省投资兴业，到位投资资金3.2亿元。加强消费帮扶，印发《关于组织做好2023年度对口地区“帮扶礼包”采购工作的通知》，推动全区行政事业单位、社会团体组织、乡镇街道、金融机构等购买德格县“帮扶礼包”，销售额641万元，帮助四川省销售农特产品7000多万元。加强劳务协作，开展人才培训及人才选派活动，累计培训乡村振兴人才482人次，选派专

2023年8月2日，富阳—缙云山海协作暨富阳企业暖心捐赠爱心助学活动在缙云县青少年宫举行

（区发改局 供图）

业技术人才12人。

【山海协作】 2023年，富阳区与缙云县开展定期互访、对接交流工作机制，组织区委常委会专题研究工作1次，互访交流2次。加强产业项目合作，组织富阳企业赴缙云县开展调研和产业项目洽谈，新建产业合作项目11个，到位资金33亿元。落实山海协作援建资金660万元，其中缙云县330万元、淳安县330万元。共同谋划乡村振兴示范点共建工作，确定乡村振兴示范点5个（缙云县2个、淳安县3个），实施项目8个，聚焦产业振兴发展和带动群众增收，大力发展休闲农业、生态农业、民宿经济等。深入开展人力资源合作，全年开展培训3次，培训劳动力428人。持续推动消费帮扶，实现消费帮扶销售额2545万元。浙江吉利控股集团旗下汽车品牌——路特斯能源总部项目入驻杭州缙云大厦（富阳—缙云“消薄飞地”项目）；加大“产业飞地”建设力度，成立杭州富缙山海协作产业发展有限公司并实体化运营，杭州星帅尔电器股份有限公司高效光伏组件项目完工投产。深化社会领域合作，建立富阳—缙云跨区域教共体，完成6所学校结对师徒115人，入选全省城乡义务教育共同体区域和学校典型案例2项。

【其他对口工作】 新增富阳区与湖北省恩施土家族苗族自治州来凤县结对，全区共对口结对帮扶四川省甘孜州德格县，湖北省恩施州来凤县，重庆市涪陵区敦仁街道，吉林省长春市九台区，丽水市缙云县，杭州市淳安县、桐庐县（区县协作）等7个县（区）。建立多层面的联络机制，在产业、医疗、教育、文旅及红色文化传承等领域全面开展合作。通过资金支持、交流互访、贸易合作等方式，累计援建新疆维吾尔自治区阿克苏市、西藏自治区那曲市色尼区、重庆市涪陵区敦仁街道等对口地区资金3053万元。

（钟雷刚）

2023年4月7日，富阳区“科技强农促共富、绿色低碳迎亚运”春耕支农促生产“五送”下乡活动启动　（区供销社　供图）

供销合作商业

【概况】 2023年，富阳区供销合作社系统实现营业总收入2.22亿元，同比增长7.53%；所有者权益3.24亿元，同比增长6.33%；利润总额2237万元，同比增长7.55%。获省、市供销社系统综合业绩考核优秀，下属青云、新登、大源等3家基层供销社获评“2022年浙江省供销社百强基层社”。

【农合联改革】 召开青云、新登、大源、场口、万市等5个片区和区农合联二届二次理监事会。制定实施《农合联组织星级评定办法》，评选五星级会员18家、四星级会员34家、三星级会员98家、二星级会员67家、一星级会员16家。茶叶产业农合联、香榧产业农合联创建三星级，竹业产业农合联和粮油产业农合联创建四星级，新建盆景产业农合联。完成蔬菜产业培训2次，竹业产业培训1次，粮油产业培训1次、盆景产业培训1次。

【农业生产服务】 强化与浙农集团股份有限公司、江苏中农生态农业科技集团有限公司等知名农资企业衔接，有序组织货源采购、调运、储备和投放。应急储备化肥1100吨，农药5吨，完成农药包装废弃物回收处置。全面提升新桐农事服务中心和洞桥农事服务中心，提供农资、农机、农技以及农产品展销等社会化服务，成功创建市级农事服务中心。开展富阳区“科技强农促共富、绿色低碳迎亚运”春耕支农促生产“五送”下乡活动，赠送助农物资大礼包所值近50万元。开展机械耕种、飞防植保、统防统治等社会化服务，为农户提供应时应季的农技“云”服务和“田”指导。开展田间指导500余次，线上服务600余次，提供社会化服务1500人次，完成土地托管3404.2公顷，配方施肥面积2.62万公顷次，统防统治面积667.6公顷次。

【农产品供销服务】 制定出台《农合联会员参展补助方案》，给予参展的农合联会员区内300元/天，区外500元/天的参展补助。结合年货节、拔山开茶节、“醉忆杭鲜”供销市集等节庆活动，组织开展农产品展销活动3次。与常安、富春街道等乡镇街道联合开展农产品展销活动5次，助力农产品销售150余万元。依托“富春田翁”平台打造“掌上菜场”，以“蔬菜基地组织化生产、订单配送集中化供应、成本降低规模化运作、规范配送安全化运行”模式，与70余家农户开展订单种植工作，展销特色农产品300余种，日均销售额超3万元。

2023年11月21日，富阳区烟草专卖局在浙江建设技师学院举办"'未'你而来，守护'少年的你'"大型专题普法讲座

（区烟草专卖局　供图）

【助农纾困】　慰问因暴雨受灾的农合联会员7家，发放慰问金3.5万元，完成灾后农业保险理赔近100万元。通过"供"助、"供"销行动，销售姜糖、草莓、桑葚、玉米等农产品超10万元。组织农合联会员参加"醉忆杭鲜"供销市集农产品展销市场，通过富春田翁和直播带货实现农产品进杭销售超260万元。推出担保贷款免收保证金、免反担保、免担保费、T+0转贷的"三免一降"金融支农服务，完成担保38家、3572万元，有效解决农业生产贷款难、融资贵、手续繁问题。"党建+客货邮供"融合发展首批线路（富阳至新登、上官、常绿）开行。

【基层组织建设】　通过"聚资源、强经济、暖服务"三联驱动，在富春街道百合社区建设"供销共富展销中心"，在区党群服务中心开设供销超市，相关工作被《富阳党建》栏目专题报道。摘牌场口9号地块，结合场口小城市培育示范区建设要求，投资1500万元，建设集商贸、金融、教育等服务于一体的场口供销商贸中心项目。按照"四统一"标准统一外观设计和功能融入，升级里山等地村级综合服务社，打造"行政村十分钟供销服务圈"。承办全省基层组织赋能强基建设工作推进会，并在会上作典型经验交流，被评为全省供销社基层组织建设优秀单位。

【资产管理】　为进一步规范和加强资产管理、监督行为，提高资产使用效益，修订《社有资产出租管理办法》《社有资产维修管理办法》等制度。运用多种手段稳租户保收入，针对流拍资产主动开展招商，有效降低闲置资产数量。通过法律途径推进新登宏源公司清算纠纷等历史遗留问题。

【富阳区供销合作总社第八届代表大会】　11月24日，杭州市富阳区供销合作总社第八届代表大会召开，全区供销社会员代表等60余人参加。会议审议通过第七届理事会工作报告、监事会工作报告和新修订的《杭州市富阳区供销合作总社章程》，选举产生区供销总社第八届理事会、监事会组成人员和领导班子。区供销总社第八届理事会理事由杨宏道、章忠法、周建军、蒋琳琳、陆人军、刘彬、刘军、方海燕、余屹、孙燕飞、徐永华等11人组成，区供销总社第八届监事会监事由赵小红、董银玲、汪雪铭、黄少华、陆国泉等5人组成，杨宏道为区供销总社第八届理事会主任，赵小红为区供销总社第八届监事会主任，章忠法、周建军、蒋琳琳等3人为区供销总社第八届理事会副主任。

（董银玲）

富阳烟草

【概况】　至2023年底，富阳卷烟销量4.41万箱，同比增长2.89%；含税销售额24.45亿元，同比增长6.46%，单箱销售额5.54万元；产生毛利7.03亿元，同比增长6.88%。

【市场监管】　全年查获各类涉烟案件467起，案件数同比下降52%，查获违法卷烟52395.8条，同比增长49.8%。其中，查获真烟45712.2条，同比增长34.7%，查获假烟6609.30条，同比增长527.8%。查获烟丝5150公斤（折算为假烟8338条），假冒伪劣电子烟产品17850个。破获"2•14"全链条特大非法电子烟网络案，联合公安机关赴全国20余个省市，捣毁非法生产销售窝点2处，查获调味电子烟1.2万余支，涉案金额8000余万元。该案申报公安部督办案件。开展"11•18"特大销售涉毒电子烟案件收网行动，该案成功申报一级国标网络案件。全年大要案共采取刑事强制措施21人，逮捕3人，取保候审14人，判刑4人。

【普法宣传】　开展卷烟、电子烟法律法规宣传，创新"花朝节"汉服普法、"指尖上的普法"等普法宣传活动；联合区职教中心、浙江技师学院分别举办500余人和400余人的大型电子烟专题普法讲座，守护未成年人健康成长。参与杭州市第七届"阿普杯"普法创意大赛，微电影《触不到的许可证》获优胜奖。

【队伍建设】　培养创新型人才，创办青云讲坛2期，创新"三化三型"数字看板，有效提升青年员工实战技能。依托数据创新工作室、融媒体工作室锤炼"数字尖兵"，在创新项目、重点课题、QC等工作中贡献中坚力量。

（陈羽茜）

【编辑　刘　亮】

18 金融 Finance

综述

【概况】 全区有银行机构32家，营业网点163家，从业人员2704人。至年底，全区金融机构本外币各项存款余额2367.95亿元，全年增加224.73亿元，同比增长10.49%；各项贷款余额3183.53亿元，全年增加454.15亿元，同比增长16.64%，保持金融总量稳定增长。全年发行债务融资工具50亿元。

【金融保障】 全区金融机构实施“融资畅通工程”，精准有力支持实体经济，首贷户拓展行动实现扩面增量，全年发放小微企业及个体工商户首贷户数2812户，金额55.47亿元，支持159家企业通过“贷款码”融资107.02亿元。金融支持民营、小微企业，民营企业贷款余额新增90.41亿元，总计956.11亿元，同比增长10.44%；小微企业贷款余额新增151.59亿元，总计1165亿元，同比增长14.96%，其中普惠小微企业贷款余额新增81.96亿元，总计600.37亿元，同比增长15.81%。金融支持制造业，制造业贷款余额新增37.68亿元，总计489.78亿元，同比增长8.33%，其中，

2023年富阳区银行类金融机构人员情况表

表11

项目		人行	工行	农行	中行	建行	交行	农发行	中信银行	杭州银行	农村商业银行	邮储银行	招商银行	兴业银行	民泰银行	泰隆银行	浦发银行	浙商银行	民生银行	南浔银行	恒丰银行	北京银行	平安银行	稠州银行	恒通村镇银行	光大银行	华夏银行	宁波银行	江苏银行	台州银行	南京银行	宁波通商银行	海银行	合计
金融机构数（家）		9	10	6	9	3	1	3	3	74	3	1	4	3	4	2	1	3	2	1	1	1	1	6	1	1	2	1	3	1	1	1	1	163
其中	市级机构	1	1	1	1	1	1	1	1	1	1	1	1	1	1	1	1	1	1	1	1	1	1	1	1	1	1	1	1	1	1	1	1	32
	二级支行	8	9	5	8	2		1	2	21	2			2	3									5			1		2					71
	分理处									52									1															53
	储蓄所																																	
	社区支行							1					3			1		2																7
从业人数（人）		157	198	129	153	43	14	85	100	913	70	32	49	73	98	36	36	29	36	24	28	20	32	90	23	24	61	21	42	37	15	14	22	2704

2023年富阳区金融机构本外币存贷款余额一览表

表12 单位：亿元

机构名称	年末余额	比年初增长		机构名称	年末余额	比年初增长	
		2023年	上年			2023年	上年
金融机构存款合计	2367.95	224.73	401.40	金融机构贷款合计	3183.53	454.15	486.89
工商银行存款	155.54	32.27	26.01	工商银行贷款	226.95	26.83	52.72
农业银行存款	137.98	-28.46	35.40	农业银行贷款	295.70	75.97	43.20
中国银行存款	91.15	18.31	12.59	中国银行贷款	126.51	7.08	5.98
建设银行存款	167.17	-4.38	68.39	建设银行贷款	186.52	17.11	22.60
交通银行存款	38.51	-7.24	2.71	交通银行贷款	44.84	-7.02	-1.08
农业发展银行存款	1.47	-8.97	5.54	农业发展银行贷款	68.58	19.57	18.26
中信银行存款	170.48	-7.55	33.88	中信银行贷款	287.63	48.02	53.84
杭州银行存款	101.91	14.42	22.82	杭州银行贷款	117.28	19.94	20.75
农村商业银行存款	770.31	91.36	129.12	农村商业银行贷款	611.71	105.13	97.68
邮政储蓄银行存款	82.35	11.02	12.61	邮政储蓄银行贷款	92.92	14.64	15.88
招商银行存款	30.99	-8.70	8.71	招商银行贷款	115.68	5.93	-5.27
兴业银行存款	54.89	-13.86	10.92	兴业银行贷款	156.07	32.15	14.89
民泰银行存款	16.42	-1.99	-0.94	民泰银行贷款	16.35	0.40	-0.64
泰隆银行存款	16.93	1.05	1.97	泰隆银行贷款	29.44	-0.02	5.71
浦发银行存款	85.51	33.69	15.80	浦发银行贷款	135.35	6.72	52.69
浙商银行存款	37.53	8.21	-5.53	浙商银行贷款	80.86	-5.49	15.95
民生银行存款	28.36	9.18	0.09	民生银行贷款	65.11	1.62	0.93
南浔银行存款	9.11	2.30	1.75	南浔银行贷款	21.18	2.63	2.48
恒丰银行存款	8.05	-2.12	-8.56	恒丰银行贷款	41.69	0.22	17.55
北京银行存款	34.06	9.58	7.51	北京银行贷款	44.41	-2.65	4.54
平安银行存款	26.93	11.97	5.62	平安银行贷款	6.75	4.80	-0.90
稠州银行存款	9.92	0.84	3.25	稠州银行贷款	7.40	1.26	-0.11
恒通村镇银行存款	21.18	2.01	1.25	恒通村镇银行贷款	24.72	2.48	1.68
光大银行存款	33.53	17.00	0.22	光大银行贷款	53.71	3.45	-2.19
华夏银行存款	19.64	2.19	0.07	华夏银行贷款	32.11	3.72	-0.53
宁波银行存款	43.77	9.32	0.19	宁波银行贷款	84.39	13.02	5.74
台州银行存款	6.91	0.49	1.23	台州银行贷款	9.98	1.17	1.16
江苏银行存款	18.63	0.93	-6.27	江苏银行贷款	73.18	14.01	13.78
南京银行存款	48.18	2.01	-17.60	南京银行贷款	80.39	15.81	9.10
宁波通商银行存款	23.57	12.34	11.23	宁波通商银行贷款	26.19	5.73	20.46
渤海银行存款	3.83	1.71	2.12	渤海银行贷款	0.57	0.53	0.03
温州银行存款	13.78	13.78	0.00	温州银行贷款	19.36	19.36	0.00

中长期贷款新增58.35亿元，总计189.45亿元，同比增长46.49%。批发零售业贷款新增29.69亿元，总计194.32亿元，同比增长18.03%。各金融机构积极争取政策，法人金融机构运用再贷款、普惠小微贷款支持工具等央行货币政策工具，向企业提供优惠贷款，推动企业综合融资成本下降，全年企业贷款加权平均利率4.28%，比上年下降0.24个百分点；小微企业贷款（含个人经营性贷款）加权平均利率为4.58%，比上年下降0.55个百分点。

【防范化解金融风险】 全区金融机构落实金融风险防控要求，加强风险监测、防范和处置，有效维护金融业生态。至年底，全区金融机构不良贷款余额新增2.83亿元，总计10.14亿元；不良贷款率0.32%，增加0.05个百分点；全年新发生不良贷款9.5亿元，处置不良贷款6.68亿元；关注类贷款余额新增13.73亿元，总计33.03亿元，占全部贷款的比重为1.04%，增加0.33个百分点。妥善处置房地产企业风险，落实“金融十六条”措施，全力做好金融支持“保交楼”工作，房地产贷款余额666.39亿元，同比减少0.44%；房地产开发贷款余额223.34亿元，同比增长7.13%；个人住房贷款余额427.81亿元，同比减少3.87%。

【金融管理与服务】 全区金融机构做好亚（残）运会金融服务支持保障，重点做好2个比赛场馆和3家定点酒店涉外金融服务保障，全面实现外卡受理、数字人民币支付、移动支付、外币兑换等金融服务。推进城市侧外卡受理改造，开展POS机、ATM机外卡受理改造，完成重点商户外卡收单改造，实现自助取款机具外卡受理全覆盖。落实现金服务保障网格化机制，针对重点领域、重点行业、重点商户做好现金服务保障，落实亚（残）运会期间突发问题快速响应处置机制，保障金融服务体系安全高效运行。推进数字人民币试点，推广零售消费场景应用，全区开立数字人民币钱包49.1万个，交易83.5万笔23.63亿元，完成受理环境建设商户3万户。推进支付领域风险整治，开展电信网络诈骗和跨境赌博“资金链”治理，落实受害人银行账户保护性止付机制。推进“二平台一系统”应用，完成应收账款融资10.4亿元，动产和权利统一登记408笔金额143亿元。做好金融消费者权益保护，妥善处理消费者投诉和咨询，开展金融消费者教育活动，协同推进金融纠纷多元化解机制建设，全年调解成功349件，成功率达57%，涉及金额2.5亿元；为当事人减少诉讼等各项费用617万余元。

【本外币协同支持涉外经济】 推进“汇纳百企 优汇便民”金融共富专项行动，落实“外汇联络员”制度，开展外汇助企政策宣传，支持企业合理运用跨境投融资渠道融入境外低成本资金，支持企业通过外债（含外债展期）融入资金4687.75万美元。推动外汇便利化政策实施，支持6家企业新纳入经常项目便利化试点企业名录，推广运用跨国公司跨境资金池放款业务。推广汇率避险服务，推动政府性担保增信政策，全区汇率避险产品签约金额7.64亿美元，同比增长60.84%，其中运用政府性担保业务33笔、签约金额56.5万美元，辖内各银行机构开拓本行“首办户”17家、签约金额250.34万美元。推动跨境人民币业务发展，推进“跨境人民币首办户”行动。

【中国人民银行富阳支行】 中国人民银行富阳支行深化金融供给侧结构性改革，优化金融管理与服务，营造安全稳定的金融环境，为全区经济高质量发展提供金融保障，相关工作获区委区政府主要领导批示6次，获富阳区招商引资优秀服务奖、平安创建考核优秀单位。

贯彻落实稳健的货币政策，出台金融工作指导意见、信贷工作指导意见、《关于金融助力“双拼”行动 加快经济高质量发展的指导意见》，引导金融机构加大信贷投放，推动各项贷款新增454.15亿元，同比增长16.64%，有效保障金融总量稳定增长。推动普惠小微贷款支持工具、普惠小微企业贷款阶段性减息、再贷款等政策落地惠企，为2家法人金融机构争取普惠小微贷款支持工具资金4994.47万元、支小再贷款资金26.2亿元，到位普惠小微企业贷款阶段性减息资金4413.48万元。

推进“融资畅通工程”，推动“首贷户”拓展行动扩面增量，加快推广应用“贷款码”，全年新拓展“首贷户”2812户，金额55.47亿元，159家企业通过“贷款码”融资107.02亿元。强化实体经济重点领域金融支持，组织全区金融机构开展“精准服务 优化环境 提升质量”个体工商户服务月、“交通物流贷款入园进企”等活动，全面开展“两促一提”专项行动，扩大民营、小微、制造业企业有效信贷投放，推动科创金融、绿色金融发展，督促指导各金融机构抓好融资支持，推动信贷结构持续优化。

防控重点领域金融风险，做好出险企业、逃废债、区域金融风险排查等风险监测预警，加强房地产金融审慎管理，指导督促银行落实“金融十六条”措施，强化金融支持“保交楼”，满足房地产领域合理融资需求，协助地方政府化解风险楼盘4个，协调后续建设资金3亿元。强化宏观审慎管理，开展法人金融机构宏观审慎评估和定价行为评估、央行金融机构评级，组织金融机构开展与贷款中介合作情况自查自纠，加强存款准备金管理，确保金融风险总体可控。落实存款保险制度，开展存款保险标识专项巡查，推动“网格化”全覆盖宣传。强化“两管理、两综合”，规范开展综合评价和开业管理，指导1家一级支行、1家二级支行加入人民银行金融管理与服务体系。督促金融机构严格落实利率定价自律管理要求，推动定期存款和大额存单利率持续下行。加强金融市场管理，做好富阳农商银行二级资本债、存续期金融债管理，指导其发行金融债7亿元、同业存单63亿元、大额存单62.32亿元。加强反洗钱监管，协助公安开展涉嫌洗钱犯罪的侦查和交易分析，配合公检法、监委等部门开展案情会商，推进打击和防范洗钱犯罪工作。深化支付领域风

2023年2月23日，富阳区金融机构负责人会议暨外汇管理工作会议召开
（中国人民银行富阳支行 供图）

险整治，深入开展电信网络诈骗和跨境赌博“资金链”治理，围绕收单机构业务和商户收单业务合规性开展全面排查，对18家电商平台开展无证支付业务排查等，配合做好二手房资金监管、教育系统“双减”、房地产“保交楼”等重点行业银行账户监管。

优化基层央行金融管理服务，做好亚(残)运会金融服务支持保障，围绕赛事侧、城市侧场景，外卡收单、移动支付、现钞支付、数字人民币和赛时指挥、赛时保障、应急管理，构建“2+4+3”涉外金融服务保障网络，保障亚（残）运会期间金融服务体系安全高效运行，实现“零涉外投诉、零系统中断”。优化国库服务，实现非税收入电子化缴库业务，做好增值税留抵退税及个人所得税年度汇算清缴等退税工作。增强人民币管理履职效能，稳妥推进数字人民币试点，高质量建设杭州亚运会赛事侧数字人民币受理环境，加强货币流通管理，持续强化整洁度、现金全额清分等管理，持续整治非法使用人民币图样和拒收现金等违法行为。优化征信管理服务，开展征信信息安全管理自查自纠、征信合规和信息安全考核评估、监管走访等，推进“二平台一系统”应用，做好征信维权、征信宣传等工作。稳步推进金融消保工作，深化金融消费者教育，推进金融纠纷多元化解机制建设。

支持涉外经济平稳健康发展，组织开展“汇纳百企 优汇便民”金融共富专项行动，推动落实“外汇联络员”制度，强化外汇助企政策宣传，指导企业合理运用跨境投融资渠道融入境外低成本资金，办理外债登记业务3笔、金额1252.65万美元，外债展期2笔、金额3435.1万美元。推动经常项目便利化新政落地实施。推动跨境人民币业务加速发展，强化政策宣传推广，指导银行“一企一策”提供个性化服务，推进“跨境人民币首办户”行动。推广汇率避险服务，推动政府性担保增信政策落地惠企。加强外汇指定银行管理，强化外汇业务指导和非现场监管，有力维护辖内良好外汇市场秩序。指导银行做好亚运外汇金融服务。加强国际收支申报管理，落实国际收支数据国别专项核查，对3家银行开展国际收支现场核查，指导6家企业参与国际收支直接申报。开展经常项目外汇业务常见易错问题调查、个人经常项下外汇业务常态化暗访抽查、外汇业务离岗风险排查等，提升全辖外汇业务合规性和规范性。

【中国农业发展银行富阳支行】 本外币各项存款余额1.47亿元，全年减少9.2亿元；各项贷款余额68.58亿元，全年新增19.57亿元，增长39.94%；发放县级粮油收储相关贷款23873.04万元、农村土地流转和土地规模经营贷款10000万元、改善农村人居环境贷款33960万元、水利建设贷款10316万元、农业小企业贷款2350万元、城乡一体化贷款151500万元、仓储设施贷款3800万元；不良贷款率为0.59%；全年实现净利润0.38亿元。

【中国工商银行富阳支行】 本外币各项存款余额155.54亿元，全年新增32.27亿元，增长26.17%；各项贷款余额226.95亿元，全年新增26.83亿元，增长13.41%；不良贷款率0.02%；实现中间业务收入1.76亿元；全年实现净利润5.93亿元。

【中国农业银行富阳支行】 本外币各项存款余额137.98亿元，全年减少28.46亿元；各项贷款余额295.70亿元，全年新增75.97亿元，增长34.58%；不良贷款率0.11%；实现中间业务收入7882万元；全年实现净利润3.8亿元。

【中国银行富阳支行】 本外币各项存款余额91.15亿元，全年新增18.31亿元，增长25.14%；各项贷款余额126.51亿元，全年新增7.08亿元，增长5.93%；不良贷款率0.39%；实现中间业务收入11933万元；票据直贴量26895万元；国际结算业务量9.63亿美元；全年实现净利润-1.04亿元。

【中国建设银行富阳支行】 本外币各项存款余额167.17亿元，全年减少4.38亿元；各项贷款余额186.52亿元，全年新增17.11亿元，增长10.1%；不良贷款率0.32%。

【中国交通银行富阳支行】 本外币各项存款余额38.51亿元，全年减少7.24亿元；各项贷款余额44.84亿元，全年减少7.02亿元；不良贷款率0.07%；全年实现净利润1.84亿元。

【中信银行杭州富阳支行】 本外币各项存款余额170.48亿元，全年减少7.55亿元；各项贷款余额287.63亿元，全年新增48.02亿元，增长20.04%；票据直贴量82亿元；不良贷款率0.01%；国际结算业务量6.27亿美元；全年实现净利润6.52亿元。

【杭州银行富阳支行】 本外币各项存款余额101.91亿元，全年新增14.42亿元，增长16.48%；各项贷款余额117.28亿元，全年新增19.94亿元，增长20.49%；不良贷款率0.01%；全年实现净利润2.41亿元。

【富阳农村商业银行】 本外币各项存款余额770.31亿元，全年新增91.36亿元，增长13.46%，存款市场份额32.53%；各项贷款余额611.71亿元，全年新增105.13亿元，增长20.75%，贷款市场份额19.21%；不良贷款率0.89%；全年实现净利润7.23亿元，同比增长20.01%；上缴税收4.42亿元。

【邮政储蓄银行富阳支行】 本外币各项存款余额82.35亿元，全年新增11.02亿元，增长15.46%；各项贷款余额92.92亿元，全年新增14.64亿元，增长18.7%；不良贷款率0.29%；全年实现净利润1.66亿元。

【招商银行杭州富阳支行】 本外币各项存款余额30.99亿元，全年减少8.7亿元；各项贷款余额115.68亿元，全年新增5.93亿元；不良贷款率0.2%；全年实现净利润

1.28亿元。

【兴业银行杭州富阳支行】 本外币各项存款余额54.89亿元，全年减少13.86亿元；各项贷款余额156.07亿元，全年新增32.15亿元，增长25.94%；不良贷款率为零；全年实现净利润1.56亿元。

【浙江民泰商业银行杭州富阳支行】 本外币各项存款余额16.42亿元，全年减少1.99亿元；各项贷款余额16.35亿元，全年新增0.4亿元；不良贷款率2.2%；全年实现净利润0.23亿元。

【浙江泰隆商业银行杭州富阳支行】 本外币各项存款余额16.93亿元，全年新增1.05亿元；各项贷款余额29.44亿元；不良贷款率1.97%；全年实现净利润1.2亿元。

【上海浦东发展银行杭州富阳支行】 本外币各项存款余额85.51亿元，全年新增33.69亿元，增长65.03%；各项贷款余额135.35亿元，全年新增6.72亿元，增长5.23%；不良贷款率0.04%，全年下降0.13个百分点；全年实现净利润2.89亿元。

【浙商银行杭州富阳支行】 本外币各项存款余额37.53亿元，全年新增8.21亿元，增长27.98%；各项贷款余额80.86亿元；不良贷款率0.15%；全年实现净利润-928万元。

【中国民生银行杭州富阳支行】 本外币各项存款余额28.36亿元，全年新增9.18亿元，增长47.86%；各项贷款余额65.11亿元，全年新增1.62亿元，增长2.55%；不良贷款率0.04%；全年实现净利润1.01亿元。

【南浔银行富阳支行】 本外币各项存款余额9.11亿元，全年新增2.30亿元，增长33.69%；各项贷款余额21.18亿元，全年新增2.63亿元，增长14.18%；不良贷款率1.14%；全年实现净利润0.78亿元。

【恒丰银行杭州富阳支行】 本外币各项存款余额8.05亿元，全年减少2.12亿元；各项贷款余额41.69亿元，全年新增0.22亿元；不良贷款率0.04%；全年实现净利润1.71亿元。

【北京银行杭州富阳支行】 本外币各项存款余额34.06亿元，全年新增9.58亿元，增长39.14%；各项贷款余额44.41亿元；不良贷款率为0.56%；全年实现净利润0.26亿元。

【平安银行杭州富阳支行】 本外币各项存款余额26.93亿元，全年新增11.97亿元，增长79.97%；各项贷款余额6.75亿元，全年新增4.8亿元，增长246.48%；不良贷款率为零；全年实现净利润753.38万元。

【稠州银行杭州富阳支行】 本外币各项存款余额9.92亿元，全年新增0.84亿元，增长9.26%；各项贷款余额7.40亿元，全年新增1.26亿元，增长20.52%；不良贷款率0.80%；全年实现净利润673万元。

【富阳恒通村镇银行】 本外币各项存款余额21.18亿元，全年新增2.01亿元，增长10.48%；各项贷款余额24.72亿元，全年新增2.48亿元，增长11.16%；不良贷款率1.24%；全年实现净利润0.23亿元。

【光大银行杭州富阳支行】 本外币各项存款余额33.53亿元，全年新增17亿元，增长102.77%；各项贷款余额53.71亿元，全年新增3.45亿元，增长6.85%；不良贷款率为零；全年实现净利润1.60亿元。

【华夏银行杭州富阳支行】 本外币各项存款余额19.64亿元，全年新增2.19亿元，增长12.57%；各项贷款余额32.11亿元，全年新增3.72亿元，增长13.11%；不良贷款率0.06%；全年实现净利润0.48亿元。

【宁波银行杭州富阳支行】 本外币各项存款余额43.77亿元，全年新增9.32亿元，增长27.05%；各项贷款余额84.39亿元，全年新增13.02亿元，增长18.24%；不良贷款率0.15%；全年实现净利润2.15亿元。

【台州银行杭州富阳支行】 本外币各项存款余额6.91亿元，全年新增0.49亿元，增长7.59%；各项贷款余额9.98亿元，全年新增1.17亿元，增长13.22%；不良贷款率0.76%；全年实现净利润0.49亿元。

【江苏银行杭州富阳支行】 本外币各项存款余额18.63亿元，全年新增0.93亿元；各项贷款余额73.18亿元，全年新增14.04亿元，增长23.68%；不良贷款率0.01%；国际结算业务量2.19亿美元；全年实现净利润-0.41亿元。

【南京银行杭州富阳支行】 本外币各项存款余额48.18亿元，全年新增2.01亿元；各项贷款余额80.39亿元，全年新增15.81亿元，增长24.47%；不良贷款率0.02%；全年实现净利润2.76亿元。

【宁波通商银行杭州富阳支行】 本外币各项存款余额23.57亿元，全年新增12.34亿元，同比增长109.89%；各项贷款余额26.19亿元，全年新增5.73亿元，增长28.03%；不良贷款率为零；全年实现净利润3864.14万元。

【渤海银行杭州富阳支行】 本外币各项存款余额3.83亿元，全年新增1.71亿元，同比增长80.60%；各项贷款余额0.57亿元，全年新增0.53亿元，增长1569.7%；不良贷款率为零；全年实现净利润0.02亿元。

【温州银行杭州富阳支行】 本外币各项存款余额13.78亿元；各项贷款余额19.36亿元；不良贷款率为0.17%；全年实现净利润1120.03万元。3月10日开业，营业地址为富阳区江滨西大道189—192号。

（章森松）

小额贷款·融资担保

【小额贷款】 全区有小额贷款公司4家，分别是杭州富阳浙丰小额贷款有限公司、杭州富阳永通小额贷款有限公司、杭州荣泰小额贷款有限公司、杭州富阳富仑小额贷款有限公司，合计注册资本5.75亿元。全年发放贷款316笔，相比上年减少65笔；全年贷款金额10830万元，相比上年减少13.61%；年末贷款余额97615万元，相比上年年末减少3.21%；全年实现营业收入5227万元，相比上年减少20.1%。

【融资担保】 全区有融资担保机构5家，其中2家主要为区内中小微企业和“三农”提供融资担保，3家主要提供汽车消费贷款担保或者非融资性担保。全年融资担保机构提供融资担保24334万元，提供非融资担保21212万元，年末融资担保业务在保余额40635万元，非融资担保业务在保余额3279万元。其中提供中小微企业和“三农”融资担保金额24334万元，年末在保企业担保余额26354万元，比年初增加13459万元；提供消费融资担保（含中小微企业、工程车、运输车、个人小汽车）金额0万元，比上年减少17013万元，年末在保余额13973万元，比年初减少27140万元；提供工程履约和诉讼保全非融资担保金额29027万元，年末在保余额3279万元。全区融资担保机构融资性担保费收入191万元，同比减少134万元，计提担保赔偿准备金409万元，计提未到期责任准备金112万元，合计计提两项准备金521万元，同比减少166万元。全区融资担保机构发生代偿1笔，代偿41万元；回收当年及以前年度应收到代偿款947万元，年末应收代偿款余额5261万元，比年初减少1067万元。

全区融资担保机构总资产39183万元，其中流动资产38556万元，占总资产的98.40%（其中货币资金16994万元，应收款12871万元，存出保证金3678万元），固定资产606万元，占总资产的1.54%；融资担保机构总负债3376万元（其中应付款1188万元，存入保证金441万元，担保赔偿准备金491万元，未到期责任准备金113万元），负债率为8.61%，融资担保机构所有者权益35807万元，其中实收资本53118万元。

（陈忠健）

【编辑　赵雪红】

2023年富阳区小额贷款公司基本情况表

表13　　单位：万元

公司名称	注册资本	贷款笔数	贷款余额
浙丰小额贷款公司	10000	78	13470
永通小额贷款公司	12500	144	21134
荣泰小额贷款公司	25000	91	47917
富仑小额贷款公司	10000	113	15096
合　计	57500	313	97617

19 交通运输
Transportation

交通运输管理

【概况】 至年底，全区完成交通投资10.55亿元。完成杭州“中环”（都市区中环快速路320国道余杭华坞至富阳高桥段工程）北段项目建议书批复、稳评备案文书、用地预审与选址建议书，具备工程可行性研究报告批复条件；完成南段工程可行性研究报告审查，完成项目建议书批复。开展杭淳开高速、合温高速工程可行性研究报告预审查，明确线位走廊，计划“十四五”期间开工建设。完成320国道大青互通至鹿山互通改建工程项目工程可行性研究报告审查。区四套班子专题研究论证富春江航道“四改三”整治。4月7日，完成杭淳开高速上跨湖杭铁路节点。开展两路两侧“三化一平”整治，完成涉及杭黄高铁、湖杭高铁、杭新景高速、绕城西复线等213个问题，涉及湖杭高铁等208个外部安全环境问题整治，完成杭新景高速富阳入城口综合整治。构建“交通双拼、服务亚运、交通强省、一号工程”等工作专班12个，提出“公交降本增效、网约车强化监管、客货邮融合发展”等课题9个，形成调研报告9篇、制度成果3项。

【交通运输审批】 至年底，完成各类审批（备案）事项151个，其中施工许可1个，公路工程施工图设计文件审批36个，公路水运工程招标文件备案10个，办理交通建设工程质量、安全生产监督手续30个，公路水运工程交（竣）工质量评定备案46个，公路工程竣（交）工验收备案28个。完成公开招投标项目10个，累计中标价1.91亿元。实施施工图集中评审项目36个；完成全区公路（国、省、县、乡村道路）季度养护考核4次，PPP项目运营期考核4次；组织面向乡镇（街道）交通工程培训1次；出台《杭州市富阳区交通运输发展专项建设类项目变更实施细则》。

完成交通项目“三区三线”（根据城镇空间、农业空间、生态空间三种类型的空间，分别对应划定的城镇开发边界、永久基本农田保护红线、生态保护红线三条控制线）划定26个，涉及永久基本农田244.87公顷。320国道余杭华坞至富阳高桥段（北段）获市规资局规划选址与用地预审批复，基本完成工程可行性研究报告方案编制；329国道富阳渔山至高桥段（南段）获自然资源部建设用地预审意见的函，工程可行性研究报告方案继续深化；320国道大青互通至西复线鹿山互通改建工程获得省发改委项目赋码，同步推进工程可行性研究报告编制工作；新登至渌渚段外移工程（原23省道）获项目建议书批复，开展工程可行性研究报告编制单位招标。

完成《富阳区公共交通枢纽布局规划》专家、部门审查，完成320国道大青互通至鹿山互通改建工程（平改立）工可审查和补充审查。320国道余杭华坞至富阳高桥段工程（中环北段）获得施工图批复及建设用地批复。完成329国道富阳渔山至高桥段工程（中环南段）规划选址与用地预审批复、社会风险评估备案。明确钱塘江三级航道整治工程（富阳段）富春江第一大桥、中埠大桥建设规模。

【交通信息化建设】 4月4日，正式上线“桥安码”，实现桥梁信息的实时查询，以及桥梁巡查、上报、派工、反馈和数据分析等全过程电子化。根据《省交通运输厅关于下达2023年普通国道养护工程计划的通知》（浙交发函〔2022〕122号）要求，东吴大桥列入2023年普通国道桥隧维修加固计划，实施内容为增设动态安全监测系统，包括增设环境温湿度、船舶撞击、主梁竖向位移、梁端纵向位移、裂缝等监测点位37个。

【交通运输行业法治建设】 至年底，办结行政处罚案件718件，累计罚款581.88万元；办理行政审批事项3.58万件，“双随机”抽查事项数覆盖率100%，掌上执法应用率100%。开展“渡运公交一体化”重大决策社会风险评估、风险事项报备、编制规范性文件合法性审查事项目录清单29项。开展交通运输主题法治宣传活动，自制清廉交通主题宣传片1个、发放宣传图册1700余份、举办安全讲座5次、服务企业200余家、提供普法宣传及咨询

2023年，杭新景高速东洲互通

（区交通运输局　供图）

服务500余人次。推行“一案一告知，双书同送达”制度，完成企业信用修复53家269条。

【政务服务增值化改革】　围绕企业生命周期特定阶段和产业关键环节，建立“1+3+3”企业服务机制，即1支专业服务队，运用网站答疑模块、微信咨询联络群、增值服务热线3个平台，提供定制化、套餐式、模块化、线上线下相融合的开办、经营、注销3种涉企服新场景。至年底，开办货运及维修企业29家，开具“体检报告”357份，短信提醒超期证件125本。“运输证+渣土证”实现全链条零见面、网上办，实现电子证照互认共享，共办理252件。全面推行执法全过程记录制度，全过程监督执法检查、强制措施、调查取证、询问、告知及送达等环节，实现“双记录、双归档”案件635个。实现货车上牌联系单“一网通办”，惠及全区道路运输企业723家，营运车辆4000余辆。

公路运输

【概况】　至年底，全区公路里程1984.39千米。按行政等级分：高速2条85.62千米，普通国道2条62.99千米，普通省道4条157.71千米，县道45条372.629千米，乡道104条341.468千米，村道835条963.975千米。按技术等级分：高速公路85.62千米，一级公路131.415千米，二级公路178.428千米，三级公路212.064千米，四级公路1376.87千米。全区除高速桥梁数外，有桥梁627座，长度26915米。其中，国道桥梁36座6741.44米，省道桥梁86座5992.16米，县道桥梁160座6442.28米，乡道桥梁112座2336.52米，村道桥梁233座5403.1米。

【公路养护】　完善浙江省公路桥梁管理系统（CBMS）基础数据，并与公路数据库桥梁数据统一变更录入。全年下派水毁修复任务单15批次，涉及点位65处，其中，国道2处、省道15处、县道42处、乡道3处、村道3处，修复长度约1.8千米，修复资金450万元，完成修复水毁点位58处，完成率96.7%。交通安全设施维修项目下派任务单14批次，完成修复点位432处，修复资金60万元，主要工程为维修和更换标线淡化施划、警示柱、护栏、标志牌、广角镜爆闪灯、弹性分道体等交通安全设施。完成公路隧道提质升级行动，补齐隧道交通工程与附属设施短板、推进在役公路隧道土建结构改造。开展日常巡查，做好公路桥梁、隧道、涵洞问题排查，“7·22”特大暴雨汛期期间，排查全区国、省、县道及重点乡镇桥梁633座，修复受损桥梁19座，定期检查6个重点乡镇（街道）74座桥梁，其中中桥53座、小桥21座，共计1644.57米，出具桥梁定期检查评审报告。争取上级灾后项目资金3708万元，完成灾后重建项目54个，“三改一增一还原”做法获区委书记吴玉凤、区长谢渐升肯定性批示。

【“四好农村路”建设】　至年底，全区农村公路984条，总里程1678千米。全年打通万牧线、徐西线等2条“断头路”16.57千米，完成投资1.58亿元。改建农村公路17.6千米，完成农村公路路面维修96.94千米。11月20日，承办杭州市“四好农村路”现场会。

【道路运输企业】　至年底，全区有客运公交企业4家，客运站3家，车辆1269辆，其中客运班线4条，核定载客50座及以上车辆57辆，公交线路233条，连杭线15条，公共汽车1189辆，从业人员数2076人。出租车企业10家，车辆294辆，从业人员401人。租赁企业备案19家，车辆98辆。普货企业705家，其中有车企业486家；车辆4190辆，其中挂车1075辆；总质量12吨及以上货车2898辆，牵引车1175辆；危货企业11家，车辆377辆，其中，罐式挂车60辆、罐式货车29辆、其他挂车113辆、有危险废物经营范围的车辆147辆。开展道路运输企业第三方入企督查167家次。汽车维修一类企业13家，二类企业78家，三类企业371家。驾校8家，教练车605辆，其中，摩托车教练车78辆，教练员590人。

【春运管理】　春运期间，投入客运车辆61辆，公交车辆数1233辆。道路客运量9341人次，同比上升71.55%，其中，班车客运量1658人次，同比下降8.19%；包车客运量7683人次，同比上升111.13%，出租车载客车次93325次。公交客运量256.54万人次，为上年同期的97.54%；车票收入349.33万元，为上年同期的97.85%。地铁进站人数596951人，同比上升22.8%；地铁出站597307人，同比上升21.9%。杭黄高铁发送旅客39979人，同比上升 40.7%；到达旅客 38878 人，同比上升 15.6%。湖杭高铁西站发送旅客 6668 人，到达 7281 人。新沙渡、陈家埠渡、里山渡、王家渡、五丰渡等渡口接待旅客 30675 人次，车辆 18723 辆。

【道路运输行业管理】 完成渡运公交一体化改革，改革成效评价获杭州市交通运输局第一名，改革后由区交通集团管理，安全标准统一，经费来源更加稳定，能够保证安全设施设备、人员岗位配置的充足有效。开展道路运输企业第三方入企督查 167 家次。处理无欠薪案件 17 起，涉案金额 186 万元，召开无欠薪专项会议 8 次。组织出租车驾驶员继续教育复训 4 次，参加 113 人，合格 106 人。举办出租车行业业务、安全培训会 2 次。组织开展全区一、二类和喷涂作业三类维修企业安全生产月教育培训、2023 年富阳区交通运输（汽车维修）职业技能竞赛及 2 次全区维修、驾培、租赁企业等道路运输行业安全生产培训会。公交企业降本增效 5303 万元，减少人员 222 人，车辆 58 辆，无效、低效的班次里程 535 万千米。开通客货邮合作线路 4 条，一点多能农村物流服务点 8 个，多站合一综合服务站 1 个。新增公交线路 6 条，优化公交线路 25 条，实施公交线路响应式停靠 14 条，新增定制公交线路 32 条，优化调整城乡公交线路 69 条。新建和改造公共领域新能源汽车充电桩 17 个。

【交通环保建设】 推进巡游出租车“油改电”更新 149 辆，补助资金 130.76 万元；报废国四柴油货车 126 辆，补助资金 454 万元；更新新能源公交车 51 辆。

【服务保障亚运】 开通亚运观赛线路 4 条，水上运动中心停车场接驳线 3 条，运送乘客 10658 人次；完成入城口整治提升，其中东洲入城口获亚运“赛马”优秀；完成“三化一平”整治、杭千高速两侧环境提升和桥下空间美化；完成亚（残）运运力保障、观众引导和停车场管控等工作，运送乘客 55079 人次；牵头负责亚（残）运会火炬传递车队运行专班工作，组织运送观众、工作人员约万人次。设置“亚运服务专窗”，作为“亚运保障运输企业”和“重点企业”政务服务绿色通道，提供政务事项优先办理、加快办理、流转提速、跟踪督办等特色服务，接待亚运保障企业 20 家，办理事项 307 件，为 51 辆亚运保障公交车办理道路运输证备案。

【交通安全监管】 完成交通运输领域 18 张网格监管清单编制，制定安全生产监管全链条鱼骨图，明确工作职责和工作流程，全面排摸整改全区交通运输行业安全管理底数“清单”。成立 16 个应急抢险工作小组，做好人员物资设备“三前置”，分析研判 16 个公路风险点位并落实应对措施。至年底，区交通运输局共出动检查人员 12517 人次，其中巡查公路 3707 条 4.89 万千米，桥梁 401 座，隧道 107 座，发现隐患 624 处，整改完成 618 处；检查企业 72 家次，发现隐患 105 处，整改完成 98 处；检查货运企业 359 家次，发现隐患 257 条，整改 257 条；检查汽车租赁企业 119 次，发现隐患问题 80 处，整改 80 处；检查网约车、出租车 242 次，发现隐患问题 75 处，整改 75 处；检查维修驾培 161 家次，发现隐患问题 126 处，整改 122 处；动态监管工程车 54738 辆次，发现问题 1533 条，整改 1533 条；检查项目交通工程 137 处次，发现隐患 79 处，整改 79 处；查处违章案件 674 起，罚款 543.39 万元；检查公路风险隐患点 75 个次，完成 256 处人行横道线提升、1 处省级公路隐患点治理和验收。

【行政执法】 至年底，办结行政处罚案件 718 件，其中“一超四罚”（“一超”是指货运车辆的超限超载违法行为；“四罚”是指对超限超载行为涉及的运输车辆、驾驶人、货运企业、货运源头四个方面按照“运输车辆在 1 年内存在 3 次超限超载行为，吊销该车辆道路运输证；1 年内存在 3 次超限超载行为的道路运输从业人员，责令停止其从事道路经营性运输行为；货运企业 1 年内超限运输车辆超过总数的 10%，停业整顿，情节严重的，吊销该企业道路运输经营许可证；对存在超限超载行为的货运源头单位按照每辆次处 1000 元罚款，但罚款总额不得超过 3 万元”的规定依法进行处罚）案件 2 件，罚款 581.88 万元；公路管理案件 598 件，罚款 537.38 万元；道路运输案件 116 件，罚款 35.92 万元；交通工程案件 4 件，罚款 8.58 万元。非现场处罚率 63.4%，其中公路超限非现场处罚数占公路案件总数的 67%。

2023年，场口红运驿站

（区交通运输局　供图）

【工程质量执法监督】 实现在建工程监督、在建工程监督抽检全覆盖。全年检查项目340个次，组织执法人员监督检查799人次，发出责令限期整改指令书106份，落实整改各类问题与隐患574条，整改完成率100%。全年办理行政处罚案件4起，处罚金额8.58万元，下发轻微违法告知承诺2份。

【客运管理】 建立健全安全生产网格化管理体系，层层签订安全生产责任书（责任状），开展安全监督工作和风险管控及隐患排查治理等工作。做好客运车辆资质和驾驶员资质审核，对不符合资质要求的客车不上客、驾驶员不得驾车出站。实施24小时营运客车及其驾驶员营运途中实时动态监控。开展银湖街道、湖源乡公交线网优化调整。规范区内公交站牌设施设备，整改提升站牌信息。

【新业态新就业群体服务】 以货车司机党建联建"十联招"为抓手，通过"党建联动、资源联享、工作联促""三联同向"服务新就业群体。建立部门联动服务机制，统筹20个相关部门和属地乡镇（街道）成立区交通运输行业党委，建立每季度联席会议制度，成立"春江卡嫂"妇联、交通运输行业团工委，开展货车司机及"卡嫂"各类活动20余次，各级媒体报道10余篇。

建立"一企两员"（一家企业配套确定党建指导员和企业联络员）派驻机制，走访重点货运企业23家。排摸20辆车以上货运企业89家，20辆车以下货运企业649家，货车司机4300余人，收集货车司机各类诉求106条。建立党建平台服务机制，以"1+1+3+N"服务拓展平台为党建阵地，服务货车司机1万余人次。开展货车司机免费健康体检活动，为货车司机323人提供800元的免费体检服务，补助资金26万元。成立全省首家新就业形态劳动者定点培训机构，开展政策法规培训5场，发布货运招聘岗位需求205条。推出全省首个新就业形态劳动者"五个一"劳动保障综合维权平台，受理并解决货车司机群体欠薪案件22件，服务31人，涉及金额23.94万元。开展富阳区首届"最美货车司机"、最美"卡嫂"选树活动，评选年度最美货车司机、最美"卡嫂"各10名。开展安全行驶专题培训8场次、参训450人次。创建"三化三联"数字监管模式，组建部门数据专班，纳入数智监管货车1976辆，利用数字监管平台消除行车隐患2517辆次，全区纳管货车交通事故数同比下降80%，案例获评2023年浙江省"最美工会户外劳动者服务站点"、2023年度富阳区"调研一件事"优秀案例。

2023年，富阳区小沙渡码头

（区交通运输局 供图）

【水路运输】 全年全区境内有航道7条、干线航道1条和支线航道6条76.86千米，其中：四级航道1条48.6千米；五级航道1条4.51千米；六级航道3条17.55千米，其中新江线5.23千米、赵东线2.92千米、周东线9.4千米；七级航道2条6.2千米，其中壶源江3.8千米、大源江2.4千米。有港口企业18家，共使用岸线长3643米，泊位61个，其中港口危货企业1家。有客运码头4座，使用岸线长429米，泊位8个。至年底，集装箱吞吐量10.4万标箱，富阳港区吞吐量1641万吨。有货运船舶259艘，载重20.89万吨，其中集装箱多用途船30艘，1048标箱。有水运企业11家，其中客运企业1家，客船1艘，180客位；货运企业10家，所属船舶64艘，载重68379吨。有渡口5个，渡船12艘，车位80个，客位1634个，约占杭州航区的1/3，年渡运量约45万人次、20万车次。有船舶常用锚地5个（五丰、渔山、东洲、新桐、春江），锚泊服务区1个（双浦）。航区共发生水上交通事故7起，同比下降46.2%，直接经济损失19.43万元，同比下降60.3%，死亡0人。开展各类安全检查1617次，发现并落实整改各类安全隐患（缺陷）2002个。对32艘长期停靠船舶实行"一船一策"，对影响渡运安全的5艘工程船进行紧急转移，开展碍航渔船专项整治联合执法行动6次，共处置各类隐患20余起，探索解决2个无桥陆岛居民在"三防"期间的安全出行问题、3个涉水工程的安全施工问题、2家重点企业码头装卸问题以及辖区6个锚地船舶安全停泊问题；进一步提升应急能力建设，完善辖区"三防"应急预案和事故应急预案使预案更具操作性，细化了预案执行的操作流程，并开展了"双盲"测试。着力推动防污基础设施的不断完善，辖区共有生活垃圾回收点20处（其中码头18处，站所2处），生活污水回收点16处（其中公共点1处、社会码头14处、接收趸船1艘）合计容量80吨，船舶油污水接收点2处，容量10吨，第三方接收单位共有综合回收船4艘，生活污水接收容量120吨，油污水接收容量66吨。辖区3家设置堆场散货码头全部安装扬尘在线监测系统；认真开展船舶与港口常态化污染防治工作。将防污检查纳入到日常监管中并坚持一日一报机制。依法从速处理油污水泄漏事件2起，实施行政处罚5.5万元，对涉案“三无”船舶予以拆解；扎实推进“船上存储、交岸处理”的“零排放”模式。辖区生活垃圾回收22671艘次71.59吨，油污水回收3838艘次901.71吨，生活污水回收7958艘次2440.99吨。

重点工程建设

【湖州至杭州西至杭黄铁路连接线工程（富阳段）】 9月22日，湖州至杭州西至杭黄铁路连接线工程（富阳段）建成通车运营。项目自湖州站引出，经湖州市吴兴区、湖州市德清县、杭州市余杭区、杭州市西湖区、杭州市富阳区后，并行杭黄铁路引入桐庐站，线路全长137.6千米，设计时速达350千米。其中，富阳段全长约38千米，总投资58.95亿元，途经银湖街道、富春街道、鹿山街道、渌渚镇，通过时长约8分钟，富春街道西邮区块设富阳西站，建设规模2万立方米，2台6线。

【杭富城际铁路附属配套工程（彩虹快速路西延）】 1月15日，杭富城际铁路附属配套工程（彩虹快速路西延）建成通车。该项目总投资44.1亿元，全长16.96千米，自麦岭沙互通以西沿320国道至新老320互通交叉口以南200—300米处。富阳段全长8.01千米，其中，地面形式1.76千米，隧道结合地面辅路6.25千米。与320国道、地铁6号线320国道段共线，设双向六车道地下隧道3处，分别为受降隧道、虎啸杏隧道、金家岭隧道。采用一级公路标准，主路兼顾城市道路功能，设计速度主路80千米／小时、辅路60千米／小时，均为双向六车道。

【富阳320国道至富阳大桥连接线鹿山（大盘山）隧道工程】 9月22日，富阳320国道至富阳大桥连接线鹿山（大盘山）隧道工程建成通车，项目总投资24.4亿元，起点位于西环北路与公望街交叉口，与内环快速路西线工程北段顺接，沿西环北路往南布设至大盘山后分左右线设隧道穿越大盘山，出洞后沿鹿山望波街布线，最终与富阳大桥北侧桥头相接。全长6.35千米，其中隧道长2.32千米，高架桥长约3.4千米，双向六车道，按一级公路结合城市快速路设计，设计速度80千米／小时。项目在横凉亭路口设置互通立交，文居街、鹿山大道、依江路分别设置平行匝道一对。

（王晓宇）

【编辑　赵雪红】

20 邮政通信
Postal Communication

富阳区邮政分公司

【概况】 2023 年，全区邮政业务总收入完成 1.46 亿元，同比增长 1.81%。其中，金融业务收入完成 0.75 亿元，同比增长 15.05%；寄递类收入完成 4233.8 万元，同比下降 11.8%。协同完成富春山居农产品品牌馆的有关运营工作。富阳区邮政分公司有员工 417 人（人力系统内人员），下设 2 个职能部室，5 个专业化经营单位，邮政网点 26 个。

【邮务类业务】 加快寄递市场改革，设置商企、政务、电商、国际、物流专业经理，推行快包准加盟制，通过双向竞聘，设立团队 2 个；新增特快揽投部见习经理 3 人。发展商企的极速鲜茶叶市场项目，在拔山市场设立 3 个“春茶寄递点”，基本实现次日上午投递时效。开展美院寄递业务，走访摸底全区画室寄递情况，开设驻点画室 6 个，对外公布受理网点 2 个，及时有效收寄画室考试卷。开展区域车牌项目，设置专职人员驻点车管所。3 月，开通拼多多退换货揽收业务，设置专揽加道段覆盖的模式进行揽收，日均揽收量 2000 件。加强日常检查、督导、培训、考核，开展服务质量知识培训，提升一线操作人员业务知识和服务质量。

【金融类业务】 完成对公业务、贷款项目、信用卡项目及整村授信等全年工作目标。通过富春山居农产品品牌馆向金融网点进行客户引流，收集客户信息 2648 条，开卡 427 张，支付绑定 336 户，新增金融资产 1408 万元。协同邮储银行通过联合走访等活动发展融资E业务，组织 3 个网点到顺丰营业站点集中开卡。全年通过走访发放美团卡 97 张，开通手机银行 69 户、资金归集 24 户、个人养老金 17 户、基金定投 34 户、快捷绑卡 120 户、数字人民币 83 户、邮惠万家 48 户、邮生活 76 户等业务，推动营销开发，覆盖美团、“饿了么”等外卖员群体。按照“心中有数，管理高效”原则，以智能风控管理系统为核心，构建应用“早识别、早发现、早预警、早整改”的内控合规管理体系。全年非接触式“日复盘”辖内被抽查网点 27 个，发现问题 27 个，违规问责人次 25 人，处罚金额 7800 元；按要求对辖内金融从业人员进行行为排查，准入排查 36 人，日常关键岗位一日抽查 269 人次，发现异

2023 年富阳区邮政实绩情况表

表 14

项目	2023年实绩	项目	2023年实绩
业务总量（万元）	12477	邮运车辆（辆）	79
业务收入（万元）	14587	计算机总数（台）	135
收支差额（万元）	0	函件（万件）	170
固定资产原值（万元）	12089	包件（万件）	4233.8
本年新增固定资产（万元）	109	报刊收入（万元）	484
期末员工总人数（人）	417		
邮政（电）所总数（处）	26	集邮业务（万元）	249
自有房屋建筑面积（平方米）	38066.15	邮政储蓄余额（亿元）	50
邮路单程长度（千米）	1148		
农村投递线路单程长度（千米）	4241		

常行为人数0人；风险数据排查涉及42名员工，排查发现存在问题员工8人，排查发现违规问题2个，给予责任员工警告处理并减发绩效累计1.9万元；“雷霆行动”发现问题17个，问责9人次，经济处理1.1万元。

【电商业务】 至年底，完成农产品交易额2005万元，完成率148.5%，下行规模（工业品下乡）完成1753万元，完成率101%，大单品批销交易额完成1456万元，完成率101%，定制大单品完成472万元，完成率189%。完成优质邮乐购站点及五星站点建设目标及邮乐小店交易额目标。布置数字化站点双屏机，结合网点需求进行安装调试，加强网点活动、网点礼品、寄递E邮自提和邮掌柜管理。聚焦农村市场开发（村社户企店），完成对公开户，DMS入驻、融资E等业务同步发展，完成重点客户81户，完成率101%。

【邮政服务】 5月20日，开通富阳首批交邮合作路线3条，分别为富阳至新登、富阳至常绿、富阳至上官。结合富阳实际制定区公司任务清单。完善河长制，由邮政富阳分公司领导和各部门负责人分别挂钩11个普服相对薄弱的网点，每月开展现场履职检查和业务指导帮扶。加强普服指标管控，每月组织集中培训和现场检查，兑现考核通报。9月，举办机要通信重点客户座谈会。

【邮政安全】 坚持“安全第一，预防为主，综合治理”方针，全面落实企业安全生产责任，建立健全安全管理体系和事故防控机制。重点开展“安全生产月”和“安康杯”安全知识竞赛活动；组织开展单位负责人和管理人员417人参加安全知识学习和考试。通过悬挂横幅、图板、标语宣传以及开展专项检查、应急预案演练等方式进行宣传，认真做好安全护航工作和节假日、重大活动期间邮政服务质量等各项工作。

（王安娜）

2023年，水上运动中心富阳电信保障团队

（中国电信富阳分公司　供图）

2023年6月13日，富阳至窈口客货邮合作线路开通

（湖源乡　供图）

中国电信股份有限公司富阳分公司

【概况】 至2023年底，中国电信富阳分公司（以下简称富阳电信）下设市场部、政企部、网络部、综合部等4个部门；下辖经营单元15个，包含智云护航中心和DICT中心，政务支局、大企业支局和11个综合支局，实现富阳区行政区域（5个街道、19个乡镇、276个行政村）服务全覆盖；下辖中心厅1家，支局厅11家，社区厅15家，专营店6家。宽带用户总数16.85万户，移动手机用户21.5万户，全年主营收入2.85亿元。全年开通5G室外站点61个，替换或新建室分5G站点32个。全网5G室外基站781个，室分物理点位162个，基本实现富阳全境的5G网络全覆盖；全年开通4G基站76个、室分41个。10月，启动5801工程建设，完成基站开通33个。完成1.8G移频与2.1G清频，实现富阳中频一张网。

【客户服务】 至2023年底，客户综合满意率99.95%，万投率同比下降1.88%；投诉客户满意率同比提升2.01%，输送正面案例36件，获2023年第七届“工匠杯”营业员技能大赛团体二等奖，富阳电信获市公司2023年度“十佳服务满意单位”

称号。

【精品光网建设】 全年完成管线建设投资531万元，完成5个综合业务接入区专项投资80万元。完成新城域网富阳到杭州800G出口带宽建设，11万宽带用户全量业务割接，实现富阳XGPON（无源光网络）全覆盖（主城区100%全覆盖，农村地区薄覆盖）。

【亚运保障】 完成涉杭州亚运会通信光缆工程项目6个，152个接入网机房和基站、217个光交的清网排障和安全检查，326处问题整改和整治优化。完成各类应急通信保障演练6场次，组织完成亚残运会100天倒计时和火炬传递应急保障。在亚（残）运赛时阶段，共出动保障人员939人次、车辆389车次及1258人次的巡检维护工作。完成富阳区域亚运场馆有线、无线及5大专网的网络建设、验收纳管和日常维护。重点完成对富阳水上运动中心AGIS（运动会信息系统）专网交换机26台、互联网专网交换机52台、AP（无线交换机）179个、固定电话26门、OTN（光传送网）专线19条、互联网专线2条和组网电路2条、临时布线6000米等通信设施的网络建设和赛时维护保障工作。

（马红霞）

中国移动富阳分公司

【概况】 至2023年底，中国移动通信集团有限公司富阳分公司有正式员工132人，下设职能部门4个、属地网格7个；拥有营业厅21家，代办移动业务营业网点203家；服务企事业单位16000余家，涵盖政府机关、金融、教育、医疗、工业能源、农商、互联网等行业；拥有5G基站1800余个；通话用户规模70余万户，市场占有份额超70%。获全国巾帼文明岗、浙江公司“明星县”、杭州市“老兵码”崇军志愿服务优秀单位、浙江省总工会最美工会户外劳动者服务站点等荣誉称号。

【移动网络建设】 提升5G质量，持续扩大5G网络覆盖，进一步深化4G网络覆盖。全年新建5G基站近300个，5G基站总体规模超过1800个，超过90%的自然村实现5G信号覆盖。持续补强补漏4G网络，4G/5G双网协同，提升用户上网体验。

【亚运赛事保障】 提升亚运富阳赛区银湖体育中心和水上运动中心现场通信体验，赛前扩容站点13个，新建站点15个。赛事期间，富阳移动派遣骨干人员5人、合作伙伴42人进驻场馆，完成亚运保障“四零双优”目标，网络保障工作受到亚组委和省市公司一致好评。

2023年10月，富阳移动分公司与黄公望村结对设立“全国巾帼文明岗”联合服务站

（中国移动富阳分公司 供图）

【数智创新发展】 积极争取资源，协同拓展离岸业务，推进信息化项目发展。聚焦政府未来乡村、未来社区、数字化改革等重点工程，跟进传统行业项目，发挥通信优势，深化垂直行业拓展，围绕制造、医疗、文旅、交通、教育和智慧城市、数字政府等重点行业，创新突破新场景。成功签约电商信息化服务管理平台项目、百赛斯5G工厂智能化项目。

（程 峰）

中国联通富阳区分公司

【概况】 至2023年底，中国联通富阳区分公司有营业厅、服务渠道及网点25家，其中营业厅13家，手机用户、固定电话、家庭宽带及企业宽带12.59万户，移动网络用户9.09万户，有4G基站1226个，其中宏站1029个，室分197个，5G基站941个，其中宏站840个，室分101个。全年主营收入1.24亿元。富阳联通有在职员工99人，党员10人，平均年龄33岁，大专及以上学历占比93.5%，前端占比59.5%。预算完成率94.8%，同比提升7.1%。

【网格化运营】 落实网格化运营，加快营服体系建设，推进目标经营责任制落地。全年新建社区店7家，实现所有价值区域“前店后厂”网格属地办公和营销组织下沉。加强员工重点指标与公司业绩的关联性考核，不断实施奖优汰劣。锁定银湖重点区域，公众+政企+网络全面配合，试点综合网格建设，聚焦重点楼院、重点小区，开展织网行动，组织全业务大网。签约杭州深奇、浙江诺企利、缙云大厦、美丽大厦等总部大楼，至年底，投入使用5个，落地融合、专线、光纤到户等业务；拓展金汇之城和东洲工人街等商业市场2个；完成楼宇30万元收入7个、50万元收入7个、100万元收入3个，综合完成率排名前列。

【基础业务】 聚焦重点区域连片小区场景（东洲学校沙区域、大学城区域、银湖区域、高桥区域、秋

2023年12月，杭州秦望工程建设运营有限公司赠送锦旗
（中国联通富阳分公司　供图）

丰春华区域等），通过数字化平台赋能，集中力量加速新增用户的营销工作。根据四类用户清单（应融尽融、华数迁转、提速换猫、到期续费），发动攻坚人员上门随销，提升用户融合率。围绕高价值连片小区，完善营服体系建设，攻坚区域用户占比平均提升5%以上。

【政府数字化项目】　全年项目签约金额超7500万元。全年中标公安TW工程、富阳文物数字化项目、杰峰科技云桌面、检察院监督平台、蒋家桥未来社区、道路智能交通项目等25个项目，累计中标金额5883万元，完成公安2022年治安监控、2023年数智富春500路治安监控、数智检察等项目17个，累计收入5218万元。全年发展校园用户超6000户，其中秋季开学用户发展4090户。拓展新登中学、郁达夫中学、黄公望中学等校园改扩建项目，累计签约超1100万元。

【网业协同发展】　至年底，安装开通4G/5G站点68个，完成率91.9%。有宏站1185个，完成新建室分项目26个，升级点位18个，完成本地企业接入项目88个；固危废监控项目30个；亚运保障监控项目45个；地质灾害项目12个；公安治安监控项目294个；零星项目248个。布放光缆400千米以上。完成小区建设79个，覆盖住宅楼4132栋；完成楼宇项目34个，新增覆盖企业办公及商铺6029间。扩容5800业务板卡31块，新增10GPON口资源496口。

（孙　莹）

杭州富阳华数数字电视有限公司

【概况】　至2023年底，杭州富阳华数数字电视有限公司下设本部部门8个、中心服务部4个（下辖24个乡镇街道广电服务站），是富阳区广播电视网络建设、运营管理、安全播出的责任单位。全区有数字电视用户23.4万户，有线电视数字化率100%；华数宽带用户近8.6万户。富阳华数经营收入2亿元。

【富阳区渔船安全动态监控项目】　7月，富阳区渔船安全动态监控项目完工，该项目依托广电5G网络和北斗导航系统，制定中小渔船安全动态监控信息解决方案，通过实时掌握船舶动态运行轨迹、了解当前所处位置以及按照规划路线行进，坚持事前预防和事后救助结合，保证船舶船只安全。系统能够实时查询船舶位置、航行轨迹、船员联系方式等信息，检测其是否进入敏感区域或占用航线，若发生此情况，系统自动后台报警，并通知船员并做好对应措施。同时，为监管人员提供移动执法取证监管服务，为被监管人员提供查询服务和资讯查阅服务。

【智慧校园电子学生证项目】　7月，富阳区智慧校园电子学生证项目投入使用，该项目是智慧校园项目的一个学生端子项目，旨在通过电子学生证模块为学校、学生、家长三端提供信息共享平台。智慧校园项目聚焦中小学生在校、上下学及校园生活消费等场景，为家校互联提供亲情通话、安全定位、便捷生活等服务，深度融合“信息化教育”和“互联网+”，提供智安校园，智慧生活解决方案。智慧校园项目主要涉及校园监控系统、电子学生证系统、访客系统、车行系统、人行系统、防冲撞柱系统、水控系统和消费系统等。

【未来社区项目】　全年完成未来社区项目2个。登云未来社区（引领型）：登云未来社区为2023年富阳区内旧改类省级未来社区，根据社区自身特点，基础硬件比较不足，结合实际需要，华数主要围绕居家养老服务照料中心、登云社区卫生服务站、工人文化宫进行社会治理及数字化设备建设升级，保证居民事件可追溯，老人健康服务有保障，居民社区活动多功能厅有提升。特别针对独居老人打造安心守护、电视家医等特色应用，让数字技术持续赋能精细化助力社区服务及治理，让社区服务更贴心，让基层治理更加科学高效。逸城未来社区：东洲街道逸城社区（未来社区）对社区及周边进行数字化、智能化建设，主要建设场景有智慧安防系统、智慧垃圾驿站、共享停车（邻里停）、会议室LED大屏、逸城社区管理平台等解决社区管理的平台，打造未来社区整合提升样板；完善三化九场景服务体系，实现“数字互联”智慧的精准治理；从社区实际需求出发，整合多方资源，开发“智慧社区”，有效提升治理+服务能力，满足社区人群对美好生活向往的愿景。

（杨　媛）

【编辑　刘　亮】

21 旅 游 业

Tourism

综　述

【旅游业发展】　全区接待游客481.4万人次，同比增长19%；实现旅游总收入83.6亿元，同比增长8.8%。其中，接待境外游客0.3万人次，同比增长271.8%；实现旅游外汇收入161.7万美元，同比增长227.8%。景区景点接待游客355.5万人次，同比增长58.54%，收费景点实现门票收入2.5亿元，同比增长91.01%。

【旅游资源】　全区有国家A级旅游景区8家，其中，国家AAAA级旅游景区4家，分别是黄公望隐居地、杭州野生动物世界、富春桃源景区、龙门古镇景区，国家AAA级旅游景区4家，分别是鹳山景区、贤德状元里景区、药谷小镇景区、硅谷小镇景区。星级宾馆酒店6家，其中，五星级2家、三星级3家、二星级1家。三星级以上品质旅行社16家，其中，四星级2家，三星级14家。富阳区成功创建浙江省全域旅游示范区。

旅游开发

【旅游规划编制】　至年底，《富阳区文化旅游体育发展总体规划》获得区政府批复；《富阳区大龙门区域旅游联动发展总体规划》完成专家评审；《西岩温泉小镇总体规划》通过区规委办审议。

2023年8月30日，2023年度杭州市富阳区“看亚运·游富阳”首届金牌导游员（讲解员）技能暨讲解词创作大赛决赛举办

（区文广旅体局　供图）

【旅游重点项目】　形成全区重点实施类文旅项目库，全年推进文旅项目24个，总投资约210亿元。提前完成公望两岸文创园、蚯比庄园、葛洪丹谷等文旅项目；推进166个“微改造、精提升”项目建设，完成投资额9.66亿元，完成率100%。

【旅游品牌创建】　成功创建省级全域旅游示范区，完成省AAAAA级景区城创建验收。黄公望村成功创建浙江省金AAA级景区村庄。春江街道春江村、山建村，东洲街道富春江村，鹿山街道汤家埠村，湖源乡新二村、新绿村，洞桥镇大乐村成功创建省AAA级景区村庄。新一村被列入浙江省乡村旅游重点村。万市镇、新桐镇、场口镇被列入浙江省乡村旅游重点镇。湖源乡龙鳞坝产业集聚区被评为杭州市乡村旅游产业集聚区。迦密民宿、龙门驿事民宿、溪湘记宿入围浙江省“浙韵千宿”名单。成功创建省旅游采摘体验基地5家，其中，吉庆农庄、逸蓝湾蓝莓采摘基地被评为省AAA级采摘体验基地，永昌庄园、金氏家庭农场、林庭家庭农场被评为省AA级采摘体验基地。实施富春江湾国家AAAA级旅游景区创建。

【旅游景区提升】　天钟山景区提升改造项目完成景区施工并对外开

放。黄公望隐居地旅游驿站被认定为省一级旅游驿站，场口东梓关旅游驿站和安顶山旅游驿站被认定为省二级旅游驿站。完成富春山居文化保障卡场景建设，项目获评“2022年度杭州数字文旅典型案例”。

产业促进

【促旅扶持政策】 一季度，推出“免费游”等文旅行业六条实施意见，减免龙门古镇首道大门票游客10.14万名，减免黄公望隐居地首道大门票游客4.06万名；奖励补助一季度营收增长10%以上文旅企业，兑现奖励资金26万元。派发文旅消费券，发放春季文旅消费券130万元，覆盖住宿、景区、电影院等多文旅消费领域单位37家，累积核销126.02万元，带动消费405.7万元。实施“引客留富”专项政策，年度申报奖励旅行社33家次，输送游览景区人数8.21万人次，兑现奖励资金53.84万元；围绕旅游业高质量融合发展政策，兑现奖励资金374.7万元。

【产业融合】 9月，家在富春山居——桂花茶点获2023中国特色旅游商品大赛铜奖。9月，4件文创产品获2023“浙派好礼”文创产品评选大赛奖项，其中，《宋韵》竹纸获艺术衍生类金奖，骨伤三鼎文创礼盒获旅游纪念主题类银奖，凤求凰贡纸获艺术衍生类铜奖，西湖十景墨获旅游纪念主题类铜奖。9月，桂花茶点等6款产品获“韵味杭州·游礼相伴”2023杭州伴手礼创意设计大赛奖项，其中，银奖2个，铜奖2个，最受市场欢迎的宋韵文化伴手礼2项。9月和12月，非遗莫属市集和“集无界”文旅市集分别入选全省首批重点培育文旅市集和全省第二批重点培育文旅市集。12月，临江花园、龙门龙府牛八碗、春城大饭店、沃鑫饭店等4家杭州市百县千碗体验店获评省级百县千碗体验店。

【市场拓展】 4月，2023杭州户外休闲旅游节暨杭州文旅消费季启动仪式于桐洲岛举行，其间桐洲岛接待游客3万人次，比上年同期增长109%，带动周边营地、民宿、餐饮消费大幅增长；全区住宿单位接待游客比上年同期增长121%。

宣传促销

【首届杭州研学旅行展交会】 12月15日，2023首届杭州研学旅行展交会在中国兵器装备（杭州）研学营地（临江花园度假酒店）举办，会议由杭州市文化广电旅游局指导，富阳区人民政府主办，杭州市富阳区文化和广电旅游体育局、杭州市富阳区教育局承办。省内外研学基（营）地、旅行社、研学机构、OTA（在线旅行）平台、教育装备生产商等产业链上下游企业、新闻媒体等600人参会。本次展交会以“研学研创 共赢未来”为主题，在文旅深度融合发展的背景，探索研学旅行高质量发展的新路径、新模式，搭建信息与资源交流对接的平台，助力全市研学旅行体系的发展升级，进一步打响“研学旅行趣富阳”品牌。

【“看亚运 游富阳”杭州城市漫步暨2023浙江省会展策划创意大赛富阳文旅专项赛道启动】 8月19日，“看亚运 游富阳”杭州城市漫步（Citywalk）暨2023浙江省会展策划创意大赛富阳文旅专项赛道启动仪式在富春山馆报告厅举行。启动仪式现场发布“看亚运游富阳”Citywalk手绘地图。揭晓2022浙江省会展策划创意大赛富阳文旅专项赛道金、银、铜奖，启动2023浙江省会展策划创意大赛富阳文旅专项赛道。该专项赛道为大赛开办以来唯一地方专项赛道，成为“最受大学生喜爱的赛道”之一，被大赛组委会评定为“赛地合作样板”和“赛成果转化实践基地”。本次活动是“打卡亚运e起‘潮’”大型亚运文化系列新闻行动的其中一站。

【文旅推广】 4月7日，洞桥镇举办2023研学旅行和营地产业发展大会；6月22日，富阳区举办“富春山居·休闲富阳”2023富阳文旅（杭州）推介会；7月7日，富阳区举办2023杭州富阳文化旅游（上海）推介会活动。

【“宋”福富春年主题活动】 1—3月，富阳举行“宋福富春年”主题“个十百千万”新春文旅惠民促消费系列活动，各区级部门、乡镇街道和景区景点共举办主题新春文旅惠民活动百余项，参与人数超10万人。活动获中国新闻网、人民日报客户端等10余家媒体平台报道，全平台曝光量超百万人次。

2023年8月19日，“看亚运游富阳”杭州城市漫步(Citywalk)暨2023浙江省会展策划创意大赛富阳文旅专项赛道启动仪式举行

（区文广旅体局 供图）

2023年4月15日，“三江两岸”·2023杭州户外休闲旅游节举办
（区文广旅体局　供图）

【“看亚运 游富阳”宣传推广】 黄公望隐居地、东梓关村、龙门古镇等9个点位入围杭州市亚运会主题经典线路；龙门古镇、富阳博物馆（富春山馆）、新登千年古城等5个点位入围亚运人文体验点；黄公望隐居地等5个景点景区入围杭州市“亚运文旅大礼包”权益合作景点和“亚运观光推荐景区”；策划“画中兰亭”富春山居亲水之旅等10条“亚运YOU你 富阳GO味”主题观光线路，遴选具有较强体验感和富阳辨识度的亚运观光推荐体验点100个；9—11月，在杭州1号、2号和4号地铁文旅专列车厢及站点开展富阳观光旅游宣传推广；编发中英双语的《看亚运·游富阳 城市观光旅游指南》，亚运赛事期间在杭州主城区和富阳各大景区、酒店等33个点位投放3.5万册；拍摄发布《何以富阳》《在富阳 遇见一场古往今来》《文旅局长为亚运打CALL》《遇见富阳Encounter Fuyang》等中英文文旅宣传片10余条。

【“看亚运 游富阳”主题活动】 全年组织举办“三江两岸·2023杭州户外休闲旅游节”“奔富青春季”“City Walk城市漫步”“中外大学生同游富春山居”“运动休闲名城亚运观光之旅”“2023文旅市集·杭州奇妙夜富阳分会场”等活动30余场，并组织到上海、广州、成都等城市推广“富春山居 休闲富阳”亚运文旅品牌活动。

【亚(残)运会富阳站火炬传递】 10月20日，杭州第4届亚（残）运会火炬传递富阳站在富阳举办，来自全省各地的128名火炬手参加，其中残疾人火炬手36名。火炬传递路线起点为黄公望纪念馆，终点为富阳水上运动中心，途经江滨东大道、公望大桥、烟舟街、轻舸路，全长8.1千米。来自全区各乡镇（街道）、国企平台及卫健、教育、供电、金融等部门的7.6万名志愿者到现场为火炬手加油助威。新华社、《人民日报》等20余家中央和省市媒体、70余名记者参与现场活动宣传报道，20余家主流媒体和政务发布微信公众号及抖音号全程直播火炬传递活动，在线观看突破110万人次。

旅游管理

【文化旅游体育教育培训】 全年举办行业单位负责人安全生产培训、游泳场所救生员培训、导游（讲解员）以及重点行业服务人员的外语、服务技能培训60场次，其中，线上培训42场次，线下培训18场次。培训各类在职人员3500余人次。

【旅游行业管理】 开展A级旅游景区、星级饭店、旅行社品质提升，推进使用“公勺公筷”、无障碍设施建设、污水零直排、无废细胞创建、节水标杆单位创建、平安示范单位创建、垃圾分类、塑料污染治理等工作。1月，2023年度行业单位安全生产工作会议召开，500余家文化旅游体育行业经营单位签订《富阳区文化旅游体育行业安全生产（消防安全）目标管理责任书》。开展安全生产月、涉文广旅行业安全生产大排查大整治专项行动，形成问题清单和责任清单。组织开展由乡镇（街道）安全生产检查人员参加的《浙江省安全生产全覆盖检查标准体系（2023版）》（旅游篇）集中学习培训。全年开展旅游行业安全检查460次，发现安全隐患问题204个，闭环整改204个。

【旅游专项整治】 开展旅游环境秩序专项整治行动，制定《杭州市富阳区旅游环境秩序专项整治方案》，成立由区文广旅体局、市公安局富阳分局、区市场监管局、区综合行政执法局、区交通运输局等单位组成的区旅游环境秩序专项整治工作小组，对涉旅企业规范经营、安全生产、旅游服务质量等工作开展全面检查，严厉打击未经许可经营旅行社业务、“不合理低价游”等违法违规经营行为。整治行动期间，共检查各类涉旅经营单位456家次，发现安全隐患问题20余处，并全部整改到位。组织涉旅企业从业人员260余人次开展法律法规和从业规范集中培训，促进旅游市场秩序和旅游市场环境提升。开展旅行社规范用车专项整治，在重点时段与地域，联合公安、交通、教育、应急等部门开展联合执勤执法5次，严查景区旅游包车、春季研学活动包车等旅游客运违法违规行为，要求旅行社必须与旅游客运企业签订规范的用车合同，督促强化安全用车审验制度。组织全区旅行社负责人和旅游从业人员开展业务培训，督促各旅行社开展自查自纠，并落实对全体员工的业务培训，进一步提高旅游从业者安全责任意识。

【富阳首届金牌导游员(讲解员)技能暨讲解词创作大赛】 9月，

2023年度杭州市富阳区“看亚运游富阳”首届金牌导游员（讲解员）技能暨讲解词创作大赛举办。该赛事由区文化和广电旅游体育局、区总工会、区人力资源和社会保障局、共青团杭州市富阳区委员会、区教育局联合主办。比赛设初、复赛，共有70名选手报名，最终评出金牌导游员5名、金牌讲解员3名、金牌乡村讲解员1名及最佳讲解词创作选手11名。

【亚运讲解员队伍建设】 组建富阳亚运讲解员队伍，由富阳本土千人亚运观光讲解员和浙江外语学院20名双语讲解服务补充队伍组成，成员精通英语、韩语、日语等多语种，以ABC三岗形式服务于黄公望隐居地、鹳山、郁达夫故居、龙门古镇、东梓关、富春山馆等富阳人文体验点。亚运期间讲解人员高质量完成双语接待服务。

【安全播出】 发挥安全播出领导协调小组办公室职能，及时调整区安全播出领导协调小组成员，完善《富阳区广播电视安全播出和网络安全应急预案》，制定《2023年富阳区安全播出保障工作专项方案》，与安全播出主要责任单位签订安全播出责任书，明确工作职责和具体任务。督促富阳华数、区融媒体中心常态化做好安全播出、网络安全和设施保护工作检查，对发现的安全隐患问题进行闭环管理。做好元旦、春节、两会、亚运会等重大节日、会议、活动期间的安全播出保障，圆满完成各项保障任务。做好辖区非法卫星电视接收设施整治，开展非法地卫检查227次，拆除非法境外卫星电视接收设施34座，查处1起擅自安装接收和使用卫星地面接收设施案件。全年实现安全播出无事故。

2023年12月15日，2023首届杭州研学旅行展交会启动

（区文广旅体局　供图）

【广播电视惠民服务】 减免全区8752户低保户、特困人员（包含民政部门认定的福利院、养老院、敬老院）有线电视基本收视维护费，减免311户低保户有线电视入网费，广播电视低保减免金额为114.32万元。推进区级应急广播升级改造建设，完成应急广播建设点位摸底，确认安装应急广播点位1243个，其中包括272处行政村点位，897处20户以上自然村点位（包含180个山洪防御点、747个地质灾害点），74处20户以下自然村的山洪防御、地质灾害点位（50个山洪防御点、24个地质灾害点）。

（沈雪晴）

【编辑　刘　亮】

22 富阳经济技术开发区

Fuyang Economic and Technological Development Zone

综　述

【概况】 2023年，富阳经济技术开发区（以下简称富阳开发区）实际经营企业9325家，其中工业企业1685家，规模以上工业企业414家，占全区的54.2%，产值百亿级企业2家（浙江江铜富冶和鼎铜业有限公司、富通集团有限公司），五十亿级企业3家（海正系、富春江系、大华系），十亿级企业14家，亿元企业146家。全年实现"四上企业"（规模以上工业企业、资质等级建筑业企业、限额以上批零住餐企业、规模以上服务业企业）主营业务收入3335亿元、增长1.8%，规模以上工业总产值1291亿元、增长2.8%，制造业投资43.7亿元、增长10.9%，营利性服务业营收80.4亿元、增长12.5%，税收收入42.7亿元、增长15.4%。先后获评国家级绿色工业园区、省级服务业创新发展区、省级特色产业风貌样板区、省级商业秘密保护基地，入选全市首批"一园一主业"特色产业平台创建名单、市级五大产业生态圈精准招商示范平台，亲清管家做法获评全市清廉建设优秀实践案例。富阳开发区在2022年度全国国家级经开区综评中列第76位。

【产业发展】 按照谋深前端、适度超前的原则谋划主导产业，基本构建以数字经济为引领，高端装备、智能物联、生物医药为支撑的"1+3"现代化产业体系，同步推进创新链、供应链、人才链、金融链一体部署。重点完成纵向G320智能网联车核心技术产业化走廊、横向沿杭淳开现代中医药国际合作示范区千亿级"产业十字轴"布局，纵轴以吉利系路特斯等项目为依托，形成银湖研发、办公核心功能区—金桥园区核心零部件制造功能区—场口、鹿山新区整车制造及重要部件制造功能区产业布局；横轴以省中医院和省中医药大学为依托，形成银湖研发总部区—大城北板块产业集群核心区—胥口药谷小镇COM制造中心产业布局。

【招商引资】 健全覆盖招商政策、信息渠道、资源要素的全链条、全周期、立体化招商体系，基本形成土地招商、楼宇招商、活动招商、基金招商、以商引商等招商渠道并行格局。坚持"走出去""引进来"并重，建立"一把手"每月带队外出招商制度，举办生物医药、数字新零售等专题推介会。聚焦"1+3"主导产业及产业链关键环节，招引产业项目68个，总投资202.8亿元，拟供地117.27公顷，其中亿元以上产业项目32个，10亿元以上产业项目4个。银湖科技城新增市场主体近千家，导入产业人口超8000人。完成产业基金出资5100万元，2个直投项目评审，计划出资7000万元；对接子基金15只，组建燕园同德现代中医药基金。

【项目推进】 实施项目全周期管理、全过程服务，坚持拉通部门、

2023年12月，工业和信息化部公布，浙江江铜富冶和鼎铜业有限公司获评国家级绿色工厂。图为浙江江铜富冶和鼎铜业有限公司

（富阳经济技术开发区　供图）

一线协调、现场解决，解决项目建设问题，推动项目早落地、早开工、早投产。推进119个产业项目和80个政府投资项目建设，其中，路特斯、海正、江丰“152”项目，大华三期、星帅尔、富水智造省市重点项目及西谷二号等45个产业项目开工，中控、煌龙医药、应急产业园等27个产业项目竣工投产；新开工政府投资项目11个，新竣工政府投资项目43个，完成固定投资约80亿元。完成标准地项目达产验收14个。按照“地等项目”“签约即供地”的目标，联动辖区镇街拓空间、交净地，持续推进东洲新区、金桥鹿山新区腾笼换鸟和银湖新区、新登新区“拔钉清零”工作，完成土地收储66宗175.6公顷、土地出让42宗101.49公顷（其中工业用地34宗79.07公顷），完成开发区单元控规及乡镇国土空间规划修编，在新一轮国土空间规划中重点在大城北区块新增产业空间约100公顷。

2023年4月7日，富阳区人民政府与浙江中医药大学签署全面深化战略合作协议，共建浙江中医药大学富阳研究院和现代中医药国际合作示范区
（杭州富阳经济技术开发区 供图）

【创新提质】 打造“面向全省、融入都市、服务走廊、引领富阳”的创新策源地，把握融杭融廊机遇，挂牌成立城西科创大走廊富阳片区联动办，引进新型研发机构、中试基地和特色专业园区，落地浙江中医药大学富阳研究院、浙工大国际创新中心、嘉易生物（国家级DPF医用猪种质资源繁育基地项目）、省药品知识产权交易中心、省药品MAH转化平台富阳中心等项目。实施人才强区战略，坚持人才带项目、项目聚人才，执行“5110”项目新政，开展分类别评审工作，第一期评审通过项目18个，其中B类及以上项目10个，占比56%，A+类项目1个；第二期共征集参评项目54个，评审通过项目9个。坚持企业创新主体地位，支持科技型中小微企业快速成长，建立健全“微成长、小升高、高壮大”的科技型企业培育发展机制，构建以创新型领军企业为引领、高新技术企业和科技型中小企业为重要主体的创新型企业梯队。全年新增国家级专精特新“小巨人”6家、国家高新技术企业80家、省级“专精特新”企业41家、省市级企业研发中心30家、月度小升规企业14家。

【营商环境】 推进企业服务中心增值化政务服务改革，新增审批服务事项大项19个、子项180个，围绕“工业一件事”“企服一件事”“人才服务一站式”“政策兑现一站式”等设置，构建企业服务中心新格局，企业服务中心办理各类审批和服务事项4426件。引进绿城产业园区运营专业团队，网格化配置企业服务专员，全面提升银湖科技城管理、服务、运营水平，打造开发区企业服务“FU”品牌，全年举办各类主题培训活动及招聘会19场，参与企业代表3200余人次。实施营商环境优化提升“一号改革工程”，推进“服务十百千•助企大解题”专项行动，化解达产验收难等发展难题。建立“亲清管家”队伍助力双拼行动，走访服务企业1094家次、收集并办结问题794个。高标准承办清廉浙江全省现场会，汇报展示“亲清管家”经验做法。制定清廉开发区建设实施方案，深入开展清廉建设“八个一”工作，按照“一线一主题”打造“亲清管家”子品牌，首批上线运行公权力大数据平台，推进清廉民企建设，成功入围全市清廉建设优秀实践案例。

【产城融合】 围绕打造大走廊“第五城”目标，坚持产城人文深度融合，形态业态生态协同发展。银湖科技城地铁站点TOD建设实现突破，其中，银湖站启动虹缤之都项目建设；野生动物园东站文创街区项目挂牌出让；银湖村留用地酒店项目完成设计；虎啸杏站、受降站启动招商。硅谷总部园、向阳产业园竣工开园，银溪产业园全面建设，佰赛时生物信息产业园、应急设备产业园、东坞山双创产业园竣工并入驻企业。省中医院、杭二中富春校区、阳陂湖小学、银湖人才房等公建配套有序实施。实施“青山绿水迎亚运”城乡品质提升工程，高标准做好涉亚道路两侧及亚运场馆周边整治。

【富阳经济技术开发区“拼经济、拼发展”战斗动员大会】 2月10日，富阳经济技术开发区召开“拼经济、拼发展”战斗动员大会，区领导何献忠、赵骊中参加。会上，区领导向徐建华、尹腾辉等5位专家、企业家颁发产业发展顾问聘任证书，并向开发区机关相关办局和开发区集团等授攻坚旗。会议明确2023年开发区要实施六大攻坚、拼出六个“量”，具体为攻坚经济发展，拼出规模体量；攻坚创新创业，拼出发展质量；攻坚招商引资，拼出强劲能量；攻坚项目推进，拼出投资体量；攻坚要素保障，拼出平台容量；攻坚营商环境，拼出改革变量。

规划建设

【富阳药谷小镇被命名为第六批省级特色小镇】 1月18日，省政府发

2023年，银湖科技城全景图

（杭州富阳经济技术开发区　供图）

布《关于命名第六批省级特色小镇的通知》，富阳药谷小镇入围第六批省级特色小镇名单。药谷小镇位于富阳开发区胥口镇，总面积3.22平方千米，其中核心区面积1.26平方千米，小镇以“健康+”作为产业定位，以“康医、康养、康旅、康教、康农、康居”为主题，锚定全球生物医药前沿科技，建成占地100公顷、累计投资120亿元的生物医药高新技术产业园，引育杭州海正、瀚晖制药等链上企业，是中国最大的抗生素、抗肿瘤药物生产基地之一。

【银湖“大草坪”地块成功出让】 6月30日，浙江金帝房地产集团竞得银湖“大草坪”地块，竞拍价格8.34亿元，拟计划投资40亿元建“虹缤之都”。“虹缤之都”项目为集大型购物中心、高端酒店、商业办公和住宅于一体的城市TOD综合体项目，项目总建筑面积约37万平方米，其中商业MALL约7.5万平方米。11月，“银湖大草坪”地块更名“虹缤之都”。

【杭州城西科创大走廊富阳片区联动办揭牌成立】 12月21日，杭州城西科创大走廊富阳片区联动办在富阳开发区揭牌成立。市政府党组成员、杭州城西科创大走廊管委会主任孔春浩，区委书记吴玉凤共同揭牌并讲话。杭州城西科创大走廊是举全省、全市之力打造的重大高能级创新平台。2020年6月，省委十四届七次全会决定将富阳作为大走廊联动发展区。2022年5月，富阳区政府与大走廊签订《联动发展合作协议》，进一步明确了联动内容和工作机制。2023年12月，富阳组建大走廊富阳片区联动发展领导小组，由区委书记和区长担任双组长，推动富阳片区加快融入大走廊高质量、一体化发展。

产业发展

【富阳区人民政府与浙江中医药大学签署全面深化战略合作协议】 4月7日，富阳区人民政府与浙江中医药大学签署全面深化战略合作协议，共建浙江中医药大学富阳研究院和现代中医药国际合作示范区，该校特聘教授、欧洲科学院院士蒋玉林和中国科学院院士赵国屏分别领衔的两个中医药产业化项目（浙江中医药大学富阳研究院植物药国际研究中心及产业化项目、杭州中科雾联医药生物科技有限公司中医药生物合成雾化产品项目）落地富阳开发区。富阳经济技术开发区党工委书记、管委会主任赵骊中代表开发区与两位院士团队签署合作项目意向协议。

【浙工大国际创新中心落户富阳开发区】 6月28日，富阳区人民政府与浙江工业大学共建浙工大国际创新中心签约仪式举行。浙工大国际创新中心选址在富阳开发区银湖科技城核心板块，园区规模达3.5万平方米，将在深化研究院建设基础上，以“企业”工厂为理念，创新建设包括高层次人才引育、科研平台建设、研发人才培养、产业孵化服务等在内的双新创业载体，力争在5年建设周期内，培育打造出一批符合杭州城西科创大走廊产业导向的“高、精、特、新”科创型企业，打响具有全国知名度的创新创业品牌。

【路特斯能源总部入驻启用】 7月20日，路特斯能源总部入驻启用仪式在杭州缙云大厦举行。路特斯

2023年6月28日，富阳区人民政府与浙江工业大学共建浙工大国际创新中心签约仪式举行

（杭州富阳经济技术开发区　供图）

2023年，富阳经济技术开发区全景图
（杭州富阳经济技术开发区　供图）

是浙江吉利控股集团旗下最高端的汽车品牌。路特斯能源是路特斯全面进军新能源产业合作的战略部署，从储能全场景出发，布局全球核心位置的闪充网络，规划建设运营约1000个闪充充电场站，为高端品牌新能源汽车用户提供一体化的智能解决方案。2022年11月8日，富阳区人民政府与吉利控股集团战略项目签约，路特斯能源总部项目正式落户富阳开发区，预计2025年建成投产。项目将融合设备研制、解决方案、场站运营等商业模式，探索新能源补能体系的全场景布局。杭州闪电速能科技有限公司作为项目的运营主体，将在富阳打造集综合运营职能于一体的综合管理总部。项目于2023年3月拿地并开工建设，6月在过渡厂房实现批量化生产，7月办公研发基地投用。

【“东方丹谷”产业发展研讨会】 11月30日，富阳召开“东方丹谷”产业发展研讨会，区领导谢渐升、孙晓明、赵骊中和省市区部门有关负责人、专家学者、行业领袖以及企业家代表参加。“东方丹谷”是富阳以全省实施“双百计划”和浙江中医药大学创建“双一流”高校为契机，以现代中医药产业为突破口，面向世界统筹全球资源，全力打造的“全球化、高能级、高辨识度”现代中医药国际合作示范区，目标愿景是实现“四个一”，即建成一所面向世界的“双一流”中医药大学、建成一个面向世界的创新高能级平台、建成一个面向世界的千亿级产业集群、建成一个面向世界的国际康养样板区。产业定位上，“东方丹谷”将以现代中医药为特色的生命健康产业，按照“3+X”布局，重点突破现代中医药、合成生物、CMO（药品委托生产机构）及CDMO（药品委托研发与生产机构）及“X”个细分赛道，系统建设产业生态，打造千亿级产业集群。产业空间上，“东方丹谷”由三个区块组成，其总部研发区位于富阳开发区银湖科技城，核心区是由320国道、公望街、恩波大道围合而成的约19平方千米区域（富阳大城北产业集聚区），智造基地则位于开发区胥口药谷小镇。

【中国汽车充换电生态大会召开】 12月19—21日，中国汽车充换电生态大会在富阳召开，本次会议由国家能源局电力司、交通运输部路网监测与应急处置中心、中国汽车工业协会联合指导，中国电动汽车充电基础设施促进联盟、中国汽车工业协会充换电分会和杭州市富阳区人民政府协同主办，富阳开发区承办。本届充换电生态大会以“迎接新挑战，全面推动充换电基础设施高质量发展”为主题，共设置“1场闭门会议+1个主论坛+6个分论坛”，共8场会议。大会从把握充换电产业高质量体系内涵出发，围绕稳固设备质量、技术模式创新、提升服务品质、筑牢安全底线等方向，分享经验、把握未来，共同构建健康的充换电产业生态。发布《2022—2023中国电动汽车充电基础设施发展年度报告》等重要成果，并举行充电桩下乡活动启动、闪充委员会成立、国际化发展委员会启动等仪式。会议集聚百余位政府部门主管领导、地方联盟负责人、顶级专家、企业领袖，并吸引近千名行业人士参会。

【富阳开发区获评国家级绿色工业园区】 12月，工业和信息化部公布《2023年度绿色制造名单公示》，富阳开发区获评国家级绿色工业园区，星帅尔与和鼎铜业获评国家级绿色工厂。开发区加快建设省级园区循环化改造试点，在省级园区循环化改造试点工作中获得优秀等次；积极构建5G（光通信）产业链，5G（光通信）产业链获评省级产业链链长制示范试点；加快打造浙江省氢能发展的先行先试区，建设能源双碳管控平台、企业绿色工厂培育体系。至年底，开发区有21家企业成功创建区级绿色工厂，21家企业成功创建市级绿色工厂，6家企业成功创建省级绿色工厂，4家企业成功创建国家级绿色工厂。

（牟露露）

【编辑　刘　亮】

23 杭州富春湾新城

Fuchunwan New Town in Hangzhou

新城建设

【概况】 杭州富春湾新城位于富春湾南岸，杭州市西南，辖“一街三镇一乡”（春江街道，大源镇、灵桥镇、里山镇，渔山乡），规划总面积196.86平方千米，其中核心区域56.96平方千米。户籍人口11.9万人，外来人口2.8万人。规划总人口约40.9万人。全年实施政府投资项目39个，总投资326.13亿元，其中市政基础设施项目19个，总投资57.79亿元，2023年计划总投资27.18亿元；房建项目20个，总投资268.34亿元，2023年计划总投资56.04亿元。全年实现规模以上工业总产值171.5亿元、规模以上工业增加值26.3亿元，新引育企业完成规模以上工业产值38.7亿元，同比增长44%。有光电、机电、智能专用设备等主导产业规模以上工业企业64家，主导产业占比超50%，全年实现产值47.3亿元，同比增长62%。至年底，杭州富春湾新城有国家高新技术企业97家，省级“专精特新”中小企业30家，国家级专精特新“小巨人”企业2家。10月30日，长三角G60科创走廊联席会议办公室正式批文，杭州富春湾新城入围第二批长三角G60科创走廊科技成果转移转化示范基地名单。11月，杭州富春湾新城管委会作为智能物联产业链链长，获杭州市产业链链长制推进工作集体嘉奖。集成电路、网络通信与数字安防均获评为“415X”省级先进产业集群协同区。杭州富春湾新城集成电路招商示范平台被列入拟创建名单。

【土地利用】 杭州富春湾新城土地总面积4559.7公顷，其中建设用地面积2471.8公顷、未利用土地面积2088公顷。其中，规划工业用地527.8公顷，已落地182.5公顷；规划商业用地205.9公顷，已落地10.3公顷；规划住宅用地597.4公顷，已落地46.7公顷；规划公建配套用地242.6公顷，已落地40.1公顷；规划安置房用地215.6公顷，已落地100公顷。

【招商引资】 全年落地产业项目29个，同比增长26%，总投资238.4亿元，达产后预计年产值215.1亿元，年缴纳税金9.97亿元。其中，10亿元以上项目10个，同比增长67%，主导产业占比93%。至年底，围绕光电激光、集成电路、人工智能三大主导产业招商，招引孵化富芯半导体、芯海半导体、银湖激光等产业项目149个，其中已供地项目77个，一期用地约190.4公顷，投资约480亿元，预计达产后年产值约476亿元、年税收约23.1亿元，三大主导产业项目用地面积占总招引项目比重的91.7%，引入搭建杭州光机所、西湖大学光电研究院等重大研究平台。

【人才培育】 至年底，杭州富春湾新城新增提报市级以上海外引才

2023年11月8日，G60科创走廊科技成果转移转化示范基地授牌仪式举行

（杭州富春湾新城管委会　供图）

计划67人，其中国家级29人、省级19人、市级19人，实际入选13人，其中国家级1人、省级6人、市级6人；新增授权认定杭州高层次人才D类1人、E类9人、F类10人、区级F类人才134人，新增获评十佳来杭创业创新青年1人。招引大专及以上学历超4000人，本科及以上学历超2500人，硕士及以上学历超550人，博士及以上学历超120人。

【G25长深（杭新景）高速富阳灵桥新互通通车】 1月13日0时，G25长深（杭新景）高速富阳灵桥新互通正式开通，新互通出入口为4进6出，其中ETC车道6个、混合车道4个。该工程总投资6.36亿元，由原灵桥互通向北迁移1.9千米，设置在富春湾大道和春永线的交接口，以梨形互通与富春湾大道相接，建设内容主要包括高速桥梁和道路的拼宽、匝道桥、收费站及绿化景观工程。项目主线全长1.87千米，匝道互通全长4.35千米。

【杭州富春湾新城转型发展展示馆开馆】 7月1日，杭州富春湾新城转型发展展示馆揭牌。该馆位于杭黄未来社区城市体验馆内，建筑总面积2470平方米，展示馆包含序厅、转型发展厅、环形影音厅、未来社区厅及城市书屋，展现富阳人民贯彻落实2005年9月5日，时任浙江省委书记、省人大常委会主任习近平调研富阳水环境整治精神，大力开展富阳造纸产业的转型升级及腾退，取得杭州富春湾新城发展阶段性成果的历史进程。该馆被列为全区主题教育循迹溯源点位，是杭州富春湾新城对外展示的新窗口。

【杭州富春湾新城“三域四链”特色党建启动】 7月1日，杭州富春湾新城“三域四链”特色党建启动，“三域”即“春江红”校地融合区域党建联建、“大源红”村（社）企共治区域党建联建、“滨富红”高新发展区域党建联建；“四链”即光电激光产业链（光链）、集成电路产业链（芯链）、智能装备产业链（智链）和生物医药产业链（医链）等4个特色产业链党建联建品牌。

2023年6月18日，杭州富芯半导体项目(一期)投产
（杭州富春湾新城管委会　供图）

产业项目

【概况】 2023年，杭州富春湾新城开工建设杭州芯海半导体集成电路先进测试基地项目、浙江芯科半导体建设2英寸碳化硅MOSFET功率芯片生产线项目、业聚医疗血管介入医疗器械研发及生产项目、浙江氢途科技总部及氢燃料电池核心零部件研发制造项目等产业项目7个。供地或挂牌公告杭州金思远科技年产8000台（套）智能控制阀生产线项目、杭州芯通半导体产业化项目等产业项目9个，供地面积19.27公顷。竣工投产杭州富芯半导体模拟芯片项目、杭州宏华数码年产2000套工业数码喷印设备与耗材智能化工厂建设项目、杭州光机所科研孵化及光电产业基地项目、浙江旭民生物技术体外诊断试剂及诊断仪器研发生产项目等产业项目17个。新开工西富芯微纳光电智造生产线及研发中心项目（一期、二期）、杭州富春湾智能物联设备研发及制造基地项目、富春湾新城光电激光核心材料及设备产品制造项目等小微产业园4个，总投资47.5亿元、总用地面积14.75公顷、体量44.9万平方米。完成制造业投资65亿元，同比增长16%。

【杭州芯海半导体科技有限公司集成电路先进测试基地项目】 杭州芯海半导体技术有限公司为杭州芯云半导体技术有限公司在富阳新设子公司，为集成电路测试基地项目投资主体。该项目总投资52亿元（一期20亿元），其中固定资产投资50亿元（一期18.5亿元）。项目选址杭州富春湾新城滨富合作区，用地面积约8.2公顷（一期约3.75公顷），计划总建筑面积16万平方米（一期约8万平方米），容积率约2.1。预计满产后年产值24亿元、年税收1.6亿元，其中一期预计满产后年产值9亿元、年税收7000万元。项目于2023年3月开工，2024年6月厂房投产，预计2024年12月全面竣工。

【浙江芯科半导体建设2英寸碳化硅MOSFET功率芯片生产线项目】 该项目位于杭州富春湾新城大源镇，总投资10亿元，总用地面积2.59公顷，总建筑面积6.9万平方米。建设内容主要包括计算机、通信和其他电子设备研发制造外延制备实验室和工艺共性平台，用于研发及生产2英寸碳化硅MOSFEF功率芯片产品。企业已实现外延片生产制造和碳化硅MOSFET功率芯片的样品生产，其中碳化硅MOSFET功率芯片通过中国赛宝实验室工业和信息化部电子第五研究所测试认证，性能达到国际一线水准，可进行量产销售。项目预计实现年产量10万片，完全达产后可实现年营业收入12亿元，年缴纳税金6000万元。项目于2023年7月开工，预计2024年12月竣工。

【业聚医疗器械（浙江）有限公司血管介入医疗器械研发及生产项目】 该项目位于杭州富春湾新城春江街道，总投资12亿元，其中固定资产投资10亿元，总用地面积5.95公顷（工业用地），建设覆盖冠脉和外周血管介入的导管、皮冠状动脉介入产品、结构性心脏产品等医疗器械研发及生产基地。其中项目一期用地面积2公顷（工业用地），投资4亿元（固定投资3亿元），达产后预计可实现年产值5亿元，年缴纳税金8000万元。项目于2023年11月开工，预计2026年11月竣工。

【西富芯微纳光电智造生产线及研发中心项目】 该项目总投资30亿元，用地面积约3.87公顷，总建筑面积约5万平方米，主要围绕光电领域，通过校政企合作，开展学术研究、成果转化、产业孵化，主要建设西湖大学光电技术研发中心及微纳光电智造厂房、生产线等。项目将打造一个立足杭州，面向长三角，辐射全国的光电芯片研究、中试、产业化基地，重点在光电和集成电路领域开展基础与应用研究，承担国家重点项目科研攻关，解决一系列“卡脖子”技术难题；打造一条国内领先、国际先进的光电芯片研发线，着力开展科技成果转移转化，形成基础性研究和科技成果转化互动发展。该项目于2023年3月开工，预计2026年3月竣工。

【浙江光电激光智能制造有限公司光电激光核心材料及设备零部件制造项目】 该项目位于杭州富春湾新城大源镇，用地面积5.96公顷（工业用地），其中一期用地3.18公顷。项目总投资13亿元，其中一期投资7亿元；固定资产投入12亿元，其中一期投入6.5亿元。项目总建筑面积23万平方米，容积率3.8，拟建设成光电激光核心材料及设备零部件制造基地。项目于2023年12月开工，预计2026年12月竣工。

【浙江氢途科技有限公司总部及氢燃料电池核心零部件研发制造项目】 项目位于富春湾新城灵桥镇，总投资约10亿元，其中固定投资5亿元，总用地面积约5.33公顷，项目达产后预计年营业收入20亿元，年缴纳税金1亿元。其中，一期总投资3亿元，固定投资1.5亿元，面积约1.33公顷，一期达产后预计年营业收入5亿元，年缴纳税金2500万元。项目于2023年11月开工，预计2025年11月竣工。浙江氢途科技有限公司成立于2016年，企业致力于燃料电池发动机集成研发、核心零部件燃料电池控制器和单体电压高速巡检模块CVM（云服务器）开发和整车集成研发，在燃料电池发动机系统和控制器等关键零部件上掌握核心技术，并与浙江大学共建“氢能与燃料电池联合研发中心”。

2023年11月18日，杭州光学精密机械研究所科创园区启用
（杭州富春湾新城管委会 供图）

产业发展

【杭州富芯半导体项目投产】 6月18日，杭州富芯半导体项目（一期）投产，标志着全省第一条该领域芯片生产线正式投入使用。该项目是浙江省超大型产业重点项目，也是全省首条12英寸晶圆生产线，项目总投资400亿元。该项目位于杭州高新区（滨江）富阳特别合作区，总占地面积约46.67公顷。该项目分两期进行，其中项目一期投资180亿元，建设12英寸高性能模拟芯片生产线，规划产能为5万片/月，主要产品是面向汽车电子、5G通信、云计算、人工智能的高性能模拟芯片。

【芯通半导体项目签约】 6月18日，杭州芯通半导体技术有限公司与高新区管委会特别合作园管理局、杭州富春湾新城管委会签约，芯通半导体产业化项目正式落地杭州富春湾新城，实现富阳集成电路封装大项目零的突破。该项目由矽力杰半导体技术（杭州）有限公司和杭州芯迈半导体技术有限公司共同投资建设，总投资15亿元，选址于富春湾新城灵桥镇，用地面积3.33公顷（工业用地），其中一期用地面积2公顷。项目属集成电路产业链关键一环，定位于车用功率模块先进封装，产品附加值高，达产后可月产碳化硅汽车模块20万个。

【杭州光学精密机械研究所科创园区启用】 11月18日，2023前沿光电科技创新大会暨杭州光学精密机械研究所科创园区启用仪式在富阳举行。启动仪式现场举行签约环节，杭州光机所和联想之星、中科创星、中科院创投、物产中大、立信会计师事务所等签订战略合作协议；与杭州高烯散热材料科技有限公司、瑞尔明康（浙江）医疗科技有限公司等8个入驻孵化项目签约，并为罗素先进光波科学中心揭牌。至年底，杭光所孵化项目60余个，注册企业50余家，引入外部社会资本超20亿元，孵化企业总估值超150亿元。

【富春湾天街项目动工】 10月29日，富春湾天街正式动工。该项目位于富春湾新城17号地块，东至规划亭山渠，南至规划蔡伦路，西至规划秦望南路，北至规划富春湾大道。商业面积超8万平方米。该项目是杭州富春湾新城首座落户的大型商业综合体项目，也是杭州地区的第12座天街。

（祝　晓）

【编辑　刘　亮】

24 投融资平台
Investment and Financing Platform

杭州富春山居集团有限公司

【概况】 2023年，杭州富春山居集团有限公司（以下简称富春山居集团）内设办公室、人力资源部、财务部、纪检审计部、资产管理部、总师室、投资管理部等部室7个，下属全资子公司分别为杭州富阳清风实业发展有限公司、杭州富阳国有农林资产经营有限公司、杭州富阳文化旅游发展有限公司、杭州富春山居生态发展有限公司、杭州富阳三国圆旅游发展有限公司、杭州公望国有资产经营有限公司、杭州市富阳区粮食收储有限公司（委托区商务局管理）、杭州富阳传媒有限公司（委托区融媒体中心管理）。全年集团（不含粮储公司、传媒公司）实现利润总额8206万元，主营业务收入2.79亿元，较上年同比增长27.26%。至年底，集团总资产361.66亿元，净资产133.49亿元。

【资产经营投资管理】 至2023年底，富春山居集团拥有房产面积约70.12万平方米，土地面积约458.4万平方米。集团本级全年房租收入12840万元。对外投资企业30家，其中全资企业15家（含阳陂湖研究院），实缴出资额3.58亿元（按注册资本算7.88亿元），参股企业15家，实缴出资额2.30亿元（应出资额5.13亿元）。

【融资管理】 2023年，富春山居集团在AA+级主体长期信用等级资质下，不断加大资金筹措力度，开辟新的融资渠道，多方位增加资金来源，并持续强化财务规范管理，统筹资金安排，全年融资67.98亿元，还本付息52.53亿元，融资余额139.49亿元，对外担保余额26.8亿元。

【直属子公司】 杭州富阳清风实业发展有限公司营业总收入1742万元，其中资产租赁收入1437万元，屠宰生猪129901头、肉牛50024头。杭州富阳国有农林资产经营有限公司实现营业收入920万元，盈利287万元。杭州富阳文化旅游发展有限公司实现游客101万余人次，营业收入2202万元，组建亚运英语讲解员队伍和中外青年讲解员队伍，在亚运期间累计使用中、英、日、韩等多国语言开展讲解近400次，服务游客超4400人次。推出“小小鲁班古建师”、剧本杀等研学产品40余款，创新植入草船借箭、围炉冰茶、鹳山文创市集、游船自助餐及驻唱等收费体验项目6款，包括富阳首款“鲤跃龙门”文创雪糕在内的便利贴、冰箱贴等文创产品热卖，销售总额达31.8万元。策划并举办包括龙门百花造物节、奇妙游园会等五大主题活动，营收破历史新高，合作落地盛阳伍月文旅元宇宙项目，承接游船主题定制化包船活动28航次。杭州富春山居生态发展有限公司累计接待游客203万人次，其中政务接待131场，商务接

2023年，“富春山居号”游船正式驶入“诗路文化·三江两岸”游线
（杭州富春山居集团有限公司 供图）

待127场。杭州富阳三国圆旅游发展有限公司承接职工疗休养活动约1200人，总营收468.5万元。参加“共富裕·阳光里——家在富春山居”研学线路（产品）设计大赛，公司设计的“学习党史上鹳山 富春江畔游红船”红色研学产品获得线路组第一名。完成红色研学线71批次，参与约4300人，营收约66.2万元。承接全区中小学生四至八年级7844人次，涉及学校达12所，累计营收约140万元。杭州公望国有资产经营有限公司积极盘活闲置资产44034.97平方米（含土地35963平方米），同时获得亚运场馆及北支江综合整治工程PPP项目20年运维权，通过拓展专业物业管理、组建人才资源团队、开展数智科技业务等，全年实际完成营收12249万元（不含政企结算1085.59万元），净利润1982万元。

【项目建设管理】 2023年，富春山居集团负责建设政府投资项目9个，计划投资3.5亿元，其中续建项目4个，新建项目5个。续建项目如龙门古镇综合提升改造工程已完工；富阳区殡仪馆改扩建工程已完成总工程量的66%。杭州富阳阳陂湖生态项目配套工程已完成40%的工程量，其中，新劳动教育基地主体结构施工完成，幕墙工程完成60%，项目景观提升工程完成60%，其北侧节点景观改造和荷花、睡莲栽植及河道治理已完成，消防通道和管道改造项目设计图纸已明确，百川街“断头路”工程已完成。新建项目包括龙门古镇南路延伸工程完成5%的工程量，泗洲中国古代造纸遗址综保复兴工程博物馆开工建设，公望两岸文创园及黄公望景村融合项目已完工，富春69号地块安置房工程施工招标文件已公布。

【文旅产业发展】 集团始终坚持以文化旅游为中心业务，不断解放思想，加大集团专业化、市场化进程力度。顺利推进“公望两岸圆缘园”二期项目并对外开放，成立园区管委会，实现对项目一期和二期的融合管理，不断加强业态招商及引流；完成东洲旅游码头、新沙岛旅游专用码头港口经营许可审批，完善码头基础设施设备，开启东洲旅游码头常态化运营，与杭州三江两岸公司签订统一运营协议，完成6条游线设计；成立富春山居营销中心，开展“一船多景”集中营销；开展旅行社团体及联票价格的铺面工作，累计赴江浙沪皖旅行社1500余家，参加旅游推荐活动8次；高标准落实黄公望隐居地火炬传递氛围营造任务，全力以赴配合上级部门做好环境保障、后勤支撑及景区管理等保障和服务工作，为仪式顺利举行提供强有力支持；推出“富春山居·奇妙游园会”系列主题活动，通过“一张票，玩转富春山居”畅玩模式，串联“三景一船”，近10万名游客“穿梭古今”，感受龙门古镇、黄公望隐居地、“富春山居号”游船等“一景一特色”的汉风庙会、潮玩台味、亚运国潮氛围，旅游产业营收创历年新高；打造集票务预定、景点介绍、景区导览、趣味研学、导游风采等8大模块于一体的“玩转富春山居”智慧文旅小程序，以短视频及图文互动为特点，吸引新用户近8000人，总浏览量近3万次，累计交易金额突破30万元，其中“边走边播”功能及中英文语音讲解服务使用超40万次。组织一线工作人员参与行业技能比赛，其中1人获杭州市“金牌讲解员”荣誉称号，1人代表富阳区加入浙江省内河企业队，获得第六届中国海员技能大比武内河企业组团体一等奖及综合技能单项全国第四名，7名讲解员全部晋级区级金牌导游员技能大赛决赛；以研学线路设计大赛为契机，积极打造、推广以“红色资源、乡村共富”为主题的党建研学产品。

（高 丹）

2023年，公望两岸圆缘园文创项目二期启用

（杭州富春山居集团有限公司 供图）

杭州富阳城市建设投资集团有限公司

【概 况】 2023年，杭州富阳城市建设投资集团有限公司总资产1391.42亿元，净资产557.92亿元，全年实现收入41.54亿元，利润6.96亿元。全年完成固定资产投资69.11亿元，完成建筑业产值留富22.29亿元。

【筹融资】 2023年，杭州富阳城市建设投资集团有限公司完成融资248.71亿元，其中累计发行债券11期，发行金额142.55亿元，完成固定资产类贷款51.84亿元，其他业务类贷款54.32亿元，全年融资平均成本4.11%。发行的17亿元短期公司债，票面利率低至2.45%，创下全国同评级同期限最低利率纪录。

【杭州富阳区桂花西路站—秦望广场站连接通道预埋工程EPC工程】 工程起点位于秦望广场站，沿秦望路向西敷设，继而折向北沿

2023年，桂秦连接通道预埋工程左线盾构始发

（区城建集团　供图）

金桥南路敷设至地铁6号线桂花西路站，采用盾构法施工。桂花西路站为地下二层结构，已建成通车，南端预留盾构接收条件；秦望广场站为地下五层结构。概算总投资47462.63万元，建设内容为隧道工程、政策处理、道路工程、管线工程、绿化工程及附属设施等。全年完成总体进度的75%。

【秦望通道工程】　工程位于富春江碧玉带、地铁黄金轴两大轴线交会处，采用投融资加EPC模式建设的TOD开发项目，工程总投资约78亿元，为浙江省重点工程。秦望通道建设内容包括秦望过江隧道、秦望广场地下综合体，预留秦望地铁站与中沙地铁站。其中，秦望过江隧道是浙江省内首条公铁合建的盾构隧道，隧道总长约3千米，其中过江盾构段长1.2千米，分上下两层结构，上层为市政隧道层，为双向6车道设计，下层为地铁隧道层，秦望过江隧道建成后将成为华东区域最大的过江盾构隧道，全年完成总工程量的90%。秦望广场地下综合体上部有超高层塔楼4栋，采用“地上地下一体化设计、地下空间一体化实施”建设模式，全年完成总工程量的85%，主体结构基本封顶，B地块地下空间砌体施工完成50%，启动机电装修样板间施工；轨道交通秦望广场站地下主体结构完成工程量的98%。

【富阳区妇幼保健院门急诊医技和儿科综合大楼新建工程】　8月，富阳区妇幼保健院门急诊医技和儿科综合大楼新建工程完工，该项目总投资44014万元，总建筑面积46126.98平方米，地上建筑面积31249.39平方米，地下建筑面积14877.59平方米，设计床位200张。

【富阳区钢圈厂路区块拆迁安置房项目】　该项目位于富春街道巨利村，项目用地面积为40317平方米，总建筑面积147950.76平方米，共建设13幢高层（其中9幢18层，4幢20层），住宅总套数704套，分6种户型。项目概算总投资113824.12万元，采用EPC总承包模式。项目于2019年12月24日开工建设，2023年9月28日完成竣工验收，2023年12月31日完成分房交付。

【项目荣誉】　2023年，集团项目获各级各类奖项36个，其中富阳区银湖水厂一期工程获评“2022—2023年度第二批中国建设工程鲁班奖（国家优质工程）”、北支江水上运动中心获评第一批国家优质工程奖等国家级荣誉4个，北支江综合整治——上游水闸船闸工程获得钱江杯等省级荣誉8个，秦望区块搬迁安置房工程（一）——中医骨伤科医院西侧地块（南区）获西湖杯等市级荣誉19个，北支江南岸堤防加固及综合整治工程（一期）获富春杯等区级荣誉5个。

（翁马琦）

杭州富阳交通发展投资集团有限公司

【筹融资】　创新拓宽投资融资渠道，建立高效投资融资模式，全年完成融资54亿元。

【汽尖线新关至尖口段改建工程】　该项目起点位于富阳区大源镇新关造纸厂东侧，顺接G25富阳至G60诸暨高速联络线富阳大源互通至杭新景高速灵桥互通接线工程，路线向西南方向前进，全长2.67千米。项目按二级公路标准建设，设计时速60千米，路基宽17米。全线共设置桥梁两座，隧道1座，其中，中桥1座长73米，小桥1座长38米，隧道1座长365米。项目于2020年12月开工建设，总投资2.8亿元，2023年12月通车。

【湖杭高铁西邮村拆迁安置房工程】　该项目位于杭州市富阳区富春街道西邮村，总建筑面积124790.62平方米，其中地上建筑面积86153.9平方米，地下建筑面积38636.72平方米；工程内容包括新建1幢一层礼堂和18幢安置房，其中5幢12层楼、13幢11层楼及室外附属景观工程等。项目总投资5.6亿元，2021年4月进场施工，2023年10月完工。

【姚家畈拆迁安置房工程】　项目位于富春街道秋丰村下圩墩，占地面积28058平方米，地下建筑2层，地上建筑20—21层，共计8栋住宅楼，总建筑面积119638平方米，容积率2.80，建筑密度24.99%，绿化率35.02%。项目总投资7.72亿元。项目于2022年3月开工，至2023年底，完成总工程量的68.82%。

【壶源溪绿道工程】　项目途经场口镇、常安镇、湖源乡，起点位于场口青江口，终点为湖源乡汤家村，全长6910米，主要包括道路工程、栈道工程、绿化工程等建设内容，共涉及11处5个大段，总投资

2500万元。项目于2022年10月开工，2023年10月完工。

【银湖公交中心项目】 项目位于银湖街道受降板块，用地面积3458平方米，用地性质为公交场站用地兼社会停车场用地。项目总建筑面积11003平方米，其中地上建筑面积8907平方米，地下建筑面积2096平方米，容积率2.58，建筑占地面积1753平方米，建筑密度50.7%，绿地率20.4%。项目总投资8162.3万元。至年底，完成总工程量的30%。

【渣土消纳】 建成试运数智渣土消纳一体化平台，全年完成渣土消纳446.23万立方米，保障全区重点工程推进。

【亚运保障】 完成大盘山隧道隔离带花箱铺设6037米，完成432个候车亭、1000辆公共自行车亚运元素布置，30辆亚运视觉形象元素车投用；开通4条亚运观赛线、3条停车场接驳线，各类保障车辆累计运送乘客、志愿者、保安等18万人次；派驻2.05万人次执行亚运安保任务，共安检人员23.36万人次，车辆8568辆，检测箱包17.05万个，查处禁限带物品3357件。

【民生服务】 客运、公交安全行驶5803万千米，公共自行车服务227.9万人次，渡运公交共运输旅客90.6万人次；新辟优化线路6条、完成响应式停靠线路5条，开通5条定制业务专线。其中，渡运公交一体化、交通环境治理等民生实事、区域环境治理等方面工作优秀做法获得市领导批示赞赏。

杭州富阳开发区建设投资集团有限公司

【概况】 2023年，杭州富阳开发区建设投资集团有限公司总资产884.65亿元，总负债605.96亿元，所有者权益278.68亿元，资产负债率68.50%。实现收入20.60亿元，净利润2.74亿元。集团持有各类资产100.96万平方米（其中，安置资产16.27万平方米、产业园资产15.91万平方米、经营性资产21.88万平方米、拆迁保留资产17.57万平方米、公益类资产29.33万平方米），全年在租物业68.41万平方米，经营性物业租金收入9617万元。全年集团大计划政府投资项目96个，其中，续建项目66个、新建实施类项目13个、新建预备类项目17个，固定资产投资80.6亿元。

【筹融资】 2023年，杭州富阳开发区建设投资集团有限公司融资183.58亿元，其中直接融资65.2亿元，间接融资118.38亿元。至年底，集团贷款余额为496.30亿元，其中，直接融资169.6亿元、间接融资326.7亿元。

2023年，富阳区西郎安置房项目

（区交通集团　供图）

【土地经营】 2023年，完成地块出让43宗，实现出让金27.5亿元，其中经营性地块8宗22.5亿元，工业地块35宗5亿元；完成地块收储66宗175.6公顷，其中，经营性地块22宗48.27公顷、工业地块44宗127.33公顷。

【生物信息产业园】 该项目位于银湖街道，项目主体为杭州富阳开发区产业投资有限公司，概算总投资9.88亿元，用地面积3.94公顷，总建筑面积约14万平方米，其中地上建筑面积约10万平方米、地下建筑面积约4万平方米。项目于2021年11月开工，至年底项目主体结构完成，开展公共区域装饰装修及幕墙施工，完成总工程量的80%。

【浙江中医药大学附属富阳阳陂湖小学】 该项目位于银湖街道高桥村，项目主体为杭州富阳开发区基础设施有限公司，概算总投资2.19亿元，用地面积3.67公顷，总建筑面积44469.54平方米，学校建设规模36个班。项目于2021年7月开工，2023年7月完成竣工验收。

【东洲三小（江丰小学）】 该项目位于东洲新区，项目主体为杭州富阳开发区基础设施建设有限公司，概算总投资1.51亿元，用地面积1.2公顷，总建筑面积17841.77平方米，其中地上建筑面积7621.92平方米，架空层2058.98平方米，地下建筑面积8160.87平方米。项目于2021年4月开工，2023年8月完成竣工验收。

【硅谷幼儿园】 该项目位于银湖街道，项目主体为杭州富阳开发区基础设施建设有限公司，概算总投资5752万元，用地面积0.89公顷，总建筑面积8312平方米，其中地上计容面积6770平方米，地下建筑面积1542平方米。项目于2023年7月开工，至年底项目主体结构与二次结构施工，完成总工程量的37%。

【场口公租房】 该项目位于场口镇场口新区，项目主体为杭州富阳场口小城镇投资建设有限公司，概算总投资2.94亿元，用地面积1.33公顷，总建筑面积48374.52平方米，其中地上计容建筑面积29331.61平方米，地下建筑面积18967.13平方米，另有不计容架空层75.78平方米。项目于2021年11月开工，至年底项目装饰装修、室外配套施工，完成总工程量的95%。

【新登公租房】 该项目位于新登镇新区北侧，项目主体为杭州富阳新登小城镇投资建设有限公司，概算总投资3.11亿元，用地面积13333公顷，总建筑面积51700.77平方米，其中地上计容面积29332.6平方米，地下建筑面积21400平方米，不计容架空层面积968.17平方米。项目于2021年11月开工，至年底项目装饰装修、室外配套施工，完成总工程量的91%。

【浙江省中医院新院区项目（一期）】 该项目位于银湖街道高桥村，项目主体为杭州富阳开发区基础设施建设有限公司，工程概算总投资32.19亿元，用地面积12.75公顷，总建筑面积349591平方米，其中地上建筑面积256970平方米，地下建筑面积92621平方米。项目于2021年4月开工，至年底项目装饰装修、幕墙施工，完成总工程量的56%。

【新登双溪花园拆迁安置小区工程】 该项目位于新登镇双溪村，项目主体为杭州富阳新登小城市建设有限公司，计划总投资约4.19亿元，工程用地总面积为3.72公顷，总建筑面积为104060平方米，其中地上70290平方米（其中住宅62580平方米），地下建筑面积31000平方米，不计容架空层2770平方米。工程于2020年6月开工，2023年6月完成竣工验收。

【场口公寓房八期项目】 该项目位于场口镇，项目主体为杭州富阳场口小城镇投资建设有限公司。总投资约8.01亿元，用地总面积为6.01公顷，总建筑面积为183891平方米，地上建筑面积120132平方米，地下建筑面积63759平方米。工程于2020年11月开工，2023年11月完成竣工验收。

【银湖区块安置房建设项目】 项目位于银湖街道，项目主体为杭州富阳富春江房地产开发有限公司。安置地块有13个，总投资约113.35亿元，用地面积70.82公顷，总建筑面积224.59万平方米。1#安置地块于2020年8月开工，2023年6月完成竣工验收；2#安置地块于2020年9月开工，2023年12月完成竣工验收；3#安置地块于2020年8月开工，2023年12月完成竣工验收；4#安置地块于2019年9月开工，2022年10月完成竣工验收；5#安置地块于2019年12月开工，2023年8月完成竣工验收；6#安置地块于2019年12月开工，2022年9月完成竣工验收；7#安置地块于2020年6月开工，2023年8月完成竣工验收；8#安置地块于2020年9月开工，至年底项目装饰装修、室外配套施工，完成总工程量的98%；9#安置地块于2020年10月开工，至年底项目装饰装修、室外配套施工，完成总工程量的96%；10#安置地块于2020年10月开工，至年底项目装饰装修施工，完成总工程量的44%；11#安置地块于2021年12月开工，至年底项目装饰装修、室外配套施工，完成总工程量的84%；12#安置地块于2021年12月开工，至年底装饰装修、室外配套施工，完成总工程量的87%。

（俞佳晨）

2023年，场口镇综合便民服务大楼及执法中心

（杭州富阳开发区集团　供图）

杭州富春湾新城建设投资集团有限公司

【概况】 杭州富春湾新城建设投资集团有限公司（简称富春湾集团）内设办公室、人力资源部（党群工作部）、财务部、纪检审计部、资产经营管理部、总师室、项目建设部等职能部室7个；下设杭州富春湾新城基础设施建设有限公司、杭州富春湾新城资产运营管理有限公司、杭州富春湾新城产业投资有限公司、杭州富春湾新城房地产开发有限公司等全资及控股子公司17家，共有从业人员117人。

【筹融资】 2023年，富春湾集团拓宽融资渠道、创新融资方式，通过整合富春湾新城核心区域内项目，获得中信银行授信140亿元，期限21年，综合成本5.35%，全年放款55.3亿元，为本年度中信银行杭州内区县级平台公司最大单笔授信；获得邮储银行供应链融资贷款，授信3亿元，全年放款0.94亿元，为邮储银行富阳区首笔供应链贷款；8月，富春山居卷首地——富春湾集团EOD项目入选浙江省第一批生态环境导向开发（EOD）模式试点项目；华融租赁人才公寓授信8.5亿元，为富阳区单笔最大额度融资租赁授信；获批政府专项债18.7亿元，区内排行第一。

【城市运维】 2023年，富春湾集团持续探索城市运维片区一体化模式，不断健全拓展现有运维版图，本年度所辖道路保洁面积275万平方米，新增管廊养护业务，河道保洁正式投入市场化运营，排涝站管理逐渐进入市场化运作程序。不断提高城市运维服务质量，全年攻坚公路两侧环境问题整治843处、企业环境问题整治638处、灵桥大浦“五水共治”问题24处。做好交通安全、排涝设施维护管理，全年完成道路修复工作3.7万平方米，河道清淤、管道疏通工作9000余米。

【政府投资项目建设概况】 富春湾集团承担政府投资项目39个，总投资326.13亿元。其中，市政基础设施项目19个，总投资57.79亿元，计划总投资27.18亿元；房建项目20个，总投资268.34亿元，计划总投资56.04亿元。

【市政基础设施项目】 全年实施市政基础设施项目19个，总投资57.79亿元。

同登路（竹简路以西段）项目，该项目西起赤亭纸路，东至竹简路，道路全长2.49千米，道路等级为城市主干路，设计速度60千米／小时，标准段红线宽45米，双向六车道。道路工程全长2.49千米，总投资2.5亿元。

经纬路（富春湾大道至江滨南大道）项目，该道路南起富春湾大道，北至江滨南大道，道路全长1995.25米，宽40米，双向六车道，设计速度50千米／小时，道路等级为城市次干路。总投资14530.52万元，设计内容主要包括道路工程、排水工程、交通标志标线、桥梁工程、绿化工程及海绵工程等。

富春湾大道三期（富阳大桥以西段）项目，该项目西起太平村天钟山口（与在建新中线衔接），东至富阳大桥连接线交叉口（与富春湾大道二期实施范围衔接）。道路全长3155.15米，道路标准横断面宽44.5—47.5米，外侧绿化宽0—20米，设计速度60千米／小时，为城市主干路。主要内容为道路工程、排水工程、桥梁工程、景观工程、排水渠工程及其他附属工程。

春南安置房西侧道路项目，该项目北起春南路（现状），南至富春湾大道交叉口北侧桥梁，道路全长371.53米。道路等级为城市支路，设计速度20千米／小时，标准段红线宽30米，双向四车道。

春北片区建设区块配套道路项目，该项目包含三条道路，春建路、谊桥陇路和南岸沙路三路。春建路东起经纬路至五号路，路段长681.53米，道路宽度30米，双向四车道，设计速度40千米／小时，道路等级为城市次干路。谊桥陇路北起江滨南大道，南至高阳路，路段长1024.07米，道路红线宽度20米，设计速度30千米／小时，道路等级为城市支路。南岸沙路南起高阳路（K0+295.75）北至江滨南大道，路段长892.2米。道路红线宽度20米，设计速度30千米／小时，道路等级为城市支路。

环西路新建工程项目，该项目位于富春湾新城灵桥片区，道路北起工业路，南至富春湾大道，道路全长486.14米，宽24米，双向四车道，设计速度30千米／小时，道路等级为城市支路。

秦望南路一期（洋浦江至富春湾大道）项目，该项目雁沙路—富春湾大道，全长2197米，道路标准断面宽度为27—52米，其中雁沙路—洋浦路为规划路段，断面宽度52米，长度244米，洋浦路—董公街为保通路段，断面宽度27米，长度1122米，董公街—富春湾道大道为规划路段，断面宽度52米，长度831米。

秦望南路二期（富春湾大道至亭山路）项目，该项目位于富阳区富春湾新城范围内，道路整体呈南北走向，是富春湾新城的城市主干道。北起富春湾大道，南至亭山路全长1.28千米（桩号K2+969.91—K4+250.564），道路宽度52米，两侧绿化带宽度各20米，整体工程总宽度92米，按照城市主干路标准进行设计。主要建设内容包括道路、管线、交安、绿化、照明等相关内容。

竹简路（富春湾大道至同登路）项目，该项目北起富春湾大道，南至同登路，其中含过庭街、涌金路上跨亭山渠桥梁2座以及新建污水泵站1座，道路全长835米。标准横断面宽度为30米，双向四车道，设计速度30千米／小时，为城市支路，主要建设内容包括道路、排水、桥梁、综合管线、绿化景观等工程。

灵礼路新建工程（同登路至亭山路）项目，该项目位于富春湾新城灵桥片区，道路北起同登路，南至亭山路，道路全长540.6米，宽26米，双向四车道，设计速度30千米／小时，为城市支路。

金湖街新建工程（富春湾大道至同登路）项目，该项目包含两条道路，道路一南起同登路，北至规划道路，全长213.4米，道路标准段红线宽度20米，双向二车道，设计速度30千米／小时，为城市支路；道路二为西起金湖街，东至经纬路，全长313.63米，道路标准段红线宽度20米，双向二车道，设计速度30千米／小时，为城市支路；新建污水泵站一座约占地105平方米，规模按远期1.2万立方米／日设计。

春南产业区块配套道路项目，该项目北起富春湾大道，南至亭山路，全长1107.97米，设计速度50千米／小时，道路红线宽30米，道路等级为城市次干路。支路一：本次工程道路设计支路一，北起富春湾大道，南至亭山路，道路标准段宽度30米，长度1194米，设计为城市支路，设计速度40千米／小时。支路二：本次工程道路设计支路二，北起同登路，南至亭山路，道路标准段宽度20米，长度360米，设计为城市支路，设计速度40千米／小时。支路三：本次工程道路设计支路三，西起学院路，东至科甲路，道路标准段宽度20米，长度1032米，设计为城市支路，设计速度40千米／小时。项目总投资3.49亿元。

春南产业区块配套道路（二期）项目，该项目包含3条道路，分别为涌金路、沈家垄路、山建路，道路总长度2250米，道路宽度20米，主要内容包括道路工程、桥涵工程、雨水工程、污水工程、交通工程及景观绿化工程等相关内容。

灵桥安置小区二期A区块配套道路项目，该项目含两条支路，分别为规划支路1、规划支路2。规划支路1起点接安吴川路，路线为东西走向，终点接滨富大道，道路长度373.62米，道路红线宽16米，双向二车道；规划支路2为南北走向，起点与规划支路1相交，终点与富春湾大道相接，道路长度285.7米，道路红线宽16米，双向二车道。两条道路均为城市支路，设计速度30千米/小时。

元书街（蔡伦路）与大桥南路交叉口周边环境整治工程项目，该项目为城市绿地，为大桥南路与元书街(蔡伦路)交叉口道路两侧区块，环境整治、绿化提升、街道办事处入口区块优化等，红线面积 5.5公顷，项目总投资0.1亿元。

春南规划渠道新建工程项目，该项目南起亭山路，北到富春湾大道，西邻沈家垄路，东面紧临规划地块，项目东西宽度32.5米（包含西侧沈家垄路人行道范围，结合绿道一并设计实施），渠道宽10米，深度1.5—2.8米，长度1100米，总面积35900平方米，主要设计内容为慢道、城市舞台、感光景墙、栈道、亭廊和开阔的供人休憩放松的绿色堤岸(不包含相关道路桥涵)。其中，水域面积约11750平方米，绿化面积约15575平方米，硬质面积约8450平方米，建筑占地125平方米。

滨富合作区路网提升工程项目，该项目建设内容主要包括道路建设、隧道、桥梁、排水、综合管线建设及配套绿化等，包括亭山路（灵桥段）A段、杨元坎路、同登路、规划滨富大道北段、滨富配套道路东延及大源溪桥路及接坡道路6条道路，工程总投资12.07亿元。

大源产业区块配套道路(二期)项目，该项目位于大源镇，分为一标段和二标段两个标段，共6条道路。一标分别为匠艺路、稻蓬山路、震龙庙路南段、震龙庙路北段。二标分别为大源小学北侧道路、纬山街。均为城市支路，工程总投资9678.87万元。

春南产业区块配套道路(三期)项目，该项目共10条道路，道路总长3066米，宽度20米和40米，同登街埋设污水管道650米。元书街（赤亭纸路至学院路）长650米，宽40米，两侧各10米绿化带，箱涵一座及道路两侧接坡；长沙庙路（富春湾大道至元书街）长222米，宽20米；小庙干路（富春湾大道至亭山路）长740米，宽20米；涌金路（小庙干路至雁亭路）长295米，宽20米；沈家垄路（富春湾大道至元书街）长297米，宽20米；纬山街（万年桥路至秦望南大道）长250米，宽20米；涌金路（秦望南大道至明政路）长70米，宽20米；明政路(涌金路至同登街)长165米，宽20米；涌金路（大桥南路至金湖街）长235米，宽20米；涌金路（万年桥路至科甲路)长142米，宽20米。总投资35800万元。

【房建项目】 全年实施房建项目20个，总投资268.34亿元。

富春湾新城变电站迁改（灵桥变、华共变、亭山变）项目，该项目包括灵桥变、华共变、亭山变迁改工程。亭山华共变迁建工程位于富春湾新城中部，规划同登路与规划支路交叉口北侧，站区总征地面积3.37公顷，总建筑面积19228.5平方米，新建主变4×24万千伏安，由变电站迁建引起相关的220千伏、110千伏、35千伏和10千伏线路按规划要求，迁改入地，总投资7.5亿元。项目于2021年12月30日开工，计划2024年6月投产。灵桥变迁建工程本期主变规模2×5万千伏安，远景规模3×5万千伏安。110千伏接入方案保持不变，通过1回亭山—灵桥，1回荷花—灵桥接入系统，无对侧间隔扩建工程。原灵桥变拆旧物资全部就地处置。总投资2亿元，计划于2025年6月投产。

富春湾新城安置房接电工程，该工程为富春湾新城在建安置房人才公寓等房建项目接电，含线路、配套、管道等。项目总投资1.66亿元。

杭州富春湾第三中学（灵桥中学）项目，该项目总建筑面积75052.95平方米，其中地上建筑面积为51952.05平方米（含架空层等不计容面积为3037.23平方米），地下建筑面积23100.9平方米。容积率1.02，绿地率35%。工程估算总投资3.99亿元。

省人民医院富阳院区项目，该项目位于蔡伦路以南，竹简路以东，大桥南路以西。总用地面积12.27公顷，容积率1.80，绿地率35%，建筑密度不大于35%，建筑高度80米，总投资32亿元。本项目分期实施，一期总建筑面积211990平方米，其中地上139920平方米，地下72070平方米，总投资26.19亿元(含征迁费10.7亿元）。

富春湾智能安防制造项目（一期）项目，该项目位于杭州富春湾新城大源镇亭山村五圣堂区块，东临汽贶线。项目总规划用地面积7.2公顷。项目分两期建设，总投资12亿元，其中一期用地面积4.84公顷，总投资5.4亿元，建安费用4.4亿元。总建筑面积为13.11万平方米，其中地上建筑面积11.11万平方米，地下一层建筑面积2万平方米，地块容积率2.29，建筑密度31.2%，绿地率15%。项目由7栋普通厂房（5层）以及3栋科研厂房高层（12—15层）以及1栋后勤中心（12层），局部一层地下室。

富春湾医械健康产业制造项目（一期）项目，该项目总建设用地面积为 38583 平方米，建设内容包括孵化器、行政配套、 生产厂房、地下停车库及其他相关配套设施等，总建筑面积 145659 平方米，计容建筑面积115749平方米（不含地下室29910平方米）。项目估算总投资为6.4亿元。

杭州富春湾科创中心及产业化基地项目，该项目地块位于杭州富春湾新城春江街道，北侧为富春湾大道，西、南侧为规划道路，东侧为其他产业用地。用地面积为14932平方米，方案经济技术指标为容积率5.0，建筑密度40%，绿地率15%，建筑高度72.6—92.1米，总建筑面积为100514.2平方米，其中地上建筑面积74660平方米，地下建筑面积25854.2平方米，地下两层。项目总投资4.1亿元。

杭黄高铁片区一平方公里综合开发项目，该项目位于杭州富春湾新城城市核心轴南部，北至规划同登路、南至杭黄高铁富阳站、西至竹简路、东至规划支路，总用地面积约104.36公顷。由中交城投作为中标合作方，负责项目整体开发策划、投融资、建设、土地开发等，合作期5年，其中建设期3年。为富春湾新城首个采用“片区综合开发模式”项目。

富春湾新城生活垃圾减量综合体项目，该项目总建筑面积12065平方米，道路广场面积4820平方米，绿化面积2667平方米，容积率0.42，绿地率20%，生活垃圾压缩转运规模500吨/天，本期规模250吨/天。工程估算总投资1.4亿元。

春北安置小区A区块项目，该项目用地面积为6.87公顷，总建筑面积21.41万平方米，其中地上建筑面积12.96万平方米，住宅总套数890套，项目总投资9.07亿元。总承包单位为中铁建设集团有限公司。项目于2019年12月开工建设，于2023年完工。

春北安置小区B区块项目，该项目用地面积为11.4公顷，总建筑面积42.2万平方米，其中地上建筑面积27.9万平方米，住宅总套数1938套，总投资16.11亿元。总承包单位为中铁建设集团有限公司。项目于2019年12月开工建设，于2023年完工。

春北安置小区C区块项目，该项目用地面积为4.09公顷，总建筑面积11万平方米，其中地上建筑面积6.59万平方米，住宅总套数476套，总投资8亿元。总承包单位为中铁建设集团有限公司。项目于2020年10月开工建设，于2023年完工。

大源安置小区二期A区块项目，该项目用地面积为6.6公顷，总建筑面积22.26万平方米，其中地上建筑面积14.1万平方米，住宅总套数920套，总投资7.17亿元。总承包单位为中铁十八局集团有限公司。项目于2020年1月开工建设，于2023年完工。

大源安置小区二期B区块项目，该项目用地面积为3.74公顷，总建筑面积13.22万平方米，其中地上建筑面积7.77万平方米，住宅总套数606套，总投资4.41亿元。总承包单位为中铁十八局集团有限公司。项目于2020年1月开工建设，于2023年完工。

灵桥安置小区A区块项目，该项目用地面积为11.27公顷，总建筑面积42.9万平方米，其中地上建筑面积28.12万平方米，住宅总套数2142套，总投资17.15亿元。总承包单位为中交一公局集团有限公司。项目于2020年1月开工建设，于2023年完工。

灵桥安置小区B区块项目，该项目用地面积为8.4公顷，总建筑面积32.72万平方米，其中地上建筑面积21.08万平方米，住宅总套数2142套，总投资10.95亿元。总承包单位为浙江奔腾市政园林建设工程有限公司。项目于2020年1月开工建设，于2023年完工。

灵桥安置小区C区块项目，该项目用地面积为5.33公顷，总建筑面积19.4万平方米，其中地上建筑面积11.37万平方米，住宅总套数916套，总投资7.91亿元。总承包单位为浙江奔腾市政园林建设工程有限公司。项目于2020年1月开工建设，于2023年完工。

灵桥产业区块人才公寓（一期）项目，该项目位于灵桥镇同登路南，王家宕路东，灵礼路西，灵羊线北，项目规划用地面积41878平方米，总建筑面积181633平方米，其中地上计容建筑面积104695平方米，地下建筑面积76938平方米。包含高层住宅楼13栋，多层以及其他配套设施2栋。其中地上20层高层住宅楼11栋；地上18层高层住宅楼2栋；多层建筑为地上1—2层，最大建筑高度为58.80米。设置地下车库2层，地下二层为人防地下室工程，设计人防总建筑面积为23421平方米。一期住宅1458户，其中90平方米大户型152套，70平方米中户型638套，55平方米小户型668套；机动车泊位1571个，其中地上车位28个，地下1543个；容积率2.5，绿地率35%。总投资约4.45亿元。

西湖大学光电技术研发中心项目，该项目位于杭州富春湾新城内，北至富春湾大道，西至经纬路，南至孙过庭街，东至四季坞路。科研地块用地面积2.24公顷，建筑面积8.86万平方米，总投资4.95亿元，工业地块面积1.65公顷，建筑面积为2.49万平方米，总投资1.73亿元。

光电激光核心材料及设备产品制造项目（一期）项目，该项目地块位于杭州富春湾新城，北侧为规划纬山路，东侧为规划稻蓬山路，南侧为规划塘子畈街，西侧为规划震龙庙路，用地面积为31801平方米。方案经济技术指标为容积率3.49，建筑密度50%，绿地率15%，建筑高度24.1—76.3米。方案总建筑面积130514平方米，其中地上建筑面积110914平方米，地下建筑面积19600平方米，地下一层。项目总投资7.84亿元。

（陈圆圆）

【编辑 吕 克】

2023年，亭山万和府安置房小区

（杭州富春湾集团 供图）

25 城乡建设与管理

Urban-Rural Develepmend and Management

打造现代版富春山居图

城乡规划

【概况】 2023年，全年全区实施22个规划编制项目，36个选址论证报告审查工作。推进“详细规划全覆盖”编制，完成规划编制攻坚年任务，获杭州市政府批复实施城镇单元详细规划编制13个，提高法定单元详规覆盖率，实现空间治理能力和治理水平提升。完成《富阳区学前教育专项规划》《富阳区留用地布点专项规划》《富阳区控制性详细规划实施评估》编制。根据《杭州市历史文化名城保护条例》要求，推进《富阳龙门历史文化名镇保护规划》《杭州市富阳区常绿镇大章村历史文化名村保护规划》和《杭州市富阳区新登镇历史文化名镇保护规划》编制。聚焦城市重点发展板块，强化城市风貌管控，开展《富阳老城城市设计》《富春湾新城城市心城市设计》《大城北核心区城市设计》等，对沿江、沿山、城市重要轴线、核心节点的开发地块提出风貌引导与管控，塑造显山露水、凸显富春山居特色的城市空间形象。区规划展示馆全年接待省市领导、各级党政代表、企事业单位、外地考察团、社会群体等各类团队40余个，参观者1200余人。

【城镇单元详细规划】 根据杭州市国土空间规划编制攻坚年行动要求，全区开展13个城镇单元的详细规划编制工作。至年底，13个城镇单元详细规划均获得杭州市人民政府批复，首次实现全区重要板块详规全覆盖。

富春东单元。位于富阳区富春街道中心城区，规划范围东至富春街道界，西至西环北路和金桥北路，南至富春江北岸线及富春街道界，北至一号渠、北环路，总用地面积为26.68平方千米。该规划依托单元临山面水的景观资源、丰富的人文资源和良好的发展态势，提出“功能汇聚城市核心、全民友好幸福家园、人文山水品质城区”总体定位，构建集行政管理、金融服务、文化交往、幸福宜居的综合性城区。

富春西单元。位于富阳区富春街道西部，规划范围东至金桥北路、西环路，西至富春街道界、春建溪，南、北至富春街道界，总用地面积为80.99平方千米。该规划依托阳陂湖湿地公园环境资源优势，高教园区科技资源优势，金桥工业功能区、春建工业集中区产业发展优势，提出打造“富春西境·湖山智城”，建设以先进制造、高等教育、休闲旅游、生态宜居为特色的城乡融合一体发展单元。

黄公望单元。位于富阳区东洲街道北部，规划范围东至东洲街道界，南至北支江，西至虎山山脊线，北至东洲街道界，总用地面积为29.23平方千米。单元以富春山居为特色，规划集高新科技研发、高端特色旅游、高端品质居住于一体，高标准建设富春山居福地单元，打造“富春山居图样板段、品质生活旅游区”。

东洲岛东单元。位于富阳区东洲街道东部，规划范围东至富阳区界，南至富春江，西至东洲西单元，北至黄公望单元，总用地面积为19.49平方千米。该规划充分融入杭州发展格局，策应发展新理念，承载产业创新、智能智造、都市休闲运动、乐活交往等职能，打造包容共享、促进交往、多元乐活的复合单元，构建“创新智造孵化区、开放交往体验区、都市绿洲活力区”。

鹿山单元。位于富阳区鹿山街道东北部，规划范围东至富春江，南至汤家埠村界，西至南山村界，北至富春东单元和富春西单元，总用地面积38.87平方千米。该规划依托单元优质的山水资源基底与生活、生产环境，打造“山水宜居地、现代服务区、创新智造芯”，构建集行政和公共服务、总部经济、生态人居、智能制造、都市农业等多功能于一体的宜居、宜业综合性城区。

高桥单元。位于富阳区银湖街道，规划范围东至银湖街道界，西至银湖外围单元和富春西单元，南至富春西单元和富春东单元，北至受降南单元和受降北单元，总用地面积为36.54平方千米。该规划围绕“阳陂湖魅力新客厅、科创智造融合平台、泗洲文化体验标地、城乡共富宜居新城”定位，打造“产城人文绿”深度融合的现代版富春山居图实景画卷。

受降北单元。位于富阳区银湖

街道，规划范围东至富阳区界，西至高桥单元和银湖外围单元，南至受降南单元，北至富阳区界，总用地面积为31.96平方千米。该规划依托数字经济时代背景、银湖科技城产业平台、受降区位优势，打造以高品质生态居住区与创新产业联动平台为主导的“个性化、生态化、创新化”富阳未来宜居宜业新组团，“生态品质居住＋创新智慧生产”的产城融合活力新单元。

受降南单元。位于富阳区银湖科技城核心区域，规划范围东至富阳区界，西至受降溪，南至银湖街道界，北至九龙大道，总用地面积为17.18平方千米。该规划以活力生活、复合创新、便捷交通为特色，构建集商业商务、创新产业、品质居住、公共配套等功能于一体的产城融合示范区。

场口单元。位于杭州市富阳区西南部，规划范围东至龙门镇界—常安镇界，南至桐庐县界，西至新桐乡界，北至环山乡界，总用地面积为58.05平方千米。该规划以高质量建设“富春江畔一流田园城”为目标，提出立足新区、新城、新农村三大主战场，打造集高端先进智造、城市综合服务和乡村休闲旅游于一体的省级一流田园副中心城市。

新登单元。位于富阳区西部，规划范围东、南至新登镇界，西至新登外围单元和胥口单元，北至永昌单元，总用地面积为124.49平方千米。该规划围绕“古韵田园、产城融合、亮丽温馨”的全省一流小城市建设目标，通过产城共融、城乡共享、环境共治，打造富阳西部副中心、浙江省现代化一流小城市、中国历史文化名镇。

滨富单元。位于富阳区富春湾新城灵桥片区，规划范围北起富春江，西至大源溪和杨元坎路（规划），东、南至杭新景高速，总用地面积为5.81平方千米。该规划紧紧围绕富春湾新城东门户、高端制造产业、品质人居的功能定位，打造浙江省跨区域协作、共富高质量发展的样板和示范区。

富春湾西单元。位于富春湾新城西部片区，规划范围东至富春湾东单元，南至春江单元，西至鹿山单元和环山单元，北至富春东单元和东洲岛西单元，总用地面积为22.88平方千米。该规划依托优越的区位条件和产业优势，提出打造“城市门户形象展示核心区、产业转型科技创新示范区、富春山水花园人居新典范”的总体定位。

富春湾东单元。位于富春湾新城中部，规划范围东至大源溪和杨元坎路（规划），南至安顶山山脊线，西至经纬路，北至富春江，总用地面积为16.12 平方千米。该规划以“三生融合”为底色、“三创结合”为亮点，集品质人居、高端智造、商业商务、湿地田园等于一体，通过“功能激活、空间蜕变、环境升级、价值提升”等途径，打造都市工业和都市生活联动的生态范本。

【富阳区留用地布点专项规划】 为强化和规范全区村级留用地管理，明确村级留用地规划布局，加快村级留用地消化，根据富阳区国土空间规划，结合单元详规编制推进，富阳组织编制《富阳区村级留用地布点专项规划》。该规划根据《杭州市富阳区村级留用地管理办法》（富政办〔2017〕30号），核准各村（社）留用地总量，落实和协调村（社）诉求，重点聚焦全区未消化留用地指标的落地选址问题，共明确70余宗留用地的选址位置，四至范围、用地规模以及用地性质。结合城市公共配套与基础设施补短板，鼓励留用地开发建设公共管理与公共服务类功能；对接两大产业平台项目实际需求，引导村级留用地用于产业项目及产业配套设施建设，提供更多的产业配套服务产品，进一步推动产城融合。

【富阳区学前教育专项规划】 为充分衔接新一轮富阳区国土空间分区规划，适应富阳城市经济社会发展水平，满足全区对于现代化学前教育服务要求，编制《富阳区学前教育专项规划》。该规划在充分分析现状基础上，动态衔接各单元详规，根据《杭州市国土空间规划公共服务设施配套规定（试行稿）》配建标准，结合全区实际情况提出配建方案。同时以近期按常住人口重点补短板，远期结合单元详规，按容量人口重点布空间的原则，优化全区学前教育设施布局，补齐短板并提供高标准供给，形成覆盖城乡、布局合理的学前教育体系；根据年度出生人口动态核实学位需求，科学合理制订三年行动计划，确保学前教育城乡优质均衡发展，提高乡村地区幼儿园资源充分有效利用。

2023年11月，杭州市规划委员会办公室会议审查城镇单元详细规划
（市规划资源局富阳分局　供图）

【历史文化名镇（名村）保护规划】 为深入贯彻党的二十大精神和省两办《关于在城乡建设中加强历史文化保护传承的实施意见》的精神，根据《杭州市历史文化名城保护条例》要求，高质量保护龙门镇、新登镇、大章村独特的历史文化遗产，传承并彰显名镇名村核心价值和风貌特色，正确处理保护与建设的关系，实现文化资源的永续利用，衔接新一轮国土空间规划和详细规划编制，富阳积极推动龙门镇、新登镇、大章村的历史文化名镇名村保护规划编制工作，至年底，规划通过市名城办审查，上报省住建厅审查。

富阳龙门历史文化名镇保护规划，该规划通过优化名镇保护区划，分级分类梳理各类历史要素，对文化遗产、格局肌理、风貌保护、文物古迹、宗族文化等要素提出详细保护传承要求，在研判龙门选址营造、建筑聚落、社会文化等方面价值特征的基础上，围绕"山乡古镇维护、宗族文化复兴、活态人居传承"三个方面谋划实现龙门古镇的永续传承。

新登镇历史文化名镇保护规划，该规划结合新登镇历史文化资源集中分布区域、古镇城池选址特点、古镇发展实际情况，科学合理划定新登历史文化名镇保护区划范围。根据历史文化遗产分布区域及保护侧重点，分为镇域、历史镇区、历史文化遗产三个保护层面。保护"山一水一镇一村"的空间格局，在镇域范围内形成"一心两带、两村三片、多点多项"的整体规划保护结构。

常绿镇大章村历史文化名村保护规划，通过明确保护区划，在全面系统保护名村历史文化遗存的基础上，重点从村域、古村落整体风貌格局、文物古迹、历史地段、历史环境要素、非物质文化遗产保护等方面提出相应的保护内容与要求，同时调整用地布局、完善基础设施和公共服务设施、产业引导，以推进大章村的可持续发展。

【国土空间总体规划编制】 按照浙江省、市国土空间规划编制攻坚年任务安排部署，富阳区组建规划攻坚工作专班，加快推进区镇两级国土空间总体规划编制工作，加快构建具有富阳特色、管用好用的国土空间规划体系。强化战略引领，贯彻落实国家、省、市的战略定位和功能部署，深入研究城市发展战略，持续构建"一核双城、两副四区、十字金轴"的空间格局；坚持底线管控，以划定的"三区三线"为基础，统筹考虑全域范围内国土保护和开发，构建"两山夹江、两湖十溪"的生态安全格局，保障集聚连片、特色优质的农业空间；强化要素保障，优化项目资源配置，做精美丽城镇建设发展，共筑富裕阳光、全域和美的美丽乡村。至年底，富阳区国土空间分区规划成果上报省政府待批复，24个乡镇（街道）国土空间总体规划完成规划草案公示、征求意见、区级部门专家审查。

【乡村单元详细规划】 根据杭州市国土空间规划编制攻坚年任务要求，富阳区全面启动22个乡村单元详细规划编制工作，覆盖乡村地区共1313平方千米，全域全要素推进乡村单元详细规划全覆盖。为破解乡村土地要素保障瓶颈，确保乡村农民建房、公共服务设施和农村一二三产融合发展等建设项目落地的合规性和可批性，富阳区全市首创村庄建设规划方案试排，统筹安排村庄空间布局。13个乡村单元详规经区级专家部门评审、区规委办公室会议审查、规划草案公示、完成"3+X"底图符合性审查等流程后提交市级审查。至年底，富阳区13个乡村单元规划编制通过杭州市专题会议审查，完成市级考核任务，剩余9个乡村单元详细规划通过区级审查。

【村庄规划评估】 为贯彻落实省、市村庄规划"一评估两覆盖三提升"专项行动计划，富阳区全面开展乡村地区规划评估，推进乡村地区规划全覆盖和乡村数字空间治理全覆盖，系统提升村庄规划的实用性、乡村地区景观风貌和乡村空间治理水平。评估工作坚持问题导向，结合现阶段国土空间总体规划编制要求，对富阳区5个街道19个乡镇范围内的276个行政村开展村庄规划评估，通过对全域现行村土地利用规划、村庄布点（布局）规划、村庄（整治）规划等247个原有各类空间性规划进行科学评估，摸清空间资源、资产和产权关系，了解群众需求，找准空间治理问题和功能短板、隐患，确定村庄定位为48个集聚建设类、142个整治提升类、55个城郊融合类、30个特色保护类、1个搬迁撤并类五种村庄类型。

【乡村居住空间现状及需求调查】 为加强乡村地区居住空间及公共服务设施建设，改善农村生产生活条件，加快推进人居环境整治，扎实推进生态宜居的美丽乡村建设，根据杭州市农村居住空间现状及需求调查工作的要求，富阳区开展全区农村居住空间现状调查工作，结合国土空间规划的编制，将各村社现状人口、宅基地、公共服务设施等情况以图斑形式进行可视化分析，统计户数、使用情况、功能用途等情况，共收集并形成图斑13714个。根据各乡镇（街道）摸底调查的"十四五"期间宅基地和公共服务需求，整理出区用地需求，形成农村居住空间用地保障评估报告。

【平台外工业集中区布点专项规划】 为优化产业空间布局、提高土地资源利用效率，富阳区持续深化产业发展空间现状调查和布局梳理，开展《富阳区产业用地空间梳理更新及三年行动计划》《富阳区乡村地区产业空间专项规划研究》《富阳区平台外工业集中区布局专项规划》等编制工作，划定富阳区工业园（片）区规划布局一张图。以现状及需求调查成果为基础，以"乡镇方案+区级统筹"为原则，结合上位国土空间规划"三区三线"划定、村庄建设边界划定等合理保障产业发展用地，引导空间优化，研究确定全区平台内外及乡村地区重点产业发展区块，引导发展要素集聚，提升产业区块产业集聚和资源集约利用水平。10月，《富阳区平台外工业集中区布局专项规划》经区政府批复使用。

（陈靖威　邵于挺）

城市更新

【城市给排水设施】 新建改造污水管网19.6千米，新建改造给水管网22.7千米，完成富阳污水处理五期工程建设，江南水厂改扩建工程完成总工程量的60%，农村生活污水行政村覆盖率达97.46%，水质达标率达92%。

【地下空间（管廊）】 全年全区地下空间完成开发量88.66万立方米。

【未来社区创建】 通过省市验收命名7个省、市级未来社区项目（山水、百合、蒋家桥、登云、春雨、三根桥、逸城），累计实施省市未来社区项目16个，受益居民约9.3万人。百合社区成立强社公司获评省级强社惠民改革试点。

【无障碍改造】 重点区域无障碍点位问题整改203个，主要涉及机关单位、城区道路、商场、社区养老照料中心等重点场所轮椅坡道、无障碍卫生间、低位服务设施、盲道、缘石坡道的改造；6号线地铁口无障碍问题整改16个，主要涉及地铁和道路衔接区域盲道整改。

【海绵城市建设】 全域系统化海绵城市建设面积达13.51平方千米，占建成区面积的40%以上，海绵城市建设工作经验在全市会议上作经验交流。“杭州富春湾新城杭黄高铁片区一平方公里综合开发项目金湖水系及景观工程”和“亭山渠”被评为2023年度海绵城市示范性工程项目，其中“亭山渠”成功入选全省30个海绵城市示范性工程典型案例。洋浦江生态修复工程（富春江至学院路段）、省人民医院富阳院区一期工程、望仙路（大桥南路—经纬路）、同登路（竹简路—东升路）入选2024年海绵城市示范性工程备选项目清单。

【道路改造】 全年全区新建金浦路延伸、亭山路二期等6条重要主次干道，共计5.03千米。新建富春十小配套道路、钢圈厂路拆迁区块安置房配套道路等支路共计25条，共计7.93千米。

【扩绿工作】 全年全区新建富春玫瑰庄园公园、北支江南岸岛头公园、新登古城公园、杭黄未来公园、杭黄金湖公园5个公园，改造江滨社区口袋公园。新建公园、附属绿地面积达100.22万平方米，城市公园服务半径覆盖率88.39%。

建筑业

【概况】 全年全区实现建筑业总产值309.54亿元，增长5.4%，增速排名第五。省内建筑业产值253.29亿元，增长4.2%，增速全市排名第八，赛马激励居全市第六。获评杭州市安全生产文明施工标准化优良工地项目16个，获“富春杯”项目12个，获“西湖杯”项目9个、获“钱江杯”项目2个，银湖水厂项目获“鲁班杯”。

2023年，富阳区银湖水厂一期工程

（区住建局 供图）

【建筑业安全生产】 全年对在建307个项目开展安全生产、文明施工专项检查、巡查，出动人员865人次，累计检查工地4578次，发现各类安全文明问题11965条，下发整改通知单3435份。停工工地124次，信用扣分304分，施工单位230分，监理扣分74分，完成行政处罚6起，罚款41万元，移送违法违规行为线索9起。下发行政处罚决定书6份，处罚金额41万元。完成移交区综合执法局处理案件9起，正在移交对接案件1起。联动区纪委、区检察院进行行政执法案件查处，完成区纪委、区检察院交办案件4起。对施工单位扣分238分，监理单位信用扣分82分，信用扣分合计320分。

【助企政策落实】 拨付春节不停工项目及留富人员补贴83.05万元。拨付建筑业奖励专项经费610万元。出台《富阳区建筑业高质量创新发展实施意见》《富阳区助力项目落地微改革举措实施办法》《富阳区住房和城乡建设领域营商环境优化提升“一号改革工程”实施方案》《富阳区重大项目服务机制》《富阳区既有建筑部分行业开办前消防注意事项提前告知服务书》等服务措施，承担杭州市招投标评定分离试点，制定《富阳区建设工程招标投标“评定分离”改革综合试点工作指导规则（试行）》，全面加快项目进度促产值，持续优化营商环境，在全区项目推进工作会议上作典型经验交流。

【绿色建设推进】 完成《富阳区绿色建筑专项规划（2022—2030）》（修编）工作，完成申报高星级绿色建筑示范项目1个、高比例可再生能源建筑应用示范项目15万平方米、既有公共建筑节能改造示范立项14万平方米、既有居住建筑节能改造3.06万平方米、装配式建筑面积86.56万平方米。创建省级绿色施工示范立项2个。

【项目建设开工周期管理】 通过采取图审"提前审"、审批"容缺办"、开工"分段核"、推进"全程跟"、竣工"单独验"、施工"桩基行"，累计缩短审批服务时间1526天。

房地产业

【概况】 按照杭州市"开门红、开门稳"赛马激励考核要求，全力做好房地产行业销售、投资工作。全年营造富阳良好购房环境，尽快恢复市场购房信心，加大商品房促销力度。2023年，完成新建商品房销售82.97万平方米，同比增长35.1%，增幅排名全市第二，赛马激励并列第三。

【公租房保障】 全年全区受理公租房申报件1726件，完成2200户公租房保障家庭续审工作，发放货币补贴6617户次843.35万元，新增新富阳人公租房货币补贴保障家庭916户，发放补贴82591户次2477.73万元。至年底，在保家庭4396户，受益1.13万人，累计受益达3.3万人。

【保障性租赁住房】 全年全区筹集保障性租赁住房14571套（间），建成全市首个集体土地建设租赁住房项目——东洲建华公寓。建华村租赁住房利用集体土地典型经验作为杭州市保障性租赁住房优秀实践案例进行刊发推广；《杭州市富阳区引入资金"活水" 助推保障性租赁住房落地见效》典型案例被省厅采纳。公共服务"七优享"工程住有宜居专项工作三季度排名全省并列第一，被评定为"五星"等次。

【人才住房保障】 全年全区拨付人才专项购租房补贴600人次、5984.4万元，发放新引进应届大学生租房补贴7816人次、3908万元，全区首个人才专项租赁住房项目签约入住239人。

【安置房建设和回迁安置管理】 推进30个在建安置房项目建设进度和分房准备工作，至年底，完成分房项目20个，实现回迁安置6377户，全面完成市、区民生实事回迁安置目标任务。

【住宅小区居住环境管理】 开展美丽杭州住宅环境秩序整治工作，完成整改问题1563个，累计完成涉及211个物业小区7619个问题的整改，成绩持续名列全市前茅；新增杭州市2023年度创建"美好家园"住宅示范小区9个；完成既有建筑加梯80余台。

【风险楼盘化解】 通过专班推进、政企合作、管育并举等方式，有效化解房企资金链断裂风险，成功处置风险楼盘8个，共11092套，总建筑面积138万平方米；其余4个楼盘施工正常，风险可控，均能按期交付。工作经验得到省委常委、常务副省长徐文光，副省长李岩益批示肯定。

【房地产经纪行业监管】 建立和完善以信用为核心的房地产经纪行业监管体系，通过"杭州市二手房交易监管服务平台"将房地产中介企业及从业人员信息、信用等情况进行全面公示，至年底，平台备案经纪机构门店300家，经纪从业人员1373人，全年审查房地产经纪机构162家，其中涉及整改的23家，审查不合格19家。聚焦行业痛点，从规范行业信息发布入手，多措并举加强监管，从严治理打击违法违规行为。推行随机抽查、重点专项检查、案件核查的常态化检查机制，加强对投诉举报问题线索的收集核查工作，对未按要求开展房地产经纪业务的企业，按照"发现一起、处置一起"的原则，利用约谈、整改、通报、限制销售流程等措施，依法依规进行处置，提高房地产经纪企业对流程规范的重视程度，营造守信激励、失信惩戒的行业环境。

（赵 博）

城市公用设施

【市政基础设施建设】 全年开工项目9个，完工项目13个。重大项目方面，秦望通道双线贯通，桂秦区间左线贯通，秦望码头开工，科技馆结项。民生工程建设方面，第三人民医院易地迁建工程、区妇幼保健院门急诊医技和儿科综合大楼、富春街道卫生服务中心迁建工程投入使用，北支江拆迁安置房、钢圈厂路安置房项目竣工交付。

【燃气】 全年全区销气总量为2.14亿立方米，其中，销气业务方面，管道燃气销售19115万立方米，车用气销售1241万立方米，液化气销售1058万立方米。完成充电业务售电量1048万千瓦时，同比上涨37.58%。铺设燃气管网163.11千米

2023年，北支江拆迁安置房

（杭州富阳城市建设投资集团有限公司 供图）

（中压 73.38 千米、低压 89.73 千米），管网拓展至新关村、江洲村、蒋家村、青云桥村、沧州村等 7 个行政村。全年开发工商用户 217 户，包括工业用户 52 户，商业用户 165 户；签约收款民用户 39384 户，其中包括 10 个乡村 3000 余户农村用户。4 家点供企业完成管道燃气置换，常安快消品基地通气投产，胥口海正药业完成签约，按计划建设施工，预计 2024 年上半年完成通气。

【供排水】 全年全区售水总量 9362 万立方米，自来水水质合格率为 100%；污水处理量 6841 万吨，污水处理排放合格率 100%。铺设管网 49 千米，改造旧管网 9.8 千米，新建第三人民医院配套道路供水工程、富阳区钢圈厂路区块拆迁安置房配套道路 DN400 给水管道工程——丰庆路（北环路—丰收路）、富阳区钢圈厂路区块拆迁安置房配套道路 DN400 给水管道工程——春华路（金桥北路—文教北路）等 47 个配套管网工程。改造百合蓝鸟苑、复城国际、五月香山等 38 个已建小区标准化泵房。建设北之江安置房、济宸府、云望之宸等 39 个新建房产二次供水标准化泵房，改造主城区零星积水点 13 处。

（翁马琦）

城市管理

【概况】 全年全区服务办结广告、市政、渣土等各类许可 4215 件。完成二次供水改造小区 25 个，提升城市小公园 2 个，拓展地铁口周边增设非机动车泊位 7 处约 1000 个。完成 5 个村通管道燃气及 500 户“空巢”老人燃气报警器安装。

【亚运保障】 全年全区推进“匠心提质绣富春”八大攻坚和村社品质提升行动，夯实四级包干责任体系，深化区级、镇街、社村三级发动。推动完成闲置空荒地复绿和飞地整治，酒店周边第五立面界面提升。高效完成 93 项市级和 35 项区级任务，在全市赛马中获 2 次优胜、2 次优良。打造“12+19”个亚运精彩点（线）位，“花满富春·亚运花卉布展”连贯两大场馆，完成富春江、北支江、开发区夜景。统筹推进赛时“大排查、大整治、大扫除、大展示、大督查”五大行动，压实路长制和点长制履职，确保残运火炬传递沿线环境优美，两大场馆观赛侧秩序井然，城市运行领域安全有序。

2023 年 9 月，富阳区乡镇（街道）赋权事项实施率提升实操工作会议召开

（区综合行政执法局　供图）

【营商环境】 开展城市管理领域“一窗式”审批服务，推出店招店牌一件事、工程车一件事、占道挖掘一件事，实现“一表申请、一次提交、一次办结”，企业和群众办事“一窗进出”“一次办理”；特殊事项开辟绿色通道。支持大型商贸企业利用自有场地开展节假日常态化外摆促销，鼓励社会资本参与“节假日经济”运营和服务。明确商业外摆的设置规范、优化业务流程，实现“一件事一次办”，玉长城、东方茂、万达、鹿山时代 4 个商圈实行外摆以来，吸引客流量超 250 万人次。深化服务企业工作，实行专员负责制，全年办结企业诉求 10 件。推出亚运红促产能快速协调服务机制，积极推进“综合查一次”，开展综合监管 718 次，减少扰企 4071 户次。建成富春街道石塔坞消纳场，保障全区各类建设项目消纳工程渣土 354.4 万立方米。

【垃圾分类】 实施垃圾分类“树亮点、提品质”工程，实行再生资源回收服务企业入围、装修垃圾规范化收运备案制。启动欢坞岭垃圾填埋场“一场一策”生态治理。成功创建省级高标准示范片区 2 个、示范小区 60 个、示范村 40 个、精品村 2 个，示范片区 2 个、示范镇 2 个。提前完成中转站提标改造 10 座，农村小型资源化分拣中心 2 座，农村垃圾分类集置站点建设（提升）6 座，农村生活垃圾资源化回收网点建设（提升）44 个。易腐垃圾清运占比达到 30.43%，生活垃圾分类处理率达到 87.51%，有害垃圾处置总量较上年提升 20.85%，在全省半年度评估考核中位列全市第 1、全省第一档（第 7）。

【数字赋能】 开展全区“一网统管”平台数据归集，成立富阳区城市运行“一网统管”工作领导小组，梳理相关责任单位 7 家、接入设施对象 25 类。集成各执法部门的数据和信息，实现执法信息的共享和协同。加强网络监测和防护，确保亚运会、亚残运会期间相关服务器、网络安全运行。利用先进的网络安全技术和防护措施，有效应对网络攻击和数据泄露风险，落实亚运期间网络安全 24 小时值班制度。

【国家化标识改造】 修改完善《迎亚运城市道路国际化标识提升工作标准》，对接交警等部门，对彩虹快速路、东桥路、江滨东大道、烟舟街、争流路、中桥路、龙溪南路、九龙大道8条道路的交通指示牌完成提升改造144处。

【照明管理】 统筹督促区级“一把闸刀”智慧平台的建设；完成迎亚运夜景灯光布置；积极对接市级要求，做好亚（残）运会期间灯光秀和投影灯等设施的安全播放工作。

【犬类管理】 结合亚运保障工作，做好全区一般限养区养犬治理工作指导工作。制定、印发《关于做好富阳区犬类管理一般限养区文明养犬治理工作的通知》（富综执〔2023〕13号），要求各乡镇街道应按照职责做好日常管理工作，做好一般限养区养犬登记和流浪犬、无主犬收容。督促各乡镇街道根据实际情况，制定属地一般限养区养犬治理工作方案。

【环卫保洁】 要求各保洁单位将每日洒水频次从6次增加至10次以上，确保道路街面更加清洁。各区块组建12支清洗队伍，利用中午及晚上人流、车流较少时段推进重点区域道路“人工＋机械化”地毯式循环清洗，确保路面见本色。各区块在完成日常保洁基础上，统筹安排2辆三合一机扫车与1辆洒水车开展机械化联合作业，做到路面干净整洁。在亚运赛前及赛期，组织各保洁公司对亚运场馆周边、亚运29条保障道路、城市家具进行全面清洗，对北支江水上运动中心公园和水域进行每天18小时不间断的保洁工作。

【公厕服务提升】 根据杭州对公共厕所的建设和管理要求，对城区邑祖庙公厕、鹿山公厕、春秋公厕进行整体提升改造，按要求增设第三卫生间，完善无障碍设施，邑祖庙公厕增设全套负压除臭系统。亚运期间在场馆周边道路、停车场、亚运安保点设置移动公厕48座。

【城市运行】 燃气管控：完善用户端燃气安全管理、镇街道网格化管理，持续开展亚运场馆周边用气场所入户安检，落实PPB级高精准泄漏70千米，关停7个供应站，严抓杨清庙村“黑气案”查处，试点推进高层非住宅“智能主机”。内涝治理：持续推进60处内涝点位治理，销号31处，整改完成待销号9处，全区新增排涝能力5930立方米／小时；应急抢修中埠大道路面隐患，协助完成虹赤村灾后重建工作。市政隐患治理：完成城市地下空洞检测30千米，2座桥梁称重检测系统建设和3座跨江大桥桥墩冲刷测试；推进依江路、江枫路路面塌陷的应急治理；完成涉亚核心道路照明设杆路、座配电等全覆盖检查和硬件提升。景观设施安全：16块户外广告电子屏接入“三联”平台，11处签订安全承诺书，完成率100%，拆除2处违规电子屏；“两山两桥”和银湖科创城灯光秀完成三级等保测定。轨道运营保护：对地铁6号线的9站8区间16千米保护区范围进行全线巡查，查处地铁运营期保护区范围内违规施工行为2起。

【园林绿化】 组织城市运维合同的完善工作，做到养护实施主体清晰，养护范围明确，下派任务流畅；完善在建及准备移交的绿化验收制度。启动迎宾园口袋公园、大浦闸口袋公园设施维修项目；完成自然花境主题公园的提升改造；完成双最绿地迎检工作；做好东吴公园保安保洁、儿童公园保安保洁、森林公园保洁服务、恩波公园保安服务、北支江公园保安服务；完成森林公园防火巡防项目。

行政执法

【大综合一体化管理】 围绕“六个大”目标，加强力量配备、完善工作机制，推动共享法庭入驻，出台执法办案、行刑衔接等意见办法。组建4个专业执法中队，按标准化要求新建办公区、执法办案区，配齐设施设备。完成全区3批363名执法类公务员“提能力、转作风、促发展”集中培训，举办3期乡镇（街道）执法规范化培训暨法制员培训。梳理赋权领域典型案例样板、行政处罚裁量基准，编制法制工作手册。全面推行“前置审查—结案评查—集中评审”法制审核机制。组织参加全市执法等级能力考试，总体成绩居全市前列。场口镇获全市“十佳”乡镇（街道）综合行政执法队称号。持续深入推进“综合查一次”提升年行动，经验做法获副省长胡伟批示肯定。严格落实“三项制度”，完善案件移送机制，办理部门移送案件32件，办结普通程序案件1719件，罚款531.05万元；办结简易程序案件3559件，罚款19.21万元。人行道违停录入24295件，缴款结案7910件，缴款结案金额为118.75万元。

【市容秩序管理】 发布《关于印发富阳区综合行政执法局市容市貌集中整治工作实施方案的通知》，联合属地街道运用“疏堵结合、放管并用”方式有效管理无证摊贩。鹿山街道设立水果自产自销疏导点，东洲街道设立职工服务一条街，银湖街道设置农贸市场自产自销点，有效解决长期占道设摊的问题。以网格化管理制度为基础，对桂花西路、恩波大道等重要通勤道路每日安排人员在“八小时外”时间段进行巡查。至年底，“八小时外”时段整改出店经营456起，堆物291起，无证摊834起，劝导机动车违停98起，非机动车违停1192起。

【环境管理】 推进“迎亚运 创典范”专项行动，加强“一巡多功能”综合巡查，强化区查区改、自查自纠、专项整治和联合执法行动，破解12块飞地和7块闲荒地治理难题，全年自查整改15万余件，创建席地可坐高标准洁美区域，综合排名居全市前列。

【户外广告管理】 制定相关应急预案，摸排场馆周边户外广告设置情况。各中队检查各类店招牌3782处、签订安全责任书3782份；检查户外广告设施183处，均已签订安全责任书，30平方米以上的完成安全检测。对全区已统一接入杭州市“三联”平台管理的16块户外广告电子屏，督促服务方富阳华数公司加强日常巡查，落实安全播放责任。

【“两违”防控】 实施“即查即拆”211起，拆除面积8503平方米，严格落实小区违建信息登记报告制度，全区174个实现物业化管理的封闭式小区均落实该项制度，制度覆盖率100%；属地乡镇街道均落实小区违建信息登记报告制度公示栏设置；属地、社区、城管、物业相关责任人均上墙公示；小区装修材料进出均进行登记；对物业从业人员进行一次全覆盖业务培训工作。

【渣土管控】 坚持“属地负责、产消平衡、运处规范、循环利用、监管闭环、整体智治”原则，全面规范工程渣土源头产生、中间运输、末端消纳和资源化利用等全过程。区渣土数智一体化管理实现在线审批、分配资源、签订合同、资金结算和闭环管理。全年查处渣土类案件1120起（源头查处50起、运输查处932起、末端查处138起），罚款373.32万元，践行“行刑衔接”，刑（行）拘33人。

【法治工作】 全年全区办结普通程序案件1719件，罚款531.05万元。其中，建筑垃圾（含渣土）类939件，罚款381.92万元；生活垃圾类案件208件，罚款3.95万元，其中113件不予处罚。办结简易程序案件3559件，罚款29.21万元。人行道违停录入24295件，缴款结案7910件，缴款结案金额为118.75万元。办结行政许可申请4215件，其中广告类2523件（店招948件、占道938件、活动631件、临时广告2件、大型广告4件）、垃圾清运3件、排水440件、占道16件、挖掘12件、砍伐1件、临时占绿2件、迁移7件、修剪3件、占绿5件、燃气2件、渣土类1201件（准运证正本292件，789车次；城市建筑垃圾处置核准833件，18724车次；建筑垃圾处理方案备案登记76件），办件总量较上年同期略有增加。收到行政复议10件、行政诉讼1件，其中3件维持、2件终止、4件驳回、1件办理中，诉讼案件驳回原告诉请。

（潘阮鹏）

【编辑　吕　克】

26 环境保护

Environmental Protection

环境质量

【概况】 全年全区生态环境质量稳中向好，富春江干流水质稳定保持Ⅱ类，出境断面水质持续保持优秀。全区12个地表水监测断面、3个集中式饮用水水源地水质达标率100%；全区环境空气优良率93.4%，细颗粒物（PM2.5）年均浓度30.6微克／立方米，可吸入颗粒物（PM10）年均浓度48.4微克／立方米，稳定达到《环境空气质量标准》（GB 3095—2012）浓度限值。连续五年获得生态文明建设“美丽浙江”考核优秀区称号。

【水环境】 全区有监测断面12个，其中灵桥、大浦闸为Ⅲ类、其余10个断面为Ⅱ类，均满足水环境功能水质目标要求，达标比例为100%。从全区各主要河流看，富春江（富阳、渔山）、渌渚江（新登、窄溪上港、青何、岩石岭水库断面）、壶源溪、剡溪、南渠水质优，属Ⅱ类水体；苋浦河、大源溪水质优，属Ⅲ类水体。全区集中式饮用水水源地（2个）水质监测项目都达到Ⅱ类地表水环境质量标准，备用水源亭山水库监测项目达到地表水（湖库）环境质量Ⅱ类标准，达标率100%。富阳出境断面（渔山）水质达到Ⅱ类功能要求，考核优秀。

【大气环境】 根据《环境空气质量标准》（GB 3095—2012），全年全区环境空气优良天数341天，轻度污染天数19天，中度污染天数3天，重度污染天数2天，无严重污染天数，环境空气优良率为93.4%，同比上升0.2个百分点。全区乡镇（街道）环境空气监测点位24个，空气优良率均值为89%，主要污染因子为PM2.5和臭氧（O_3）。24个乡镇（街道）PM2.5年均值为28微克／立方米，乡镇（街道）PM2.5浓度范围为23.8—32.2微克／立方米。PM2.5浓度最低是湖源乡，为23.8微克／立方米，最高是春江街道，为32.2微克／立方米。

【声环境】 全年全区区域环境噪声昼间平均等效声级为56.3 dB(A)，夜间平均等效声级为48.0dB（A），各区域环境噪声监测点位监测值均达到相应标准，区域环境噪声较好。全区道路交通噪声昼间平均等效声级为64.2dB（A），夜间平均等效声级为52.4dB（A），质量等级为好。

【生态环境公众满意度】 根据2023年度浙江省生态环境公众满意度调查，富阳区得分90.97分，排名全省第15，较2022年87.04分（全省第46名）有大幅提升，在全市13个区（县、市）中排第三名。

环境综合整治

【水污染防治】 针对北支江蓝藻制定“1+8”防藻控藻综合举措，出动人员2000余人次开展藻情综合巡查，累计配水4000万立方米以上，全力保障杭州亚运会富阳水上运动中心各项赛事顺利举办，相关做法

2023年9月23日，省、市、区三级生态环境部门联合巡查北支江蓝藻防控
（市生态环境局富阳分局　供图）

2023年7月7日，杭州市生态环境富阳分局首届“无废”研学活动举行
（市生态环境局富阳分局　供图）

获副省长胡伟批示肯定。推进工业集聚区“污水零直排区”“回头看”，在全区开展19个工业集聚区“污水零直排区”回头看自查自纠行动，发现并完成整改问题29个，巩固“污水零直排区”建设成效。强化饮用水水源保护区环境问题整治，印发《富阳区集中式饮用水水源保护区巡查方案》，完善巡查机制，加强部门间协调联动，确保饮用水源安全。

【大气污染防治】 印发《富阳区亚运环境空气质量提升攻坚工作方案》，部署“一微克”空气质量提升行动，开展污染天气应对、扬尘和柴油货车污染治理等攻坚行动，推进颗粒物、臭氧协同治理。完成大气工业源清单更新，完成涉气工业源调查更新1286个，全年完成挥发性有机物（VOCs）低效治理、源头替代55家，完成工业炉窑低效治理设施改造9台。深化移动源整治，聚焦柴油货车、柴油叉车等高排放机动车尾气污染问题，开展“两车”淘汰工作，注销、淘汰国四柴油车、国二柴油叉车2965辆，相关做法获副市长宦金元批示肯定。加大扬尘管控力度，全区范围内广泛开展洒水、雾炮等除尘措施，完成工地、道路扬尘预警处置2018个，落实大气污染预警措施27次。

【固废污染防治】 围绕《富阳区“无废城市”建设实施方案（2023—2025）》，部署开展“无废城市”建设工作，创建43个各类“无废细胞”。围绕保障“无废亚运”要求，强化危险废物产生和经营单位环境隐患排查与安全风险防范工作。抓好危废经营（收集）单位及重点产废单位规范化管理，开展危废经营、产生单位分级评价，深入实施重点产废单位业务指导培训，覆盖企业800余家。

【土壤污染防治】 印发《富阳区土壤污染防治三年行动计划（2023—2025年）》，加强全区15家土壤污染重点监管单位监管，开展土壤地下水自行监测。严把建设用地土壤污染防控关，完成50个地块土壤污染状况调查和详查，全区重点建设用地安全利用率100%。聚焦耕地土壤保护，落实控源断源举措，全年完成80个历史关闭的锌化工企业等涉重排放原址地块基本情况调查，谋划实施“富阳区环山乡北部区域农田历史遗留污染源头治理”工程，项目获土壤污染防治中央专项资金支持。

【碳达峰碳中和行动】 积极开展减污降碳试点工作，加强绿色低碳典型案例培育，开展全国低碳日宣传活动，完成年度全区温室气体清单编制和验收工作，其中关键性指标中单位地区生产总值二氧化碳排放量近三年均呈下降趋势。新增光伏并网12.5万千瓦，GDP能耗下降约7.2%，位列全市第1名。

【“重大生态环保督察问题清单”整改】 推进中央生态环境保护督察、省委生态环境保护督察反馈问题及“七张问题清单”——重大生态环保督察问题清单问题整改落实工作，全区“四位一体”督察整改机制入选《浙江省生态文明建设典型经验案例选编》，全年重大生态环保督察问题清单指数列全省第三名、全市第一名。

环境管理执法

【生态环境管控】 强化环保审批服务，加强“三线一单”与规划环评、项目环评、排污许可等环境准入制度衔接，完成“三线一单”分区管控方案动态更新，办理行政许可453项。围绕生态环境保护中心任务，以地表水常规监测、环境空气质量日常为基础，开展主要河湖地表水、饮用水水源地、乡镇小流域、河流交接断面、农村生活污水处理设施等水环境监测，城区及乡镇环境空气质量、降水、降尘、硫酸盐化速率、噪声等其他监测项目，全年完成各类监测报告367份，自动监测和手工监测获得监测数据约80万个。全面加强噪声管理，重点落实区域环境噪声、功能区噪声、道路交通噪声治理工作，印发《富阳区2023年噪声污染问题专项治理工作方案》，开展漠视侵害群众利益问题专项治理、中高考期间“绿色护考”等专项行动；加强全区夜间施工管理，做好建筑施工夜间作业证明核准，办理夜间施工许可221个。督促指导全区128家辐射工作单位完成2022辐射安全年度评估报告，开展24家辐射重点监管单位和16家废旧金属回收熔炼企业辐射安全隐患排查，并督促整改落实到位，全区未发生辐射环境事件，全区辐射环境稳定可控。围绕亚运环境安全保障工作，做好全区124家重点监管企业8轮次核查，核查企

2023年6月5日，富阳开展世界环境日主题宣传活动
（市生态环境局富阳分局 供图）

业1241家次，组织开展对142家风险源企业例行检查和风险隐患排查工作，检查企业783家次，隐患排查1073条，并督促企业及时整改闭环；组织实施“护航亚运”受降溪水环境等2次应急演练；落实5家区级环境应急物资库和3家市级环境应急物资库两人以上值班小组制度，实行24小时待命。

【生态环境执法】 开展生态环境“执法服务年”活动，通过“为民执法、聚力执法、精准执法、效能执法、依法执法”，持续完善执法和服务机制，提升执法和服务效能，全力推动生态环境执法和队伍建设双转型，实现全区经济高质量发展和生态环境高水平保护。全年出动生态环境执法人员7541人次，检查企业3640家，责令整改602家，立案查处74家。市生态环境局富阳分局荣获2023年全国生态环境执法大练兵表现突出集体，实现三连胜，获评2023年浙江省生态环境执法大练兵打击环境违法犯罪工作成绩突出集体。加大正面清单企业提质扩容力度，重点将上市（拟上市）、国家级制造业单项冠军、国家级专精特新“小巨人”等企业纳入正面清单。推行轻微违法不予处罚，作出不予处罚决定9件，办理企业信用修复33家，市生态环境局富阳分局获评富阳区“拼经济 拼发展”服务保障先进单位。

【生态文明建设】 深化生态文明示范创建，编制《杭州市富阳区生态文明建设示范区规划（2023—2030年）》《新时代美丽富阳建设三年行动计划（2023—2025年）》，完成国家级和省级示范区年度自查、生态环境保护“十四五”规划中期评估等相关工作。提炼富阳区“两山”转化典型案例和生态文明实践示范点，成功入选省级“绿水青山就是金山银山”实践创新基地储备库和第二批浙江省生态文明建设实践体验地，富春湾新城EOD项目入选浙江省第一批生态环境导向的开发（EOD）模式试点。强化生物多样性保护，完成富阳全域、全物种生物多样性调查，本次调查记录植被类型6种，以及物种610科1697属共2780种，其中陆生高等植物1483种，鸟类206种，陆生哺乳动物43种，两栖和爬行类41种，昆虫219种，大型真菌161种，鱼类96种，大型底栖无脊椎动物192种，浮游植物132种，浮游动物86种，周丛藻类121种，收录生物多样性相关传统知识72项。加强林业生态安全，以林长制为抓手，构建“强化隐患源头治理、提升服务监管水平、严厉打击涉林违法”的森林资源管理体系，实施千万亩森林质量精准提升工程和省级森林文化创建系列工程，增加森林面积提升森林质量。2023年度监测全区森林覆盖率66.22%，森林蓄积量649.6万立方米。全区重点公益林保护面积49105.4公顷，杭州市级公益林保护面积3849.4公顷，天然商品林停伐管护面积21306.87公顷，重要森林保护面积占土地总面积的40.78%；自然保护地、省级重要湿地等保护面积2.47万余公顷。

【生态环境体制机制改革】 强化生态环境保护数字化监管，根据生态环境监管数字化改革要求，持续深化富阳生态智卫建设，全量归集富阳区环境领域感知端和数据资源，做好浙里净土省级试点。加强生态环境行政执法规范化建设，投入资金200余万元开展行政执法规范化建设，新增无人机、便携式执法终端、执法记录仪、便携式监测仪等执法装备235件，新建数字化询问室1间。连续四年开展执法军训活动，并结合工作实际开展无人机操控、执法采样监测、VR情景执法、在线监控设施检查等执法技能比武，全面提升执法人员执法专业化水平。

【生态环境文化宣传】 围绕“5·22”国际生物多样性日、“6·5”世界环境日、“8·15”全国生态日等生态环境主题日，组织开展生态文明建设主题宣传，全年省级以上媒体报道227篇，其中《人民日报》7篇、人民日报客户端2篇、《中国环境报》65篇。承办《浙江省生态环境状况公报（2022年）》新闻发布会、钱塘江流域水环境共治共保联盟启动仪式。组织开展首届“无废”研学活动，开展研学15场，服务家庭500余户。

（程炳宏）

【编辑 吕 克】

27 科学技术

Science and Technology

打造现代版富春山居图

科技进步

【概况】 全年全区有国家高新技术企业806家、新增164家，省级科技型中小企业1453家、新增343家，市级企业研发中心184家、新增40家，省级企业研发中心97家、新增13家，省级研究院32家，新增2家。新增市级科技孵化器2家、众创空间1家，工创谷等4家众创空间获评市级优秀众创空间。全区R&D经费支出占GDP比重达到3.2%，规模以上高新技术产业企业实现高新技术产业增加值204亿元，同比增长2.2%，占规模以上工业增加值比重的70.5%；完成高新技术产业投资205亿元，同比增长12.6%。全年完成高新技术产业投资105亿元，同比增长12.6%；实现规模以上高新技术产业增加值204亿元，占规模以上工业增加值比重的70.5%。

【企业主体培育】 增强企业创新主体作用，健全完善“省科小—国高企—科技小巨人—科技领军型”企业培育体系，深入实施高新企业“两化”行动和“两清零一提升”专项。新认定国高企164家、省科小343家，累计806家、1453家，新增数完成率均排名全市第3。新增市级以上企业研发机构40家，其中省级15家。海正生物以企业主体申报全省“抗体药物”重点实验室。

【“315”科技创新体系建设】 出台《落实“315”科技创新体系建设工程专项工作方案（2023—2027年）》，以企业需求为牵引，以产业化为目的，实施“六大攻坚行动”，实现“五倍增、五提升”。有序推进相关工作，指标整体完成情况良好，一季度获评五星工程。1—9月，省、市晾晒指标中，全市排名前2的指标2项（均为全省前10），全市排名前5指标4项。在全市科技系统半年度工作会议暨“315”科技创新体系建设工程推进会作交流发言。

【研发平台建设】 开展“两清零一提升”专项行动，引导企业加大科研投入，升级企业研发机构档次。新增市级以上企业研发机构40家，其中省级15家。完成规模以上工业企业研发投入51亿元，同比增长21.5%。全社会R&D经费支出占GDP比重达3.2%，同比增长0.26个百分点，排名全市第二。

【新型实验室体系建设】 指导杭光所、浙工大国际创新中心、浙江中医药大学富阳研究院和海正生物等4家单位牵头申报全省重点实验室，西湖大学光电研究院参与共建全省重点实验室。其中，杭州光机所“微结构特种光纤实验室”和西光电“3D微纳加工和表征实验室”纳入待完善全省重点实验室清单。有3家实验室将参与2024年第二批评审。加快新型研发机构建设，西湖大学光电研究院认定省级新型研发机构，浙工大国际创新中心入选杭州市先进传感材料概念验证中心建设名单2023年杭州市十佳典型博士后工作站。

【高能级平台成果转化】 深化推广杭光所“四链融合”创新模式，全面提升创新平台创新策源和成果转化能力。2023年，杭光所新引育团队10个，引进人才39人；新申请/转化知识产权139件（其中授权77件）；新引入社会资本2.75亿元，孵化企业总估值150亿元。西湖大学光电研究院立项科研孵化项目10项，招引人员113人，硕博学历占比96.6%。浙江中医药大学富阳研究院完成植物药、中药生物合成等4个创新团队组建。

【科技成果转化】 推进科技成果转移转化基地和示范机构建设，引导各类科技要素向新质生产力转化，富春湾新城入选长三角G60科创走廊科技成果转移转化基地；杭光所申报科技成果转移转化试点示范机构通过省厅评审，待发文。升级科技大市场，提升富阳科技大市场服务企业能力，全年引进科技中介服务机构7家，促进专家对接富阳区企业技术难题60余次，开展产学研对接相关活动10余场。5G产业创新服务综合体完成验收准备工作。促进科技成果转化项目合作，引导企业与高校及科研平台对接合作，促进科技成果转化落地。全年杭州

2023年，杭州光学精密机械研究所

（区科技局 供图）

市成果转化项目立项12项，完成技术交易额31.85亿元，完成年度任务的181.9%。

【高层次科技人才引育】 依托杭光所、西光电等高能级平台，共同引进培育高层次人才（团队）。菲利普·罗素获评中科院外籍院士，李京波获评俄罗斯工程院院士、浙江省特聘专家、杭州市顶尖人才。领军型人才（团队）方面，国家级项目申报29人，省级项目申报11人，市级项目申报22人，省级团队申报1个，市级团队申报2个。项目立项方面，市级项目共立项7个。华鹰控股荣获新建国家引才引智示范基地。

【差异化发展模式】 推进南北差异化的孵化培育体系建设，开发区布局楼宇经济，以孵化器(众创空间)上楼为主要工作方向，远期拓展到新建成的产业园区，形成孵化—加速—产业化的链条布局。富春湾新城主要专注光电通信（集成电路）、生物医药等新兴产业，以打造综合性园区工作方向，闭环打造孵化—加速—产业化的“专精特”综合性园区，远期形成大园区的生态体系。

【孵化平台和运营机构招引】 新增园宇宙·医智谷、邑米科技园、满企·空间等市级孵化器（众创空间）3家，工创谷等4家众创空间获评市级优秀众创空间。推荐8家优质孵化运营机构给两大平台，其中开发区完成道洲科创服务、园宇宙科技管理等2家运营机构签约入驻，富春湾新城与万马联合控股集团、天津谷川科技、绿城科技产业集团、中电光谷等4家运营机构达成意向合作，参与运营富春湾医械产业园、富春湾科创中心和富春湾光电产业园。

【孵化产业化空间建设】 推进各个产业（加速）园项目建设进度，完成主体结顶53万平方米，其中富春湾新城区域30.7万平方米，包括杭光所科研大楼、中节能产业园、瞰澜产业园等；开发区银湖区域22.34万平方米，包括应急产业园、西谷新零售产业园、银湖佰赛时生物信息产业园等。

（张姗妮）

中国林科院亚热带林业研究所

【概况】 中国林科院亚热带林业研究所（以下简称亚林所）有在职职工166人，其中有正高级职称33人、副高级职称59人、中级职称54人、初级职称13人。具有博士学位人员94人、硕士学位人员35人。博士生导师13人，硕士生导师31人，在读研究生210人（含联合培养75人）。研究生招生专业涵盖理学、农学门类的生物化学与分子生物学、生态学、林木遗传育种、经济林学、森林保护学等11个二级学科以及林业和风景园林2个硕士专业学位。

【服务林草中心和国家战略】 制定油茶产业发展三年行动工作举措，深化拓展产业发展技术规范、智能化苗圃建设、低效林改造、茶油加工与利用等全产业链科技支撑服务，编制《油茶》《油茶产业发展实用技术手册》《油茶皂素》等行业标准与技术手册，推进标准化、机械化育苗技术体系建设，与湿地司进行对接，积极参与湿地保护修复标准制修订、全国湿地生态监测体系构建等咨询支撑工作。积极承担林业产业和大食物观两项中国工程院战略咨询项目课题，完成充分挖掘林草食物资源等2项研究报告编制。在广西龙胜建立毛竹、摆竹高效栽培实验示范林6.67公顷，产量提升24%—28%；在贵州独山持续推动油桐特色产业发展，合作共建的油桐产业研究院成为东西部对口协作典型。在安徽岳西、浙江淳安等地建立林下食用菌、中药材高效栽培示范基地3个，完成安庆市产学研合作5个项目的全部合作任务。编制完成富阳区林业“双碳”目标行动方案和首个“零碳”示范村行动方案，科技支撑浙江省林业碳汇先行基地创建单位2个，突破油茶蒲高值化利用技术1项，落实国家公园科技支撑项目2个。推动浙江松阳、青田油茶等林业产业高质量发展，落实常山、建德、富阳等地林木种质资源调查任务7项，在淳安、岳西、龙胜等地建立高质量林下经济林业特色产业示范基地4个。科技管理处被评为全省科技特派员工作先进集体，2位特派员被评为省级优秀特派员，其中1人作为科技特派员代表给习近平总书记写信。

【院所改革】 开展管理改革试点，实施方案获得批复，全面启动改革任务17项，制定国有资产管理、政府采购、人才培养等配套制度5项，提出院所章程、容错机制、内控制度优化等工作初稿，启动软科学重点项目，完成实施方案和研究报告初稿编制。

【科技项目资源争取】 提出《2023—2024年度项目申报清单》，立项生物育种项目1项、子课题2项；国家重点研发项目2项，课题2项，子课题5项；国家基金2项；浙江省“领雁”项目1项；院基金8项，其余浙江省、中国林科院级项目9项，其中院优青项目1项。纵向项目合同经费约1.1亿元。完成1项重点研发项目和4项国家重点研发课题绩效评价工作。召开“十四五”重点研发和生物育种专项项目启动会。完成2030生物育种项目年度评价工作，完成育种专项项目中期检查。竹类研究实验室维修改造项目批复总投资1001.9万元，到位资金391.15万元，完成项目初步方案编制。油茶副产物高值利用实验室建设项目批复总投资1914万元，到位资金700万元，完成初步方案设计，开展规划许可证办理和施工图预算编制和准备项目招投标。完成2024年度改善科研条件专项申报，申报经费820万元；申报2024年基本建设项目，申报经费1753.95万元。

【条件平台建设】 完成局重点实验室重组，评估获优秀；参与并完成浙江省重点实验室申报，编写实验室等平台总结4份，完成山茶木兰国家林木种质资源库综合评价、杭州湾湿地站整改等工作；编制长三角协调创新中心工作简报2期；测试站完成174件实审规划和实审材料审查。完成充电桩、运动场、老年活动室、太阳能补偿、研究生公寓修缮等民生工程。推荐17项成果入选浙江科技创新馆，积极参加省政协科技下乡、科技周、第一届世界林木业大会，完成2项成果评价，申报国审良种1项，浙江省林木良种19项，4个（油桐2个、香榧2个）新品种通过实审，3项转基因品种通过环境释放评审。年度申报省部级奖项4项（浙江省科技进步奖1项，知识产权奖2项，梁希奖1项），科技兴林奖1项。其中获浙江省知识产权二等奖1项（亚林柿砧6号）；1项成果入选2022年林草科技十大进展；4项成果入选2023年浙江省林业先进科技成果。相关成果在新华网、《人民日报》、《绿色时报》等12家媒体发布。

【学科和团队建设】 组织开展研究组中期评估，完成4个研究组负责人、3个学科群负责人以及部分创新岗位的调整聘用。制定《中国林科院亚林所科研创新人才引进办法》和《中国林科院亚林所科实施方案（试行）》，为23位职工申请认定省级人才，推荐1人参评全国绿化奖章获评审通过，2人参加浙江省科技创新人才申报，派出2名干部到上级单位锻炼。招收研究生47人，共有10人次获得国家奖学金、梁希优秀学子奖等各类荣誉。智慧林业学科发展规划通过评审会，在遥感技术、全基因组数据分析、非模式物种研究突破路径等方面举办学术交流13次，承办以“聚焦林草科技前沿，助力青年成长成才”为主题的首届全国林草青年科学家50人高端对话会。5位科研人员赴澳大利亚、蒙古国等国家开展国际合作，在第六届国际生态峰会做学术报告2个和墙报2个，举办访学回国人员学术报告会，5位中长期访学专家进行交流；3位外方专家开展森林康养、微生物等方面的线上学术活动，共计200余人次参加。申报各类国际合作项目2项，成功获批国家林草局引智成果示范推广项目1项。

【资源管护和资产管理】 明确与虎山、城东、新民村的林地界线，大坞坑林区违规占用林地下降10%，无新增林地侵占。新建50吨消防水池1个，完成庙山坞、株林坞和大小门水源地改造工程，有效改善科研基地长期少水缺水困境。组织开展浙江省林学会“奇遇觅立春，森林探奥秘”“科技强林 科普惠民”2023年全国林草科技活动周等各类研学科普活动59场次，累计3600人次参加。完成2023年通用办公设备及家具等资产配置工作。完成全所7000台（套）价值2.7亿元的固定资产清查。做好资产出入库工作，入库资产187台（套），价值970余万元。完成亚林生物董事、监事换届工作。

【资金安全和高效运行】 加强预算一体化工作宣传，落实“过紧日子”的要求；形成2022年年度财务分析报告，客观反映分析单位财务状况，就非财政执行进度、资产管理、债权债务管理等方面提出合理化建议，为决策提供依据；完成2022年固定资产年报、预算一体化系统固定资

2023年5月9日，亚林所研究员郭子武（右）对农民进行毛竹林下黄精种植技术指导
（亚林所　供图）

2023年亚林所年度编写著作一览表

表15

序号	著作名称	出版单位
1	生物质炭添加对亚热带主要树种的生理生态影响	中国林业出版社
2	无患子种质资源描述规范和数据标准	中国林业出版社
3	绍兴鉴湖国家湿地公园动植物资源	浙江科学技术出版社

2023年亚林所获得专利授权情况一览表

表16

序号	类　别	名　称	状　态
1	国内发明专利	一种基于陈麦粒的羊肚菌开放式低成本制种方法	授权
2	国内发明专利	一种亚热带次生林恢复的抚育方法	授权
3	国内发明专利	转录因子LCMYB4在调控山鸡椒萜类合成中的应用	授权
4	国内发明专利	转录因子LcERF19在调控山鸡椒精油合成中的应用	授权
5	国内发明专利	D6蛋白激酶D6PKL2的新用途	授权
6	国内发明专利	一种飞行昆虫诱捕装置及其方法	授权
7	国内发明专利	一种方便拆洗的便携式诱捕装置	授权
8	国内发明专利	一种吉伦伯不动杆菌及其应用	授权
9	国内发明专利	薄壳山核桃品种Creek的分子标记及其应用	授权
10	国内发明专利	薄壳山核桃Mahan、Pawnee和Greenriver的SSR分子标记及其应用2023	授权
11	国内发明专利	薄壳山核桃品种McMillian的SSR分子标记及其应用	授权
12	国内发明专利	与油茶种仁油中亚麻酸含量相关的SNP分子标记及其应用	授权
13	国内发明专利	与油茶种仁油中亚麻酸含量相关的关键SNP分子标记及其应用	授权
14	国内发明专利	与油茶种子油脂中棕榈油酸含量相关的SNP分子标记及其应用	授权
15	国内发明专利	与油茶种子油中二十碳烯酸含量相关的SNP分子标记及其应用	授权
16	国内发明专利	与油茶种子油中硬脂酸含量相关的SNP分子标记及其应用	授权
17	国内发明专利	与油茶种子油脂中油酸和亚油酸含量相关的SNP分子标记及其应用	授权
18	国内发明专利	与油茶种仁含油率相关的2个SNP分子标记及其应用	授权
19	国内发明专利	与油茶种仁含油率相关的3个SNP分子标记及其应用	授权
20	国内发明专利	与油茶种仁含油率相关的SNP分子标记及其应用	授权
21	国内发明专利	与油茶种子油脂中软脂酸含量相关的SNP分子标记及其应用	授权
22	国内发明专利	与油茶种子出仁率相关的DNA片段、SNP分子标记及其应用	授权
23	国内发明专利	与油茶种子油脂中亚油酸含量相关的DNA片段、SNP分子标记及其应用	授权
24	国内发明专利	与油茶种子出仁率相关的DNA片段、其紧密连锁的SNP分子标记及其应用	授权
25	国内发明专利	与油茶单果质量相关的DNA片段、其紧密连锁的SNP分子标记及其应用	授权
26	国内发明专利	一种与油茶单果质量相关的DNA片段及其应用	授权
27	国内发明专利	一种与油茶种子油脂中亚油酸含量相关的DNA片段及其应用	
28	国内发明专利	杂合二倍体内生真菌菌株及其用途	
29	国内发明专利	金花茶SSR标记引物及其在杂种鉴定中的应用	
30	国内发明专利	山茶品种春江红霞的多态性标记引物及山茶品种鉴定方法	
31	国内发明专利	一种促进弗吉尼亚栎扦插生根的苗床加温方法	
32	国内发明专利	一种油茶高效组织培养及植株再生的方法	

续表16

序号	类　别	名　称	状　态
33	国际专利	*METHOD FOR RAPIDLY RESTORING VEGETATION IN KARST ROCKY DESERTIFIED RED BARE SOIL*	
34	国际专利	*SNP molecular marker, primer, identification method and application for early identification of "Fuyu strain" sweet persimmon*	
35	国际专利	*An Comprehensive Assessment of Diospyros kaki Thunb Fruit Quality Method by Topsis Method based on Entropy Weight*	
36	国际专利	一种毛竹同位素原位标记装置	

2023 年亚林所发布技术标准一览表

表17

序号	类　别	名　称
1	行业标准（综合体）	油茶
2	行业标准	湿地松火炬松培育技术规程
3	地方标准	珍贵彩色树种营林技术规程 第2部分：红豆树

2023 年亚林所获审认定品种权一览表

表18

序号	类　别	名　称	审认定单位
1	省级品种审定	毛红椿家系 SC	浙江省林木品种审定委员会
2	省级品种审定	金盾油桐	贵州省林木品种审定委员会
3	省级品种审定	毛红椿家系 YF	浙江省林木品种审定委员会
4	省级品种审定	红富椿	浙江省林木品种审定委员会
5	省级品种审定	美人茶	浙江省林木品种审定委员会
6	省级品种审定	YLZ1 号锥栗	浙江省林木品种审定委员会
7	省级品种审定	YLZ14 号锥栗	浙江省林木品种审定委员会
8	省级品种认定	杉木 B13-3 A74-3 家系	浙江省林木品种审定委员会
9	省级品种认定	杉木 C25-3B109-3 家系	浙江省林木品种审定委员会
10	省级品种认定	杉木 C25-3B109-3 家系	浙江省林木品种审定委员会
11	省级品种认定	杉木 YW12 YW155 家系	浙江省林木品种审定委员会
12	授权新品种、新产品	福广	国家林业和草原局
13	授权新品种、新产品	福吉	国家林业和草原局
14	授权新品种、新产品	春江丹珠	国家林业和草原局
15	授权新品种、新产品	春江风光	国家林业和草原局
16	授权新品种、新产品	春江虹蕊	国家林业和草原局
17	授权新品种、新产品	春江含香	国家林业和草原局
18	授权新品种、新产品	春江艳霞	国家林业和草原局
19	授权新品种、新产品	春江彤燕	国家林业和草原局
20	授权新品种、新产品	春江田园	国家林业和草原局
21	授权新品种登录	黄塔	英国皇家园艺协会
22	授权新品种登录	满天星	英国皇家园艺协会
23	授权新品种登录	兰花品种 pink bell	英国皇家园艺协会
24	授权新品种登录	兰花品种 Flying dancer	英国皇家园艺协会

续表18

序号	类 别	名 称	审认定单位
25	授权新品种登录	春江粉玉	中国茶花协会
26	授权新品种登录	春江粉妆	中国茶花协会
27	授权新品种登录	春江梦月	中国茶花协会
28	授权新品种登录	春江秋香	中国茶花协会
29	授权新品种登录	春江瑞香	中国茶花协会
30	授权新品种登录	春江瑞紫	中国茶花协会

2023年亚林所获鉴（认）定成果一览表

表19

序号	成果名称	类别	鉴(认)定单位
1	油茶生态经济型品种评价筛选及配置应用技术	评价	中科合创(北京)科技成果评价中心
2	国外松多目标育种群体构建关键技术及应用	评价	中国林学会

2023年亚林所获奖一览表

表20

序号	成果名称	获奖类别等级	授奖单位
1	亚林柿砧6号	浙江省知识产权奖二等奖	浙江省人民政府
2	广西柿产业关键技术创新与应用	广西壮族自治区科学技术进步三等奖	广西壮族自治区人民政府
3	栗类优异种质创制和产业化利用	第十三届梁希科学技术进步二等奖	中国林学会
4	马尾松高生产力高抗良种选育和种子园矮化丰产技术	第十三届梁希科学技术进步三等奖	中国林学会
5	雷竹林高质高效精准管理关键技术	第十三届浙江省科技兴林奖	浙江省林学会

产初始化数据录入及2023年中央企业国有资本收益申报工作。开展财经纪律重点问题专项整治等自查自纠，尤其是2022年以来巡察、审计、预算执行监控、财政监管等发现的关于预算编制、预算执行、资金管理、资产管理等财经纪律方面存在的问题和整改情况；积极组织落实审计整改，有效收回长期借款；开展2022年“三公”经费和委托业务费自查工作，提升“三公”经费和横向经费管理。通过内控系统建立常态化监管机制，有效避免超预算超标准执行“三公”经费发生；开展委托业务费专项检查、排查关联方交易等方式，强化横向项目管理与经费监督。

【安全生产和服务保障】 加强日常监管和隐患排查，确保亚运安全保障和全所安全。推进安全管理制度完善，制定出台实验室、网络安全制度，完成危化品仓库迁移；组织开展应急演练，开展消防安全工作；出动巡查看火人员540人次，实现全年“零火灾、零事故”。强化水电、安全管理，完善安全制度，解决部分遗留水电、消防安全隐患，助力全年安全生产。拓展健康服务领域，创新体检套餐模式，提高健康监测水平。推进垃圾分类，深化环境卫生整治，营造舒心环境。严格业务用车审核监督，保障行车安全。

（杨清平）

中国水稻研究所

【概况】 2023年，中国水稻研究所以第一完成单位获浙江省科学技术进步奖三等奖1项、首届浙江省知识产权奖（植物新品种权）二等奖1项、2022—2023年度神农中华农业科技奖三等奖1项（已公示）。新增“十四五”国家重点研发项目3项，新增国家自然科学基金16项、浙江省级项目24项。发表论文193篇，其中SCI、SSCI、EI期刊论文135篇。通过审定新品种54个，获植物新品种权保护51个，授权国家发明专利52项，国家标准1项。

【人才培育】 推进高层次复合型人才培育，获全国创新争先奖章1人，获国务院政府特殊津贴1人，入选国家高层次青年拔尖人才青年专家2人，获人社部人才项目特别

2023年5月，中国水稻研究所胡培松院士获全国创新争先奖章

（中国水稻研究所 供图）

资助1人，3人分别入选浙江省高层次杰出人才、领军人才和青年人才。入选博士后“创新人才支持计划”1人，获博士后基金面上资助或特别资助4人。

【水稻重要农艺性状调控基因的挖掘利用与分子解析项目】 由王跃星研究员为第一完成人，成果面向高产优质水稻新品种选育这一国家重大需求，利用图位克隆、基因组重测序、基因编辑等方法，持续开展重要农艺性状关键调控基因的克隆和功能分析，从遗传资源与核心种质资源中挖掘出粒型、株型、品质关键调控基因GL7、GS2、HTD1HZ、GSE5和MAPK途径相关基因，深入解析作用机理，相关研究结果发表在*Nature Genetics*、*Molecular Plant*、*Nature Plants*和*Plant Journal*等国内外顶级期刊，为高产优质水稻品种分子设计育种提供重要的指导意义和基因资源，该项目获浙江省自然科学奖三等奖。

【“春江16A”项目】 由林建荣为第一完成人的“春江16A”品种质量优，特异性强，一致性好，特征性稳定，2015年获植物新品种保护权（品种权号CNA20070128.2）。异交结实率高达46%，显著高于一般粳稻不育系，以春江16A配组的春优84制种亩产量达208.5千克，远高于一般籼粳杂交稻制种产量；以春江16A配组的春优167米质达部颁一等品质；利用春江16A配制10个籼粳杂交稻审定品种，平均比对照增产15.4%；以春江16A配组的籼粳杂交稻春优84、春优927、春优59等杂种优势强、丰产稳产性好，具有良好的生态适应性。推动了高异交率优质粳稻不育系和优质高产广适籼粳杂交稻的选育，共有10家科研院所和种业企业培育出26个衍生品种通过省级以上审定或鉴定。春优84和春优927多次被列为浙江省主导品种，春优84于2015年被农业部认定为超级稻品种。该项目获浙江省首届知识产权奖（职务新品种权）二等奖。

【新品种水稻项目】 春江16A获浙江省首届知识产权奖（植物新品种类）二等奖。中嘉早17、中早39、晶两优华占等3个品种入选2023年度农业农村部主导品种，中组53、中组18和舜达135等3个品种入选农业农村部2023年度超级稻品种。中嘉早17、中早39列全国常规稻年推广前十位；“华占系列”杂交稻继续位居全国杂交水稻推广前列，其中晶两优华占、隆两优华占继续列杂交稻年推广面积前两位。华浙优210、中两优326、华浙优78、之两优68、中浙优11等54个品种通过审定，其中中安2号、中安早7号两个低镉品种通过湖南省审定，为全球首批通过省级审定的镉低积累早稻品种；中香18A、华浙5A、中222S等6个不育系通过鉴定，其中，优质高产的镉超低积累两系不育系安1S、华安2S分别通过浙江省和湖南省审定。召开第二届全国早稻新品种新技术观摩研讨会，展示了60余个早稻新品种。收集适宜北方稻区种植的新种质670余份，选育11个寒地抗倒抗病高产粳稻品系参加黑龙江区域试验。

【新技术新装备研发】 支撑水稻产业转型升级，水稻叠盘出苗育秧技术、稻稻（再）油周年绿色高产高效技术两项技术入选农业农村部农业主推技术，机插侧深施肥技术、杂交稻精准播种机插技术、稻田健康土壤培育等5项技术入选浙江省种植业主推技术。研发水稻病虫害AR智能测报仪，可多靶标多场景应用，简单有效地进行水稻病虫害测报。利用智能模式识别算法，研制开发出智能稻米食味仪，作为我国自主知识产权仪器，可填补国内相关仪器的空白。“稻田智慧灌溉及水肥/药一体化成套装备”纳入浙江省制造业首台（套）攻关项目。研发、完善无人机精量直播、精准排灌与肥水一体化、酸化稻田土壤健康培育等装备和技术，指导浙江临海、江西上饶等地建立5个现代化智能育秧中心。研制寒地秸秆全量原位还田缓释多效综合技术，可实现减肥减药、节本增效、优质高产、改良黑土地，在黑龙江累计示范推广2万余公顷。

【乡村振兴科技支撑】 发挥国家队支撑引领作用，牵头组建由120名多领域专家组成的院水稻产业专家团，在水稻生产关键时期奔赴全国各地水稻主产区深入一线开展技术指导，做好春耕备耕工作，派出80批次600余人次专家，举办田间课堂、培训班60场次。1个服务团队获批2023年福建省科技特派团队，1人获批2023年福建省科技特派员。积极做好稳产保供、对口帮扶贵州台江、浙江仙居及科技支撑

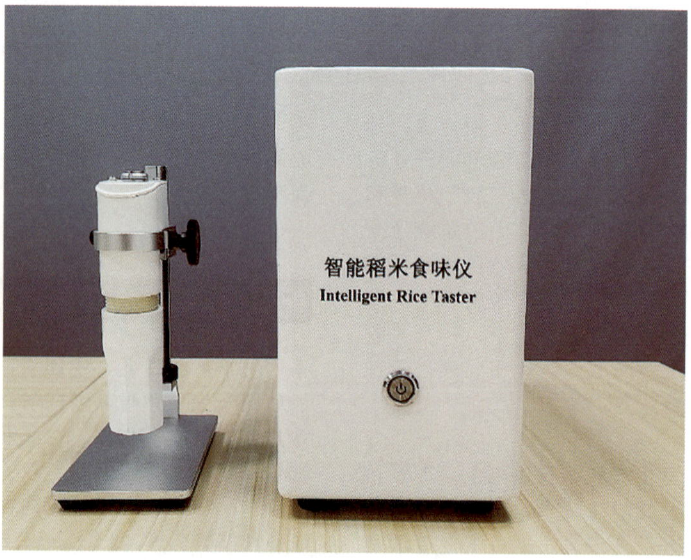

2023年，中国水稻研究所自主研制的智能稻米食味仪
（中国水稻研究所　供图）

武夷山乡村振兴示范县等工作，持续打造台江县特色乡村振兴之路，引入“华浙优 210”等高端大米品种打造台江鲤吻香米等地方品牌，构建台江县优质稻产业发展模式。协助仙居县举办 2023 中国农民丰收节暨全国梯田科技联盟成立等活动，协调建立“杨丰山共富试验田”，组织参加省政协“送科技下乡”活动，开展杂交稻制种机插秧现场指导和技术培训，为遂昌县创建国家级制种基地提供咨询指导，政协浙江省委专门致感谢信。获农业农村部“以秋补夏、抗灾多丰收”专项任务嘉奖，获中国农业科学院科技开发奖1项、稳产保供贡献奖 1 项、乡村振兴贡献奖 1 项。

【RICE SCIENCE 影响因子】 SCI 期刊 *Rice Science* 国内外影响力持续提高，2022 年 JCR 影响因子达 4.8，2023 年获中国最具国际影响力学术期刊奖。《中国水稻科学》2023 年影响因子 2.207，在我国农艺类期刊中名列第二，被科技部中国科技信息研究所评为中国精品科技期刊。做好文献资源保障、论文引证检索、数字文献建设与服务，文献资源保障率 95%，继续位列农科院 33 个研究所第一。

【水稻科学普及】 开展全民科学素质提升行动，利用农科开放日、全国科普日、全国科技者工作日等开展科普宣传，线上线下多渠道传播水稻科学知识、展示水稻科技成就。全年举办科普活动 120 余场，现场服务人员 4000 余人，线上关注量超过 110 万人次，积极营造热爱农业科学、崇尚农业科学的社会风尚。1 个部门获中国农业科学院基层科普人物（团队）称号，“舌尖上的味稻”全国科普日活动获新华社报道，被中国科协评为“2023 年全国科普日优秀活动”。

（申红芳）

杭州光学精密机械研究所

【概况】 杭州光学精密机械研究所（简称杭州光机所），由中科院上海光机所与杭州市富阳区人民政府共建。杭州光机所聚焦激光光电领域，以市场化为导向，以“数据 + 基地 + 算法”模式为主板，探索跨越科技成果产业化死亡之谷的“创新 + 创业 + 创投”科创新体系，推动“人才链、创新链、资金链、产业链”的融合，积极推进“杭州光机所 2.0”模式，努力打造“最懂”科学家创业的“根据地式”孵化器，构建“硬科技创新创业公司雨林生态”，发展“中国特色”弗朗霍夫研究所，成为最懂科学家创业的平台。2023 年，杭州光机所获全省微结构特种光纤重点实验室、杭州市军民融合产业基地、杭州市军民科技协同创新平台等多项荣誉。科技成果转化成果获中央广播电视总台综合频道《新闻联播》报道；推出富阳模式科创样板，获中央广播电视总台、《人民日报》、新华网、中新网、光明网、澎湃新闻、《文汇报》、《新民晚报》、浙江经视等十余家媒体报道。

2023年11月18日，2023前沿光电科技创新大会暨杭州光学精密机械研究所科创园区启用仪式在富阳区举行 （杭州光机所 供图）

【人才培养与团队建设】 杭州光机所组建 356 人科研团队，其中本科 167 人，硕士及以上 183 人。积极储备创业人才，与国科大、华南师范大学、厦门大学等高校建立研究生联合培养机制，联合委培研究生 80 余人；与国科大联合成立富阳科教产业基地、工程专业学位研究生实践基地。携手东科创星开设“中科神光科创 CEO 特训班”，为发现、培育、赋能硬科技创业企业打造立体化、系统化、全生命周期的科技成果转化及创业加速服务平台，力争成为最懂科学家创业的特训体系。挖掘储备优质项目，引入高端创新创业人才，为打造“硬科技创新创业雨林生态”注入新动力。

【科技创新与项目引育】 围绕新材料、先进制造、特种芯片、光电装备引育研发技术团队 39 个，注册公司 35 家；获批国家高新技术企业 10 家、浙江省科技型中小企业 13 家、浙江省“专精特新”中小企业 5 家、省级企业研发机构 1 个、市级企业研发中心 3 个，入选杭州市准“独角兽”（估值达 1 亿美元）企业 1 家。建立特种光纤及应用、激光与光电功能材料、激光光电装备、先进激光制造、光纤传感及应用等 5 个研发中心和 2 个公共服务平台。

【公共平台搭建】 杭州光机所激光及光学特性表征公共服务平台主要分为先进材料测试平台、飞秒激光加工平台、光学材料制备平台。杭州光机所与富阳区政府签订《半导体工艺共性平台运营委托协议》，至年底，半导体工艺共性平台拨付经费 9500 万元，达到通线运营状态。罗素先进光波中心完成重大设备采购包括拉丝塔两座、光纤熔接机、激光器、实验检测设备等多台设备，完成总采购金额超 5000 万元；在新科研大楼完成 1200 余平方米实验空间的装修建设，其中包括光纤制备工作室260余平方米，超净实验室310余平方米，以及光学实验室670余平方米，建设特种微结构光纤制备平台、特种光纤测试与表征平台、超快光纤激光研究平台、气体非线性光学研究平台，以及先进光学感知与成像研究平台等光纤技术研发平台。

【科技宣传】 杭州光机所举办第三届人工晶体材料青年学术会议、2023中国光学十大进展高峰论坛暨颁奖典礼、2023硅基光电子国际论坛等大型学术会议、2023前沿光电科技创新大会暨杭州光学精密机械研究所科创园区启用仪式等活动，开展科技宣传。组织孵化企业参加第24届中国国际光电博览会（深圳）、第19届“中国光谷”国际光电子博览会暨论坛（武汉）、2023年先进技术成果交易大会（苏州）等行业领域知名展会；2023年4月杭州光机所“星光科普团”在富阳区春江中心小学和富阳区大源镇中心小学共计24个班级开展“拥抱科学”科普实践活动，8月举行“星耀行动”青少年科普活动，9月参与富阳区“汇聚科普力量 助力亚运盛会”活动。

（杨延林）

【编辑　吕　克】

28 教　育

Education

综　述

【概况】 2023年，全区有各级各类学校、幼儿园167所，其中：幼儿园71所（民办35所），小学53所（民办1所），初中16所（民办1所），九年一贯制学校2所（均为民办），普高9所（民办4所），职高2所，技工学校2所，特殊教育学校2所（民办1所），独立建制区域性成校5所，教育指导服务中心3所，教育研究中心1所，新劳动教育研究院1所。省三级以上幼儿园创建率100%；通过省特色示范高中验收的公办普通高中5所，省一级特色示范普通高中1所，省二级特色示范普通高中4所。国家级重点职高2所，国家中职改革发展示范学校1所，省中职改革发展示范学校1所。

全区有在校学生约12.12万人，其中，幼儿约2.51万人，小学约5.01万人，初中约2.26万人，普高约1.38万人，职高约0.73万人，技工学校约0.19万人，听障人士特殊教育类学生423人。学前三年净入园率为99.9%，九年义务教育入学率、巩固率均为100%，初升高比例100%，普通高中招生比例54%。普通高中与职业高中（含中专、技校）的招生保持基本平衡。普通高考报名4566人，录取4330人，录取率为94.83%，普通高考本科录取2818人，录取率达到61.72%。特控线（特殊类型招生录取控制分数线）上线人数1075人，占比26%，其中清华大学、北京大学录取11人；空军招飞录取1人。高职单独考试报考2118人，录取1804人，录取率85.17%，其中本科录取207人。浙江省盲人学校录取11人，其中本科录取6人。成人高考报名3195人。高中招生文化考试和信息技术、实验操作考试参加人数为7404人。

全区各级各类学校有教职工11305人，其中，幼儿园教职工3634人，园长和专任教师1916人；小学教职工3110人，专任教师2976人；初中教职工2280人，专任教师1804人，普通高中教职工1405人，专任教师1255人；中等职业学校教职工642人，专任教师603人；技工学校教职工129人，专任教师95人；特殊教育学校教职工105人，专任教师105人。在编公办教职工编制0.68万人。

【教育教学改革】 召开全区小学综合评价改革推进会、全区适性教育现场推进会，做好“双减”浙里课后服务作业“晒评”试点推进工作，启动富阳区小学生综合评价改革试点学校研究工作，义务教育685节课在杭州市共享优课比赛中获奖。持续做好中高职一体化培养和中本一体项目试点工作。区中职（技工）学校与政府部门、高校、企业行业合作，新成立烹饪、流体控制富春茶等产业学院。在全国职业院校师生职业能力大赛中获1枚金牌2枚银牌1枚铜牌，竞赛成绩居省、市前列。职教中心服装教师团队获全国教学能力大赛一等奖。区职高教学成果《中职学校“企业学区”人才培养模式探索与实践》获国家级教学成果一等奖。

【教育优质均衡发展】 推进教共体扩面提质工程，新增名校协作共同体3个。完成9个教育集团考核，实现紧密型教共体全覆盖；组建初中教育集团1个，促进城乡义务教育优质均衡发展。通过“国家学前教育普及普惠区”“国家义务教育优质均衡发展区”创建省级督导评估，做好问题整改和迎接国家级评估验收工作。扎实开展各类监测，引入第三方评估监测，加强和改进区域教育管理，8所初中、13所小学（校区）接受国家中小学教育质量综合评价监测且情况良好。规范开展杭州市级规范办园专项督导等各类专项督导工作。富阳区教育现代化发展水平监测A等，列全省27名，高于全省平均水平3.36分。

【育人成效】 发布《杭州市富阳区中小学、幼儿园家庭教育三年规划实施意见（2023年—2025年）》，组织开展富阳区中小学、幼儿园“富春家尚学”家庭教育指导服务。举办全区中小学生田径运动会等竞赛活动60余场，参加学生2万人次。举行富阳区全面加强新时代特色学校创建启动仪式、中小学生科技节等活动。获杭州市阳光锦标赛青少年举重团体总分第二、国际式摔跤七连冠、中国式摔跤项目团体冠军等荣誉。组织参加第三届省中小学学生科技创新作文大赛，获特等奖3人、一等奖6人。组织参加杭州市中小学生科技节比赛，获一等奖8个。获评“2023年浙江省健康促进学校（金牌）”2所，“第四批浙江省近视防控特色学校”1所，“浙江省营养与健康特色学校”1所。探索家长课程建设“派单领单”，发布35堂富春家尚学家长系列课程清单。向社会开放中小学校体育场地74个。

【教育系统党建】 推进教育系统学习贯彻习近平新时代中国特色社会主义思想主题教育，实现129个党组织、4971名党员全覆盖。建立区委教育工作委员会工作机制，统筹推进党组织领导的校长负责制，选配校党组织副书记47名。扎实推进基层组织建设，新建民办幼儿园联合党支部3个，独立党支部1个，选派民办幼儿园党建指导员25名。打造教育系统第二批“十佳”党建品牌、优秀党建品牌19个，培育“教育共富·党建联建”优秀工作案例71个。制定清廉学校建设新一轮三年行动计划，深度打造“五廉强基·红心育人”清廉学校建设富阳，创建“一校一品”清廉品牌。局机关创建为市清廉机关“红雁清风”培树点，引领建成省级清廉示范点（优秀案例）3个、区级示范点25个。

【富阳区教育系统工作推进暨党风廉政建设大会】 2月3日，2023年富阳区教育系统工作推进暨党风廉政建设大会在富春九小举行。会议通报2022年杭州市级以上学校获得荣誉和2022年富阳区教育系统相关考核，确定“六争六进”行动方案，富阳中学、永昌镇幼、富春中学、富阳学院、局计财科与高桥小学围绕如何落实教育系统“六争六进”行动作交流发言。

【富阳区首届教育乡贤代表联谊会成立】 4月30日，富阳区首届教育乡贤代表联谊会举行成立仪式。乡贤代表审阅通过《富阳区教育乡贤代表联谊会章程》《富阳区教育乡贤代表联谊会理事会选举办法》，选举产生首届教育乡贤代表联谊会理事会，徐一超为会长，金晓明、孙青峰、曹宝龙为副会长。区人大常委会主任徐林亮为富阳区教育乡贤代表联谊会授牌；区政协主席张霖为中国科学院院士蔡荣根、朱玉贤等8位被聘为“富阳区教育发展顾问”乡贤颁发聘书；区委常委、宣传部部长张鹏为曹宝龙、王健敏等7位乡贤命名的名师（名校长）工作室授牌。副区长詹艳青为浙江大学附属中学与场口中学，杭州新世纪外国语学校与大源镇中心小学，杭州市东城外国语实验学校与在建的东吴实验学校（暂定名）分别结对成为名校协作共同体授牌。

【富阳区教育系统领导干部暑期培训】 8月20日，2023年富阳区教育系统领导干部暑期培训正式启动，区属各校（单位）书记、校长（主任），各乡镇（街道）幼儿园书记、园长，民办学校书记、校长以及教育局机关中层以上干部参加培训。区委常委、宣传部部长张鹏围绕“学深悟透党的创新理论，推动富阳教育高起点上新发展”对全区教育工作者提出要求。新华智云科技有限公司首席执行官、富阳区教育乡贤徐常亮作《大模型AIGC科普》主题讲座。杭州市之江实验中学教育集团理事长、浙江省特级教师、富阳区教育乡贤陈竹根校长作题为《培育教师成长，是校长领导力的集中体现》的主题讲座。

【富阳通过“两区”创建省级督导评估】 9月18日和11月27日，富阳区接受国家学前教育普及普惠区和国家义务教育优质均衡发展区创建省级督导评估。评估组通过查看资料、走访学校、交流座谈等途径，对富阳区创建工作进行全方位的督导评估，认为富阳区高度重视创建工作，创建氛围浓厚；严格对标对表，创建成效显著，顺利通过省级督导评估。

幼儿教育

【概况】 全区有各类幼儿园71所，其中：教育部门办36所（下属园区85个），民办35所；省一级幼儿园22所，省二级幼儿园64所，省三级幼儿园34所。在园幼儿25167人，学前三年入园率99.9%。幼儿园教职工3634人，专任教师1916人，其中：硕士研究生学历9人、本科学历1480人、专科学历414人、高中学历13人；具有专业技术职称的园长和专任教师1916人，其中：副高级教师14人，中级教师631人、助理级教师809人、员级教师78人，未定职384人。学前三年幼儿入园率99.9%，省等级幼儿园在园人数比例100%，优质学前教育覆盖率83.9%，幼儿园公办率75.49%，普惠率91.52%，学前教育生均公用经费为770元/生·年。

【学前教育品牌内涵建设】 4月，制定富阳区域性推进“富春江畔幼儿园”幼教特色品牌创建活动方案。乡村幼儿园品牌课程建设项目获得省级精品课程2个、市级精品课程3个。

【房产类儿童招生试行】 优化完善招生政策，城区公办幼儿园秋季小班试行招收房产类适龄儿童，共招收房产类适龄儿童520人，幼儿园公办率提升5.49%，学前教育公办率75.49%。

【省一级幼儿园创建】 12月，省人民政府教育督导委员会公布2023年浙江省一级幼儿园认定通过名单，认定省一级幼儿园217所。富阳区银湖街道受降幼儿园（本部园区）、富春第五幼儿园（桃源园区）、新登镇第二幼儿园（大山园区）、胥口镇中心幼儿园、大源镇中心幼儿园（本部园区）通过认定。

中小学教育

【概况】 全区有小学53所（含民办小学1所），九年一贯制学校2所（民办），班级1296个，学生

2023年11月11日，富阳区第七届"富春情·教育梦"学术节在求是富春第九小学举行　　（区教育局　供图）

50145人（含民办小学），教职工3110人（含民办小学），其中，专任教师2976人、行政人员17人、教辅和工勤人员117人。专任教师队伍中，研究生学历151人、大学本科学历2488人、大学专科学历332人、高中学历5人。具有专业技术职称的专任教师2976人，其中正高级2人、副高级313人、中级1961人、助理级586人、员级19人、未定级95人。

全区初级中学16所（含民办初中1所），九年一贯制学校2所（民办），班级533个，学生22694人，教职工2280人（含民办初中）。其中，专任教师1804人（含民办初中），行政人员37人，教辅和工勤人员439人。专任教师队伍中，研究生学历135人、本科学历1660人、大学专科学历9人，大学专科及以上学历占比100%。专任教师中具有专业技术职称的1804人，其中，正高级7人、副高级668人、中级710人、助理级365人、员级5人、未定级49人。

全区普通高中9所（含民办高中4所），班级313个，学生13804人。教职工1405人（含民办高中），其中，专任教师1255人（含民办高中），行政人员25人，教辅和工勤人员125人。专任教师队伍中，博士研究生学历1人，硕士研究生学历208人、大学本科学历1046人，大学本科及以上学历为100%。专任教师中具有专业技术职称的1255人，其中，正高级5人、副高级479人、中级448人、助理级259人、未定级64人。

【富阳中学学生获亚洲物理奥赛金牌】 2月12日，第23届亚洲物理奥林匹克竞赛中国国家队名单公布，浙江省富阳中学高三（1）班郎程超入围，为浙江省内唯一入选亚洲物理奥林匹克竞赛国家队学生。5月28日，第23届亚洲物理奥林匹克竞赛闭幕，郎程超以理论第一、总分第一，获亚洲物理奥赛金牌，为富阳中学学生获得的第四枚重大赛事金牌。

【新登中学与市七医院党建联建签约揭牌】 3月29日，新登中学与杭州市第七人民医院举办"心语护航　情暖圣园"党建联建签约揭牌仪式暨心理健康服务公益活动。双方通过共建联建的形式整合医疗与教学资源，发挥医校联动机制在心理健康知识传播、心理危机干预中的重要作用。至年底，共开展心理健康服务5场。

【富阳区第七届"富春情·教育梦"学术节】 11月11日，富阳区第七届"富春情·教育梦"学术节在求是富春第九小学举行。区教育局相关领导及科室长，区教研中心全体教研员，全区各校（园）长、特级教师等300多人参加活动。本届学术节持续两个半月，设专家讲座、教学展示、评价改革、项目化学习、校园长论坛等活动14场次。

【富阳区第52届中小学生田径运动会】 11月8—10日，杭州市富阳区第52届中小学生田径运动会在富阳区实验中学举行。全区73个学校1087名运动员参加29个项目的竞技比赛。运动会共有35所中小学获得团体奖荣誉；11所中小学获得体育道德风尚奖；12名教师获优秀教练员荣誉称号；12名教师获优秀裁

2023年11月16日，"请党放心·强国有我"富阳区2023年劳动教育嘉年华活动举行　　（区教育局　供图）

判员荣誉称号；10名学生获优秀志愿者荣誉称号。

【富阳区2023年“奔跑吧·少年”之杭州市富阳区“区长杯”第十四届小学生足球比赛】 11月24日，富阳区2023年“奔跑吧·少年”之杭州市富阳区“区长杯”第十四届小学生足球比赛在春江中心小学举行。本次比赛分为男子甲组、男子乙组和女子组3个组别，有23所学校的33支队伍300多名运动员参加，共有75场比赛。大源镇中心小学、富春第七小学分获男子甲组、男子乙组冠军，春江中心小学获女子组冠军。

【富阳学生获市赛一等奖】 12月11日，2023年杭州市中小学科技节创客大赛在杭州青少年宫（滨江分中心）举行，来自全市13个区（县、市）91所中小学的近310名青少年参加。富阳区富春第八小学学生徐晟皓、郑承轩、李梓豪获创客马拉松项目一等奖。

中等职业教育

【概况】 全区中等职业学校2所，学生7319人，教职工642人，其中，专任教师603人，行政人员16人，教辅和工勤人员23人。在专任教师中，硕士研究生学历65人，大学本科学历538人，大学本科及以上学历为100%。具有专业技术职称603人，其中，正高级2人，副高级281人，中级250人，初级70人。技工学校2所（民办1所），学生1497人，教职工129人。专任教师95人，其中，副高级12人，中级13人，初级70人。

国家级重点职高2所，分别为富阳学院（富阳区职业高级中学）和富阳区职业教育中心，其中，富阳学院（富阳区职业高级中学）为国家级重点职校、国家改革发展示范校、浙江省中职名校、浙江省高水平中职学校建设单位和首批浙江省现代化学校；富阳区职业教育中心为国家级重点职校、浙江改革发展示范校、浙江省中职高水平专业建设单位和浙江省现代化学校。

全年全区中职学校在浙江省单考单招中，上线2188人，本科上线207人，护理专业、园林专业获全省专业第一名。获全国职业院校师生职业能力大赛1枚金牌2枚银牌1枚铜牌；获全省中职师生职业能力大赛5枚金牌6枚银牌6枚铜牌；获全市中职学校师生职业能力大赛44枚金牌，富阳学院（富阳区职业高级中学）和富阳区职业教育中心大赛优秀组织奖、优秀贡献奖和突出贡献奖。

【富阳区职业高级中学啦啦操队获省冠军】 5月20—21日，浙江省第七届青少年阳光体育运动会啦啦操比赛在杭州大学城北体育健身中心举行，该赛事由浙江省体育局、浙江省教育厅主办。富阳区职业高级中学啦啦操队代表杭州市获中学组花球规定3级、爵士规定3级、花球自选动作冠军。

【富阳区职业高级中学获评国家级教学成果奖一等奖】 8月1日，教育部公布2022年国家级教学成果奖获奖项目名单，富阳区职业高级中学《基于“企业学区”的中职高素质技能型人才培养模式探索与实践》教学成果获2022年职业教育国家级教学成果奖一等奖；富春第七小学《从小热爱劳动：小学生新劳动教育的实践探索》获2022年基础教育国家级教学成果奖二等奖。

【富阳区职业教育中心获全国一等奖】 11月23日至25日，2023年全国职业院校技能大赛教学能力比赛在江西省南昌市举行。富阳区职业教育中心牧晓红、洪瑜、章可易、周一妹教师组建的服装专业教学团队作品《国韵茶服创意设计制作》获中职组全国一等奖，实现历史性突破。

【富阳学院男子篮球队获全市冠军】 12月12—15日，浙江省第十七届中学生篮球联赛杭州市级比赛在杭州源清中学举行，富阳学院男子篮球队战胜临平职业高级中学，获得高中组冠军，创造富阳区参加该赛事最好成绩。

【富阳区职业教育中心获评杭州市教育改革创新学校】 12月25日，杭州市教育学会公布2023年度教育改革创新年度人物、年度学校，富阳区职业教育中心入围2023年杭州市教育改革创新学校。

成人教育

【概况】 富阳学院成人高等学历教育在读学员4049人，其中开放教育学员3539人（本科1798人、专科1741人）、网络教育162人（中国人民大学20人、大连理工大学和福建师范大学142人）、杭州师范大学函授教育131人、衢州职业技

2023年11月24日，富阳区2023年“奔跑吧·少年”之杭州市富阳区“区长杯”第十四届小学生足球比赛在春江中心小学举行 （区教育局 供图）

术学院函授教育45人、浙江开放大学单考单招学生24人，成人中专148人。富阳学院在全省办学体系办学评估中获“优秀+”等次，连续7年获评全省开大系统年度办学评价A等单位。

富阳区在社区教育品牌培育、项目创建、课程资源建设、工作案例创新等方面持续发力，积极参加省市和国家有关评定、遴选和创优活动。全年全区有全国新时代百姓学习之星1人，社区教育“能者为师”第三批实践创新项目1个，“农村社区学习中心（CLC）能力建设项目”实验点1个，全国老年教育诵读教学成果展评优秀组织单位1所、优秀指导教师1人，入围教育部“乡村振兴你我同行”典型案例短视频3个；浙江省老年教育优质学校1所，浙江省百姓学习之星1人，“浙里美”老年学习达人1人，浙江省老年教育优质师资库教师和浙江省老年教育“领雁”教师培养对象各2人，浙江省职业教育与成人教育优秀教科研成果二等奖2项，全省体系助力“两个先行”典型案例3个，浙江省社区教育优秀品牌项目1个；杭州市优质老年教育机构2个、共学养老优质基地3个、老年教育品牌项目1个，杭州市“百姓学习之星”2人，杭州市“终身学习品牌项目”1个，杭州市示范社区学习共同体6个，杭州市最佳社区学习共同体1个，杭州市社区学习共同体最佳核心成员1人。

【成人教育全覆盖】 新增乡镇（街道）老年学校18所，实现乡镇（街道）老年学校全覆盖，新增老年学堂184所，建立健全四级办学体系。富春街道老年学校获评省老年教育优质学校。完成成人“双证制”职业高中学历提升1405人，大专及以上学历提升4692人，职业教育培训3万余人次。

【富阳学院学员入选2023年全国新时代“百姓学习之星”】 9月5日，全民终身学习活动周领导小组和中国成人教育协会公布2023年全国新时代“百姓学习之星”和“终身学习品牌项目”宣传推介名单，富阳区教育局推荐的富阳学院学员扈友华入选2023年全国新时代“百姓学习之星”。扈友华为富阳学院（浙江老年开放大学富阳学院）旅游英语口语班的学员，自2014年起，积极参加富阳学院开设的各类公益性培训班学习。

特殊教育

【概况】 全区有特殊教育学校2所，即浙江省盲人学校（省教育厅委托富阳区教育局代管）和富阳区特殊教育学校。两校共设班级42个，在校学生423人；教职工105人，其中专任教师105人；在专任教师中，硕士研究生学历3人，本科学历95人，专科学历6人，高中学历1人；具有专业技术职称105人，其中副高级39人、中级43人，助理级20人，未定职级3人。全区持证残障儿童少年入学率居全省前列，其中学前教育入园率85%，义务教育入学率100%，高中教育段入学率91%。全区有合格资源教室的学校共54所，其中市示范性13所、市合格型34所、区合格型7所。

【省盲人学校学生参加杭州亚残运会开幕式、闭幕式表演】 10月22日，省盲人学校学生刘景怡与“手语姐姐”毛董莱搭档，出演杭州亚残运会开幕式开场节目《心相约》。10月28日，杭州亚残运会闭幕式举行，省盲人学校视障学生62人参加火炬熄灭和合唱表演。

【省盲人学校教师在首届全国特殊教育教师教学基本功展示活动中获奖】 8月10日，教育部办公厅发布关于首届全国特殊教育教师教学基本功展示和融合教育优秀教育教学案例遴选结果的公示。在各省级教育行政部门认真推荐的基础上，经专家遴选，浙江省盲人学校青年教师张洲入围。

学校管理

【概况】 完善教育规划布局，落实学前教育、中小学布点专项规划（2020—2035）、《杭州市富阳区“十四五”教育改革发展规划》、《富阳区学校建设三年行动计划》。完善食堂管理、校园安全管理和师德师风建设长效管理机制，开展食堂管理专项整治，组织监督检查6轮次，涉及学校168所次，推进学校食堂采购问题专项治理行动，发现问题15项，整改完成15项，做好食堂环境改造，基本实现阳光厨房和智能阳光厨房全覆盖，90%学校完成食堂排烟系统改造；聚焦校园安全专项整治，发现隐患问题1257个，并完成闭环整改；做好内部审计工作，开展在职和离任校（园）长专项审计，开展下属公办学校财务管理情况专项审计调查，获评全省优秀内部审计项目“表彰项目”。出台《关于加强富阳区教育系统国有资产管理的通知》，完成国有资产管理专项检查学校26所。

【教育保障】 全年全区教育系统被列入政府投资建设计划项目35个，总投资53.05亿元，年计划投资11.95亿元。其中，续建项目23个，新建项目6个，预备项目6个。被列入省教育民生实事投用类项目2个，均竣工投用，新增班级84个、学位3780个；被列入市政府教育民生实事投用类项目9个，除富春湾未来小学竣工未投用外，其余项目均竣工投用，新增班级201个、学位8280个；被列入区政府民生实事“美好教育”工程（新建类）项目12个，总投资11.98亿元，除富春湾未来小学竣工未投用外，其余项目均竣工投用，新增班级220个、学位8655个。推进杭二中富春学校（暂名）建设，该项目为杭州“教育共富”重点项目、富阳区引进杭州主城区优质高中教育资源合作共建高中学校项目，至年底，该项目完成主体结构验收。全年完成教育现代化专项（维修）66所，完成上官乡中心小学山洪受灾后应急维修、富春第二小学消防楼梯应急改造等应急性项目9个，完成防雷设施设备检测115所（含校区），防雷设施设备改造33所。

【德育工作】 制定《富阳区“富春红心”大思政工程建设实施方案》，

确立以浙江中医药大学为理事长单位的7所富阳首批大中小学思政教育一体化联盟，选树首届“富春红心·思政好教师”10名、“富春红心·新时代好少年”10名、提名奖10名、入围奖30名，成立“富春红心少年讲习团”“富春红心思政教师讲习团”，持续推进“思政课程+课程思政”建设。4月，富阳召开第四届“公望”全国班主任论坛，共有600余名全国专家学者参加，区教育局作“立生德育”区域德育品牌介绍。

全年组织“优秀学生”“文明校园”等各类评比活动20余次，表彰富阳区“美德少年”“阳光成才学子”1100余名；推荐参与省级文明校园评选学校1所，推荐参与杭州市级文明校园评选学校2所，获评杭州市文明校园学校35所。

建立由50名青年英语教师组成的“亚运之星”青年教师志愿队，开展“全民学英语，一起迎亚运”英语系列公开课活动。结合亚运主题，开设特色班会课程300余节，举办各类演讲比赛、合唱比赛、征文绘画活动700余次。全系统共计约5万余名学生参与校内外迎亚运志愿服务，3000余名教师参与亚运护航志愿行动，为富阳迎亚运、享亚运贡献教育力量。

落实儿童青少年“正脊行动”，开展全区义务教育段学生脊柱筛查38383人次，完成进度100%。完成全区中小学、幼儿园近视调查，近视率为53.08%，比上年同期下降1.25个百分点，春建乡中心小学特色护眼课程在中央广播电视总台综合频道《晚间新闻》栏目播出。

组织开展“青春奋进新时代”富阳区第十五届中小学生合唱比赛，共有55个学校、3000余名学生参赛，参赛人数创历史新高。组织开展全区中小学生艺术素养监测，优化美术素养监测考核环节。举行富阳区全面加强新时代特色学校创建启动仪式，48所学校展示校园文化特色。

【新劳动教育】 4月11日，由教育部基础教育司主办的中小学劳动教育实验区座谈会在江苏常州召开。富阳区教育局党委书记、局长费国民作为浙江省唯一发言代表参加座谈会，并作题为《全要素激活：让孩子从小热爱劳动》的专题交流发言。教育部党组成员、副部长王嘉毅在会上对富阳区“人人都是劳动导师、处处都是劳动场所、时时都有劳动清单、事事都有数字评价”的劳动教育实施体系给予表扬肯定。4月，富阳“劳动托管”赋能“双减”的经验做法在教育部官网刊登。8月25日，举行全国中小学劳动教育教研员工作会议。10月7日，举办大中小学劳动教育一体化协同推进论坛，该论坛为全国首次以大中小学劳动教育一体化为主题的劳动教育相关会议，推动基础教育和职业教育的有机融合，引领大中小学劳动教育一体化协同推进、特色化创新发展。

【教育经费规范使用】 加强预算审核，对重大政策和项目实行全周期跟踪问效，建立动态评价调整机制，及时清退执行到期、绩效低下的政策和项目。加强基财、后勤领域廉政教育，持续惩治重点领域腐败问题。强化局党委和理事会双重领导，规范教育基金分配使用程序，评选“阳光成才”先进集体201个、阳光成才学生1079人，发放奖金63.81万元。“未来基金”助学人数1965人，资助金额1681.4万元。

【护校安园工程】 组建第二批首席安全官20人，两批首席安全官采用“以老带新、小组抱团”方式开展工作，召开校园首席安全官安全专项培训。建立区、片、校和学生四个层面的校园首席安全官队伍，架构安全分级管控机制。开展三轮全覆盖式校园安全大排查大整治行动，发现并闭环整改隐患593处。依托杭州市校园安全管理平台和安全检查整改闭环平台，实现数据汇总、过程留痕、闭环管理，录入安全管理制度2706条、安全教育4470条，安全演练1493条，参与69万余人次。举办反诈防骗主题宣传绘画展，重新聘任143名公职人员担任216所学校（包括校区）的法治副校长，举办暑期公益法治夏令营，推出第二课堂法治课180余节。推进“普法基地”建设，建立“未成年人保护共享法庭”127个。

【心理健康教育】 开展“班主任心育技能提升”心理活动月活动，共组织系列活动310场，参与师生76432人次，评选优秀心育课视频73个、优秀心理微课97个；组织心理健康教育B级资格证书培训，共有203人参加。推出教育、卫生融合的“五心荟”心理关爱行动机制，心理医生进校园覆盖率100%，举办讲座14521人次，个案研讨124场，心理危机干预46例。发布《全面加强和改进新时代富阳区中小学生心理健康工作三年行动计划（2023年—2025年）》，持续开展中小学心理健康教育工作督查，发放督查通报与整改通知单30余次，全面压实学校心理健康工作责任。

【浙江省清廉学校建设示范校创建】 4月17日，中共浙江省委教育工作委员会办公室公布第二批浙江省清廉学校建设示范校名单，富阳区第二中学与富阳区新登镇中心小学入围。富阳区第二中学“突出红色、强化融合、力求创新”的“清廉二中”文化品牌以“廉洁教学、诚信做人”为廉洁文化核心理念，营造“崇廉、奉廉、赞廉”的文化氛围，形成“政风清明、校风清净、教风清正、学风清新”的文化生态。富阳区新登镇中心小学以打造“玉兰之光”党建品牌为契机，通过清纯玉兰、芬芳玉兰、高洁玉兰三个维度引领学校师生全面发展；至年底，富阳区创建省清廉学校建设示范校学校3所。

【富阳区教育局和黄山区教育局全方位交流合作协议签订】 4月10日，富阳区教育局和黄山区教育局签订全方位交流合作协议，建立两地教育战略合作协调推进机制，共同促进教育均衡、优质和特色发展，谱写两地教育合作新篇章。会后黄山区教育局考察组参观考察富阳区职业高级中学、富阳区富春第九小学、富阳区春江中心幼儿园。

【首届新时代全国小班化教育研讨会】 5月10日至12日，首届新时代全国小班化教育研讨会在富阳举行，来自全国各地的中小学教育教学工作者300余人参加。该论坛由杭州市富阳区教育局主办、北京时代凤凰教育研究院承办。本次研讨会设置专家报告和现场考察和观摩等议程，小学小班化教育分会场设富阳区永昌镇中心小学，初中小班化教育分会场设富阳区环山中学。举办首届新时代全国小班化教育研讨会，旨在努力为全国小班化教育发展探路，以小班化激活乡村学校的教育大理想。

【富阳区中小学幼儿园暑期安全管理工作会议】 6月25日，富阳区中小学幼儿园暑期安全管理工作会议在富阳学院举行。区教育安全生产委员会成员单位、各乡镇（街道）分管教育领导，区属学校（单位）校长，各乡镇（街道）幼儿园园长以及各民办学校校长等160余人现场参加，民办幼儿园园长通过钉钉参加视频会议。富春第三中学、区农业农村局、大源镇分别代表学校、部门和乡镇进行发言。区教育安全生产委员会主任、副区长詹艳青强调暑期安全工作的重要性和落实工作的必要性，具体部署防范溺水、交通安全、暑期工程、排查整治、心理健康等工作。

【富阳区暑期校外培训专项治理行动】 7月20日，富阳区“双减”工作专班召开2023年暑期校外培训专项治理工作会议，区文广旅体局、区教育局、区科技局、区市场监管局、区城管局（综合执法局）、消防救援大队相关负责人参加。会议解读《杭州市富阳区“监管护苗”2023年暑期校外培训治理工作方案》，明确本次专项行动治理目标、治理对象、治理举措以及各部门具体分工。此次行动向社会释放推动“双减”政策持续营造落地落实的强烈信号，持续营造打击违规培训的高压态势，进一步推进校外培训机构监管规范化、常态化，促进学生身心健康、全面发展，保障家长合法权益。

【第二批杭州市儿童友好学校创建】 8月18日，根据《杭州市儿童友好学校标准（指引）（试行）》的要求，经区教育局推荐，专家评审和实地抽查评估，银湖中学、永昌镇中心小学、富春第三幼儿园（总园）入围第二批杭州市儿童友好学校名单。至年底，富阳区共有春江街道中心幼儿园、新登镇中心小学（福光校区）、富春中学、银湖中学、永昌镇中心小学、富春第三幼儿园（总园）等6所学校（园）获评“杭州市儿童友好学校”。

【市级融合教育基地学校创建】 10月11日，杭州市教育局公布杭州市随班就读示范性资源教室和合格资源教室的学校名单，区东吴小学、洞桥镇中心幼儿园入围杭州市第七批市随班就读示范性资源教室，区职业教育中心、胥口镇中心小学、大青幼儿园、渔山乡中心幼儿园入围杭州市第十五批合格资源教室。至年底，全区共有市随班就读示范性资源教室54所、市合格资源教室34所。

【富阳区思政教育一体化建设成果展暨检察e站揭牌】 12月18日，富阳区大中小学思政教育一体化建设阶段性成果展示暨未成年人检察e站揭牌仪式在浙江中医药大学附属阳陂湖小学举行，区大中小学思政教育一体化建设指导委员会成员、区中小学分管负责人、中小学生代表共计180余人参加。检察e站是杭州检察机关践行“以检察工作现代化服务中国式现代化”中心任务，立足检察机关法律监督职能，在主题教育调查研究、试点运行基础上，建立的集法律监督线索举报、群众控告申诉、涉企法律服务、特殊群体保护、军人军属权益保护、全民普法宣传等功能于一体的一站式检察服务平台。

师资队伍建设

【概况】 全年新招引教师140人，其中正高级和特级教师3人，招聘劳动合同制教师534人。持续优化《杭州市富阳区高层次教育人才激励办法》，“双一流”建设高校师范类毕业生特岗补贴申报72人，补助金额370余万元，新引进人才子女342人申请入学补助，补助金额669万元。

发布名师、名校长培养三年行动计划，持续构建全周期教师培育机制，全年新增正高级教师6人、省级教坛新秀3人、浙派名师培养对象1人、名校长培养对象1人、市教坛新秀66人，市级名师培养对象20人、名校长培养对象5人，开设骨干教师培训班3个、名师研修班2个、各类校级干部培训班4个。遴选各类市级优秀112人、省级优秀27人，入围杭州市“教育领军人才”1人、2022年度全国教书育人楷模候选人（全市唯一）1人、2022年享受杭州市政府特殊津贴人员1人。富阳名师培养经验受到《中国教师报》关注并报道。

全年赴外支教教师25名，其中，赴新疆阿克苏3人，四川德格6人，四川得荣1人，杭州桐庐7人，丽水遂昌5人，迪拜3人。依托名校集团化办学，区内50名骨干教师校长到农村交流任教，87名新教师到城区优质学校挂职培养，3名农村骨干教师到杭州主城区挂职锻炼。

深化学校干部管理工作，规范学校干部设置和日常管理，开展校级干部回头看走访，加强学校干部考核与评价工作，对全区所有校级干部实施综合考核，2022年度校级干部考核优秀等次77人。全年校级干部调整146人，其中，提拔31人，转岗交流106人，退职或辞职9人。

【富阳教师荣誉】 1月10日，杭州市教育学会公布2022年教育改革创新人物名单，富春第七小学副校长洪玉芬获年度教师称号，永兴学校初中部校长邵文鸿获年度校长称号，永昌镇中心小学获年度学校称号。3月29日，浙江省教育厅、上海市教育委员会、江苏省教育厅和安徽省教育厅联合公布第十一届长三角地区中小学班主任基本功大赛获奖名单，富阳区江南中学教师李志升获高中组综合奖一等奖（第一名），并获育人故事、带班方略、主题班会等单项一等奖。5月18日，浙江省初中信息技术教学活动评审在温州瓯海举行，杭州银湖实验中学教师杨思莹获2023年浙江省初中信息技术优质课评比一等奖，为富阳区初中信息技术学科首次获得该奖项。6月8日，浙江省家庭教育指导中心和浙江省家庭教育学会公布2023年浙江省家庭教育讲师团成员聘任名单，富阳区第二中学教师马夷虹、杭州银湖实验中学教师俞丽萍和富春第四幼儿园教师朱小儿入围。7月17日，2022年“宝武杯”全国杰出中小学中青年教师表彰会在北京举行，富春第七小学章振乐获银奖。9月8日，浙江省人民教育基金会、浙江省特级教师协会公布《关于确认2023年省中小学教坛新秀的决定》，富阳中学语文教师王德宸、杭州银湖实验中学数学教师陈志华、富春第七小学数学教研大组组长赵涵菲入围。10月31日，2023年浙江省中小学班主任基本功大赛在宁波举行，经过主题班会、育人故事、带班育人方略、情景模拟四个模块比赛，富阳区杭州银湖科技城硅谷小学教师丁婉青获得综合奖小学组二等奖。11月1日，杭州市总工会公布2023年度“杭州教育工匠”名单，区教育发展研究中心初中英语教研员鲍闽芳入围。

【第39个教师节庆祝活动】 9月7日，富阳区第39个教师节庆祝活动在富阳影剧院举行。活动分“致敬·献礼”“初心·大爱”“展望·美好”3个篇章，表彰2023年度全区省教坛新秀、省农村教师突出贡献奖获得者，市、区“两优一突”教师，区第三届“五阶段”优秀教师以及“富春好园丁”。举行富阳区中小学与浙江省中医药大学共建大中小学思政化一体化联盟、与武警士官学校共建青少年国防教育基地授牌仪式，成立由富阳农商银行捐赠的1000万元“教师关爱基金”。庆祝活动开始前，区领导分两路走访部分学校（幼儿园）。

【正高级教师】 12月，浙江省教育厅公布2023年浙江省中小学正高级教师、中等职业学校正高级讲师人员名单公示，富阳中学王斌杰、富阳二中申永健、东洲中学应佳成、永兴学校施牡丹、银湖实验中学邵永平、区职业高级中学汪永成等6名教师入围。至年底，富阳共有正高级教师25人。

教学与教育科研

【概况】 推进杭州师范大学富阳基础教育研究院年度合作项目，探索高校专家、教研员、学校教师多位一体的合作机制与模式，优化教研员培养机制，提升教研员专业素养。教科研成果获国家教育成果奖一等奖1个、二等奖1个。杭州市2023年教育科研课题立项率为62.92%，位列13个县市区第二。获评国家通用语言文字推广普及先进集体。富阳区教育发展研究中心被授予浙江省（2021—2022年度）教科研先进集体奖。

全省教师教育规划课题优秀成果10项，其中，一等奖2项，二等奖1项，三等奖7项。全市教育科研优秀成果57项，其中，综合类优秀成果一等奖2项、二等奖10项，三等奖15项；教师小课题优秀成果一等奖5项，二等奖10项，三等奖15项。全市中小学和幼儿园教学研究（基教）优秀成果18项，其中，一等奖4项、二等奖7项、三等奖7项。全市教师教育科研课题优秀成果11项，其中，二等奖6项、获三等奖5项。全省教学研究评比获奖论文12篇，其中，一等奖1篇、二等奖2篇、三等奖9篇。全市职成教专项评比获奖论文22篇，其中，一等奖3篇、二等奖5篇、三等奖14篇。全市中小学和幼儿园教学研究专题论文评比获奖论文130篇，其中，一等奖28篇、二等奖45篇、三等奖57篇。

【富阳体育智慧教育典型案例全国获奖】 2月，教育部“智慧教育示范区”创建项目专家组秘书处公布2022年基础教育阶段智慧教育典型案例征集评审结果，富阳区教研中心洪健平团队（成员有孙斌、徐献银、黄军）主持的案例《数字赋能 安心健体——“三全”理念下落实校外一小时体育家庭作业的富阳样式》获评典型案例。该活动由中国教育科学研究院基础教育研究所联合浙江智能教育技术与应用重点实验室组织开展，全国入选成果104项，获评典型案例55项。

【杭州师范大学富阳基础教育研究院学期工作总结】 7月7日，杭州师范大学富阳基础教育研究院2022学年第二学期工作总结会在大源镇中心小学举行。杭师大富阳基础教育研究院领导、富阳区教育局领导、4所基地学校领导、8个名师工作室导师和相关教研员近30余人

2023年9月1日，浙江中医药大学附属阳陂湖小学揭牌
（区教育局 供图）

参加。新登镇中、东洲中学、大源镇小和永昌镇小4所基地学校汇报一学期活动情况，杭州师范大学钱旭鸯教授作总结。

经费设施

【概况】 全年全区一般公共预算教育经费投入25.21亿元，拨付全区学校（幼儿园）装备、维修总资金0.92亿元；拨付民办教育专项资金1亿元，专项扶持富阳区民办中小学、幼儿园发展；做好“未来基金”助学工作。加强人民教育基金会日常运行管理，至年底，“未来基金”助学人数1965人，资助金额1681.4万元。建立健全全区公办学校（幼儿园）生均公用经费标准，建立3%生均公用经费正常增长机制。

【区政府投资教育项目“双抢双保”大比武现场成果展示】 1月13日，2022年度区政府投资教育项目“双抢双保”竞赛现场成果展示活动在富春第九小学报告厅举行，副区长詹艳青致辞。经前期考核筛选，活动现场展示续建类项目7个、新建实施类项目5个、投用类项目4个。

【浙江中医药大学附属阳陂湖小学启用】 9月1日，浙江中医药大学附属阳陂湖小学揭牌启用。该校位于银湖街道新桥新路177号，建设规模36个教学班，建设用地3.66公顷，总建筑面积44469.54平方米，其中地上建筑面积30419.36平方米。3月8日，浙江中医药大学和富阳区教育局举行合作办学签约仪式，双方共建“浙江中医药大学附属阳陂湖小学”。

（韦　晶）

【编辑　刘　亮】

29 文化·传媒
Culture and Media

公共文化服务

【概况】 至2023年底，杭州市富阳区文化和广电旅游体育局（简称“区文广旅体局”）直属事业单位7个，其中区文化市场行政执法队实行局队合一，局机关科室10个，在职人员140人，其中有艺术、群文、图博等高级专业技术职称27人，中级专业技术职称22人。

区文化馆全年举办线上线下各类文化活动674场，参与118.8万余人次。接待排练、训练等活动2330余人次。举办文艺公益培训班451场，参加28118人次。全馆获杭州市级以上奖项114个，其中，国家级1个，省级51个，市级62个。

区图书馆全年接待读者78.1万人次，书刊文献外借14.8万人次、92万册次。专项购置经费55万元，新增纸质图书4.8万余册，订购报刊151种，收集地方文献136种、463册。全年举办线上线下各类读者活动531次，参加人员40万余人次。全馆有藏书78.6万余册。获2023年度全国第七次县级以上公共图书馆评估“国家一级图书馆”称号。全馆共获杭州市级以上奖项17个，其中，国家级1个、省级15个、市级1个。9月，区图书馆维修项目完成，正式对外开放。

【文化民生实事项目】 完成50个“15分钟品质文化生活圈”建设，富阳区“15分钟品质文化生活圈”建设获全市第一等次。至年底，全区累计建成文化圈140个，遍及全区24个乡镇（街道），覆盖村（社区）143个、受益群众43万人，覆盖各类文体设施1447个（处），完成140支文化圈志愿服务队组建，吸纳文旅志愿者5555名，文化骨干608人，归集各类文体社团1022支。

【文化队伍建设】 组织开展第二批文化示范户和乡村文化能人评选工作，评选区级文化示范户15户，乡村文化能人104人。全年组织开展村级宣传文化员、文化圈负责人、文化站站长等基层文化队伍人员培训20场。

【文化阵地建设】 1月，富阳区非遗馆试运营，并于6月正式开馆。新增城市书房2家，分别为常绿镇子平书房、场口镇场口城市书屋；文化驿站2个，分别为胥口镇药谷客厅文化驿站和银湖街道文化驿站，其中场口镇场口城市书屋获评“杭州书房”。获评浙江省最美公共文化空间1个，为富春山馆。获评浙江省文化示范村2家，分别为银湖街道唐家坞村、场口镇场口村。获评省一级旅游驿站1个，为黄公望隐居地旅游驿站；省二级旅游驿站2个，为场口东梓关旅游驿站、安顶山旅游驿站。获评浙江省第二批文艺赋美·浙江省美育村2个，分别为新登镇半山村、湘溪村。建设完成杭州市“邻里阅读空间”5个，为梓树花苑、秦亿社区、山水社区、江滨社区、瞳心艺术中心。新建未来社区书屋2个，为秦忆未来社区书屋、金桥未来社区书屋。新建农商驿站“微图书馆”1个。至年底，全区有城市书房11个、主题分馆7个、乡镇（街道）分馆24个、农家书屋276个、企事业单位流通点120余个。配送24个乡镇（街道）分馆图书2.4万册。

【“富春山居·文艺赋美”工程】 实施“富春山居 文艺赋美”工程。推出“玉兰有戏”“富春有艺”“公望有约”等具有富阳特色文艺赋美子品牌3个，服务突破30万人次。吸纳文艺赋美志愿者1496人，组建文艺赋美团队284支，文艺赋美演出场所337个，完成文艺赋美演出4164场。富阳区获得2023年度杭州市文艺赋美第五名，富阳区文化馆文艺赋美团队获评杭州市十佳文艺赋美团队。

2023年12月，富阳区图书馆获中华人民共和国文化和旅游部授予的“一级图书馆”荣誉称号

（区文广旅体局　供图）

2023年4月28日，“清朗·富春山居”廉洁文化主题活动启动
（区文广旅体局 供图）

【文艺精品创演】 举办“迎亚运 展风采”2023富阳区新故事作品征文大赛和富阳区首届硬笔书法大赛，征集优秀作品633篇。组织作品参加“迎亚运 展芳华”2023年杭州民间美术作品展系列活动，“艺祥精彩亚运·共创美好生活”2023杭州市少儿书画摄影大赛，浙江省第五届群星书法小品展，浙江省首届群星硬笔书法大赛，浙江省首届群星篆刻展，浙江省第十七届新故事作品征文大赛，杭州市第十四届网络故事大赛、浙江省第二十二届群众音乐大赛等活动，共有88件作品获奖。创编戏剧小品《礼物》参加“迎亚运 艺起来”——首届长三角城市戏剧小品邀请赛暨2023年“杭州有戏”戏剧大赛、浙江省第三十四届群众戏剧小品大赛，均获银奖。

【群众性文化活动】 全年组织举办和承办“全民共舞 喜迎亚运”2023年富阳区广场舞大赛、“清朗·富春山居”廉洁文化主题活动、“喜迎亚运会 我来秀一秀”富阳区“玉兰杯”戏迷擂台赛、“喜迎亚运 唱响富春”2023年富阳区“新歌声”大赛暨杭州市第27届“三江”歌手富阳选拔赛、富阳区第三届传说故事讲述大赛暨第六届“少年非遗说”浙江传说故事讲述大赛富阳选拔赛、2023杭州市民艺术节暨“三江两岸”音乐节之第二十七届“三江”歌手大赛总决赛及杭州市民艺术节闭幕式、“记录美好生活 喜迎亚运盛会”富阳区“手机摄影走进文化礼堂”活动、“文艺秀全城 赋美迎亚运”展演等文化活动。5月，开展首届富阳区文化馆服务宣传周活动，共举办3个板块11场活动，参与人数超10万人。杭州亚运会、亚残运会举办期间，举办“文艺赋美 精彩亚（残）运”富阳区观赛空间系列文化活动36场。组织亚残运会火炬传递仪式展演文艺节目13个。

【全民艺术普及】 至年底，区文化馆共接待市民合唱团、尚香女子合唱团、区管女干部兴趣班、乡镇文艺团队、区人大、区农业农村局等10余支团队、2330余人次开展排练、训练等活动。组织开展全区文艺公益培训活动3期，涵盖国学艺术、生活艺术、民间艺术、舞蹈、音乐、器乐、书法美术、戏曲等44个门类，共授课416课时。组织文艺小分队到乡村、学校、警营开展全面艺术普及活动。

【数字文化服务】 至年底，举办线上图片、视频直播19场，观看人数58.3万余人次。发布微信公众号41期，发布信息216条，浏览量5.88万余人次，内容涉及优秀节目展示、主题展览、培训讲座、艺术欣赏等。其中，举办围绕党的二十大精神和“两个亚运”线上主题展览22个。8月，推出富阳区文化馆自制慕课，涉及生活技能提升、器乐学习、非遗手工等内容。

【文化理论研究】 10月，国家级研究项目《乡村新型公共文化空间服务创新研究：“富春山居”的样本分析》，通过文化和旅游部全国公共文化发展中心验收并获优秀等次，为全国乡村新型公共文化空间服务创新提出普适性路径。该项目在国家级期刊《中国文化馆》发表论文1篇，研究成果入选《文化馆蓝皮书（2021—2023）》。

2023年6月15日，“喜迎亚运 唱响富春”2023年富阳区“新歌声”大赛暨杭州市第27届“三江”歌手富阳选拔赛颁奖晚会举行 （区文广旅体局 供图）

【文化交流】 6月28日至30日，富阳区组织部分优秀文艺骨干赴江山市、龙游县、淳安县开展文化走亲活动。11月16日，四川省德格县到富阳区举行“跨越山海 为‘德’奔富 共话未来”富阳区·德格县文化交往交融活动。11月29日—12月1日，富阳区组织部分书画艺术家先后赴金华市磐安县、永康市、武义县开展“文化走亲”书画交流活动。至年底，四川省德格县、岱山县、余杭区、桐庐县、诸暨市、长兴县、柯桥区等地到富阳区开展文化走亲活动7场。

2023年7月，新编诗韵越剧《富春山居图》在杭州大剧院成功首演
（区文广旅体局 供图）

【富阳区第十三届富春江读书节】 举办富阳区第十三届富春江读书节，全年开展各类主题活动531场，参与40余万人。其中，举办各类主题图版展览131期、讲座167场、培训42期，开展阅读推广活动191期。区图书馆承办“精彩亚运 精神共富”富阳区第四届全民朗读者风采大赛、“我是亚运小主人 亚运有我更精彩”2023富阳区少儿征文大赛、“我爱杭州 奉献亚运”主题图版巡展进乡镇文化礼堂活动、“迎亚运 富春韵”——2023“走读富阳”系列活动、“喜迎亚运 弘扬国粹”2023阅读推广分享会等“悦读悦动·共同富裕”2023“书香富阳”系列亮点活动；开展“传承宋韵迎亚运 品味书香正当时”“4·23”世界读书日暨全民阅读月启动仪式和全省联动的图书馆服务宣传周系列活动；持续开展“家在富春江上”品牌及其他系列阅读推广活动，包括“富阳与三国东吴文化”文化沙龙，“鹳山大讲堂”之阿妹老师系列悦读课，3D绘画、科学小实验、亲子绘本悦读等未成年人系列公益课，富阳区首届童诗大奖赛以及进邻里阅读空间、《中华传统文化百部经典》解读系列讲座、电台里的图书馆、红色故事会等活动。

【杭州富阳越剧艺术传习院】 至年底，杭州富阳越剧艺术传习院开展下乡演出158场次，到余杭、临平、东阳等地开展周末剧场文化惠民演出9场。越剧现代戏《生命之光》获杭州市第十届精神文明建设“五个一工程”优秀作品奖。越剧小戏《就差一点点》入围“李渔杯”首届全国清廉戏曲优秀作品展演剧目。4月，参加“清朗·富春山居”廉洁文化主题活动。7月，新编诗韵越剧《富春山居图》在杭州大剧院成功首演。8月，傅派传承人，国家一级演员冯铁辉应邀参加“香如故——纪念越剧表演艺术家傅全香100周年诞辰演唱会”，9月受邀参加“蝴蝶的故事”——纪念越剧宗师傅全香100周年诞辰系列演出活动。8月，参加迎亚运“百名戏剧人同唱一台戏”——杭州地方戏现代小戏展演，获优秀展演奖。9月，参加“大美湖州·礼迎亚运”走基层系列活动启动仪式展演。9月，参加2023黄山旅游节开幕式活动展演。11月，参加2023浙江（安徽）旅游交易会活动展演。11月，参加2023年中国国际旅游交易会活动展演。

文化遗产保护

【概况】 全区有各级文物保护单位（点）169处，包括全国重点文物保护单位1处，省级文物保护单位10处，市级文物保护单位90处、文物保护点68处。全年财政投入文物事业经费677.3万元，实施农村乡土建筑修缮项目7处，分别为新一村古民居、太平继善亭、受降厅、芳泉裘氏宗祠、姚兴祠、何氏宗祠、越石庙。完成全区“三普”文物公布挂牌，完成市级文保单位“四有”档案编制21处。区文保中心主办大型临展活动9场次，承办各类社科、研学活动56场次。富阳博物馆、抗日战争胜利浙江受降纪念馆、泗洲造纸作坊遗址全年接待参观25万人次。新登镇徐玉兰艺术馆、渌渚镇周雄纪念馆、上官乡富阳上官球拍文化展示馆、龙门镇龙门廉政馆和孙晓梅纪念馆被认定为市级乡村博物馆，其中徐玉兰艺术馆、周雄纪念馆被省文物局认定为省级乡村博物馆。富阳博物馆获评浙江省优秀传统文化普及基地联盟成员单位（地域文化普及矩阵）、第九批杭州市青少年学生第二课堂活动基地、杭州市第五批“红领巾e站1013”阵地、“宋韵迹忆”平台宣传信息“优秀报送单位”。受降厅获评杭州市革命文物保护利用十佳案例；抗日战争胜利浙江受降纪念馆获评首批“杭州市民营经济人士理想信念教育基地”。杭州市富春山馆（富阳博物馆）获评浙江省“最美公共文化空间”最佳设计。“纸越千年——十色竹素鉴藏礼盒”获2023年浙江省博物馆文创产品大赛铜奖。6月，新登古城墙、新四军新登战役烈士陵园和庄泽桥，被省政府公布为第八批省级文物保护单位。

全区有国家级非物质文化代表性项目3项，省级15项，市级36项，区级133项，镇级175项；国家级非物质文化遗产代表性传承人3人，省级20人，市级34人，区级145人。富阳区与桐庐县、建德市联合创建“钱塘江诗路（富春山水）文化传承生态保护区”被正式认定为浙江省文化传承生态保护区。

【宋韵文化传世工程实施】 实施宋韵文化传世工程，持续做好新登古城墙考古挖掘，积极争取入选中国明清城墙申遗预备名单。完成《泗洲造纸作坊遗址保护规划》《泗洲考古遗址公园专项规划》报批，泗洲中国造纸博物馆于10月开工建设。

【文化展览和宣传教育】 全年组织临时展览9个：1月，“兰亭的故事”全国巡展富阳站；3月，“时间之外”——高泉强现代水墨画艺术展；5月，“诗画富春 翰墨黄山”——文房四宝珍藏展和杭城迹忆图版展；8月，“千年宋纸 不纸于此”——主题特展；9月，“迎亚运 展风采”——首届杭州隶书作品展；10月，“向阳而生”——2023年杭州公望少儿美术作品展；11月，“翰墨传情 焕发华章”——陈焕章等七人书画篆刻作品展；12月，“诗画富春 共享亚运”杭州市富阳区第五届摄影作品展。策划举办“百场非遗‘嗨’玩富博”“寻味富春”“牵手亚运 相伴成长”等主题博物馆研学活动和各类社科宣教活动50余场次。暑假期间开展“富春悠游寻好‘运’”特别活动，首次编制儿童导览手册、定制冰箱贴，吸引参观打卡领取奖品青少年1500余名。

【“亚运风采 文博添彩”系列活动】 根据杭州市园林文物局统一部署，围绕“亚运风采 文博添彩”宣传主题策划组织社科活动51场。1月至2月，以“‘宋’福富春年”为主题举办“妙笔丹青 翰墨送福”“新春文艺演出”“喜乐闹元宵”等3场新春活动；5月18日，开展以“博物馆赋能美好生活”为主题的文创市集、公益鉴宝、主题研学、走进乡村博物馆等活动；6月10日，开展以“‘遗’起造物——非遗游园会”为主题的亚运剪纸展览、非遗市集、非遗研学等活动。

【文物保护利用】 1月，完成法人藏品移交手续，移交总账文物2602件（套）；5月，完成书画库房改造，与私人藏家方爱龙签署《寄存协议》，办理其收藏的86件《苏东坡和他的朋友们》拓片镜框的入库手续；6月，完成上级文物定制囊匣100个，改善馆藏文物保存及借展条件；12月，完成富阳博物馆文物数字化保护利用项目建设，完成三维数据采集和后期制作馆藏文物237件（套）、高清扫描书画作品85件（套），搭建数智博物馆一体化管控平台1套，编制出版《富阳博物馆馆藏精品文物图录》。全年接收陶瓷器、书画等捐赠品10余件，接收区人民法院移交涉案文物100余件（主要以陶瓷器为主）。开展馆藏文物宣传交流，先后配合瓯海博物馆举办《“泽山雅水 重光纸艺”》、临安博物馆《“天目产佳瓷——天目窑文物专题展”》馆藏文物借展。

【泗洲造纸遗址综保复兴项目】 3月，《泗洲造纸作坊遗址保护规划》《泗洲造纸考古遗址公园专项规划》通过区规委会办公会议；6月，《泗洲造纸作坊遗址保护规划》《泗洲造纸考古遗址公园专项规划》通过专家评审会；8月，推进完成泗洲造纸作坊遗址展示提升项目建设，成功举办2023泗洲纸文化节活动；9月，泗洲造纸作坊遗址科技保护中心与遗址博物馆建设项目方案通过国家文物局和浙江省文物局、杭州市园文局审批；10月，启动泗洲造纸遗址博物馆开工仪式；12月，《泗洲造纸作坊遗址保护规划》《泗洲造纸考古遗址公园专项规划》上报省市文物部门审核。

【考古工作】 配合杭州市园文局、文物考古研究所做好辖区内238宗地块（含2022年结转126宗）的考古前置工作，包括完成省重点工程省中医药大学北地块、区重点工程新登中学改扩建工程一期地块（3）、富春49-1号地块、富春湾新城16号-F地块、新桐1号一期地块、西岩温泉地块的考古发掘工作；完成泗洲造纸作坊遗址区域、吉利地块、冰雪大世界等重点项目的考古勘探工作；协调推进省重点工程320国道余杭华坞至富阳高桥段工程（富阳段）考古勘探工作和省重点工程省中医药大学南地块的考古发掘工作；完成富阳区地下文物专项考古调查工作，形成专项考古调查报告上报杭州市文物考古研究所。

【文博宣传】 富阳博物馆微信公

2023年6月，富阳区非遗馆开馆 （区文广旅体局 供图）

众号推出“亚运风采 文博添彩”——“杭城迹忆”文物系列宣传专栏，开设“藏·富博里的运动会”“趣·文物里的运动之美”“游·富春漫游记”“展·观展手记”“竞·亚运锦囊”“伴·研学新旅”“传·我们的节日”主题栏目，发布宣传推文240余篇，其中主题推文130余篇，信息报送数量和质量居全市前列。联合《富阳日报》推出“宝藏会说话”栏目19期。各级各类媒体宣传信息89篇。

【非遗保护与发展】 制作非遗代表性项目短视频8个，开展2018年至2022年竹纸制作技艺项目存续情况评估。完成三位国家级传承人年度履职情况评估。推荐9名区级代表性传承人申报第六批杭州市非物质文化遗产代表性传承人。启动第九批区级非遗项目申报工作，继续实施非物质文化遗产代表性传承人“三必访五必访”工作制度。1月，富阳区非物质文化遗产展示馆试运营，并于6月正式开馆。11月，鼓亭锣鼓展示馆在鹿山街道谢家溪正式开馆。开展非遗工坊建设，成功创建省级工坊2家，市级工坊5家，区级工坊18家，御富春竹纸、仁义豆腐皮、新南藤竹入选第二批省级工坊培育名单。举办2023年“宋韵竹纸”抄纸技能大赛、富阳竹纸开山文化节、“喜迎亚运、惠享生活”——2023年文化和自然遗产日暨富阳非遗馆开馆活动。富春印染和富阳竹编、富阳纸伞、竹纸产品参加第十九届杭州亚运会亚运村乐活市集展示、销售。富阳竹纸入选第十九届杭州亚运会开闭幕式节目单用纸、亚残运会感谢信用纸。组织文房企业参加第50届、第51届全国文房四宝博览会、第17届中国义乌文交会等展示展销。

文化市场

【概况】 全区有文化执法监管行业单位1055家，其中：歌舞娱乐场所43家、互联网上网服务营业场所45家、文艺表演团体23家、游艺娱乐场所9家、剧本娱乐经营场所7家、演出经纪机构11家、网络文化经营单位14家、艺术品经营单位22家、广播电视制作单位37家、印刷企业（打字复印）326家、文物保护单位169处、出版物经营单位206家、旅行社40家、旅行社分社及服务网点29家、高危险性体育项目（游泳）34家、高危险性体育项目（攀岩）1家、星级饭店5家、A级旅游景区8家、旅游新业态6家、电影院20家。富阳区文化市场行政执法队获评2023年度杭州市“扫黄打非”工作成绩突出团体、2023年富阳区“扫黄打非”工作先进团体。

【行政审批】 区文广旅体局驻行政服务中心窗口全年受理、办结各类事项727件，其中：行政许可、备案和注销事项156件，校外培训机构准入审核95件，民政联审社会组织、民办非企业事项120件。通过“掌上办”，完成年报统计文化类经营单位100余家，协助123家社会组织和民办非企进行年检。完成体育教练员证书认证245人次、11家剧本娱乐经营场所“告知性备案”。区文广旅体局所有事项全部实现“一网通办”。

【文化市场安全与行政执法】 至年底，执法队日常巡查出动8524人次，检查各类文旅体经营场所4138家次。行政处罚立案调查70件，办结案件73件，警告52家次，罚款17家次，罚款9.9万元，没收非法所得2.23万元，没收违法物品141个，全年无行政复议或行政诉讼案件。开展文旅体行业安全生产大排查大整治行动，全面彻底整治各类安全隐患，有效预防和遏制各类事故发生。引入安全生产第三方服务机构，对重点行业单位开展安全隐患问题排查，抓好整改落实，强化闭环管理。全年检查各类重点场所4138家次，发现安全隐患问题525个，全部落实整改闭环。围绕省市区“扫黄打非”工作部署，开展护航亚运知识产权专项整治和出版物市场集中整治行动，严厉打击违法违规经营行为，维护文化领域意识形态安全。开展“双随机、一公开”执法抽查和日常执法巡查，对网络文化单位、印刷企业、出版物经营单位进行抽查检查。全年检查网络文化单位49家次、印刷企业827家次、出版物经营单位430家次，办理“扫黄打非”案件22件。

【文化行业普法宣传】 面向全区网吧、娱乐场所、旅行社、星级饭店、国家A级旅游景区等开展2023年文广旅体行业经营单位安全生产培训活动，解读《杭州市生产经营单位安全生产主体责任规定》，讲解安全生产规章制度责任体系、隐患排查治理及突发事件处置等相关知识。组织全区歌舞娱乐场所负责人及从业人员300余人，举办娱乐行业“迎亚运”普法宣传培训，围绕规范经营和安全生产主体责任落实，解读相关法律法规，提升从业人员法律意识。

【投诉举报处理】 全年受理各类投诉举报243件，案件办结率100%，其中：处理旅游投诉件175件，文化市场投诉件68件。未发生较大旅游服务质量投诉、群体信访投诉事件。

【文化娱乐专项整治】 开展剧本娱乐经营场所专项整治，联合市公安局富阳分局、区住建局、区市场监管局、区消防救援大队等部门，对全区剧本娱乐经营场所进行底数摸排，聘请安全生产第三方技术咨询服务公司，对“密室逃脱”类经营场所开展协助检查，全面排查各类安全生产隐患，对问题整改实施清单化闭环管理。坚持常态化督查，通过“局领导+执法队伍+科室力量+跨部门检查”的形式，对各场所进行督查检查。整治期间，共开展专项检查行动4次，检查各类剧本娱乐经营场所45家次。

（沈雪晴）

文化创意产业

【概况】 2023年，富阳区文化产业在“十四五”规划指引下和杭州“文创西进”带动下，坚持以“创意、创新、创业”为主题，以“做精、做强、做优”为主线，在杭州市打造“国际文化创意中心”的进程中，抓紧

2023年11月，第十七届杭州文创博览会富阳馆　　（区委宣传部　供图）

完善产业政策、注重项目引进落地、开展创意创新活动、促进产业融合发展。全年文化产业增加值实现66.1亿元，增速8.6%。继续完善文创产业政策，出台《杭州市富阳区文化产业发展财政专项扶持资金管理办法（试行）》（富委宣〔2023〕7号）、《杭州市富阳区文化产业集聚区认定和管理办法》（富文创领〔2023〕1号）等文件，科学引导产业发展。影视创作精品选出，电视剧《富春山居》在央视一套黄金时段首播，成为一部不可多得的现象级乡村题材热播剧，相关信息专报得到省市领导的批示。电影《草木人间》入围第36届东京电影节主竞赛单元，顾晓刚导演获“黑泽明奖”，同时获第17届亚洲电影大奖“最佳导演”“最佳女主角”“最佳原创音乐”三项提名，蒋勤勤获亚洲电影最佳女主角。组织开展“富春集”文创主题集市5期；围绕“如‘画’富阳‘纸’待君来”主题，举办文创产品设计大赛2期，共评出文创产品40余款，有22款实现量产；举办富阳区文创新力量产业联盟第一届理事会第二次会议，增选部分理事，现共有成员单位34家，其中“90后”成员达50%以上。进一步打响富阳“文创新力量”培训品牌影响力，指导文创新力量群体开展理论教学、沙龙交流、现场活动、总结分享等各类活动10次，参与350余人次。组织区内11家次文创企业参加厦门海峡两岸“文房四宝”艺术博览会、2023首届浙西（千岛湖）创意生活周、第十七届杭州文博会等会展活动。打通人才推介渠道，成功推介富阳籍导演顾晓刚参加高层次人才评选，顺利入选“西湖明珠工程”人文社科类特殊支持人才并被认定为杭州C类人才、浙江省宣传文化系统“五个一批”青年英才。从文创企业中成功推介1名E类人才、5名F类人才。

【公望两岸文创园二期项目】 7月18日，公望两岸文创园二期项目（公望两岸圆缘园）开园。二期引入了台菜餐厅、古琴工作室、胜大庄书房、非遗传承互动教学、幸福市集等丰富业态。在开幕式上，“公望两岸圆缘园”还与南投市营南社区签订“台青富裕阳光园”建设备忘录。

【富阳·银湖数字文创园一期项目】 9月，富阳·银湖数字文创园一期项目启用。该项目位于缙云大厦13—18层，面积约5700平方米，集聚MCN融媒体矩阵、影视创意、影视摄制、数字博物馆、文化遗产保护、动漫周边产品集成等文化创意产业。

（何丹亚）

富阳日报

【报纸发行与报业经营】 《富阳日报》全年出版258期，征订量4.46万份，继续实现区域党员家庭全覆盖。策划承办活动近60项，包括“八八战略”与现代版富春山居图理论研讨会、全国大中小学劳动教育一体化协同推进论坛及上官兰花大会、万市银杏节、龙门系列活动等8个乡镇（街道）农事节庆活动。创新实践融媒栏目“富阳DISCOVERY”，“乐享食安”系列短视频10个。

【主题宣传】 开展党的二十大精神宣传，推出《学习贯彻党的二十大精神》栏目，刊发“新征程　再出发——未来富阳城”系列报道14篇；理论版《富春窗》推出主题教育理论文章34篇，开设《富春智观》子栏目，“引进”乡贤智库。开展“八八战略”宣传，开设“八八战略在富阳”栏目，刊发相关主题文章19篇；推出“八八战略”实施20周年特别报道25篇，包括《八人八村看八八战略》栏目，“我家的二十年”“一张纸里的八八战略”等。开展杭州亚运会宣传，推出《我们的亚运》《岗岗迎亚运Women在行动》《百张笑脸迎亚运》《我为亚运种盆花》等栏目9个。至亚残运会闭幕，共刊发亚（残）运相关报道2800多篇，其中纸媒400多篇、新媒2300多篇，总阅读量（播放量）1300万人次。

【主题报道】 开设《产经整交点》栏目，刊发《让“四千”精神激荡富春大地》《富阳这些年“地瓜经济”越种越甜》等产经综述16篇；开设《火热2023，拼经济、拼发展》栏目，刊发招商引资、项目落地、营商环境等“拼经济、拼发展”专题报道115篇。挖掘富阳人文历史资源和乡土故事，做好“春天中的富春山居”、文旅高质量发展等文化类策划报道；推出“富春山居　四时佳气”系列短视频。

【舆论引导】 做好《民生议事厅》《四界联动》《记者观察》等栏目，

重点关注民生问题，刊发新闻稿件24篇；做好《聚焦一线》栏目，重点曝光环境不整洁、城市不文明、作风不严实等问题，刊发新闻稿件51篇；做好《求证辟谣》栏目，及时破除谣言、引导舆论，营造安全清朗的网络环境，刊发新闻稿件108篇。

【媒体融合】 2月，启动富阳日报社与区融媒体中心深度融合工作。5月，杭报集团与富阳区签订《杭州市富阳区人民政府—杭州日报报业集团有限公司战略合作框架协议》《富阳日报社—富阳区融媒体中心媒体融合协议》。11月5日，富阳日报社归属地方人员完成搬迁，与区融媒体中心合署办公。

（施　海）

媒体融合

【概况】 根据《关于推动传统媒体和新兴媒体融合发展的指导意见》《关于加强县级融媒体中心建设的意见》等中央文件以及省、市有关文件精神，为加快推进区融媒体中心与富阳日报社的融合工作，5月5日，区委常委会决定成立杭州富阳文化传媒集团有限公司。5月10日，区委宣传部与浙江华媒控股股份有限公司签订《富阳日报社—富阳区融媒体中心媒体融合协议》。5月30日，杭州市富阳区人民政府下发《杭州市富阳区人民政府关于成立杭州富阳文化传媒集团有限公司的通知》（富政函〔2023〕51 号）。7月13日，区委机构编制委员会下发《杭州市富阳区融媒体中心主要职责、内设机构和人员编制规定》（富编〔2023〕17号）、《杭州富阳文化传媒集团有限公司职能配置、内设机构和人员编制规定》（富编〔2023〕18 号）。10月11日，杭州富阳文化传媒集团有限公司正式挂牌，办公地点为鹿山街道江滨西大道358号B座。

【杭州富阳文化传媒集团有限公司】 杭州富阳文化传媒集团有限公司为区属一级国有企业，由区政府委托区财政局（国资办）全额出资设立，注册资本5000万元，有国企在编128人、编外6人。集团与区融媒体中心实行“两块牌子、一副班子”，由区委宣传部主管，资产由区财政局（国资办）监管，业务范围涵盖传统媒体、新媒体、大视觉产业、数字文化、数字技术、会展服务、新文创IP、智库信息、文化产业资产运营、社群运营等领域。集团的发展定位为契合融媒发展、技术迭代、社会形态、用户需求、产业布局等变化带来的新使命新要求新期望，优化提升“新闻+政务+服务+商务”的新型产商模式和泛媒体产业圈，不断增强整体实力和核心竞争力，确保国有资产保值增值，为富阳发展提供更多优质传媒服务、政务服务、公共服务、增值服务，为高水平描绘现代版富春山居图彰显传媒职责担当。

2023年9月25日，富阳日报版面
（杭州富阳文化传媒集团有限公司　供图）

广播电视

【概况】 播发电视新闻4000余条、广播新闻近4000条、电视栏目200余期、广播栏目3500余期，摄制各类专题片36个，开展（承办）各类活动近30场、活动直录播45场，采制播出广播电视公益广告100余条。

【广电宣传】 聚焦“八八战略20周年”、“千万工程20周年”、“三个一号工程”、学习贯彻习近平新时代中国特色社会主义思想主题教育、共同富裕、杭州亚（残）运会、“拼经济、拼发展”等领域，广播电视《富阳新闻》策划主题报道近

50个，推出《“八八战略”在富阳》《新时代新征程新伟业》《遇见春天 看见共富》《小村致富有一套》《小村美颜有多拼》《小村治理有妙招》《拥抱亚运“富”有激情》《做文明使者 迎亚运盛会》《亚运英语小课堂》《迎亚运 享健康》《迎亚运 城市文明大提升》《亚运有我》《拼经济 拼发展》等大型策划报道和系列报道500余条。推出《聚焦一线》《@融媒》栏目，开展“一杯水”公益行动，实现观众与新闻节目双向互动。

【社会服务】 完成区委、区政府及行业主管部门大型专题片、短视频摄制任务，摄制《在富阳遇见一场古往今来》《大地笙歌》《瞬间》《蝶变·富春山居》等精品专题片36个，网络点击量超40万次；专题拍摄两大亚运场馆宣传片和《亚运YOU你 富阳GO味》等系列短视频，网络点击量30余万人次。高质量完成亚运会、亚残运会火炬传递等重要节点外宣视频片保障任务。承办多项亚运测试赛赛事直播，网上观看达15万场；策划导演“第七届郁达夫小说颁奖仪式”、场口江鲜大会系列活动、亚残运火炬传递活动、“拼经济拼发展大比武”“共富裕 阳光里”家在富春山居研学线路（产品）设计大赛、第六个医师节特别策划等品牌活动近30个；连续8年推出“公益小主播”电台品牌活动，超1000人次参与。继续办好《乡村振兴》《健康121》《马路小灵通》《新闻早高峰》《甜甜音乐坊》等广播电视栏目，新增播出电视少儿栏目《满天星》。

【对外宣传】 全年电视新闻外宣在央视发稿20条，在浙江卫视发稿152条；广播新闻外宣在中央人民广播电台发稿3条，在浙江人民广播电台发稿122条。其中，区融媒体中心上报的富阳亚运场馆践行“绿色”办赛理念、东梓关村传承传统文化留下美丽乡愁、中国首个220千伏柔性低频输电工程在富阳投运、杭州光机所光电功能材料概念验证中心等4条稿件，被央视《新闻联播》录用。

【节目创优】 广播电视作品获省二等奖3件、省三等奖3件，市一等奖7件、二等奖7件、三等奖10件。其中广播新闻作品《不一样的除夕夜，我们在一起》被省记协推荐送评“中国新闻奖”，实现历史性突破。

2023年10月11日，杭州富阳文化传媒集团有限公司挂牌
（杭州富阳文化传媒集团有限公司 供图）

【人才及职称评定】 新增杭州市高层次E类人才12人、杭州市高层次C类人才1人，在职新增副高级职称1人。区融媒体中心累计有杭州市高层次C类人才1人、杭州市高层次D类人才7人、杭州市高层次E类人才认定48人；在职人员中共有副高级职称5人。

新媒体宣传

【概况】 建立新媒体运行中心，整合新媒体端口、工作人员，统筹运维“爱尚富阳”客户端、“富阳发布”（富阳日报）微信公众号、“富阳发布”（富阳日报）视频号及抖音号、“学习强国”及新媒体外宣、富阳网五大平台，形成“1个中心+5个小组”运行架构；谋划建立新媒体考核机制、运行机制、人才培育机制，打造新媒体传播品牌。

【新媒体传播】 改版升级“爱尚富阳”客户端，下载用户27.6万户，日均活跃度比2022年翻一番。“富阳发布”微信公众号发布推文2190篇，总阅读量2260万，其中阅读量1万+稿件740多篇。创新推出《富小布“灵世面”》专栏，每天发布与老百姓生产生活休戚相关的资讯内容，获得各单位和广大用户的欢迎。“富阳发布”抖音号、视频号全年刊发短视频3700个，总阅读量4500万。举办网络直播61场，观看量563万人次。继续承担“蓝媒联盟”“浙报联盟”“学习强国”等10余个平台供稿运维任务，稿件被中央级主流新媒体录用12条次，中心获“2022年度全省融合协作县级先进集体”（2023年评选授奖）、“2023年度浙江日报融媒共联联盟合作奖”、“2023年度浙报集团（杭州）融媒共享联盟融合力奖”等荣誉。“学习强国”学习平台供稿方面，国家级平台录用稿件324条次，省平台录用稿件488条次，杭州平台录用2062条次。

（陈晓丽）

【编辑 刘 亮】

30 医疗卫生
Medical Service and Health

综　述

【概况】　2023年，全区有区属公立医院6家，其中，三级甲等医院1家、三级乙等医院3家、二级甲等医院2家，社区卫生服务中心25家。卫生健康系统在编职工4758人。全区财政卫生事业费投入93799.55万元，占财政总支出6.82%，人均卫生事业费1117.99元。全年全区共出生4227人，较2022年减少34人，减幅为0.8%；出生率为6.04‰。居民死因前五顺位依次是恶性肿瘤、呼吸系统疾病、心脏病、脑血管疾病、损伤和中毒，五种疾病占总死亡人数的86.82%。

【政务服务】　全年共办理公共场所卫生行政许可727件；放射诊疗建设项目卫生审查51件，放射诊疗许可49件；医疗卫生机构执业许可171件，校验479件；医护人员执业许可3528件；母婴保健专项技术服务机构许可2件、人员许可7件；精麻类药品许可19件；医疗广告审查57件；托育机构备案15件；生育登记4423件；职业病危害项目申报414件。全面推进信用监管，《富阳区实现公共场所卫生许可“承诺—践诺—监诺”监管闭环》获信用浙江、信用杭州等省市媒体宣传报道。《杭州市富阳区推进托育机构备案“一件事”改革》获国家卫健委办公厅《卫生健康工作交流》刊发。医护审批工作在全市卫生健康法治工作会议作经验交流。

【法治卫健】　全年制定规范性文件1件，重大行政合同1个，开展规范性文件清理3次。2023年实施行政处罚560起，未发生复议、诉讼案件，卫生行政执法效能监测得分达到全省A档。重大事项均经过法制审核，局领导集体讨论决定。印发《杭州市富阳区卫生健康局行政机关合同管理办法（试行）》《杭州市富阳区医疗卫生事业单位合同管理办法（试行）》，开展《浙江省加快建设全国统一大市场重点任务措施清单》自查，优化营商环境反垄断执法专项、政府采购、招投标领域自查专项行动4次。

【卫生项目建设】　2023年，省市民生实事新改扩建规范化社区卫生服务站3家（里山镇民强社区卫生服务站、富春街道城西社区卫生服务站、鹿山街道三合社区卫生服务站）全部提前竣工投入使用，区第三人民医院易地迁建工程、区妇幼保健院门急诊医技和儿科综合大楼新建工程、上官乡社区卫生服务中心建设项目分别于7月31日、8月31日、10月28日搬迁投用。省人民医院富阳院区完成总工程量84.3%，省中医院新院区完成总工程量的45%。推进区属项目和社区卫生服务中心项目建设，其中中医骨伤医院制剂研发大楼完成总工程量的68%；中医骨伤医院康复大楼完成总工程量的92%；富春街道社区卫生服务中心迁建工程完成全部工程量，准备开展各单项验收。推动灵桥社区卫生服务中心迁建工程、受降社区卫生服务中心迁建工程、里山镇社区卫生服务中心迁建工程等3个预备类项目的前期工作，其中受降社区卫生服务中心迁建工程完成土地审批和可研论证。

【区属医院业务】　全年区属医院门（急）诊394.17万人次，同比增长3.99%，其中区第一人民医院门急诊150.01万人次，同比增长4.78%。出院13.19万人次，同比增长20.69%。全年完成业务总收入22.38亿元，其中医疗收入21.50亿元，医疗收入同比增长8.99%。不变。

【社区卫生医疗业务】　全年25家社区卫生服务中心收入总计79435.52万元，支出总计78167.72万元，收支盈余1267.8万元，门（急）诊374.69万人次，同比增长22.12%，门（急）诊均费130.41元，同比下降7.0%。

【基本公共卫生】　至2023年底，全区建立电子健康档案75.59万份，建档率90.1%，有动态记录的电子健康档案49.77万份，健康档案动态使用率65.85%，居民规范化电子健康档案覆盖58.48万人，居民规范化电子健康档案覆盖率69.71%。在册管理的高血压患者数为98622

2023年富阳区属各医院业务情况表

表21

单　位	平均开放床位(张)	卫技人员(人)	门急诊人次(万人次)	出院病人(万人次)	实际占用总床日数(万床日)	出院者平均住院床日(天)	病床使用率(%)	业务总收入(亿元)
区第一人民医院	1189	1271	150.01	5.61	31.50	5.60	72.58	8.83
区第二人民医院	344	481	47.08	1.61	12.29	7.63	98.04	2.38
区中医院	450	711	98.55	2.18	13.92	6.40	84.77	4.13
中医骨伤医院	550	538	35.43	1.61	16.51	10.13	82.24	4.16
区妇幼保健院	300	585	56.37	1.83	7.39	4.03	67.51	2.33
区第三人民医院	320	196	6.72	0.36	12.27	32.34	105.23	0.55
合计	3153	3782	394.17	13.19	93.89	7.04	81.61	22.38

人，高血压患者基层规范管理服务率75.24%，在册管理的糖尿病患者为24877人，糖尿病患者基层规范管理服务率72.42%，老年人健康管理数为100208人，老年人城乡社区规范健康管理服务率为80.17%。新生儿访视率99.12%，0—6岁儿童健康管理率99.34%，孕产妇早孕建册率98.05%，产后访视率98.25%，孕产妇系统管理率97.93%，严重精神障碍患者健康管理率91.41%，肺结核患者管理率99.36%，老年人中医药健康管理率84.72%，0—36个月儿童中医药健康管理服务率85.80%，传染病突发公共卫生事件相关信息报告率100%，卫生监督协管信息报告率100%。

【家庭医生签约】 全年全区组建家庭医生签约服务团队180个，团队成员880余人，其中签约医生267人。市民卡插卡签约28.19万人，续签率92.32%；共完成65岁以上老年人、高血压、糖尿病患者等10类重点人群签约31.59万人，重点人群覆盖率92.97%。签约居民在签约机构就诊率(不含慢性病长处方)为66.86%，较上年度增长1.66%；建立家庭病床986张，同比上升16.82%；开具慢性病长处方60.88万张，同比增长4.83%。

【对口支援】 2023年，选派1名专业技术人员赴新疆阿克苏人民医院挂职；选派7名卫生专业技术人员赴甘孜州医疗卫生单位开展对口支援工作，其中，赴德格县挂职6人、得荣县挂职1人。对口支援期间，援派医疗队开展坐诊、帮教、培训、巡回医疗、技术指导等，接诊门急诊552人次，实施各类手术28例，开展业务技术培训270次。接受德格县4名卫生健康专业技术人才到区第一人民医院开展为期6个月的挂职锻炼。

2023年12月8日，富阳区卫健局"智廉医院4.0"项目获评"浙江省清廉单元建设十大创新案例"（区卫生健康局　供图）

【干部人事档案】 将干部人事档案管理纳入医疗卫生单位"大党建"考核，推进干部人事档案专项审核和数字化工作。累计完成专项审核1159人，其中局管干部142人、副高级职称以上专技人员575人、其他干部职工442人。

【清廉医院】 2023年，实施"1+1+N"清朗卫健行动，启动第二轮驻点监督、骨伤清廉文化提升等32个勤廉专项行动，开展第二批清廉品牌选树活动。高质量完成区委巡察整改任务，巡察结果综合评定排名全区第2，获"优秀等次"，"巡察整改"指标排名全区第1。推动"智廉医院"3.0向4.0迭代升级，试点医用耗材SPD管理，节约患者就医费用2987万元。获"全省清廉建设成绩突出单位""全省清廉单元建设十大创新案例""清廉杭州建设优秀实践案例"等称号，相关工作经验在清廉浙江建设现场推进会上作经验交流，获省委常委、纪委书记傅明先肯定。

健康富阳

【体制机制】 优化考核督查、部门联动两大机制，将健康浙江、健

2023年7月31日，杭州市富阳区第三人民医院新医院启用
（区卫生健康局　供图）

康杭州行动推进情况纳入健康富阳考核。联合区委宣传部、区教育局、区文广旅体局、区总工会等部门，推进健康知识普及、中小学健康促进、全民健身等各项跨部门健康行动。开展工程类项目健康影响评价，完成区第三人民医院易地迁建工程（运营期）、秦望码头工程建设（建设期）健康影响评价。继续落实《富阳区公共政策健康审查制度》《富阳区行政规范性文件健康审查制度》，共审查行政规范性文件14个，形成部门自评、专家终评的评价模式。

【宣传阵地】　2023年，继续与区级媒体合办《健康富阳》《健康121》《健康加油站》等栏目。通过楼宇电视、车身广告、户外大屏及墙绘等多种载体开展健康科普宣传。推进健康素养、家庭医生进农村文化礼堂活动，组织健康教育专家库成员和医疗专家到农村开展健康教育、健康义诊等活动。全区居民健康素养水平42.06%。持续深入推进健康素养进农村文化礼堂工作，进一步发挥农村文化礼堂的阵地作用，普及健康知识、传播健康理念、培育健康文明的生活方式。全年全区文化礼堂开展疫情防控、健康讲座、健康服务、中医药等进礼堂活动2000余场次，受众近10万人。全年培育申报省健康促进金牌学校6家、银牌学校3家、铜牌学校11家，市级健康单位17家，健康家庭3000余个。健康细胞创建工作指导覆盖率100%。健康浙江考核成绩连续5年获优秀。

【跨部门健康行动】　2023年，联合区总工会等，开展富阳区第二届“健康达人”和“职业健康达人”评选活动，确定10名“健康达人”和3名“职业健康达人”。联合区文广旅体局、区教育局、区精神文明指导中心、区总工会、区妇联、区红十字会等，开展富阳区第三届十佳健康家庭评选活动。印发新一轮《健康富阳专项行动三年实施方案（2023—2025年）》。

预防保健

【孕产妇系统管理】　2023年，区妇幼保健院每周一至周日，区第二人民医院每周一开设高危孕产妇筛查门诊，高桥、受降、东洲、大源、灵桥社卫中心定期开展高危孕产妇筛查门诊。全年富阳户籍孕24周以上区级高危筛查3918人，筛查率99.87%；外来流动人口孕24周以上区级高危筛查1306人，筛查率99.01%，累计筛查黄色高危孕产妇2271例，橙色及紫色高危孕产妇1664例，红色高危孕产妇149例。全年分娩产妇数3923人（富阳户籍），活产数3983人，住院分娩活产3983人，新法接生率100%，高危孕产妇住院分娩率100%。母子健康手册建卡3919人，建卡率99.99%，其中孕13周前建册3905例，早孕建册率99.54%；系统管理数3905例，系管率98.04%；产后访视3919例，产后访视率98.39%。血清产前筛查3884例，筛查率99.01%。

【妇女保健】　全年完成35—64岁省级农村妇女宫颈癌检查4060例，乳腺癌检查4208例；按省方案开展其他年龄段宫颈癌检查102例，乳腺癌检查139例；区级宫颈癌检查6138例，乳腺癌检查7559例。累计确诊乳腺癌11例，宫颈癌4例，宫颈高级别病变45例。开展婚前检查4309人，婚检率91.84%。检出对婚育有影响疾病114例，疾病检出率2.65%。全年各助产单位分娩产妇数4143人，活产数4189人，2023年未发生孕产妇死亡。

【儿童保健】　全年全区7岁以下儿童应检41087人，建档管理40799人，管理率99.3%；0—2岁儿童系统管理13532人，系统管理率99.11%。全年活产婴儿3983人。围产儿死亡12例，围产儿死亡率3.00‰；全年5岁以下儿童死亡12例，5岁以下儿童死亡率3.01‰；婴儿死亡9例，婴儿死亡率2.26‰，新生儿死亡4人，死亡率1.00‰。全区0—3岁疑似残疾儿童监测19228人，监测率99.59%，发现疑似残疾儿童77人，0—3岁儿童疑似残疾发生率40.05/万。新生儿遗传代谢病筛查4187例，筛查率99.95%；新生儿听力筛查4183例，筛查率99.86。新生儿先天性心脏病筛查4156人，筛查率99.21%。

【干部保健】　全年为全区各级保健对象提供区属医院就诊及陪诊服务1022人次，上海、杭州等上级医院预约挂号及就诊陪诊服务202人次，胃肠镜陪诊77人次，帮助协调医院手术、住院等诊疗服务90余人次，微信短信推送个性化宣教内容共计1244条。2023年机关、事业单位在职及退休人员体检完成26910人，为离退休干部提供上门服务1323人次。富阳中医骨伤医院共接诊各级保健对象25人次。保健站为保健对象及区政府工作人员提供测血压2686人次，巡诊2547人次，配药2700人次，咨询2722人次。

【免疫规划工作】 全年对全区社区卫生服务中心预防接种门诊疫苗管理和预防接种工作开展2次全覆盖检查督导工作。通过6月和11月分批次对全区社区卫生服务中心预防接种门诊完成基本公共卫生服务考核。全年已接种常规免规疫苗120076剂次，常规报告接种率均达99%以上（要求接种率90%以上），已接种非免规疫苗224321剂次。2023年始通过浙里办App摇号方式，累计放号5175个九价HPV号源，1580个四价HPV号源。实施70岁以上老年人免费流感接种的民生实事项目，共接种30550针次。全年累计接种新冠疫苗3036剂次。完成全区冷链升级改造。完成42例麻疹、风疹疑似病例的调查处置工作，确诊麻疹0例，风疹0例，排除42例。对报告的3例AFP病例进行调查、采样、随访。百日咳178例，均开展调查，无聚集性疫情。

【传染病疫情】 全区未发生甲类传染病报告。共报告乙类传染病12种5394例，发病率634.64/10万。乙类传染病发病数居前5位的依次是：新型冠状病毒感染、梅毒、肺结核、淋病和百日咳，占总报告发病数的95.77%。处理各类传染病疫情423起。

【H7N9流感防治】 全年从全区家禽规模养殖场（户）和家禽散养户集中的地区外环境中共采集各类人感染H7N9禽流感外环境标本60份，未发现检测阳性标本。

【艾滋病防治】 深化艾滋病高危行为干预的“富阳模式”，全年完成暗娼人群检测765人次，外来务工人员检测3016人次，外来婚嫁女507人次，外出返乡316人次，中老年人群8386人次，羁押人员1401人次。完善疾控中心—定点医院—社区卫生服务中心—社会组织“四位一体”的管理模式，实现病人从阳性告知、转介治疗、个案随访“一站式”管理。全年新报告发现HIV抗体阳性44例，治疗率94.29%，病毒检测率96.91%，病毒抑制率96.81%，随访及CD4检测率为94.98%，单阳家庭配偶HIV抗体检测率为91.82%。

【结核病防治】 全年处理结核病疫情22例，肺结核学校疫情及时处置率100%，对密切接触者筛查率100%。筛查15例肺结核疫情密接人员949人，其中PPD检查946人，胸部X光片946人；PPD试验结果强阳性111人，开展预防性服药64人，按《学校结核病防控工作规范》（2017版）要求规范处置。共登记结核病332例；活动性肺结核病人315例（其中病原学阳性病人184例，病原学阴性病人103例、结核性胸膜炎28例），非结核3例，肺外结核14例。肺结核病人转诊率100%（127/127），管理率99.04（307/311例），规则服药率98.96%（285/288）。对寄宿制的初中新生和高中新生开展结核菌素皮肤试验（PPD试验），参与筛查的共计12家乡镇（街道）社区卫生服务中心，合计应筛查12877人，实际筛查11137人，筛查率86.49%，PPD试验结果强阳性292人，无确诊活动性肺结核。

2023年11月30日，富阳区人民政府与杭州市第一人民医院签订新一轮深化合作协议 （区卫生健康局 供图）

【慢性病防治】 全年富阳区居民报告死亡4370人，报告总死亡率6.25‰。死因顺位的前五位依次是恶性肿瘤（1124例）、呼吸系统疾病（782例）、心脏病（651例）、脑血管疾病（631例）、损伤和中毒（606例），五种疾病占总死亡人数的86.82%。全年全区共报告糖尿病个案4347例，报告发病率621.30/10万，报告冠心病急性事件392例，报告发病率56.03/10万，报告脑卒中2283例，报告发病率326.30/10万，报告恶性肿瘤4085例，报告发病率583.86/10万，报告伤害卡16357例。医疗机构内科门诊35岁及以上首诊测压工作覆盖率为100%，35岁及以上首诊测压率为99.99%。全区高血压高危人群管理22995例，管理率为3.34%，重点管理20094例，重点管理人群比例为87.38%，规范管理16018例，规范管理率为69.66%。全区糖尿病高危人群管理18743例，管理率为3.23%，重点管理17162例，重点管理人群比例为91.56%，规范管理12916例，规范管理率为68.91%。推进慢性病示范区建设，发布2022年富阳区健康白皮书，制定下发全区慢性病综合防控示范区成员单位目标管理责任书。对春江街道、龙门镇、湖源乡3个乡镇（街道）6个村监测点共721名居住6个月及以上的18岁及以上常住居民开展慢性病及危险因素相关问卷调查、身体测量及血脂、血糖等项目的实验室检测。在鹿山街道和新桐乡开展血脂异常人群健康管理试点工作，全区完成血脂异常高危人群建档和管理400例，血脂异常者建档和管理400例。开展全区重点人群直结肠癌筛查、慢性阻塞性肺部疾病筛查等重大慢性病筛查项目，完成结直肠癌筛查20161人，开展结肠镜检查1161人，完成慢阻肺筛查人群问卷筛查4899人，完成慢阻肺高危人群肺通气功能检查2315人。开展场口镇慢性病患病率与知晓率调查，完成问卷调查583份。

【地方病防治】 血吸虫病防治。开展春季查螺工作，完成查螺面积13.2万平方米，未查到钉螺。对来自湖南、湖北、江西、安徽、江苏、四川、云南等省份尚未控制血吸虫病流行县和疫情回升县当地或外地居民开展血吸虫病监测工作，全区24个乡镇（街道）共查病447人，均为阴性。

疟疾防治。开展第十六个“4•26”全国疟疾日主题宣传活动，全年完成“四热”病人血检1449人。4月举办全区疟疾诊断检验技术培训班。全年无暴发疫情，1月21日区第一人民医院报告1例恶性疟疾，11月23日浙江大学医学院附属第一医院之江院区报告1例富阳区恶性疟疾病例，均为境外输入病例。

碘缺乏病。防治全年共对食用盐批发场所检测盐样36份，合格36份，合格率100%。对场口、春江、洞桥、高桥、新登5个乡镇（街道）小学生开展碘缺乏病病情监测，共采集8—10周岁学生盐碘210份，学生合格碘盐覆盖率为90.9%；孕妇碘缺乏病病情监测共采集孕早、中、晚期妇女碘盐各35份，共计105份，孕妇合格碘盐覆盖率为93.3%。开展“5•15”碘缺乏病日宣传活动，发放防治碘缺乏病宣传资料200余份，接受群众咨询200余人，发放碘盐200袋。

地氟病防治。5月对湖源乡杨家坞村厅基自然村2个自然村开展水源氟化物监测，共采集水样4份进行氟含量检测，氟含量均在正常范围内。对湖源乡厅基、塔坞2个自然村8—12岁6名儿童进行氟斑牙检查，检查结果均为正常。

布鲁氏菌病防治。对杭州富阳九鲜牛肉定点屠宰场的102名工作人员进行重点职业人群布鲁氏菌病筛查，其中一份样本虎红试剂结果为阳性，无鲁氏菌病可疑症状，后血培养结果为阴性，予以排除。

【生活饮用水监测】 全年对68份市政供水和114份农村饮用水进行水质采用监测工作，监测项目共计38项，包括微生物指标、毒理指标、感官性状和一般化学指标、饮用水消毒剂指标。其中，市政供水全部合格，农村饮用水合格率为97.37%，主要不合格项目为大肠菌群、大肠埃希氏菌、游离氯等指标。

【精神卫生】 开展严重精神障碍患者肇事肇祸防范攻坚行动，对严重精神障碍患者落实落细“一人一方案一团队”机制，全面摸底排查全区常住人口，并对在册患者实现“全覆盖”集中见面评估，全年累计排摸重点人员87875人，复核疑似患者35人，确诊建档14人，评估重点患者243人，部门联动处置住院83例；落实弱监护及无监护患者在亚运会（亚残运会）期间入住区级康乐中心27人；二级以上医疗机构严重精神障碍患者共发病报告249例；推广第二代长效针剂免费治疗，累计完成注射103针次；线上线下举办心理健康讲座35场、基层督导196次；全年救助资金332万元，实行严重精神障碍患者监护补助和看护补贴，发放监护补助资金115.9万元、看护补贴30.24万元，落实严重精神障碍患者监护人责任保险附加精神障碍患者责任险；300余名严重精神障碍患者由乡镇（街道）残疾人之家托管照料。富阳区精神（心理）卫生工作领导小组办公室荣获2023年度浙江省严重精神障碍管理治疗工作数据质控先进集体称号。

卫生监督

【公共场所卫生监督】 至2023年底，全区有各类持卫生许可（登记备案）的管理单位3396家。其中，公共场所1587家，医疗机构528家（民营医疗机构219家），学校96家（不含托幼机构），职业病危害用人单位1007家，职业病健康检查机构3家，放射诊疗单位115家，集中式供水单位5家，二次供水单位9家，涉水产品企业11家，消毒产品生产企业23家，餐饮具集中消毒单位4家，病媒生物预防控制服

2023年12月26日，富阳区获评健康浙江行动省级示范样板区
（区卫生健康局 供图）

务备案单位8家。全年实施行政处罚560起，罚没金额381.53万元，申请法院强制执行3起，无复议、诉讼案件。开展公共场所卫生监督监测工作，检查住宿、美容美发、商场超市等公共场所1436家次，实施行政处罚321起，罚没金额19.46万元。

【饮用水和涉水产品卫生监督】全年开展饮用水监督检查，检查单位59家次、采样78份，实施行政处罚1起。开展5家市政供水单位卫生监督检测，采集出厂水10份，水样均为合格。开展龙头水检测和公示，对市政供水范围的15个龙头水开展检测，采样34份，水样均为合格并进行社会公示。开展二次供水监督和检测，检查单位29家次，采样32份，水样均为合格。全年开展涉水产品卫生监督，检查生产、经营单位25家，检查产品54件，对产品检查不合格的1家单位实施行政处罚，罚没金额0.35万元。

【学校卫生监督】全年检查学校570家次，实施行政处罚8起。联合第三方检测机构对全区国家“双随机”抽取单位和重点单位（饮用水安全）开展传染病防控、常见病管理以及饮用水、教学环境监测等工作，对存在问题的学校联合区教育局进行通报。

【医疗机构监督】全年检查医疗机构286家次，实施行政处罚129家次（其中公立医疗机构1家次、民营医疗机构128家次），处罚医务人员违法违规行为15人。完成医疗机构自查自评502家，开展医疗机构现场校验186家，医疗机构控烟检查186家次。通过日常检查、专项检查、投诉举报、主动回访相结合开展打击非法行医及医疗美容行业综合治理专项行动，共处罚各类无证行医9起，罚没款金额290.9万元，没收药品器械11箱（件），价值60余万元。开展21家医疗机构消毒隔离监测采样，采样882件，合格840件，实施行政处罚6起，罚款金额2.3万元。开展消毒产品生产企业抽检检查29家次，未实施行政处罚；消毒产品经营单位监督检查15家次，抽查抗抑菌制剂等消毒产品数量20件，发现问题产品12种，实施行政处罚8起，罚款金额2.8万元。餐饮具集中消毒服务单位监督、监测12家次，抽检样品150件，不合格样品9份，实施行政处罚5起。

【职业健康监管】结合建筑行业、尘毒重点单位、上市（拟上市）企业、职业场所高温天气防暑降温、用人单位自查分级分类等专项整治（服务提升）工作，开展职业健康监管，全年检查职业病危害用人单位172家次，实施行政处罚83起，罚没金额44.96万元。

中医中药

【概况】2023年，启动全国基层中医药工作示范县创建工作，坚持基层提档升级，新建2个旗舰中医馆、9个中医阁，65周岁以上老年人中医药健康管理率84.72%、0—36个月儿童中医药健康管理率达85.80%。持续培育人才队伍培及特色专科，全年获批杭州市基层医疗机构中医特色专科（专病）项目6个，培育区级中医药特色专科（专病）项目21个，新增浙江省基层名中医2人。推进医院综合水平迭代，区中医院通过评审成为三级乙等中医医院，在2021年度全国二级公立中医医院绩效考核中位列全国第八，全省第一，“A+”等级。全力提速数字化改革，放心云煎药做到6家区属医院、25个社卫中心全部接入。中医医院标准化智慧病房建设应用被评为2023年度杭州市中医药数字化改革（人工智能）典型案例。加速制剂产业化进程，富阳中医骨伤医院与浙江中医药大学的院内自制剂研发合作项目有序推进，百草伤膏凝胶膏剂研究项目完成小试样品生产，确定活血舒筋酒研究项目实验方案，完成4个拟备案中药制剂品种的资料汇总工作，启动第二批3个协定方研发工作。

【区中医院】2023年晋级为三级乙等中医医院。在2021年度全国二级公立中医医院绩效考核中位列全国第八，全省第一，“A+”等级。中医脑病学成功入选浙江省县级中医药优势学科。新增博士工作站1个，开设国家级名医、省级名中医工作室各1个。全年科研课题立项12项，发表论文25篇，举办省市级继教班22个，培养全国中药特色技术传承人才1人、浙江省基层名中医1人。启动第二届医共体中医

2023年8月10日，富阳医疗工作队抵达德格县开展对口支援

（区卫生健康局 供图）

学术经验继承工作，培育25名学员。试点中医经典病房2个，开展中医护理技术42项，推出中医护理方案32个，全年中医护理服务人次数204613人次。举办二十一届膏方节，全年开展中医药义诊、科普宣传活动85次。完成“浙里护理”系统、“互联网医院+医保移动支付”，升级中医电子病历系统，完成中药煎煮数字化和标准化流程改造。获评2022年浙江省基层多发病常见病中医药适宜技术推广基地，《中医医院标准化智慧病房建设应用》被评为2023年度杭州市中医药数字化改革（人工智能）典型案例。

【中医骨伤医院】 2023年，“张氏骨伤疗法”亮相成都国际非物质文化遗产节，登上中央电视总台《中国中医药大会》节目，张玉良、张玉明入选杭州市非遗代表性传承人。骨伤三鼎礼盒获“浙派好礼”文创产品银奖，安雅堂获评杭州市十佳中医药文旅网红打卡点。国家优势专科（中医骨伤科）获省中管局推荐至国家中管局，杉树皮生产技术规范入选第三批杭州市标准制订项目，被列入2023年度市级商业秘密保护基地。成立浙江省第一家保膝中心，成为“微创机器人骨科临床研发示教培训中心首批培训单位”。护理团队获评“杭州市卓越护理团队”，出版富阳第一本护理书籍《富阳张氏骨伤实用中医护理》，成立中医护理技术名师工作室1个，开设富阳区首个“骨伤护理门诊”，上线富阳区首家“浙里护理”。启动第三轮阿克苏对口支援合作，“张玉柱全国名老中医药传承工作室阿克苏工作站”共接待患者4.5万人次。成立“朱立国岐黄学者工作室”、李海昌博士工作站、吕宾名医工作站，举办各级继教学习班8项，发表论文41篇，其中SCI5篇。新认定杭州市高层次人才C类1人、D类4人、E类8人，1人入选杭州市“西湖明珠工程”，1人通过西部卫生人才专项培训。

医院管理

【医共体建设】 2023年，医共体总门诊人次681.65万人次，同比增长8.53%，出院人次95334人次，同比增长25.06%。牵头医院向下转诊34736人次，同比增长25.0%，成员单位上转107157人次，同比下降3.06%。基层就诊率69.66%。建立全专科门诊94个，牵头医院下派专家3222人次，开展模块化培训46场，培训3200余人次。医共体专项资金投入383.39万元，基础建设、信息化建设、人员统筹、疫情防控使用等投入共计44938.07万元。

【院前医疗急救】 至2023年底，全区有救护车29辆，其中负压型救护车12辆（包括1辆新生儿负压转运车），实现常住人口每3万人1辆救护车的配置水平。全年公共场所投放AED设备投放新增20台。杭州市年度院前质控考核富阳区排名第三；参加杭州市院前急救驾驶员急救技能大比武获得团体优秀奖。

【医疗保障和体检任务】 全年完成高校招生体检6617人次。参与杭州第19届亚运会第4届亚残运会、防洪抗汛等医疗保障任务350余次。

【智慧医疗和数字化改革】 迭代“先看病后付费”“医学检查检验结果互认共享”等特色应用，推动健康证、驾驶证等体检办证业务跨部门互认共享，升级打造“多检合一、一检多证”智慧健康场景，获2022年浙江省改革突破奖银奖、2022年杭州市改革创新最佳实践案例特等奖。推进“数字化改革”向医共体延伸，完成“3+25”医共体信息一体化系统应用，相关做法及经验被《人民日报》、中国新闻网专题报道，在全省卫生信息学会数智医共体专委会上进行经验交流。推进“5G+基层妇幼智慧健康管理”国家级创新试点，开展计生特殊对象“无感就医”扩面行动，率先推进老年人意外伤害保险“线上直赔”“智慧助老”等专项行动，区域6家区属医院全部通过电子病历4级评审。协同医保部门创新“富裕阳光、暖心无忧”医保防贫共富项目，获浙江省高质量发展建设共同示范区最佳实践案例。持续完善数智家医综合应用，至年底，数智家医已覆盖全区360余个村社、20余万户家庭，服务老年人、慢性病人6万余人次，完成复诊配药、医保结算等服务5万余人次，获富阳区共同富裕优秀案例。

【无偿献血】 全年全区团队与街头献血合计总人数10259人，献血量3067.7升，献血总量比上年下降3%。其中开展团队无偿献血活动47次（不含在富高校），共计6884人献血1892.9升，献血人数比上年度增长7%。大润发、商业城、新登3个固定献血点及万达广场临时停靠点共计献血3186人，献血量1118.5升，献血量比上年下降18%。5家公立医院、3家民营医院临床用血7320个单位。全区医疗机构临床用血量占无偿献血量的47.7%，与上年基本持平。临床用血保持100%自来无偿献血。富阳无偿献血志愿服务项目在区委宣传部组织的“‘浙江有礼富春风尚’2023富阳区首届志愿服务项目”大赛上获三等奖。

爱国卫生

【城乡爱国卫生】 压实属地镇（街）、主管部门属地管理和行业监管职责，发挥区级爱国卫生专家力量，加强日常督查指导，暗访方式完成19个乡镇区级现场评价，卫生乡镇量化分级优秀、良好比率100%。

【病媒生物防制】 2023年，按照亚运会病媒生物防制“三圈三级”要求，建立“统一标准、规范设施、监测控制、督查整改”闭环管理机制，“四害”密度控制在标准范围。成立由分管副区长任组长，卫健等部门和亚运场馆所在街道负责人为成员的亚运病媒生物防制工作领导小组，完善亚运病媒生物防制实施方案、技术方案、“一馆一策”等工作方案。落实亚运病媒生物防制专项工作经费932万元，举办杭州市亚运病媒保障与健康杭州行动现场会并介绍经验。成立90余人的病媒生物防制应急消杀队伍，开展病媒生物防制员专业培训及技能比武5场次。全区2个亚运场馆和3家接待酒店通过病媒生物防制省市A级评估，所在街道通过B级标准市级监测评估。全年建设省级除“四害”样板村6个。

【农村改水改厕】 持续推进新建房无害化户厕建设工作，全年完成二次改厕120户，全区农村卫生户厕和无害化户厕率持续保持100%。

【公共场所控烟】 巩固无烟党政机关、餐厅、宾馆、娱乐场所建设质量，全年发动各级各单位开展控烟宣传活动1360余次，发放禁烟标识8000余张，全面营造“无烟亚运”良好氛围。

医教科研

【概况】 全年新招引医卫人才92人，其中研究生43人，副高级职称及以上2人。完善高层次人才“百人计划”、社卫中心优秀青年人才“强基计划”、乡贤和本土名医的“名医师带徒”三大培养行动，构建层次分明、梯次接续的人才培养体系。评选出“百人计划”培养人选120人、“强基计划”培养人选60人，区“135”优秀中青年人才培养对象45人。组织评选2022年度富阳区卫健系统“十佳医生”“十佳医坛新秀”“十佳护士”“十佳家庭医生（团队）”。实施“136”卫生人才培育百人工程和卫生基础人才能力提升工程，入选“杭州西湖明珠工程”人才1人，新认定杭州市D类及以上人才25人，C类人才1人，新增高级职称医卫人才113人。

持续加强医卫人才教育培训和科技创新发展，提升医院综合竞争软实力。全区申报立项省卫科技项目33项，市卫科技项目40项，区级27项；举办国家级继教班4项，省级23项、市级49项。进一步深化富春乡贤名医“师带徒”医卫人才引育新机制，累计选聘培育乡贤名医带徒35对。

【学科建设】 实施“医学高峰”计划，完成省级医学重点学科1个、市级10个、区级40个年度建设任务。2023年，新建名医工作室（博士工作站）28个，新增浙江省县级中医药优势学科1个，市级中医药专科专病中心6个，全区涉及医学重点学科及带头人相关专业成果等在国家、省市、区级等新闻媒体宣传报道50余次。

（郑璐奇）

【编辑 陈炜祥】

31 体 育

Sports

综 述

【概况】 2023年，全区有全国体育先进社区1个、省级体育强镇19个、省级体育先进街道5个、省级体育先进社区26个。全区体育锻炼人口（不含学生）占总人口的47.6%以上，国民体质测试人员合格率94.5%，人均公共体育场地面积达到3.16平方米，主城区已构建15分钟健身圈。

【先进荣誉】 “大运河—北支江”项目入选国家水上国民休闲运动中心试点。《从富阳体育“半年报”，看运动休闲“潮”富阳》在《人民日报》刊登。章柏松荣获2023年杭州市中小学生阳光体育自行车锦标赛“最佳教练奖”、2023年杭州市青少年自行车公开赛（第二站）“优秀教练员”称号。区文广旅体局获杭州亚运会、亚残运会浙江省先进集体、2023年度浙江省公共体育场馆综合开发使用优秀奖。区体育中心获评2022年度省级公共体育场馆服务大提升优秀等次、杭州市平安健身场所等荣誉。

群众体育

【群众体育赛事活动】 2023年，举办富阳区乒乓球等级赛、第二届职工篮球赛等赛事活动2000余场，参与超过20余万人。开展“我爱杭州 奉献亚运”2023杭州市全民健身日全市大联动，组织500余名富阳市民参加富阳赛区活动。由浙江省体育总会、浙江省妇女联合会主办的浙江省第五届女子门球赛和全国门球培训会等国家、省级群众赛事落户富阳。

2023年10月20日，杭州亚残运会火炬传递富阳站活动举行。图为第126名、127名火炬手交接 （区文广旅体局 供图）

【公益培训】 成立富阳区青少年防溺水公益培训（市级民生实事）专班，全年共举办青少年防溺水公益培训课326堂，受益超3200人次，荣获全市青少年防溺水公益培训课第三名。

【基层体育治理】 2023年，富阳共建立基层体育委员工作站24个，聘任基层体育委员425名，实现了全区276个行政村全覆盖，打通基层体育服务和体育治理“最后一公里”。

【体育社会组织建设】 2023年，全区拥有独立法人体育社团25家，其中AAAAA级社团2家、AAAA级社团3家、AAA级社团16家，健身气功站点9个，民办非企体育俱乐部7家。体育社会团体AAA级以上达标率达到84%。

【国民体质监测】 全年完成常住富阳区幼儿（3—6周岁）、成年人（20—59周岁）和老年人（60—69周岁）三个年龄段（不包括学生）2702人次样本人群国民体质监测，全区国民体质测试人员合格率达到94.5%。

【社会体育指导员培训】 建立“线下指导、线上履职”的社会体育指导员履职机制。2023年度社会体育

2023年7月，富阳区摔跤队参加杭州市阳光体育锦标赛获青少年国际式七连冠和自由式冠军
（区文广旅体局 供图）

省、市、区三级体育公园、全民健身广场23个，省级农村百姓健身房9个，改造提升市级小康体育村7个。至2023年底，全区共建有体育小康村95个、健身苑点617个、社区多功能运动场24个、体育公园62个、全民健身广场133个、室内体育馆28个、百姓健身房69个，其中含篮球场502片、社会足球场14片、羽毛球场134片、门球场15片、排球场19片、网球场20片，区域均衡、全龄友好、人人共享的公共体育场地设施“十分钟健身圈”服务体系基本形成，人均体育场地面积达3.16平方米。

指导员注册数2360人，每千人拥有社会体育指导员达到2.77人，上岗履职服务率达到50.49%。

竞技体育

【队伍建设】 2023年，富阳区在库运动员300余人，主体分布在田径、篮球、足球、乒乓球、羽毛球、武术（套路）、射击、射箭、摔跤、柔道、跆拳道、散打、拳击、举重、击剑、艺术体操、蹦床、水上项目、轮滑、自行车、街舞等20余个项目。其中国家队在训和集训6人，省体育专业队训练13人，市级专业队训练45人。

【市级体育赛事】 2023年，参加杭州市阳光比赛，在田径、轮滑、篮球、乒乓球、拳击、跆拳道、摔跤、柔道、街舞、啦啦操等项目上，共斩获金牌48枚、银牌82枚、铜牌65枚。

【区级学校体育】 与教育部门一起落实青少年体育普及和科学“选苗”工作，组织举办富阳区青少年篮球、田径、校园足球、航天航模、轮滑、乒乓球、散打等项目的体育赛事，配合上级专业队参加选材集训27人。

【体育传校建设】 2023年，竞技体育项目在富阳区各中小学校中布点，包括2所省级阳光体育后备人才传统项目学校，9所杭州市级体育传统项目学校，2所杭州市级市队联办，14所富阳区级体育传统项目学校，主要开展篮球、足球、乒乓球、举重、摔跤、击剑、射击、武术、田径、跆拳道、网球、羽毛球等项目的业余训练和组队参赛，承担着向杭州及以上各级体育学校输送苗子的任务。

体育设施

【体育场地设施建设】 2023年，全区新建体育场地设施32个，其中

【嵌入式体育场地建设】 根据富阳区嵌入式体育场地设施建设三年行动计划，充分挖掘公园绿地、桥下空间、滨水绿道等“金角银边”区域资源，集约利用、合理均衡嵌入体育设施，打造绿色、便捷的全民健身新载体，全力构建高质量全民健身公共服务体系。2023年，富阳区完成嵌入式体育场地面积2.5万平方米。

【体育中心工作】 体育中心场馆惠民开放，中心累计接待各类健身人群超过60余万人，日最大人流量突破4000人次。体育中心保障第二届职工篮球赛、富阳区职工乒乓球赛、浙江省男篮超级联赛等各类大型赛事活动26项。以横幅、橱窗、电子屏幕等方式，积极开展亚运氛

2023年11月，富阳区第52届中小学生田径运动会举行
（区文广旅体局 供图）

围营造、网络诈骗防范、信访工作条例和科学健身、安全健身、文明健身等内容宣传，打造富阳体育地标性场馆。6月，区文广旅体局和公望资产有限公司为共同招标人的富阳区体育中心运营项目竞争性磋商公告正式发布，橙狮体育中标，并于8月正式入驻，负责体育中心具体运营，同时在原有基础上改造提升1个游泳池、2片篮球场、2片网球场。

体育产业

【体育产业发展资金项目库项目申报】 全年浙江华鹰控股集团有限公司申报省扶持体育发展专项资金项目。杭州富阳祥瑞水上运动器材有限公司、杭州雨燕体育文化产业有限公司、杭州飞鹰船艇有限公司、杭州康华船艇有限公司、杭州富阳烟雨桐洲旅游开发有限公司、杭州宏达文体用品有限公司、杭州富阳海成文体用品厂、杭州步杰文体用品有限公司、杭州宏科体育器材有限公司、浙江博凯文体用品有限公司、杭州杰灵体育用品有限公司、杭州乐檬进出口有限公司等12家企业申报获得2023年度富阳区体育产业扶持资金，扶持资金累计426289元。

【运动休闲旅游项目】 全年完成“环浙步道”杭州段（富阳区）80千米建设，并通过省体育局验收。杭州富阳烟雨桐洲水陆空旅游精品线路被国家体育总局评为2023年国庆假期体育旅游精品线路。

【体育彩票】 2023年富阳区体育彩票销售额达4.76亿元。富阳区获浙江省体育局颁发的2022年浙江省体育彩票销售量突破3亿元县（市、区）荣誉称号及2022年浙江省体育材料销售市场份额前十名县（市、区）荣誉称号。

（沈雪晴）

【编辑　陈炜祥】

打造现代版富春山居图

32 社会生活

Social Life

人民生活

【城镇居民生活】 2023年，据城乡住户一体化调查资料显示，城镇常住居民人均可支配收入为74899元，同比增加3157元，增长4.4%。城镇居民人均工资性收入41682元，增长3.8%。人均经营净收入18207元，增长5.3%。人均财产净收入8284元，增长4.0%。人均转移净收入6726元，增长6.5%。城镇常住居民人均生活消费支出47446元，同比增加3228元，增长7.3%。

【农村居民生活】 2023年，据城乡住户一体化调查资料显示，农村常住居民人均可支配收入47653元，同比增加2992元，增长6.7%。农村居民人均工资性收入26378元，增长6.3%。人均经营净收入11367元，增长6.5%。人均财产净收入875元，增长9.5%。人均转移净收入9033元，增长7.8%。农村常住居民人均生活消费支出35217元，同比增加3433元，增长10.8%。

【居民住房】 至2023年底，城镇居民人均住房建筑面积64.6平方米，农村居民人均住房建筑面积93.9平方米。

（赵玉松）

人口家庭

【帮扶服务模式】 2023年，依托智慧医疗为计生特殊家庭开展“无感就医”服务，计划生育特殊家庭双岗联系人等三项制度落实率100%。落实常态化帮扶机制，继续完善“暖心家园”周末陪伴、帮扶结对、暖心活动、再生育辅助、法律援助等方式，开展一系列圆梦微心愿、节假日走访慰问、爱心义诊、暖心生日会、母亲节游园、暖心健康讲座、端午送温暖、暖心春游、戏曲大联欢、销售农产品等100余场暖心活动。

【青春健康教育】 2023年，高标准完成三期中计协与教育部在富阳举办的全国大中小学青春健康师资培训班并作题为《美好青春健康成长》的工作经验交流。新增省级师资2名，灵桥镇小青春健康教育基地成功创建市级示范基地。暑期组织50场青春健康进村（社）、进学校、进家庭“三进”活动，开展45期沟通之道走进学校活动。10月12日，全国人大常委会原副委员长彭珮云到富阳调研青春健康工作，肯定富阳青春健康工作。

【生育支持政策体系完善】 2023年，印发《富阳区优化生育政策若干措施（试行）》，成为全市首个区县级优化生育政策文件。健全由区委书记和区长任双组长的人口均衡发展领导小组，明确27个成员单位的职责分工，24个乡镇（街道）同步完成人口均衡发展领导小组调整。落实多孩家庭小客车指标政策，全年有336户多孩家庭通过初步审核。

【育儿补助发放】 2023年，全面、快速落实杭州市育儿补助政策，为符合条件的二孩、三孩家庭发放一次性孕产补助2000元、5000元，育儿补助5000元、20000元。9月10日启动育儿补助的申报工作。当年共有1493件孕产补助、1390件育儿补助通过审核，共计发放补助资金1134.30万元。

【生育友好社会氛围营造】 2023年，成功创建全国生育友好工作先进单位，10月通过省级实地评价，12月分别接待国家卫健委人口家庭司和省政府参事室调研。承办杭州市“5·15”国际家庭日暨优化生育政策主题宣传活动，向全区青年发出《新时代婚育新风倡议书》。探索计生协会参与新型婚育文化建设的有效路径，成立富阳区新型婚育文化宣讲团，启动“新时代婚育新风进万家”宣传月活动，开展各类新型婚育文化宣传活动60余场次。在全区范围内开展新时代婚育文化公益宣传优秀作品征集评选活动，共评选出短视频、海报、摄影、儿童绘画等13件作品。将“优生优育优教”指导中心更名为育儿指导中心，新建成环山乡育儿指导中心并通过验收。新建省级标准向日葵亲子小屋2个。各乡镇（街道）充分利用各类场地，结合“5·15”国际家庭日等节日开展优生优育宣传、培训活动。

【全员数据质量提升】 2023年，以户籍地址和现居住地址、婚姻信息、婴幼儿身份证号码空缺补录为重点，进一步完善全员人口重点信息，继续提升全员人口信息库质量。指导、督促乡镇（街道）做好二孩、三孩信息的核验工作、互联互通出生信息的核查和处理工作。

【母婴设施建设推进】 全年新建成标准化母婴设施10个。完成地铁6号线富阳境内9个站点母婴室的提升改造工作，建成杭州地铁标准母婴室“富阳样板”。完成富阳经济开发区创新中心母婴室的五星级提升改造。

【3岁以下婴幼儿照护】 全年创树“托起小太阳”品牌，全区累计建有3岁以下婴幼儿成长驿站建设38家，其中30家示范型、8家基础型；全区3岁以下婴幼儿17429人，托育机构22家，托幼一体化58家，共计托位3690个，每千人口拥有3岁以下婴幼儿托位数4.34个。

【计生利导政策落实】 全年承接奖扶、特扶、农保补贴3项惠民政策审核和发放职能，准确率和及时率均为100%，通过杭州市奖扶特扶信息核查。全年共发放区级计划生育公益金88.10万元，代发杭州市级公益金19.25万元，共惠及238户计生特殊家庭。

人力资源

【新增就业】 全年全区新增就业人数37700人，引导和帮助4695名失业人员和1827名就业困难人员实现再就业，就业形势总体稳定。

【就业公共服务】 全年创建零工市场2家，永和大厦零工市场获评首批省级示范零工市场。全年举办和参与线上线下招聘会100场，组织3086家次单位参会，提供岗位10370个，招聘需求72482人次。运行完善富阳就业网（富阳就业超市）平台，登记发布用工信息1022家次单位、招聘需求人数22693人次。全年发放创业担保贷款5636万元。

【就业困难群体帮扶】 全年公益性岗位安置就业154人，发放岗位综合补贴404.3万元，惠及1364人次。发放失业保险金1.72亿元，惠及80761人次；发放临时价格补贴55.17万元，惠及8899人次。新增认定就业困难人员2064人，帮助就业困难人员就业1827人，完成1693名离校未就业高校毕业生就业调查。

【异地对口就业扶贫】 全年与贵州省锦屏县、沿河县、河南省许昌市、洛阳市、安徽省阜阳市、四川省广元市、德格县、湖南省湘西州、湖北省来凤县，省内丽水市缙云县等地建立劳务协作关系。

【职业技能培训】 全年完成技能培训19376人次，新增技能人才8602人，其中新增高技能人才3185人，新增企业等级认定29家，开展企业认定78场，2825人参加考试。新认定杭州市级大师工作室1家、区级11家，新入选浙江工匠3人，杭州市首席技师2人，入选西湖明珠高技能人才1人。

【新就业形态权益保障】 2023年，举办全区新就业形态劳动者权益保障新闻发布活动，通过“就业超市”平台发布新业态岗位300个，88人达成意向。确定杭州市富阳区现代职业技术培训学校为首家新业态定点培训机构，组织3期互联网营销师培训班，共107人参训，17人取得职业技能等级证书。全省首推“网约车司机保”商业意外保险，为全区3000余名网约车司机免费投保。建立包含一个专员、一条专线、一个专窗、一个诉调室、一名维权律师的“五个一”劳动维权平台，共接到投诉举报65起，2023年2月成功帮助41名直播从业人员追讨工资60余万元。全区建成“富春小哥驿站”“微驿站”39处，为1000名货车司机、外卖骑手提供免费体检，面向快递员、外卖员开展交通安全宣传教育800余人次。

【网约车司机保】 2023年，区人力资源和社会保障局与中国人寿富阳分公司联合试点推出全省首个新业态劳动者专属保险“网约车司机保”，为全区3000余名网约车司机进行无记名投保，项目包括重大疾病、意外伤害医疗补偿、意外伤残身故等，为网约车司机保驾护航。保障自2023年6月1日零时生效，有效期为1年。

【根治欠薪工作】 推进根治欠薪工作系统治理，升格提级区根欠领导小组组织架构，构建完善“四大

2023年3月17日，富阳区2023年乡镇(街道)人力社保政策法规培训会召开
（区人力社保局　供图）

专项”和“五个机制”根治欠薪治理体系，建立区领导包案机制，压实行业、属地和政府平台责任，加强企业和在建项目源头过程监管，累计排查企业及项目1500家次，整改隐患项目21个，开展在建项目“飞行检查”等专项行动，抽检全区40个在建工程项目，下发整改通知40份，推动欠薪案件快速有力处置，全区欠薪线索动态化解率提升至96.37%，基层化解率从24.63%提升到61.85%。全年对2家存在违法行为的用人单位实施行政处罚，对73家存在严重欠薪的用人单位实施行政处理，向公安部门移送涉嫌拒不支付劳动报酬犯罪案件2件，对16家拖欠工资黑名单用人单位进行失信联合惩戒，实施行业主管部门信用扣分64家次。

【劳动人事争议仲裁】 持续发挥“1+X”劳动纠纷多元化解平台的作用，专职调解员覆盖全区24个乡镇（街道）。推广当事人使用“浙里办”平台劳动人事争议申请调解功能模块，通过电话引导、线上指导、线下扫码等方式，实现申请人在线申请仲裁处理、提交仲裁证据、参与仲裁调解。落实“建标准院、开标准庭、办标准案”三标准办案工作模式。全年受理案件1922件，结案率97.77%，调解成功率86.46%，为2111名劳动者挽回损失7369.36万元。

（杨　广）

社会保险

【企业职工基本养老保险】 2023年，全区企业职工基本养老保险在职参保297142人，享受职工基本养老保险待遇192259人，全年净增职工养老保险参保2370人。2023年度企业基本养老保险、失业保险、工伤保险等社会保险费缴费基数为8020元/月。

【机关事业单位养老保险】 2023年，全区机关事业单位养老保险在职参保19196人，其中享受待遇10769人。2023年，全区机关事业单位养老保险基金收入8.98亿元，支付10.22亿元，积余基金0.15亿元。

【城乡居民社会养老保险】 2023年，全区参加城乡居民社会养老保险18874人，领取城乡居民社会养老待遇26560人。城乡居民基础养老金上调至350元/人·月，城乡居民各类养老保险综合参保率99.4%。

【工伤、失业保险】 2023年，全区参加工伤保险350544人（含建筑工伤参保69234人），参加失业保险253500人。全年发放工伤保险待遇1.69亿元、失业保险金待遇1.66亿元。

【企业社会保险降费减负】 2023年，继续实施阶段性降低失业保险费率至1%及阶段性降低工伤保险费率政策，其中全区减征失业保险费10700万元，惠及2.74万家企业；完成杭州市富阳区企业招引首次到富阳就业外地员工补贴政策申领工作，发放262.6万。开展2023年一季度企业首次招引员工补贴，一次性招工补贴500元/人，惠及558家企业2580人，发放补贴129万元。

【社会保险业务经办】 2023年，创新推出基金“监管联线”。区人社局牵头区法院、区检察院、区司法局、市公安局富阳分局、区财政局、人民银行富阳分行7个部门，联合出台《杭州市富阳区违规领取社会保险待遇联合处置工作机制》，成立工作专班，明确部门职责，确定专人负责，以制度保障合作机制。深入构建工伤预防新机制，区人社局联合区应急管理局建立《杭州市富阳区工伤预防和安全生产联合监管机制》，将工伤预防工作纳入全区安全生产年度考核体系，以进一步落实乡镇（街道）属地责任，督促辖区内用人单位安全管理，防范、减少生产安全事故。

【退休人员社会化管理】 全年共拨付退管专项资金4345万元，为企业退休人员发放春节、端午节、中秋节慰问费5.42亿元。完成22.8万名各类退休人员养老待遇资格认证工作。围绕“迎亚运、助共富”主题，组织企退人员开展文艺会演、钓鱼比赛、健康体检和疗休养等活动。

（杨　广）

医疗保障

【基本医疗保险概况】 2023年，全区参加基本医疗保险725132人，综合参保率99.93%。其中，参加职工基本医疗保险444908人，参加城乡居民基本医疗保险280170人。职工医保统筹基金收入11.73亿元，支出14.48亿元，累计结余14.63

2023年6月9日，“颂歌二十大　喜迎亚运会”杭州市富阳区第五届企业退休人员文艺会演举办

（区人力社保局　供图）

亿元，按2023年支出水平测算，支付能力为12.2个月。定点医药机构635家，其中，定点医疗机构357家，定点零售药店278家。杭州市医疗保障局富阳分局连续4年在杭州市系统内考核排名第一。

【西湖益联保】 2023年度，全区“西湖益联保”参保328261人，参保率51.87%，杭州市排名第4，超平均水平，累计赔付7844人，赔付金额6153.39万元，人均赔付金额7844.71元，整体赔付率117.10%，最高赔付148.27万元。完成2024年度全区“西湖益联保”参保395515人，参保率55.14%，杭州市排名第3。

【医疗保障改革】 2023年，规范开展药品耗材集采工作，落实国家、省、省际联盟及市级联合集中带量采购，涉及药品500种，医用耗材13个大类。进一步降低药品耗材采购价格，节约药品费用1500余万元。动态调整中药医保支付限额，健全中药饮片医保支付标准，累计调整中药饮片326种、中药配方颗粒411种。进一步调整完善家庭病床收费规范，促进医疗保障向基层、向居家医疗服务延伸，累计调整家庭病床、口腔种植及生育等医疗服务价格30余项。

【医疗保障监管】 全年对口腔诊所、中医门诊部、公立医院收费等重点领域开展专项行动，累计检查定点机构634家次，累计行政处罚22家，罚款180.55万元，追回550.44万元；协议处理190家，暂停6家次，计分处理53家次，取消定点22家次，约谈提醒109家次。

【医疗保障创新】 2023年，针对困难群众因病致贫返贫社会问题，以“纵向接力、横向互补、多跨协同”的“先富带后富”改革为突破口，通过引入社会（慈善）力量筹措“暖心无忧”基金、建立医保防贫共富应用平台、完善体制机制等方式，实现对因病困难群体主动发现、精准识别、源头服务、梯次减负、保障兜底的全流程闭环帮扶，医疗费用综合保障率提升至86.3%，22.4万名爱心群众参与“暖心无忧”基金募集，特困、低保、低边等合理医疗负担分别不超过0.5万元、3万元、5万元。获评“浙江省高质量发展建设共同富裕示范区最佳实践”，获杭州市推广，成为全省构建因病致贫返贫防范机制提供了县域治理样板。

【医疗保障服务】 2023年，在全市创新推出“医医合作”经办模式，实现医保事项在医疗机构端源头办理，建成区第一人民医院、区中医院等首批“医医合作”网点6个；在乡镇街道全面部署“视频办”拓宽服务方式，医保高频服务事项跨市域线下通办率100%；指导企业经办人“网上办”，培育青年参保人“掌上办”，帮助边远地区老人“上门办”，分类施策确保医保公共服务均等化。相关做法被纳入杭州市高质量建设发展共同富裕试点，在全市医保政策宣传现场会做经验介绍。

（张月虹）

2023年9月6日，“暖心无忧”医保防贫共富基金启动

（区医疗保障局 供图）

【社会救助】 2023年6月起，按照市域同标要求低保标准由1216元／人·月提高至1259元／人·月，特困基本生活保障标准提高至2098元，困难残疾人生活补贴月人均标准增至378元。继续实施“善居工程”，依据《社会救助家庭居室改善服务规范》，通过标准化、清单化、集成化的方式组织实施“善居工程”，为320户困难家庭提供居室改善服务，该项做法被收录于浙江省社会救助典型经验汇编，在全国社会救助工作会议上交流，并被评为全省社会救助领域创新案例。创新实施“富裕阳光 暖心无忧”防贫共富长效机制，全省试点建设医疗救助协同应用场景，构建起主动发现、源头管理、梯次减负、兜底保障的系统性闭环体系，形成“一户（人）一条众扶链”，实现救助对象合理医疗费用负担封顶，让困难群众看得起病、看得好病、防得住病，筑牢因病致贫返贫防线，相关做法获得副省长张雁云批示肯定。开展“寒冬送温暖”和“夏季送清凉”专项救助行动，全年救助流浪乞讨人员109人次，帮助顺利返乡91人。富阳区未成年人保护中心创建成为市级样板机构，成功申报省级百家案例和市级样板站各1个，创建市级儿童友好社区4家。

【养老服务】 全年超额完成省市区三级民生实事项目，完成新增认知症障碍床位132张、“空巢老人安全守护系统”500户、22家照料中心配置智能服务终端、持证养老护理员309人等民生实事任务。提升居家和社区居家养老服务，建成家庭养老床位380张，配备智能床垫、紧急呼叫、活动监测等监护、康复设备，累计上门提供服务2.29万人次。全年助餐覆盖率达90%，服务136万人次。启动“富有善养”项目，确定优先保障收入型最低生活保障家庭、支出型最低生活保障家庭、最低生活保障边缘家庭中的单列户施保家庭、最低生活保障边缘家庭以及计划生育特殊家庭中的中重度失能老年人低偿入住养老机构托养。首批试点覆盖95名特殊困难家庭老年人，其中6名老人自愿申请入住养老机构托养。启动公办养老机构国企化改革，富阳区为省级公办养老机构改革试点之一，印发《杭州市富阳区人民政府办公室关于印发杭州市富阳区公办养老机构国企化改革方案的通知》，明确工作专班、改革时序和改革路径，由富春山居集团下属杭州公望国有资产经营有限公司参与试点改革。

2023年，富阳区慈善超市

（区民政局　供图）

【殡葬改革】 2023年3月，召开“移风易俗、绿色殡葬”现场会。加快节地生态安葬设施和乡镇（街道）级公墓建设，完成全区33处纪念堂选址，完成东洲街道红旗村思亲园、渌渚镇壁葬和常安镇壁葬3个节地生态安葬点建设，投入资金1119万元，其中常安镇壁葬区被评为省级节地生态安葬示范点。完成惠民殡葬提标增项扩面工作，8月与杭州主城区同步实施基本殡葬服务费用免费政策，同步实现本省户籍在本区死亡并火化的享“6+N”项的基本殡葬服务事项免费。做好迎亚运“两路两侧‘青山白化’”专项整治工作。区殡仪馆全年完成遗体接运火化业务4842例，减免殡葬基本服务费用333.02万元。

【慈善事业】 全年区慈善总会接收捐款收入3286.65万元，支出2861.6万元，惠及困难群众2.7万余人次。富阳区狼群应急救援服务中心获全国最佳志愿服务组织称号。区慈善总会在全省“两个先行”慈善募捐专场募捐金额和人次均居全省第一，获得省慈联激励奖励100万元。“暖心无忧”医保防贫项目入选省高质量发展建设共同富裕示范区最佳实践（第三批）名单。新登长兰村慈善工作站获得省级示范工作站称号。实施“知音守护”慈善助浴项目，撬动社会爱心资金235万元，服务1021名困难失能老人，助浴3800人次。慈善助浴工作获得常务副省长徐文光、副省长王文序、常务副市长陈瑾批示。慈善信托备案资金364万元，全年新增慈善组织9家，慈善超市3家，向对口地区捐赠178万元。举办首届慈善教育论坛、第八个中华慈善日主题活动等。

【行政审批】 做好校外培训机构注销、社区发展基金会成立、规范收养登记、门牌便民办理等工作，全年办结社会组织登记许可件139件，办结社会组织名称预登记、章程备案及换证等非许可类业务共278件；办结收养登记14件，解除收养3个；办理门牌事项18748件。

2023年，富阳举行无主无名骨灰生态安葬仪式

（区民政局　供图）

【社会事务】 发布区行政村、社区标准地名名录，规范村（社）标准名称、区划代码使用。全年完成27处道路（桥梁、隧道）的命（更）名。结合道路两侧国际化标识改造要求，改造主城区及亚运相关道路809处，全区更新设置数字门牌9542块。6月1日起正式实施结婚登记、离婚登记业务跨省通办，全年结婚登记4472对，离婚登记1564对。稳步推进集中补领婚姻登记证工作，补发婚姻登记证件40579件。组织各类婚姻家庭辅导活动159场次，参与达4000人次。连续4年举办“三生有幸”集体婚礼。推动水库移民

2023年富阳区道路、桥梁、隧道命名一览表

表22

标准名称	所在跨行政区域	地名含义	地理实体描述
亭桥头路	富春街道	因道路所经地为三桥村亭桥自然村，为古阳陂湖范围，有亭桥头地名，故名	南起文居街1394号（预编），北至三桥路（规划名）；长1100米，宽30米
下俞墩巷	富春街道	因道路所在位置为富春街道秋丰村居民点“下俞墩”，故名	南起横凉亭路40号（预编），北至青云浦；长500米，宽20米
飞驿路	富春街道	因道路位于富春街道西邮村，古为富春至新城的驿站，高铁富阳西站坐落于此，取高铁飞速之“飞”，故名	南起富衢线，北至驿北街（规划名）1号（预编）；长1200米，宽42米
明政巷	春江街道	以美好寓意命名。道路范围为富春湾新城行政设施集聚处，寓意行政清明，为百姓谋福利，故名	南起同登街，北至元书街900号（预编）；长493米，宽20米
下埠头路	春江街道	以古地名命名。道路与历史上“下埠头”相连，故名	南起洋浦江路272号（预编），北至江滨南大道；长1240米，宽20米
中沙埠巷	春江街道	以古地名命名，道路与历史上的“中沙埠”相连，故名	南起永济路240号（预编），北至洋浦沙街；长385米，宽20米
香团弄	春江街道	以古地名命名，道路范围内旧有“香榑庙”，香榑又作香团与香圆，故名	东起大桥南路，西至竹筒路450号（预编）；长300米，宽14米
亭麓街	春江街道	以道路附近所在的亭山山麓，故名	东起竹筒路29号（预编），西至万年桥路（规划名）；长665米，宽20米
秦过街	春江街道	因历史典故命名。相传道路所在为秦始皇赴会稽祭天所经之处，故名	东起春亭路21号，西至亭雁路（规划名）；长1000米，宽20米
长沙庙巷	春江街道	以老地名命名。道路所在区域旧有“长沙庙”，故名	南起元书街，北至富春湾大道3695号（预编）；长250米，宽20米
小庙干路	春江街道	以老地名命名。道路所在范围有临江村老地名“小庙干”，意为小庙边，故名	南起亭山西路（规划名），北至富春湾大道3641（预编）；长920米，宽20米
沈家垄路	春江街道	以老地名命名。道路范围临江村旧有沈家垄地名，故名	南起亭山西路（规划名），北至富春湾大道3417号（预编）；长1100米，宽20米
蔡家埠路	东洲街道	以老地名命名。道路南端为旧时北支江埠头“蔡家埠”，故名	南起北支江，北至江滨东大道1118号；长650米，宽24米
株林坞路	东洲街道	以道路所在居民点名命名。道路所在范围为黄公望村株林坞，故名	南起江滨东大道，向北折东至怀浣弄60号（预编）；长1430米，宽16米
铜钿沙路	东洲街道	以所处居民点名命名。道路北端为紫铜村铜钿沙（也作铜钱沙），故名	南起东桥南路（规划名）96号（预编），北至紫铜村；长1100米，宽24米
永通东路	东洲街道	以道路延伸派生得名。道路为永通路向东延伸段，故名	东起紫铜村，西至永通路1号（预编）；长2200米，宽35米
东桥支弄	东洲街道	以主干道派生命名。道路为“东桥路”的支路，故名	南起6号路(规划名)，向北折西至东桥路130号(预编)；长300米，宽19米
蜂窠垄路	东洲街道	以居民点命名。道路所在为鸡笼山村蜂窠垄居民点，故名	南起高尔夫路209号，北至蜂窠垄林道；长650米，宽19米
舍面前弄	鹿山街道	以小地名命名。道路所在原田畈当地居民称“舍面前”，故名	东起江滨西大道290号（预编），西至依江路；长340米，宽26米
湖后路	银湖街道	以自然地理实体方位命名。道路位于古阳陂湖北侧，故名	南起新桥新路66号（预编），北至高桥西路；长650米，宽24米
震龙庙巷	大源镇	以老旧地名命名。道路所在为亭山村震龙居民点，旧有“震龙庙”，故名	南起同登街，北至元书街561号（预编）；长500米，宽20米
小堰头巷	大源镇	以居民点名命名。道路所在为亭山村小堰头居民点范围内，故名	南起同登街，北至元书街495号（预编）；长500米，宽20米
瓦窑里街	大源镇	以居民点命名。道路所在附近原有亭山村瓦窑里居民点，故名	东起四季坞路（规划名），西至山居路（规划名）32号（预编）；长860米，宽20米

续表22

标准名称	所在跨行政区域	地名含义	地理实体描述
钱家爿路	大源镇	以居民点名命名。道路所在范围原为亭山村钱家爿居民点，故名	南起瓦窑里街，北至元书街745号（预编）；长1100米，宽20米
塘子畈街	大源镇	以老旧地名命名。旧时为亭山下斗米湾水道，后淤塞成农田称“塘子畈”（也作唐子畈），故名	东起阳平山路523号（预编），西至竹简路；长1755米，均宽30米
叶盛弄	场口镇	以所在行政村命名。道路范围为叶盛村，整村拆迁后道路北侧建安置小区“叶盛铭苑”，故名	东起后田园巷（规划名）45号（预编），西至汤场线；长450米，宽25米
缸锅山弄	环山乡	以小地名命名。此处原有缸窑厂，当地居民点称之“缸锅山”（又作缸窑山），故名	东起环金线，西至剡科路1号（预编）；长400米，宽18米

（袁明武）

融合发展，安排各类水库移民扶持项目46个，投入项目资金3800余万元。完成移民村高质量培训任务，共培训55班次，惠及移民村群众2200人次。

（吴　凌）

老龄事业

【概况】　按户籍人口统计，至2023年底，全区60周岁及以上老年人口187094人，占总人口数的26.67%，比上年增加11700人，增长6.67%；65周岁及以上老年人口133620人，占总人口数的19.05%，比上年增加4704人，增长3.65%；70周岁及以上老年人口84491人，占总人口数的12.05%，比上年净增4734人，增长5.94%；80周岁及以上老年人口23484人，比上年减少8人，占总人口数的3.35%，占老年人口总数的12.55%；90周岁及以上老年人口4560人，比上年净增349人，占老年人口总数的2.44%；100周岁及以上老年人68人，比上年减少3人，其中女性为50人，男性为18人。全区各乡镇（街道）老龄化均在22%以上，其中洞桥镇老年人口占总人口比例最高，为34.11%。全区纯老年人家庭的老年人口数为11556人，占老年人口总数的6.18%。失能、半失能老年人口5564人，占老年人口总数的2.98%。其中失能老人1826人，半失能老人3753人。“空巢”老人7478人，独居老人3433人。全区有323个行政村、社区建立了老年协会。

【老龄政策】　2023年，持续推进基层老年人协会规范化建设三年行动，2022年老年协会规范化建设占比达80%。持续推进富春街道杨清庙村老年协会全国基层老年协会能力提升项目第一批试点项目工作。开展打击整治养老诈骗专项行动和“智慧助老”等活动，保障老年人合法权益。

【老年文教体育事业】　至2023年底，全区有老年电视大学分校1所，教学点224个，春秋两季参加老年电视大学学习的学员16689人次。老年文艺团队182个，老年体育协会及各类老年体育团队135个，老年志愿者组织299个。全年组织开展老年健康周、阿尔茨海默病宣传日等宣传活动。

【老年人意外伤害保险】　2023年度保险期限从2023年7月1日0时起至2024年6月30日24时止。为全区175394名（上一年度老年人口总数）老年人投保老年人意外伤害保险，占老年人口的100%。政府统筹保险支出526.182万元。

【“敬老月”活动】　2023年10月，召开富阳区老龄委全体扩大会议，对敬老爱老助老“最美”系列进行表彰，区四套班子主要领导分别带队走访慰问百岁老人和困难老人，为全区113名百岁老人、1001名高龄和困难老人送上慰问金和慰问品。举办富阳区“精彩亚运缤纷银铃”老年书画摄影大赛和老年门球比赛。富春街道百合社区、春江街道八一村、新登镇上山村和环山乡诸佳坞村荣获“2023年杭州市老年友好型社区”称号。渌渚镇道等11个单位（个人）荣获杭州市级敬老爱老助老“最美”系列先进，江滨社区等40个单位（个人）荣获区级敬老爱老助老“最美”系列先进，富阳老年大学等6家单位创建成为第四届杭州市敬老文明号。杭州富阳瑞丰老年医院等6家医疗卫生机构成功创建“老年友善医疗机构”。

【医养结合】　至2023年底，全区医养结合机构7家，核定医疗床位694张，养老床位909张。持续推进区第一人民医院与5家医养结合机构开展紧密医养联合体试点工作。规范基层医疗卫生机构与养老机构、居家养老服务机构签约合作，实现25家社区卫生服务中心与13家养老机构、279居家养老服务照料中心的长效协作机制，有效签约率100%。完成1.74万余人的“光明”“口福”“营养改善”“失智老人关爱”和健康服务“智慧助老”等五大老年健康服务专项行动，完成12.76万余人次65周岁及以上老年人医养结合服务项目。在春江街道春雨社区开展老年人心理关爱行动，为124位老人开展心理评估。

（郑璐奇）

残疾人事业

【概况】　至2023年底，全区持有第三代中华人民共和国残疾人证的残疾人24229人，其中肢体残疾13111人、视力残疾2260人、听力残疾2995人、言语残疾151人、精神残疾2485人、智力残2543人、多重残疾684人。

【残疾人基本民生保障】 全年累计发放各类助残补贴2549.7万元。残疾人意外伤害和大病医疗保险全覆盖，完成理赔308人次，理赔金额125.5万元。结合"春风行动"，慰问600余户困难残疾人家庭，发放慰问金48万元。临时救助15名特殊困难残疾人，发放救助金2.9万元。

【残疾人康复服务】 全年完成32例白内障患者复明手术补助，配发轮椅、拐杖、助听器等辅具848件，全区残疾人辅助器具适配率100%。对75名贫困残疾人的人工关节置换手术进行补助。完成240名残疾儿童抢救性康复训练及评估。新建康复之家1家，康复服务站12个，实现乡镇（街道）残疾人康复服务站全覆盖。采取区镇两级全额补助、乡镇（街道）残联提供上门代办服务等措施，残疾人家庭医生签约服务率达90%以上。继续落实精神病患者服药和住院补助政策，实现补助全覆盖。

【残疾人就业创业】 全年举办残疾人职业技能和实用技术培训班11期，培训残疾人418人。举办残疾人就业专场招聘会3场，促成109名残疾人与企业达成就业意向，同时指导企业开发残疾人就业岗位，多渠道安置283名残疾人就业，其中稳定就业143人。

【无障碍环境建设】 全年完成重要公共场所无障碍改造13处，富春街道江滨社区、新登镇贤明社区成功创建省级无障碍社区。开展无障碍进家庭服务，制订"一户一案"改造方案，为100户残疾人家庭免费安装扶手、坡道等无障碍设施。组织专业人士对亚运场馆、涉亚酒店、亚残运火炬传递沿线无障碍设施开展监督检查20余次，指导完成问题整改130余处。开展无障碍观影志愿服务10场次，参与活动达800余人次。

【残疾人文体活动】 全年创建残疾人文体示范点4个。举办"迎亚运，展残疾人之家风采""残疾人趣味运动会"等特色活动51场次，参与残疾人2000余人次。组织残疾人现场观看亚残运会倒计时100天活动；亚残运会开闭幕式和亚残运会比赛共200余人次。选拔3名运动员入选国家队征战亚残运会，获得2枚金牌1枚银牌。组队参加浙江省第十一届残运会，获9金3银。组队参加杭州市残疾人柔力球比赛，获三等奖。选送节目参加杭州市第二届残疾人歌咏大赛，获一等奖。

【残疾人合法权益维护】 全年开展进社区、进乡村、进协会、送法律、送援助、送服务的"三进三送"活动2次，惠及群众200余人次。接待处理残疾人来信来访16件次，办结率、按时反馈率、满意率均达100%；充分发挥残疾人法律救助站作用，帮助6名残疾人用法律武器维护自身合法权益。

（瞿忠烈）

红十字会

【王可到富阳调研】 2023年5月12日，中国红十字会党组书记、常务副会长王可一行到富阳调研指导应急救援工作。浙江省红十字会党组成员、专职副会长黄元龙，杭州市红十字会党组书记、常务副会长周澍，区领导谢渐升、黄泽陪同调研。王可实地查看春江街道应急救护培训基地、富阳区红十字文化中心等地。对近年来富阳区红十字会以党建为引领，大力推进专业化应急救援队伍建设，为群众生命安全和身体健康提供坚实保障等工作给予充分肯定。

【2023年发展中国家紧急搜救研修班举办】 6月14—15日，由商务部主办、中国红十字会总会训练中心承办的2023年发展中国家紧急搜救研修班到富阳，在区红十字文化中心开展了为期2天的地震救援工作理论与实践、应急救护、高空绳索救援、建筑物破拆、遗体处理与家属心理疏导等科目的学习和实操。研修班学员29人，主要来自尼泊尔、牙买加、加纳等8个共建"一带一路"发展中国家的应急管理、消防、民防等部门工作人员。其间，研修班对富阳红十字事业取得的成就表示高度赞赏，对富阳人民的热情接待表示衷心感谢。

【举办全国社会应急力量骨干培训班】 4月10日，中国红十字基金

2023年5月12日，中国红十字会党组书记、常务副会长王可（左前二）到富阳调研

（区红十字会　供图）

会联合红十字国际学院举办的第二期社会应急力量骨干培训班在杭州市富阳区红十字文化中心举办。来自全国14个省市的50支救援队伍骨干参加培训。培训班为期5天，以地震救灾为主题，课程设置以应用理论和实操实训相结合，包括国际红十字运动与中国特色红十字事业、灾害应对中的预防准备、破拆技术、支撑与加固技术等。同时还设置了地震救援行动的组织与指挥、救援案例分析与研讨、突发事件筹款等专题培训内容。

【困难救助】 全年实现人道筹资914.3万元，困难救助慰问支出980.89万元，救助人数14350人。开展“博爱送万家”“云帆计划在富阳”“三级博爱救助金”“富阳博爱超市救助”“困难会员、志愿者慰问”“生命救援赋能”等救助活动。其中“5•8”网络筹资196.64万元，同比增长167.3%，位居全省（县市区）第二。

【生命关爱】 全年动员造血干细胞志愿捐献登记入库337人，全区累计登记入库5766人，年度成功捐献造血干细胞6例，累计42例，居全省首位。器官（遗体、组织）成功捐献82例，登记入库累计3107人。参与无偿献血宣传服务活动106场次。

【救护培训】 全年完成应急救护培训7010人，普及培训82123人次。各项业务指标均超额完成，居省市前列。新建应急救护实训基地6个。举办了全区健康家庭评选救护技能大赛和全区红十字救护员技能大赛、青少年应急救护大赛。

【推进“红十字与亚运同行”活动】 全年高质量完成亚运场馆500余名工作人员、骨干志愿者持证救护员培训。组织红十字志愿者127人次参与亚运场馆赛事保障；组织红十字志愿者1100余人次参加15个红十字救护站，37个亚运V站和赛事场馆周边的保障服务工作。推荐造血干细胞志愿者许艾菲为亚残运会火炬手。志愿者尤田苗获市级“红色领杭　奉献亚运”先进个人。

【红十字阵地建设】 红十字文化中心全年接待超1.9万人次，开展应急救护技能培训65场次，实现救护员培训3029人次。为消防、公安等部门开展应急救援培训7场次。心灵港湾线上、线下服务平台作用明显，首次青少年心理健康线上直播浏览量超8万人次。

全年区红十字会工作信息被《中国红十字报》、省红十字会刊登35篇；富阳区“一报两台”发布38篇；联合富阳发布，策划发布红十字信息8条。央视一套对红十字狼群应急救援队亚运保障工作进行报道。

（屠丽敏）

社区（村）建设

【社区创建】 全年开展新进专职社区工作者“认百家门”大走访活动，累计走访百姓家庭45654户，收集问题诉求及意见建议4293件，召开民情分析会1096次，解决群众困难2438个，吸收意见建议2004个。加强工作指导，完成15个新建社区居委会选举。举办全区第二届邻里节暨社区成立20周年嘉年华活动，发布社区发展十件大事，表彰“最美社工”和社区连续工作满二十年专职人员。积极链接专家资源，深化“小队会”顶层设计，明确制度迭代方向，指导春江街道完成春江村村级议事协商创新实验试点中期评估工作。

【社会工作站建设】 加强对东洲街道黄公望村市级“五社联动”试点工作的指导和检查，邀请相关领域专家教授，开展实地调研，指导“五社联动”工作思路和机制创新，试点工作相关任务按期完成，被杭州市民政局专家评为优秀等次。采取实地检查、人才培训、参观见学等方式，持续加强对乡镇（街道）社会工作站的扶持指导，富春街道社会工作站获评2022年度杭州市十佳乡镇（街道）社工站、2023年浙江省五星级社工站，富春街道恩波社区“善德”社工室等6家社区特色社会工作室获评“杭州市百强社区特色社工室”。

【社工人才建设】 指导乡镇（街道）做好全国社会工作者职业水平考试动员和报名工作，开通热线电话开展咨询答疑，为1600多名报考人员开通免费线上培训课程，全区新增持证人才800人，创历史新高，其中鹿山街道山水社区俞恩峰等2人通过全国高级社会工作师笔试，全区专职社区工作者持证率达93.9%，居全市前列。按期完成第三期区级社会工作督导选拔培育工作，通过理论强化、实务教学、综合评定等流程，新培养12名区级督导助理，继续组织区级督导人才提升培训。鹿山街道山水社区王丽敏等3人通过理论选拔入选杭州市第六期社会工作督导助理培养对象。

社会组织

【社会组织管理】 围绕社会组织法人治理、依法运营、志愿服务规范等内容，邀请业内专家为全区社会组织业务主管单位和社会组织负责人140余人授课；组织部分乡镇（街道）级社会组织和公益组织骨干赴绍兴市参观见学，举办社会组织公益沙龙，邀请全职公益达人分享社区骨干培养、公益项目实施经验案例，帮助社会组织提升专业知识、开阔发展思路。有序实施2022年社会组织年检年报工作。大力推进社会组织规范化建设，发动符合条件的社会组织参加等级评估，2023年新增AAA级10家、AAAA级9家、AAAAA级4家，通过复评8家。

【清廉社会组织建设】 组织召开全区清廉社会组织建设推进会，选立区建筑业协会、区江南医院等3家试点单位，加强调研指导，开展全区行业协会商会理事会、监事会成员底数摸排，扎实推进全区社会组织清廉建设和行业协会商会专项整治工作。会同业务主管单位，以民办医疗机构、幼儿园、养老机构、培训学校等为重点监管对象，对第一批49家社会服务机构自2020年以来的运营情况，开展非营利监管专项审计。

【公益创投】 全年投入专项资金180万元，通过需求征集、项目申报、专业辅导、专家评审、综合评定等流程，确定28个资助项目，服务内容涉及老年人服务、困境儿童帮扶、青少年关爱、未来社区（乡村）运营等方面。

（吴　凌）

民族　宗教

【民族概况】 至2023年底，全区有少数民族41个，其中常住人口8120人，流动人口35632人，呈现大散居，小聚居的分布格局。有民族村1个新登镇双江村；民族聚居村3个，富春街道拔山村、万市镇槎源坞村和白石村。常安镇石榴红家园、雅澜洗涤石榴红共富基地被评为第六批省级民族团结进步创建重点培育单位；新疆杭州疗养院“浙疆情”教育基地，被评为第三批省级民族团结进步教育基地；新登镇双江村、常安镇、浙江雅澜洗涤有限公司，被评为第三批杭州市“之江同心石榴红”引领单位。

2023年12月14日，纪念中峰明本禅师诞辰760周年暨圆寂700周年书画展举办

（区委统战部　供图）

【宗教概况】 至2023年底，全区有宗教团体3个，分别是佛教协会、天主教爱国会、基督教两会，经政府登记的寺观教堂及固定处所93处，其中佛教32处、天主教2处，基督教59处。共有已登记的教职人员146人，其中佛教72人、基督教74人。新登镇广福禅寺被评为2023年度省级宗教中国化场所；新登镇广福禅寺、渌渚镇基督教岘口堂、场口镇真潭讲寺，被评为2023年度市级宗教中国化场所；灵桥镇外汪福音堂被评为省级平安宗教活动场所；银湖街道白龙禅寺被评为省级宗教活动场所消防安全标准化管理“百优争创”活动优秀单位、省级宗教法治宣传教育基地；渌渚镇周宣灵王殿、场口镇越石庙，被评为第一批浙江省民间信仰规范化场所。

【重要工作】 2023年，建成蒋家桥社区铸牢中华民族共同体意识综合体验馆、新疆杭州疗养院“浙疆情”援疆历史展示馆。全年举办“三月三”民族风情节、“共筑亚运”民族趣味运动体验、社区邻里节等活动。聚焦“三项计划”，筹办新疆青少年到富阳交流夏令营，感受中华民族传统文化和富春山居独特魅力，开展国家通用语言培训，加强爱国主义教育。成立区级宗教工作宣讲团，举办纪念中峰明本禅师诞辰760周年暨圆寂700周年书画展，基督教市级团体“正教反邪”活动在富阳举办。宗教中国化指标排全市前列，其做法在全市宗教中国化交流会大力推荐。

（许　军）

【编辑　陈炜祥】

33 乡镇·街道

Township and Streets

富春街道

【概况】 2023年，富春街道总面积105.45平方千米，其中城镇建成区面积18.4平方千米、绿地面积7.1平方千米，辖村12个，社区42个，居委会42个，股份经济合作社9个，党员7950人，党委37个、党总支25个、党支部471个，村民小组204个。总户数50946户，总人口139806人。全年实现工农业总产值167.57亿元，按可比价格计算，比上年下降2.43%。实现财政总收入11.57亿元，其中一般公共预算收入6.19亿元。农村经济总收入2.93亿元，农村经济净收入1.28亿元。农民人均收入5.69万元。

全年农业总产值3.91亿元，耕地面积1479.48公顷，其中水田面积988.92公顷，高标准农田面积1549.78公顷，农作物播种面积2344公顷，其中：粮食作物播种面积792.14公顷。粮食总产量1.48万千克。农机总动力6万千瓦。水利工程投资912.37万元。存栏生猪3601头，出栏肉猪3396头，存栏家禽36994羽，出栏家禽97834羽。水产品养殖面积60公顷，水产品产量125万千克。绿化造林97.3公顷，封山育林4086.7公顷。水果种植面积611公顷，水果产量1774.9万千克。茶园面积963公顷，茶叶产量178.58万千克。农业技术服务机构个数3个，从业人员22人。农民专业合作社数量39个，成员451户。种植大户10户，家庭农场100个。规模以上工业总产值163.66亿元，工业企业总数324家，其中规模以上工业企业50家，从业人员6728人，实现产值163.66亿元、销售162.02亿元、利润总额3.47亿元。资质以上建筑业企业78家，总产值92.28亿元。限上住宿餐饮业企业34家，营业总收入3.51亿元。商品交易市场14个，交易额59.72亿元。

中学4所，在校中学生8977人，教职工825人，小学13所，在校小学生22715人，教职工1253人；幼儿园33所，在园幼儿11295人，教职工1388人。社区卫生服务中心1家，社区卫生服务站24个，卫生室14个，执业（助理）医师91人，兽医（防疫）技术人员7人。全年上报出生778人。固定电话用户29482户，移动电话用户46719户，因特网用户92863户。社会福利收养性单位1个，床位60张。参加城乡居民养老保险524人。参加城乡居民基本医疗保险39563人，参加职工医保126256人。最低生活保障救助人数603人。金融机构30家，公园及休闲健身广场8个。

【富春街道“拼经济　拼发展　拼治理”誓师动员暨先进表彰大会】 2月14日，富春街道召开“拼经济　拼发展　拼治理”誓师动员暨先进表彰大会，会议表彰优秀企业代表、农业农村建设先进单位、2022年度街道综合目标考核获奖单位、考核先进工作者及优秀村社（股份）干部。

2023年3月18日，“卢正浩杯”杭州市第四届龙井茶手工炒制技能大赛暨拔山开茶节在富春街道拔山村举行

（富春街道　供图）

街道党工委书记羊献民提出要对照前期梳理的69项重点工作任务清单，坚定不移打赢产业提速拼抢仗、项目提质增能仗、基层治理巩固仗、实事实办攻坚仗、美丽富春提升仗、平安建设翻身仗和作风建设持久仗。

2023年12月，"家在富春山居"富春街道村社（股份）基层治理案例暨"调研一件事"成果大比武举行

（富春街道　供图）

【"卢正浩杯"杭州市第四届龙井茶手工炒制技能大赛暨拔山开茶节】 3月18日，"卢正浩杯"杭州市第四届龙井茶手工炒制技能大赛暨拔山开茶节在富春街道拔山村举行。开幕式上，签约富阳西站高铁小镇蓝郡·未来农业公园项目等美丽经济项目5个；揭牌杭州科技职业技术学院旅游管理学院教育教学实践基地，启动千名学生进万亩茶园活动；富阳区政协委员、杭州召之科技有限公司总经理张一哲向富阳6家茶叶专业合作社、农业企业捐赠茶鲜叶智能称重仪；富阳区拔山高峰茶叶专业合作社、杭州富阳龙皇塘茶叶合作社被授予"杭州正浩富梅茶叶有限公司茶鲜叶定点采购基地"牌子。举行"卢正浩杯"杭州市第四届龙井茶手工炒制技能大赛，来自杭州9个区县市的32名炒茶能手参加，评选产生"十大龙井茶炒制能手"。拔山茶产业共富之路获央视新闻直播间关注报道。

【富春街道获评浙江省五星级街道食（药）安办】 5月30日，富食药安办发布《关于2021—2022年度富阳区食品安全成绩突出集体和成绩突出个人的通报》文件，富春街道获评富阳区食品安全成绩突出集体。10月18日，浙江省五星级街道食（药）安办建设评审组到富春街道现场评审五星级食（药）安办建设工作。12月19日，浙食药安办发布《浙江省食品药品安全委员会办公室关于公布2023年浙江省乡镇（街道）食安办分类管理评价结果的通知》文件，富春街道获评浙江省五星级街道食（药）安办。

【富春69号地块（阳光嘉园区块）收储项目房屋搬迁集中签约】 6月3日，富春69号地块（阳光嘉园区块）收储项目房屋搬迁集中签约完成。本次房屋搬迁涉及被搬迁户101户，其中住宅95户、商业用房6户，搬迁总面积11316平方米。6月30日，完成被搬迁房屋腾空。

【富春街道共富特色工作】 6月13日，省城乡风貌整治提升工作专班公布浙江省第三批未来社区名单，富春街道百合（秦忆）未来社区、蒋家桥未来社区入围省级第三批引领型未来社区。7月25日，百合（秦忆）未来社区、蒋家桥未来社区入围省第三批城镇社区"一老一小"服务场景名单。11月22日，省委组织部公布省级示范党群服务中心创评计划，宵井村、江滨社区、百合社区、蒋家桥社区和秦忆社区的党群服务中心入围。

【全市外卖骑手党建工作暨"富春小哥码"试点工作推广会】 11月16日，全市外卖骑手党建工作暨"富春小哥码"试点工作推广会在富春街道召开，市委主题教育第五巡回督导组全体成员、市市场监督管理局局长麻承荣出席会议，区委副书记、区长谢渐升陪同调研，区委常委、组织部部长万重丰参会。会前，与会人员实地走访富春街道巨利社区富春小哥驿站和金都铭苑小区，调研骑手流动党支部活动阵地和富春小哥综合服务驿站建设情况，考察外卖骑手"亮码送单"、微驿站休息点等小区微治理做法，并现场观摩外卖骑手权益保障咨询服务"主题月"活动。会议指出全市要以"富春小哥码"的迭代应用为抓手，落实好对新就业群体的关爱，扩大共同富裕成果的惠及面，努力打造更具杭州辨识度的标志性成果。

【富春街道宵井村党内法规主题馆开馆】 12月4日，富春街道宵井村党内法规主题馆正式开馆，为全国首家村级党内法规主题馆。宵井村党内法规主题馆就位于杭派民居主入口处的宵井村展示馆一楼，总面积约240平方米，由党内法规展示区、清廉村居多功能区和户外小景组成。展馆通过采取图板、视频等艺术表现形式，运用声、光、电等现代科技手段，展示党内法规制度建设的发展历程、体系构架、建设成果以及习近平总书记关于党内法治的重要论述、党内法规和国家法律的关系，介绍了党章的制定和历次修正过程、党章的重要意义和内容。

【富春街道钢圈厂路区块安置房分房】 12月8日，富春街道完成钢圈厂路区块安置房分房工作，分房现场全程由公证处人员进行监督公证，采取"全程录像、现场确认、全程监督"的形式，通过核验、摇号、登记、选房等各项流程，共有565户搬迁户完成分房。富春街道钢圈厂路区块拆迁安置位于富春九小旁，占地面积为40317平方米，由13幢高层组成，其中9幢18层、4幢20层，住宅总套数704套，共有75平方米、95平方米、110平方米、120平方米、140平方米和160平方米等6种户型。

【富春街道社工站获评省五星级乡镇(街道)社会工作站】 12月11日，省民政厅发布浙江省五星级乡镇（街道）社会工作站名单，富春街道社会工作站作为杭州市入选的15家乡镇（街道）社会工作站之一，入围省级五星榜单。富春街道社会工作站于2021年12月挂牌成立，位于富春街道春秋北路379号，与蒋家桥未来社区邻里中心共享场地，面积2000余平方米，采取融合型的运营模式，聚焦“人才培育、组织建设、站室联动、服务营造”，充分发挥社会工作站的专业功能，让社工站成为民生服务新窗口，打造本地区社会工作的品牌化服务阵地。

（陈沛青）

春江街道

【概况】 2023年，春江街道总面积41.47平方千米，辖村9个，社区1个，社区筹备组1个，居委会1个，股份经济合作社9个，党员1698人，其中党委10个、党总支1个、党支部64个，村民小组134个。总户数7954户，总人口31668人。全年实现规模以上工业总产值14.75亿元，农林牧渔业总产值1.62亿元，农业增加值1.18亿元。全年实现财政总收入2.32亿元，其中一般公共预算收入1.16亿元 。农村经济总收入1.19亿元，农村经济净收入0.67亿万元。城镇居民人均可支配收入74170元。

耕地面积355.03公顷，其中水田面积220.5公顷，高标准农田面积103.5公顷，农作物播种面积486.2公顷，其中，粮食作物播种面积308.7公顷。粮食总产量179.5万千克。农机总动力0.33万千瓦。水利投资 450万元。完成环境污染治理项目1个，投资额200万元。存栏生猪409头，出栏肉猪975头，存栏家禽0.86万羽，出栏家禽3.02万羽。水产品养殖面积17.32公顷，水产品产量45万千克。绿化造林16.7公顷，封山育林1134公顷。水果种植面积45.5公顷，水果产量115.3万千克。茶园面积16.33公顷，茶叶产量1.55万千克。农业技术服务机构1个，从业人员6人。农民专业合作社数量5个，成员21户。种植大户14 户，家庭农场3个。工业企业总数51家，从业人员890人，其中规模以上工业企业19家，实现产值14.75亿元、销售13.99亿元、利润总额6.75亿元。建筑业企业9个。

中学1所，在校中学生930人，教职工86人；小学1所，在校小学生2309人，教职工181人；幼儿园4所，在园幼儿1526人，教职工429人。社区卫生服务中心1家，卫生室4个，执业（助理）医师21人。全年出生218人，计划生育率97.7%。参加城乡居民养老保险23904人。参加城乡居民基本医疗保险11301人。最低生活保障救助人数169人。农户新建房屋1户，建筑面积360平方米。金融机构网点8个。

【春江街道春江商会换届选举】 4月9日，春江街道春江商会第三届一次会员大会暨“双拼双提 勇博全彩”动员大会在春江街道办事处召开，辖区内50余家商会会员企业代表参加。会议选举新一届商会理事会成员，其中胡永明为会长，王云鹏、王金华、刘昉、杨华、胡真、柳建、徐正来为副会长，孙丙华为秘书长，王龙飞、王建立等14人为理事长。会议通过招引杭州颐鼎传媒有限责任公司项目事项，并开展商会联合党委揭牌仪式。

【春江街道秦望南路民主村区块搬迁】 3月5日，春江街道召开秦望南路民主村区块搬迁工作动员会，街道党工委书记俞益宾，党工委副书记、办事处主任邵江丰等参加。本次搬迁范围为项目建设涉及的民主村部分区域。4月20日，完成搬迁农户201户，确保秦望南路、秦望隧道等重大项目、重要工程推进。

【春江乡贤教育基金颁发】 9月8日，“春江水暖 教师最美”春江街道2023年教师节表彰暨教育基金第二届颁发典礼在春江中心小学举行。“春江乡贤教育基金会”奖教奖学，“2023年富阳区春江街道教育教学质量优胜奖”获奖学校，“最美教师”获奖老师以及被C9联盟高校，“双一流”高校录取的优秀学生依次上台接受表彰，发放乡贤教育基金126万元。

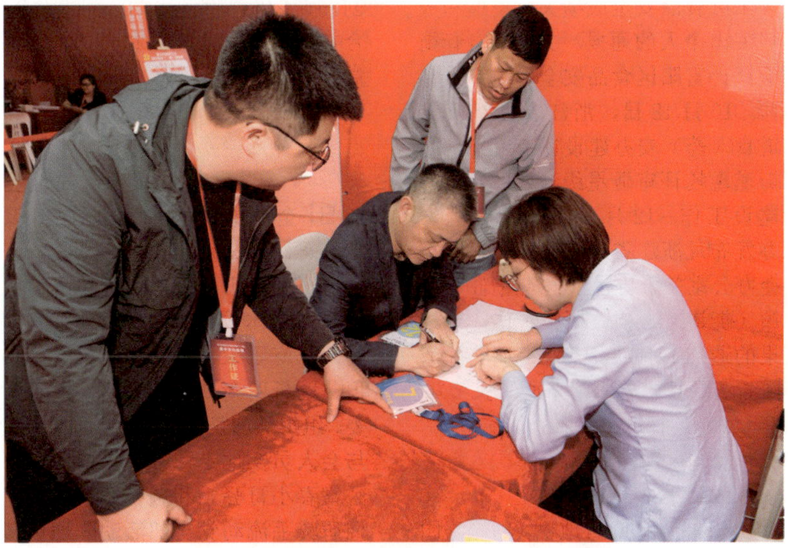

2024年4月20日，秦望南路民主村区块搬迁签约

（春江街道 供图）

2023年5月11日，春江街道八一村新时代“小队会”举行

（春江街道 供图）

【春江“卡嫂”妇联组织成立】 9月24日，春江“卡嫂”第一次妇女代表大会在富阳区春江街道召开，18名“卡嫂”代表出席会议。会议审议通过第一届春江“卡嫂”妇女联合会执行委员会委员候选人名单，选举产生5名执委。春江“卡嫂”妇联组织将为“卡嫂”举办专场招聘会、提供就业指导、介绍公益性岗位、引入来料加工等服务，实现再就业“卡嫂”60余名。由于企业物流运输需要，春江街道聚集近700余名货车司机，其妻子被称呼为“卡嫂”。

【春江街道党群服务中心新址揭牌】 11月8日，春江街道举行春江街道（春雨社区）党群服务中心、春雨社区办公楼新址揭牌仪式，春江街道党工委副书记、办事处主任邵江丰，春江街道党工委副书记倪国平，杭州富春湾新城管委会党委委员、副主任马云飞参加。春江街道（春雨社区）党群服务中心位于济宸府东门，面积1800平方米，设有居家养老服务照料中心、婴幼儿成长驿站、社区卫生服务站等场景，便于党员、居民开展学习、议事以及其他活动。

【富阳区全民终身学习活动周启动】 11月9日，富阳区暨春江街道全民终身学习活动周启动仪式在春江街道新建村文化礼堂举行，本次学习周主题为“让学习成为一种生活方式”。启动仪式上，对全国首批职业院校服务全民终身学习实验校、全国首批社区教育“能者为师”“智慧助老”特色课程（典型案例、实践项目）、全国百姓学习之星、全国农村职业教育和成人教育助力乡村振兴品牌项目等各类杭州市级、浙江省级、全国级先进项目，2023年富阳区学习型社区（村）、富阳区示范社区学习共同体、富阳区示范型老年学习社团、富阳区“百姓学习之星”2023年春江街道社区教育先进个人、春江街道示范社区学习共同体、春江街道“百姓学习之星”等个人和集体进行表彰。

【“天钟杯”农产品包装设计青创大赛】 11月15日，“天钟杯”春江街道农产品包装青创设计大赛正式启动，大赛主题为“富春山居·春江有礼”，共面向全区广大青年征集概念及实物设计作品33件，其中杭州深岚文化创意有限公司的设计作品“春江礼”荣获一等奖。

【春北安置小区分房】 11月28日至12月12日，春江街道组织开展春北安置房选房工作，按照尊重历史、实事求是、公平公正、阳光操作的原则，由被搬迁人根据选房顺序号依次进行，每次每户只允许选择一套安置房。分房对象为春江街道建设村、中沙村、新建村、八一村搬迁项目涉及的被搬迁人942户，涉及安置人口约4500人。春北安置房小区位于杭州富春湾新城春北区块，地处大桥南路东侧、永济路北侧，是富阳区重点民生安置工程。

（徐 听）

东洲街道

【概况】 2023年，东洲街道总面积79.3平方千米，辖村15个，社区5个，居委会4个，股份经济合作社15个，党员2681人，党委11个、党总支7个、党支部142个，村民小组214个。总户数11791户，总人口47464人。全年实现财政总收入13.76亿元，其中一般公共预算收入2.42亿元。农民人均收入52562元。

农业总产值6.05亿元。耕地面积1275公顷，其中，水田面积262.8公顷，高标准农田面积1152.63公顷；农作物播种面积2918公顷，其中粮食作物播种面积942公顷。粮食总产量980万千克。农机总动力15047万千瓦。水利投工1.5万工，投资3500万元。完成环境污染治理项目4个，投资额1400万元。存栏生猪316头，出栏肉猪781头，存栏家禽1.38万羽，出栏家禽3.92万羽。水产品养殖面积182.8公顷，水产品产量1662万千克。绿化造林6.5公顷，封山育林1100公顷。水果种植面积278公顷，水果产量518.3万千克。茶园面积58.60公顷，茶叶产量15.2万千克。农业技术服务机构1个，从业人员13人。农民专业合作社64个，成员320户。种植大户33户，家庭农场22个。工业企业总数691家，从业人员23264人，其中规模以上工业企业128家，实现产值236.23亿元、销售225.04亿元、利润总额12.1亿元。

中学1所，在校中学生1407人，教职工147人；小学2所，在校小学生3171人，教职工218人；幼儿园2所，在园幼儿1700人，教

2023年12月21日，杭州市富阳区东洲街道横山社区居民委员会揭牌成立
（东洲街道　供图）

职工238人。社区卫生服务中心1家，卫生室10个，民营医院1家，医疗床位70张，执业（助理）医师72人，兽医（防疫）技术人员1人。全年出生345人。固定电话用户7251户，移动电话用户49825户，因特网用户23758户。参加城乡居民养老保险543人。参加城乡居民基本医疗保险19376人。最低生活保障救助人数636人。农户新建房屋74户，建筑面积26640平方米。金融机构网点3个，公园及休闲健身广场79个。

【东洲街道第二届居民议事会第三次会议】　1月6日，东洲街道第二届居民议事会第三次会议召开，来自街道各条战线的议事会成员66人、列席成员45人参加。会议书面审议《东洲街道2022年财政预算执行情况和2023年财政预算安排的报告》《东洲街道2022年度法治政府建设暨法治建设第一责任人履职情况的报告》《东洲街道2022年环境状况和环境保护目标完成情况的报告》等报告，开展法治富阳建设社会满意度问卷调查。

【东洲街道“我们的中国梦——文化进万家”系列活动】　1月13日，东洲街道开展“我们的中国梦——文化进万家 新春迎亚运”暨“扫黄打非”禁毒系列活动，启动仪式在各村文化礼堂举办，辖区村民参加，开展文化进万家活动。活动期间，共开展扫黄打非、禁毒宣传、新春送福等活动15场，涉及村15个，1000余人参加，提供惠民服务，营造风清气朗的春节文化氛围。

【东洲街道民联社区“尚民塘主妇圆桌会”成立】　3月3日，东洲街道民联社区“尚民塘主圆桌会”成立，共有妇女代表15人参加，由社区妇联主席陆海云担任负责人。“尚民塘主圆桌会”以“圆桌会议事平台”为抓手，以社区服务为支撑，以圆桌会形式，引导居民参与及讨论小区事务，共举办3次专题活动，示范带动巾帼力量参与社区治理。

2023年1月13日，东洲街道“我们的中国梦——文化进万家”系列活动举行
（东洲街道　供图）

【东洲街道开展“周四夜学”活动】　5月25日，东洲街道集中开展第一期“周四夜学”活动。街道全体区管干部集中收看大型电视专题片《领航》，通过深入学习以习近平同志为核心的党中央坚定不移贯彻创新、协调、绿色、开放、共享的新发展理念，并将“周四夜学”同开展调查研究、解决实际问题、推动改革发展、增进民生福祉结合起来，进一步激发干部干事创业热情，彰显“周四夜学”的实际成效。

【东洲街道开展“亚运美丽环境提升”督查活动】　8月11日，东洲街道政协委员履职小组开展“亚运美丽环境提升”督查活动。属地10余名政协委员沿亚残运会火炬传递线路开展实地督查，通过督查，以督促优，发挥委员优势，促进城市面貌和生态环境喜迎亚运盛会。

【东洲街道横山社区举行揭牌仪式】　12月21日，东洲街道横山社区举行揭牌仪式，东洲街道横山社区位于东洲街道东北部，辖区面积3.04平方千米，2773户，由5

个封闭式物业小区组成，社区靠山面水，富阳水上运动中心、黄公望隐居地、首创奥特莱斯紧邻左右。横山社区坚持党建统领，紧扣发展目标，致力于打造妙趣横山“四图景”，全力打造“社会稳、社区安、小区美、居民乐”的幸福共同体。

（许 倩）

鹿山街道

【概况】 2023年，鹿山街道总面积63.31平方千米，辖村9个，社区2个，居委会2个，党员1990人，党委9个、党总支5个、党支部 81个，村民小组191个。总户数7217户，总人口25558人。全年实现工农业总产值145.72亿元，其中工业总产值143.04亿元，农业总产值2.67亿元。全年实现财政总收入3.23亿元，其中一般公共预算收入1.56亿元。农村集体经济总收入0.36亿元，集体经济本年收益893.88万元。

耕地面积752公顷，其中水田面积624公顷，高标准农田面积704.08公顷。存栏生猪893头，出栏肉猪2324头，存栏家禽3.93万羽，出栏家禽10.24万羽。水果种植面积34.5公顷，水果产量205万千克。茶园面积12.9公顷，茶叶产量1.76万千克。 农业技术服务机构1个，从业人员10人。农民专业合作社6个。种植大户21户，家庭农场32个。规模以上工业企业56家，实现产值142.8亿元、销售143.7亿元、利润总额4.6亿元。建筑业企业11个，总产值56490万元。限上住宿餐饮业企业6个，营业总收入11464万元。

中学2所，在校中学生3169人，教职工286人；小学1所，在校小学生2946人，教职工166人；幼儿园1所，在园幼儿1446人，教职工174人。社区卫生服务中心1家，卫生室3个，医疗床位5张，执业（助理）医师22人。全年出生129人，计划生育率99%。社会福利收养性单位1个，床位42张。参加城乡居民基本医疗保险9387人。最低生活保障救助人数265人。农户新建房屋168户，建筑面积60241.8平方米。

【鹿山街道学习贯彻区两会精神和全年工作项目化部署暨经济工作动员大会】 2月5日，鹿山街道学习贯彻区两会精神和全年工作项目化部署暨经济工作动员大会召开。街道机关全体工作人员，村社班子成员、网格员，全体社工，四平台和大综合一体化下沉人员，区应急管理局、区科协、区城建集团、三山派出所、交警场口中队、街道乡贤理事会代表、相关企业负责人和部分医务工作者等300余人参加。会议传达区两会精神，表彰2022年度先进单位和先进个人，举行9个村集体经济发展授旗仪式，部署2023年度主要工作。

【鹿山街道老年学校揭牌】 6月7日，鹿山街道老年学校揭牌暨开班仪式在汤家埠村举行，学校位于鹿山街道汤家埠村，建筑面积780平方米，设教室6个，其中培训座位100个，开设课程4个。学校（村社学堂）以“乐学夕阳 悦享生活”为理念，以“公益服务”为办学模式，充分整合汤家埠村老年电大、各村社市民学校与浙开大鹿山教学点资源，开展形式多样、丰富多彩的老年教育培训，建设成为老年朋友“家门口”的精神家园。

【富阳鹿山现代服务城市新区风貌区入围省级城乡风貌样板区】 6月15日，省城乡风貌整治提升工作专班公布2023年第一批省级城乡风貌样板区名单，富阳鹿山现代服务城市新区风貌样板区入围。鹿山现代服务城市新区风貌区位于鹿山新区，总面积273公顷，立足“山水宜居地·产城数智核”风貌定位，通过共富风貌驿集群建设、闲置白地整治、鹿山慢行环线建设等做法，打造“城在景中、人在画中，产城人和谐交融”的共富基本单元。

【鹿山街道山水未来社区通过未来社区验收】 6月16日，浙江省城乡风貌整治提升工作专班公布浙江省第三批未来社区名单，鹿山街道山水未来社区入围。山水未来社区位于鹿山街道，是浙江省第三批未来社区创建项目，实施单元面积40公顷，直接受益居民超6000人，最大受益居民数可超1.2万人。

【鹿山街道社区卫生服务中心三合社区卫生服务站重启】 6月29日，鹿山街道社区卫生服务中心三合社区卫生服务站重启仪式举行。该服务站位于鹿山街道三合村，占地面积约150平方米，可为三合村、五四村、新祥村约6000名居民提供医疗健康服务。2021年5月，因该卫生服务站建造时间久远，房屋较为简陋，暂停使用。2022年1月，人大代表在走访联系选民过程中了

2023年，鹿山街道山水未来社区俯瞰图

（鹿山街道 供图）

2023年6月29日，鹿山街道三合社区卫生服务站重启仪式举行
（鹿山街道　供图）

解到群众就诊需求，向鹿山街道办事处提交《关于要求解决鹿山街道上里片医疗服务短缺问题的建议》。2022 年 12 月，三合卫生服务站改建项目列入杭州市级民生实事名单。2023 年 3 月，该服务站动工建设，6 月完工。

【鹿山街道东吴教育基金企业认捐仪式】　9 月 8 日，鹿山街道东吴教育基金企业认捐仪式举行，共筹集资金 545 万元。东吴教育基金于 2020 年 1 月成立，累计发放奖金 190.4 万元，惠及教师、学生 930 余人次。

【“E 企富·富春汽车红链”党建联建第一次会议】　10 月 27 日，“E 企富·富春汽车红链”党建联建第一次会议在鹿山街道浙江航驱汽车科技有限公司举行，省“三会”常务副会长、省经信厅原副厅长岳阳，省汽车零部件产销联合会、市“三会”相关负责人，区委常委、副区长何献忠参加。会上，省市“三会”为“E 企富·富春汽车红链”分别授予党建联建联系点、党建联建示范点。区金融办、区经信局、富春汽车红链召集人共同签署合作协议。“E 企富·富春汽车红链”是由区经信局党委牵头、鹿山街道党工委协同推进、产业链企业共同参与的，围绕轮毂轮胎、物流装备、新能源汽配、传统汽配、节能电机、汽车电子等富阳特色产业建立的汽车产业链，旨在推动富阳区汽车产业链企业党建同频、发展共振，以党建“红色基因”催生企业“发展红利”，以“抓强党建”引领“做强企业”，促进产业链建链强链补链。

【鹿山街道文化挖掘工作研讨会暨鼓亭锣鼓非遗馆开馆仪式】　11 月 30 日，鹿山街道举办文化挖掘工作研讨会暨鼓亭锣鼓非遗馆开馆仪式。研讨会围绕非遗传承发展活化、宋韵文化传世工程、鹿山文化底蕴挖掘及成果应用等方面进行研讨。鼓亭锣鼓非遗馆位于鹿山街道谢家溪村党群服务中心，占地约 120 平方米，内设图板展览、实物展览、音视频展示、活动交流、图书阅览等。鼓亭锣鼓又称细乐锣鼓，原系南宋宫廷音乐，2007 年被列入第二批浙江省非物质文化遗产名录。历史上富阳曾有十多个村落组建鼓亭锣鼓乐队，鹿山街道谢家溪村是目前为止传承状况最好的主要传承地之一。

【鹿山街道汤家埠村获评省 AAA 级景区村庄】　12 月 18 日，杭州市文化广电旅游局公布浙江省 AAA 级景区村庄名单，鹿山街道汤家埠村成功入围。汤家埠村历史悠久，曾是富阳重要的水陆码头。村内古迹众多，神仙渡是秦始皇第五次东巡渡江处，九曲浦一带是明清时期杭徽大族聚集古商埠。万龄桥建于明代，是市级文保单位。近年来，汤家埠村积极发展乡村休闲旅游，2023 年有花鹿原乡村美学基地和鹿奈庄园两处旅游休闲基地。

（凌晓飞）

银湖街道

【概况】　2023 年，银湖街道总面积 158.24 平方千米，其中城镇建成区面积 37.5 平方千米、绿地面积 112.41 平方千米，辖村 22 个，社区 12 个，居委会 12 个，股份经济合作社 22 个，党员 3882 人，党委 15 个、党总支 13 个、党支部 181 个，村民小组 397 个。总户数 19606 户，总人口 63881 人。全年实现财政总收入 12.98 亿元，其中一般公共预算收入 1.75 亿元 。

全年农业增加值 7.74 亿元。耕地面积 1102.6 公顷，其中水田面积 922.47 公顷，高标准农田面积 1173.9 公顷，农作物播种面积 2192 公顷，其中：粮食作物播种面积 648 公顷。粮食总产量 435 万千克。农机总动力 2.2 万千瓦。水利投工 7.6 万工，投资 1100 万元。完成环境污染治理项目 6 个，投资额 520 万元。存栏生猪 1468 头，出栏肉猪 5183 头，存栏家禽 5.03 万羽，出栏家禽 8.1 万羽。水产品养殖面积 66.7 公顷，水产品产量 100 万千克。绿化造林 13 公顷，封山育林 7584 公顷。水果种植面积 75.9 公顷，水果产量 213.06 万千克。茶园面积 1075 公顷，茶叶产量 123.2 万千克。农业技术服务机构 1 个，从业人员 15 人。农民专业合作社 33 个，成员 292 户。种植大户 15 户，家庭农场 40 个。工业企业总数 754 家，从业人员 10285 人，其中规模以上工业企业 85 家，实现产值 115.16 亿元、销售 116.31 亿元，利润总额 11.5 亿元。建筑业企业 34 个，总产值 50.96 亿元。住宿餐饮业企业 52 个，营业总收入 1.13 亿元。商品交易市场 3 个，交易额 5610 万元。

中学 2 所，在校中学生 3336 人，教职工 290 人；小学 5 所，在校小学生 5989 人，教职工 407 人；幼儿园12所，在园幼儿3156人，教职工303人。社区卫生服务中心2家，卫生室12个，医疗床位30张，执业（助理）医师68人，兽医（防疫）技术人员3人。全年出生498人。固定电话用户5662户，移动电话用户69195户，因特网用户10185户。社会福利收养性单位1个，床位55张。参加城乡居民养老保险10201人。参加城乡居民基本医疗保险22686人。最低生活保障救助人数546人。农户新建房屋101户，建筑面积36360平方米。金融机构网点5个，公园及休闲健身广场4个。

【《富春宋纸》新书分享会】 3月6日，“书香银湖·社科有卷”《富春宋纸》新书分享会在泗洲造纸作坊遗址临展厅举行，分享由杭州市作家协会会员夏斯斯创作的新书“《富春山居文化丛书》”之《富春宋纸》，40余名书友参加。该书从泗洲造纸作坊遗址出发，以两宋时期为时间范围，以富阳纸为中心，生动讲述两宋时期文化名人与富阳竹纸的故事，全书共6万字。

【320国道余杭华坞至富阳高桥段工程项目搬迁】 3月10日，银湖街道召开320国道余杭华坞至富阳高桥段工程项目搬迁动员大会。银湖街道征迁指挥部下设农户动迁工作小组9个，企业动迁工作小组2个，涉及农户172户、经营户50余家、主体企业13家。4月21日，完成农户签约。5月31日，完成企业签约。320国道余杭华坞至富阳高桥段工程起于老余杭运溪与城南路交叉口，终于高桦线走廊布线至富阳320国道与高桦线交叉口，路线全长18.3千米，是杭州都市区中环的重要组成部分。

【银湖街道4号、5号安置房分房】 5月，银湖4号、5号安置分房项目回迁安置工作启动，涉及郜村村、观前村，共有安置户654户，抽调各乡镇（街道）、区级部门干部165名，成立走访小组60个。8月26日，完成银湖4号、5号安置分房，其中：4号区块安置户373户，

2023年7月30日，银湖街道4号、5号安置房选房顺序号抽签现场
（银湖街道　供图）

选房638套，车位351个，储藏室221间；5号安置户281户，选房378套，车位253个，储藏室149间。至年底，银湖街道完成7个安置房小区、1538户农户回迁安置，分配安置房3955套。

【杭州西岩威斯汀温泉度假酒店开工】 6月26日，杭州西岩威斯汀温泉度假酒店在银湖街道坑西村西岩温泉文化旅游度假区开工。西岩温泉文化旅游度假区由浙江永耀文化旅游发展有限公司投资开发，规划面积3.1平方千米。杭州西岩威斯汀温泉度假酒店是度假区首期重点项目之一，引入全球健康旅居顶级酒店威斯汀品牌，建筑设计以西岩当地文化与生态山水为元素，将景观与建筑巧妙融于自然环境之中。酒店建筑面积54000平方米，客房数量300间，总投资9亿元，建成后将与世界级大师隈研吾设计的西岩温泉中心一起，为都市人群提供集温泉康养、旅游度假、文化娱乐于一体的全新生活方式。

【泗洲中国造纸遗址博物馆项目开工】 10月18日，泗洲中国造纸遗址博物馆项目在银湖街道泗洲村举行开工仪式。该项目位于泗洲中国造纸遗址内，总用地面积57570平方米，总建筑面积16512平方米

2023年6月26日，杭州西岩威斯汀温泉度假酒店开工建设
（银湖街道　供图）

（其中地下1940平方米）。建设内容包括遗址保护大棚展示、泗洲中国造纸遗址博物馆、环境整治及公建配套等。项目分两期实施，一期为遗址保护大棚展示和博物馆项目，二期为公园其他风貌区。泗洲中国造纸遗址发现于2008年，总面积约1.6万平方米，2013年被列为第七批全国重点文物保护单位，为世界范围内所发现的时间最早、规模最大、工艺流程最完整、规制等级最高、活态传承最悠久的古代造纸作坊遗址，为研究宋代中国南方乃至世界造纸工艺的传承和历史研究提供重要实物资料。

【杭州图南电子股份有限公司首发获北交所上市委会议通过】 11月30日，北交所上市委员会2023年第65次审议会议结果公告显示，杭州图南电子股份有限公司首发申请获上市委会议通过，公司拟在北交所上市，保荐机构为财通证券。该公司位于银湖街道，是以应急广播系统及设备的研发、生产与销售为主营业务的“专精特新”企业，致力于为各地文旅（广电）局、融媒体中心、广电网络公司等客户提供应急广播系统整体解决方案。至2023年6月30日，公司及下属子公司拥有专利43项、软件著作权204项，是行业内较早进行应急广播数字化及智能化转型升级的企业。

【青年干部理论宣讲】 深入实施青年干部理论学习提升工程，举办第二届“青雁杯”青年理论宣讲大赛，经过三轮比赛，新选拔出金牌宣讲员18名，走进村社、企业、工地、学校、网络，以“八八战略”、党的二十大精神、习近平总书记考察浙江重要讲话精神为主题，组织开展宣讲活动92场。银湖微融媒中心录制6期“八八战略”在身边理论宣讲视频，发动各村社党员线上学，点击量12000余次。

（郑国英）

春建乡

【概况】 2023年，春建乡总面积48.19平方千米，其中城镇建成区面积0.43平方千米、绿地面积0.01平方千米，辖村6个，党员574人，党委3个、党总支5个、党支部24个，村民小组107个。总户数2952户，总人口9178人。全年实现财政总收入0.66亿元，农民人均纯收入47048元。

全年农业增加值1.83亿元。耕地面积503.3公顷，其中水田面积413.6公顷，高标准农田面积390.6公顷，农作物播种面积729公顷，其中粮食作物播种面积347公顷。粮食总产量258.3万千克。农机总动力1.98万千瓦。水利投工0.98万工，投资740万元。存栏生猪2298头，出栏肉猪3042头，存栏家禽2.57万羽，出栏家禽2.74万羽。水产品养殖面积10公顷，水产品产量2万千克。绿化造林13.67公顷，封山育林676.2公顷。水果种植面积57.73公顷，水果产量1047.56吨。茶园面积537.27公顷，茶叶采摘120吨。农业技术服务机构1个，从业人员5人。农民专业合作社10个，成员76户。种植大户5户，家庭农场28个。工业企业总数56家，从业人员1566人，其中规模以上工业企业15家，实现规模以上工业总产值7.68亿元。

小学1所，在校小学生499人，教职工31人；幼儿园1所，在园幼儿148人，教职工23人。社区卫生服务中心1家，服务站3家卫生室2个，开放医疗床位5张，建立家庭病床17张，执业（助理）医师12人，全年出生59人。参加城乡居民养老保险215人。最低生活保障救助人数145人。农户新建房屋29户，建筑面积10440平方米。金融机构网点2个，公园及休闲健身广场24个。

【春建乡第三届茶韵节】 4月22日，2023迎亚运·展风采——和美行浙里（富阳春建站）暨第三届春建乡茶韵节成功举办。本次活动营造“全民健身迎亚运 信心满怀奔共富”的浓厚氛围，通过骑行+毅行、国风游园会等创新形式启动春建乡第三届茶韵节。活动现场举行春建乡第四届评茶活动颁奖仪式、“杭州乡村振兴学院示范点”授牌仪式、春建乡慈善共富基金捐赠仪式、“茶乡新语”宣讲品牌发布活动等。本次活动起点为富阳服务区田园综合体，分为骑游组、毅行A组、毅行B组，15千米、30千米“山乡”毅行、骑游旅程。线路途经《三十而已》拍摄地、茶山风情道等地，设置打卡点7个。

【春建乡老年学校揭牌】 6月，春建乡老年学校正式揭牌。春建乡老年学校位于春建乡中心小学内，结合春建乡地域茶文化特色，开设空竹班、综合班和书法班，设有老年培训教室、老年书画室、老年舞蹈室、老年电脑室、老年活动室等

2023年4月22日，2023迎亚运·展风采——和美行浙里（富阳春建站）暨第三届春建乡茶韵节举办

（春建乡 供图）

活动教室，共招收学员60余人。

【春建乡中心小学特色护眼课程获中央广播电视总台综合频道播出】 6月，中央广播电视总台综合频道《晚间新闻》栏目报道春建乡中心小学的特色护眼课程。春建乡中心小学除做好常规近视防控工作，结合地域特色，开设抖空竹、麦草编织、茶艺等特色课程助力学生近视防控，并在校园内开辟菜园，利用课余时间开展劳动教育，近两年学生近视率下降26.4%。

【春建乡党建品牌发布】 7月1日，春建乡联合杭州富阳交通发展投资集团有限公司举行七一绿色骑行活动暨春建乡“1+6”党建品牌发布仪式。春建乡结合乡村两级地域特点、文化底蕴和发展实际等情况，总结提炼红领茶乡、矿山绿·咸康红、春语下俞、网纳民心·坞美人和、茶德育人·铁军迈坎、阡陌茶村·春建红锋、大唐梦·共富情等“1+6”党建品牌。

【春建茶韵书画院成立】 7月，“春建茶韵书画院”授牌仪式举行。春建茶韵书画院位于春建乡茶艺空间二楼，是春建乡贤会组织筹办的一个以乡贤为主体的群众文艺团队，现有乡贤、书画爱好者27人。其宗旨是以书画艺术联络乡贤，利用乡贤力量提高春建乡书画创作水平、培养书画人才、丰富书画创作活动、倡导浓厚的书画文化氛围。

【咸康村获“红色根脉”强基示范村荣誉】 6月，省委学习贯彻习近平新时代中国特色社会主义思想主题教育专题党课暨激励干部担当作为表彰大会在杭州举办，春建乡咸康村获浙江省“红色根脉”强基示范村荣誉。咸康村传承红色基因，守好“红色根脉”，充分发挥党组织战斗堡垒作用，不断增强基层党建辐射力、凝聚力。抓住旅游业发展契机，将钱王后裔的历史故事、竹林绿海的生态环境、矿文化与矿产资源优势转化为经济发展优势，奋力谱写“党建强、百姓富、生态美”的发展新篇章。

2023年11月18日，2023年“献礼亚运·最美春建人”颁奖仪式在春建乡第四届全民运动会上举行
（春建乡 供图）

【“最美春建人”评选】 11月18日，结合市、区两级深化“最美”系列选树活动的相关精神和要求，春建乡党委、政府开展“献礼亚运·最美春建人”评选活动。经各村推荐、推荐单位研究、乡机关科室联审等程序，确定“最美春建人”11人，分别为彭建中夫妇、王永张、尉军、俞家其、黄彩琴、马玉彪、徐炳松、邵帅、奚忠英、唐为康。

【春建乡科新联合党支部成立】 11月15日，春建乡科新联合党支部成立大会在杭州波普电器有限公司举行，乡党建办、区域发展办相关人员及“两新”党组织企业党员代表参加会议。春建乡科新联合党支部覆盖杭州波普电器有限公司、杭州英诺维特空分设备有限公司、杭州辰奇再生资源科技有限公司、杭州博祥气体设备有限公司、杭州富阳金日科技有限公司五家企业。

【春建乡获评“调研一件事”优秀成果】 12月，春建乡参加富阳区2023年度机关党建“三赛一比”暨机关党组织“调研一件事”成果大比武活动，经“实地＋理论”双重审查，20家单位进入决赛。比武现场，春建立足自身工作实际，围绕调研成果选题立意、经验做法、实际成效等方面进行展示，调研课题《提升农房建设管理服务 有效防范化解信访矛盾》获评“十佳优秀成果”。
（蒋辰雁）

新桐乡

【概况】 2023年，新桐乡总面积49.82平方千米，其中城镇建成区面积2.3平方千米，辖村7个，股份经济合作社7个，党员672人，党委3个、党总支6个、党支部29个，村民小组79个。总户数4501户，总人口13892人。全年实现财政总收入1.58亿元，其中一般公共预算收入0.85亿元。农村经济总收入0.2亿元。

全年实现农业总产值1.16亿元。耕地面积533.9公顷，其中水田面积454.5公顷，高标准农田面积439.27公顷，农作物播种面积1255公顷，其中粮食作物播种面积660公顷。粮食总产量461万千克。农机总动力0.63万千瓦。水利投资1000万元。完成环境污染治理项目1个，投资额200万元。存栏生猪196头，出栏肉猪518头，存栏家禽1.24万羽，出栏家禽1.03万羽。水产品养殖面积23公顷，水产品产量9.6万千克。绿化造林15.3公顷，封山育林1410公顷。水果种植面积351.2公顷，水果产量429.72万千克。茶园面积60.86公顷，茶叶产量2.99万千克。农业技术服务机构

1个，从业人员3人。农民专业合作社5个。种植大户18户，家庭农场12个。工业企业总数21家，从业人员457人，其中规模以上工业企业5家，实现产值7.04亿元、销售5.76亿元、利润总额0.54亿元。建筑业企业1个，总产值4702万元。

小学1所，在校小学生195人，教职工25人；幼儿园1所，在园幼儿97人，教职工24人。社区卫生服务中心1家，卫生室3个，医疗床位5张，执业（助理）医师13人，兽医（防疫）技术人员1人。全年出生82人。参加城乡居民养老保险432人。参加城乡居民基本医疗保险6665人。最低生活保障救助人数374人。农户新建房屋68户，建筑面积24480平方米。金融机构网点1个，公园及休闲健身广场21个。

【区委第四巡察组进驻新桐乡】 1月18日，根据区委统一部署，区委第四巡察组进驻新桐乡党委，对新桐乡党委领导班子和班子成员就责任问题、腐败问题、作风问题以及违反党的“六项纪律”、搞“七个有之”等方面进行巡察。6月13日，新桐乡召开区委第四巡察组巡察新桐乡党委情况反馈会，提出巡察问题整改建议。巡察反馈问题35个，整改完成35个。在巡察整改工作中，教育提醒1人，建立完善制度12项。

【新桐乡最美厨娘技能大比武】 4月10日，最美新桐味·精彩亚运行—2023新桐乡“味道新桐”最美厨娘技能大比武活动在新桐乡江洲村举办，来自全乡的14名“厨娘”参赛。乡领导班子、区餐饮协会代表、餐饮企业代表、村妇联主席、参赛厨娘和妇女群众代表等120余人参加。本次比赛要求选手在1小时内，烧制出一道以新桐特色美食为主的参赛菜品。评选最佳风味奖2名、最佳人气奖3名、最佳创意奖5名、优秀奖4名。

【新桐乡举行护航亚运启动仪式】 6月15日，新桐乡举行亚运会倒计时100天暨护航亚运启动仪式。新桐乡领导班子成员、各办中心主任、驻村指导员、各行政村及企事业单位、学校和派出所负责人等参加。活动当天，召开第一期护航亚运平安巡防核心力量培训会，各支平安巡防队伍全体队员参加。培训会邀请三山派出所副所长徐龙鑫就百日攻坚战如何做好基层社会秩序、打击犯罪、护航亚运会相关内容进行培训讲解。每日研判后下派安保维稳战时工作指令单，及时消除安全隐患，共下发指令单105张，消除各类风险隐患61处。

【新桐乡电焊工岗位技术大比武】 7月4日，新桐乡电焊工岗位技能大比武活动在浙江澄宇环保新材料股份有限公司举行。本次比武随机抽选各项目比赛顺序，裁判员根据评判标准进行打分，主要考核劳保穿戴考核、钢板焊接现场实操考核、知识问答考核、触电急救心肺复苏演练考核等四个方面。共有14名职工参加，决出一等奖1名、二等奖2名、三等奖4名。

2023年，新桐乡打造现代版富春山居图新桐示范段

（新桐乡　供图）

【文旅产业发展】 4月7日至9日，2023富阳新桐第十一届“春天的盛会”举行，本土种粮大户、渔民、菜农联合发出“农夫宣言”，邀约市民来这里“做一天富春山居画中人”，发布以露营、温泉、绿道、皮划艇、动力伞等体验点串成的新桐乡文旅路线。9月，“杭州烟雨桐洲水陆空体育旅游线路”成功申报“2023年国庆假期体育旅游精品线路”。至年底，推出“桐心姐妹茶铺”和特色农产品文创大礼包，22家营业民宿营业额110万元，同比增长102%，新增民宿3家，新增和提升省级星级民宿5家。

【三江两岸·2023杭州户外休闲旅游节在桐洲岛举办】 4月15日，“野趣杭州　亦可赛艇”三江两岸·2023杭州户外休闲旅游节暨杭州文旅消费季启动仪式在新桐乡桐洲岛举行。本次活动以“迎亚运　游杭州　促消费”为主题，深入挖掘“三江两岸”沿线丰富的历史文化资源，打造“国际范”龙头旅游产品、“杭州韵”文化旅游产品、“时尚潮”城市休闲产品和“江南味”乡村旅游产品，把“三江两岸”水上黄金旅游线打造成世界级滨水旅游目的地，活动持续3天，接待游客7.8万人次，实现旅游收入650余万元。推出江岸之旅、户外主义、飞行日记、乘风破浪、春田花花、环岛骑行、越过山丘、闲来吾市、动物森友、壁虎漫步、不想长大、野宅生活、江畔派对、自游自在、野地突击等主题板块15个。

【新桐春江花月共富带建设】 10月，出台《新桐乡“先富带后富”联合体工作实施方案》，采用共富工坊、产业帮扶、就业帮扶等方式，探索创新重点群体分层分类增收模式。挑选合适的样本家庭，找准“互帮”两方利益契合点、需求连接点，推进科学精准匹配，实现样本家庭增收。推进新桐春江花月共富带建设，依托省级现代农业产业园区创建，大力推广智慧农业，发展油菜、水稻等主导产业和柑橘、土鸡、无花果等特色农业。3月，被杭州市委农村工作领导小组认定为杭州市级第二批共富带，新桐村获评市级共富村。

【新桐乡党群服务中心启用】 6月，新桐乡党群服务中心对外开放，该中心位于新桐乡桐洲岛入口处，由桐洲岛旅客接待中心改造升级而成，面积约1000平方米，设置接待办事区、会议培训区、咨询议事区、休闲社交区、宣传展示区、视听体验区和阅读自习区。至年底，该中心依托新桐乡土文化和各类节庆节点，开展六一亲子派对，端午包粽子、送香囊，迎亚运学英语、假日爱心学校等活动，累计参与人数超3000人，覆盖新桐乡老人、学生、大学生志愿者、新桐创客团队等人群。

（陈　琴）

新登镇

【概况】 2023年，新登镇总面积179.37平方千米，其中城镇建成区面积11.1平方千米、绿地面积3.27平方千米，辖村28个，社区7个，股份经济合作社3个，党员3788人，党委16个、党总支22个、党支部182个，微网格847个。总户数23787户，总人口67476人。实现财政总收入10.96亿元，其中一般公共预算收入5.68亿元。农民人均可支配收入48110元。

全年农业总产值7.3亿元，农业增加值5.31亿元。耕地面积2611公顷，其中水田面积1437.6公顷。农作物播种面积2611公顷，其中粮食作物播种面积2120公顷。粮食总产量1.43万吨。水利投资2105万元。存栏生猪41015头，出栏肉猪90838头，存栏家禽49.05万羽，出栏家禽42.54万羽。水果种植面积1005.3公顷，农民专业合作社55个。种植大户72户，家庭农场152个。工业企业661家，其中规模以上工业企业92家，实现产值432.22亿元。建筑业企业120个，住宿餐饮业企业34个，金融机构14个。

高中1所，在校高中生2011人，教职工199人；中学2所，在校中学生2646人，教职工229人；小学3所，在校小学生4340人，教职工230人；幼儿园2所，在园幼儿1604人，教职工59人；成校1所，教职工10人。社区卫生服务中心1家，村社区卫生服务站16个，村卫生室9个，医疗床位490张，执业（助理）医师257人。全年出生386人。社会福利收养性单位1个，床位138张。参加城乡居民养老保险1308人。参加城乡居民基本医疗保险24671人。最低生活保障救助人数1232人。农户新建房屋130户，建筑面积45316平方米。

2023年4月15日，“野趣杭州　亦可赛艇”三江两岸·2023杭州户外休闲旅游节暨杭州文旅消费季启动仪式在新桐乡桐洲岛举行　（新桐乡　供图）

【新登镇“拼经济、拼发展”成果丰硕】 新登镇以打造中国式现代化“镇域样板”为目标，扎实开展“拼经济、拼发展”行动，各项重要经济指标处在全区前列，被评为全市数字经济和制造业“双引擎”推进工作成绩突出集体，全年实现规模以上工业总产值432.22亿元，规模以上工业增加值63.63亿元。全面开展招商引资，引进租赁厂房项目3个、保障亿元以上项目4个、规模以上服务业项目3个。深挖本土特色品牌，促进“专精特新”企业发展，全年新增国家高新技术企业19家、省科技型中小企业22家，完成规模以上工业企业研发投入4.69亿元，实现高新技术产业增加值26.19亿元。

【新登镇农业产业推进】 持续推进新型农业经营体系发展，抓好循环有机农业示范区、创意农业集聚区等现代特色农业示范区建设。招引美丽经济项目3个，新增省级示范性合作社和家庭农场2家，区级现代农夫乐园、家庭农场、现代民宿4家。连续举办半山桃花节、“三月三”民族文化节、荷塘音乐节等农事节庆活动，带动乡村游项目。优化调整粮食功能区1440公顷，清理整治“非粮化”90.91公顷，复种抛荒地28.17公顷，全年种植水稻1653.33公顷、旱粮267.33公顷，生产粮食1.43万吨。

【新登古城特色街区开街】 1月16日，新登镇举办“梦回东安　宋福富春”——2023“宋福富春年”文旅惠民活动启动暨新登古城特色街区开街仪式，区委常委、宣传部部长张鹏、相关机关单位负责人、媒体和市民代表等共百余人参加。新登围绕“保古城、建新城、强新区、美乡村、联流域”五篇文章，致力于将特色街区打造成“百商诗里的活态长街、富春山居的集味大赏、越剧产业的青训摇篮”，令千年古城重新焕发“专家可考、游客可游、群众可居”的新容颜、新面貌。

【新登镇获评省级园林城镇】 2月13日，浙江省住房和城乡建设厅发布《关于公布浙江省园林城镇评审结果的通知》，新登镇获评2022年度浙江省园林城镇。新登镇紧扣省级园林城镇的创建要求，重点围绕“古韵田园，产城融合，亮丽温馨”的全省一流小城市建设目标，结合新登镇千年古城复兴、小城镇环境综合整治，努力实现城市建设、环境治理大提升，推进园林城镇基础设施建设。全镇建成区绿化覆盖率35.2%、绿地率31.7%、人均公园绿地面积15平方米，古树名木保护率100%，新建小区绿地率35%，道路绿化普及率96.8%，道路绿化达标率94.3%，城镇公共供水普及率100%。

【新登镇两个节目成功入选杭州亚运会、亚残运会开闭幕式暖场节目资源库】 2月18日至19日，杭州亚运会、亚残运会开闭幕式暖场节目征集杭州、宁波、舟山专场分片遴选在临平区体育中心举行，新登镇的武术表演《孙氏太极门》、竹马表演《湘溪竹马》在340多个节目中脱颖而出，进入了杭州亚运会、亚残运会开闭幕式暖场节目资源库。孙氏太极拳是一种独立完整的武术门类，源于民国时期，是全国保存最完整、最全面的太极式样，具有架高步活、开合转接等特有风格。湘溪竹马源自清朝末年，民国初期已有传承，是古老的汉族民间舞蹈街头表演的文艺形式，演员立于竹马中，身着越剧装束，左手持缰绳，右手拿马鞭，在梅花锣鼓队的伴奏下演出似真马奔跑之姿态，天真活泼。

【徐玉兰艺术馆获评省级乡村博物馆】 5月18日，2023年“5·18”国际博物馆日浙江主会场活动公布浙江省第一批乡村博物馆名单，新登镇的“徐玉兰艺术馆榜”入围。徐玉兰艺术馆建成于2021年，建筑面积473.2平方米，总投资约390万元，分上下两层，展陈内容包括序厅及图片史料、生活物品、艺术发展历程作品、缅怀大师和结束语四个部分。

【新登古城墙等建筑入选省级文保单位】 6月29日，浙江省人民政府发布《关于公布第八批省级文物保护单位的通知》，新登古城墙、庄泽桥、新登战役烈士陵园3处成功入选第八批省级文物保护单位。新登古城墙始建于唐大顺二年（891），现存城墙基本保持明代以来的规模和建筑风格，单面城墙，围山筑城，是中国明清城墙中保存比较完好的县城代表。庄泽桥位于新登镇乘庄村庄泽自然村，为条石砌成，三墩四孔的石板桥。据民国《新登县志》记载，庄泽桥由明万历间方廉和其弟方秋所建，修复于民国，建筑面积为47.55平方米，东西走向，横跨松溪（庄泽桥潭），桥总长30.48米，桥宽1.60米，桥板厚0.35米，桥墩宽2米。新登战役烈士陵园位于塔山村，为纪念1945年5月29日至6月4日新登战役中牺牲的264位战士而修建，1953年富阳县政府建“新登战役塔山烈士陵园”，1988年重新修建，并命名为“新登战役烈士陵园”。

【莲花古城·步步新登——2023文旅市集·杭州奇妙夜富阳分会场暨首届新登古城文化周活动启动仪式】 7月12日，莲花古城·步步新登——2023文旅市集·杭州奇妙夜富阳分会场暨首届新登古城文化周活动启动仪式在新登举行，本次活动以“莲花古城·步步新登”为主题，围绕着古城墙、非遗、诗词、越剧、考古展开，展示新登古城充满活力和生机的一面。此外，活动现场还为入选“杭州亚运人文体验点”的5个点位，举行授牌仪式，分别是龙门古镇、新登千年古城、东梓关景区村庄、富阳博物馆（富春山馆）、富春山居·数字诗路文化体验馆。

【新登镇贤明湖公园（一期）鼍江景观堰坝工程获浙江省建设工程钱江杯奖】 8月15日，浙江省住房和城乡建设厅发布《关于公布2023年度浙江省建设工程钱江杯（优质工程）考核认定名单的通知》，新登镇贤明湖公园（一期）——鼍江景观堰坝工程获2023年度浙江省建设工程钱江杯奖（优质工程）。该工程位于葛溪与松溪交汇口下游，主要目的为提升河道行洪排涝能力，满足新登镇防洪安全和灌溉需求，

2023年，新登古城全景

（新登镇　供图）

2023年7月12日，莲花古城·步步新登——2023文旅市集·杭州奇妙夜富阳分会场暨首届新登古城文化周活动启动　　（新登镇　供图）

改善区域水环境、水景观等。主要建设内容包括新建景观堰坝一座和新建上下游两岸护坡等，工程等别为Ⅲ等，防洪标准为20年一遇。该工程概算投资7181.17万元，于2020年11月1日开工建设，2022年3月24日通过完工验收。

【新登镇千年古城复兴试点考核蝉联优秀】 10月26日，浙江省发展和改革委员会发布《关于千年古城复兴试点2022年度评估结果的通报》，2022年度千年古城复兴试点考核结果，新登镇再获优秀，为杭州地区唯一连续两年考核优秀单位。新登镇坚持围绕“专家可考、旅客可游、群众可居”的目标，统筹推进规划编制、考古发掘、文物保护修复、工程建设、文化挖掘植入、特色街区招商等工作，实现“显城墙、露城河”目标。有序推进联合申遗工作，申遗主要材料《古城墙申遗文本》和《新登古城保护规划》通过专家论证评审，并随新登古城墙《中国世界文化遗产预备名单项目申请表》报送至国家文物局。

【潘堰村被评为全国乡村治理示范村】 11月3日，农业农村部、中央宣传部、司法部发布《关于公布第三批全国乡村治理示范村镇名单及前两批全国乡村治理示范村镇复核结果的通知》，新登镇潘堰村入选第三批全国乡村治理示范村。潘堰村地处新登镇“一城山水秀，十里花果香”精品线路的中心地段，山水环境优良，人文荟萃。近年来，美丽乡村建设全面推进，通过连片流转土地，成功打造广阔、整齐划一的多彩田园风貌。成立杭州富阳潘堰农业开发有限公司，实现村民、集体双致富。与大隐集团联合打造乡村振兴产业链及养老产业链，2022年集体经济收入超过200万元，村民人均收入达到5万余元。先后获得浙江省乡村振兴示范村、浙江省美丽乡村特色精品村、浙江省民主法治村、浙江省AAA级景区村庄、浙江省引领型农村社区等荣誉称号。

【登云社区获评浙江省“引领型未来社区”】 12月4日，浙江省城乡风貌整治提升工作专班发布《关于公布浙江省第四批未来社区名单的通知》，新登镇登云社区获评浙江省第四批“引领型未来社区”。登云未来社区规划类型是旧改类，占地面积约为23.66公顷，辖区人口约3200人。创建过程中，针对社区“三老”现状通过“微更新”改造理念，实施建筑加固、加装电梯、道路提升、慢行系统串联等8项工程，有效整合改造室内外低效空间1.47万平方米，对老人、儿童使用区域的场景节点进行适老宜幼化改造，增设无障碍电梯、坡道、儿童专用卫生间等，实现居民满意度达98%。新建社区智慧卫生服务站、居家养老照料服务中心，增配面积750平方米，重塑社区15分钟生活圈。

【新登镇入选浙江省现代化美丽城镇示范镇建设名单】 12月30日，浙江省住房和城乡建设厅发布《关于公布2023年全省现代化美丽城镇示范镇建设名单的通知》，新登镇入选2023年全省现代化美丽城镇示范镇建设名单。新登镇围绕“一心一城、三轴四片”的总体发展格局，以古城核心区为重点，塑造文化IP和文化聚场，打造特色文化经济；深入开展老城区、镇郊村环境综合整治，注重推进普惠性、基础性、兜底性城镇基础设施建设；关注公共服务设施改造升级，实现公共服务设施规划布局全方位、服务对象全人群、覆盖生命全周期的目标；推动项目落地实施，建设古城旅游发展核、新区镇域公共服务核、高新制造工业核，联动全域打造游玩在古城、居住在新城、工作在新区，产业融合发展的富西副城。

（何贤坤　姚燕儿）

渌渚镇

【概况】 2023年，渌渚镇总面积79.24平方千米，其中城镇建成区面积15.4平方千米、绿地面积5.32平方千米，辖行政村13个，股份经济合作社13个，党员907人，党委2个、党总支6个、党支部34个，村民小组168个。总户数5812户，总人口16971人。全年实现财政总收入1.26亿元，其中一般公共预算收入0.59亿元。

全年农业增加值2.11亿元。耕地面积838.32公顷，其中水田面积856公顷，高标准农田面积341.38公顷，农作物播种面积760.2公顷，其中粮食作物播种面积616.2公顷。粮食总产量514.68万千克。农机总动力1.1万千瓦。存栏生猪1099头，出栏肉猪5901头，存栏家禽2.03万羽，出栏家禽5.02万羽。水果种植面积124.7公顷，水果产量303.9万千克。茶园面积56.53公顷，茶叶产量4.98万千克。农民专业合作社12个，成员135户。农业技术服务机构1个，从业人员28人。种植大户4户，家庭农场30个。工业企业总数153家，从业人员1672人，其中规模以上工业企业18家，实现产值24.23亿元、销售24.1亿元、利润总额6.45亿元。

小学2所，在校小学生267人，教职工42人；幼儿园1所，在园幼儿140人，教职工37人。社区卫生服务中心1家，卫生室5个，医疗床位5张，执业（助理）医师19人。全年出生102人，计划生育率100%。社会福利收养性单位1个，床位62张。参加城乡居民养老保险350人。参加城乡居民基本医疗保险6877人。最低生活保障救助人数560人。金融机构网点2个，公园及休闲健身广场38个。

【渌渚镇2人入围第七届杭州市富阳区道德模范】 3月16日，第七届杭州市富阳区道德模范（平民英雄）暨第五届“最美孝心少年”发布活动在富春山馆举行。渌渚镇阆坞村退休员工孙梅城、浦中村山亚南方水泥公司员工俞春芽获评第七届“道德模范（平民英雄）”。

【“富春田园牧歌”县域风貌区市级验收】 3月28日，杭州市城乡风貌验收组到渌渚镇督导验收富阳—桐庐“富春田园牧歌”县域风貌区建设。验收组由杭州市建管中心城镇处处长魏华及有关领域专家组成，富阳区、桐庐县风貌办及主创乡镇街道相关负责人陪同。验收组检查阆坞浙派民居，了解渌渚孝善文化和循环经济产业园建设情况，镇党委书记楼树良作为主创乡镇街道代表向验收组作汇报。

【渌渚镇承办四区县（市）区域联保共治活动】 3月21日，杭州市富阳区联合临安区、桐庐县、建德市，在渌渚镇“五水共治”主题公园开展新安江——富春江（渌渚江）及两岸区域联保共治暨“碧水迎亚运·全民共参与”活动。杭州市政协副主席陈国妹，市林水局党组副书记、副局长王健，富阳区副区长黄泽参加。活动现场，富阳、临安、桐庐、建德四区（县市）代表签订新安江—富春江（渌渚江）及两岸区域联保共治合作协议。富阳、临安、桐庐、建德四地坚持全流域“一盘棋”、全要素“一张图”、全过程“一本账”，统筹上下游、左右岸、干支流，落实流域片区责任，统筹推进大保护，协同推进大治理。

【渌渚镇国家级非遗“孝子祭”系列活动】 4月22日，渌渚镇六渚村在周宣灵王殿举行孝祭，以传统庄严的祭祀仪式弘扬传承800余年的孝道文化。祭祀仪式秩序井然、气氛肃穆。仪式开始，各路文艺会班沿路展演，村民用八抬大轿抬着孝子周宣灵王出巡，沿路村民前呼后拥，虔诚祭拜。“孝子祭”是渌渚镇百姓为纪念南宋大孝子周雄举行的民间信俗活动。“周雄孝子祭”于2014年12月被列入国家级非物质文化遗产名录。

2023年，渌渚江景色

（渌渚镇　供图）

【渌渚镇第二届将台山诗会】 6月21日，“喜吟亚运·诗话孝善”第二届将台山诗会举行。省钱塘江文化研究会会长胡坚，省诗词与楹联学会会长王骏，市文广旅局一级调研员陆小龙，区委常委、宣传部部长张鹏，区人大常委会二级巡视员赵玉龙，区政协副主席邱云，渌渚镇党委书记楼树良，党委副书记、镇长张书青，省市区部门负责人、省市区诗词楹联学会会员及渌渚镇商会、乡贤、知识分子、侨联代表共130余人参加。省诗词与楹联学会授予渌渚镇人民政府“浙江省诗词创作基地”的称号。杭州市诗词楹联学会授予新港村“杭州市诗词文化村”称号。

【渌渚镇庆“七一”暨“鼍江共富工坊”授牌仪式】 6月29日，渌渚镇在镇中心小学体艺馆举行庆祝“七一”暨“鼍江共富工坊”授牌仪式，镇机关全体党员干部、各村“两委”干部、各基层党组织书记参加。镇党委书记楼树良为6位50年以上党龄的老党员代表颁发“光荣在党50年”纪念章。镇党委副书记方纯华带领新党员宣誓，全体党员重温入党誓词。镇党委书记楼树良为杭富“云播坊”、熊之美“乡旅坊”共富工坊企业代表和党建联建村党组织书记授牌。共富工坊企业代表和党建联建村代表分别签订共富合约。

【渌渚镇护航亚运决战动员】 9月8日，渌渚镇召开护航亚运决战动员大会，全体镇机关干部职工，事业单位、基层站所负责人，新登派出所民警，各行政村村支“两委”干部，新时代周雄义警队成员和党员、志愿者代表共240余人参加。相关人员围绕志愿服务、平安护航、环境卫生、安保维稳、亚运保障、党员先锋模范、微治理作用发挥等工作表态发言，镇党委书记楼树良作动员讲话。

【2023“民间民俗·多彩浙江”周雄孝文化节】 10月18日，2023“民间民俗·多彩浙江”周雄

2023年，渌渚镇色块农业鸟瞰图

（渌渚镇　供图）

孝文化节在富阳举办。本届活动以“孝善行天下 同心奔共富”为主题，浙江省钱塘江文化研究会会长胡坚、浙江省历史学会副会长徐吉军，浙江省委党校二级教授、哲学部主任李一，南孔文化研究院院长孔祥德，杭州市文学学会会长王益庸等专家分别展开演讲，分享孝善思想，传播渌渚周雄孝善文化，传递着孝善新力量。

【渌渚镇新浦村乡贤联谊会成立】 12月2日，渌渚镇新浦村乡贤联谊会成立大会召开，渌渚镇党委书记楼树良，镇党委委员、纪委书记洪勤方，镇党委委员陈一婷，联村干部，新浦村村“两委”班子，乡贤代表等参加。大会审议通过《新浦村乡贤联谊会章程（草案）》，聘请叶炎平为新浦村乡贤联谊会名誉会长，并选举产生新浦村乡贤联谊会首任会长陈东平，副会长叶德年、邵中谓、邵忠明、凌国柱，秘书长凌国柱。

【渌渚镇阆坞村安置区块分房】 12月29日至30日，渌渚镇完成阆坞村安置区块分房，525户村民分得新房，安置区块位于渌渚镇新港村连坞区块。阆坞新村将以打造“中国浙派民居首村”为目标愿景，围绕未来乡村的规划，将“现代版富春山居图”理念与“五化十场景”融合，打造“邻里、文化、健康、建筑、数字”等十大场景，计划引入文旅、康养等旅游新业态，为建设宜居、宜游、宜业的富春山居旅游小镇奠定坚实基础。2018年6月，富阳投资16.23亿元建设在渌渚镇阆坞村建设以生活垃圾焚烧、餐厨、飞灰项目为主的循环经济产业园，渌渚镇阆坞村启动协议搬迁，2020年1月，完成690户的搬迁协议签订。

（马泽原）

胥口镇

【概况】 2023年，胥口镇总面积68.82平方千米，其中城镇建成区面积6.54平方千米、绿地面积58.6平方千米，辖村13个，股份经济合作社13个，党员1175人，党委3个、党总支14个、党支部51个，村民小组213个。总户数6483户，总人口18025人。农民人均收入41042元。

全年农业增加值2亿元。耕地面积881.1公顷。存栏生猪3863头，出栏肉猪4619头，存栏家禽7.53万羽，出栏家禽5.38万羽。绿化造林1.8公顷，封山育林1504公顷。水果种植面积108.3公顷，瓜果类产量6226.65万千克，园林水果产量4306.4万千克，茶园面积84.73公顷，茶叶产量112.3万千克。农业技术服务机构3个，从业人员14人。农民专业合作社13个，成员255户。种植大户23户，家庭农场51个。工业企业总数83家，从业人员3533人，其中规模以上工业企业16家，实现产值61.72亿元、销售52.86亿元、利润总额1.9亿元。固定资产投资2.53亿元，建筑业企业4个，总产值9997万元。商品交易市场1个。

小学1所，在校小学生507人，教职工12人；幼儿园1所，在园幼儿311人，教职工50人。社区卫生服务中心1家，医疗床位9张，执业（助理）医师5人，兽医（防疫）技术人员3人。全年出生87人。固定电话用户957户，移动电话用户9462，因特网用户1038户。社会福利收养性单位1个，床位192张。最低生活保障救助人数391人。农户新建房屋74户，建筑面积8880平方米。金融机构网点1个，公园及休闲健身广场35个。

【胥口镇“双拼双百”战斗动员大会】 2月13日，胥口镇“双拼双百”战斗动员大会在葛溪村文化礼堂召开，全体镇村干部，镇属企事业单位负责人，区级两代表一委员，规模以上企业、限上企业负责人，部分小微企业负责人，景区、民宿负责人，部分种养殖大户、农业企业负责人参加。会议表彰胥口镇2022年度工业功勋企业、优秀工业企业、优秀成长型企业、安全生产先进单位、文旅融合先进单位、统计工作先进个人等。此次会议的主题为“打响‘双拼双百’攻坚战，高质量建设‘三生’融合的幸福共富小镇”。“双拼”指拼经济、拼发展，“双百”指建成产出百亿级大健康产业示范区、游客百万级文旅康养型旅游度假区。

【胥口镇首届古梯田赏花大会】 3月23日，胥口镇高联村举办首届古梯田赏花大会。其间，以“花”为媒，结合宋韵文化，举办“‘桃’价还价”古街市集、“‘缘’来有你”汉服秀、“‘桃’醉山间”共富摄影赛等。胥口镇高联村古梯田面积870公顷，有油菜花、桃花、早樱等花卉品种，活动期间共吸引游客1200余人，签约农产品销售额150余万元。

【胥口镇党的二十大精神集中轮训】 5月16日，胥口镇党的二十大精神轮训活动在葛溪村文化礼堂举行，此次轮训采取“线上+线下”

相结合的方式实现全镇党员教育全覆盖，有近500名党员在活动现场参加集中轮训，其余党员通过视频直播系统全程收看。

2023年10月19日，胥口镇与敦朴文化、昊海数码、梦想田园签署合作备忘录
（胥口镇　供图）

【“葛洪丹谷”杯残疾人趣味运动会】　5月19日，富阳区“葛洪丹谷”杯残疾人趣味运动会在胥口镇里坞村梦想田园露营基地举办。本次运动会吸引全区各个乡镇（街道）的24支队伍共计280余人参赛，比赛分为团体赛、个人赛和拔河友谊赛等三大类赛制，设置符合残疾人身心特质、难度适宜、参与性强，且富有趣味性的体育项目。

【胥口镇首届“葛洪丹谷”文旅节】　6月20日，“奔‘富’亚运，‘胥’邀你来”首届“葛洪丹谷”文旅节在胥口镇药谷客厅举行。开幕式举行“清廉香囊”赠香仪式、名中医下基层送健康活动、“和胥新农人、红耀高联、林下练视界、逍遥岩岭湖、康旅峆山”5个共富工坊矩阵授牌，发布“葛洪丹谷共富工坊”线上商城。胥口镇与浙江绿而康农副产品有限公司、富春山居农产品品牌馆、邻小妞（杭州）电子商务有限公司签订共同推动胥口镇农文旅产业发展战略协议。

【杭州峆山红色记忆研学馆开馆】　7月7日，杭州峆山红色记忆研学馆开馆。该馆位于胥口镇峆山“叠空飞岩”景区内，面积约780平方米，共两层，设“金萧支队在峆山的战斗历程、抗美援朝富阳老兵的事迹、战山河兵团苦战岩石岭”等3个展示厅。该馆自2021年9月，由民营企业家王忠杭投资180万元启动建设，2022年12月完成布展并试运营。至年底，接待党员、青少年学生等参观1.2万人。

【胥口镇现代化美丽城镇创建市级考核验收】　12月8日，杭州市风貌办到胥口镇开展现代化美丽城镇创建工作市级考核验收。验收组实地考察药谷小镇展示馆、博锐生物省级数字化车间、海博园、上练新时代美丽乡村、小叠空梦想田园、葛溪文化礼堂、胥口镇中心小学、棠棣海棠苑居住区等点位。通过听取介绍、观看展板等方式详细了解胥口镇现代化美丽城镇的建设思路、建设做法、建设成效，对胥口现代化美丽城镇建设工作进行全方位综合评估和考察验收。

【胥口荣誉】　1月，浙江省政府发布《关于命名第六批省级特色小镇的通知》命名20个小镇为第六批省级特色小镇，富阳药谷小镇入围；11月，浙江省委宣传部公布浙江省农村文化礼堂建设示范县（市、区）示范乡镇（街道）名单，富阳区胥口镇入围；12月，浙江省民政厅公布2023年浙江省未成年人保护工作站建设百佳案例，胥口镇未成年人保护站案例入围；12月，浙江省“千村示范、万村整治”工作协调小组办公室公布2023年度浙江省和美乡村特色精品村名单，胥口镇葛溪村入围；12月，浙江省司法厅公布2023年度省级“民主法治村（社区）”名单，胥口镇胥口村入围。

（俞铖涛）

永昌镇

【概况】　2023年，永昌镇总面积49.59平方千米，其中城镇建成区面积1.08平方千米，辖村5个，股份经济合作社5个，党员600人，

2023年6月20日，“奔‘富’亚运　‘胥’邀你来”首届“葛洪丹谷”文旅节开幕
（胥口镇　供图）

党委3个、党总支4个、党支部35个，村民小组115个。总户数3509户，户籍人口10967人。全年实现财政总收入0.86亿元，其中一般公共预算收入0.38亿元，农民人均收入50431元。

农业增加值1.52亿元，耕地面积398公顷，其中水田面积306公顷，高标准农田面积257公顷，农作物播种面积755公顷，其中粮食作物播种面积599公顷。粮食总产量398万千克。农机总动力0.5万千瓦。存栏生猪731头，出栏肉猪2.05万头，存栏家禽1.42万羽，出栏家禽4.56万羽。水果种植面积101.87公顷，水果产量1831吨。茶园面积53公顷，茶叶产量44.6吨。农业技术服务机构1个，从业人员26人。农民专业合作社5个，成员410户。种植大户9户，家庭农场36个。工业企业总数115家，从业人员2356人，其中规模以上工业企业25家，实现规模以上工业总产值13.88亿元、货物进出口总额5亿元、社会销售品零售额0.86亿元。

技工学校1所，在校学生1424人，教职工83人；小学1所，在校小学生497人，教职工45人；幼儿园1所，在园幼儿210人，教职工34人。社区卫生服务中心1家，卫生室2个，医疗床位4张，执业（助理）医师13人，兽医（防疫）技术人员2人。全年出生60人。参加城乡居民养老保险76人。参加城乡居民基本医疗保险4151人。社会救助家庭共122户。完成宅基地审批30户，其中在建农户20户，轻钢结构农户1户，面积7200平方米。金融机构网点2个，公园及休闲健身广场2个。

【新登新区2号路向西延伸工程竣工】 1月19日，新登新区2号路向西延伸工程竣工，该道路连接永昌集镇与富阳经济技术开发区新登新区，为双向四车道，起点为新登工业园区贝山路，终点为206省道，全长1100米，其中永昌镇范围内长750米。项目总投资2800万元，于2021年5月开工。

【富阳区“幸福一身”失能半失能老人慈善助浴行动现场会】 3月17日，富阳区“幸福一身”失能半失能老人慈善助浴行动现场会暨启动仪式在永昌镇永昌村文化礼堂举行。慈善助浴项目服务对象为富阳区户籍的最低生活保障家庭服务对象、最低生活保障边缘家庭服务对象，烈士遗属、享受见义勇为荣誉对象中的重度、中度失能老年人。每年为全区“两低一难”家庭的失能半失能老人提供不少于2000人次的无偿上门服务。服务内容为完成测量血压、血氧、皮肤检查等浴前评估，并提供理发、助浴、擦干身体、穿好衣服、修剪指甲及浴后评估等服务，以及老年人日常护理、健康咨询等服务。12月，永昌镇“蓝天为老”服务中心负责人徐芝英获第十一届“最美杭州人”荣誉称号。

【富阳永昌“果然游你”共富推介会】 7月21日，2023年富阳永昌“果然游你”共富推介会在永昌镇永昌庄园举办，市红十字会、市文广旅局、市农业农村局等单位派人参加。活动以“风尚永昌 共富未来”为主题，开展特色农产品直播活动，板桥镇党委书记叶阳帆和永昌镇党委书记孙浩共同发布永昌—板桥“果然游你”手绘地图，表彰永昌镇先进妇女代表并为永昌镇五大社会公益组织授旗。

【慧空东弘产业园投入运营】 5月，慧空东弘产业园（东弘智能装备核心零部件产业园）正式投入运营。至年底，慧空东弘产业园累计注册入园企业25家，落地产业化项目4个，通过5110项目评审8个、注册3个，申报知识产权20项，出租厂房8万平方米，贡献投资7000万元、产值2.8亿元、增加就业岗位300个。11月，入选浙江第十二批省级小微企业园。

2023年5月，慧空东弘产业园（东弘智能装备核心零部件产业园）正式投入运营
（永昌镇　供图）

【“新风尚美”指数管理办法】 2023年5月，永昌镇以长盘村试点，创新推出“新风尚美”指数管理办法，以“网格议事”机制为载体，形成“新风尚美”工作机制“大闭环”和基层治理力量“小闭环”模式，最终实现“庭院美”到“治理美”的基层自治经验。“新风尚美”指数管理办法通过量化指标，引导村民积极参与全村庭院环境治理和乡风文明建设，制定“定机制—评庭院—风尚礼—‘新’风尚”四步闭环法，建立“每日纪实、每周小结、月度评比、半年转码、年度表彰”工作机制，并借助“永昌民议坊”新时代小队会、民生议事会、姐妹恳谈会等民意联络平台，持续推动村民参与自治管理。长盘村获区级美丽庭院大比武第一名、市级美丽庭院示范村。

【永昌镇第六届全民运动会】 6月4日，“全民运动 共享亚运”2023永昌镇第六届全民运动会开幕式在永昌镇中心小学体育场举行，来自镇机关、各村、企事业单位及各社会团体的10余支队伍300多名选手参加。比赛项目有田径赛、趣味赛、老年赛、球类赛等16个，唐昌村、永昌村、青何村、长盘村、昌岭村和永昌镇中心小学分别获得本次全民运动会前6名。

【漫永昌共富工坊】 至年底，“漫永昌”共富工坊销售农产品超1000万元，助力52家“漫联盟”成员年产值超2亿元，帮助30余户低收入农户销售产品，提供临时工作岗位20余个，逐步形成先富带后富的“链式反应”。“漫永昌”共富工坊成立于2019年，有成员52名，逐步形成“党建引领+政府搭台+联盟供货+公司运营+部门赋能”五方协同模式，先后入选浙江省“直播电商 共富工坊”典型案例、杭州市第三批共富试点。

【永昌荣誉】 6月，中共浙江省委发布《关于命名“红色根脉”强基示范县(市、区)、示范乡镇(街道)、示范村（社区）的决定》，永昌镇唐昌村入围全省首批“红色根脉”强基示范村。7月，浙江省人民政府发布《关于表彰2021—2022年浙江省耕地保护工作先进集体和先进个人的决定》，永昌镇政府获省级耕地保护工作先进集体荣誉称号。7月，杭州市争当浙江高质量发展建设共同富裕示范区城市范例领导小组办公室发布《关于公布杭州市争当浙江高质量发展建设共同富裕示范区城市范例第三批试点单位名单的通知》，永昌镇“漫永昌”特色农产品联动销售工程入选。9月，杭州市绿道建设推进协调小组办公室发布《关于公布2023年“杭州市最美绿道”和“最佳配合镇街”结果的通报》，永昌镇获评杭州市绿道建设最佳配合镇街。

【永昌臭豆腐】 至年底，永昌镇有臭豆腐生产企业11家，销售门店近400家，生产臭豆腐853万千克，产值5118万元，为永昌镇农业主导产业之一。永昌臭豆腐因产于杭州市富阳区永昌镇而得名，至今有100余年历史。清朝末年，黄峌喜携带家人从江西到永昌镇定居，并以制豆腐为生，制作的臭豆腐味道鲜美，深受当地欢迎。永昌臭豆腐一直保持传统手工做法，历经上百年，声名早已远扬。2009年，入选第三批富阳市级非物质文化遗产名录、杭州市第三批非物质文化遗产扩展名录、杭州老字号品牌；2010年，获评浙江老字号。

（洪 焱）

大源镇

【概况】 2023年，大源镇总面积105.23平方千米，其中城镇建成区面积5.47平方千米、绿地面积0.07平方千米，辖村15个，社区2个，股份经济合作社15个，党员1999人，党委10个、党总支8个、党支部83个，村民小组199个。总户数10794户，总人口36950人。全年实现财政总收入4.09亿元，其中一般公共预算收入1.02亿元。农村集体经济总收入0.61亿元，农民人均收入105346元。

耕地面积487公顷，其中水田面积225公顷，高标准农田面积42公顷，农作物播种面积1175公顷，其中：粮食作物播种面积505公顷。粮食总产量402万千克。农机总动力0.4万千瓦。水利投工2.16万工，投资1342万元。全年完成河道保洁与雨污管网维护项目2个，投资额150万元。存栏生猪305头，出栏肉猪955头，存栏家禽2.5万羽，出栏家禽4.2万羽。绿化造林4.5公顷，封山育林2950公顷。水果种植面积5.2公顷，水果产量14万千克。茶园面积55公顷，茶叶产量8.4万千克。农业技术服务机构1个，从业人员8人。农民专业合作社11个，成员128户。种植大户10户，家庭农场6个。工业企业总数433家，其中规模以上工业企业38家，实现产值101亿元、销售103.9亿元、利润总额4.2亿元。

中学1所，在校中学生1149人，教职工140人；小学1所，在校小学生1516人，教职工160人；幼儿园1所，在园幼儿722人，教职工89人。社区卫生服务中心1家，卫生服务站5个，卫生服务室6个，医疗床位34张，执业（助理）医师45人，兽医（防疫）技术人员7人。全年出生214人，计划生育率99.53%。参加城乡居民养老保险6517人。参加城乡居民基本医疗保险15287人。最低生活保障救助人数521人。农户新建房屋94户，建筑面积10965.16平方米。金融机构网点9个，公园及休闲健身广场33个。

【大源镇中心小学新校区启用】 2月6日，大源镇中心小学新校区正式投入使用。该学校位于杭州富春湾新城南部、杭黄高铁富阳站东侧、大源镇亭山村和大源村交界处，总

2023年6月4日，“全民运动 共享亚运”2023永昌镇第六届全民运动会开幕

（永昌镇 供图）

2023年2月6日，大源镇中心小学新校区启用

（大源镇　供图）

投资2.23亿元，占地3.64公顷，建筑面积43237平方米，其中地下建筑17000多平方米，按浙江省一类标准设计，设班级36个，提供学位1620个，配备普通教室36间，音乐教室、舞蹈教室、美术教室、科学教室、航模教室、机器人教室、车模教室、STEAM教室等专用教室28间，室内体育馆1间，图书阅览室1间，录播教室1间，会议室6间。在全区学校建设中首创架空室内运动场、下沉式院落、可午睡折叠课桌椅等设计应用。

【首届大同竹纸文化节】 5月7日，“纸承千秋，元书大同”首届大同竹纸文化节系列活动在大源镇大同村举行。本次活动以体验“多样性大源文化”为主线，将文化传承保护与丰富群众生活相融合，举行抄纸技能大赛、书画写作展览、特色农产品展销、唱响嘹亮歌会等文娱活动，其中：在2023富阳区“宋韵竹纸”抄纸技能竞赛中，来自富阳双溪书画纸厂的杨发成、富阳雅韵阁宣纸作坊的骆宗良、富阳双溪书画纸厂的魏发洋分别获得前三名。

【浙江省“希望工程营养提升计划”启动仪式举行】 5月30日，浙江省“希望工程营养提升计划”启动仪式暨富阳区大源镇育才学校巍巍希望小学六一儿童节活动在大源镇育才学校举行。浙江省“希望工程营养提升计划”由浙江省青少年发展基金会联合全省各级团组织共同发起，主要方式为向省内乡村学校提供课间营养餐，旨在关心关爱全省青少年健康成长。

【大源镇庆祝中国共产党成立102周年暨七一表彰文艺晚会】 6月30日，大源镇召开庆祝中国共产党成立102周年暨七一表彰文艺晚会，共有500余人参加。整场晚会以“红色领杭迎亚运　向美而行展风采”为主题，分为初心行　源梦美、亚运行　奉献美、双拼行　奋发美3个篇章。会上，大源镇党委表彰“最美网格员”“最美银发”“最美志愿者”等14个领域“最美代表”317人。

【大源镇抗击“7·22”短临强降雨灾害】 7月22日16：50，大源镇短时强降雨引发山洪导致局部山体塌方和泥石流，涉及勤功村、骆村村、史家村、虹赤村、青山村、砚口村等区域。6个村原新时代美丽乡村建设项目基本损毁，受灾农户1400余户，受损企业86家，经济损失超1.5亿元。灾害发生后，大源镇第一时间成立临时指挥部，区领导谢澌升率领“老把式”（指熟悉乡镇情况、防汛经验丰富的老手，由曾在乡镇街道担任过主职的部门负责人担任）亲临一线调度指挥，全体镇村干部连夜奋战，累计转移村民2093人，启用避灾场所7个，集中安置1450人。在各兄弟乡镇和机关部门的驰援下，大源镇快速开展灾后清理，累计发动志愿者1400余人，清理农户房屋1450幢，清理河道5700米，清理道路14200米。高效推进灾后重建，成立灾后重建工作专班，指挥部、工作组每周定时例会，实行挂图作战、进度上墙，统筹推进交通道路、水利设施、农田修复等九大类、109个灾后重建项目建设。

【大源镇亭山安置房A、B区块分房】 12月20日至24日，大源镇开展亭山安置房二期A、B区块分房工作。大源亭山安置房二期A、B区块位于杭州富春湾新城南部、杭黄高铁富阳站东侧，A区块（旭沣东升佳苑）总用地面积65696平方米，绿地率35%，由21栋住宅、配套2层文化礼堂、幼儿园及公共地下室组成。B区块（旭沣荣和华庭）

2023年7月22日，大源镇转移受灾群众

（大源镇　供图）

总用地面积36569平方米，绿地率37%，包含11栋住宅，2层地下车库。本次分房涉及安置户785户，抽取房源1627套。

【大源镇汽砼线新关至砼口段改建工程通车】 12月30日，大源镇举办汽砼线新关至砼口段改建工程通车仪式。该项目全长2.67千米，按二级公路标准设计，设计时速60千米，路基标准宽度17米，总投资约2.8亿元，于2020年12月开工建设，2023年10月完工。该项目为区重点交通项目，是“富阳分区规划”中七纵之一大源连接线中的重要一环，项目开通后，将进一步完善富阳全域空间结构，促进大源片区城乡一体化建设进程，加速沿线企业经济发展。

（夏嘉禾）

灵桥镇

【概况】 2023年，灵桥镇总面积54.78平方千米，辖村13个，股份经济合作社13个，党员1610人，党委9个、党总支7个、党支部59个，村民小组151个。年末总户数6294户，总人口27115人。全年实现财政收入1.21亿元，其中，一般公共预算收入0.62亿元。农村经济总收入243.69亿元，农村经济净收入24.06亿元。农民人均纯收入49853元。

全年农业增加值1.03亿元，耕地面积435.6公顷，其中水田面积207.2公顷，高标准农田面积119.69公顷，农作物播种面积446.66公顷，其中，粮食作物播种面积323.6公顷。粮食总产量195.3万千克。农机总动力4404千瓦。存栏生猪201头，出栏784肉头。水产品养殖面积38.4公顷，水产品产量49.3万千克。绿化造林70公顷，封山育林3733公顷。水果种植面积43.67公顷，水果产量209万千克。茶园面积184.53公顷，茶叶产量75.66万千克。农业技术服务机构1个，从业人员10人。农民专业合作社10个，成员250户。种植大户52户，家庭农场19个。工业企业总数184家，其中规模以上工业企业35家，实现产值31.9亿元、销售30.6亿元。建筑业企业2个，总产值0.74亿元。固定资产投资总额45.99亿元，其中工业投资45.68亿元。限上批发零售单位9家，全年销售额14.2亿元，规模以上工业研发投入8.02亿元。

中学2所，在校中学生518人，教师55人；小学4所，在校小学生890人，教师84人；幼儿园2所，在校生447人，教师43人。灵桥社区卫生服务中心1家，核定床位5张，执业（助理）医师23人，灵桥辖区内卫生室9家，全年出生214人。社会福利收养性单位1个，床位154张。参加城乡居民养老保险386人。参加城乡居民基本医疗保险11112人。最低生活保障救助人数471人，农户新建房屋30户，建筑面积约10800平方米。金融机构网点1个，体育健身公园2个，老百姓健身房2个。

【灵桥镇外沙村公寓化项目启动】 1月8日，灵桥镇外沙村公寓化项目启动建设，建设内容为十三层高层住宅建筑1栋与室外水泵房1座。总投资1568.3万元，建设工期380天。项目占地面积609.93平方米，总建筑面积7254.63平方米。该公寓楼为二类高层，建筑高度达39.8米，一层、二层由外沙村村民委员会集体经营，三层至十三层为住宅区，共44户。该项目建成后将缓解外沙建房难问题，实现土地资源集约、高效利用和优化配置。

【灵桥镇新华村文学艺术界联合会成立】 4月18日，富阳区灵桥镇新华村文学艺术界联合会成立大会暨第一次代表大会举行。会议审议通过新华村文联章程、选举办法，选举产生新华村文联第一届委员会，选举李玉龙为主席、李关元、张进发、蒋留青为副主席，孙莉琼为秘书长。灵桥镇新华村文联为全区首个村级文联。

【灵桥镇首届乡村文化艺术节文艺晚会】 5月17日，灵桥镇首届乡村文化艺术节文艺晚会暨“奋进新时代艺起迎亚运”文艺志愿演出在灵桥镇新华村文化礼堂举行。活动由杭州市文联指导，富阳区文联、灵桥镇人民政府主办，灵桥镇文联、灵桥镇新华村委员会、新华村文联承办，杭州市剧协、杭州市曲协、杭州市杂协、富阳区文化馆协办。演出节目有歌曲、相声、魔术、杂技和越剧等。

【灵桥镇“滨富红”区域党建联建签约暨滨富合作区新市民（人才）一站式服务点启用】 5月22日，灵桥镇举行“滨富红”区域党建联建签约暨滨富合作区新市民（人

2023年1月8日，灵桥镇外沙村公寓化项目建设启动

（灵桥镇 供图）

才）一站式服务点启用仪式。服务点位于农商银行灵桥分行办事点，服务项目涵盖人社、医保、税务、市场监管、公安、公积金等6个部门120余项，做到可办事项现场办、线上事项指导办、疑难事项咨询办。至年底，服务灵桥人才办理各项服务400余次。

【雅澜洗涤民族团结共富基地】 2月7日，“之江同心·石榴红雅澜洗涤民族团结共富基地”揭牌仪式在浙江雅澜洗涤有限公司举行。浙江雅澜洗涤有限公司位于富阳区灵桥镇，是国内较大规模的专业洗涤企业，拥有全自动隧道式洗衣生产线8条及相关配套后整理设施。2023年拥有员工460余人，由汉族、藏族、土家族、侗族、彝族、苗族、壮族、布依族等民族组成，其中少数民族员工120余人，为各民族同胞人均每年增收超6万元。

【富阳区首届硬笔书法作品展】 10月29日，富阳区首届硬笔书法作品展在灵桥镇中心小学开幕，区政协、区教育局、区文联及灵桥镇相关领导及获奖作者、书法爱好者参加。灵桥镇是中国书画之乡，唐代书法家孙过庭故里、元代大画家黄公望写生处。

【富阳区青春健康教育基地灵桥馆揭牌暨青春大讲堂开课】 11月13日，灵桥镇举行富阳区青春健康教育基地灵桥馆揭牌暨青春大讲堂开课仪式，灵桥镇中心小学校长倪炎晓介绍基地建设相关情况。该馆位于灵桥镇中心小学精进楼，建筑面积超700平方米，为富阳区首个小学高段青春健康教育基地。该馆将青春健康教育、心理健康教育、家庭教育有机融合，积极发挥示范引领作用，逐步形成家庭、学校、社会“三位一体”的教育格局，成为学生、家长、师资学习交流的场所。

【灵桥镇滨富健康主题公园揭牌】 12月8日，富阳区全面推进健康浙江行动主题活动暨“滨富健康主题公园”揭牌仪式在灵桥镇举行。滨富健康主题公园位于灵桥镇外沙村江滨南大道，北面为富春江和新沙岛，占地面积超2万平方米。公园从设计到建设，都围绕着“健康”，是市民休闲、健身打卡地。

（袁　源）

2023年11月13日，青春健康教育基地灵桥馆成立

（灵桥镇　供图）

里山镇

【概况】 2023年，里山镇总面积25.43平方千米，其中城镇建成区面积0.52平方千米、绿地面积0.06平方千米，辖村5个，股份经济合作社5个，党员635人，党委4个、党总支2个、党支部6个，村民小组71个。总户数3006户，总人口10283人。全年实现财政总收入1.06亿元，其中一般公共预算收入1012万元。农村经济总收入44.37亿元，农村经济净收入3.83亿元。

耕地面积233公顷，其中水田面积8公顷，农作物播种面积225公顷，其中，粮食作物播种面积233公顷。粮食总产量1092吨。存栏生猪666头，出栏肉猪1147头，存栏家禽0.9万羽，出栏家禽1.13万羽。绿化造林1公顷，封山育林6公顷。水果种植面积33.53公顷，水果产量100.02万千克。茶园面积416.87公顷，茶叶产量65.33万千克。农业技术服务机构1个，从业人员3人。农民专业合作社7个，成员206户。种植大户9户，家庭农场9个。工业企业总数45家，从业人员1000人，其中规模以上工业企业12家，实现产值23.62亿元、销售23.27亿元。

小学1所，在校小学生212人，教职工30人；幼儿园1所，在园幼儿131人，教职工16人。社区卫生服务中心1家，社区卫生服务站2个，核定床位5张，执业（助理）医师12人，乡村医生2名。全年出生48人。固定电话用户650户，移动电话用户5805户，因特网用户2020户。参加城乡居民养老保险376人。参加城乡居民基本医疗保险4335人。最低生活保障救助人数232人。农户新建房屋48户，建筑面积17200平方米。金融机构网点1个，公园及休闲健身广场20个。

【里山镇“百日攻坚”行动】 3月1日，里山镇召开2023年“拼经济、优环境、促共富”百日攻坚行动动员大会，会上系统梳理、完善全年工作思路，明确拼经济、优环境、促共富重点工作任务。至年底，在经济方面，经济指标、产业招商等数据超预期，实现“开门红”；在环境方面，人居环境、治理环境营商环境均有明显提升；在共富方面，茶叶品牌、市场化经营、业态培育发展、村集体经济等实现新突破。

【里山镇“茶香迎亚运·安顶联共富”茶文化月】 4月7日，里山镇“茶香迎亚运·安顶联共富”茶文化月启动仪式举行，开幕式现场，里山安顶云雾共富联合体党建联建签约，杭州尽山农业科技有限公司与杭州里安茗茶文化有限公司合作签约，里山镇民宿（“农家乐”）行业联盟揭牌，里山巾帼共富队伍授旗，并全程通过中新网、中新网客户端、中新浙里微博“三端”同步直播。除开茶仪式外，本次茶文化月活动还设置“7彩游安顶”沉浸式茶山游园打卡装置，通过茶文化月的形式全景式呈现安顶云雾茶旅融合景区的共富图景，充分展现里山镇的山水之约、人文之约、发展之约，做足茶文化、深化茶产业、聚焦茶科技，让海内外游客感受现代版富春山居图上的云雾茶镇韵味。

2023年，里山镇安顶山游客接待中心建立数字安顶系统。图为亚运青年V站志愿者向游客提供咨询（里山镇 供图）

【里山镇承办“三茶融合”青年科学家论坛】 4月7日，杭州富阳安顶云雾共富论坛暨2023浙江大学“三茶融合”青年科学家论坛在安顶山云雾茶吧举行。杭州市茶文化研究会、浙江大学茶学系、区农业农村局、富阳茶文化研究会等专家学者参加，会议以“茶文化、茶产业、茶科技”为主题，讨论云雾茶香共富路、茶叶赋能乡村振兴、茶叶基微纳米平台的构建及应用等问题。

【里山镇迎亚运“三大提升”行动】 6月，里山镇制定迎亚运“三大提升”（城市品质提升、城市治理提升、城市文明提升）攻坚行动工作方案和专项任务清单。城市品质方面由迎亚运展风采领导小组牵头，开展全域大整治、环境大提升、沿线大治理等专项行动，全年整治2000余处环境卫生问题，4月灵峰村荣获“最清洁”乡村考核红榜；4月里山村荣获全区美丽庭院比武一档；城市治理方面由迎亚运保平安领导小组牵头，强化网格排查、提升治理能级、筑牢安全防线，开展大走访、大排查，排查人口总数10896人，发现“低慢小”飞行器2个、矛盾纠纷数60起，实现走访农户全覆盖，检查企业（单位）156家次，发现隐患368条，均完成整改闭环；城市文明方面依托新时代文明实践所（站）等前沿阵地，营造好热情氛围、组织好志愿活动、开展好主题比武，常态化开展各类志愿服务活动20余场，发动注册志愿服务2800余人，录制原创作品《亚运之富》选送各级媒体，围绕“岗位建功、志愿服务、文明风尚、平安和谐、美丽环境”等五大主题开展两轮以上“红色领杭·奉献亚运”大考大赛比武活动。8月，马鞍山村获全区村（社）三大提升“赛马”活动中第一名。

【里山镇沿江风貌提升项目】 10月，里山镇沿江风貌提升项目竣工，该项目于3月启动，总投资85万元，主要包含入镇口风貌提升、工业小区入园口节点建设和法治公园建设，进一步提升云雾茶镇品质与内涵。

2023年4月7日，“茶香迎亚运 安顶联共富”2023杭州富阳安顶云雾茶文化月系列活动启动（里山镇 供图）

【里山镇数字乡村样板村建设】 11月，里山镇完成杭州市数字乡村样板村建设项目建设，该项目总投资300万元，涉及数字安顶工作站、数字基建、数字产业、数字治理、数字服务等模块。该项目以数字化手段提升安顶景区运营、运维能力，助推安顶茶旅融合示范区建设。

【里山镇安顶标准茶厂扩建】 12月，里山镇完成安顶标准茶厂扩建，该项目位于里山镇安顶村游客接待中心负一楼，总投资150万元，项目内容为利用现有茶厂外围空地，扩建附属设施用房一层，占地面积360平方米，主要用于青叶摊放、包装盒仓库、成品茶冷藏等。该项目进一步保障和提升安顶云雾茶品质，推动“富春山居·安顶云雾茶”区域公共品牌建设。

（金路华）

渔山乡

【概况】 2023年，渔山乡总面积36.76平方千米，其中城镇建成区面积11.5平方千米、绿地面积0.02平方千米，辖村4个，党员575人，其中党委4个、党总支2个、党支部20个，村民小组80个。总户数3793户，总人口13124人。全年实现财政总收入0.82亿元，其中一般公共预算收入0.31亿元。农村经济总收入0.22亿元，农村经济净收入837.1万元。农民人均纯收入45554元。

耕地面积276.3公顷，其中水田面积204.02公顷，高标准农田面积133.73公顷，农作物播种面积370公顷，其中，粮食作物播种面积290公顷。粮食总产量172万千克。农机总动力0.84万千瓦。水利投工0.42万工，投资500万元。完成环境污染治理项目2个，投资额750万元。存栏生猪2022头，出栏肉猪2347头，存栏家禽0.52万羽，出栏家禽2万羽。绿化造林16.9公顷，封山育林1640公顷。茶园面积283公顷，茶叶产量39万千克。农业技术服务机构1个，从业人员5人。农民专业合作社4个，成员282户。种植大户7户，家庭农场8个。工业企业总数41家，从业人员790人，其中规模以上工业企业4家，实现产值3.1亿元、销售3.41亿元、利润总额0.1亿元。商品交易市场1个。

小学1所，在校小学生224人，教职工28人；幼儿园1所，在园幼儿131人，教职工27人。社区卫生服务中心1家，卫生室4个，医疗床位6张，执业（助理）医师14人，全年出生91人。参加城乡居民基本医疗保险13000人。最低生活保障救助人数91人。农户新建房屋50户，建筑面积18000平方米。金融机构网点1个，公园及休闲健身广场18个。

2023年6月6日，渔山乡“共富导师”聘任仪式举行

（渔山乡　供图）

【渔山乡芒种文化节】 6月6日，“渔”你一起 同心共富——2023年渔山乡芒种文化节启幕暨“同心田”开种仪式在渔山乡省级粮食生产功能区举行。此次活动为杭州富阳·渔山稻香文化节系列活动之一。活动现场，浙江神怡农业开发有限公司、杭州情怀初心食品科技有限责任公司与渔山乡政府签订产业促共富协议；聘请中国水稻研究所、浙大农学院、农业农村局等11名专家老师担任“共富导师”；发布“亚运 You你 渔山GO味”亚运共富菜；举办插秧比赛等。

【杭州市第33个全国“土地日”主题宣传活动】 6月25日，由杭州市规划和自然资源局联合富阳区举办的纪念第33个全国“土地日”主题宣传活动在渔山乡举办，社会各界近200名代表参加。此次“土地日”的主题为“节约集约用地 严守耕地红线”，通过此次活动的举办，进一步树立保护优先意识，凝聚全社会共识，让更多人提升耕地保护的行动自觉，坚决守住耕地保护红线和粮食安全底线，把饭碗牢牢端在自己手中。

【渔山村获评省级“红色根脉”强基示范村】 6月30日，省委学习贯彻习近平新时代中国特色社会主义思想主题教育专题党课暨激励干部担当作为表彰大会在杭州举行，表彰省担当作为好干部、好支书和“红色根脉”强基示范县（市、区）、乡镇（街道）、村（社区），渔山村获评首批“红色根脉”强基示范村荣誉称号。近年来，渔山村坚持党建统领，紧紧围绕“争星晋位 全域建强”行动要求，不断夯实基层基础，推进强村富民、强化基层治理、优化民生服务，推动村庄持续向好发展。

【第十二届稻香文化节】 11月3—5日，渔山乡第十二届稻香文化节在渔山乡省级粮食生产功能区举办。此次稻香文化节以渔浦共富田·恰“稻”好趣处为主题，举办共富集市、稻田打卡、稻田趣味运动会等活动，吸引2万余人次。2012年，首届渔山稻香节举行，至今已举办12届。2022年11月3日，中国农民丰收节组织指导委员会办公室公布100个丰收节庆特色活动，渔山稻香文化节入围。2023年，由区委宣传部发布的“八八战略”实施20周年富阳实践案例，渔山稻香文化节入围。

【渔山乡获评省级森林城镇】 12月，浙江省关注森林组织委员会公布2023年度浙江省森林城镇名单，渔山乡入围。渔山乡以丰富的森林生态景观、优质的森林环境、健康的森林产品、深厚的森林养生文化等资源为依托，围绕打造山水渔山，已建设森林绿道9千米，建立省级生态文化基地1个，省级森林氧吧1个。全乡森林覆盖率74.42%，林木绿化率74.47%。

【渔山乡大葛村联网公路通车】 11月21日，大葛村戚家畈至勤建联网公路通过竣工验收并正式通车。该联网公路起点与渔葛线大葛村路段（K7+120）相交，道路沿大葛村村东外围山坡展线，终点与大葛村公交车车站停车场衔接，建设里程1.73千米，投资约1200万元，按照四级公路标准设计，路基宽度6.5米，路面宽6米。

（李　铭）

上官乡

【概况】 2023年，上官乡总面积27.06平方千米，其中城镇建成区面积0.1平方千米、绿地面积15.3平方千米，辖村5个，股份经济合作社5个，党员511人，党委3个、党总支4个、党支部25个，村民小组72个。总户数2652户，总人口8145人。全年实现财政总收入0.45亿元，其中一般公共预算收入0.22亿元。农民人均收入52342元。

全年实现农业总产值0.89亿元。耕地面积212公顷，其中水田面积110.83公顷，高标准农田面积19.8公顷，农作物播种面积240公顷，其中粮食作物播种面积137公顷。粮食总产量69.6万千克。水利投工7000人次，投资1000万元。存栏生猪342头，出栏肉猪1144头，存栏家禽1.9万羽，出栏家禽7.6万羽。水产品养殖面积0.47公顷，水产品产量1.2万千克。绿化造林3.3公顷，封山育林467公顷。水果种植面积11.09公顷，水果产量15.9万千克。茶园面积2公顷，茶叶产量5.2万千克。农业技术服务机构1个，从业人员4人。农民专业合作社4个，成员30户。种植大户2户，家庭农场3个。工业企业总数105家，从业人员7132人，其中规模以上工业企业10家，实现产值3.5亿元、销售3.4亿元、建筑业企业29个，住宿餐饮业企业35个，商品交易市场2个。

小学1所，在校小学生404人，教职工35人；幼儿园1所，在园幼儿144人，教职工25人。社区卫生服务中心1家，卫生室2个，医疗床位12张，执业（助理）医师13人，兽医（防疫）技术人员4人。全年出生49人，计划生育率100%。固定电话用户365户，移动电话用户5312户，华数网络用户672户。参加城乡居民养老保险2482人。参加城乡居民基本医疗保险7685人。困难救助人员305人。农户新建房屋23户，建筑面积7000平方米。金融机构网点2个，公园及休闲健身广场11个。

2023年11月3日至5日，渔山乡第十二届稻香文化节举办。图为稻田一角景色

（渔山乡　供图）

【上官乡竹文化节】 4月6日，上官乡第八届竹文化节系列活动在上官乡剡溪村举行，国台办原副主任、海峡两岸协会原副会长、上官乡乡贤王在希，副区长詹艳青，区文明办、区农业农村局、区妇联、区文广旅体局、区融媒体中心、大龙门组团等单位负责人参加活动。此次文化节设置多个“竹”主题系列活动，开展“毛竹王”大赛，“毛笋王”大赛，“全笋宴”民间厨艺大赛，“毛笋王”“毛竹王”等颁奖活动，发布“上官十二味”，举行“全笋宴”抖音大赛、现场书画创作、本地精品兰花展、特色小吃、农特产品展销、球拍展销等活动。

【《清官盛鸿》出版发行】 4月6日，《清官盛鸿》经西泠印社出版社正式出版发行。该书由区纪委监委、区社科联、区委党史研究室、上官乡党委政府联合编著，主编为董新苗，执行主编为盛忠民，国台办原副主任王在希题写书名，省纪委原常务副书记杨晓光作序。全书分为“盛鸿其人、少年盛鸿、直隶为官、归隐故里、盛鸿文采、盛鸿后人略记、缅怀盛鸿、附录”八个篇章，共14.5万字，收录相关故事、典籍记载、文稿摘录和缅怀文章等内容，弘扬盛鸿勤政为民，造福一方的精神。

【上官乡获中国乡村振兴品牌大会乡村治理优秀案例奖】 4月11日，首届中国乡村振兴品牌大会在浙江省衢州市常山县举行。会议以“加快品牌化升级　助力高质量发展”为主题，是首届聚焦品牌振兴的全国性乡村振兴会议，上官乡获乡村治理优秀品牌案例奖。上官乡因地制宜，积极发展“竹根经济”，立足“党建引领·奔跑共富”，念好“领”“育”“留”“管”“服”五字诀，充分发挥红色矩阵“拼图效应”，探索组建村企“链上”党建联盟，打造“共富工坊”200余个，全乡80%以上劳动力实现家门口就业，农民人均可支配收入近5万元。

2023年10月30日，上官乡社区卫生服务中心启动
（上官乡　供图）

【上官乡第十八届代表大会第四次会议】 7月14日，上官乡第十八届人民代表大会第四次会议召开，来自全乡各领域的44名人大代表参加。大会听取《上官乡2023年上半年度工作报告》《上官乡2023年上半年民生实事项目实施情况报告》《上官乡2023年上半年度环境状况和环境保护目标任务进展情况报告》《上官乡2023上半年度行政主要负责人履行推进法治建设第一责任人职责情况报告》，书面审查《上官乡2023年上半年度财政预算执行情况的报告》。开展法治富阳建设社会满意度问卷调查。

【上官乡抗洪救灾重建家园】 7月22日，上官乡遭遇罕见的短时强降雨引发的山洪，全乡2/3以上群众受灾，过水农户1229户，房屋损坏倒塌18处，一般受损房屋10多户；受灾工业企业93家，商贸行业店铺39家；冲毁道路7720米、农田238亩、山林14.33公顷，林道3100米。上官乡村两级党员干部积极投身灾后重建工作，上官乡累计投入人员6065人，出动设备数量1019台（挖掘机、铲车、农用车、应急车、平板车等等），对省道、村道、溪道等开展集中作业，全面完成30700米河道、49500米道路、1229户农户的清淤工作。采用沙包、砂石回填等方式，加固10处路基，35处溪堤，以及22处底部掏空或柱子损坏的桥梁，完成28处水毁溪堤应急工程方案设计。

【“中国球拍产业大会”暨“产业共富”研讨会】 8月11日，“中国球拍产业大会”暨“产业共富”研讨会在富阳农商总部大楼举办。本次中国球拍产业大会的主题是“新生代、新力量、新蝶变”。大会主要围绕商会平台促进球拍产业发展的作用，从抖音直播带货角度谈体育用品发展动向，企业如何转型，球拍产业的未来发展以及自身的创业之路等5个主题进行研讨。富阳农商银行向上官乡商会授信5亿元，专项用于商会会员单位生产、经营和销售等环节的信贷支持。

2023年7月，上官乡村两级党员干部投身灾后重建工作
（上官乡　供图）

【上官乡社区卫生服务中心搬迁】 10月30日，上官乡社区卫生服务中心搬迁和揭牌仪式在上官乡社区卫生服务中心新址前广场举行。至年底，上官乡社区卫生服务中心有职工24人，其中副主任医师2人、主治医师7人、执业医师4人、执业助理医师7人，设预防保健科、全科门诊、中西医门诊、口腔科、医学检验科、医学影像科，医防护儿童管理中心、中医馆、体检中心等科室，医疗楼内设12个床位，是一家集预防、保健、医疗、康复、健康教育、计划生育技术服务等基本医疗、公共卫生服务于一体的社区卫生服务中心，医疗卫生服务辐射周边大源镇、常绿镇、龙门镇等。

【上官乡到钱塘区大创小镇招商】 11月8日，上官乡党委书记金本忠带队，赴钱塘区杭州和利时自动化有限公司、杭州悦萱堂化妆品有限公司、杭州新娱文化传媒有限公司等企业开展走访和招商引资活动。考察组实地参观企业生产车间、研发中心、销售平台，深入了解企业发展历程、规模效应、品牌打造、业务布局等情况，详细介绍上官的区位交通、资源禀赋、存量空间、劳动力成本等方面优势，就产业链延伸、智能化改造、电商私域运营等进行座谈交流，并对企业发出诚挚邀请。

（许翡晨）

常绿镇

【概况】 2023年，常绿镇总面积49.08平方千米，其中城镇建成区面积1.3平方千米、绿地面积0.3平方千米，辖村8个，股份经济合作社8个，党员659个，党委4个、党总支5个、党支部31个，村民小组128个。总户数5194户，总人口15209人。全年实现财政总收入1337.42万元，其中一般公共预算收入3971万元。

全年农林牧渔总产值0.92亿元，耕地面积60公顷，其中水田面积23.3公顷，高标准农田面积20公顷，农作物播种面积60公顷，其中：粮食作物播种面积36.6公顷。粮食总产量28.57万千克。农机总动力212.6万千瓦。存栏生猪9796头，出栏肉猪4255头，存栏家禽1.55万羽，出栏家禽3.12万羽。水果种植面积40公顷，水果产量65.8万千克。茶园面积70公顷，茶叶产量2.54万千克。农民专业合作社数量3个，成员7户。种植大户2户，家庭农场11个。工业企业总数30家，从业人员350人，其中规模以上工业企业2家，实现产值0.8亿元、销售0.7亿元。建筑业企业4个，总产值0.45亿元。住宿餐饮业企业20个，营业总收入800万元。

小学1所，在校小学生231人，教职工29人；幼儿园1所，在园幼儿113人，教职工21人。社区卫生服务中心1家，卫生室1个，执业（助理）医师15人。全年出生68人。固定电话用户851户，移动电话用户4165户，因特网用户2335户。参加城乡居民养老保险5832人。参加城乡居民基本医疗保险6393人。最低生活保障救助人数500人。农户新建房屋85户，建筑面积28192平方米。金融机构网2个，公园及休闲健身广场18个。

【常绿镇第十八届人民代表大会第三次会议】 1月4日，常绿镇第十八届人民代表大会第三次会议召开， 43名正式代表、14名列席人员参加。大会听取和审议《常绿镇人民政府工作报告》《常绿镇人大主席团工作报告》《常绿镇第十八届人民代表大会第一次会议代表议案建议办理情况的报告》《常绿镇2022年政府民生实事项目完成情况和2023年政府民生实事安排的报告》，书面审议《常绿镇2022年法治政府建设情况的报告》《常绿镇2022年财政预算执行情况和2023年财政预算安排的报告》《常绿镇2022年环境状况和环境保护目标完成情况的报告》，开展法治富阳建设社会满意度问卷调查。

【常绿镇开展人大基层议事活动】 3月10日，常绿镇召开人大“服务双拼奔共富，人大代表见行动”基层议事活动。区镇两级人大代表、乡贤、企业家围绕“拼经济拼发展”主题，结合常绿镇优势，提出企业转型升级、特色文旅发展、项目招引、信息沟通机制等方面意见和建议17条，其中6条达成共识。

【常绿镇“红韵常绿 多彩党群”公益项目评比】 4月6日，常绿镇举行“红韵常绿 多彩党群”首届优质公益项目评比暨党群中心“红色领杭 奉献亚运”主题活动。求正社会组织儿童服务项目获一等奖，大手拉小手服务项目、常在身边助老服务项目获二等奖，神锋救援服务项目、章妈妈五色志愿服务项目获三等奖。

【常绿镇“红绿篮”嘉年华暨篮球馆开馆】 4月20日，常绿镇举行“红绿篮”嘉年华暨篮球馆开馆仪式，活动由区纪委监委、区委组织部、区委宣传部、区农业农村局、区妇联、区文广旅体局主办，富春山居集团、中共常绿镇委员会和常绿镇人民政府承办。开馆仪式分为“红韵常绿·研学小镇”“绿意常绿·生态小镇”“运动常绿·活力小镇”三大篇章，分别对应常绿将围绕“红绿篮2.0”打造具有古韵气息、未来气息、活力气息新常绿发展目标。该场馆建筑面积3624平方米，建筑容量为1500人，观众席位1279张。

【常绿镇城市书房开馆】 5月12日，常绿镇城市书房正式开馆。通过前期公开征集、组织乡贤、文化名人、媒体专家、本地文化爱好者等集中研讨交流，最终确定书房名字为子平书房。该书房位于常绿镇大章村后田畈217号，自2022年启动建设，项目占地430平方米，包含城市书房、瑜伽舞蹈房、乒乓球室、“扫黄打非”进基层示范点等多种

2023年4月20日，常绿镇“红绿篮”嘉年华暨篮球馆开馆

（常绿镇 供图）

2023年5月12日，常绿镇城市书房开馆

（常绿镇　供图）

功能室，书房藏书5000余册，其中包括少儿绘本以及中小学生必读书目等书籍。

【“党建统领·点网协同”网格练兵试点启动】 5月13日，富阳区“党建统领·点网协同”网格练兵试点行动在常绿镇启动，该活动由富阳区委政法委、常绿镇党委共同举办，区委政法委、区应急管理局相关领导，常绿镇镇村两级干部、网格长、网格员、网格支部书记以及微网格“点长”代表、社会“N”力量代表参加。经防灾减灾应急知识竞赛、消防灭火比武以及防汛演练比武，黄弹村获比武第一名，大章村、长春村、五联村获第二名，长佳村、北坞村、青龙村、双溪村获第三名。

【常绿镇第十八届人民代表大会第四次会议】 7月14日，常绿镇第十八届人民代表大会第四次会议召开，41名正式代表、23名列席人员出席会议。常绿镇党委副书记、镇长陈剑辉作《常绿镇人民政府2023年上半年度政府工作报告》和《常绿镇2023年上半年度行政主要负责人履行推进法治建设第一责任人职责情况的报告》，大会听取和审议《常绿镇2023年上半年度民生实事办理进展情况的报告》《常绿镇2023年上半年度环境状况和环境保护目标进展情况的报告》《常绿镇2023年上半年度行政主要负责人履行推进法治建设第一责任人职责情况的报告》，书面审查《常绿镇2023年上半年度财政预算执行情况的报告》。

【常绿镇“7·22”短时强降雨抗洪救灾行动】 7月21日至22日，常绿镇区域范围内降下大暴雨，常绿溪、长春溪、青龙溪、双溪溪等水位瞬间暴涨，全镇遭受房屋进水、道路堵塞、山体滑坡等灾害。依托“四张清单”应急体系，常绿镇第一时间组织救援力量、机械设备投入抗灾一线，及时打通道路17处，转移重点人员600余人。汛后组织各方人员，协调工程挖掘机、水车、高压水枪等机械设备，开展淤泥清理、路障清除、沟渠疏通等工作。

【常绿镇“明德守法·完善自我”主题读书会】 11月3日，常绿镇举办青年干部“明德守法·完善自我”主题读书会暨“一把手”与青年面对面活动，镇党委书记盛海杭、党委副书记余俊伟参加。读书会由每位青年干部自主制定周读书计划并撰写读书感悟，结合工作实际学原文、谈感悟、讲做法，为青年干部工作和发展增长学识、拓宽思路，提升青年干部主观能动性和组织协调能力。

【“常绿味道·共富集市”开馆】 11月29日，“常绿味道·共富集市”正式开馆。该馆位于新四军两渡富春江红色研学中心党群服务中心，秉持“共融、共享、共富”的发展理念，为游客提供便捷、丰富、优质的一站式购物体验。馆内除陈列有常绿年糕、常绿卤味、常绿高山茶叶、常绿冬笋等本地农产品10多种，汇聚富春味道、大龙门组团等产品，旨在打造以“常绿味道”为核心的“共富大礼包”。同时举行“章妈妈共富工坊”入驻仪式，苏头、珠子、百结、袜子等产品展陈在共富集市核心位置，为工坊的产品展示、业务对接新阵地。12月，“章妈妈共富工坊”成功入选杭州市首批“巾帼共富工坊”。

（张　科）

场口镇

【概况】 2023年，场口镇总面积58.05平方千米，其中城镇建成区面积3.5平方千米，辖村24个，社区2个，居委会2个，股份经济合作社24个，党员1896人，其中党委6个、党总支16个、党支部107个（包含1个流动党员支部），村民小组333个。总户数13483户，总人口43299人。全年实现财政总收入4.98亿元，农村经济总收入5165万元，农民人均可支配收入4.06万元。

全年农业总产值3.4亿元，耕地面积1598公顷，其中水田面积1098公顷，高标准农田面积215公顷，农作物播种面积1598公顷，其中粮食作物播种面积1530公顷。粮食总产量1110万千克。存栏生猪441头，出栏肉猪625头，存栏家禽2.66万羽，出栏家禽4.14万羽。水产品养殖面积50公顷，水产品产量45万千克。绿化造林1.2公顷。水果种植面积49.53公顷，水果产量105.1万千克。茶园面积26.47公顷，茶叶产量2.53万千克。农业技术服务机构1个，从业人员6人。农民专业合作社26个，成员85户。种植大户24户，家庭农场30个。全年工业总产值116.9亿元，工业企业总数461家，从业人员1.2万人，其中规模以上工业企业97家，实现规模以上工业总产值116.9亿元、销售产值114.1亿元、利润总额6.3亿元。住宿餐饮业企业770个，营业总收入1.54亿元。商品交易市场1个，交易额1.1亿元。

高级中学（民办）2所，在校中学生1438人；初级中学1所，在校中学生1057人；小学1所，在校小学生1199人；幼儿园1所，在园幼儿608人。社区卫生服务中心1家，下辖卫生服务站7个、村卫生室1个、医疗巡回点2个，医疗床位30张，执业（助理）医师50人。全年出生245人。固定电话用户850户，移动电话用户12457户，因特网用户9550户。社会福利收养性单位1个，床位128张。参加城乡居民医疗保险18930人，职工医疗保险21769人。最低生活保障救助726户1073人；最低边缘保障救助93户203人；特困救助60人。农户新建房屋98户。金融机构网点7个，公园及休闲健身广场46个，篮球场37个，羽毛球场6个，标准网球场1个，百姓健身房3个。

【场口镇小城市培育项目推进会】 2月6日，场口镇举行高规格小城市培育项目推进会，下达2023年重大项目战斗任务书，汇集开竣工项目84个，涉及新城、新区、新农村板块，总投资90.39亿元，新组建招商、项目、服务3个战队，成立工业、服务业、美丽经济、文旅产业4个攻坚小组，开启新一轮项目建设大会战，全力推动场口小城市培育再提速、再提标、再提效。

【富阳区清廉民企建设推进会暨“百舸引航·民企廉盟”成立仪式现场会】 2月22日，富阳区清廉民企建设推进会暨“百舸引航·民企廉盟”成立仪式在场口镇东梓关村杭州富阳中荷电子有限公司举办，会议表彰富阳区首批清廉民企创建优秀实践单位，对10家单位进行了授牌，场口镇、鸿世电器、海正药业、东洲街道、新登镇等5家单位分别作交流发言。镇党委书记何明葵围绕以实体化场馆搭建服务平台、以数字化应用赋能产业强镇、以服务化举措践行亲清关系汇报场口镇积极构建亲清政商关系、促进清廉民企建设、助力产业经济发展相关经验做法。

【富阳区新联会场口分会成立】 2月24日，富阳区新的社会阶层人士联谊会场口分会成立仪式在场口镇政府召开。会议表决通过杭州市富阳区新联会场口分会章程和杭州市富阳区新联会场口分会班子成员，叶汉校任会长，孙超、徐军、李磊、曹少疑任副会长。区新联会副会长、民建企工委主任王波为“杭州市富阳区新联会场口分会”暨艺美智城·同心荟授牌，区委统战部副部长汪拥军为区新联会场口分会班子成员颁发聘书，并为富阳区“新的社会阶层人士·产业联盟实践基地”“小城市实践基地”“共富实践基地”授牌。会上，举行场口镇农特产产业联盟签约仪式，旨在更好推广本地农特产品，拓宽销售渠道，提高品牌知名度，促进各农特产企业和商家成长发展。

【场口城市隧道通车】 4月8日，场口集镇至百丈畈快速通道（28号路下穿杭千高速互通连接线）工程开通运行。该路线起点位于百丈畈1号路，下穿杭新景高速公路场口互通连接线，经24号路，终点位于33号路交叉口，路线全长763米。全线共设置隧道1座，四孔布置，长90米，隧道两侧采用U形槽结构，共长320亩；采用二级公路兼顾城市道路标准建设，设计速度40千米/小时。

【场口镇“美动杯”篮球联赛】 4月12日，2023年“美动杯”场口镇篮球联赛闭幕。本次联赛自4月7日开赛，共有14支队伍报名参加，举办比赛54场，吸引3万余名村民现场观看，冠军、亚军、季军分别为上村村队、上图山村、徐家村队。

【场口城市书屋开馆】 4月23日，场口城市书屋开馆，并举办场口籍作家柴惠琴散文集《图山溪山图》分享会，来自全区各地的文学爱好者、知联会、新联会成员参加，分享写作与阅读故事。该馆位于场口镇场口村宜业路98号，为富阳区图书馆分馆。共有上下两层，一层为新华书店新书展销区，二层为书籍展览区和读者阅读区，总面积550平方米，有藏书12000余册。

【场口镇决胜“半年红”2023年经济工作大会】 6月16日，场口镇2023年决胜“半年红”经济工作大会召开，辖区内规模以上企业负责人、基层站所、镇属事业单位负责人、镇机关中层以上干部、村（社）书记等参加。大会总结回顾2022年以来全镇经济工作成效，表彰2022年

2023年2月6日，场口镇小城市培育项目推进会召开

（场口镇　供图）

度经济工作先进，分 3 个批次对获 2022 年度优秀工业企业、优秀服务业企业、优秀建筑业企业、招商引资贡献奖、优秀新型农业经营主体、项目推进先进单位的 31 家企业（单位）进行颁奖，会议号召全镇上下为高质量完成年度经济社会发展目标，重振“小上海”雄风，凝聚磅礴力量。

【金守淦纪念公园开园暨铜像建成揭幕仪式】 6 月 30 日，场口镇金守淦纪念公园开园暨铜像建成揭幕仪式在徐家村塘华自然村举行，场口镇党委副书记、镇长叶建华，党委委员杨伟惠，学者代表以及家属代表参加。活动由徐家村党总支书记徐晓亮致辞，场口镇中心小学校长潘迎峰介绍金守淦生平，现场嘉宾对金守淦铜像进行揭幕。金守淦（1877—1961），字任父、壬父，号六弢居士，庠名金鉴，场口塘下人（今场口镇徐家村塘华自然村）。金守淦经历清末、民国和中华人民共和国三个时代，亲历近百年重大的社会变革，其个人成长的历史就是一部生动的励志教材。在上海期间加入同盟会，与友人创办《启明日报》；辛亥革命后任浙江省都督府秘书；民国 2 年（1913）回到家乡后先后担任县公立西南区两等小学校（场口镇小前身）教师和富阳县立第一高等小学校（区实验小学前身）校长，受省府传谕嘉奖；民国5年(1916)任北京师范学校学监；民国 6 年（1917）起就职京师图书馆（后改为国立北平图书馆，即现在的国家图书馆），此后 30 余年，先后担任阅览组、庶务组组长等职务，主管过《四库全书》；民国 13 年（1924），受聘担任清室善后委员会特聘顾问，参与清点故宫文物；民国 36 年（1947）退休回乡。

【2023 富春江开渔节】 7 月 3 日，2023 富春江开渔节在场口镇东梓关村码头举行，数十艘渔船前往富春江捕鱼。开渔节现场举行鱼苗投放、授渔旗、开启“风调雨顺鱼米丰收”福匾等活动。镇、村以及渔民代表们向富春江投放 50 千克、上万尾鱼苗。钱塘江流域每年 3 月 1 日至 6 月 30 日实施禁渔，范围包括钱塘江、富春江、衢江、兰江、千岛湖等钱塘江干流。

2023年11月3日，“乐游富春山居”第六届富春江江鲜大会暨2023小上海风情节在场口马沙滩广场举行
（场口镇　供图）

【“潇洒桐庐·诗画富阳”2023 桐庐·富阳文化走亲文艺晚会】 7 月 20 日，“潇洒桐庐·诗画富阳”2023 年桐庐·富阳文化走亲文艺晚会在场口文化礼堂举办，该晚会由桐庐县文化和广电旅游体育局、富阳区文化和广电旅游体育局、富阳区场口镇人民政府主办，桐庐县文化馆、富阳区文化馆承办。此次活动文艺演出有独唱《再一次出发》、越剧《梁祝选段十八相送》、古典舞《秋水伊人》、唢呐独奏《挂红灯》、魔术《小丑变变变》等节目。

【全省亲清政商关系示范乡镇（街道）建设研讨会专家调研场口镇亲清政商数智平台】 8 月 25 日，全省亲清政商关系示范乡镇（街道）建设研讨会专家调研场口镇亲清政商数智平台，区委统战部部长祝燕青等陪同。考察组参观亲清政商数智平台一楼百丈畈工业社区以及二楼党建展厅、职工之家、数字展厅、亲清文化展厅、项目路演厅、企业展厅，对场口镇亲清政商关系示范点建设工作以及积极构建和践行亲清政商关系的好经验、好做法给予高度肯定。

【“乐游富春山居”第六届富春江江鲜大会暨 2023 小上海风情节】 11 月 3 日，“乐游富春山居”第六届富春江江鲜大会暨 2023 小上海风情节在场口马沙滩广场正式开幕，镇党委书记何明葵代表镇党委、政府和近 6 万名场口人民发出邀约，诚邀大家走进新场口，感受创业激情，领略山水人文，尽享地道美食。11 月 3 日至 6 日，场口镇举办系列特色文旅活动，通过“沉浸式体验、年轻化消费、移动端传播”，推动文旅产业做大做强做优，擦亮“小上海”金名片。活动期间，场口镇共接待游客约 50 万人次，旅游收入近 1200 万元，“人文场口”“美食场口”“网红场口”等特色文旅品牌知名度、美誉度获得提升。

（章佳瑶）

常安镇

【概况】 2023 年，常安镇总面积 63.84 平方千米，其中城镇建成区面积 0.63 平方千米，辖村 16 个，股份经济合作社 16 个，党员 1281 人，党委 6 个、党总支 10 个、党支部 59 个，村民小组 206 个。总户数 7581 户，总人口 23579 人。全年实现财政总收入 0.59 亿元，其中一般公共预算收入 0.31 亿元。农民人均纯收入 35735 元。

全年农林牧渔业总产值 2.55 亿

元。耕地面积1130公顷，其中水田面积640公顷，高标准农田面积250公顷，农作物播种面积800公顷，其中粮食作物播种面积710顷。粮食总产量1188万千克。农机总动力0.91万千瓦。水利投工0.65万工，投资300万元。存栏生猪4025头，出栏肉猪4576头，存栏家禽4.3万羽，出栏家禽4.95万羽。封山育林2725公顷。水果种植面积259.46公顷，水果产量217.62万千克。茶园面积120.33公顷，茶叶产量13.2万千克。农业技术服务机构个数1个，从业人员10人。农民专业合作社23个，成员1754户。种植大户9户，家庭农场43个。工业企业总数64家，从业人员1278人，其中规模以上工业企业10家，实现产值18.55亿元、销售18.55亿元、利润总额0.17亿元。资质类的建筑业企业6家。限上住宿餐饮业企业1家，营业总收入225.7万元。商品交易市场1个，交易额2745万元。

小学1所，在校学生312人，教职工34人；幼儿园1所，在园幼儿169人，教职工28人。社区卫生服务中心1家，卫生室7个，医疗床位12张，执业（助理）医师18人，兽医（防疫）技术人员2人。全年出生145人，计划生育率99.31%。移动电话用户14003人，移动宽带用户2436户，电信电话用户1915户，电信宽带用户1585户。因特网用户16239户。社会福利收养性单位1个，床位150张。参加城乡居民养老保险697人。参加城乡居民基本医疗保险12477人。最低生活保障救助人数570人。农户新建房屋109户，建筑面积12509平方米。金融机构网点1个，公园及休闲健身广场27个。

【常安镇“拼经济、拼发展”暨“五大提升年”行动动员大会】 2月15日，常安镇“拼经济、拼发展”暨“五大提升年”行动动员大会召开，全体镇村干部，综合行政执法队队员，基层站所负责人，部分企业家代表、重点项目负责人等200余人参加。会议表彰优秀企业7家、优秀镇干部9人、优秀村干部25人，发布《2023年常安镇“五大提升年”行动重点任务书》，将全镇53项工作划分为“固本强基、项目攻坚、全域整治、幸福指数、基层治理”等类别，在标明工作内容、工作目标概要的同时，分季度细化阶段性完成目标，明确责任领导、责任科室（人）、联系单位（人）等，确保全年固定资产投资、规模以上工业总产值、制造业投资分别增长50%、10%和80%以上。

【富春江书院揭牌成立】 4月4日，富春江书院在常安镇星火常安文化礼堂揭牌成立，民政部中国社区发展基层党建工作委员会主任，《社区天地》杂志副主编臧学雨，原杭州日报社社长、总编赵晴，原富阳市委常委、宣传部部长章刚良，省委党校教授董根洪，常安镇党委书记徐华、党委委员吴洪云及常安乡贤、知名企业家孙雁军、盛小木等参加。揭牌仪式上发布《富春江文化》杂志创刊首期，多名书画名家现场赠画，分别任命何喜报、蔡乐群、孙育飞担任富春江书院院长、副院长、理事长。富春江书院主要任务是开展文化艺术品创作、文化服务等活动，同时为广大文化爱好者提供一个互动交流平台。揭牌仪式后还开展富春江书院首场文化雅集活动。

2023年4月4日，富春江书院在常安镇星火常安文化礼堂揭牌成立
（常安镇 供图）

【常安“水陆空”三维旅游节暨蚯比潮玩季开幕】 5月18日，“美好常安 幸福旅程”浙江常安“水陆空”三维旅游节暨蚯比潮玩季开幕式在常安镇蚯比庄园举行，区领导徐林亮、孙柏平、包国灿及部分区级机关、乡镇街道代表参加。常安镇发布“水陆空”三维旅游文旅新品牌，紧抓中短途旅游发展黄金机遇，构建“飞翔、滑雪、露营、戏水、山地”等元素，打造以“晴空飞翔，星空露营”为核心IP的运动休闲目的地。富阳首位亚运冠军孙杰为家乡“水陆空”三维旅游代言。开幕式还签约杭州富阳泽映旅游发展有限公司、杭州绿态园区管理有限公司两个乡贤招引项目。

【常安“蚯比庄园杯”首届童诗大奖赛颁奖礼】 8月28日，富阳区首届“蚯比庄园杯”童诗大奖赛颁奖典礼暨“蚯比童诗园”开园仪式在常安镇蚯比庄园举行。这是富阳首次举办有关童诗的赛事，从征集稿到截稿历时半个月，收到童诗稿件近200首，经专家评审打分，36位小朋友分别获得一、二、三等奖和优秀奖。

【常安镇中心小学举行航空航天主题馆开馆仪式暨纸飞机嘉年华活动】 10月27日，常安镇中心小学举行航空航天主题馆开馆仪式暨纸飞机嘉年华活动。航空航天主题

2023年10月27日，常安镇中心小学开展航空航天主题馆开馆仪式暨纸飞机嘉年华活动
（常安镇　供图）

馆现有“飞行器创客实验室”“航天陈列馆”“航天器电脑模拟操控室”“梦想长廊”“飞天影院”等特色教室。2014年结合当地特色——亚洲第一的永安山滑翔基地，开展“飞天梦”特色创建，形成航天梦、成才梦、教育梦三大系列。常安镇中心小学多年来一直开展“飞天梦”特色创建，先后获得浙江省航空航天特色学校、浙江省健康促进学校银牌、杭州市少科院分站、杭州市中小学校园足球特色学校等荣誉。

【常安镇东村坞村举行富春舒氏宗祠重修暨圆谱庆典仪式】　10月21日，常安镇东村坞村文化礼堂举行舒氏宗祠重修暨圆谱庆典仪式，中华舒氏理事会、常安镇东村坞村村民委员会、乡贤、嘉宾、宗亲代表等800余人参加。

【李耡李宗勉文化研究会成立】　11月25日，富阳区李耡李宗勉文化研究会成立大会暨第一次会员大会在常安镇安禾村古城自然村举行。会议审议通过研究会章程、会费标准和管理办法，选举产生首届理事会成员，对保护《富春古城李氏宗谱》（清代二套、民国一套）有贡献的族人李仁忠颁发奖牌、奖金。

【常安镇侨联成立】　12月22日，常安镇召开侨联成立大会暨第一次会员代表大会，来自全镇的归国华侨、侨眷、留学生等代表25人参加。会议听取并审议通过侨联工作细则、选举办法、第一届委员会名单，选举产生常安镇侨联第一届委员会领导班子，张逸当选为常安镇侨联主席，孙健当选副主席，夏恋恋当选秘书长，李杭佳、汪芸静为委员会委员。

【常安荣誉】　3月20日，杭州市打击治理电信网络新型违法犯罪工作联席会议办公室发布《杭州市打击治理电信网络新型违法犯罪工作联席会议办公室关于公布全市打击治理电信网络诈骗违法犯罪工作成绩突出集体和个人名单的通知》，常安镇入围；11月1日，杭州市民族宗教事务局发布《关于公布第三批杭州市“之江同心·石榴红”引领单位的通知》，常安镇入围；11月13日，杭州市城乡风貌整治提升工作专班办公室公布《关于公布2023年度杭州市第一批现代化美丽城镇市级示范镇的通知》，常安镇入围，为全区唯一入围乡镇（街道）；12月18日，杭州市委农村工作领导小组办公室发布《关于公布杭州市第三批共富村、共富带、共富联合体名单的通知》，常安镇大田村入围。

（李萍萍）

龙门镇

【概况】　2023年，龙门镇总面积27.3平方千米，辖村4个，股份经济合作社4个，党员493人，党委5个、党总支2个、党支部23个，村民小组56个。总户数2541户，总人口7236人。全年实现财政收入0.23亿元，农村经济总收入791.7万元，农村经济净收入273万元，农村居民人均可支配收入40274元。

耕地面积220.47公顷，其中水田面积197公顷，高标准农田面积60公顷，农作物播种面积450公顷，其中：粮食作物播种面积344公顷。粮食总产量188.40万千克。农机总动力0.68万千瓦。水利投工0.1万工，投资600余万元。完成环境污染治理项目1个，投资额184万元。存栏生猪194头，出栏肉猪662头，存栏家禽0.83万羽，出栏家禽0.75万羽。水产品养殖面积7.2公顷，水产品产量108万千克。绿化造林5公顷，封山育林1317公顷。水果种植面积70公顷，水果产量117万千克。茶园面积58.33公顷，茶叶产量15.95万千克。农业技术服务机构2个，从业人员3人。农民专业合作社4个，成员30户。种植大户7户，家庭农场6个。工业企业总数16家，从业人员310人，其中规模以上工业企业1家，实现产值1.2亿元、销售1亿元、利润总额0.21亿元。住宿餐饮业企业4个，营业总收入1820万元。商品交易市场1个，交易额331万元。

小学1所，在校小学生164人，教职工20人；幼儿园1所，在园幼儿111人，教职工19人。社区卫生服务中心1家，医疗床位3张，执业（助理）医师12人。全年出生38人。参加城乡居民养老保险589人。参加城乡居民基本医疗保险2953人。最低生活保障救助人数198人。农户新建房屋21户，建筑面积7560平方米。金融机构网点1个，公园及休闲健身广场8个。

【中共龙门镇第十五届代表大会第二次会议】　1月4日，中共龙门镇第十五届代表大会第二次会议召

2023年4月1日，龙门首届休闲风筝节举行

（龙门镇　供图）

开，44名党代表及27名列席人员参加。镇党委书记陆锡明代表中共龙门镇第十五届委员会以《打造富春画眼 争当共富范例 为建设富裕阳光的现代化城郊新镇而勠力奋斗》为题作工作报告。

【龙门镇2023保护发展暨“拼经济、拼发展”行动大会】 2月17日，龙门镇召开2023保护发展暨“拼经济、拼发展”行动大会，镇领导班子成员，镇机关全体干部职工、各行政村村支“两委”干部，全体网格员，各基层站所负责人，以及有关企业、民宿（宾馆）、商户（业态）等经营主体的代表参加。会议表彰龙门镇2022年度优秀镇机关干部职工、优秀村干部和村级工作者、先进集体、经济贡献奖、十佳民宿（宾馆）和十佳商户（业态）等荣誉。镇主要领导向东征尖刀山战队等五大作战团队授战旗。

【2023龙门百花造物节】 4月28日至5月3日，龙门镇举行2023“亚运YOU你·富阳GO味”奔“富”青春季暨龙门百花造物节活动。开幕式现场，发布“龙门好物”形象识别系统，签约米酒调查局、艺术家部落和愉阅龙门等3个美丽经济项目，启动“富春山居·休闲富阳”文旅短视频大赛、“百家旅行社走进富阳、千位大学生跑进富阳、万名赛车手骑进富阳”活动。活动期间，还组织开展超能表演秀、古风游园会、动漫游戏展等一系列活动。

【富春山居·美好生活艺术乡建项目“红色记忆”革命器物暨龙门风物作品展】 7月8日，龙门镇举办富春山居·美好生活艺术乡建项目“红色记忆”革命器物暨龙门风物作品展及项目签约活动在龙门古镇耕读世家举行。活动展出具有红色革命烙印的摄影、编织品、绘画等艺术创作30余件，吸引近千人参观。

【龙门镇“跃龙门”青春励志座谈会】 8月16日，龙门镇“跃龙门”青春励志座谈会在龙门镇幼儿园多功能厅举行，镇领导陆锡明、汪晓萍、陈燕玲，青年乡贤代表、浙江金固股份有限公司董事长、总经理孙锋峰及部分学生代表和家长参加。会上，宣读龙门优秀学子表彰名单并颁发龙门镇青春“龙马奖”，2023年大学新生代表孙鹏科、孙婧楠分享青春奋斗过程，学生代表孙旭栋作现场感悟分享。此次座谈会帮助在场的龙门学子明确学习目的，坚定学习信念，树立学习榜样，以“生子当如孙仲谋”的孙权之赞和“来这里读懂中国”的龙门之赞为激励，凝聚向上向善力量，搭建共同学习、交流和进步的平台。

【2023龙门古镇庙会嘉年华活动】 9月29日至10月6日，龙门镇举办2023龙门古镇庙会嘉年华活动。开幕式上，大龙门组团（包含龙门镇、环山乡、上官乡、常绿镇）共同发布大龙门组团“共富线路”。该线路串联起胡震纪念馆、“孝子

2023年4月28日至5月3日，龙门镇2023“亚运YOU你·富阳GO味”奔“富”青春季暨龙门百花造物节活动举行

（龙门镇　供图）

故里”诸佳坞、龙门景区、龙门民宿村、孙氏宗祠、龙门山森林公园、中国上官球拍产业园、上官竹博园、新四军两渡富春江红色研学中心、大章村、常绿石梯等多个特色点位。活动期间，开展舌尖上的山乡、古风游园、宋福有礼、好物市集、团圆祈福、氛围车展等活动，共吸引游客14万人，旅游收入230万元。

【龙门镇荣誉】 1月11日，浙江省旅游区（点）质量等级评定委员会公布2022年国家AAAA级旅游景区复核结果，龙门古镇景区通过；1月18日，富阳区关工委公布第三批“富阳区关心下一代教育基地”，龙门镇1826摄影博物馆入围；1月28日，浙江省文化和旅游厅公布全省首批“浙韵千宿”培育名单，龙门镇龙门驿事客栈入选；3月11日，2022年浙江省旅游业“微改造、精提升”示范点名单公布，龙门镇非遗会馆改造工程、剡溪龙门溪景观提升工程、龙门古镇南路拓宽改造工程、龙门镇游客服务中心改造工程和龙门景区停车场改造工程入围；5月，富阳区委组织部和富阳区文广旅体局公布2023年度富阳区“共富裕·阳光里——家在富春山居”研学线路（产品），龙门镇“传承红色基因 践行环保理念 涵养家国情怀”“廉政警示教育馆——勤廉三馆——古法非遗唐生记姜糖体验”研学产品入围；7月31日，富阳区退役军人事务局、富阳区委宣传部、富阳区人武部联合主办庆祝建军96周年暨全民国防教育表彰活动，龙门镇孙广平获评杭州市富阳区“最美退役军人”，孙小勇获评“防汛抢险先进个人”；11月1日至2日，由浙江省文物局、浙江省消防救援总队主办的首届浙江省文物消防技能大比武决赛在金华磐安举行，龙门镇专职消防队荣获文物建筑组三等奖。

（孙润璐）

湖源乡

【概况】 2023年，湖源乡总面积125.87平方千米，其中城镇建成区面积21.83平方千米、绿地面积121.36平方千米，辖村10个，股份经济合作社10个，党员655人，党委2个、党总支8个、党支部38个，村民小组117个。总户数4539户，总人口15020人。全年实现财政税收收入2147万元，一般公共预算收入4122万元。农民人均可支配收入36057元。

全年农业总产值2.58亿元，耕地面积298.05公顷，其中水田面积220公顷，农作物播种面积557.96公顷，其中粮食作物播种面积474.96公顷。水利投资500万元。存栏生猪1217头，出栏肉猪1848头，存栏家禽3.38万羽，出栏家禽9.78万羽。水果种植面积101.87公顷，水果产量86.2万千克。茶园面积30公顷，茶叶产量4.54万公斤。农业技术服务机构1个，从业人员4人。农民专业合作社14个，成员86户。种植大户15户，家庭农场19个。住宿餐饮业企业14个，营业总收入1244万元。工业企业总数16家，从业人员640人，其中规模以上工业企业4家，实现产值2.2亿元。

小学1所，在校小学生80人，教职工20人；幼儿园2所，在园幼儿40人，教职工17人。社区卫生服务中心1家，卫生室4个，卫生服务站3个，执业（助理）医师15人。全年出生67人。社会福利收养性单位1个，床位118张。参加城乡居民养老保险4749人。参加城乡居民基本医疗保险6200人。最低生活保障救助人数920人。农户新建房屋130余户，建筑面积4.9万平方米。金融机构网点2个，公园及休闲健身广场10个。

【湖源乡“我们的节日·元宵”活动暨“一村一韵”大比武】 2月4日，宋“湖”富春年·乡韵“源”宵节—2023湖源乡“我们的节日·元宵”活动暨“一村一韵”大比武在窈口村举办，杭州新闻App、橙柿互动App、“我们大杭州”视频号同步聚焦直播。乡党委书记唐伟致欢迎词，并送上元宵节“龙、春、圆”三字好礼。各行政村立足本村特色，创作具有地方本土韵味的节目参加“一村一韵”大比武，现场还开展女子板龙闹元宵、猜灯谜等系列民俗活动。

【湖源乡“一村一味”发布仪式暨三八妇女节活动】 3月3日，湖源乡“一村一味”发布仪式暨三八妇女节活动在新一村石头花开共富工坊举办，乡党委书记唐伟致欢迎词。十位“龙鳞女主人”推介各村风味，“迎亚运 争当最美女主人”颁奖仪式，“村播共富助跑团—乐水共富农旅产业党建联建”签约仪式和“一村一味”颁奖等活动，区政协副主席孙柏平，区委统战部部

2023年6月13日，湖源乡“源享”共富工坊揭牌

（湖源乡 供图）

务会议成员、侨办主任、侨联主席陈水英为乡贤馆开馆揭幕。

【湖源乡民宿（农家乐）协会第一届会员代表大会】 4月21日，湖源乡民宿（农家乐）协会成立大会暨第一届会员代表大会在湖源乡村播学院召开，乡班子领导、常安派出所所长方森磊、区农业农村局产业发展科裘雪龙、区市场监管局常安所所长赵汝华、大综合执法队队员、相关科室负责人、全体会员共计70余人参加，会议由乡人大主席戴健军主持。会议选举产生新一届理事会成员，汪海龙为会长，凌可法、童小军、李仁培、黄莉为副会长，并举行省级个体工商户信用体系建设试点揭牌仪式。

【2023年富阳竹纸文化开山节活动】 5月31日，2023年富阳竹纸文化开山节活动在湖源乡新二村举办，区政协副主席孙柏平，区文联党组书记、主席蒋良良，区文广旅体局党委委员、副局长陈明，区竹纸协会会长庄道远，大源镇、灵桥镇分管领导以及区竹纸协会会员、区竹纸工匠代表、区老干部摄影协会会员参加。乡党委书记蒋晓青致欢迎词，竹纸工匠代表现场表演竹纸制作中削竹、敲白等环节，实景还原宋代纸农削竹办料、制浆造纸的工艺流程并开展体验研学系列活动。

【湖源乡青年发展型景区创建暨区青创协会湖源分站成立仪式】 6月9日，湖源乡举行青年发展型景区创建暨区青创协会湖源分站成立仪式，团区委书记赵海锋、乡党委书记蒋晓青、乡党委副书记李婷及部分青创客代表参加，并为青创协会湖源分站授牌。青年发展型景区创建通过建设一批青年发展基层阵地、打造一批青年发展研学路线、推出一系列青年特惠产品等举措全面打通青年“引、育、留”关键环节，实现景区与青年的双向奔“富”。区青创协会湖源分站旨在为湖源乡各行各业创新创业青年搭建沟通交流的平台，引导青年参与乡村振兴事业。与会人员围绕“发挥青创力量 助力青年发展型景区创建”主题进行交流发言。

【村播共富助跑团签约暨湖源乡客货邮专线发车仪式】 6月13日，村播共富助跑团签约暨湖源乡客货邮专线发车仪式在窈口村举行，区委组织部副部长张平，区发改局党委委员、副局长（区共富办）赵晓英，湖源乡党委书记蒋晓青，窈口村党总支书记、村委会主任俞江为“源享”共富工坊揭牌。活动现场“乐水共富”党建联建单位、村播共富助跑团成员共14家单位代表集中签约，富阳至窈口客货邮专线发车。杭州源享工坊食品有限公司位于湖源乡窈口村，主要生产灰汤粽等湖源土特产品，通过“公司＋农户”模式，用标准化生产和规范化运营，集生产、销售、研学于一体，带动当地就业增收。富阳至窈口客货邮专线以城乡公交为载体，致力解决快递下乡、农产品进城问题。该专线起点为湖源乡窈口村，终点为富阳客运西站，途经湖源、常安、场口、环山、鹿山、富春等乡镇（街道）。

【第三届壶源江（溪）流域乐水嘉年华暨2023年湖源端午文化节】 6月21日，第三届壶源江（溪）流域乐水嘉年华暨2023年湖源端午文化节开幕式在窈口村举办。央视网全景式直播，湖源乡党委书记蒋晓青邀请记者们现场体验，亲历元书纸的制作过程，品味灰汤粽的独特美味，整个直播时长1小时，观看突破6.1万。除开幕式外，此次活动还设立龙舟竞演、欢乐“粽”动员、端午共富集市等3个分会场。

【富阳竹纸入选杭州亚运会、亚残运会《感谢信》用纸】 11月，富阳竹纸入选杭州第十九届亚运会组委会、杭州第四届亚残运会组委会《感谢信》信封、信笺原纸。《感谢信》的信封、信笺用纸由浙江老字号、杭州市非遗生产性保护示范基地、省级非遗工坊——位于湖源乡新二村的杭州富阳大竹元竹纸有限公司纯手工制造。富阳竹纸始于唐、兴于宋，是国家级非物质文化遗产。亚运会开幕式和闭幕式线装节目单的内页原纸，用的也正是富阳竹纸。

【富阳区首届民宿中式烹饪职工职业技能竞赛操作技能比赛】 12月1日，以“秋色满源·寻味山乡”为主题的杭州市富阳区首届民宿中式烹饪职工职业技能竞赛操作技能比赛在湖源乡窈口村举办，全区民宿参赛选手60余人。竞赛包括理论知识和操作技能两部分，闭卷笔试成绩前25名的参赛选手进入操作技能环节，需在120分钟内制作具有地方特色的1道荤菜、2道素菜。专家评委对参赛菜品的火候、色泽、造型、口味、营养及地方特色、历史文化底蕴等进行综合评价。大赛评选出前八名选手并进行表彰，其中渡口山庄、水映山庄和迦密山宿代表队获得前三。

2023年12月1日，富阳区首届民宿中式烹饪职工职业技能竞赛操作技能比赛在湖源乡窈口村举行 （湖源乡 供图）

【湖源灰汤粽入选2023年浙江省“妈妈的味道”十佳美食榜单】 12月6日，湖源灰汤粽在2023年浙江省“妈妈的味道”共富行暨百城百店推进活动中入选浙江省“妈妈的味道”十佳美食榜单。灰汤粽是湖源乡传统手工美食，已有300多年的历史。取干净稻草烧灰泡汁过滤，糯米经灰汁浸泡后包裹成粽，成品呈金黄色，口感细腻，别具清香。

（詹文胜）

环山乡

【概况】 2023年，环山乡总面积38.52平方千米，其中城镇建成区面积0.85平方千米、绿地面积0.01平方千米，辖村7个，股份经济合作社7个，党员776人，党委4个、党总支5个、党支部31个，村民小组113个。总户数3812户，总人口13217人。财政总收入0.63亿元，其中一般公共预算收入0.5亿元。农民人均纯收入47016元。

全年实现农业增加值4162万元，耕地面积360公顷，其中水田面积344公顷，高标准农田面积25.2公顷，农作物播种面积758公顷，其中，粮食作物播种面积485公顷。粮食总产量318万千克。农机总动力1.05万千瓦。水利投资800万元。存栏生猪1338头，出栏肉猪2580头，存栏家禽1.6万羽，出栏家禽9.8万羽。水产品养殖面积35公顷，水产品产量48万千克。绿化造林107公顷，封山育林1940公顷。水果种植面积25.4公顷，水果产量80.9万千克。茶园面积34.5公顷，茶叶产量0.39万千克。农业技术服务机构1个，从业人员6人。农民专业合作社7个，成员52户。种植大户7户，家庭农场14个。工业企业总数15家，从业人员980人，其中规模以上工业企业7家，实现产值23.15亿元、销售22.19亿元、利润总额2.5亿元。建筑业企业2家，总产值5.7亿元。营利性服务业4家，营业总收入6.07万元。

中学1所，在校中学生756人，教职工99人；小学1所，在校小学生399人，教职工38人；幼儿园1所，在园幼儿216人，教职工36人。社区卫生服务中心1家，社区卫生服务站3个，执业（助理）医师13人，兽医（防疫）技术人员1人。全年出生71人，计划生育率100%。固定电话用户200户，移动电话用户11335户，因特网用户2000户。最低生活保障救助人数174人。新建房屋42户，建筑面积15120平方米。金融机构网点2个，公园及休闲健身广场4个。

2023年6月29日，环山乡庆祝中国共产党成立102周年暨“忆初心 强党性 重服务 建新功”表彰会议召开　（环山乡　供图）

【环山乡第十八届人民代表大会第三次会议】 1月5日，环山乡第十八届人民代表大会第三次会议召开，来自全乡各个领域的37名正式代表参加。会议审议通过《环山乡2022年财政预算执行情况及2023年财政预算草案的报告》《环山乡第十八届人民代表大会第一次会议代表建议办理情况的报告》《环山乡2022年政府民生实事完成情况及2023年政府民生实事候选项目说明的报告》《环山乡2022年环境状况与环境保护目标完成情况的报告》《环山乡2022年度法治政府建设的报告》等8个报告和5个决议草案，开展法治富阳建设社会满意度现场调查，票决产生环山乡2023年政府民生实事项目有5项，其中环境整治类3项，道路建设类1项，产业发展类1项。

【环山乡“红色领杭·奉献亚运”大考大赛暨“乡村格”大比武动员部署会】 4月7日，环山乡“红色领杭·奉献亚运”大考大赛暨“乡村格”大比武动员部署会召开，全体机关干部、四平台工作人员、村支“两委”干部、网格员、场口派出所、交警场口中队、场口城管中队负责人、志愿服务队代表参加。会议通报并表彰2023年一季度环山乡“最清洁”大比武成绩，解读《环山乡“红色领杭，奉献亚运”大考大赛暨“乡村格”大比武方案》及考核细则。至年底，完成307省道（环金线）沿线综合整治提升专项行动，整治点位数678个；长效化开展乱贴乱挂、停车秩序、集镇垃圾分类巡防1380次，滚动式开展农村生活环境、田园环境整治，组织乱搭乱建、不文明养犬鸡鸭猪等集中整治清理，攻坚拆除危旧房3处。入选全区“最清洁乡村”评比红榜9次，考核居全区第四名。

【环山乡召开商·贤联动半年度工作会议】 6月18日下午，环山乡召开商·贤联动半年度工作会议。区委常委、区委统战部部长祝燕青，区人大常委会副主任胡志明、裘富水参加会议。会长叶星宏以“家”为喻，讲述商会、乡贤会新阵地建设情况，展望商·贤联动发展未来，号召商会和乡贤以这个“小家”为

2023年6月18日，环山商会、乡贤联谊会新址投用揭牌仪式举行
（环山乡 供图）

基础，助力全乡这个“大家”的乡村振兴、社会治理、共同富裕进程。

【环山乡庆祝中国共产党成立102周年暨“忆初心 强党性 重服务 建新功”表彰大会】 6月29日，环山乡庆祝中国共产党成立102周年暨“忆初心 强党性 重服务 建新功”表彰会议召开。回顾中国共产党百年征程，传承初心使命，表彰先进典型，动员和组织全乡广大干部群众积极投身到服务亚运会顺利召开和推动中心工作实践中去，与时俱进、务实工作，为推动环山经济社会更好更快发展提供坚强的组织保障。

【环山乡第十八届人民代表大会第四次会议】 7月13日，环山乡第十八届人民代表大会第四次会议召开，来自全乡各个领域的44名正式代表参加。会议听取并审议《环山乡2023年上半年政府工作报告》《环山乡2023年上半年财政预算执行情况的报告》《环山乡2023年政府民生实事办理进展情况的报告》《环山乡2023年上半年环境状况和环境保护目标任务进展情况的报告》《环山乡2023年上半年度政府主要负责人履行推进法治建设第一责任人职责情况》，开展法治富阳建设社会满意度问卷调查。

【环山乡“选民有话说”基层议事活动】 10月13日，环山乡人大召开“选民有话说”基层议事会，富春印社社长、环山乡成人文化技术学校负责人、部分区乡两级人大代表、老干部代表、篆刻代表等群体参加，环山乡人大主席应妃主持。会议围绕振兴胡震印学文化、推进乡村文旅融合发展等主题进行研讨。至年底，环山乡人大积极发挥作用，通过实地走访、座谈，持续推进胡震印学文化。

【环山乡商·贤联动发展年会】 12月31日，环山乡商·贤联动发展2023年会在环山商会举行。会议通报2023年相关工作，表彰商·贤助力“双拼”工作先进单位，谋划2024年政府民生实事等。环山商·贤联谊会于2005年成立，有72人，位于环山乡中埠村，环山商会始终聚焦鳏寡孤独、残障人士、贫困学生等特殊帮扶对象，在春节、儿童节、教师节、重阳节等节日，开展常态化、社会化、制度化帮扶。近年来，累计资助全乡近700户困难家庭、127户因病因灾特困家庭和100多名困难学生，资助总额达260余万元。
（羊莎莎）

万市镇

【概况】 2023年，万市镇总面积155.37平方千米，其中城镇建成区面积0.68平方千米、绿地面积0.01平方千米，辖村15个，社区1个，村民小组293个。党员1271人，党委6个、党总支10个、党支部56个。总户数7093户，总人口21483人。全年实现财政总收入0.82亿元，同比增长44%；农村经济总收入0.18亿元，农民人均收入47653元。

全年农业总产值4.13亿元，年底耕地面积1239.4公顷，其中水田面积827.7公顷，高标准农田424.47公顷。农作物播种面积3151.3公顷，其中粮食作物1551公顷。粮食总产量3025.4万千克。水利投工5.23万工，投资1823万元。存栏生猪2532头，出栏肉猪6344头，存栏家禽4.1万羽，出栏家禽2.6万羽，水产品养殖面积81.46公顷，水产品产量20.3万千克。新增千万亩森林质量精准提升53.3公顷。水果种植面积165公顷，水果产量250万千克。茶园面积44.7公顷，茶叶产量5.89万千克。农业技术服务机构1个，从业人员15人。农业专业合作社18个，成员352户，种植大户25户，家庭农场37个。工业企业总数130家，从业人员1780人，其中规模以上工业企业16家，实现产值5.7亿元、销售5.6亿元。建筑业企业1家，总产值1亿元。住宿餐饮业企业125个，营业总收入413万元（不包括餐饮收入）。商品交易市场1个，交易额1875万元。

中学1所，在校中学生426人，教职工51人；小学3所，在校小学生468人，教职工68人；幼儿园1所，在园幼儿230人，教职工43人。社区卫生服务中心1家，卫生服务站8个，医疗床位30张，执业（助理）医师31人，兽医（防疫）技术人员3人。全年出生127人，计划生育率100%。固定电话用户1169户，移动电话20441户，因特网用户5941户。参加城乡居民养老保险1088人。参加城乡居民基本医疗保险10967人。最低生活保障救助人数762人。农户新建房屋60户，用地面积7200平方米。金融网点5个，公园及休闲健身广场27个。

【万市镇“拼经济、抢发展”“新春送岗”招聘会】 2月16日，万市镇2023年“拼经济、抢发展”“新春送岗”线下招聘会在镇中心广场举办。此次招聘会参会企业16家，推出岗位52个，有356人参与应聘，现场签约30余人。现场开展社保医保就业，无欠薪、防欠薪等政策宣传，发放资料200多份。

2023年2月25日，万市镇首届“陌上花开·花香浮云”樱花摄影大赛举行。图为参赛作品之一
（万市镇 供图）

【万市镇首届“陌上花开·花香浮云”摄影大赛】 2月25日，万市镇人民政府、万市镇何务村、杭州浮云岭生态农旅发展有限公司联合主办的2023年浙江·富阳万市镇首届“陌上花开·花香浮云”樱花摄影大赛启动仪式在何务村浮云岭生态景区举行。比赛期间共收到摄影作品1000件，评选产生一等奖1名、二等奖3名、三等奖5名、优秀奖20名、入围奖100名、最佳人气奖10名。

【富阳区新联会万市分会成立】 6月1日，富阳区新联会万市分会成立，新联会众创共富·同心荟、两山联盟产业实践创新基地同时授牌。富阳区新联会万市分会会长为叶汉校，副会长孙超，有会员28人，主要成员为万市镇本地特色山房山货主、优质企业的高管精英等。

【富阳区“村级述法一件事”试点工作现场会】 6月28日，富阳区“村级述法一件事”试点工作现场会在万市镇彭家村举行，市人大常委会监察和司法工委主任江成器、区人大常委会副主任、党组副书记胡志明，各乡镇党委副书记、部分村级党组织书记，万市镇镇村两级干部，彭家村党员、村民代表、群众等500余人参加。彭家村村干部彭立忠、李森、周成、吴菲分别向村民代表、党员代表、群众代表等作口头述法报告，毛金鑫、曹云波作书面述法报告，现场评议村民满意率为98.57%。“村级述法一件事”，是指在乡镇（街道）党（工）委领导下，根据述法内容和要求，村社干部每年向辖区内的各级人大代表（街道居民议事会成员）、村（居）民代表等开展个人述法，并形成“述、问、评、改、用、建”全链条闭环的一项工作机制。现场发布《杭州市富阳区“村级述法一件事”实施清单》，共分为会前安排、报告内容、部门责任、整改落实、结果运用等10项清单，为推进“村级述法一件事”工作提供具体指导意见。

【第十五届万市银杏节】 11月9日，“陌上花开 ‘杏’会山乡”2023浙江·富阳“银杏之秋”第十五届万市银杏节暨山乡嘉年华在万市镇杨家村银杏公园举行。银杏节活动设“杏”会集市、“杏”会乡村客厅、摄影采风、集体婚礼、特色晒秋等环节，举行“爱写作的狮子”研学基地揭牌仪式以及产业强镇项目签约仪式。

2023年6月28日，富阳区“村级述法一件事”试点工作现场会在万市镇彭家村举行
（万市镇 供图）

【万市乡贤桂帆获“杭州慈善奖”】 12月13日，第一届“杭州慈善奖”在杭州市民中心举行，表彰“杭州慈善奖”获奖人员，万市乡贤桂帆获个人捐赠奖，“杭州慈善奖”为杭州市慈善领域最高奖项。桂帆，万市镇万市村人。现任北京国际汉语研修学院院长，万市镇乡贤代表联谊会副会长。2020年9月29日，桂帆与兄长桂生悦出资350万元成立万市教育基金。

【万市镇万牧线改建工程竣工通车】 12月18日，万市镇万牧线改建工程竣工通车。该项目于2月

1日开工建设，总投资1.29亿元，途经新民、平山、罗宅、方里、杨家、何务等6个村，全长11.9千米，其中平山段、方里段进行线路外移新建。该工程为杭州市打通公路“断头路”三年行动计划重要建设项目。

【万市镇南安片农村饮用水达标提标工程完成蓄水鉴定】 12月，万市镇南安片农村饮用水达标提标工程完成蓄水安全鉴定。该项目位于方里村圣坞坑，于2020年9月30日开工建设，主要建设内容为大坝、净水厂、高位水池、管网、办公用房等。设计用水定额0.14米^3/(人·天)，设计总供水规模1145米^3/天，供水保证率95%，工程总投资5248.96万元。该项目解决白马、方里、何务、杨家、罗宅、平山等6个村7000余名群众生活饮用水。

（唐鹏宇　厉长林）

洞桥镇

【概况】 2023年，洞桥镇总面积143.29平方千米，其中城镇建成区面积1.25平方千米、绿地面积0.05平方千米，辖村11个，股份经济合作社11个，党员1181人，党委5个、党总支7个、党支部54个，村民小组254个。总户数5827户，总人口18634人。全年实现工农业总产值12.13亿元，按可比价格计算，比上年增长4.6%。其中工业总产值9.29亿元，农业总产值2.84亿元。全年实现财政总收入0.9亿元，其中一般公共预算收入0.47亿元。农民人均纯收入41289元。

耕地面积1050公顷，其中水田面积390公顷、高标准农田面积875.93公顷。农作物播种面积767.76公顷，其中粮食作物播种面积387.76公顷。粮食总产量488.5万千克。农机总动力0.89万千瓦。水利投工3.6万工，投资705万元。存栏生猪5521头，出栏肉猪1816头，存栏家禽6.5万羽，出栏家禽5.5万羽。水产品养殖面积125公顷。绿化造林155公顷，封山育林6838公顷。水果种植面积102公顷，水果产量131万千克。茶园面积305公顷，茶叶产量25万千克。农业技术服务机构3个，从业人员3人。农民专业合作社25个，成员1300户。种植大户30户，家庭农场15个。工业企业总数188家，从业人员2958人，其中规模以上工业企业9家，实现产值5.9亿元、销售5.53亿元、利润总额1.55亿元。建筑业企业43个，总产值8035万元。住宿餐饮业企业42个，营业总收入955万元。

小学1所，在校小学生290人，教职工47人；幼儿园3所，在园幼儿190人，教职工43人。社区卫生服务中心1家，卫生室5个，医疗床位5张，执业（助理）医师12人，兽医（防疫）技术人员2人。全年出生145人。固定电话用户1580户，移动电话用户13120户，因特网用户3560户。社会福利收养性单位1个，床位120张。参加城乡居民养老保险1070人。参加城乡居民基本医疗保险11098人。最低生活保障救助人数465人。农户新建房屋40户，建筑面积14400平方米。金融机构网点，公园及休闲健身广场22个。

【洞桥镇第十八届人民代表大会第三次会议】 1月4日，洞桥镇第十八届人民代表大会第三次会议召开，镇人大主席俞飞、镇党委副书记杨小华主持会议。洞桥镇党委副书记、镇长蒋军华作洞桥镇政府工作报告。镇人大主席俞飞作洞桥镇人大主席团工作报告。副镇长柳元代表镇人民政府作洞桥镇2023年候选政府民生实事项目说明的报告。会议书面审议洞桥镇2022年政府十大民生实事项目完成情况的报告、洞桥镇2022年财政预算执行情况及2023年财政预算（草案）的报告、洞桥镇2022年度法治政府建设情况报告、洞桥镇2022年环境状况和环境保护目标完成情况报告、洞桥镇第十八届人民代表大会第一次会议代表意见建议办理情况报告。

【洞桥镇总结表彰暨“五拼五争”战斗动员大会】 2月21日，洞桥镇总结表彰暨“五拼五争”战斗动员大会召开，镇全体机关干部，村“两委”干部，受表彰党务工作者、村务工作者、宣传文化员、网格员，区“两代表一委员”，下属事业单位及相关基层站所负责人，规模以上企业、规模以上企业培养对象代表，美丽产业项目负责人代表约230人参加。会议表彰2022年度先进集体和个人，颁布作战任务书，部署“五拼五争”专项攻坚行动。

【洞桥镇“红色领杭·奉献亚运”大考大赛暨“科室打擂、村社比拼、网格竞跑”大比武动员部署会】 4月14日，洞桥镇“红色领杭·奉献亚运”大考大赛暨“科室打擂、村

2023年10月29日，红盘金果共富工坊示范基地授牌仪式在洞桥镇举办

（洞桥镇　供图）

社比拼、网格竞跑”大比武动员部署会召开，镇全体机关干部，村党组织书记、副书记、组织委员、宣传委员、妇女主任、网格员，“两新”党组织书记共140余人参加。会议发布《洞桥镇“红色领杭·奉献亚运”大比武实施方案》，部署岗位建功、志愿服务、文明风尚、平安和谐、美丽环境“五大主题比武”工作细则。6月15日，龙羊地区平安护航亚运百日攻坚行动暨“千名党员进万户”大巡防启动。至年底，共开展巡防100多次。

2023年6月15日，龙羊地区平安护航亚运百日攻坚行动暨“千名党员进万户”大巡防活动启动
（洞桥镇　供图）

【洞桥镇青年发展单元创建】 1月，洞桥镇启动青年发展单元创建，共开展活动4次，为充分发挥青年干部的活力与动力，引导广大洞桥青年不断提升完善自我，展现青春担当。5月11日，“以青春底色铺就‘共富营’”暨“一把手与青年面对面”活动在洞桥镇天井山51camp营地举办，镇党委书记与青年干部就青年干部成长等工作开展交流。

【洞桥镇“强基领航·喜迎亚运”全民动员大会】 9月13日，洞桥镇召开“强基领航·喜迎亚运”全民动员大会，镇领导班子成员及万市派出所所长、镇干部、村“两委”干部、网格员等共130余人参加。会议解读《洞桥镇亚运会、亚残运会综合保障工作方案》，镇党委副书记、镇长蒋军华分别与行政村代表（里仁村、枫瑞村、文村村）签订亚运综合保障军令状。亚运期间，做好安保维稳、防汛防台防火、安全生产、城市品质提升工作和城市文明提升等工作。

【杭州市首届香榧炒制大赛】 10月29日，杭州市首届香榧炒制大赛在洞桥镇三溪村湿地公园举行，来自余杭、富阳、临安、桐庐、建德、淳安等区县（市）的20组香榧炒制能手参加。比赛分两个部分，炒制环节从壳外观、脱衣度、香气、酥松度和口感等打分，考察选手掌握火候、时间、咸淡的本领。生籽比赛环节，检验选手在香榧品种、采收、脱假种皮、后熟处理和晒籽等环节的水平。洞桥镇榧农朱妙青获大赛唯一金奖。杭州富阳区洞桥镇小坞果品厂等13家香榧销售点、香榧技艺培训点、农产品销售点获评“红盘金果共富工坊示范基地”，为朱妙青等12位共富工坊专家人才颁发聘书，举行“金果共富”供销签约仪式。洞桥镇有香榧1300多公顷，百年榧树2000余株，香榧种植户600余户、专业合作社7家，培育“小坞”“小公主”“伊函妈”等特色香榧品牌。

【洞桥镇红十字会第四次会员代表大会】 11月16日，洞桥镇红十字会第四次会员代表大会召开，副镇长王春荣、副镇长柳元，相关业务科室负责人、下属企事业单位、村红十字会会长及部分爱心人士参加。会议完成洞桥镇红十字理事会换届，产生新一届理事会。柳元当选为新一届理事会会长，聘任镇党委书记蒋军华为本届理事会名誉会长。

（陆　焘）

【编辑　刘　亮】

34 名 录
Directory of Officers

·先进集体·

【国家级和国家属部门级先进集体】

2023年度富阳区国家级和国家属部门级先进集体一览表

表23

序号	先进集体单位	先进集体称号	颁奖单位
1	富阳区人大常委会办公室、富阳区政协办公室、富阳区综合行政执法局、富阳区教育局、市公安局富阳分局、区农业农村局	杭州亚运会、亚残运会先进集体	国家体育总局、中国残疾人联合会、中共浙江省委、浙江省人民政府
2	富阳区关工委	《中国火炬》杂志宣传工作标兵单位	中国火炬杂志社
3	富阳区社会保险管理服务中心	第21届全国青年文明号	共青团中央、最高人民法院、国家发展改革委、工业和信息化部、公安部、司法部、自然资源部、住房城乡建设部、交通运输部、水利部、商务部、文化和旅游部、国家卫生健康委、应急管理部、国务院国资委、海关总署、税务总局、市场监管总局、广电总局、金融监管总局、全国工商联、全国供销合作总社、国铁集团
4	国家税务局总局杭州市富阳区税务局	2023年全国工会职工书屋示范点	全国总工会宣传教育部
5	国家税务局总局杭州市富阳区税务局新登税务所	2022年度第一批新时代"枫桥式"税务所	国家税务总局浙江省税务局
6	国家税务总局杭州市富阳区税务局纳税服务科	纳税服务工作集体三等功	国家税务总局浙江省税务局
7	富阳区工商业联合会	2022年民营企业劳动关系监测调查工作示范基层单位	中华全国工商业联合会
8	富阳区工商业联合会	2023年度民营企业调查点工作先进基层单位	中华全国工商业联合会
9	富阳区工商业联合会	2022-2023年度全国"五好"县级工商联	中华全国工商业联合会
10	富阳区工商业联合会	2023年度民营企业调查点工作先进示范单位	中华全国工商业联合会
11	富阳区工商业联合会	《打造立法协商"直通车"建好立法协商"联系点"》典型事例	中华全国工商业联合会
12	共青团杭州市富阳区委	2023年度全国青少年宫系统流动少年宫示范单位	中国青少年宫协会
13	富阳区科学技术协会	2023年全国科普日活动优秀组织单位	中国科学技术协会办公厅

续表23

序号	先进集体单位	先进集体称号	颁奖单位
14	富阳区科学技术协会	2023年表现突出的科普中国组织单位	中国科学技术协会办公厅
15	杭州市公安局富阳分局政保大队	全国县级公安机关一级政保大队	公安部
16	杭州市公安局富阳分局政保大队	全国公安政保工作基层战略支撑点	公安部
17	杭州市公安局富阳分局看守所	2022年度“全国一级看守所”	公安部
18	富阳区检察院	2023年3月“全国检察新媒体月度优秀作品奖”	检察日报正义网
19	富阳区检察院	全国检察机关控告申诉检察部门接待窗口深化开展“为民办实事”实践活动表现优秀团队	最高人民检察第十检察厅
20	富阳区检察院	“第五届全国检察官阅读征文活动”组织工作先进奖	最高人民检察院法律政策研究室
21	富阳区法院（综合办公室）	人民法院媒体融合工作先进集体	最高人民法院
22	富阳区财政局	政府采购百强（市、县）突出贡献单位	政府采购信息报 政府采购信息网
23	市生态环境局富阳分局	生态环境保护执法大练兵市、县级表现突出集体	生态环境部
24	富阳区图书馆	一级图书馆	文化和旅游部
25	富阳经济技术开发区管委会	国家级绿色工业园区	工业和信息化部办公厅
26	富阳区科学技术局	2023年全国科技活动周先进单位	全国科普工作联席会议办公室
27	富阳区教育局	国家通用语言文字推广普及先进集体	教育部
28	富阳区卫生健康局	2021—2023年全国生育友好工作先进单位	国家卫生健康委员会
29	富阳区卫生健康局	全国维护妇女儿童权益先进集体	中华全国妇女联合会
30	杭州富阳开发区建设投资集团有限公司微电影《调查》	第五届“玉琮杯”清廉微电影微视频大赛高校赛区微电影类金奖	第五届“玉琮杯”清廉微电影微视频大赛组委会
31	杭州富阳开发区建设投资集团有限公司体外诊断端设备及试剂盒研发生产项目	2023年建设工程项目施工工地安全生产标准化学习交流项目	中国建筑业协会建筑安全和机械分会
32	杭州富阳城市建设投资集团有限公司北支江水上运动中心项目	第一批国家优质工程奖	中国施工企业管理协会
33	杭州富阳城市建设投资集团有限公司北支江过江通道工程项目	2023年度市政工程最高质量水平评价工程	中国市政工程协会
34	杭州富阳城市建设投资集团有限公司富阳区银湖水厂一期工程项目	2023年度市政工程最高质量水平评价工程	中国市政工程协会
35	杭州富阳城市建设投资集团有限公司富阳区银湖水厂一期工程项目	“2022－2023年度第二批中国建设工程鲁班奖（国家优质工程）”	中国建筑业协会
36	富春街道	全国侨联系统“侨胞之家”典型选树单位	中华全国归国华侨联合会
37	大源镇微视频《风一样的干部》	第五届“玉琮杯”清廉微电影微视频大赛银奖	第五届“玉琮杯”清廉微电影微视频大赛组委会
38	新桐乡杭州烟雨桐洲水陆空体育旅游线路	2023年国庆假期体育旅游精品线路	国家体育总局、文化和旅游部
39	富春街道拔山村	第十二批全国“一村一品”示范村	农业农村部
40	新登镇潘堰村	第三批全国乡村治理示范村	农业农村部
41	新登镇红十字会	2023年红十字生命教育应急救护知识竞赛活动一等奖	中国红十字会总会办公室
42	浙江江铜富冶和鼎铜业有限公司	全国工人先锋号	中华全国总工会
43	杭州星帅攻电器股份有限公司	国家级绿色工厂	工业和信息化部办公厅

【省级和省属部门级先进集体】

2023年度富阳区省级和省属部门级先进集体一览表

表24

序号	先进集体单位	先进集体称号	颁奖单位
1	富阳区	平安二星金鼎	中共浙江省委、浙江省人民政府
2	富阳区	浙江省第四批全域旅游示范县（市、区）	浙江省人民政府
3	富阳区	2022年度浙江省实施乡村振兴战略实绩考核优秀县（市、区）	中共浙江省委办公厅、浙江省人民政府办公厅
4	富阳区	2023年度浙江省实施乡村振兴战略实绩考核优秀县（市、区），“神农鼎·铜鼎”	中共浙江省委办公厅、浙江省人民政府办公厅
5	富阳区	浙江省特色产业农业“机器换人”高质量发展先行县（市、区）	浙江省农业农村厅
6	富阳区	2022年度浙江省林长制工作考核优秀县（市、区）	浙江省林长制办公室
7	富阳区	2023年度浙江省自然资源集约利用考核林长制专项评价优秀县（市、区）	浙江省林长制办公室
8	富阳区	2022年度浙江省山区26县结对帮扶考评优秀单位	浙江省乡村振兴局
9	富阳区	2023年度浙江省深化新时代“千万工程”建设宜居宜业和美乡村（农村人居环境提升）工作优胜县（市、区）	浙江省“千村示范、万村整治”工作协调小组办公室
10	富阳区	浙江省“除险保安”水利工作优秀县（市、区）	浙江省水利厅
11	富阳区	2023年度浙江省第一批百万家庭奔富行动培育县（市、区）	浙江省财政厅
12	富阳区	浙江省建筑工业化、建筑节能与绿色建筑优秀县（市、区）	浙江省住房和城乡建设厅、浙江省财政厅
13	富阳区	2023年度浙江省力推“一中心、一平台、一清单”，打造企业服务“最佳实践”	浙江省经济和信息化厅
14	富阳区	2022年浙江省体育彩票销售突破3亿元县（市、区）	浙江省体育局
15	富阳区	2022年浙江省体育彩票销售市场份额前十名县（市、区）	浙江省体育局
16	富阳区	2022年浙江省生活垃圾治理工作优秀县（市、区）	浙江省生活垃圾分类工作领导小组办公室
17	富阳区	2023年上半年省级县（市、区）生活垃圾工作评估第一档	浙江省生活垃圾分类工作领导小组办公室
18	富阳区钱塘江诗路（富春山水、钱塘潮涌）文化传承生态保护区	浙江省级文化传承生态保护区	浙江省文化和旅游厅
19	富阳区数字安防与网络通信产业集群、富阳区集成电路产业集群	“浙江制造”省级特色产业集群协同区特色工艺制造	浙江省制造业高质量发展领导小组办公室
20	富阳区委宣传部、富阳区委政法委、富阳区审计局、富阳区文化和广电旅游局、钱江海关驻富阳办事处	杭州亚运会、亚残运会浙江省先进集体	中共浙江省委办公厅、浙江省人民政府办公厅
21	富阳区信访局	治理重复信访化解信访积案专项工作及依法维护信访秩序工作成绩突出集体	浙江省信访工作联席会议办公室、浙江省信访局
22	富阳区老年大学	第四届浙江省“敬老文明号”	浙江省老龄工作委员会
23	富阳区老年大学金秋驿站	2023年度浙江省“乐活驿站”	中共浙江省委老干部局
24	场口便民服务中心	浙江省2023年度示范政务服务中心（便民服务中心）	中共浙江省委全面深化改革委员会办公室
25	富阳区工商业联合会	2022年度浙江省工商联服务“两个健康”工作成绩突出集体	浙江省工商业联合会
26	富阳区工商业联合会	2023年度浙江省工商联服务“两个健康”工作成绩突出集体	浙江省工商业联合会
27	富阳区工商业联合会	2023年度上规模企业调研先进单位	浙江省工商业联合会
28	富阳区工商业联合会《一企一品 护航民企健康发展》案例	2023年浙江省清廉民企建设十大创新工作案例	浙江省工商业联合会

续表24

序号	先进集体单位	先进集体称号	颁奖单位
29	富阳区委政法委	浙江省政法宣传舆论工作成绩突出集体	中共浙江省委政法委员会
30	富阳区委政法委、杭州市公安局富阳分局	平安护航系列重大活动成绩突出集体	中共浙江省委建设平安浙江领导小组
31	杭州市公安局富阳分局大源派出所	浙江省第一批“清廉公安”建设示范单位	浙江省公安厅
32	杭州市公安局富阳分局法制大队	2019-2023年度浙江省政法系统先进集体	中共浙江省委政法委员会、浙江省人力资源和社会保障厅
33	杭州市公安局富阳分局东洲派出所	集体二等功	浙江省公安厅
34	杭州市公安局富阳分局治安大队	集体二等功	浙江省公安厅
35	富阳区法院	浙江省法院平安护航党的二十大成绩突出集体	浙江省高院
36	富阳区法院	2019-2023年度浙江省政法系统先进集体	中共浙江省委政法委员会、中共浙江省委宣传部、浙江省人力资源和社会保障厅
37	富阳区法院(民四庭)	集体二等功	浙江省高院
38	富阳区法院(立案庭)	浙江省法院诉源治理成绩突出集体	浙江省高院
39	富阳区法院	浙江省法院信息工作三等奖	浙江省高院
40	富阳区司法局银湖司法所	枫桥式司法所	浙江省司法厅
41	富阳区司法局(行政复议局)	浙江省法治政府(依法行政)工作成绩突出集体	浙江省司法厅
42	富阳区发展和改革局	2022年浙江省投资“赛马”激励	浙江省人民政府
43	富阳区财政局	浙江省财政管理绩效考评优秀单位	浙江省财政厅
44	富阳区财政局	浙江省清廉财政建设突出单位	浙江省财政厅党组
45	富阳区财政局	国有企业经济效益月报工作成绩突出单位	浙江省财政厅
46	富阳区财政局	财政信息工作考核县(市、区)二等奖	浙江省财政厅
47	国家税务总局杭州市富阳区税务局	浙江省节水型单位	浙江省住房和城乡建设厅
48	国家税务总局杭州市富阳区税务局老干部第三党支部	浙江省第三批规范化离退休干部党支部	中共浙江省委老干部局
49	市生态环境局富阳分局	浙江省生态环境执法大练兵打击环境违法犯罪工作成绩突出集体	浙江省生态环境厅、浙江省公安厅
50	富阳区市场监管局	浙江省首届消费维权业务技能比武活动组织奖	浙江省市场监督管理局
51	富阳区市场监管局	2023年浙江省药品安全创新治理成绩突出集体	浙江省药品监督管理局
52	富阳区市场监管局银湖所	浙江省优化营商环境工作成绩突出集体	浙江省市场监督管理局
53	富阳区市场监管局城西所	浙江省市场监管安全保障工作成绩突出集体	浙江省市场监督管理局
54	富阳区审计局	2022年度浙江省审计机关考核优秀单位	浙江省审计厅
55	富阳区农业农村局	浙江省集体经济巩固提升工作成绩突出集体	浙江省农业农村厅
56	富阳区农业农村局	浙江省粮食生产功能区“非粮化”整治优化先进集体	浙江省农业农村厅
57	富阳区农业农村局	浙江省涉海涉渔安全生产暨渔业高质量发展成绩突出集体	浙江省农业农村厅
58	富阳区林业水利局	浙江省集体林权制度改革成绩突出集体	浙江省绿化与自然保护地委员会
59	富阳区水利工作质量安全服务保障中心	浙江省水利建设工程质量监督先进集体	浙江省水利厅质量安全管理中心
60	富阳区农业农村局农业农村劳模工匠创新工作室	浙江省第十三批劳模工匠创新工作室	浙江省总工会

续表24

序号	先进集体单位	先进集体称号	颁奖单位
61	富阳区供销总社	2023年度浙江省供销系统综合业绩考评优秀单位	浙江省供销合作社联合社
62	富阳区供销总社	2023年度浙江省供销系统基层组织建设优秀单位	浙江省供销合作社联合社
63	富阳区金融办	2023年度浙江省防范和处置非法集资工作成绩突出集体	浙江省防范和处置非法集资工作领导小组办公室
64	富阳区卫生健康局	2022年度浙江省心理健康促进先进集体	浙江省精神卫生工作办公室
65	富阳区第一人民医院	浙江省清廉建设成绩突出单位	中共浙江省委办公厅
66	富阳区民政局	浙江省水库移民工作评估优秀单位	浙江省水库移民安置办公室
67	富阳区民政局	浙江省社会救助工作成绩突出集体	浙江省民政厅
68	杭州市规划和自然资源局富阳分局	浙江省行政合法性审查工作成绩突出集体	浙江省建设法治政府（依法行政）工作联席会议办公室
69	富阳区不动产登记服务中心企业组	浙江省不动产登记“党员先锋岗”	浙江省自然资源厅党组
70	富阳区文化馆	第六届“少年非遗说”浙江传说故事讲述大赛优秀组织奖	浙江省文化和旅游厅
71	富春山馆（富阳博物馆）	浙江省“最美公共文化空间”（最佳设计类）	浙江省文化和旅游厅
72	富阳博物馆	浙江省优秀传统文化普及基地联盟成员单位（地域文化普及矩阵）	浙江省社会科学界联合会
73	富阳经济技术开发区管委会	浙江省省级绿色低碳工业园区	浙江省经济和信息化厅
74	富阳经济技术开发区管委会	浙江省制造业四星级园区	浙江省制造业高质量发展领导小组办公室
75	杭州富春湾新城管委会	长三角G60科创走廊科技成果转移转化示范基地	长三角G60科创走廊联席会议办公室
76	富阳经济技术开发区富春双谷数字贸易区、富阳经济技术开发区技术创新发展区	浙江省级服务业创新发展区	浙江省现代服务业发展工作领导小组办公室
77	“硅谷小镇”特色产业风貌样板区	浙江省第三批城乡风貌样板区	浙江省城乡风貌整治提升工作专班
78	富阳—桐庐“富春田园牧歌”县域风貌样板区	浙江省级样板	浙江省风貌整治提升工作专班
79	桐庐—富阳富春山居新图共富风貌游线	浙江省第一批共富风貌游线	浙江省风貌整治提升工作专班
80	富阳经济技术开发区“智能硅谷 活力银湖”街区	浙江省“高品质示范街区”	浙江省住房和城乡建设厅
81	杭州富阳开发区建设投资集团有限公司总师室	浙江省工人先锋号	浙江省总工会
82	杭州富阳开发区建设投资集团有限公司亚运射击射箭现代五项馆项目	2023年度浙江省勘察设计行业优秀勘察设计成果二等奖	浙江省勘察设计行业协会（建筑）
83	杭州富阳开发区建设投资集团有限公司银湖小学项目、新登镇贤明湖公园（一期）——鼍江景观堰坝工程	2023年度浙江省建设工程钱江杯（优质工程）	浙江省住房和城乡建设厅
84	杭州富阳开发区建设投资集团有限公司新登镇城墙与城河三期工程设计采购施工（EPC）总承包项目	2023年度浙江省风景园林学会优秀园林工程奖施工类金奖	浙江省风景园林学会
85	杭州富阳开发区建设投资集团有限公司受降溪整治工程二期项目	2023年吉林省建设工程省优质工程（长白山杯）	吉林省建筑业协会

续表24

序号	先进集体单位	先进集体称号	颁奖单位
86	杭州富春湾新城建设投资集团有限公司富春山首卷地—富春湾新城EOD项目	浙江省第一批生态环境导向的开发(EOD)模式试点项目	浙江省生态环境厅、浙江省发展和改革委员会、国家开发银行浙江省支行、中国农业发展银行浙江省分行
87	杭州富春湾新城建设投资集团有限公司《明日将至》微电影	第七届浙江省微电影“共富共美”单元十佳影片	浙江省电影家协会
88	杭州富春山居集团有限公司黄公望隐居地	浙江省第二批诗路旅游目的地	浙江省传统文化促进会
89	杭州富春山居集团有限公司杭州富阳阳陂湖生态修复治理项目(一期)项目	浙江省风景园林学会优秀园林工程奖(施工)金奖	浙江省风景园林学会
90	杭州富春山居集团有限公司龙门古镇龙门镇廉政文化教育基地	浙江省学校现场教育学基地	共青团浙江省团校
91	杭州富春山居集团有限公司黄公望隐居地旅游驿站	浙江省第二批旅游驿站	浙江省旅游和文化厅
92	杭州富阳城市建设投资集团有限公司《杭州富阳建筑工程质量检测有限公司2019-2021年度企业运营管理专项审计》	浙江省优秀内部审计项目	浙江省审计厅
93	杭州富阳城市建设投资集团有限公司资产经营管理部	浙江省工人先锋号	浙江省总工会
94	杭州富阳城市建设投资集团有限公司北支江过江通道工程项目	2023年度浙江省市政公用金奖示范工程	浙江省市政行业协会
95	杭州富阳城市建设投资集团有限公司富阳区银湖水厂一期工程项目	2023年度浙江省市政公用金奖示范工程	浙江省市政行业协会
96	杭州富阳城市建设投资集团有限公司杭州至富阳城际铁路附属配套工程(富阳段)土建施工项目	2023年度浙江省市政公用金奖示范工程	浙江省市政行业协会
97	杭州富阳城市建设投资集团有限公司北支江综合整治—上游水闸船闸工程项目	钱江杯(2023年度优质工程)	浙江省住房和城乡建设厅
98	杭州富阳城市建设投资集团有限公司秦望区块搬迁安置工程(二期)项目、杭州富阳城市建设投资集团有限公司北支江综合整治—上游水闸、船闸工程项目	2022年度浙江省建筑施工安全生产标准化管理优良工地	浙江省建设厅
99	杭州交通发展投资集团有限公司G25富阳至G60诸暨高速联络线富阳大源互通至杭新景高速灵桥互通连接线工程绿化施工项目	2023年度浙江省风景园林学会优秀园林工程奖施工类金奖	浙江省风景园林学会
100	富春街道、新登镇	浙江省首批“红色根脉”强基示范乡镇(街道)	中共浙江省委
101	富春街道	浙江省亲清政商关系先行乡镇(街道)	浙江省工商联
102	富春街道办事处食药安办、新登镇人民政府食药安办	浙江省五星级乡镇(街道)食(药)安办	浙江省食品药品安全委员会办公室
103	富春街道办事处区域发展办	浙江省工人先锋号	浙江省总工会
104	春建乡	浙江省新时代枫桥式退役军人服务站	浙江省退役军人事务厅

续表24

序号	先进集体单位	先进集体称号	颁奖单位
105	新登镇	浙江省文明村镇	中共浙江省委、浙江省人民政府
106	新登镇	2022年度浙江省千年古城复兴试点优秀单位	浙江省发展和改革委员会
107	新登镇	2022年度浙江省园林城镇	浙江省住房和城乡建设厅
108	新登镇	2023年浙江省现代化美丽城镇示范镇建设名单	浙江省住房和城乡建设厅
109	新登镇	2022年度浙江省美丽乡村示范乡镇	浙江省农业农村厅
110	新登镇	浙江省诗路旅游目的地培育名单	浙江省传统文化促进会
111	新登镇人民政府	2022年度浙江省城乡风貌整治提升、未来社区、未来乡村和美丽城镇建设成绩突出集体	浙江省城乡风貌整治提升工作专班
112	新登镇人民政府	2022年浙江省省级优秀档案室	浙江省档案局
113	新登镇“新登古镇”	浙江省城市更新试点项目名单	浙江省城乡住房和建设厅
114	渌渚镇人民政府	浙江省第二批“新时代富春山居图样板区”	浙江省城乡风貌整治提升工作专班
115	胥口镇“药谷小镇”	浙江省第六批特色小镇	浙江省人民政府办公厅
116	胥口镇	2022年度浙江省园林城镇	浙江省城乡住房和城乡建设厅
117	胥口镇	2023年浙江省现代化美丽城镇示范镇建设名单	浙江省城乡住房和城乡建设厅
118	胥口镇	浙江省农村文化礼堂建设示范县（市、区）示范乡镇（街道）	中共浙江省委宣传部
119	胥口镇未成年人保护工作站	浙江省未成年人保护工作站建设百佳案例	浙江省民政厅办公室
120	永昌镇	2021-2022年浙江省耕地保护工作先进集体	浙江省人民政府
121	大源镇劳动人事争议调解中心	浙江省第二批工作突出基层劳动人事争议调解组织	浙江省协调劳动关系三方会议办公室
122	东洲街道、场口镇	浙江省和美乡村示范乡镇	浙江省“千村示范、万村整治”工作协调小组办公室
123	场口镇人民调解委员会	浙江省优秀人民调解委员会	中共浙江省委、浙江省人民政府
124	湖源乡	浙江省第二批“五水共治”实践窗口	浙江省美丽浙江建设领导小组“五水共治”办公室
125	湖源乡	2023年度浙江省“五水共治”工作考核优秀乡镇(街道)	浙江省美丽浙江建设领导小组“五水共治”办公室
126	万市镇	浙江省“八五”普法中期成绩突出集体	中共浙江省委全面依法治省委员会
127	万市镇“家和睦邻”化解邻里纠纷工作法	浙江省新时代“枫桥式工作法”	中共浙江省委政法委员会
128	龙门镇	浙江省第三批未来乡村	浙江省农业农村厅、浙江省财政厅、浙江省城乡风貌整治提升工作专班
129	新桐乡	2022年度浙江省生活垃圾分类示范片区	浙江省生活垃圾分类工作领导小组
130	新桐乡	浙江省第三批现代农业园区	浙江省粮食安全和推进农业现代化领导小组农业“两区”办公室
131	富春街道宵井村、春江街道新建村、东洲街道黄公望村、银湖街道梓树村、大源镇蒋家村、里山镇安顶村、新登镇半山村、永昌镇唐昌村、环山乡诸佳坞村、湖源乡窈口村、灵桥镇光明村、咸康村、渔山乡渔山村、富春街道江滨社区、鹿山街道山水社区	浙江省“红色根脉”强基示范村(社区)	中共浙江省委
132	大源镇蒋家村、新桐乡俞家村	浙江省第七批历史文化名村	浙江省人民政府

续表24

序号	先进集体单位	先进集体称号	颁奖单位
133	大源镇新关村文化礼堂、龙门镇龙门一村文化礼堂、新桐乡新中村文化礼堂、环山乡环一村文化礼堂、环山乡环二村文化礼堂、春建乡大唐村文化礼堂、湖源乡石龙村文化礼堂、胥口镇平畈村文化礼堂	浙江省五星级文化礼堂	中共浙江省委宣传部、浙江省农村文化礼堂建设领导小组办公室
134	富春街道蒋家桥社区服务综合体	2023年浙江省星级社区服务综合体（四星级）	浙江省民政厅
135	富春街道三根桥社区服务综合体、富春街道百合社区服务综合体	2023年浙江省星级社区服务综合体（三星级）	浙江省民政厅
136	富春街道百合社区、富春街道蒋家桥社区、鹿山街道山水社区	浙江省第三批402个城镇社区“一老一小”服务场景名单	浙江省城乡风貌整治提升工作专班
137	富春街道三根桥社区、春江街道春雨社区、东洲街道逸城社区、新登镇登云社区	浙江省第四批1000个城镇社区“一老一小”服务场景名单	浙江省城乡风貌整治提升工作专班
138	富春街道江滨社区、鹿山街道山水社区	浙江省首批现代社区	浙江省现代社区建设领导小组办公室
139	富春街道江滨社区、新登镇贤明社区	浙江省无障碍社区	浙江省政府残工委办公室
140	富春街道蒋家桥未来社区、富春街道百合未来社区、鹿山街道山水未来社区	浙江省第三批未来社区（引领型）	浙江省城乡风貌整治提升工作专班
141	富春街道江滨社区、富春街道百合社区	浙江省第四批未来社区（旧改类）	浙江省城乡风貌整治提升工作专班
142	新登镇登云未来社区	浙江省第四批未来社区（引领型）	浙江省城乡风貌整治提升工作专班
143	春江街道春雨未来社区	浙江省第四批未来社区	浙江省城乡风貌整治提升工作专班
144	富春街道拔山村、洞桥镇里仁村	浙江省农产品电商村	浙江省农业农村厅
145	银湖街道鸣翠蓝湾小区	浙江省节水型小区	浙江省城乡住房城乡和建设厅
146	银湖街道观前村、湖源乡上臧村	浙江省高标准农村生活垃圾分类示范村	浙江省“千村示范、万村整治”工作协调小组办公室
147	银湖街道观前村、永昌镇青何村、常绿镇黄弹村、新登镇半山村、胥口镇葛溪村、万市镇新民村	浙江省和美乡村特色精品村	浙江省“千村示范、万村整治”工作协调小组办公室
148	银湖街道受降幼儿园（本部园区）、富春第五幼儿园（桃源园区）、新登镇第二幼儿园（大山园区）、胥口镇中心幼儿园、大源镇中心幼儿园（本部园区）	浙江省一级幼儿园	浙江省人民政府教育督导委员会办公室
149	富阳渔山农贸市场、富阳新登综合市场、富阳胥口农贸市场、富阳春建农贸市场	浙江省放心农贸市场	浙江省市场监督管理局
150	春建乡咸康村、里山镇安顶村	浙江省森林人家	浙江省林业局
151	徐玉兰艺术馆	浙江省第一批乡村博物馆名单	浙江省文物局
152	周雄纪念馆	浙江省第二批乡村博物馆名单	浙江省文物局
153	新登古城墙、庄泽桥、新四军新登战役烈士陵园	浙江省第八批省级文物保护单位	浙江省人民政府

续表24

序号	先进集体单位	先进集体称号	颁奖单位
154	场口镇东梓关村、春江街道八一村、大源镇蒋家村、东洲街道黄公望村、新登镇潘堰村、银湖街道唐家坞村、永昌镇永昌村	2022年浙江省乡村振兴示范村创建名单	浙江省农业农村厅
155	新登镇湘溪村、新登镇半山村	第二批文艺赋美·浙江省美育村(社区)	浙江省文化和旅游厅
156	富春街道西郎村、春江街道建设村、春江街道山建村、东洲街道东洲村、东洲街道五丰村、鹿山街道五四村、银湖街道金竺村、银湖街道受降村、新桐乡江洲村、新登镇仙里村、新登镇大山村、新登镇松溪村、新登镇元村村、胥口镇灵苑村、大源镇亭山村、大源镇大同村、灵桥镇山基村、渔山乡大葛村、常绿镇长佳村、常绿镇青龙村、场口镇洋沙村、场口镇东梓关村、龙门镇龙门一村、环山乡中埠村、常安镇沧洲村、常安镇东山下村、洞桥镇枫瑞村、洞桥镇贤德村	2022年度浙江省善治村	中共浙江省委农村工作领导小组办公室
157	银湖街道大地村、春建乡春建村、渌渚镇杨袁村、胥口镇葛溪村、场口镇红星村、常安镇杏梅坞村、湖源乡新三村、万市镇众缘村、万市镇杨家村	2022年度浙江省善治示范村	中共浙江省委农村工作领导小组办公室
158	春江街道新建村、常安镇安禾村、洞桥镇查口村、万市镇白石村、万市镇彭家村、胥口镇佛鲁村、胥口镇胥口村	浙江省第五批引领型农村社区	浙江省民政厅
159	新登镇长兰村、常绿镇大章村村、东洲街道东洲村、新桐乡新桐村、春江街道临江村	浙江省第六批引领型农村社区	浙江省民政厅
160	新登镇上山村、渌渚镇杨袁村、万市镇何务村、湖源乡窈口村、渔山乡渔山村、湖源乡大葛村	浙江省“除四害”样板村	浙江省爱国卫生运动委员会办公室
161	新登镇半山村	浙江省推进农民工返乡创业成绩突出单位	浙江省农民工工作领导小组办公室
162	新登镇潘堰村《在希望的田野上》舞蹈	浙江省首届农村文化礼堂“我们的村舞”暨第二届浙江乡村文化艺术节乡村舞蹈大赛二等奖	浙江省委宣传部、浙江省文化和旅游厅
163	富阳区慈善总会新登分会长兰工作站	浙江省第四批示范慈善工作站	浙江省慈善联合总会
164	渌渚镇六渚村、银湖街道洪庄村、常安镇沧洲村、万市镇杨家村、富春街道江滨社区、灵桥镇光明村、里山镇里山村、胥口镇胥口村、大源镇杨元坎村、常绿镇长佳村	浙江省级民主法治村(社区)	浙江省司法厅
165	“漫永昌”工富工坊	2023年电商直播式共富工坊典型案例	浙江省商务厅
166	场口镇东梓关浙派民居、大源镇大源村望仙浙派民居	浙派民居建设首批典型案例(第一批)	浙江省住房和城乡建设厅
167	杭州富阳老炳荣家庭农场、杭州富阳区新登镇村灵家庭农场、杭州富阳胥口镇鲜丰家庭农场、杭州富阳环岛家庭农场、杭州富阳区上官乡芬芬家庭农场	浙江省级示范性家庭农场	浙江省农业农村厅

续表24

序号	先进集体单位	先进集体称号	颁奖单位
168	场口镇百丈畈农产品加工园区	浙江省首批省级农产品加工基地（园区）	浙江省农业农村厅
169	常安镇大田农产品加工园区	浙江省第二批省级农产品加工基地（园区）	浙江省农业农村厅
170	万市镇槎源坞村	浙江省美丽宜居示范村	浙江省住房和城乡建设厅、浙江省城乡环境整治工作领导小组美丽宜居村镇示范办公室
171	浙江省“10+1”高校联盟龙门研创基地（浙江工业大学）	优秀科普教育基地称号	浙江省国土空间规划学会
172	龙门镇龙门三村	浙江省电商专业村	浙江省农业农村厅、浙江省商务厅
173	常安镇退役军人服务站、常绿镇退役军人服务站、洞桥镇退役军人服务站、渌渚镇退役军人服务站、银湖街道退役军人服务站、环山乡退役军人服务站、上官乡退役军人服务站、万市镇退役军人服务站、场口镇退役军人服务站、湖源乡退役军人服务站、渔山乡退役军人服务站、灵桥镇退役军人服务站、大源镇退役军人服务站、富春街道鹿山社区退役军人服务站、银湖街道云水社区退役军人服务站、银湖街道洪庄村退役军人服务站、东洲街道建华村退役军人服务站、鹿山街道五四村退役军人服务站、新登镇登云社区退役军人服务站、万市镇彭家村退役军人服务站、洞桥镇大溪村退役军人服务站、洞桥镇查口村退役军人服务站、渌渚镇新岭村退役军人服务站、场口镇新元村退役军人服务站、新桐乡小桐洲村退役军人服务站、常绿镇黄弹村退役军人服务站、湖源乡石龙村退役军人服务站、常安镇横槎村退役军人服务站、胥口镇佛鲁村退役军人服务站、灵桥镇光明村退役军人服务站、永昌镇永昌村退役军人服务站、大源镇史家村退役军人服务站、上官乡大盛村退役军人服务站、渔山乡墅溪村退役军人服务站	2022年浙江省新时代枫桥式退役军人服务中心（站）	中共浙江省委退役军人事务工作领导小组办公室
174	永昌镇青何村、新桐乡程浦村、新登镇包秦村、常绿镇黄弹村、渔山乡墅溪村	2023年度浙江省“一村万树”示范村	浙江省林业局
175	杭州富阳泰安物流有限公司	2023年度浙江省交通运输行业党建示范点	浙江省交通运输行业委员会
176	“竹纸”省级非遗工坊、“东坞山豆腐皮”省级非遗工坊	浙江省第一批省级非遗工坊	浙江省文化和旅游厅
177	黄公望隐居地旅游驿站	浙江省第二批旅游驿站（一级旅游驿站）	浙江省文化和旅游厅
178	场口东梓关旅游驿站、安顶山旅游驿站	浙江省第二批旅游驿站（二级旅游驿站）	浙江省文化和旅游厅
179	非遗莫属市集	浙江省首批重点培育文旅市集	浙江省文化和旅游厅
180	集无界文旅市集	浙江省第二批重点培育文旅市集	浙江省文化和旅游厅

续表24

序号	先进集体单位	先进集体称号	颁奖单位
181	龙府龙门牛八碗、春城大饭店、临江花园、沃鑫酒家	浙江省“百县千碗”省级美食体验店	浙江省文化和旅游厅
182	鹳山脚公共厕所	浙江省旅游厕所优秀案例	浙江省文化和旅游厅
183	场口镇场口村、银湖街道唐家坞村	浙江省文化示范村	浙江省文化和旅游厅
184	杭州富阳文化旅游发展有限公司	2023杭州·浙西文旅亚运优质服务项目	浙西旅游合作组织

【市级先进集体】

2023年度富阳区市级先进集体一览表

表25

序号	先进集体单位	先进集体称号	颁奖单位
1	富阳区	2022年度生态文明（“美丽杭州”）建设目标责任制考核优秀单位	中共杭州市委 杭州市人民政府
2	富阳区应急管理局	杭州市打击突出违法犯罪维护社会稳定各类专项行动集体嘉奖	杭州市人民政府
3	富阳区应急管理局	杭州市安全生产“除险保安”工作行政奖励集体嘉奖	杭州市人民政府
4	富阳区纪委	杭州市服务保障杭州亚运会、亚残运会嘉奖	杭州市人民政府
5	富阳区工商业联合会	杭州市农村工作成绩突出集体	中共杭州市委 杭州市人民政府
6	富阳区委政法委	杭州市平安创建成绩突出集体	中共杭州市委 杭州市人民政府
7	杭州市公安局富阳分局	杭州市“枫桥经验”传承工作集体嘉奖	杭州市人民政府
8	富阳区法院、杭州市规划和自然资源局富阳分局、杭州市生态环境局富阳分局污染防治科、新登镇人民政府	杭州市生态文明建设工作集体嘉奖（不含林长制、河长制工作）	杭州市人民政府
9	富阳区农业农村局	杭州市生态文明建设工作（林长制、河长制工作）集体嘉奖	杭州市人民政府
10	富阳区发展和改革局	杭州市经济稳进提质攻坚行动成绩突出集体	杭州市人民政府
11	富阳区市场监管局	杭州亚运会、亚残运会市级先进集体	中共杭州市委 杭州市人民政府
12	富阳区文广旅体局	杭州市政府民生实事工作成绩突出集体	杭州市人民政府
13	富阳区文化馆、富阳区图书馆	杭州市推进全域文化繁荣工作成绩突出集体	杭州市人民政府
14	杭州富阳开发区建设投资集团有限公司	2022年度杭州市扩大有效投资推进重点项目建设突出贡献集体	杭州市人民政府
15	富阳区教育局	杭州市打击治理电信网络诈骗违法犯罪工作成绩突出集体	杭州市人民政府
16	富阳区教育局	杭州市清廉机关	中共杭州市委
17	春建乡、里山镇、场口镇	杭州市征兵工作成绩突出单位	杭州市人民政府
18	场口镇	杭州市农村工作成绩突出集体	中共杭州市委 杭州市人民政府

·先进个人·

【国家级和国家属部门级先进个人】

2023年度富阳区国家级和国家属部门级先进个人一览表

表26

序号	姓名	单位	先进称号	颁奖单位
1	李　霖	富阳区青少年宫	2023年度流动少年宫优秀辅导员	中国青少年宫协会
2	于晓波	富阳区青少年宫	2023年度流动少年宫最美志愿者	中国青少年宫协会
3	张洪波	富阳区委政法委	全国五一劳动奖章	中华全国总工会
4	陈平、尤田苗、汤帅、杨明、吴啸、邱延南、何军浩、周小青、夏红群、黄兰、	富阳银湖体育中心运行团队	杭州亚运会、亚残运会先进个人	国家体育总局、中国残疾人联合会、中共浙江省委、浙江省人民政府
5	包国灿、朱哲敏、孙林、李楠、何玮岚、顾俊俭、曹雨农、	富阳水上运动中心运行团队	杭州亚运会、亚残运会先进个人	国家体育总局、中国残疾人联合会、中共浙江省委、浙江省人民政府
6	张洪锋、潘鹏志、俞旭琦、蒋铭富、	杭州市公安局富阳分局	杭州亚运会、亚残运会先进个人	国家体育总局、中国残疾人联合会、中共浙江省委、浙江省人民政府
7	钱东升	富阳区统计局	杭州亚运会、亚残运会先进个人	国家体育总局、中国残疾人联合会、中共浙江省委、浙江省人民政府
8	桑　涛	富阳区检察院	2022年度十大法治人物	法治日报
9	袁　干	富阳区税务局	全国无偿献血奉献奖金奖	国家卫生健康委、中国红十字会总会、中央军委后勤保障部卫生局
10	王勇伟	杭州市生态环境局富阳分局	2022-2023重点区域空气质量改善秋冬季监督帮扶表现突出个人	生态环境部生态环境执法局
11	陈玉兰、郑铉	富阳区市场监管局	12315技能大比武挑战赛一等奖	国家市场监督管理总局
12	裘雪龙	富阳区农业农村局	全国农业农村系统先进个人	农业农村部
13	胡敏骏	富阳区农业农村局	全国肥料监测工作通报表扬（个人）	全国农业技术推广服务中心
14	张赵、郑波	杭州富春湾新城建设投资集团有限公司	第十三届"创新杯"建筑信息模型应用大赛——工程全生命周期BIM应用二等成果	中国勘察设计协会
15	孙海松	杭州富春山居集团有限公司	第六届中国海员技能大比武内河企业组团体一等奖	交通运输部海事局、中国海员建设工会全国委员会
16	孙海松	杭州富春山居集团有限公司	第六届中国海员技能大比武内河企业组综合技能项目单项比武第四名	交通运输部海事局、中国海员建设工会全国委员会

【省级和省属部门级先进个人】

2023年度富阳区省级和省属部门级先进个人一览表

表27

序号	姓名	单位	先进称号	颁奖单位
1	马爱芳、王水祥、卢美群、叶小伟、江少波、孙小金、李朦、何国灿、何佳俊、沈晓亮、宋雨晴、张政劼、张皓尘、邵平峰、罗伶俐、姜涛、唐焕庆、盛文虎、楼丹萍、潘菲	富阳水上运动中心场馆运行团队	杭州亚运会、亚残运会浙江省先进个人	中共浙江省委办公厅、浙江省人民政府办公厅

续表27

序号	姓名	单位	先进称号	颁奖单位
2	王永杰、方凤根、朱叶、刘云峰、许强、李江波、李虹、李健瑜、吴佳宁、余倩瑶、余衔、汪文胜、沃超琳、张周生、张锦锋、陈雪平、陈婷霞、赵立群、赵菲、胡澄之、钟国伟、钟铁城、骆陈钢、骆萍、盛洪伟、章旭华、章凯航、葛一平、颜志成	富阳银湖体育中心运行团队	杭州亚运会、亚残运会浙江省先进个人	中共浙江省委办公厅、浙江省人民政府办公厅
3	詹燕青	富阳区人民政府	杭州亚运会、亚残运会浙江省先进个人	中共浙江省委办公厅、浙江省人民政府办公厅
4	方璐、汪晓军	杭州市公安局富阳分局	杭州亚运会、亚残运会浙江省先进个人	中共浙江省委办公厅、浙江省人民政府办公厅
5	叶至凡	东洲街道办事处	杭州亚运会、亚残运会浙江省先进个人	中共浙江省委办公厅、浙江省人民政府办公厅
6	周晓军	银湖街道办事处	杭州亚运会、亚残运会浙江省先进个人	中共浙江省委办公厅、浙江省人民政府办公厅
7	周益强	龙门镇人民政府	杭州亚运会、亚残运会浙江省先进个人	中共浙江省委办公厅、浙江省人民政府办公厅
8	李潇鹏、凌芳芳	富阳区委宣传部	杭州亚运会、亚残运会浙江省先进个人	中共浙江省委办公厅、浙江省人民政府办公厅
9	张　科	富阳区委组织部	杭州亚运会、亚残运会浙江省先进个人	中共浙江省委办公厅、浙江省人民政府办公厅
10	张宪明	富阳区残疾人联合会	杭州亚运会、亚残运会浙江省先进个人	中共浙江省委办公厅、浙江省人民政府办公厅
11	张燕青	富阳区文化和广电旅游体育局	杭州亚运会、亚残运会浙江省先进个人	中共浙江省委办公厅、浙江省人民政府办公厅
12	骆周宇	富阳区卫生健康局	杭州亚运会、亚残运会浙江省先进个人	中共浙江省委办公厅、浙江省人民政府办公厅
13	徐俊杰	富阳区机关事务服务中心	杭州亚运会、亚残运会浙江省先进个人	中共浙江省委办公厅、浙江省人民政府办公厅
14	蒋顺强	富阳区交通运输局	杭州亚运会、亚残运会浙江省先进个人	中共浙江省委办公厅、浙江省人民政府办公厅
15	濮蕙青	富阳区综合行政执法局	杭州亚运会、亚残运会浙江省先进个人	中共浙江省委办公厅、浙江省人民政府办公厅
16	周　勇	中国电信股份有限公司富阳分公司	杭州亚运会、亚残运会浙江省先进个人	中共浙江省委办公厅、浙江省人民政府办公厅
17	程　成	富阳区委党校	2022—2023年度浙江省党校系统优秀科研管理工作者	中共浙江省委党校
18	洪　岸	富阳区档案馆	浙江省档案工作成绩突出个人	中共浙江省委办公厅、浙江省人民政府办公厅
19	李华锋	富阳区应急管理局	浙江省平安护航系列重大活动成绩突出个人	中共浙江省委建设平安浙江领导小组
20	夏柳锋、林诗佳	富阳区应急管理局	浙江省自然灾害综合风险普查工作成绩突出个人	浙江省第一次自然灾害综合风险普查领导小组办公室、浙江省应急管理厅

续表27

序号	姓名	单位	先进称号	颁奖单位
21	俞洪、陈舒怡	富阳区青少年宫	第十届浙江省校外教育“好玩的知识”微课展示活动三等奖	浙江省青少年校外教育中心
22	汤敏娟	富阳区青少年宫	亚运传唱先锋奖	迎亚运·浙江少年云上拉歌会活动组委会
23	张洪波	富阳区委政法委	2023年度浙江省五一劳动奖章	浙江省委办公室、省政府办公厅
24	章　丽	富阳区委政法委	浙江省平安护航党的二十大成绩突出个人	中共浙江省委平安办
25	朱喻通	杭州市公安局富阳分局	2023年度三能榜样·最美辅警	浙江浙江省公安厅
26	金　飞	杭州市公安局富阳分局	浙江省公安信访突出问题攻坚化解专项工作成绩突出个人	浙江省公安厅
27	邱江成、陈仰峰、王国栋、张海峰	杭州市公安局富阳分局	个人二等功	浙江省公安厅
28	任尔腾	富阳区检察院	2022年度浙江省检察机关司法行政成绩突出个人	浙江省人民检察院
29	桑　涛	富阳区检察院	2019-2023年度浙江省政法系统先进个人拟表彰对象	中共浙江省委政法委员会
30	喻青霞、陈健椿、张国其	富阳区法院	天平奖	浙江省高院
31	曹继明	富阳区法院	浙江省法院司法警察实战教官三等奖	浙江省高院司法警察总队
32	章佩军	富阳区司法局	浙江省公共法律服务先进个人	浙江省司法厅
33	吴忠平	富阳区司法局新登司法所	浙江省优秀人民调解员	浙江省人民政府
34	孙天炜	富阳区财政局	财政部浙江监管局2022年度优秀共产党员和优秀党务工作者	财政部浙江监管局
35	章永青	富阳区财政局	浙江省优秀农村工作指导员	中共浙江省委、浙江省人民政府
36	张丽娜、刘铮	富阳区税务局	浙江省纳税服务工作个人三等功	国家税务总局浙江省税务局
37	章　晶	富阳区税务局	浙江省退税减税政策落实工作三等功	国家税务总局浙江省税务局
38	章　晶	富阳区税务局	浙江省巾帼建功能手	浙江省总工会、共青团浙江省委、浙江省妇联
39	楼海燕、申屠慧琦、钟鹏	富阳区税务局	浙江省税务系统“四百佳”标兵	中共国家税务总局浙江省税务局委员会办公室
40	方忠民、王勇伟	杭州市生态环境局富阳分局	浙江省生态环境执法大练兵打击环境违法犯罪工作成绩突出个人	浙江省生态环境厅 浙江省公安厅
41	周兆木	杭州市生态环境局富阳分局	最美浙江人·最美治水人	中共浙江省委宣传部、浙江省治水办
42	徐宏伟、陆卫军	富阳区市场监管局	浙江省市场监管安全保障工作成绩突出个人	浙江省市场监督管理局
43	张建华	富阳区市场监管局	浙江省市场监督管理卫士	浙江省市场监督管理局、浙江省人力资源和社会保障厅
44	金　珍	富阳区市场监管局	浙江省市场监管系统服务标兵	浙江省市场监督管理局、浙江省药品监督管理局
45	罗　鑫	富阳区市场监管局	浙江省市场监管执法工作成绩突出个人	浙江省打击侵犯知识产权和制售假冒伪劣商品工作领导小组、浙江省市场监管工作联席会议办公室、浙江省公平竞争审查和反垄断委员会办公室

续表27

序号	姓名	单位	先进称号	颁奖单位
46	张科达、方伟	富阳区市场监管局	浙江省优化营商环境工作成绩突出个人	浙江省市场监督管理局
47	王国强	富阳区市场监管局	浙江省知识产权强省工作成绩突出个人	浙江省知识产权强省工作联席会议办公室
48	余王成	富阳区市场监管局	浙江省系统执法办案能手	浙江省市场监督管理局
49	余敏敏	富阳区农业农村局	浙江省强村富民乡村集成改革工作成绩突出个人	浙江省农业农村厅
50	王昊天	富阳区农业农村局	浙江省自然保护地保护管理工作突出贡献个人	浙江省绿化与自然保护地委员会
51	帅　伟	富阳区农业农村局	浙江省水利建设工程质量监督先进个人	浙江省水利厅质量安全管理中心
52	张斌、汤华勤	富阳区农业农村局	浙江省集体林权制度改革成绩突出个人	浙江省绿化与自然保护地委员会
53	华克达	富阳区农业农村局	浙江省林业种质资源保护工作突出贡献个人	浙江省林业局
54	徐　炜	富阳区农业农村局	浙江省粮食生产功能区"非粮化"整治优化先进个人	浙江省农业农村厅
55	袁　杰	富阳区农业农村局	浙江省农业技术推广贡献奖	浙江省农业农村厅
56	金立新	富阳区农业农村局	2019-2023年浙江省植物保护技术推广先进个人	浙江省植物保护学会
57	蒋玉根	富阳区农业农村局	2023年度第三季度浙江好人	中共浙江省委宣传部、浙江省文明办
58	赵娟花	富阳区农业农村局	浙江省农业"双强"行动成绩突出个人	浙江省农业农村厅
59	董银玲	富阳区供销总社	浙江省供销系统信息工作先进个人	浙江省供销合作社联合社
60	吕炜东	富阳区金融办	2023年度浙江省防范和处置非法集资工作成绩突出个人	浙江省防范和处置非法集资工作领导小组办公室
61	俞　颖	富阳区交通运输局	浙江省许可评议表现突出人员	浙江省交通运输厅
62	孙华轩	富阳区文化和广电旅游体育局	浙江第二次集中办案被评价为优秀等次	浙江省文化和旅游厅
63	何　立	富阳区图书馆	2019-2023年度浙江省图书馆学会优秀会员	浙江省图书馆学会
64	陈双喜	富阳区图书馆	2023魅力声音•"有朋自远方来，亚运小主播"浙江省少年儿童音频征集活动先进个人	浙江省图书馆学会
65	蒋向群	杭州富春湾新城建设投资集团有限公司	致公党浙江省委会宣传思想工作先进个人	致公党浙江省委会
66	汤文杰	杭州富阳城市建设投资集团有限公司	第六届"藕花洲杯"廉洁故事大赛优秀奖	中共浙江省纪委监委
67	陈　滔	富阳区综合行政执法局	全省综合行政执法系统队伍规范化建设工作成绩突出个人	浙江省综合行政执法指导办公室
68	朱桂琴	富阳区综合行政执法局	2023年度浙江省市容环境卫生工作成绩突出个人	浙江省住房和城乡建设厅、浙江省总工会
69	胡志铭	富春街道秋丰村	浙江省担当作为好支书	中共浙江省委组织部
70	陆丽霞	富春街道江滨社区	浙江省担当作为好支书	中共浙江省委组织部
71	陆丽霞	富春街道江滨社区	浙江省最美社区工作者	浙江省现代社区建设领导小组办公室、中共浙江省委组织部、中共浙江省委宣传部、浙江省民政厅
72	陈军峰	富春街道	浙江省河长制工作成绩突出个人	浙江省美丽浙江建设领导小组河长制办公室
73	王　兴	大源镇人民政府	浙江省优秀农村工作指导员	中共浙江省委、省人民政府

【杭州市级先进个人】

2023年度富阳区杭州市先进个人一览表

表28

序号	姓名	单位或住址	先进称号	颁奖单位
1	莫徐曼	富阳区政府办公室	杭州亚运会、亚残运会个人嘉奖	杭州市人民政府
2	莫徐曼	富阳区政府办公室	2022年度"大综合一体化"行政执法改革推进工作成绩突出个人行政奖励	杭州市人民政府
3	赵柳欢	杭州市公安局富阳分局	杭州市全面深化改革成绩突出个人	中共杭州市委、杭州市人民政府
4	华伟成、裘福军、唐晨炜、蔡军	杭州市公安局富阳分局	个人嘉奖	杭州市人民政府
5	黄赛琼	富阳区法院	杭州市打造最优营商环境工作个人嘉奖	杭州市人民政府
6	吕　姣	富阳区发展和改革局	杭州市粮食生产和高标准农田水利建设工作中成绩突出个人	杭州市人民政府
7	陈士好	富阳区发展和改革局	杭州市产业链链长制推进工作成绩突出的个人	杭州市人民政府
8	李安荣	富阳区发展和改革局	杭州市生态文明建设工作成绩突出个人	杭州市人民政府
9	庞洪涛	富阳区发展和改革局	杭州市经济稳进提质攻坚行动成绩突出的集体和个人给予行政奖励的决定	杭州市人民政府
10	高立定	杭州市市生态环境局富阳分局	杭州市生态文明建设工作个人三等功	杭州市人民政府
11	费　莉	杭州市生态环境局富阳分局	杭州市平安创建成绩突出个人	中共杭州市委、杭州市人民政府
12	罗　丹	富阳区市场监管局	杭州市平安创建成绩突出个人	中共杭州市委、杭州市人民政府
13	樊文翔、刘洪平	富阳区市场监管局	杭州市创建国家食品安全示范城市工作个人嘉奖	杭州市人民政府
14	沃志刚、杨雪明、匡义	富阳区农业农村局	杭州市生态文明建设工作(林长制、河长制工作)成绩突出个人行政奖励	杭州市人民政府
15	章文楼	富阳区金融办	杭州市打造最优营商环境工作个人嘉奖	杭州市人民政府
16	王红芳	富阳区文广旅体局	杭州市推进全域文化繁荣工作成绩突出个人	杭州市人民政府
17	叶芬、李臻楠	杭州富阳城市建设投资集团有限公司	杭州亚运会、亚残运会个人嘉奖	杭州市人民政府
18	胡卫东	富阳区民政局	杭州市共同富裕工作先进个人	中共杭州市委、杭州市人民政府
19	王　兴	大源镇人民政府	杭州市农村工作成绩突出个人	中共杭州市委、杭州市人民政府
20	洪婷华	湖源乡政府	杭州市共同富裕工作先进个人	中共杭州市委、杭州市人民政府
21	汪加余	龙门镇政府	杭州市征兵工作成绩突出个人	杭州市人民政府　杭州市警备区
22	孙郑瑜	龙门镇三村	杭州市优秀民兵连长	杭州市人民政府　杭州市警备区

·名优产品·

【省级以上含省级】

2023年度富阳区省级以上名优产品一览表

表29

序号	生产企业	产品名称	名牌级别	授予单位
1	富阳区	富阳鲜桃	浙江省首批名优“土特产”百品榜	浙江省农业农村厅
2	富阳区	安顶云雾	浙江省首批名优“土特产”百品榜	浙江省农业农村厅
3	杭州盘古生态农业开发有限公司	番茄	浙江农业之最番茄擂台赛中大型番茄三等奖	浙江农业之最委员会
4	杭州春蕾生态农业开发有限公司	吴大帝皇菊绣球	第六届全国优质农产品博览会(上海)金奖	全国优质农产品博览会组委会
5	杭州富阳邻丰食品有限公司	吾味轻酒原酿米酒	第六届全国优质农产品博览会(上海)金奖	全国优质农产品博览会组委会
6	浙江东龙生态农业有限公司	邻丰梅干菜肉饼	第六届全国优质农产品博览会(上海)金奖	全国优质农产品博览会组委会
7	杭州富阳区龙门镇上古堂面筋坊	龙门面筋	浙江省第二届乡村美食大会金奖	浙江省农业农村厅
8	澜海生态农业(杭州)有限公司	鸭香记·酱老鸭	2023浙江省农博会优质奖	浙江省农博会组委会办公室
9	杭州富阳受降东坞山豆腐皮厂(普通合伙)	炸响铃	最受市民喜爱的农家特色小吃	江苏省绿色食品办公室、浙江省农产品绿色发展中心、安徽省农产品质量安全管理站、上海市农产品质量安全中心
10	杭州仁义豆腐皮厂	玉蝉·豆皮蛋卷	2023年浙江省农业博览会金奖	浙江省农博会组委会办公室
11	杭州顶旭生态农业发展有限公司	阳光玫瑰	2023年浙江省精品葡萄阳光玫瑰优质奖	浙江省水果产业协会
12	杭州新南藤竹制品有限公司	竹藤太阳椅	第十六届中国义乌森林产品博览会金奖	中国义乌国际森林产品博览会组委会
13	杭州富阳东舟环境工程有限公司	太秋甜柿良种种苗	第十六届中国义乌森林产品博览会金奖	中国义乌国际森林产品博览会组委会
14	杭州富阳春莲家居有限公司	根雕根抱石(喜上眉梢)	第十六届中国义乌森林产品博览会优质奖	中国义乌国际森林产品博览会组委会
15	浙江省望月竹制品有限公司	竹窗帘	第五届中国(上海)国际竹产业博览会金奖	中国(上海)国际竹产业博览会组委会
16	浙江省望月竹制品有限公司	竹御帘	第十六届中国义乌森林产品博览会优质奖	中国义乌国际森林产品博览会组委会
17	杭州石硃坞农业科技有限公司	三叶青	第十六届中国义乌森林产品博览会金奖	中国义乌国际森林产品博览会组委会
18	杭州富阳米湖坎家庭农场有限公司	传宇·毛笋干	2023年浙江省农业博览会金奖	浙江省农博会组委会办公室
19	杭州富阳大自然食品有限公司	冬笋	第十六届中国义乌森林产品博览会金奖	中国义乌国际森林产品博览会组委会
20	杭州富阳林庭家庭农场有限公司	长垄猕猴桃	2023年浙江省农业博览会金奖	浙江省农博会组委会办公室
21	杭州富阳区洞桥镇好味道炒货厂	贤德山核桃仁	第十六届中国义乌森林产品博览会优质奖	中国义乌国际森林产品博览会组委会
22	杭州富阳尚津承家庭农场有限公司	香榧	第十六届中国义乌森林产品博览会优质奖	中国义乌国际森林产品博览会组委会
23	杭州玉群生态农业开发有限公司	龙羊笋干	第十六届中国义乌森林产品博览会金奖	中国义乌国际森林产品博览会组委会
24	杭州富阳黄氏豆制品厂	黄氏·臭豆腐	2023年浙江省农业博览会优质奖	浙江省农博会组委会办公室
25	杭州富冈食品有限公司	和风高菜	第二十二届中国长春国际农业·食品博览(交易)会金奖	中国长春国际农业·食品博览(交易)会组委会

续表29

序号	生产企业	产品名称	名牌级别	授予单位
26	杭州富阳千禧笋厂	富春龙·糯米笋	第二十二届中国长春国际农业·食品博览(交易)会金奖、2023年浙江省农业博览会优质奖	中国长春国际农业·食品博览(交易)会组委会
27	杭州富阳杭富罐头食品有限公司	糯米笋	第五届中国(上海)国际竹产业博览会金奖	中国(上海)国际竹产业博览会组委会
28	杭州富阳区胥口镇金氏家庭农场	太秋甜柿	第十六届中国义乌森林产品博览会金奖	中国义乌国际森林产品博览会组委会
29	杭州云开生态农业开发有限公司	黑木佳·银耳	2023年浙江省农业博览会优质奖	浙江省农博会组委会办公室
30	杭州富阳区盆景协会	榆树盆景(憧憬)	第十六届中国义乌森林产品博览会金奖	中国义乌国际森林产品博览会组委会
31	浙江厚德生态农业有限公司	安顶云雾茶	第十六届中国义乌森林产品博览会金奖	中国义乌国际森林产品博览会组委会
32	杭州凯艺家居有限公司	橡木实木单椅	第十六届中国义乌森林产品博览会金奖	中国义乌国际森林产品博览会组委会
33	杭州富阳龙羊盆景苗木专业合作社	榆树盆景(秋之韵)	第十六届中国义乌森林产品博览会优质奖	中国义乌国际森林产品博览会组委会
34	杭州市富阳区龙门镇老孙家肉制品加工坊	牛八碗·秘制牛龙骨	2023年浙江省农业博览会优质奖	浙江省农博会组委会办公室
35	杭州富阳素云生态农业开发有限公司	素云红糖	2023年“浙江精品红糖”金奖	浙江省农业技术推广中心
36	杭州富阳无界文化创意有限公司	家在富春山居——桂花茶点	2023中国特色旅游商品大赛铜奖	中国旅游协会旅游商品与装备分会
37	杭州富阳大竹元竹纸有限公司	《宋韵》竹纸	2023“浙派好礼”文创产品评选大赛艺术衍生类金奖	浙江省文化和旅游厅
38	富阳中医骨伤医院	骨伤三鼎文创礼盒	2023“浙派好礼”文创产品评选大赛旅游纪念主题类银奖	浙江省文化和旅游厅
39	杭州富阳大竹元竹纸有限公司	凤求凰贡纸	2023“浙派好礼”文创产品评选大赛艺术衍生类铜奖	浙江省文化和旅游厅
40	杭州丰受堂制墨有限公司	西湖十景墨	2023“浙派好礼”文创产品评选大赛旅游纪念主题类铜奖	浙江省文化和旅游厅
41	富阳区博物馆	“纸越千年——十色竹素鉴藏礼盒”	2023年浙江省博物馆文创产品大赛铜奖	浙江省文物局、浙江省博物馆学会
41	杭州里安茗茶文化有限公司	安顶云雾茶	浙江省第二批名优“土特产”	浙江省农业农村厅
42	杭州富阳大竹元竹纸有限公司	《宋韵》竹纸	2023“浙派好礼”文创产品评选大赛艺术衍生类金奖	浙江省文化和旅游厅
43	杭州富阳大竹元竹纸有限公司	《凤求凰贡纸》	2023“浙派好礼”文创产品评选大赛艺术衍生类金奖	浙江省文化和旅游厅
44	源享工坊	灰汤粽	浙江省“妈妈的味道”十佳美食榜单	浙江省妇女联合会

·科研获奖项目·

【省级部门及以上】

2023年度富阳区省级以上科研获奖项目一览表

表30

序号	课题名称	获奖名称等级	第一完成单位	主要完成人	颁奖单位
1	动力源与关系链：杭州中小企业“专精特新”转型的场效应及对策	省级	区委党校	楼海波	中共浙江省委党校
2	“双链长制”地方新兴产业培育模式的新形态和功能探索——以F区为例	省级	区委党校	张宇峰	中共浙江省委党校
3	战略性新兴产业集聚对区域创新能力的空间溢出效应研究——基于浙江11个地级市的面板数据	省级	区委党校	余海凤	中共浙江省委党校
4	八八战略视野下山海协作推进共同富裕的实践演进与运行机制研究	省级	区委党校	成鸿静 胡洪明	中共浙江省委党校
5	数字赋能预付卡的全流程监管机制及其限度——基于杭州市H区的实践分析	省级	区委党校	王萌萌	中共浙江省委党校
6	找回家庭：家庭在基层治理中的地位及其作用机理研究	省级	区委党校	程　成	中共浙江省委党校
7	领导干部政治素质精准考评的路径探索——基于F区的实践	省级	区委党校	徐梦怡	中共浙江省委党校
8	基层治理践行全过程人民民主的运行机理与路径向度——基于H市F区“民生议事堂”的实践分析	省级	区委党校	鲁华君	中共浙江省委党校
9	透过“浙”扇窗看中国：“讲好中国故事”的实践回眸和路径延伸——基于izhejiang的研究	省级	区委党校	张琦迪	中共浙江省委党校
10	《观匾明廉 正德笃行》	2022年度全省优秀档案编研成果三等奖	区档案馆		浙江省档案学会
11	关于机关青年干部教育引领的探索与思考	全省机关党建优秀课题研究成果二等奖	杭州市富阳区市场监督管理局		浙江省机关党的建设研究会
12	关于“证照分离”改革的实践与思考 ——以富阳为例	2022年度省学会立项课题一等奖	杭州市富阳区市场监督管理局	金　珍 章赢杰 李　安 李加蔚	浙江省市场监督管理协会秘书处
13	自然水资源微循环灌溉系统试验研究与示范	浙江省水利科技创新二等奖	富阳区水利工程质量安全服务保障中心	汪跃宏 王尉英 沈　黎	浙江省水利协会
14	新型生态护坡在河湖滩地治理中的研究和示范	浙江省科学技术成果登记奖	富阳区水利工程质量安全服务保障中心	潘国勇 匡　义 钟绍柱 陈一新 史冬梅	浙江省水利协会
15	丘陵山地垦造耕地肥力快速协调提升关键技术研究与应用	浙江省农业农村厅技术进步奖一等奖	杭州市农业科学院	蒋玉根	浙江省农业农村厅
16	《乡村新型公共文化空间服务创新研究：“富春山居”样本分析》	优秀	杭州市富阳区文化馆	王　强	文化和旅游部全国公共文化发展中心
17	长距离高速率大尺寸芯棒结合套管在线拉制光纤产业化技术	2022年度浙江省科学技术进步奖三等奖	浙江富通光纤技术有限公司	冯高锋	浙江省人民政府
18	绿色制冷压缩机电机转子超重力离心浇铸关键技术	2022年度浙江省科学技术进步奖三等奖	杭州富生电器有限公司	汪卫刚	浙江省人民政府

35 附 录
Appendices

·新任区领导简历·

许海波 男，汉族，1973年10月出生，浙江淳安人。1991年8月参加工作，1997年1月加入中国共产党，在职大学学历。曾任杭州市淳安县委办公室主任，杭州市淳安县委常委，杭州市淳安县委常委、常务副县长，杭州市淳安县委副书记、县委政法委书记。现任杭州市富阳区委副书记、区委政法委书记。

孙伟 男，汉族，1975年4月出生，浙江余姚人。1997年7月参加工作，研究生学历。曾任杭州市工商行政管理局计划财务处副处长、市场监督管理处处长、执法指导处处长，湖北省恩施州政府副秘书长兼恩施州扶贫办副主任（挂职），杭州市商务局（市粮食和物资储备局）党组成员、副局长，杭州市商务局〔中国（浙江）自由贸易试验区杭州片区管委会、市粮食和物资储备局〕党组成员、副局长，管委会副主任。现任杭州市富阳区委常委、杭州富春湾新城党委书记、管委会主任。

张浪 男，土家族，1979年10月出生，贵州印江人，2004年10月参加工作，2010年12月加入中国共产党，大学本科学历。曾任贵州省铜仁市人大机关党委副书记，贵州省铜仁市人大法制委员会副主任委员，贵州省铜仁市人大常委会法制工作委员会主任，贵州省沿河县委常委，贵州省沿河县委副书记，贵州省沿河县委副书记、甘溪镇党委书记。现任贵州省沿河县委副书记、杭州市富阳区政府党组成员、副区长（挂职）。

·重要文件目录·

【中共富阳区委文件】

2023年度中共杭州市富阳区委文件一览表

表31

序号	文号	文件标题
1	富委〔2023〕1号	关于全面贯彻落实党的二十精神加快现代产业现代城市现代治理立起来高水平描绘现代版富春山居图践行中国式现代化的决议
2	富委〔2023〕2号	关于2022年度区县（市）党委政府落实粮食安全责任制情况总结报告
3	富委〔2023〕3号	关于推进新时代人民法院高质量发展护航高水平描绘现代版富春山居图的实施意见
4	富委〔2023〕4号	关于印发《杭州市富阳区青年发展型城区建设实施方案》的通知
5	富委〔2023〕5号	关于2022年度杭州市富阳区实施乡村振兴战略情况的报告
6	富委〔2023〕6号	关于杭州市富阳区2022年法治政府建设工作情况的报告

续表31

序号	文号	文件标题
7	富委〔2023〕10号	关于2023年富阳区高水平推进乡村全面振兴的实施意见
8	富委〔2023〕12号	关于促进文旅深度融合发展的实施意见
9	富委〔2023〕14号	关于建立区委考核工作委员会的通知
10	富委〔2023〕15号	关于印发《杭州市富阳区综合考核办法(试行)》的通知
11	富委〔2023〕16号	关于杭州市富阳区2023年度上半年政治生态建设状况的自查自评报告
12	富委〔2023〕17号	关于杭州市富阳区学习贯彻习近平总书记有关重要指示精神情况的报告
13	富委〔2023〕19号	关于印发《杭州市富阳区共青团城市基层组织改革试点实施方案》的通知
14	富委〔2023〕20号	杭州市富阳区"7·22"超强降雨灾害处置情况报告
15	富委〔2023〕21号	关于对"7.22"超强降雨灾后恢复重建给予资金补助和用地指标支持的请示
16	富委〔2023〕22号	关于坚定不移深入实施"八八战略"奋力书写共同富裕和中国式现代化富阳新篇章的决议
17	富委〔2023〕23号	杭州市富阳区村级集体经济收入自查报告
18	富委〔2023〕24号	关于建立区委学习贯彻习近平新时代中国特色社会主义思想主题教育领导小组及组成人员任职的通知
19	富委〔2023〕25号	关于印发《关于开展学习贯彻习近平新时代中国特色社会主义思想主题教育的实施方案》的通知
20	富委〔2023〕26号	关于同意召开杭州市富阳区第十七届人民代表大会第三次会议的批复
21	富委〔2023〕27号	关于同意召开政协第十届杭州市富阳区委员会第三次会议的批复
22	富委〔2023〕28号	关于2023年度落实全面从严治党主体责任的报告
23	富委〔2023〕30号	关于杭州市富阳区2023年度政治生态建设状况的自查自评报告

【富阳区人大常委会文件】

2023年度富阳区人大常委会文件一览表

表32

序号	文号	文件标题
1	富人大〔2023〕14号	关于印发《杭州市富阳区人大常委会关于区人大代表依法高质量日常履职的指导意见(试行)》的通知
2	富人大〔2023〕15号	杭州市富阳区人大常委会2023年工作要点
3	富人大〔2023〕16号	富阳区人民代表大会常务委员会关于实施全流程预决算监督"三审"制工作的决定
4	富人大〔2023〕21号	印发《杭州市富阳区人大常委会关于持续深化全过程人民民主实践行动的意见》的通知
5	富人大〔2023〕22号	印发《杭州市富阳区人大常委会关于开展"人大有担当、代表见行动，助推现代产业、现代城市、现代治理立起来"活动方案》的通知
6	富人大〔2023〕23号	关于《杭州市富阳区国土空间分区规划(2021-2035年)》的审议意见
7	富人大〔2023〕25号	杭州市富阳区人大常委会关于我区高层住宅小区消防安全工作情况报告的审议意见
8	富人大〔2023〕26号	杭州市富阳区人大常委会关于新登镇千年古城复兴综合规划的审议意见
9	富人大〔2023〕34号	杭州市富阳区人大常委会关于对区政府《关于杭州市富阳区2022年财政决算(草案)和2023年上半年财政预算执行情况的报告》和《关于2022年度富阳区预算执行和其他财政收支情况的审计工作报告》的审议意见
10	富人大〔2023〕35号	杭州市富阳区人大常委会关于杭州市富阳区2023年上半年国民经济和社会发展计划执行情况的审议意见

续表32

序号	文号	文件标题
11	富人大〔2023〕36号	杭州市富阳区人大常委会关于批准杭州市富阳区2022年财政决算的决议
12	富人大〔2023〕37号	杭州市富阳区人大常委会关于批准杭州市富阳区地方政府债务限额调整的决议
13	富人大〔2023〕42号	杭州市富阳区人大常委会关于《浙江省民营企业发展促进条例》《浙江省促进中小微企业发展条例》执法检查情况报告的审议意见
14	富人大〔2023〕43号	关于《中华人民共和国公路法》贯彻执行情况的审议意见
15	富人大〔2023〕44号	关于我区农业“双强”行动工作情况报告的审议意见
16	富人大〔2023〕45号	杭州市富阳区人大常委会关于批准2023年政府投资项目计划调整的决议
17	富人大〔2023〕47号	关于优化营商环境工作开展情况报告的审议意见
18	富人大〔2023〕48号	杭州市富阳区人大常委会关于《杭州市富阳区人民政府关于2022年度全区国有资产管理情况的综合报告》的审议意见
19	富人大〔2023〕49号	关于对区检察院开展未成年人检察工作情况报告的审议意见
20	富人大〔2023〕50号	杭州市富阳区人大常委会关于批准2023年财政收支预算调整方案的决议
21	富人大〔2023〕51号	杭州市富阳区人大常委会关于《关于涉农类政府专项和交通专项财政资金绩效评价工作情况的报告》和《关于部分共同富裕政策、稳经济政策落实情况和场口“微镇”项目建设管理情况专项审计调查的报告》的审议意见
22	富人大〔2023〕52号	关于我区科技成果转移转化首选区创建工作情况报告的审议意见
23	富人大〔2023〕53号	杭州市富阳区人民代表大会常务委员会议事规则
24	富人大〔2023〕54号	杭州市富阳区人民代表大会常务委员会主任会议议事规则
25	富人大〔2023〕55号	杭州市富阳区人民代表大会常务委员会组成人员守则
26	富人大〔2023〕56号	公民旁听杭州市富阳区人民代表大会常务委员会会议暂行办法
27	富人大〔2023〕57号	杭州市富阳区人民代表大会常务委员会加强与区人民政府、区人民法院、区人民检察院工作联系的办法
28	富人大〔2023〕58号	杭州市富阳区人民代表大会常务委员会行使监督职权情况向社会公开的试行办法
29	富人大〔2023〕66号	杭州市富阳区人民代表大会常务委员会关于召开杭州市富阳区第十七届人民代表大会第三次会议的决定
30	富人大〔2023〕68号	杭州市富阳区人大常委会关于大力推进“社会助医 防贫共富”工程的决定

【富阳区人民政府文件】

2023年度富阳区人民政府文件一览表

表33

序号	文号	文件标题
1	富政〔2023〕1号	杭州市富阳区人民政府关于印发关于推动经济高质量发展若干政策的通知
2	富政〔2023〕2号	杭州市富阳区人民政府办公室关于印发富阳区政府性融资担保体系建设实施意见的通知
3	富政〔2023〕3号	杭州市富阳区人民政府关于公布杭州市富阳区行政规范性文件清理结果的通知

【中共富阳区委办公室文件】

2023年度中共杭州市富阳区委办公室文件一览表

表34

序号	文号	文件标题
1	富委办〔2023〕1号	关于富阳区“抢先机、拼经济”实现开门红的实施意见
2	富委办〔2023〕2号	关于印发吴玉凤同志在区委二届三次全体（扩大）会议上的报告的通知
3	富委办〔2023〕4号	印发《关于成立杭州市富阳区“拼经济、拼发展”行动领导小组》的通知
4	富委办〔2023〕5号	关于印发杭州市富阳区拼经济拼发展行动方案的通知
5	富委办〔2023〕6号	关于建立创建省双拥模范城（区）领导小组的通知
6	富委办〔2023〕7号	关于评定2022年富阳区实施乡村振兴战略先进单位、新时代美丽乡村建设（最清洁乡村环境）先进单位、绿色发展（林水工作）先进单位、农业稳产保供先进单位、强村富民乡村集成改革先进单位的决定
7	富委办〔2023〕9号	关于印发《杭州市富阳区政协2023年度协商计划》《杭州市富阳区政协2023年度民主监督计划》的通知
8	富委办〔2023〕10号	关于印发《杭州市富阳区营商环境优化提升“一号改革工程”实施方案》的通知
9	富委办〔2023〕11号	印发《关于常态化开展政治家访强化对“一把手”和领导班子监督的实施办法》的通知
10	富委办〔2023〕12号	关于印发《富阳区党政机关公务用车管理实施办法（试行）》的通知
11	富委办〔2023〕14号	关于成立杭州市富阳区文旅深度融合发展（“诗路文化·三江两岸”水上黄金旅游线）工作领导小组的通知
12	富委办〔2023〕15号	关于印发《杭州市富阳区深入实施“八八战略”强力推进创新深化改革攻坚开放提升工作总体方案》的通知
13	富委办〔2023〕16号	关于成立富阳区深入实施“八八战略”强力推进创新深化改革攻坚开放提升领导小组的通知
14	富委办〔2023〕17号	印发《关于强力推进改革攻坚加快打造高质效改革先行示范区的意见》的通知
15	富委办〔2023〕18号	关于2022年度乡镇（街道）和区级机关综合考评结果的通报
16	富委办〔2023〕19号	关于印发《2023年度全面从严治党责任清单》的通知
17	富委办〔2023〕20号	关于印发《2023年督查检查考核计划》《2023年区级机关督查检查考核事项备案清单》的通知
18	富委办〔2023〕22号	关于印发《杭州市富阳区乡镇（街道）综合考核实施办法（试行）》《杭州市富阳区区级机关单位综合考核实施办法（试行）》《杭州市富阳区区属国有企业综合考核实施办法（试行）》《杭州市富阳区开发区（园区）综合考核实施办法（试行）》《杭州市富阳区公办学校综合考核实施办法（试行）》《杭州市富阳区区级公立医院综合考核实施办法（试行）》的通知
19	富委办〔2023〕29号	关于印发《中共杭州市富阳区委2023年度政党专题协商计划》的通知
20	富委办〔2023〕32号	关于印发吴玉凤同志在区委二届四次全体（扩大）会议上的报告的通知
21	富委办〔2023〕33号	关于印发《区委常委会开展学习贯彻习近平新时代中国特色社会主义思想主题教育工作方案》的通知
22	富委办〔2023〕34号	关于进一步明确“四个一”举措落实机制的通知
23	富委办〔2023〕36号	关于成立杭州市富阳区历史文化名城（文化遗产）保护委员会的通知
24	富委办〔2023〕37号	关于印发《习近平总书记考察浙江重要讲话精神宣讲工作方案》的通知
25	富委办〔2023〕38号	关于印发《富阳区优化生育政策若干措施（试行）》的通知
26	富委办〔2023〕40号	杭州市富阳区全面深化执行“一件事”改革助力营商环境优化提升专项行动实施方案
27	富委办〔2023〕42号	关于印发《富阳区防灾减灾救灾能力提升建设的若干意见》的通知

【富阳区人民政府办公室文件】

富阳区人民政府办公室文件

表35

序号	文号	文件标题
1	富政办〔2023〕3号	杭州市富阳区人民政府办公室关于印发杭州市富阳区政府专项建设类项目管理办法的通知
2	富政办〔2023〕5号	杭州市富阳区人民政府办公室关于印发《富阳区创建省级水稻产业农业“机器换人”高质量发展先行区实施方案》的通知
3	富政办〔2023〕7号	杭州市富阳区人民政府办公室关于高质量推进爱国卫生运动的实施意见
4	富政办〔2023〕11号	杭州市富阳区人民政府办公室关于印发杭州市富阳区制造业及数字经济核心产业导向目录与产业平台布局指引的通知
5	富政办〔2023〕12号	杭州市富阳区人民政府办公室关于印发杭州市富阳区人民政府质量奖评审管理办法（2023年修订）的通知

36 索 引 Indexes

说 明：

一、本类目设主题索引、照片索引和图表索引 3 个分目。

二、主题索引中文标目按汉语拼音顺序排列，同音字按笔画数从少到多排列。第一字相同，按第二字音序排列，依次类推。数字开头的标目则按数字 0—9 顺序排列。

标目后的阿拉伯数字表示内容所在页码。数字后的英文字母 a、b、c 分别表示从左到右第一、二、三栏。标目后有多个页码的，则表示相关信息在这些页码中均出现。

本年鉴的“特载”“年度聚焦”“大事记”均未做主题索引。

三、照片索引排序规则与主题索引相同，图表索引按序号排列。照片索引、图表索引仅标注所在页码，不标注分栏。

主题索引

0–9

A

B

C

D

G

H

J

K

L

R

S

T

W

X

Y

Z

照片索引

0–9

图表索引